Série Humanitas Supplementum
Estudos Monográficos

**ESTRUTURAS EDITORIAIS**
Série Humanitas Supplementum
Estudos Monográficos

**ISSN: 2182-8814**

**DIRETOR PRINCIPAL**
Main Editor

Delfim Leão
Universidade de Coimbra

**ASSISTENTES EDITORIAIS**
Editoral Assistants

Nelson Ferreira & João Pedro Gomes
Universidade de Coimbra

**COMISSÃO CIENTÍFICA**
Editorial Board

Desiderio Vaquerizo
Universidad de Córdoba

Pedro C. Carvalho
Universidade de Coimbra

Francisco de Oliveira
Universidade de Coimbra

Vasco Gil Mantas
Universidade de Coimbra

Paula Barata Dias
Universidade de Coimbra

Todos os volumes desta série são submetidos a arbitragem científica independente.

# Arqueologia
# da transição:
# entre o mundo romano
# e a Idade Média

Cláudia Teixeira, André Carneiro
(coords.)

IMPRENSA DA UNIVERSIDADE DE COIMBRA
COIMBRA UNIVERSITY PRESS

ANNABLUME

Série Humanitas Supplementum
Estudos Monográficos

Título Title
Arqueologia da transição: Entre o mundo romano e a Idade Média
Archeology of transition: Between the roman world and the Middle Ages

Coord. Ed.
Cláudia Teixeira, André Carneiro

Editores Publishers
Imprensa da Universidade de Coimbra
Coimbra University Press

www.uc.pt/imprensa_uc

Contacto Contact
imprensa@uc.pt

Vendas online Online Sales
http://livrariadaimprensa.uc.pt

Coordenação Editorial Editorial Coordination
Imprensa da Universidade de Coimbra

Conceção Gráfica Graphics
Rodolfo Lopes, Nelson Ferreira

Infografia Infographics
Bookpaper

Impressão e Acabamento Printed by
CreateSpace

ISSN
2182-8814

ISBN
978-989-26-1352-9

ISBN Digital
978-989-26-1353-6

DOI
https://doi.org/10.14195/978-989-26-1353-6

Depósito Legal Legal Deposit
433966/17

Annablume Editora * Comunicação

www.annablume.com.br

Contato Contact
@annablume.com.br

POCI/2010

© dezembro 2017
Annablume Editora * São Paulo
Imprensa da Universidade de Coimbra
Classica Digitalia Vniversitatis Conimbrigensis
http://classicadigitalia.uc.pt
Centro de Estudos Clássicos e Humanísticos
da Universidade de Coimbra

Trabalho publicado ao abrigo da Licença This work is licensed under
Creative Commons CC-BY (http://creativecommons.org/licenses/by/3.0/pt/legalcode)

# Arqueologia da transição: Entre o mundo romano e a Idade Média
# Archeology of transition: Between the roman world and the Middle Ages

Coord.
Cláudia Teixeira, André Carneiro

Filiação
Universitat de Évora, Universidade de Évora

Resumo
O propósito do presente volume centra-se no debate sobre um período histórico ainda pouco conhecido: a Antiguidade Tardia. Para tal, especialistas em diferentes temas apresentam resultados de investigação sobre algumas área sectoriais: os padrões de povoamento e a arquitectura dos lugares de habitação; a cultura material; a chegada do Cristianismo; e o mundo funerário. Os contributos abarcam o território peninsular, procurando ainda paralelos e leituras com o espaço do Mediterrâneo.

Palavras-chave
Lusitania, Antiguidade Tardia, Península Ibérica, mudanças sociais.

Abstract
The aim of the present volume is to discuss one historical moment that is still insufficiently known: Late Antiquity. For this, specialists present their research in some specific subjects: settlement patterns and sites architecture; material culture; the arrival of Christianity; funerary data. All the Iberian peninsula is concerned, searching for parallels with the Mediterranean basin.

Keywords
Lusitania, Late Antiquity, Iberian Península, social changes.

Coordenadores

Cláudia Teixeira é professora auxiliar do Departamento de Linguística e Literaturas da Universidade de Évora e investigadora do Centro de Estudos Clássicos e Humanísticos da Universidade de Coimbra. Na sua actividade de investigação tem privilegiado a literatura latina, particularmente a Eneida de Virgílio e os romances de Petrónio e Apuleio. Neste momento, integra a equipa que está a traduzir a *Historia Augusta*.

André Carneiro é professor auxiliar do Departamento de História da Universidade de Évora e investigador integrado do CHAIA – Centro de História da Arte e Investigação Artística da Universidade de Évora e colaborador do Centro de Estudos Clássicos e Humanísticos da Universidade de Coimbra. Tem trabalhado sobre os temas do povoamento rural e rede viária em época romana no Alentejo e sobre os fenómenos de transição para a Antiguidade Tardia.

EDITORS

Cláudia Teixeira is assistant professor at the Department of Linguistics and Literatures of the University of Évora and member of the Centre for Classical and Humanistic Studies of the University of Coimbra. Her chief research interests lie in Latin Literature, especially in Virgil's Aeneid and in Petronius' and Apuleius' novels. She is currently working on the translation of *Historia Augusta*.

André Carneiro is assistant professor at the History Department of the University of Évora and member of the CHAIA – Centre for Art History and Artistic Research of the University of Évora and collaborator of the Centre for Classical and Humanistic Studies of the University of Coimbra. He is responsible for research projects about the roman rural settlements and the roman roads in Alentejo, and about the transition phenomena in the outbreak of Late Antiquity.

# Sumário

Apresentação  13
(Presentation)
    Cláudia Teixeira e André Carneiro

Entre o fim do Império e o início da Idade Média: as mudanças na estrutura do povoamento na região noroeste da Serra da Estrela (centro de Portugal)
(Between the end of Empire and the beginning of the Middle Ages: changes in the rural settlement in the northwest area of the Serra da Estrela (center Portugal))  19
    Catarina Tente

Nos limites do Império: dinâmicas de povoamento na transição para a Antiguidade Tardia no Alto Alentejo
(In the limits of the Empire: settlement dynamics in the transition for Late Antiquity in Alto Alentejo)  39
    André Carneiro

El proyecto FVNDVS de la villa romana de Noheda: planteamientos metodológicos y primeros resultados
(The FVNDVS project and the roman villa of Noheda: methodological issues and first results)  65
    Miguel Angel Valero Tevar

Câmbios en la dinâmica poblacional en el siglo V en la cuenca de Vera: Cerro Monroy y Cabezo María
(Changes in the settlement dynamics it the Vth century in Vera basin: Cerro Monroy and Cabezo María)  95
    Daniel Hernandez San José e Mário Gutierrez Rodríguez

El poblamiento en el centro peninsular entre el Tardoimperio y la Alta Edad Media (ss. V-VIII)
(The settlement in the centre of the peninsula between the Late Empire and the High Middle Ages (V-VIIIth centuries))  115
    Carlos Tejerizo García

Do *cloisonné* ao liriforme. Diacronias de um adorno de vestuário na Alta Idade Média
(From *cloisonné* to lyre-shaped belt buckles. The diachrony of a clothing adornment in the Early Middle Ages)  139
    Andreia Arezes

Adornos anulares en la Antigüedad Tardía: criterios para la catalogación de la colección del Museo Nacional de Arte Romano de Mérida (Badajoz, España)
(Annular adornments in Late Antiquity: cataloguing criteria for the collection in Museo Nacional de Arte Romano de Mérida (Badajoz/España))  161
    Nova Barrero Martín

A EXPORTAÇÃO DE PRODUTOS LUSITANOS: ROTAS, CARGAS E NAUFRÁGIOS NO
MEDITERRÂNEO OCIDENTAL NA ANTIGUIDADE TARDIA (SÉCULOS III A VI)
– DADOS PRELIMINARES
(Exportation of lusitanian products: preliminary data for routes, cargoes and shipwrecks in
Late Antiquity Western Mediterranean (III-VIth centuries))     185
Sónia Bombico

LA DOMUS SUBURBANA DEL SOLAR DEL ANTIGUO CUARTEL DE HERNÁN CORTÉS
(MÉRIDA, BADAJOZ). UN EJEMPLO DE ARQUITECTURA RESIDENCIAL EN LA
TARDOANTIGÜEDAD
(The suburban domus in the ancient Hernan Cortés quarter (Mérida, Badajoz). An example
of Late Antique residencial architecture)     213
Arqveocheck

L'IMAGE DANS L'ÉDIFICE CULTUEL CHRÉTIEN AU IVe SIÈCLE: LEGITIMITÉ ET FONCTIONS
(Imagery in the Christian cult buildings in the IVth century: legitimacy and functions)     233
Jean-Pierre Caillet

VETERA CHRISTIANA MONUMENTA IN BAETICA. HACIA UNA
SISTEMATIZACIÓN DE LA ARQUITECTURA DE ÉPOCA TARDOANTIGUA EN LA
PARTE OCCIDENTAL DE LA PROVÍNCIA
(VETERA CHRISTIANA MONUMENTA IN BAETICA. Towards a late antique
architecture systematization in the western part of the province)     255
Jerónimo Sanchez Velasco

VECTORES GENERALES Y RESPUESTAS LOCALES EN EL MONACATO HISPANO
TARDOANTIGUO: UN EJEMPLO DESDE LA ARQUEOLOGIA EN EL VALLE DEL EBRO
(General trends and local replies in late antique Spanish monasticism: an example from the
Ebro basin archaeology)     299
Urbano Espinoza

DE LA VILLA A LA ECCLESIA (I): LOS DOCUMENTOS LITERARIOS SOBRE LAS
TRANSFORMACIONES RELIGIOSAS EN LA HISPANIA RURAL
(From villa to ecclesia (I): literary testimonies on the religious transformations in rural Hispania)     319
Rosa Sanz Serrano

"DE LA VILLULA A LA ECCLESIA (II): ARQUEOLOGÍA DE LA TRANSICIÓN ENTRE EL MUNDO
TARDOANTIGUO Y EL MEDIEVAL EN LA IBERIA RURAL. PARTE II"
(From villula to ecclesia (II): transition archaeology between late antique world and medieval in
rural Iberia. Second part")     343
Saul Martín González

A TRANSFORMAÇÃO DO ESPAÇO FUNERÁRIO NO OCIDENTE ENTRE OS SÉCULOS IV E VI.
AMBIGUIDADES E LOCI SEPULTURAE EM ESPAÇOS RURAIS DO SUL DA LUSITÂNIA:
O CASO DOS TEMPLOS
(Funerary areas transformations in the in the west between IVth and VIth centuries. Ambiguities
and loci sepulturae in south Lusitania rural spaces: the temples case)     367
João Pedro Bernardes

LIFE AND DEATH IN LAS PIZARRAS (SEGOVIA). FUNCTIONAL TRANSFORMATIONS
IN LATE ANTIQUITY 387
    Cesáreo Perez González/Olívia Reyes Hernando

SOBRE O ESTUDO DAS NECRÓPOLES ALTO-MEDIEVAIS DA SERRA DE SÃO MAMEDE
(CASTELO DE VIDE E MARVÃO): UMA PERSPECTIVA METODOLÓGICA
(On the high-medieval necropolis research in the Serra de São Mamede (Castelo de Vide
e Marvão): a methodological perspective) 415
    Sara Prata

NECRÓPOLE ALTO-MEDIEVAL DA COUDELARIA DE ALTER
(Alter Harass high-medieval necropolis) 433
    Jorge de Oliveira

## Apresentação
(Presentation)

Crise e insegurança, alteração de paradigmas, surgimento de regionalismos e ameaças aos projetos comuns, empobrecimento da classe média, migrações, deslocação de populações e dificuldades no acolhimento a refugiados, ascensão de populismos e radicalização nas opções políticas, intolerância face ao outro, secularismos e radicalismos religiosos, afundamento do centro e emergência de novas periferias, fortalecimento das elites, desaparecimento do modus vivendi clássico... No universo da pós-contemporaneidade para o qual o século XXI nos atirou, estes são temas da maior atualidade e que estão na ordem do dia. Todavia, devemos prevenir o leitor de que este não é um livro sobre o momento presente; centramo-nos antes, no longo período que vai do século III até aos alvores da Idade Média, esperando talvez que a reflexão sobre o passado nos ajude melhor a compreender o que se passa nos tempos de agora.

Poucas áreas de investigação têm apresentado tanto dinamismo nos últimos vinte anos como o verificado nos domínios da designada *Antiguidade Tardia*, termo cunhado por Peter Brown[1] para designar os conturbados tempos que medeiam o final do Império Romano e o surgimento do mundo medieval, tempos aos quais, no território peninsular, se associa ainda a simbólica data de 711, ano em que se iniciou a conquista islâmica. De tal forma este debate tem sido intenso que dele surgiram coleções dedicadas a este período histórico[2] e uma extensa resenha bibliográfica, que demonstra o modo como o progresso da investigação tem sido avassalador[3].

---

[1] Brown, P., *The making of Late Antiquity*, Cambridge Massachussets, 1978.
[2] Vejam-se, a título de exemplo, os diversos volumes da colecção *Late Antiqúe Archaeology* editadas pela Brill.
[3] Chavarría Arnau, Alexandra, e Tamara Lewit (2004), Archaeological research on the Late Antique countryside: a bibliographic essay. *In*: Bowden, Lavan, Machado, (eds) *Recent research*

A investigação neste domínio tem-se pautado também pelo confronto de duas perspetivas, por vezes extremadas e suscitando um aceso debate: de um lado os defensores da denominada *continuidade*, que encaram o final do Império romano, simbolicamente datado de 476 com a deposição do último Imperador, como um mero acontecimento formal que pouco alterou uma dinâmica histórica de continuidade e lenta transformação, na qual novos agentes, como as comunidades bárbaras ou a religião cristã, se instalam sem perturbar de forma brusca o desenrolar de um processo histórico; no polo inverso, os autores que advogam uma perspetiva catastrofista, cuja génese se encontra nas leituras apocalíticas dos autores cristãos da época, retratam um mundo em convulsões invadido por tribos bárbaras, consumido por guerras e assolado por epidemias e fomes que devastaram a herança do passado clássico. Esta visão é retomada pelo autor do século XVIII Edward Gibbon[4], que no título da sua obra evoca o termo *queda* para retratar a violência do final do Império romano do Ocidente. Nos últimos anos, esta perspetiva foi retomada por Brian Ward-Perkins[5], que, com base nos dados da cultura material, demonstra a rotura efetivamente gerada pelo fim do império, evocando exemplos que demonstram o modo como as leituras históricas recentes, que advogam as teorias da *continuidade*, se têm subordinado aos princípios de uma *agenda da investigação* que, por vezes, tem intuitos mais políticos e estratégicos do que de isenção analítica. Entre estas duas perspetivas situa-se um amplo e variado conjunto de posições intermédias que valorizam distintas possibilidades de entendimento de um momento histórico complexo em relação ao qual, em última análise, se pressentem leituras que por vezes transcendem a visão histórica para procurar sugestivos paralelos com os momentos turbulentos e desestruturados em que assenta a contemporaneidade.

O debate sobre o final do Império tem sido enriquecido pelos mais diversos contributos, de que se destacam o contínuo fluxo de dados arqueológicos, aos quais se aplicam metodologias recentes e inovadoras, e a releitura crítica dos textos da época, subordinada agora a uma perspetiva que visa superar os *retratos de decadência*, tradicionalmente valorizados, por meio de uma metodologia de análise que implica quer o texto, quer a sua ligação aos elementos arquitetónicos ou às expressões artísticas. Deste esforço resultou a valorização dos fenómenos de criatividade, vitalidade e originalidade associados a um momento de mudança, no qual os novos agentes, as novas ideias e as novas influências se combinam com o edifício clássico em transformação.

Em Portugal, contudo, o final do Império romano continua a ser um momento pouco debatido e as perspetivas enfermam ainda de preconceitos que

---

*on the Late Antique countryside*. Leiden- Boston, Brill (Late Antique Archaeology vol. 2), p. 3-51.
[4] *The history of the decline and fall of the Roman Empire*, 1.ª edição entre 1776 e 1788.
[5] 2006, *A queda de Roma e o fim da civilização*. Lisboa, Aletheia Editores.

na investigação europeia já há muito estão erradicados. A tradição de investigação no domínio é, aliás, escassa. Datam da década de cinquenta do século XX os primeiros trabalhos dos autores que se dedicaram ao tema: Abel Viana, que trabalhou sobretudo na perspetiva das evidências recolhidas em escavação; e D. Fernando de Almeida, que entre nós cunhou o termo *paleocristão*, tendo estudado e analisado elementos arquitetónicos em abordagens mais próximas da História da Arte. Na década de noventa, destaca-se o trabalho interdisciplinar de Justino Maciel que, cruzando dados arqueológicos, históricos, literários e artísticos, apontou novos caminhos para uma investigação que, no entanto, não granjeou muitos seguidores. Na viragem do milénio, o debate ressurgiu, destacando-se a publicação, em 2013, do volume *A queda de Roma e o alvorecer da Europa*,[6] edição conjunta da Imprensa da Universidade de Coimbra e da Universidad Complutense de Madrid. No campo da arqueologia, surgiram novos contributos trazidos por uma nova geração de investigadores, mas verifica-se ainda uma certa incapacidade em criar um *forum* de debate, no qual se discutam as metodologias e as conquistas da mais recente investigação, ou ainda a transposição para a investigação portuguesa de algumas das mais sugestivas e criativas formas de olhar para estes tempos.

É este panorama que o presente volume pretende vitalizar, criando uma nova perspetiva ainda não explorada pela investigação portuguesa. Reunindo autores consagrados e de novas gerações, o volume pretende contribuir para a criação de uma leitura na qual a *Hispania* seja entendida como uma unidade conjunta e articulada, superando os constrangimentos administrativos modernos que tanto condicionam a informação. Neste sentido, o volume divide-se em quatro grandes secções, nas quais se reúnem os diversos contributos:

1. As pautas de povoamento em meio rural;
2. Elementos da cultura material e das cadeias de circulação de mercadorias;
3. O Cristianismo e a adesão das elites aos novos paradigmas;
4. O mundo funerário e as novas formas de tumulação.

De acordo com esta separação metodológica, mas que todavia não constrange abordagens autorais que por vezes inter-relacionam estes domínios e os transcendem, **Catarina Tente** analisa as estratégias e a organização do povoamento no Alto Mondego após o desaparecimento do Estado Romano. São alvo de discussão o abandono dos sítios romanos após o século IV, a escassez de vestígios arqueológicos relativos ao território no período das monarquias

---

[6] Francisco de Oliveira, José Luís Brandão, Vasco Gil Mantas & Rosa Sanz Serrano (coords), 2013, *A queda de Roma e o alvorecer da Europa*, Coimbra: Imprensa da Universidade de Coimbra – Universidad Complutense de Madrid.

sueva e visigoda (séculos VI e VII) e as alterações na estrutura do povoamento após o século VIII. Centrado em outra área regional, **André Carneiro** aborda as estruturas de povoamento rural no Alto Alentejo, debatendo e contrastando o facto de ter sido nas áreas periféricas e menos povoadas que primeiro se desestruturou a rede de povoamento imperial, enquanto nas zonas de agricultura extensiva e menos sofisticada a presença humana se prolongou durante mais tempo. **Miguel Ángel Valero Tévar** apresenta-nos uma das maiores *villae* documentadas na parte ocidental do Império: Noheda, na região de Cuenca. Além da descrição da estrutura da *villa* e do complexo musivário, o estudo incide sobre o território circundante e sobre a evolução da paisagem, apresentando os primeiros dados resultantes desta investigação de maior alcance. **Daniel Hernández San José** e **Mario Gutiérrez Rodríguez** analisam as dinâmicas populacionais que se verificaram na bacia de Vera a partir do século V, enunciando informações que permitem concluir relativamente à sua reestruturação planificada. A concluir a primeira secção, **Carlos Tejerizo García** analisa as dinâmicas de ocupação e reocupação do espaço compreendido entre as bacias dos rios Eresma e Adaja, no contexto cronológico da transição do mundo imperial romano para a Idade Média, combinando os dados dos materiais de superfície com os dados estatigráficos disponíveis. Em sítios de escassas evidências arqueológicas, o seu trabalho tem permitido definir com grande precisão os fenómenos de transformação e mudança.

Na segunda seção, apresentam-se quatro estudos que abordam elementos de uma mesma problemática: a cultura material. **Andreia Arezes** estuda as placas de cinturão exumadas em território português, datadas entre os séculos V e VIII, que agrupa em três grandes conjuntos (peças com decoração *"cloisonné"*, placas rígidas e o dos elementos de tipologia liriforme), relacionando-as com os contextos de origem e dando conta dos universos evocados por estas peças. Quanto a **Nova Barrero Martín** reanalisa e comenta a colecção de anéis tardo-antigos do Museo Nacional de Arte Romano em Mérida, atestando o uso transversal deste tipo de adorno por indivíduos de vários estratos da sociedade, facto muito em parte possibilitado pelo material utilizado (bronze de baixa qualidade) e, consequentemente, mais acessível do que o ouro, reservado a figuras de estratos sociais mais elevados. Em âmbito mais amplo, **Sónia Bombico** analisa os dados dos naufrágios de embarcações que transportavam ânforas de preparados de peixe lusitanas para estabelecer conexões com a problemática da exportação de produtos lusitanos, bem como com as continuidades e roturas que se operam entre os séculos III a VII. Ainda no âmbito das evidências materiais, a equipa constituída por **Diego Sanabria Murillo, Víctor Gibello Bravo, Andrea Menéndez Menéndez** e **Fernando Sánchez Hidalgo** apresenta os dados resultantes da escavação de uma *domus*, datada entre os séculos V-VI, no espaço do solar do antigo Quartel de Hernán Cortés (Mérida). Edificada sobre um edifício termal anterior, a residência foi construída de acordo com a planta tradicional da casa romana itálica, testemunhando o impulso regenerador do espaço urbano ocorrido no território emeritense entre os séculos VI e VII.

O amplo campo de estudos dos primórdios da religião cristã apresenta-se como uma das áreas de conhecimento que mais tem evoluído no universo da Antiguidade Tardia. Nesta terceira secção, **Jean-Pierre Caillet** estuda as raízes da iconografia cristã, que, a despeito da oposição normativa da Igreja relativamente à exibição de imagens em edifícios cultuais, o autor situa em pleno século IV; uma iconografia, cujas funções não se consignavam apenas ao plano da utilidade didática, mas também à estruturação dos locais de culto. No espaço territorial da província bética, **Jeronimo Sanchez Velasco** estuda os diferentes tipos (infraestruturas e edifícios religiosos) dos edifícios tardoantigos conhecidos na região, e de modo amplo e profundamente documentado, estabelece relações entre os testemunhos materiais e o imaginário das elites em mutação do universo pagão para o sistema cristão agora dominante. Contribuindo para o estudo de uma realidade muito mal conhecida e que deixou poucos vestígios materiais, **Urbano Espinosa** analisa três mosteiros da Antiguidade Tardia, situados nas localidades de Albelda de Iregua e Nalda, realçando a ligação entre a implementação destas estruturas no meio rural com a dinâmica da reorganização das elites e dos seus poderes. Nesta perspectiva de análise, que parte dos espaços de vida para o conhecimento das gentes que os povoaram, **Saúl Martín González** estuda a relação das estruturas arquitectónicas cristãs no contexto da paisagem da Antiguidade Tardia, incidindo especialmente na transformação de espaços das antigas *villae* em mosteiros e lugares de sepultura ou no modo como os antigos sítios continuaram a ser ocupados, mas de modo radicalmente distinto. Aprofundando esta leitura, mas convocando o domínio da literatura, **Rosa Sanz Serrano** analisa histórica e literariamente as transformações ocorridas na *Hispania* com a implementação do cristianismo, cotejando fontes de várias proveniências e problematizando as informações transmitidas pelos autores. Entre as transformações operadas no espaço e na paisagem em virtude da mudança religiosa e ideológica imposta pelo novo paradigma cristão, encontra-se o fenómeno complexo da evolução da *villa* para a *villula*, que a autora discute em estreita correlação com as mutações socias, económicas, culturais e religiosas operadas no tempo.

Relativamente ao mundo funerário, a última seção do presente volume permite sistematizar algumas linhas de investigação. **João Pedro Bernardes** analisa as transformações que o cristianismo impôs ao espaço funerário na Lusitânia, nomeadamente a sua aproximação ao espaço dos *viventes*, realidade que não dirimiu as oscilações das populações, ainda suficientemente próximas da cultura e das práticas pagãs, relativamente à escolha dos locais de sepultamento. Este factor, que levou a uma dispersão dos espaços funerários, redimensiona-se a partir dos séculos VI-VII, embora a mudança das práticas não signifique o esbatimento total da herança cultural e religiosa pagã. Centrado em outra área regional, **Cesáreo Pérez González** e **Olivia V. Reyes Hernando** oferecem um estudo sobre as modificações sofridas, a partir do séc. V d. C., pelo conjunto monumental tardo-romano da área arqueológica de *Las Pizarras* (Coca, Segovia), demonstrando as sucessivas mudanças funcionais ocorridas durante a Antiguidade tardia. No âmbito das conclusões da investigação associadas à sua tese de mestrado, **Sara Prata** apresenta os resultados do estudo sobre as sepulturas escavadas na rocha, nos concelhos de Castelo de Vide e Marvão, do período Alto-Medieval, bem como as opções metodológicas tomadas no seu decurso. De igual modo **Jorge de Oliveira** apresenta os resultados dos trabalhos arqueológicos realizados na necrópole Alto-Medieval da Coudelaria de Alter, realçando as reutilizações detetadas em duas sepulturas escavadas na rocha.

Com este conjunto de contributos pretendemos que o debate em torno da Antiguidade Tardia – um momento histórico de tão inesperada atualidade – se possa aprofundar em Portugal, de modo a que possamos conhecer melhor um período que foi tão profundo e complexo.

Évora, Novembro de 2016.

Cláudia Teixeira
André Carneiro
Universidade de Évora

# Entre o fim do Império e o início da Idade Média: as mudanças na estrutura do povoamento na região noroeste da Serra da Estrela (centro do Portugal)
### (Between the end of Empire and the beginning of the Middle Ages: changes in the rural settlement in the northwest area of the Serra da Estrela (center Portugal))

Catarina Tente (catarina.tente@gmail.com)
IEM/FCSH-UNL

Resumo – O presente estudo procura analisar as estratégias e a organização do povoamento na encosta Noroeste da Serra da Estrela após o colapso do Império romano. O abandono de estruturas e núcleos de povoamento entre o 4.º e o 5.º século foi revelado por escavações arqueológicas, e a rede de povoamento resultante é pouco visível, com as evidências apontando para uma fragmentação ou desaparecimento das *civitates* romanas. O processo é acompanhado pelo surgimento de novas elites que dominam areas mais restritas. Entre o século 8.º e o 9.º novas mudanças ocorrem: locais ocupados por elites, como o Castro do Tintinolho, são abandonado, e pontos de povoamento são fundados em zonas baixas, embora com reforço de sistemas defensivos.

Palavras chave – território, mudanças sociais, estruturas rurais, *civitates*, Alta Idade Média, *castellum*, vilas.

Abstract – This work aims to address the strategies and organization of settlement after the collapse of the Roman Empire in the Northwest slope of the Serra da Estrela. The archaeological research has revealed the abandon of Roman structures during the 4th and 5th century. The settlement that emerges after that is still not very visible, but there are some archaeological data pointing to a fragmentation or disappearance of the ancient Roman *civitates*. This process is accompanied by the emergence of a new ruling class focused on smaller areas. In the 8th and 9th centuries new change occurred in settlement strategies. Elite's places as Castro do Tintinolho were abandoned and new villages emerge in the valleys, although endowed with defensive systems.

Keywords – territory, social changes, rural structures, *civitates*, early middle ages, *castellum*, village

## 0. O Alto Mondego

Quando o poder de Roma desaparece, quem o substitui no Alto Mondego? Ou como reagem os habitantes ao desaparecimento do Estado Romano e à emergência de outros poderes? Que consequências têm estas alterações no padrão de povoamento? Estas perguntas são de difícil resposta, mas como se verá adiante, neste momento da investigação, os indicadores documentais e arqueológicos indiciam a presença de novas elites cujo poder se estrutura e se demonstra em moldes diferentes dos que haviam marcado o mundo romano. O início da investigação realizada nos últimos anos, quer em contextos romanos tardios quer alto medievais, mais do que respostas, têm levantado mais questões que marcam os caminhos para a investigação futura.

A região definida para esta abordagem designa-se genericamente por Alto Mondego, pois é este rio, conjuntamente com a vertente noroeste da Serra da Estrela que constitui o eixo estruturador do território. A serra e o rio organizam e compartimentam a paisagem, dividindo-a entre um espaço montanhoso e uma área de altitudes mais modestas, que é denominada de "Plataforma da Beira Alta" (Ferreira, 1978), esta constitui uma das mais importantes "portas" da História portuguesa, permitindo a passagem de Norte para Sul e do interior da Meseta para o litoral ocidental, dando acesso direto a Viseu e a Coimbra. A encosta Noroeste, que domina o grande corredor da Beira Alta, apresenta-se com uma vigorosa muralha montanhosa atravessada por numerosos pequenos cursos de água, que descem a serra para desaguarem no médio Mondego. Esta vertente, notavelmente retilínea, apresenta inclinações moderadas, entre 11.º e 17.º (Daveau, 1969, p. 40).

No que aos concelhos actuais diz respeito, a área abordada integra os da Guarda, Celorico da Beira, Fornos de Algodres e Gouveia (figura 1). Trata-se de uma área geologicamente dominada pela ocorrência de rochas graníticas com intrusões de rochas do complexo xisto-grauváquico. Os depósitos sedimentares são bastante limitados em dimensão e correspondem a dois grupos de formação: os aluviões e os depósitos arcósico-argilosos. Os aluviões são depósitos actuais que se localizam ao longo dos vales e que, na generalidade, tem reduzidas espessuras.

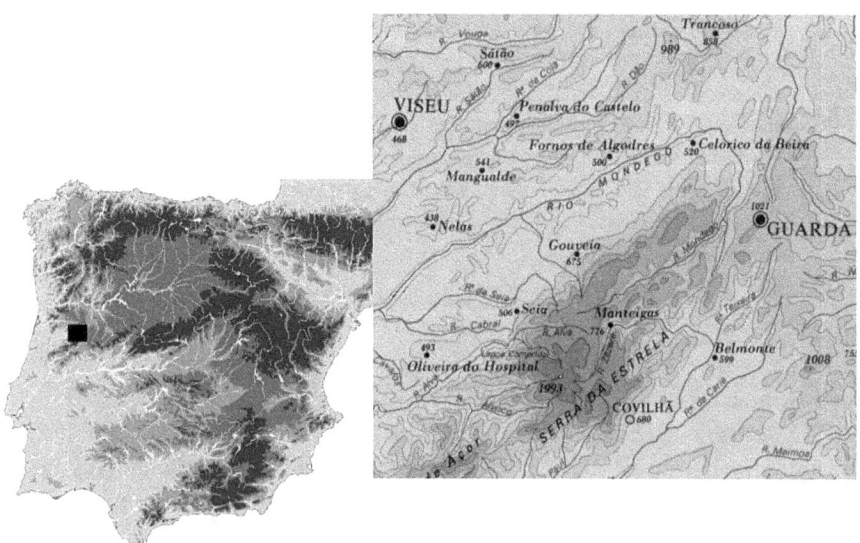

*Figura 1* – Localização do Alto Mondego.

Não obstante, foram sempre áreas preferenciais para as práticas agrícolas, tal como é o caso do Vale do Mondego entre a Ribeira do Caldeirão e a Bacia de Celorico. A vertente Noroeste da serra é ainda percorrida por inúmeros cursos de água dispostos mais ou menos paralelamente que descem a serra em direcção ao Mondego, irrigando as encostas serranas e ao planalto do vale do Mondego.

## 1. OS SÍTIOS ROMANOS APÓS O SÉCULO IV

Quando se aborda o fim do Império Romano no que se refere ao povoamento tem de se partir, naturalmente, do panorama nos séculos II e III d.C. Aqui reside a primeira grande dificuldade. A informação disponível para o povoamento e a organização administrativa romana no Alto Mondego é ainda pouco consistente. Tal ocorre porque a maioria dos dados disponíveis advêm da prospeção essencialmente de superfície, e a interpretação que tem sido feita sobre os mesmos incorre portanto nos problemas que este tipo de informação muito parcial. Existem assim algumas abordagens interpretativas do povoamento romano avançadas por M. S. Perestrelo (2003), P. Carvalho (2007 e 2009), V. Pereira (2008) e mais recentemente por A.C. Marques (2011), que, na sua tese de mestrado aborda o povoamento romano da Bacia de Celorico. Todavia, a maioria destes trabalhos assentam fundamentalmente no trabalho de prospeção e no exercício de relacionar o tamanho das áreas de dispersão dos vestígios com os diferentes tipos de sítios rurais existentes em período romano. Apesar de ser um ponto de partida válido, este tipo de abordagem levanta muitos problemas relativamente à atribuição cronológica de cada sítio, construindo-se, por vezes, uma imagem do mundo rural romano como um espaço estático. Por outro lado desenham-se redes de povoamento lógicas, mas cujos fundamentos são pouco sólidos, por não dispor em, muitos dos casos, de dados concretos que permitam atribuir determinados vestígios a um *vicus*, uma *civitas*, uma *villa*, uma quinta ou um casal, etc.

Em consequência há, igualmente, muitas dúvidas quanto ao mapa administrativo romano. Não sendo claro a que *civitas* ou *civitates* estaria este território integrado. Revendo as propostas de localização destas capitais administrativas nos territórios limítrofes ao Alto Mondego sugere-se que a Noroeste localizar--se-ia a capital dos *Interanienses* que parece corresponder à actual cidade de Viseu (*Vissaium*). É possível que o seu território se estendesse até à margem direita do Mondego, o que hoje corresponde aos concelhos de Manguaide e, provavelmente, parte do de Fornos de Algodres. Na Bobadela (Oliveira do Hospital) podia situar-se a capital dos *Tapori*, mas esta atribuição não reúne consenso. Parte da área mais ocidental do concelho de Gouveia poderá ter estado integrada neste território. A Norte situar-se-ia a *Civitas Aravorum*, com sede em Marialva (Meda), que eventualmente integraria as áreas norte dos atuais concelhos de Celorico da Beira e de Fornos de Algodres. Parte, ou provavelmente a totalidade, da área da bacia de Celorico terá estado integrada na *civitas* dos *Lancienses Transcudani*, que se tem aventado a possibilidade de poder corresponder aos vestígios identificados na Póvoa do Mileu (Guarda), ainda que também esta atribuição não seja pacífica (Carvalho, 2005, 2009; Guerra, 2007; Marques, 2011; Pereira, 2005, 2008; Perestrelo, 2003).

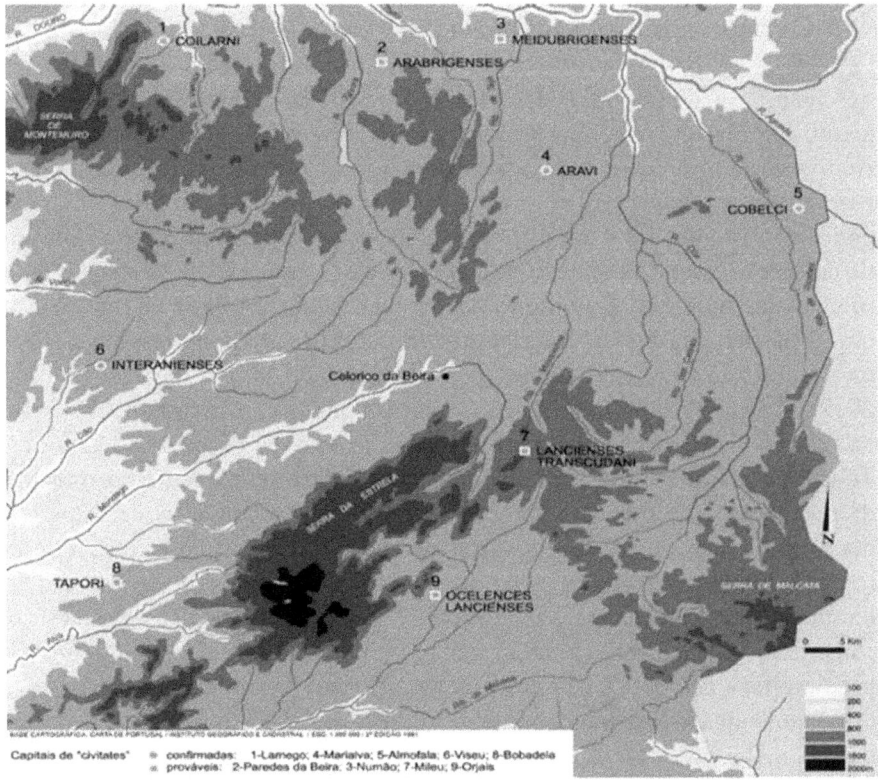

*Figura 2* – Mapa das *civitates* da região da Beira Interior publicado por P. Carvalho, 2009, p. 36.

Independentemente do tipo de sítio ou da dimensão que os dados de superfície possam sugerir, verifica-se que os vestígios romanos ocupam preferencialmente áreas de vales e de rechãs ricas em água. A presença da água compensa em muitos dos sítios a debilidade produtiva dos terrenos. São raros ou inexistentes os vestígios deste período nos altos planaltos serranos ou nas áreas mais pedregosas e carentes de água. É sobretudo na denominada Bacia de Celorico que se concentra a maioria dos vestígios de cronologia romana detectados à superfície.

Será também aí que se encontram dos principais vestígios arqueológicos que indiciam a importância de ocupações antigas. Caso exemplar é o da actual aldeia de Açores (Celorico da Beira). A actual igreja da aldeia tem integrada numa parede lateral do altar uma epígrafe funerária (fig. 3) dedicada a *Suinthiliuba*, que terá falecido a 5 de Novembro de 666 (Barroca, 1992). Nas proximidades da igreja foi igualmente identificada, na abertura de um poço, uma ara que expressa um voto a Júpiter Óptimo Máximo em favor de Gaio Sílio Celso (Carvalho, Lobão e Marques, 2012). Em redor de toda a aldeia encontram-se vestígios de materiais de construção romanos e cerâmica comum, o que abona a favor de uma ocupação romana consistente daquele local, ainda que de limites cronológicos incertos. Este sítio tem sido avançado como podendo ser um dos fortes candidatos a capital de uma *civitas* desconhecida, defendida por alguns autores, que teria como território a Bacia de Celorico (Perestrelo, 2003; Carvalho, 2009; Marques, 2011). A ligação entre a ocupação romana óbvia daquele espaço e a inscrição de período visigodo é por agora difícil de estabelecer, ainda que a informação disponível relativamente à proveniência desta epígrafe funerária indique que a mesma terá sido encontrada durante a construção da igreja atual, ou seja, proviria do local onde ainda hoje se encontra. É, pois, prematuro avançar com a hipótese de neste sítio haver uma continuidade ocupacional entre o período romano e a Idade Média, pois apenas escavações arqueológicas poderiam eventualmente proporcionar esta informação. No entanto, não deixa de ser sintomático que esta aldeia, que se localiza no centro da Bacia de Celorico, ocupando uma das áreas mais férteis de toda a região, continue a ser durante a Idade Média e a época Moderna um local de destaque religioso, onde anualmente populações, vizinhas e de lugares distantes, se dirigiam para prestar homenagem a Santa Maria de Açores (Coelho e Pimenta, 2009; Neto, 2009).

Relativa importância pode ter tido igualmente a ocupação de Vale de Azares, igualmente situada na Bacia de Celorico. Ali conhecem-se vários vestígios arquitectónicos de cronologia romana e uma inscrição dedicada a *Ama Aracelene*, uma divindade local (Ferreira, Osório e Perestelo, 2004). Uma vez mais, identificaram-se também vestígios arqueológicos alto-medievais, tais como sarcófagos, sepulturas escavadas na rocha, cerâmica comum e um silhar decorado com círculos gomados, actualmente integrado na parede da capela de Fonte Arcada (Tente, 2007). A falta de trabalhos de investigação arqueológica e o crescimento urbano das aldeias condiciona, por agora, quaisquer interpretações acerca do papel deste local e sobre a continuidade de ocupação entre os tempos do Império Romano e a Alta Idade Média. Alexandre Herculano considera que o topónimo Azares significa *"uma correria feita pelos habitantes de povoação por sua conta e risco"* (*Apud* Machado, 1991, p. 26), ou seja refere-se a algaras. Se assim for, tanto se pode considerar como resultante de ataques surpresa vindos do exterior como ataques empreendidos pelos habitantes da região. Seja como for este topónimo de origem árabe sublinha a ocupação alto-medieval deste espaço (Tente, 2010).

*Figura 3* – Inscrição de período visigodo identificada em Santa Maria de Açores (fotografia de Danilo Pavone, © C. M. Celorico da Beira).

Na Guarda tem vindo a ser realizadas várias campanhas de escavação na Póvoa do Mileu, por V. Pereira, que têm mostrado uma importante ocupação romana, nos limites da cidade actual. A natureza destes vestígios tem levantado alguma polémica sobre a correspondência ou não deste local com a capital dos *Lancienses Transcudani* (Carvalho, 2008; Carvalho 2009; Pereira, 2008), povo que está representado na inscrição da Ponte de Alcântara (Alarcão, 2007). Independentemente dessa correlação, os dados disponíveis indiciam uma ocupação romana estável pelo menos até ao século III (Pereira, 2008). O aparecimento de um ponderal bizantino e de um *tremis* cunhado no reinado de Égica (687-702) documenta uma certa continuidade do local, ainda que os dados até agora publicados não permitem compreender que tipo de ocupação seria e se houve ou não hiatos no uso daquele espaço.

Na área mais ocidental do vale do Alto Mondego, no actual concelho de Gouveia, foi arqueologicamente intervencionado o sítio do Monte Aljão (Rio Torto), localizado nas proximidades da estrada que liga Gouveia a Mangualde. O mesmo é mencionado pela primeira vez numa carta de Bernardo Rodrigues do Amaral dirigida a José Leite de Vasconcelos, datada de 9 de Maio de 1904. O sítio não volta a ser mencionado até 1980, quando durante uma surriba para plantio de uma vinha se afectam vários contextos arqueológicos. Este episódio destrutivo motivou a intervenção arqueológica de minimização realizada pelos Serviços Regionais de Cultura da Zona Centro. O relatório então produzido dá conta da escavação de uma área de 45 m² onde se identificam cinco níveis de ocupação, dois de cronologia romana incerta e três de cronologia medieval, entre os quais se destaca a necrópole de sepulturas escavadas no substrato rochoso. Infelizmente, o relatório da intervenção é muito simplista e insuficiente quanto aos critérios usados para a distinção entre os diversos níveis de ocupação. Por outro lado, não existe uma única linha que descreva os materiais arqueológicos identificados e destes não há informação sobre o seu paradeiro. Como mais nenhuma informação adicional relativa a este sítio foi publicada desde então, pouco mais se conhece sobre os resultados obtidos nesta intervenção. Em 2008 e 2009 a signatária efetuou escavações arqueológica neste local que documentaram o alto grau de afetação dos contextos arqueológicos efectuados por uma outra surriba posterior à escavação dos anos 80 do século xx. Permitiram ainda identificar algumas estruturas romanas e mais sepulturas alto medievais pertencentes à necrópole ali existente (fig.4) e que havia sido identificada na intervenção dos anos 80. Os trabalhos mais recentes permitiram recuperar contextos romanos tardios, provavelmente instalações de trabalho ligadas ao tratamento de lãs, que são abandonadas dos finais do século iv ou inícios do século v (Tente, 2010; Tente e Carvalho, 2011). O começo desta ocupação é mais difícil de precisar, mas terá ocorrido por volta do século i ou ii d.C. Para já, não se consegue esclarecer se este abandono foi progressivo ou se ocorreu na sequência de qualquer evento súbito. Apesar dos fenómenos pós-deposicionais destrutivos que este sítio sofreu, foi possível verificar que há efetivamente um hiato ocupacional entre este abandono e os níveis medievais, bem marcado numa camada de abandono identificada no registo estratigráfico. Neste sítio é claro que não houve qualquer continuidade ocupacional entre o século V e os séculos ix/x, altura em que a necrópole parece estar em uso (Tente, 2010). Quando se retoma o local? A organização interna da necrópole indicia que houvesse ali uma igreja que, porém, não foi identificada. Talvez esta ocupação medieval do sítio tenha origem nesse edifício, mas é incerta a sua localização e cronologia de fundação. Mais certo é a cronologia do uso da necrópole que aparente estar balizada entre os século ix/x e o século xii, altura em que Afonso Henriques vende a *villa prenominata Aldiam* a dois particulares (doc. 52 do Livro Preto de Santa Cruz de Coimbra, Ventura e Faria, 1990, p. 184).

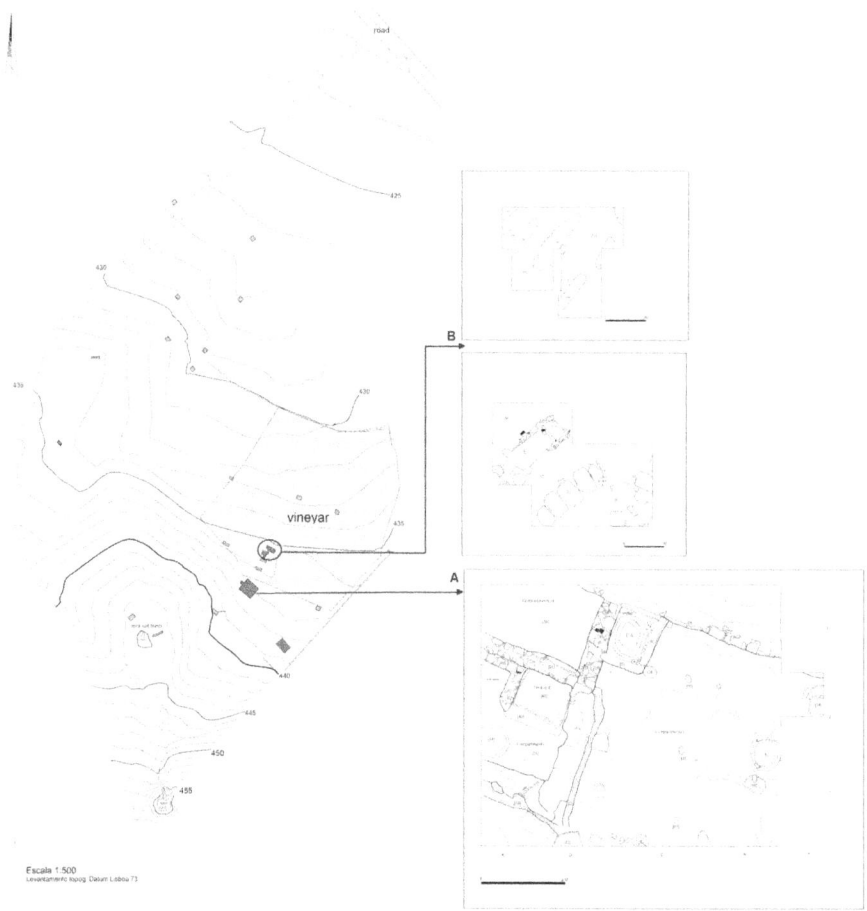

*Figura 4* – Levantamento topográfico do sítio arqueológico do Monte Aljão (Rio Torto, Gouveia): A – Contextos de tanques cujo abandono está datado do final século IV e início do século V; B – Necrópole alto medieval de sepulturas escavadas no substrato rochoso provavelmente em uso durante o século X (Tente, 2010).

Em S. Gens (Forno Telheiro, Celorico da Beira), as escavações do sector 9, levadas a cabo por A. Marques, arqueólogo do município de Celorico da Beira, identificaram um edifício com vários compartimentos, que foi interpretado como uma habitação rural unifamiliar, provavelmente tipo quinta (Marques, 2011, p. 82-85). Este edifício teve pelo menos duas ocupações, uma que remonta ao século I a.C. e uma outra, mais tardia, que cessa provavelmente no final do século IV d.C. É possível que este edifício esteja acompanhado de outras estruturas, uma vez que os materiais romanos encontrados à superfície estendem-se por outras áreas da estação arqueológica. Mas por agora torna-se difícil avançar mais do que a correlação deste local como um espaço rural romano de carácter unifamiliar, que uma vez mais será abandonado no fim do Império. Pelos dados disponíveis, para já, constata-se um hiato de ocupação neste sítio entre o final do Império e o século x, altura em que existiu, próximo do estabelecimento romano, um povoado e uma necrópole rupestre.

*Figura 5* – Vista parcial da casa identificada no sector 9 de S. Gens (Celorico da Beira), cuja ocupação se baliza entre o século I a.C e o IV d.C.

Também na atual aldeia de Algodres (Fornos de Algodres) se efectuaram escavações recentes no âmbito de obras de remodelação urbana (Soares, Cardoso, 2004; Pinto, 2008). No espaço em redor da igreja da aldeia foram identificados contextos domésticos tardo-romanos e a necrópole medieval e moderna. O estudo preliminar do espólio permitiu evidenciar, uma vez mais, um hiato na ocupação que ocorre, precisamente, entre os séculos V e XI/XII, altura em que se terão ali iniciado os enterramentos ligados à igreja paroquial (Pereira, s.d.). O abandono de sítios romanos a partir do século III d.C. está ainda documentado em outros locais intervencionados no âmbito dos planos de minimização do alargamento da EN 221 e da construção da A25, como a Quinta da Pega I e a Quinta do Piroco (Apud Marques, 2011, p. 89-91). O primeiro, que correspondendo provavelmente a uma quinta, teve ocupação entre os séculos I ou II d.C. e o final do século IV ou início do V. Na Quinta do Piroco identificaram-se igualmente estruturas domésticas e rústicas consentâneas de uma ocupação rural tipo quinta cuja ocupação se balizou entre os séculos I e III d. C.

Sobre o destino dos sítios romanos após o fim do Império pouco se pode mais avançar, mas os dados disponíveis dos sítios arqueologicamente intervencionados indicam que os mesmos foram abandonados a partir do século III, com maior incidência em finais do IV/inícios do V. Em alguns casos a ocupação humana é retomada nestes locais, mas após hiatos de tempo relativamente longos como ocorre no Monte Aljão, em S. Gens e em Algodres (fig. 5). Não há, por isso, para já, evidências de continuidade ocupacional entre os sítios imperiais e os alto-medievais. Muitas hipóteses se poderiam levantar face a estes dados, contudo, trata-se de informação muito escassa, o que tornaria uma eventual explicação pouco credível.

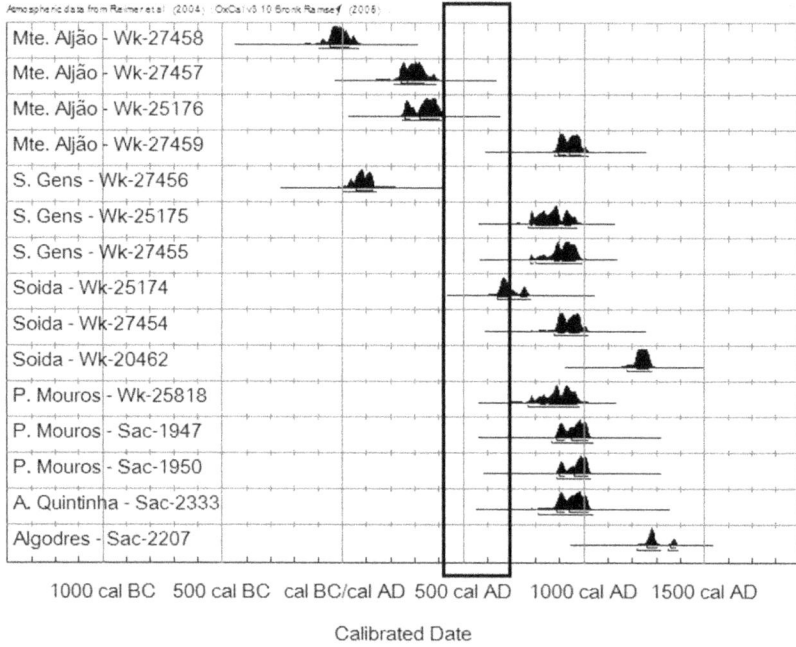

*Figura 6* – Gráfico com as datações C14 efectuadas nos sítios com ocupação da Alta Idade Média, com indicação do hiato ocupacional identificado entre os séculos IV/V e o século IX (Tente, 2010, sobre a discussão das várias datações consultar ainda Tente e Carvalho, 2011).

É, porém, de mencionar que muitos outros sítios se encontram referenciados pela prospeção e que em alguns deles há uma correlação espacial entre sepulturas escavadas na rocha – que como se sabe, podem ter sido construídas entre os séculos VI a XI (Tente 2010) – e vestígios consentâneos de vivências quotidianas. Sem escavações é impossível aferir a natureza desta proximidade espacial e se a mesma poderá corresponder a uma coincidência temporal. No entanto, não se pode descurar a possibilidade de em alguns destes casos poder ter existido efectivamente uma continuidade na ocupação. O futuro da investigação abrirá certamente novos caminhos e novas interpretações.

Em terras mais a Norte, situadas já na Bacia do rio Douro é, aliás, defendida esta mesma continuidade, por exemplo nas *villae* do Prazo (Freixo Numão) e da Ervamoira (Muxagata). Mas nestes casos a publicação dos resultados (a título de exemplo Coixão, 1999; Guimarães, 2000) dos trabalhos arqueológicos realizados é ainda muito insuficiente e, por isso, levanta vários problemas de compreensão relativamente aos contextos de transição. No caso concreto do Prazo é proposto haver uma continuidade de ocupação até ao século VI, mas não se compreende o que ocorre após aquela centúria e se há, ou não, um abandono e uma posterior reocupação bem patente na necrópole ali identificada e claramente datável entre os séculos X e XII.

## 2. Os séculos VI e VII

Um dos documentos mais importantes para o conhecimento da organização episcopal sueva, o *Parrochiale Suevum* (572-579), tem sido entendido como reflexo da capacidade fiscal e governativa do reino suevo (Mattoso, 1985a). O documento seria um "*testimonio de iglesias (o incluso territorios) que competen a la administración y la directa jurisdicción de la diocese episcopal*" (Diáz, 1998, p. 40), pelo que estavam excluídas as igrejas de carácter privado e as monásticas, cujo número e implantação desconhecemos. Muitas das dioceses e paróquias mencionadas no documento são também referidas em outra documentação eclesiástica, como os Concílios, o que atesta a sua existência e funcionamento durante determinados períodos de tempo. O mapa de implantação das estruturas religiosas mencionadas apresenta uma maior concentração de referências junto do eixo Tui/Braga/Porto, o que parece reflectir que era aí que a monarquia e a estrutura eclesiástica sueva tinha maior implantação. Fora deste eixo as referências são mais espaçadas e à medida que a distância aumenta, diminuem as menções, existindo espaços totalmente em branco. É o que sucede com o Alto Mondego.

As dioceses mais próximas do território em análise, referidas no *Parrochiale*, são as na dependência da diocese de Viseu. A arqueologia em Viseu não tem dado a conhecer informação relativa a este período histórico. A publicação da "basílica" de Viseu (Vaz, 2000) não é esclarecedora quanto às características e cronologia do edifício ali escavado, uma vez que sumariamente se publica o contexto sem o associar ao estudo dos materiais arqueológicos ali recolhidos. Na dependência desta diocese deveriam estar uma ou duas paróquias, que se poderiam situar no vale do Mondego. Noutro local foi sugerido que a paróquia de *Suberbeno* pudesse corresponder a algum dos sítios arqueológicos tardo-romanos/alto medievais existentes entre Seia e Gouveia (Tente, 2007). Também J. Mattoso avança com a hipótese da paróquia de *Osania* poder corresponder a Seia (1986/87). Todavia, para além de se tratar de meras hipóteses de trabalho, ambas propõem uma localização no extremo ocidente do território do Alto Mondego, deixando em branco o espaço entre a Guarda e Gouveia. A Norte conhece-se igualmente a paróquia viseense de *Caliabria* (Almendra, Vila Nova de Foz Côa), que entre 633 e 693 adquire o estatuto de diocese (Vives, 1963). Junto desta, e talvez na sua dependência durante o período diocesano, estaria a paróquia de *Coleia*, que Almeida Fernandes (1968) chegou a propor poder situar-se em Gouveia, mas cuja identificação da inscrição relativa à C*ivitas Cobelcorum* em Torre de Almofala (Figueira de Castelo Rodrigo) veio comprovar não só o estatuto daquele local à época romana, como relacionar essa *civitas* com a paróquia sueva. A arqueologia desta região tem dado a conhecer alguns edifícios de carácter religioso que remontam a este período. Refira-se os já mencionados edifícios do Prazo e da Ervamoira. As referências a paróquias e a dioceses, onde se chegou a cunhar moeda, bem como o aparecimento de importantes vestígios arqueológicos na região do Côa, mostram que neste território emergiram elites que teriam ligações ao poder central (Martín Viso, 2008 e 2011), pelo menos em determinado momento, o que pode explicar, entre outras coisas, a ascensão de *Caliabria* a sede episcopal durante 60 anos.

A imagem que se pode traçar do Alto Mondego na mesma época é muito diferente. Não se conhecem paróquias, nem sedes episcopais, nem edifícios religiosos. Todavia, há algumas informações que remetem para estas cronologias e que permitem esboçar alguns traços do que seria este território durante o período de vigência política das monarquias sueva e visigoda.

Para além da inscrição funerária da Igreja de Santa Maria de Açores, datada de 666, conhecem-se ainda vários achados de moedas de ouro cunhadas durante o período visigodo: duas do Castro do Tintinolho (Cavadoude, Guarda); duas da área da actual cidade da Guarda; e uma outra em Ademoura (fig. 7), também no actual concelho da Guarda. I. Martín Viso (2008 e 2011) revê a informação relativa às *tremisses* encontrados no Nordeste da Lusitânia e relaciona-as com a presença de eventuais *potentes*, cujo poder assentaria na capacidade de cobrança fiscal.

Os locais de habitação desta elite não são fáceis de determinar por não existirem, para já, mais elementos de prestígio que possam identificá-los, situação aliás que se multiplica em várias áreas geográficas para este período, nomeadamente na região de Salamanca (Martín Viso, 2009). O Castro do Tintinolho (fig. 8) seria um destes sítios de altura onde se poderia ter promovido a *"adaeratio"*. Os dados disponíveis apontam para um local cuja origem não está definida, mas que é dotado de um sistema defensivo durante os séculos VI e VII (Tente e Martín Viso, 2012). A sua implantação marca a paisagem da Bacia de Celorico, como nenhum outro sítio antropizado o faz naquela região. É um local para ser avistado e marcar o seu território. A referência ao achamento de duas moedas de ouro, cunhadas em *Celo* e *Caesaraugusta* nos reinados de Sisebuto e Suintila (Faria, 1985), permitem incluir este local no panorama das elites que estabeleceram, em certos momentos, relações com o poder central. A moeda de ouro, tal como assinalou I. Martín Viso (2008, 2011), não circularia, era antes um instrumento de poder criada para o sistema fiscal. O sistema da fiscalidade não é bem conhecido, mas percebe-se que o mesmo dependeria da capacidade de cobrança de impostos por parte dos *potentes* locais e da relação que estabelecem com o poder central. A moeda de ouro representaria essa relação fiscal. A sua identificação, neste contexto particular, não só atesta a presença dessas elites, como documenta a relação destas com a monarquia visigoda.

Em conjunto estes vestígios de prestígio de época visigoda atestam "*que no eixo do vale, entre a actual barragem do Caldeirão e a aldeia de Açores, se encontraria uma elite local capaz de possuir moeda e de mandar esculpir inscrições funerárias. É esta elite que teria certamente no Castro do Tintinolho o seu símbolo mais marcante e a forma de facilmente se fazer representar naquele território*" (Tente, Martín Viso, 2012, p. 69).

O sítio de Castelos Velhos (Guarda), que I. Martín Viso (2008) aponta como podendo ser um outro espaço de elites, tem de ser lido com atenção, pois a informação disponível é muito escassa para que se retirem conclusões sobre a funcionalidade e cronologia deste sítio já muito alterado pela expansão urbana.

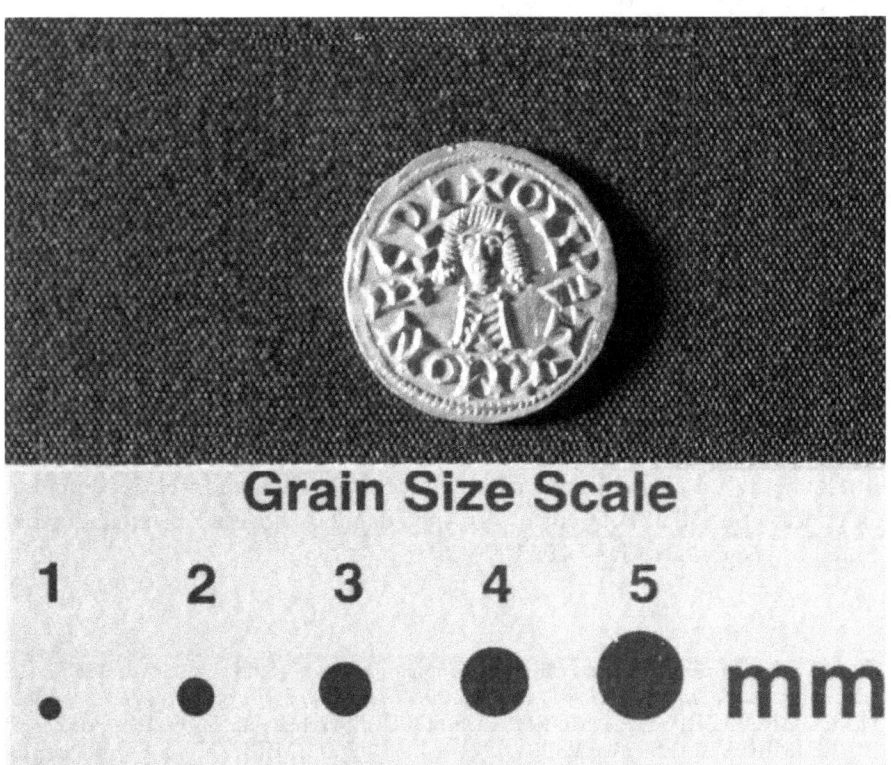

*Figura 7* – *Tremis* de Recaredo cunhado em *Monecipio* proveniente de Ademoura.

*Figura 8* – Fotografia do Castro do Tintinolho e gravura de Martins Sarmento realizada durante a *Expedição scientífica à Serra da Estrella em 1881* (Sarmento, 1883, Est II).

Na área mais ocidental do vale do Mondego está igualmente documentada a presença de gentes privilegiadas que viveram nestas centúrias. Na primeira metade do século XX foi encontrada na área do Freixial/Safail (Vila Nova de Tázem, Gouveia) uma pátera de bronze (fig. 9), cuja cronologia proposta por Russel Cortez (1950) aponta exactamente para os séculos VI/VII. A mesma apresenta a seguinte inscrição † ARGIMIRI VITA' DS 'VS ODI. A sua leitura não é consensual[1], mas vários autores relacionam a pátera a uma personagem de nome *Argimiro*, que para alguns seria um bispo viseense. Infelizmente tal antropónimo não aparece referido nas fontes documentais da época, nomeadamente entre os bispos daquela diocese referenciados nos concílios visigodos (Vives, 1963).

---

[1] Martins Sarmento em carta dirigida a Hübner datada de 15 de Fevereiro de 1899 interpreta como " † *ARGIMIRI VIA(nno) P(ontificatu)S U(niversali)s [e]P(isco)pi*"; Fidel Fita propõe a leitura "ARGIMIRI VITA AMOR SALUS POPULI"; Hubner por sua vez interpreta como "† ARGIMIRI VITAPS(ensis) VSP(rae) P(osit)I" ou "†ARGIMIRI VITA(li)S V(i)S(aeensis) (e)P(isco)PI " (Apud Cortez, 1950, p. 61) e Russel Cortez lê "† ARGIMIRI VITA(m) D[EV] S (C)VS[T]ODI(T)" (Cortez, 1950, p. 66).

Entre o fim do Império e o início da Idade Média: as mudanças na estrutura do povoamento na região noroeste da Serra da Estrela (centro do Portugal)

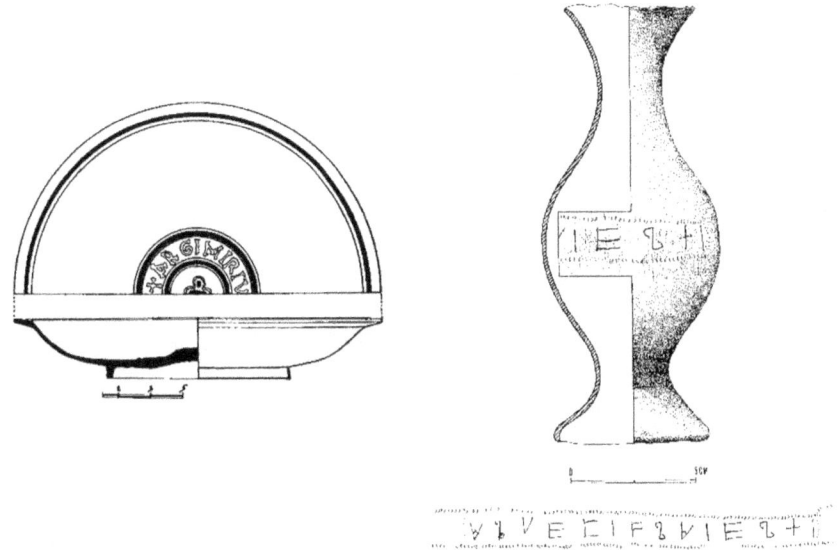

*Figura 9* – Pátera do Safail publicada por Russel Cortez (1950) e Jarro da Bobadela publicado por M. Varela Gomes e M. Alves Dias (1995).

Um outro objecto litúrgico foi identificado por volta da mesma época na Bobadela. Trata-se do jarro em bronze (fig.9) com a seguinte inscrição incisa "ASAECLESAIES+I" [2](Gomes e Dias, 1995). Quanto à sua cronologia referem que "*a forma pouco evolucionada do jarro de (sic) Bobadela que, como indicámos, ainda é próxima da dos seus protótipos importados, permite, para tal facto, que o datemos no terceiro quartel do século VII, ou seja no período correspondente ao reinado de Recesvinto*" (idem, p. 97). Independentemente da validade desta datação tão precisa, a presença deste objecto litúrgico indicia uma vez mais a presença de elites com capacidade de consumo destes objectos de excepção, que, tal como a pátera, se podem relacionar com funções e/ou espaços religiosos.

Excluindo a possibilidade (que existe) de que algumas das sepulturas escavadas na rocha possam remontar aos séculos VI e VII, apenas se conhece mais um vestígio religioso do Alto Mondego. Trata-se da inscrição rupestre identificada na Bravoíssa (Melo, Gouveia), gravada num afloramento situado a meia encosta da serra (Tente e González López, 1998). É uma inscrição muito tosca, que demonstra uma fraca capacidade técnica. A sua leitura não é fácil, mas

---

[2] Que foi interpretada como "*a S(ancta) Aecle[i]a Ies(u) Ch(rist)i*" ou "*a S(anct)a Ecle[i]a Ies(u) Ch(rist)i*" (Gomes e Dias, 1995, p. 95).

aparentemente está escrito *I Δ 'Ω I Lux*[3], o que claramente remete para o carácter religioso da mesma. Possivelmente este vestígio poderá inscrever-se num contexto das comunidades eremíticas paleocristãs. A densa vegetação existente na área da inscrição não possibilitou uma prospeção adequada que eventualmente pudesse identificar outros vestígios associados.

Concluindo, para o período dos séculos VI e VII os vestígios arqueológicos são muito escassos e apenas permitem vislumbrar a presença no território de *potentes* locais, alguns dos quais eventualmente ligados à estrutura religiosa de período suevo-visigodo. Contrariamente ao que ocorre para os séculos IX e X, estão ausentes do registo arqueológico, até agora conhecido, a população não privilegiada. Tal pode dever-se à incapacidade de identificar no terreno traços da sua existência, por serem esses mesmos vestígios ainda mais invisíveis do que os que caracterizam as centúrias seguintes.

### 3. Depois do século VIII e em jeito de conclusão...

Do século VIII nada se sabe. Os parcos dados arqueológicos disponíveis parecem evidenciar um abandono de locais como o Castro do Tintinolho. No início do século X, ou eventualmente ainda no século IX, o registo arqueológico documenta a fundação de novos sítios arqueológicos de carácter rural que agregam várias famílias (Tente, 2009, 2010). Estas instalam-se quer em locais nunca antes ocupados, como a Soida (Rapa, Celorico da Beira) ou o Penedo dos Mouros (Arcozelo da Serra, Gouveia), mas algumas escolhem espaços anteriormente habitados, tais como S. Gens e Monte Aljão. Algo de extraordinário terá ocorrido então para que nova alteração na estrutura do povoamento ocorra. Com a invasão muçulmana em 711, os *potentes* locais dos séculos VI e VII podem ter sido esvaziados do seu prestígio sociopolítico, porque este assentaria numa relação com a monarquia então extinta. Perante a falência ou o desaparecimento destes senhores a população reorganizar-se-ia, juntando-se em pequenas comunidades de várias famílias, que desenvolvem entre si laços de fidelidade e comunitarismo. Estas organizam o povoado onde habitam e o território que controlam, orientando as suas actividades económicas numa estratégia de subsistência, vocacionada fundamentalmente para a sobrevivência da comunidade. Estes novos sítios podem ser a expressão desta nova ordenação política e territorial. Seria assim a ausência de poder supra local e a instabilidade resultante do facto do Mondego ter sido terra de fronteira entre cristãos do Norte e muçulmanos do Sul, o motor para estas transformações que são levadas a cabo pelas próprias comunidades de camponeses. Efetivamente, para este período, ao contrário do que parece ocorrer

---

[3] Ler-se-ia "|*Alfa Omega | Lux*", ou seja o *Princípio, o Fim, a Luz*.

para a fase anterior, não se vislumbra neste território a presença de gente social ou economicamente muito diferenciada.

Ao contrário do que ocorre em algumas outras áreas europeias, os dados disponíveis não habilitam a que se fale de uma continuidade do povoamento que remonte aos séculos IV e V, ou mesmo aos VI e VII. Os sítios datados do século X que foram escavados no Alto Mondego (Tente, 2010; Tente, 2011a; Tente e Carvalho, 2011) são abandonados no final do milénio, provavelmente em sequência da expansão do poder senhorial ligado à coroa astur-leonesa. Apenas no século XI se volta a rastrear a presença de poderes com expressão supra-local. A menção documental aos castelos de meia encosta da Serra da Estrela que, em meados desse século, estão a organizar de forma coordenada a defesa da região são disso indicador, mas aqui continua uma outra história, já muito distante do fim do Império Romano.

# Bibliografia

Alarcão, J. (2001): "Os nomes de algumas povoações da parte portuguesa da Lusitânia", *Sociedad y Cultura em Lusitania Romana (IV Mesa Redonda Internacional)*, Mérida, p. 165-172.

Alarcão, J. (2007) – Ainda sobre a localização dos povos referidos na inscrição da Ponte de Alcântara. In *Lusitanos e romanos no Nordeste da Lusitânia. Actas das 2as Jornadas da Beira Interior*. Guarda. Centro de Estudos Ibéricos, p. 119-132.

Barroca. M. J. (1992): A inscrição de Sta. Maria de Açores (666). Nova leitura, *Revista da Faculdade de Letras. História*, 2.ª série, vol. IX, Porto, p. 507-516.

Carvalho, Pedro C. (2005) – Identificação e representação espacial das capitais de *civitates* da Beira Interior, In *Actas das 2as Jornadas de Património da Beira Interior: Lusitanos e Romanos no Nordeste da Lusitânia*, CEI/ARA, Guarda, p. 155-169.

Carvalho, P. (2008) – Por terras do Sabugal em época romana. In *Museu do Sabugal. Colecção arqueológica*. Câmara Municipal do Sabugal, p. 72-83.

Carvalho, P. (2009) – Há 2000 anos em Celorico da Beira. Entre as encostas da Estrela e o vale do Mondego ao tempo dos Romanos. In *Celorico através da Historia*. Celorico da Beira, p. 31-49.

Coelho, M. H. C., Pimenta, M. C. (2009) – Celorico Medieval. um cruzamento de Homens e Bens na Paz e na Guerra, In *Celorico através da Historia*. Celorico da Beira, p. 68-88.

Coixão, A. N. S. (1999) – *Rituais e Cultos da Morte na Região de Entre Douro e Côa*. [s.l.]. Associação Cultural Desportiva e Recreativa de Freixo Numão.

Cortez, F. Russel (1950) – Objectos de Liturgia Visigótica encontrados em Portugal. Séculos V a VII. In *O Instituto*. Coimbra. 114, p. 52-92.

Daveau, S. (1969) – Struture et Relief de la Serra da Estrela. *Finisterra*, IV :7-8, p. 31-63 e p. 159- 197.

Diáz, P. (1998) – El parrochiale suevum: organización eclesiástica, poder político y poblamiento en la Gallecia Tardoantiqua. In ALVAR, J. (Ed.) – *Homenaje a José Mª Blázquez*. Vol. VI – Antigüedad: religiones y sociedades. Madrid, p. 35-47.

Faria, A. M. (1985) – Subsídios para um inventário dos achados monetários no distrito da Guarda, Separata de *Bibliotecas Arquivos e Museus*, Instituto Português do Património Cultural, Lisboa.

Ferreira, A. de B. (1978) – *Planaltos e Montanhas do Norte da Beira*. Lisboa: Centro de Estudos Geográficos (Memórias do Centro de Estudos Geográficos; 4).

Ferreira, M. C, Osório, M., Perestelo, M.S. (2004) – Ara votiva a *Amma* de Vale de Azares, *Ficheiro Epigráfico*. 77. n.º 347. Coimbra, 2004.

Gomes, M. V.; Dias, M. M. A. (1995) – Jarro litúrgico, visigótico, de Bobadela (Coimbra). In *IV Reunião de Arqueologia Cristã Hispânica*, Barcelona, p. 91-98.

Guimarães, G. (2000) – Vestígios paleocristãos de Ervamoira, Vale do Côa. In *III Congresso de Arqueologia Peninsular*. Vol. VI. Porto, p. 617-631.

Machado, J. P. (1991) – *Vocabulário português de origem árabe*. Lisboa. Ed. Notícias.

Marques, A. C. (2011) – *A Ocupação Romana na Bacia de Celorico*. Dissertação de mestrado apresentada à Faculdade de Letras da Universidade de Coimbra, Coimbra: policopiado.

Marques, A. C.; Lobão, J. C.; Carvalho, P. (2012) – Ara a Júpiter de Açores (Celorico da Beira) *(Conventus Emeritensis), Ficheiro Epigráfico*, 103-456, Coimbra: FLUC.

Martín Viso, I. (2008) – *Tremisses* y *potentes* en el Nordeste de Lusitania (siglos VI-VII), *Melanges de la Casa Velázquez* 38-1, p. 175-200.

Martín Viso, I. (2009) – Espacios sin Estado. Los territorios occidentales entre el Duero y el Sistema Central (siglos VIII-IX), In Martín Viso, I., ed., *¿Tiempos oscuros? Territorio y sociedad en el centro de la Península Ibérica (siglos VII-X)*, Madrid: Silex, p. 107-135.

Martín Viso, I. (2011) – Circuits of power in a fragmented space: gold coinage in the Meseta del Duero (sixth-seventh centuries), Escalona, J. y Reynolds, A., eds., *Scale and scale change in the early middle ages. Exploring landscape, local society and the worls beyond*, Turnhout, p. 215-252.

Mattoso, J. (1985) – A história das paróquias em Portugal. In *Portugal Medieval: Novas interpretações*. Lisboa. INCM, p. 37-56.

Mattoso, J. (1986/87) – *Seia na Idade das Trevas*. Seia. Câmara Municipal de Seia.

Neto, M. S. (2009) – Celorico da Beira na época moderna, In *Celorico através da Historia*. Celorico da Beira, p. 90-107.

Pereira, T. (S.D.) – A cultura material da aldeia de Algodres entre a Antiguidade Tardia e a Alta Idade Média, *Iberografias*, n.º 9, Guarda: CEI, no prelo.

Pereira, V. (2005) – Intervenção Arqueológica na Póvoa do Mileu (Guarda), In *Actas das 2.ᵃˢ Jornadas de Património da Beira Interior: Lusitanos e Romanos no Nordeste da Lusitânia*, Guarda: CEI / ARA, p. 229-248.

Pereira, V. (2008) – A Romanização da Região da Guarda, In *Roteiro Arqueológico da Guarda, Território, Paisagens e Artefactos*, Guarda: Câmara Municipal da Guarda.

Perestrelo, M. S. G. (2003) – *A romanização na Bacia do Rio Côa*, Ministério da Cultura – Parque Arqueológico do Vale do Côa.

Pinto, M.A (2008) – *Intervenção Arqueológica no âmbito da Empreitada de Melhoramentos do centro Histórico de Algodres – Relatório dos Trabalhos Arqueológicos*. ERA-Arqueologia S.A. Policopiado.

Sarmento, F. M. (1883) – *Expedição scientifica à Serra da Estrella em 1881. Secção de Archeolgia. Relatório*. Lisboa. Imprensa Nacional.

Soares, A. e Cardoso, H. (2004) – *Algodres, Intervenção arqueológica de emergência. Relatório final*, entregue ao IPA, processo n.º S-7640. Policopiado.

Tente, C. (2007) – *A ocupação alto-medieval da Encosta Noroeste da Serra da Estrela*. Lisboa, IPA. Trabalhos de Arqueologia: 47.

Tente, C. (2009) - "Viver em autarcia. O Alto Mondego entre os séculos v e xi". In Martín Viso, I. – *¿Tiempos oscuros? Territorio y sociedad en el centro de la Península Ibérica (siglos VI-X)*. Salamanca: p. 137-157.

Tente, C. (2010) – *Arqueologia Medieval Cristã no Alto Mondego, Ocupação e exploração do território nos séculos V a XI*, dissertação de doutoramento apresentada à Universidade Nova de Lisboa, Lisboa: policopiado.

Tente, C. (2011) – Do séculos ix ao xi no Alto Vale do Mondego (Guarda, Portugal): Dinâmicas de povoamento e estruturas sociais. *Debates de Arqueologia Medieval*. Granada, p. 23-43. Revista on-line disponível em www.arqueologiamedievaldebates.com

Tente, C.; Carvalho, A. F. (2011) – The establishment of radiocarbon chronologies for early medieval sites: a case study from the upper Mondego Valley (Guarda, Portugal). *Munibe*, 62. UPV, p. 461-468.

Tente, C. e Gonzãlez López, M. (1998) – A inscrição rupestre da freguesia de Melo (Gouveia) – notícia preliminar. *Trabalhos de Arqueologia da E.A M..* Lisboa. Edições Colibri. 3|4, p. 293-297.

Tente, C., Martín Viso, I. (2012) – O Castro do Tintinolho (Guarda, Portugal). Interpretação dos dados arqueológicos como fortificação do período pós-romano, In: Quirós Castillo, J. A., Tejado Sebastián (Eds.) – *Los Castillos Altomedievales en el Noroeste de la Península Ibérica*, UPV, p.57-75.

Ventura, L. e Faria, A. S. et all (1990) – *Livro Santo de Santa Cruz*, Coimbra, INIC.

Vives, J., Ed. (1963) – *Concilios Visigóticos e Hispano-Romanos*. CSIC. Instituto Enrique Florez. Madrid.

# Nos limites do Império: Dinâmicas de povoamento na transição para a Antiguidade Tardia no Alto Alentejo
(In the limits of the Empire: settlement dynamics in the transition for Late Antiquity in Alto Alentejo)

André Carneiro (ampc@uevora.pt)
CHAIA/Universidade de Évora

Resumo – Entre os séculos V e VI o território do Alto Alentejo assiste a profundas alterações na sua rede de povoamento. A densa rede de sítios que havia caracterizado o Império romano modifica-se: alguns espaços, mais periféricos, parecem esvaziar--se totalmente, e em outros assiste-se a fenómenos de concentração de povoamento, abandonando-se alguns locais em detrimento de outros. Por todo este território parece simplificar-se a pirâmide de povoamento que caracteriza a hierarquia de sítios em época romana, com o desaparecimento das pequenas unidades e a consolidação de algumas propriedades em ampliação progressiva. Sendo uma região onde em época imperial o tecido urbano estava pouco consolidado, com poucas *urbs* registadas no actual momento da investigação, o estudo das dinâmicas centradas no povoamento rural assume um especial interesse como forma de avaliação do prestígio e poder das elites fundiárias. Desse modo, além da tendência geral, observa-se com particular atenção o que ocorre em algumas das maiores *villae* do Alto Alentejo.
Palavras-chave – *Villa*; redes de povoamento; Antiguidade Tardia; elites rurais; Alto Alentejo.

Abstract – Between the fifth and sixth centuries, the territory of the «Alto Alentejo» suffered profound modifications in its human settlement network. The dense network of sites that had characterized the Roman Empire changed: some of the more peripheral spaces seemed to be completely emptied; other spaces allow us to see the inverse movement, i.e., population concentration phenomena. Throughout this territory, the population pyramid that characterized the sites' hierarchy in Roman times became more simplified, due to the disappearance of the small production units and to the consolidation of properties, which had become progressively enlarged. Being a region where, in imperial times, the urban network had no strong consolidation (at this stage of research we have few urbes registered), the study of the dynamics of the rural population is particularly significant to evaluate the prestige and power of the landowning elites. Thus, the purpose of this chapter is to examine specifically these phenomena in some of the large villae from Alto Alentejo.
Keywords – *Villa*; settlement patterns; Late Antiquity; rural aristocracies; Alto Alentejo.

*Uma janela aberta é da cor da paisagem*
Afonso Cruz (2013) *Para onde vão os guarda-chuvas.*
Lisboa, Alfaguara, p. 207

Delimitação da área geográfica

A região do "Alto Alentejo" corresponde no seu tramo inicial ao espaço que nos autores clássicos se designa como a *Mesopotâmia ibérica*[1], por se encaixar entre os dois grandes rios que marcam a área ocidental da província da *Lusitania*: o Guadiana, a sul e a leste, e o Tejo, a norte e a ocidente (figura 1). Nesta perspetiva, evitam-se as delimitações administrativas atuais, por se considerar que as designações de "Norte Alentejo" ou de "Distrito de Portalegre" são empobrecedoras para o critério de análise arqueológica ao não incluir, por exemplo, os concelhos de Estremoz, Borba e Vila Viçosa, pertencentes à *região dos mármores*, e de importância estratégica e económica decisivas para o perfil de povoamento antigo nesta região.

*Figura 1* – Localização da área em estudo na Península Ibérica.

---

[1] A partir de Estrabão, *Geog.* III. 1. 6.; III. 3. 3.

Tal como na Antiguidade, é ainda hoje uma área diversa e heterogénea: desde logo no meio físico, com paisagens que variam desde os terraços de areias fluviais da zona de Ponte de Sôr aos relevos alcantilados de Marvão, Castelo de Vide e Portalegre, passando pelas extensas zonas suaves de montado que ocorrem nos territórios intermédios. Também por isso, talvez não seja surpreendente que encontremos apreciáveis variações nos perfis de povoamento em época imperial (Carneiro 2011) (figura 2), consubstanciando realidades igualmente diversificadas em tempos prévios à conquista, na paleoetnologia do sudoeste peninsular (Fabião 1998: Cap. 1.2.). Temos áreas densamente ocupadas, como:

*a)* no arco sudeste, em torno ao vale do Guadiana e ao longo da via XII, de Elvas até Estremoz, onde a concentração de pontos de povoamento é muito próxima, indicando uma extensa apropriação do espaço e a ocorrência de práticas económicas intensivas;

*b)* a faixa central com uma repartição da propriedade mais ampla, com vastas *villae* demarcando entre si *fundi* que deveriam ter grande extensão, ocorrendo latifúndios;

*c)* à medida que nos vamos aproximando do limite ocidental deste espaço vemos uma cada vez maior rarefação do povoamento, do corredor de Avis até Gavião, passando por Ponte de Sôr, onde os escassos sítios existentes estão próximos dos eixos viários que demandavam o porto atlântico de *Olisipo*.

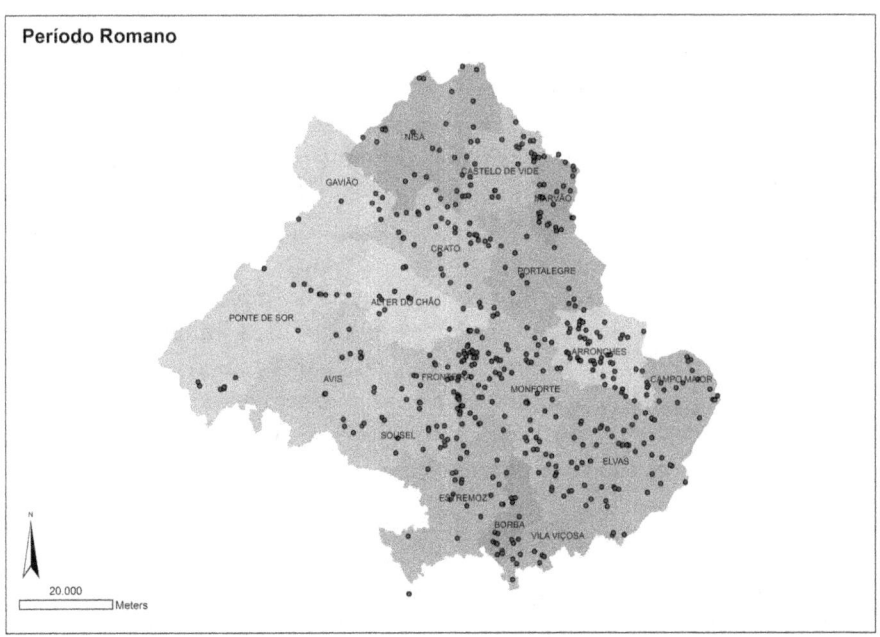

*Figura 2* – Cartografia de sítios romanos no Alto Alentejo (a partir de Carneiro, 2011).

Um dos elementos mais surpreendentes na *paisagem romana* do Alto Alentejo e Alentejo Central reside na escassez do tecido de povoamento urbano. Apenas estão comprovadas duas *urbs*: *Ebora*, muito para lá do extremo sul da nossa área de estudo, e *Ammaia*, próxima do limite norte, junto ao encaixe do rio Sever no Tejo. Todo um imenso território intermédio encontra-se, sob este ponto de vista, vazio: a coincidência de *Abelterium* com a actual Alter do Chão foi comprovada (António e Encarnação 2009), mas não se vislumbra ainda o seu estatuto administrativo ou estrutura urbana; a rede de *mansiones* elencadas nas três principais vias que percorriam a região encontra-se em larga medida por localizar no terreno (Carneiro 2008: 47-76), e a Arqueologia Urbana ainda não permitiu perceber o substrato de algumas localidades que poderão ter sido relevantes no passado. Nesta perspetiva, o atual estado da investigação aponta para uma região onde a organização do povoamento estava dependente de unidades rurais e da rede viária existente. A densidade de sítios indica-nos que a paisagem estava consagrada sobretudo à exploração agro-pecuária, mas também o modo como as dinâmicas socioeconómicas encontravam o seu palco de expressão privilegiado no âmbito doméstico das grandes *villae* privadas que repartiam entre si a paisagem, e de *domini* possivelmente vinculados à capital provincial, que por certo detinham uma grande capacidade de criar e gerir dinâmicas fortes, do ponto de vista económico e sociocultural. Será portanto de presumir que a rarefação de centros urbanos se possa também dever à força de uma elite terratenente em contacto directo com *Augusta Emerita* e que procedia à dinamização deste espaço. Uma situação que, como veremos, até poderá ter conhecido um incremento significativo durante a Antiguidade Tardia. Contudo, é também de considerar que a rarefação de sítios urbanos no Alto Alentejo demonstra, afinal, a proximidade e influência da capital provincial, *Augusta Emerita*, como aliás facilmente se percebe pela existência de três itinerários de vias que aproveitam o corredor natural de passagem do vale do Guadiana[2]. Como é sabido, o debate historiográfico sobre o limite ocidental do seu *territorium* tem sido intenso[3], dada a dificuldade de fixar os limites no terreno, mesmo considerando o cruzamento dos dados literários com a epigrafia disponível. Se é certo que o território original seria de impressionante amplitude (*magnitudo agrorum*[4]), desconhecemos em absoluto o seu limite ocidental, embora a conjugação dos dados provenientes dos marcos miliários e das menções epigráficas da tribo *Papiria* autorize a pensar que, pelo menos no momento de implementação da *pertica*, parte significativa do Alto Alentejo pertencesse à área de influência (ou mesmo ao *territorium* da circunscrição) emeritense. Os dados

---

[2] Vias XII, XIV e XV: ver Carneiro 2008, e Mantas 2012.
[3] Cordero Ruiz 2010: 151-160 procede a um balanço historiográfico das diversas propostas.
[4] A citação pertence a Frontino e é retomada por *Agennius Urbicus, De controuersiis agrorum*, ed. C. Thulin, 1913 [*Corpus agrimensorum Romanorum*], p. 44, 5.

epigráficos[5] e viários[6] da zona de Elvas e de Estremoz autorizam esta hipótese, correspondendo aliás ao interesse geoestratégico que as pedreiras marmóreas tivessem aos olhos do poder metropolitano.

## Povoamento rural no Alto Alentejo durante o Império: perfis de ocupação do território

Para melhor avaliar os modos de evolução da paisagem rural entre o Império e a Antiguidade Tardia será necessário definir de modo mais apurado a forma como se processou a ocupação deste espaço e o aproveitamento dos vários recursos locais que poderiam interessar à geo-estratégia imperial.

O presente projecto de investigação[7] permitiu realizar numerosas prospeções de terreno e procedeu à recolha sistematizada da informação existente (quer a publicada, quer a inédita sob a forma de relatórios e memórias documentais), conduzindo a uma proposta de repartição territorial assente no cruzamento de um vasto conjunto de dados. Assim, os *territórios centrais* estruturam-se no arco sudeste, próximo do Vale do Guadiana, ao longo da via XII, e mais próximo do termo emeritense; nota-se ainda um outro conjunto de sítios em torno à *urbs* de *Ammaia*. Para definir estes espaços verificam-se algumas caraterísticas comuns: uma paisagem rural estruturada em *villae* com componentes arquitetónicos de elevada qualidade artística e decorativa (esculturas, estuques, mosaicos, utilização de mármores), mesmo que por vezes concentradas no espaço, denunciando *fundi* restritos; e uma vinculação clara aos arquétipos civilizacionais clássicos, seja no domínio religioso (Carneiro 2009-2010) ou cultural. Encontramos depois os chamados *territórios periféricos*, genericamente situados na faixa central do Alto Alentejo, onde na paisagem predominam os relevos suaves, a cotas intermédias, atualmente ocupados pelas paisagens de montado tradicional. Em época imperial observamos a presença de vastas *villae* de perfil agro-pecuário, por vezes ocupando largas extensões de áreas de dispersão de materiais, com elementos maioritariamente centrados na matéria-prima local (geralmente o granito), escassas componentes arquitetónicas e decorativas, menores índices de materiais de importação e espaçamentos intra-sítio mais elevados. Portanto, descem as frequências de ocupação do território e as cargas de conteúdos culturais que demonstram

---

[5] Epígrafe de *Sextus Aebutius Rufinus* (IRCP n.º 442) encontrada em Veiros (Estremoz), onde também se encontrou a placa de *L. Marius Caprarius*, em Herdade da Guardaria (IRCP n.º 461, aqui atribuído a "Herdade da Granaria"); na zona de Elvas temos *Gaius Julius Gallus* (IRCP n.º 577) e *Cornellius Gallus* em Vila Boim (IRCP n.º 584).

[6] Miliário da Herdade de Alcobaça com a menção das XXXXXV milhas contadas a partir da capital provincial (IRCP n.º 670).

[7] Projecto de investigação *Povoamento rural durante a Época Romana e Antiguidade Tardia no Alto Alentejo* que englobou a tese de doutoramento defendida pelo autor (Carneiro 2011) e autorizado pelo IGESPAR no âmbito do PNTA/2007 (acrónimo *PRATA*).

a plena integração nos domínios clássicos: por exemplo, nas invocações religiosas encontramos um misto de divindades clássicas cultuadas por indígenas ou de manifestações que denunciam fenómenos de *interpretatio* em que o culto clássico recobre uma presença anterior. Por último, em paisagens mais distantes do modelo agrícola mediterrânico, próximas dos *solos de areias* que caracterizam os terraços quaternários da bacia do Tejo, encontramos uma grande rarefação de sítios, estando os poucos que se encontram distantes do quadro habitual das *villae*: são locais sem indicadores de monumentalidade, geralmente junto de itinerários de vias, que parecem ser os únicos elementos que estimulam a presença de pontos de povoamento, e no registo de superfície não encontramos materiais de importação ou que documentem elevada capacidade aquisitiva. Nestes *territórios ultra-periféricos* as manifestações religiosas, embora emolduradas pela latinidade, resumem-se à invocação de divindades indígenas dedicadas por indivíduos do *fundo local*.

Em resumo, portanto, distintos perfis de ocupação de um território vasto e diverso, mostrando como o poder imperial romano encarou de modo próprio esta região e como os distintos agentes privados que repartiram entre si a posse da terra também se orientaram em função de interesses diversificados. Em zonas próximas das metrópoles – *Augusta Emerita* e *Ammaia* – notam-se de forma clara os arquétipos clássicos, evidência que mostra como os ocupantes e agentes socioeconómicos estavam vinculados a uma mundividência cosmopolita que em muito ultrapassa o âmbito regional. Este facto relaciona-se também com o papel que os *domini* terão tido na organização do território e das suas valências, quer em termos económicos, quer culturais, aproveitando o vazio que a ausência de centros urbanos deixa antever. É provável que estas elites terratenentes tivessem uma grande autonomia e margem de manobra na gestão dos recursos existentes, mas é também de considerar que os elementos económicos mais significativos estivessem entregues a uma gestão centralizada e hierárquica. Para além dos frutos da terra e de outras produções que não deixaram rasto arqueológico, considerem-se dois elementos estratégicos relevantes para a economia imperial: as pedreiras marmóreas do anticlinal de Estremoz, no arco sudeste, e a mineração nas margens do *Aurifer Tagus*. A sua importância é avaliada pelo investimento que a estrutura estatal despendeu na criação de uma logística que permitisse maximizar e centralizar as explorações: a criação de um itinerário de via que passa nas proximidades das pedreiras de Estremoz[8] e a *urbs ex novo* de *Ammaia*, que poderá ter desempenhado uma função de gestão e controlo sobre a exploração mineira que lhe fica próxima, como aliás a presença na cidade de vários habitantes alógenos parece presumir[9]. Ou seja, é provável que a existência de recursos económicos de

---

[8] A via XII do Itinerário de Antonino, por este motivo já apelidada de "Rota dos Mármores". Sobre as problemáticas do traçado ver Carneiro 2008 e Mantas 2012.

[9] Indivíduos provenientes da cidade de *Clunia*, onde a atividade de mineração era intensa, estão comprovados epigraficamente na cidade de *Ammaia*. Sobre esta problemática ver Mantas 2002.

primeira ordem, mesmo sob o ponto de vista da geo-estratégia imperial, tenha conduzido a investimentos infra-estruturais que potenciaram as condições para um pleno aproveitamento destes recursos e criaram dinâmicas que, em última análise, irão contribuir para a inserção destes espaços no âmbito dos *territórios centrais* acima mencionados (mesmo no caso de *Ammaia*, onde a componente indígena permanece forte, mas na qual verificamos uma plena adesão aos códigos e conteúdos da vivência clássica). Ou seja, foi também através da presença e circulação de gentes de variados lugares que estes espaços setoriais, de elevado potencial económico, se transformaram em áreas de relevante investimento social e cultural, conforme é visível na cultura material de cada sítio e na repartição da propriedade. Perceber estas dinâmicas, que evoluem durante o Império, é fundamental para analisarmos o que sucede durante o momento seguinte.

### Definindo conceitos: *Queda, Rotura, Transição, Decadência, Evolução*... O que acontece afinal?

Plasmando no suporte cartográfico os dados existentes sobre os indicadores cronológicos, uma conclusão torna-se evidente: existe uma quebra notória na dinâmica de povoamento na transição do Império para a Antiguidade Tardia, que se prolonga até 711 (figura 3). O que era até então um território densamente ocupado esvazia-se de forma decisiva, pois são muito poucos os sítios que apresentam testemunhos a partir do século v em diante. Resolver este problema, explicando as suas causas, assume uma importância estratégica para a percepção dos fatores de transformação e mudança.

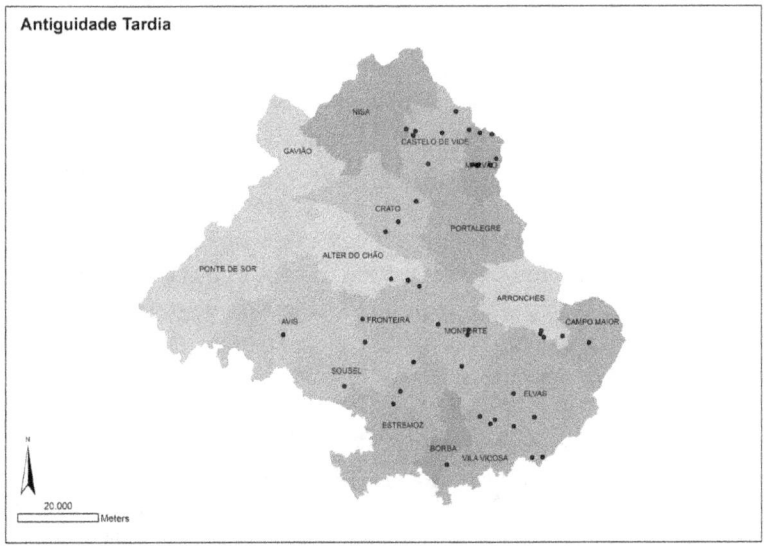

*Figura 3* – Cartografia da Antiguidade Tardia no Alto Alentejo (a partir de Carneiro, 2011).

Note-se contudo que esta visão enferma de um problema de base: a escassa amostra de elementos disponíveis que fornecem datações operativas a partir do século IV. Esta é uma situação que, mais do que reflectir a *geografia da distribuição*, evidencia a *geografia da investigação*. Na realidade, a maior parte dos sítios da região foram objecto de prospeções sumárias, havendo uma boa percentagem que resultam de notícias antigas ou dadas a conhecer por leigos. Alguns contextos foram escavados, mas de modo distinto das modernas metodologias de trabalho, em tempos antigos onde o rigor no controlo da informação (artefatual e estratigráfica) era inferior ao que atualmente se exige. A maior parte destas recolhas não foram divulgadas, ou foram-no por notícias sumárias, podendo mesmo afirmar-se que não existem sequências estratigráficas dadas a conhecer de modo sistemático e rigoroso que sirvam de quadros operativos para a análise diacrónica. Acresce ainda que são poucos os conjuntos artefatuais divulgados: a título de exemplo, note-se que não existem achados monetários noticiados, e escassas vezes foram estudadas colecções de cerâmicas de importação que permitem sequenciar cronologias finas. Em rigor, portanto, a quebra verificada nos indicadores cronológicos dos sítios deriva de problemáticas exteriores ao processo arqueológico e à evolução histórica, e que devem ser explicadas com base na escassa investigação de campo na região. Tome-se como exemplo o mais emblemático e extensamente escavado ponto de povoamento desta área regional: a *villa* de Torre de Palma (Monforte), cujos contextos habitacionais, sepulcrais e religiosos foram intervencionados de forma quase integral mas, e apesar de um óptimo estudo recente (Lancha e André 2000), sem que exista uma única sequência estratigráfica ou conjunto artefatual publicado.

Seja como for, os dados disponíveis apontam para uma quebra significativa na rede de povoamento. Em termos globais, só cerca de 20% dos sítios ocupados em época imperial parecem prolongar a presença humana para além do século V (figura 4), embora mais uma vez seja de referir que este panorama é enganador, pois parte da presunção de que todos os sítios foram ocupados durante o Império em simultâneo, o que está longe de ser real (por exemplo, alguns sítios não apresentam indicadores para além do século III, ou certas necrópoles apresentam uma deposição de sepulturas em curto espaço de tempo[10]). Seja como for, os dados cartográficos apontam para uma situação de quase completa rotura com o modelo de povoamento anterior: o espaço povoado conhece uma acentuada quebra, e em largas extensões os indicadores de presença humana são nulos.

---

[10] Como o bem conhecido caso de Santo André (Ponte de Sôr) e a recentemente escavada necrópole de Outeiro do Mouro 2 (Fronteira), que apresentam espólio que permite datar um curto período de utilização entre a segunda metade do século I e os inícios da centúria seguinte. Para mais informações ver Carneiro 2011: vol. II, p. 311 (Santo André, com bibliografia) e 217--218 (Outeiro do Mouro).

Nos limites do Império: Dinâmicas de povoamento
na transição para a Antiguidade Tardia no Alto Alentejo

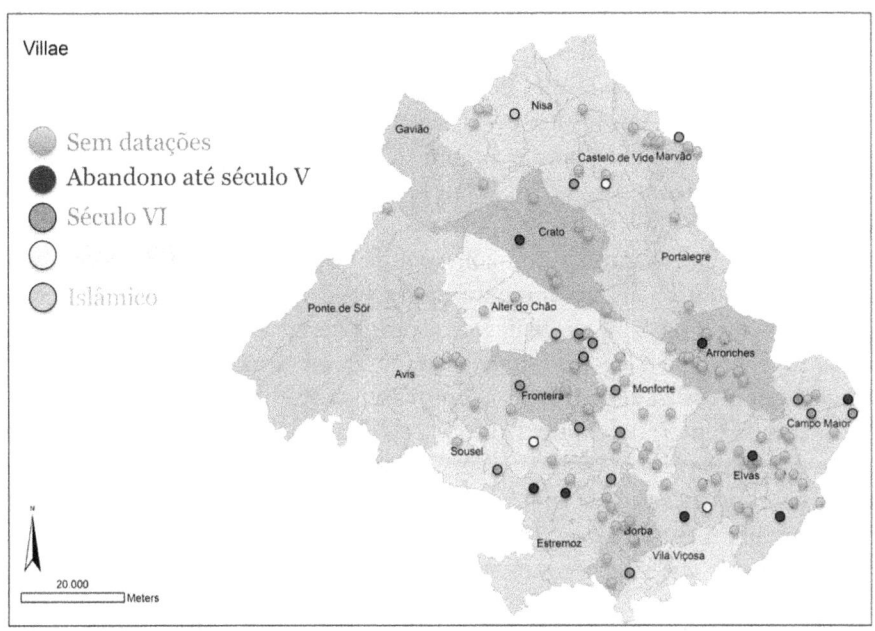

*Figura 4* – Indicadores cronológicos para a última fase de ocupação em sítios romanos no Alto Alentejo (a partir de Carneiro, 2011).

Analisando as pautas de povoamento regionais de acordo com os critérios operativos apresentados, vemos que o refluxo parece atingir todas as sub-áreas regionais mencionadas. Quer nos territórios centrais, quer nas zonas periféricas, quer ainda nos espaços ultra-periféricos, vemos um acentuado esvaziamento da presença humana, que parece indicar uma quebra demográfica ou, pelo menos e em termos numéricos absolutos, uma concentração das pessoas em menos sítios. Olhando com mais atenção, contudo, distinguem-se importantes variações que, mesmo em face dos precários dados disponíveis, merecem ser olhadas com maior profundidade, evitando as sempre tentadoras generalizações.

O dado mais esclarecedor provém do arco noroeste, onde se situam os designados *territórios ultra-periféricos*, aqueles onde os menores índices de adesão à *Romanidade* haviam sido registados, e onde observamos, do século IV em diante, uma absoluta *queda* nos índices de sítios, podendo mesmo falar-se de uma *rotura* no sistema de povoamento. Em face dos indicadores, observa-se que nenhum sítio do espaço que congrega os concelhos de Avis, Ponte de Sôr ou Gavião, além de parte do Crato, Alter do Chão e Nisa, apresenta elementos que permitam testemunhar uma persistência de povoamento para além do séculoIV, ou mesmo a partir da segunda metade do século III. Neste momento cessam os elementos que nos permitem confirmar a presença humana: é certo

47

que o registo de superfície é genericamente pobre, mas em nenhum destes locais existem fragmentos de terra sigillata clara africana, nem se noticiam materiais que possam ser balizados em momentos tardios. Os contextos sepulcrais publicados[11] e o exemplo de um espaço habitacional[12] intervencionado permitem perceber uma tendência comum que a progressão da pesquisa poderá avaliar: a partir de meados do século III este espaço aparece-nos quase completamente despovoado[13].

O espaço mais estável, onde conseguimos perceber fenómenos de *evolução* e *mudança*, parece ser o conjunto de *territórios periféricos* que se situam no corredor central da área geográfica. Em vários destes sítios encontramos indicadores cronológicos de persistência temporal, confirmados nas intervenções arqueológicas realizadas em locais como Torre de Palma (Monforte), Monte de São Pedro (Fronteira), Monte da Granja (Crato) ou Quinta do Pião (Alter do Chão), além dos espaços sepulcrais em torno à freguesia de Vaiamonte (Monforte). A construção de templos de culto cristão, evidenciada pelos elementos arquitectónicos encontrados, permite perceber a vitalidade desta zona, podendo falar-se na *reformulação* de conteúdos vivenciais que se inserem na *continuidade* da presença humana. É certo que se detectam abandonos, especialmente em sítios de pequena dimensão, como os casais de vocação agro-pecuária[14], indicando fenómenos de concentração de propriedade, mas a tendência parece ser a estabilidade nas pautas de povoamento. Talvez a posse de domínios extensivos de agricultura pouco especializada, em regime de sequeiro com complemento da pastorícia e a menor dependência dos recursos económicos vinculados à geoestratégia imperial e às redes de troca de longa distância – embora a rede viária, renovada em meados do século III, se mantenha em pleno funcionamento (Mantas 2012) –, explique esta resistência e capacidade de assegurar a presença de comunidades ancoradas ao território. Uma agricultura extensiva de latifúndio (recorrendo aos produtos da *tríade mediterrânica*, visto que a importância dos espaços de lagar e adega estão bem comprovadas nas sucessivas ampliações estruturais verificadas em Torre de Palma), menos sofisticada nas

---

[11] Monte dos Irmãos e Santo André (Montargil, Ponte de Sôr), considerando-se também os dados da necrópole de Laje de Ouro (Crato) por se implantar próximo deste arco territorial. Para descrições individuais destes sítios e dos seguintes, ver Carneiro 2011: vol. II, onde para cada local se indica a bibliografia mais significativa.

[12] O pequeno casal de Praia da Tojeirinha (Ponte de Sôr).

[13] Sendo também de presumir que existam alterações nas matérias-primas e formas de construção das estruturas que levem à sua *invisibilidade* no registo material de superfície, como foi considerado em anterior trabalho (Carneiro 2011). Na realidade, a utilização de taipas e/ou adobes nestes sítios deve ser levada em conta, sendo que se tratam de elementos de fácil *apagamento* ao longo da diacronia, e que por isso são mais difíceis de detectar mesmo para o prospector experimentado.

[14] Os casos de Outeiro do Mouro 1 (Fronteira) e de Sardos e Curral de Sampão (Monforte).

técnicas, mas eficaz na rentabilidade, poderá ter contribuído para a manutenção da arquitetura de povoamento, mesmo com as sucessivas alterações nas linguagens e formas de poder que, por exemplo, a construção de estruturas de culto cristão deixa antever. Claro que esta situação implicou o reforço de alguns sítios em detrimento de outros, com fenómenos de aquisição e concentração de propriedades, situação que se parece entrever nos dados disponíveis, mas que terá de ser confirmada com intervenções arqueológicas. Note-se ainda que parecem não existir *villae* que tivessem aumentado a sua extensão ou monumentalidade, como ocorre nos territórios centrais da Península Ibérica (área de Castilla-la Mancha, por exemplo[15]), embora esta situação tenha de ser avaliada com mais intervenções no terreno. Em Torre de Palma, por exemplo, existem indicadores de continuidade na *pars urbana*, mas os investimentos centram-se na construção de sucessivas basílicas e de um baptistério exterior, ambos a alguma distância da *villa*, que mantém genericamente a sua estrutura sem qualquer melhoramento. Todavia, neste sítio do concelho de Monforte, as ampliações na capacidade de laboração do lagar e adega (Lancha e André 2000) mostram como o local reforçou a sua capacidade produtiva, talvez pela aglutinação de outras propriedades vizinhas aos domínios de exploração directa.

As áreas onde melhor se diagnosticam os fenómenos de *transição*, mas também de *decadência*, parecem ser os espaços mais próximos das *urbs* e que constituem os *territórios centrais*. Quer na zona de *Ammaia*, quer nos espaços em torno à via XII, ao vale do Guadiana e à proximidade de *Augusta Emerita*, encontramos um generalizado conjunto de reocupações que se seguem a momentos de abandono, com reformulações dos conceitos vivenciais do espaço construído. Ou seja, em vez de continuidades, temos uma sequência de reconversões, na medida em que, enquanto nos territórios anteriores existe uma persistência e manutenção das formas de vida no campo, neste caso temos transformações que reflectem alterações na perceção e modo como se entende a estrutura arquitetónica das *villae*, que são profundamente modificadas durante este período.

A maior atracção dos arqueólogos por estas *villae urbanae* de mais vincada monumentalidade contribui para que exista um maior número de *case studies* que permitam compreender o fenómeno, razão pela qual será tratado em capítulo próprio mais adiante. Note-se desde já, contudo, que temos *villae* que são abandonadas (como Herdade das Argamassas ou S. Salvador, ambas em Campo Maior, e Quinta das Longas em Elvas), reflectindo dinâmicas mais vastas em toda a rede de povoamento, que assiste a uma acentuada quebra nas frequências de sítios com sinais de ocupação a partir do século V. Notam-se alguns materiais

---

[15] Ver os artigos de Saul Martin González e de Miguel Ángel Valero Tevar neste volume.

descontextualizados, como as fivelas de cinturão[16] e os numismas visigóticos[17], mas o panorama geral parece ser de uma profunda transformação: ou pelo abandono de sítios ou pela sua reutilização em contexto inteiramente diverso, que também inclui distintos perfis de ocupação. Desta forma, nestes espaços próximos das *urbs* (e como tal, dos centros de poder), o panorama parece ser mais complexo, reflectindo distintas formas de percepção e ocupação do território e dos recursos nele existentes.

Esta diversidade *intra-sítio* faz também com que este seja o espaço mais rico de conteúdos para análise, em especial se escolhermos as *villae* como indicador privilegiado de leitura: sendo a estrutura rural que melhor materializa os ideais da *Romanidade*, foram também as que concretizaram o modelo fundiário dominante na paisagem, criando o perfil socioeconómico de exploração do território que é específico do tempo imperial. Note-se ainda que para a investigação arqueológica actual é a *villa* o elemento que melhor nos permite perceber os *indicadores de mudança* trazidos pela Antiguidade Tardia, por ser a dupla concretização de uma estrutura material que corporiza os ideais de cultura e de vida quotidiana de uma determinada elite atenta aos *ares do tempo* em evolução durante este momento. Vejamos portanto o que as (poucas) intervenções arqueológicas nas *villae* do Alto Alentejo nos contam.

## A *VILLA* COMO CENÁRIO DE MUDANÇA: AS ÚLTIMAS FASES DE PRESENÇA HUMANA

Tal como já foi definido por alguns autores (Ripoll e Arce, 2001; Chavarría Arnau, 2007), existem diferentes evidências arqueológicas que nos permitem percepcionar os últimos momentos de ocupação nas estruturas caraterizadas como *villae*. Estes elementos podem ser agrupados em tendências próprias, não esquecendo o facto de em certos sítios poderem surgir combinadas[18]. Relembrem-se as situações existentes:

1. Reconversão como espaço produtivo
2. "Squatterização" e ocupações pontuais

---

[16] Encontradas em três sítios do concelho de Elvas: Fontalva (possivelmente em âmbito funerário), Vinagreira (a única proveniente de escavação, recolhida no possível casal agro-pecuário de Vinagreira) e na necrópole de Herdade da Chaminé; e também em sítios de Castelo de Vide: Santa Marinha e Azinhaga da Boa Morte, em ambos os casos recolhidas em contexto funerário. Para uma listagem completa, ver o contributo de Andreia Arezes neste volume.

[17] Registam-se nos mesmos concelhos de Elvas (Valbom) e Castelo de Vide (Mascarro), em ambos os casos em espaços residenciais, embora recolhidas à superfície e sem contexto arqueológico.

[18] O caso de Torre de Palma (Monforte), onde temos fenómeno de *squatterização* na *pars urbana* e de construção de basílica cristã a algumas centenas de metros da zona residencial.

3. Necropolização
4. Polarização em torno de um templo cristão (interior ou imediações)
5. Abandono definitivo sem presenças posteriores

Analisemos o que se passa na região em estudo tendo em consideração, contudo, que apenas em Quinta das Longas e Torre de Palma a *pars urbana* foi inteiramente escavada, pelo que nos restantes locais lidamos com os resultados de sondagens em áreas (geralmente) pouco extensas ou, de qualquer modo, parcelares em relação ao total. No Alto Alentejo, são estas as situações detectadas (figura 5):

| Modos de presença humana | Topónimo | Concelho | Comentários |
|---|---|---|---|
| Estrutura produtiva | – | – | – |
| *Squatterização* (ocupações pontuais) | Argamassas | Campo Maior | Lareira |
| | Quinta das Longas | Elvas | Perfurações em pavimentos |
| | S. Vitória do Ameixial | Estremoz | Lareiras; consumo de fauna |
| | Monte de São Pedro | Fronteira | Compartimentação de espaços; silos |
| | Torre de Palma | Monforte | Restauro de mosaicos; lareiras |
| Necropolização | S. Salvador | C. Maior | Necrópole fora da pars urbana |
| | S. Pedro dos Pastores | C. Maior | Sepultura em compartimento |
| | Ovelheira | Elvas | Sepultura em compartimento absidado |
| | Terrugem | Elvas | Necrópole em torno a compartimento quadrangular |
| | Silveirona/Coelha | Estremoz | Necrópole em meio a estruturas e a compartimento quadrangular |
| | Horta de S. Pedro | Sousel | Necrópole em meio a estruturas |
| | Herdade da Palhinha | Fronteira | Epígrafe funerária paleocristã |
| | Pombais | Marvão | Necropolização de edifício termal |

|  | Mascarro | Castelo de Vide | Sepultura em meio a estruturas |
|---|---|---|---|
|  | Vale da Bexiga | Castelo de Vide | Sepulturas em meio a estruturas |
| Edifício cristão | Torre de Palma | Monforte | Basílica no exterior da *pars urbana* |
| Abandono | Capela | Arronches | Edifício termal abandonado |

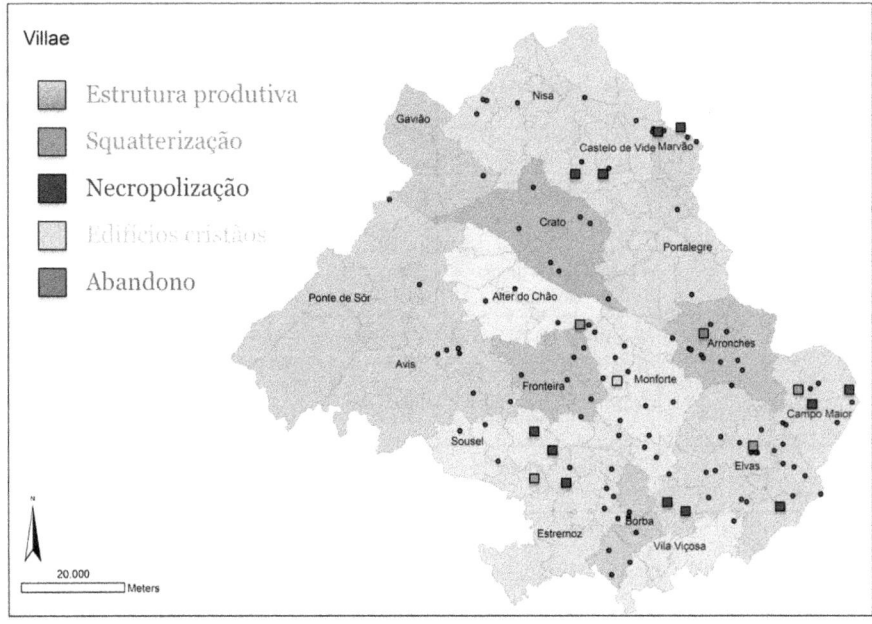

*Figura 5* – A última fase de presença humana em sítios romanos no Alto Alentejo (a partir de Carneiro, 2011).

Como ponto prévio à análise, relembre-se que o fenómeno do abandono das *villae* está de algum modo implícito na *squatterização* e na necropolização, visto que estas apenas ocorrem após um primeiro momento de condenação do edificado, em que este fica vago e despoja-se dos seus conteúdos familiares e vivenciais[19].

---

[19] A necropolização de edifícios termais, que se verifica pelo menos em Pombais (e talvez também em S. Salvador), pode pressupor fenómenos não tão radicais, em que se encerram os locais de exposição pública do corpo, que se associa à luxúria e ao pecado, sem que se abandone a vivência da *pars urbana*. Um exemplo documental deste fenómeno é-nos deixado por Sidonio Apolinario que na visita à *villa* do seu amigo Poncio Leontino nos faz a descrição do estado de abandono em que se encontrava o edifício termal, pelo que o autor teve de se banhar no curso de água mais próximo (*Epistola* II, 9, 8). Faço ainda notar que

Ou seja, em ambos os casos estamos perante reutilizações só possíveis após um abandono prévio do local, havendo então uma ocupação final que reconfigura de modo radical os valores originais do edificado. Nesta lógica, o único caso de abandono sem reocupação posterior encontra-se no balneário termal da *villa* de Monte da Capela (Arronches), sendo que este foi o único sector do local objecto de escavação arqueológica, que mesmo assim foi muito parcelar. Os dados apontam para um abandono planeado que terá ocorrido durante o século III, mas sublinhe-se que a área intervencionada foi realmente restrita para que se obtenha uma noção da dinâmica do local.

Em leitura geral, dois fenómenos estão sub-representados na região: a criação de estruturas produtivas, bem conhecida em várias províncias da metade ocidental do Império, mas escassamente documentada na *Lusitania*; e a reconversão da *villa* em templo cristão, com exemplos conhecidos na *Lusitania* (Monte da Cegonha, por exemplo), mas que no Alto Alentejo apenas se encontra em Torre de Palma, com uma situação diferenciada na medida em que a basílica nasce longe do edificado e sobre uma área sepulcral anterior[20]. Note-se contudo que a grande frequência de elementos arquitetónicos paleocristãos alerta-nos para a existência de várias estruturas de culto cristão ainda por identificar.

Temos portanto duas dinâmicas mais expressivas: a *squatterização* e a *necropolização*. No primeiro caso ocorre a compartimentação de espaços áulicos ou de grandes dimensões, a ocorrência de estruturas negativas que documentam a utilização de materiais perecíveis, a deteção de lareiras associadas a fenómenos de recoleção na dieta alimentar, e finalmente, a reutilização de materiais arqueológicos. É certo que os ritmos em que estes momentos ocorrem são sempre difíceis de documentar, em especial em escavações antigas, e ainda mais serão as identidades e motivações de quem os praticou, sendo que a tentação da análise historiográfica passou sempre pela vinculação a comunidades semi-nómadas de "bárbaros", sem que delas existam provas convincentes[21]. Quanto ao segundo fenómeno, representa uma radical alteração da perceção do espaço vivencial, que de local de uso quotidiano se transforma em espaço sepulcral que alberga uma comunidade. Enquanto o primeiro parece apresentar um tempo mais dilatado, que pode ir do

---

se trata de um fenómeno relativamente pouco frequente na *Lusitania*, embora comum na *Tarraconensis* (Chavarría Arnau 2004: 82).

[20] Note-se ainda o compartimento que poderá ter servido como *domus-ecclesia* em Quinta das Longas (Elvas) dado o *crismon* no pavimento de mosaicos, mas que é de difícil perceção na medida em que quase coincide temporalmente com a construção do espaço interpretado como de ninfeu na área oposta da *pars urbana*, sendo por isso complexo avaliar quais as perceções e vivências que ocorreram em locais tão distintos da mesma área edificada.

[21] Visível por exemplo no modo como a fivela de cinturão encontrada em Vinagreira – um sítio não classificado como *villa* – foi enquadrado pela autora como um "abrigo", embora os resultados da escavação tenham trazido um elemento de cantaria (silhar) pertencente a uma fonte (Bugalhão 2004), ou seja, uma situação pouco compaginável com uma estrutura de modestos recursos.

século v a manifestações de presenças islâmicas[22], a instalação de sepulturas em meio ao edificado decorre em momentos delimitados no tempo, nos momentos finais do século IV e durante o século V, sendo abandonada à medida que se vão estabelecendo edifícios de culto cristão que irão organizar os cemitérios que se instalam durante o século V. Note-se contudo que, tal como no fenómeno anterior, englobam-se na necropolização diferentes realidades, como seja a constituição de extensas necrópoles (em torno de uma estrutura ou dispersas), de agrupamentos de sepulturas, de sepulturas isoladas ou de sarcófagos monumentalizados.

No caso da *squatterização* temos alguns exemplos comprovados no Alto Alentejo. O caso mais bem documentado encontra-se em Herdade das Argamassas (Campo Maior), onde no Compartimento 12, "Embora não se tenha removido completamente esta unidade [95], verificou-se a existência de uma base de lareira em tijoleira, no centro do compartimento a que estão associadas diversas mós, inteiras ou fragmentadas, e, mais uma vez, diversos fragmentos de *dolium*" (Brazuna 2003: 30). Também algumas perfurações nos pavimentos de mosaicos revelados na Sondagem 1 testemunham este tipo de ocupações. Já em Santa Vitória do Ameixial (Estremoz) e em Torre de Palma documentam-se lareiras, no primeiro caso associadas a consumos de fauna em contexto de recoleção[23], e no segundo sobre uma sepultura tardia, podendo documentar uma presença de época islâmica. Em Quinta das Longas (Elvas) temos a perfuração do pavimento marmóreo da *natatio*, onde no fundo das fossas foram colocados pavimentos em tijoleiras, enquanto em São Pedro (Fronteira) temos estruturas negativas, interpretadas como silos, e um fenómeno de compartimentação de um espaço de grandes dimensões, feito com muros de alvenaria pouco cuidada, e com uma camada repleta de cinzas no interior deste ambiente[24]. Registe-se ainda que em outros locais do Alto Alentejo documentam-se situações por esclarecer, como sobreposições de pavimentos (geralmente de terra batida sobre pisos anteriores de *opus signinum*, como em Mascarro, Castelo de Vide) ou roturas em pavimentos de mosaico, como no sítio de Herdade das Argamassas ou na *villa* de S. Salvador (Campo

---

[22] E aqui socorro-me de um exemplo urbano, verificado no torreão da Porta Sul da cidade de *Ammaia*. Todavia, os numismas encontrados em algumas *villae* da região podem testemunhar fenómenos similares.

[23] "Após o abandono destas condutas, ou paralelamente, vários pavimentos, foram construídos e destruídos pelo uso da área para lareiras [onde foi encontrada uma carapaça de tartaruga ou cágado]. Os "restos de cozinha" encontrados associados a objectos como um caldeirão e uma colher de bronze, aparentemente descobertos nesta mesma área em escavações anteriores [...] reforçam a evidência estratigráfica: as camadas de cinza intervaladas com camadas de terra, especialmente bem visíveis no corte leste da vala, indicam o uso repetido da área e também o seu carácter temporário." (Amélia Canilho, Relatório da campanha de limpeza de 1986 [datilografado], p. 7 e 9, Santa Vitória do Ameixial (Estremoz) Processo IPA S-11238).

[24] Muro UE24 e camada UE28 do sector da Igreja de São Pedro; infelizmente a área escavada foi de pequenas dimensões, pelo que não foi possível avaliar a funcionalidade do espaço em que estas unidades se encontravam. Ver Carneiro 2011: vol. II, p. 198-199.

Maior), não esquecendo os remendos em *opus signinum* feitos no mosaico do peristilo central de Torre de Palma, pertencentes a um momento em que o domínio das técnicas musivas já se teria perdido.

O fenómeno que apresenta maior número de manifestações no Alto Alentejo centra-se na *necropolização* de estruturas pertencentes a espaços de vida, tal como foi detectado em várias escavações ou sondagens arqueológicas. Pela sua expressão numérica, pela variedade de formas que assume e por ocorrer em distintas partes da *villa*, impõe-se um maior detalhe na apresentação das situações recenseadas:

| Topónimo | Concelho | Área de implantação sepulcral |
|---|---|---|
| Pombais | Marvão | Escavação – Edifício termal |
| São Pedro dos Pastores | Campo Maior | Escavação – Espaço de habitação (*pars urbana*?) |
| São Salvador | Campo Maior | Escavação – Em edifício termal (?) |
| Silveirona/Coelha | Estremoz | Escavação – *Pars rustica* (?) |
| Terrugem | Elvas | Escavação – Próximo da *pars urbana*; edifício termal? |
| Ovelheira | Elvas | Escavação – Sepultura em compartimento absidal |
| Vale da Bexiga | Castelo de Vide | Escavação – Em meio a estruturas |
| Mascarro | Castelo de Vide | Escavação – Em meio a habitações, *pars rustica*? |
| Horta de S. Pedro | Sousel | Informações orais de sepulturas em meio a muros |
| Torre de Palma | Monforte | Escavação – Em meio a estruturas |

Alguns comentários podem ser realizados. Em primeiro lugar, o olhar geográfico capta uma maior concentração de situações nos chamados *territórios centrais*, quer no espaço de prolongamento de influência emeritense (Campo Maior – 2 sítios, – Elvas – 2 sítios – e Estremoz – 1 local), quer no aro de *Ammaia* (Marvão, com 1 ocorrência, e Castelo de Vide, com 2), verificando-se que na zona central dos *territórios periféricos* apenas ocorrem situações em Sousel e Monforte. Seguramente que esta tendência não decorre apenas da *geografia da investigação*, ou seja, da atenção dos arqueólogos, mas é concordante com os nexos de estabilidade que estas *villae* das *paisagens de latifúndio* parecem deter, conforme foi comentado no ponto anterior. Ou seja, a cartografia mostra que são os espaços mais vinculados aos cânones da cultura clássica aqueles que sofrem profundas alterações nos conteúdos vivenciais, e neste caso de modo radical (visto que o local de vida se transforma em espaço de morte, o que significa uma radical rotura do modo como é percecionado). Vemos também que, à excepção de Torre de Palma, todas estas *villae* foram abandonadas precocemente, em torno a meados ou finais do século v, embora em alguns casos fique em aberto a existência de uma ocupação coeva do momento funerário, como poderá ter ocorrido em Mascarro. Este facto é visível em alguns pormenores que as sepulturas apresentam, como a *pilhagem* de elementos arquitetónicos reutilizados nos invólucros sepulcrais ou como suporte epigráfico, que ocorre por exemplo em Silveirona, ou ainda nos frisos decorativos recuperados nos povoados de Barragem da Póvoa e de Azinhaga da Boa Morte (ambos em Castelo de Vide). Desta forma, não apenas o espaço vivencial perdeu o seu significado, mas *tudo o que o compunha*, incluindo os elementos da estética ornamental arquetípica, mas que neste novo universo para mais nada servem senão como material de suporte[25] que se coloca na última morada do defunto para que não voltem a ser vistas. Ainda mantendo o olhar sobre esta leitura cartográfica, não deixa de ser curioso notar que os sítios que registam necropolizações ou *squatters* encontram-se próximos de vias e de lugares de passagem (note-se a concentração ao longo do itinerário XII), o que mostra também a visibilidade que estes locais ainda detinham e o modo como funcionavam como referentes para quem se deslocava.

Ainda olhando para *os tempos* em que este fenómeno de reconversão funerária ocorre, verifica-se que o lapso temporal em relação ao momento de abandono é muito curto, de uma geração ou, no máximo, não superior a duas gerações. A colocação das primeiras sepulturas ocorre nos finais do século v ou inícios do VI, e não se prolonga no tempo para meados do VI[26], fenómeno de curta duração que é ainda mais notável porque em certas ocasiões a necrópole atinge o número de várias dezenas de indivíduos, como em Silveirona ou Pombais. Comunidades extensas, com muitas gentes que se tumulam em grupo nos locais onde, previsivelmente, os seus antepassados recentes viveram, embora os padrões da cultura material se tenham alterado bastante. Por exemplo, em Pombais (Marvão, a necrópole onde os relatórios de escavação são mais detalhados), verifica-se a ocorrência de elementos da cultura material (em geral, por sepultura, apenas uma bilha de cerâmica) que são essencialmente idênticos a necrópoles isoladas na paisagem rural, como Santa Marinha e Boa Morte (ambas em Castelo de Vide), mas distintos das séries artefactuais de *terra sigillata* hispânica tardia e cla-

---

[25] Inclusivamente em Silveirona verifica-se que a gravação do epitáfio de *Talassa* decorreu na face lisa e inversa de um friso decorativo ricamente decorado.
[26] Em Silveirona o complexo epigráfico está datado de 513 a 544, ou seja, um lapso temporal muito curto (Cunha 2004). Relembre-se que neste local o número de deposições está estimado em pelo menos oitenta e cinco deposições funerárias.

ra africana C e D que aparecem em fragmentos no interior das sepulturas do sítio marvanense, sinal que pertencem, não a estas, mas a remeximentos de terras que recolheram sedimentos nos níveis estratigráficos anteriores, pertencentes à estrutura de um estabelecimento termal. Verifica-se assim como no espaço de duas ou três gerações, entre os meados do século v e os inícios do vi, a *paisagem mental* se altera radicalmente. Todavia, outro dos sintomas que mostram a existência de *tempos rápidos* em sucessão reside na colocação de sepulturas que procuram e estão alinhadas com os muros que as confinam, sinal de que foram colocadas quando as estruturas romanas encontravam-se perfeitamente visíveis, como em Vale da Bexiga (Castelo de Vide), Silveirona ou Torre de Palma, e que em certa medida norteiam e alinham as deposições que neste momento se instalam e que respeitam as orientações estruturais. Em momentos posteriores observa-se um outro fenómeno que indicia a perda da memória do espaço habitado: a posterior diversidade de direções e o rompimento dos muros pré-existentes.

Na maior parte dos sítios não foi determinado em que sector das estruturas romanas se dá a implantação das necrópoles, visto que a área intervencionada foi, em geral, reduzida. Em Torre de Palma o cemitério tardo-antigo corresponde ao designado "cemitério Sul", nunca publicado nem dado a conhecer[27], mas que uma leitura atenta dos cadernos de campo revela situar-se sobre três salas de piso de "formigão" (*opus signinum*) e uma lareira em tijoleira. A cerca de 100 metros do edificado principal, coloca-se a questão de procurar perceber a que estrutura pertenceriam estes pavimentos, visto que se trata de um sítio extensamente escavado onde a *pars urbana* e a *pars rustica* foram devidamente identificadas: tratar-se-á de um outro sector dedicado a actividades agrícolas ou de serviços, ou estaremos perante uma construção de um sítio independente que foi precocemente abandonado? Seja como for, instalam-se pelo menos vinte e uma sepulturas (escavadas em diferentes momentos e por distintos agentes), das quais a maior parte segue nas suas orientações os muros existentes, enquanto três outras, posteriores, os cortam (sendo de época islâmica? ou contemporâneos da ermida que no século xiv se constrói no local?).

Uma situação similar detecta-se em Silveirona, onde a instalação da área sepulcral escolhe uma pré-existência. Dada a época em que a intervenção foi realizada (1934), o rigor informativo não é o melhor, pelo que é difícil compatibilizar os dados existentes: os cadernos de campo referem a proximidade à *pars urbana* de uma *villa*[28], embora no local se conheça também uma estrutura pertencente à

---

[27] O sector foi escavado em 1953 por uma equipa do Museu Nacional de Arqueologia, representado no terreno por João Lino da Silva, que deixou um conjunto de cadernos de campo e uma planta esquemática das realidades postas a descoberto. Ver Carneiro (2015).

[28] "A casa em que se encontra este fragmento [de mosaico] (e talvez haja mais pois não foi possível escavá-la toda) mede de comprimento 5 m e de larg. 4 m. A par desta divisão havia outra, ligada ainda a outras, o que mostra a importância da habitação. O cemitério visigótico fica-lhe a poente a 200 m de distância e o romano a Sul a 100 m de distância." (Caderno de campo redigido por Manuel Heleno, publicado em Cunha 2004: 19-20.)

*pars rustica*[29], onde possivelmente se instalou a necrópole[30]. Certo é que na planta publicada se observa uma área sepulcral em meio a muros anteriores, parcialmente escavados, e que nada têm a ver com a estrutura quadrangular que parece organizar toda a necrópole.

Um caso idêntico, quer na organização sepulcral, quer nas dúvidas existentes, encontra-se próximo, junto à actual povoação de Terrugem (Elvas). O local de instalação da necrópole não é especificado, embora se faça alusão a que "vêem-se os arcos de tijolo que suportaram o pavimento de um *caldarium*"[31], não ficando clara a relação com a pré-existência. Posteriormente irá instalar-se um conjunto sepulcral só parcialmente escavado e que incluía vinte e duas sepulturas, em torno a uma outra estrutura quadrangular que, como em Silveirona, polariza todo o conjunto. Teremos neste caso situações de enterramentos próximos do sepulcro de uma figura privilegiada? A colocação de um marco miliário no interior da estrutura de Silveirona parece conceder alguma viabilidade a esta leitura, tratando-se de um elemento honorífico por excelência, além de uma peça notável e que chamaria sempre a atenção pelas suas dimensões, mas esta situação não pode ser avaliada com rigor. Refira-se apenas que uma terceira situação do género parece ter ocorrido em Vale da Bexiga (Castelo de Vide), onde as sepulturas rodeiam uma estrutura quadrangular que, pela peculiar orientação metodológica dos trabalhos, não foi escavada no seu interior. Neste sítio, sem que se perceba em que sector da pré-existência romana se instalou a necrópole, verifica-se o alinhamento das sepulturas aos muros que estariam visíveis no momento inicial de deposição.

Um fenómeno bem conhecido na *Hispania* reside na instalação de áreas sepulcrais em edifícios termais, ou *balnea*. No Alto Alentejo, o único caso conhecido encontra-se em Pombais, onde a necrópole se encontra junto à estrutura de arcaria de um *hipocaustum*, embora, pelas suas dimensões[32], invada outras zonas, como uma possível área de *pars rustica*[33] e um outro espaço com ""estruturas de

---

[29] "Na mesma zona, numa pequena elevação cercada de pedras e tijolos soltos descobriu-se igualmente, uns metros abaixo do solo, o pavimento de um lagar de dois pisos, notando-se ainda no pavimento de argamassa de cimento o desgaste provocado pela vida que ali se viveu." (J. A. C., *Brados do Alentejo* de 07-01-1983, n.º 80, 3.ª série, p. 8).

[30] Nos cadernos de campo vão sendo referidos materiais como pesos de tear, elementos metálicos (pregos, chocalhos, entre outros), fragmentos de *dolia* e de ânforas, mais concordantes com um sector dedicado a actividades agrícolas e de armazenamento.

[31] Deus, Louro e Viana 1955: 572. Nos seus apontamentos de campo, Manuel Heleno indica que um arco de fornalha havia sido destruído.

[32] Os relatórios não apresentam uma descrição individual, mas o inventário de sepulturas ascende a 37.

[33] Na campanha de 1983 foram recolhidos vários utensílios agrícolas dentro de "uma grande casa". Em 1986 destaca-se a "a abundância de ferro, tanto em escórias, em grandes e pequenas massas amorfas [...] como em objectos das mais variadas formas, tamanhos e funções – pregos, cavilhas, hastes, tiras, argolas, placas e outros de função indefinida, fechaduras, etc.)", talvez pertencente a uma zona de forja, visto que em campanhas anteriores foram identificadas lareiras e abundantes camadas de cinzas.

habitação visivelmente tardias", definindo-se um compartimento que, "apesar de exteriormente apresentar ângulos rectos, arredonda nos cantos interiores".[34] Em todo o sítio o espólio é abundante, incluindo fragmentos de terra sigillata clara africana C e D e "pré-luzente", em contextos de habitação ou remeximentos de terras. Todavia, o espólio intra-sepultura é reduzido, geralmente apenas com uma bilha à cabeceira, embora existam várias sepulturas com "paredes internas formadas de pequenas pedras sobrepostas, algumas de tijolos, outras ainda utilizando imbrices e tegulas, como é usual encontrar em necrópoles romanas desta região peninsular." (Fernandes 1987: 63). Na ausência de uma datação fiável para um espólio incaraterístico, esta manutenção da arquitetura funerária pode apontar para um início de instalação sepulcral em finais do século v ou inícios de vi, notando-se que algumas sepulturas estão alinhadas com as estruturas, enquanto outras rasgam os muros romanos. Sem que seja fácil perceber o faseamento das diversas etapas, poderemos ter uma sequência em que se dá primeiro a condenação do edifício termal - espaço impuro por excelência, onde se ostentava a exposição do corpo - podendo parte do edificado urbano ainda estar em funções, verificando-se depois o abandono da vivência quotidiana na estrutura habitacional, que poderia ter sido reformulada em espaço basilical, embora não se conheçam elementos arquitetónicos que comprovem esta hipótese. No entanto, a existência de um sarcófago isolado a pouca distância do local[35] leva a que se possa falar de uma *monumentalização da morte* que apresenta profundos significados.

Um outro possível caso de condenação de edifício termal encontra-se em São Salvador (Campo Maior). Trata-se de *villa* de *otium* de grande aparato, dados os grandes vãos e compartimentos que permitiam a *contemplatio* sobre o curso do rio Xévora, como se torna evidente pelo alinhamento do traçado do peristilo interior com o curso de água. A longa diacronia de ocupação da casa é visível em várias situações[36], incluindo remendos em *opus signinum* feitos no mosaico da galeria porticada, à semelhança do sucedido em Torre de Palma. Todavia, o testemunho mais relevante reside nos dados da Sondagem 3, onde foram identificadas quatro sepulturas[37] e, nas proximidades (mas em local não especificado), dois arcos de um hipocausto, sendo ainda de acrescentar que a capela que se ergue no local parece assentar sobre a ábside de uma estrutura anterior.

---

[34] Relatório dos trabalhos arqueológicos realizados em 1985.
[35] Oliveira, Pereira e Parreira 2007: n° 221: Herdade dos Pombais II.
[36] "Por vezes há muros que se encontram adossados uns aos outros, o que nos parece confirmar diferentes fases de construção ou novas reutilizações dos compartimentos"; "Este mosaico [B] está a 31cm de profundidade e assenta directamente sobre *opus signinum* que poderá corresponder a 1 antigo pavimento ou mesmo a 1 anterior tanque" (Dias 1994: 122).
[37] Apenas uma foi intervencionada, identificando-se um jarro de boca trilobada idêntico aos de outras sepulturas da área regional, como em Santo Amarinho e Boa Morte (ambos em Castelo de Vide), em contextos de finais de século v ou inícios do vi.

Próximo de São Salvador foram encontrados outros testemunhos em São Pedro dos Pastores, na periferia da actual cidade de Campo Maior. É certo que a atribuição da classificação de *villa* ao local está longe de ser consensual, pois da igreja próxima provêm dois marcos miliários (Encarnação 1989), situação que configura a hipótese de se situar uma *mansio* ou um *vicus*. O facto de ter sido intervencionado parcialmente e por diversos autores, com escavações nunca divulgadas, não ajuda a levantar o manto de dúvidas que impende sobre o local. A existência de um *balneum* cuja planta não foi publicada não esclarece se estamos perante uma estrutura pública ou privada, mas o facto de comunicar diretamente com um peristilo porticado apoia, para já, a classificação do local como *villa*. Neste ponto de ligação estrutural, com pavimento em *opus signinum*, colunas de mármore[38] e paredes de estuque pintado, indicando a qualidade arquitetónica e decorativa do local, foram encontradas evidências de um incêndio após o abandono do sítio[39]. O elemento mais relevante, contudo, foi registado no compartimento B, onde um sarcófago com cobertura de lajes marmóreas, reaproveitadas dos pavimentos, ocupava a posição central, notando-se que todo o espaço arquitetónico foi remodelado para ser transformado em mausoléu. Outros enterramentos, mais modestos, foram encontrados nas imediações, inclusivamente perfurando estruturas[40]. Em resumo, um quadro no qual um ponto de povoamento com indicadores de elevada monumentalidade é abandonado e em momento posterior recebe beneficiações para instalação de um sarcófago, presumivelmente em espaço monumental com grande impacto visual e em torno do qual se articula uma necrópole.

Sendo o fenómeno mais frequente no Alto Alentejo, a *necropolização* das estruturas fundiárias encontra-se ainda mal definida, pelo escasso investimento *em área* que as escavações receberam. Mas parecem detetar-se distintas cambiantes que refletem diferentes formas de perspetivar os espaços, pois os significados variam substancialmente: condenar um edifício termal (que não voltará a ser utilizado), reutilizar ou perpetuar a memória sepulcral de uma necrópole anterior (indicando que o *locus sacer* de algum modo continua a preservar essa função), procurar sepulcro na *pars rustica* (o que indica que a feição produtiva da *villa* cessou, talvez por abandono ou transferência de domínio fundiário) ou fazê-lo na *pars urbana* (o que implica terminar a vivência da *villa*). Da mesma forma, parece existir como elemento comum a todos um momento de abandono do

---

[38] Em intervenção posterior, de 1996, foi recolhido um fragmento de capitel coríntio.
[39] Sítio romano de S. Pedro - Campo Maior. Relatório de trabalhos arqueológicos (Campanha de 1992), Miguel Lago da Silva. O relatório não se encontra numerado.
[40] "após um primeiro arranjo do pavimento com argamassa, foi construída uma escadaria em tijoleira, que nos surgiu já bastante arruinada. [...] Posteriormente ao abandono desta escada, foi nela aberto um buraco para implantação de uma sepultura". No total, o número de enterramentos identificados ascende a doze.

sítio, com *squatterização* de permeio em alguns casos, antes da instalação das primeiras sepulturas, que contudo ainda se dão quando as estruturas estão bem visíveis e os elementos arquitectónicos podem ser reaproveitados. Iniciando nos meados/finais do século v, este processo parece prolongar-se durante o século vi, sendo difícil determinar o seu ocaso, mas seguramente nesta centúria, quando os espaços basilicais se tornam nos polarizadores das necrópoles. Finalmente, de notar ainda que em alguns sítios existe uma monumentalização de um sepulcro central (Silveirona, S. Pedro dos Pastores, Pombais...), com sarcófago central, e parece existir uma evolução para tumulações *ad sanctos* com estruturas axiais da necrópole (Silveirona, Terrugem, Vale da Bexiga?) ou mesmo para a construção de basílicas que, por enquanto, não estão identificadas (à excepção de Torre de Palma, com a inclusão de um baptistério inicial, depois substituído por outro de maiores dimensões), mas cuja existência se presume pela proliferação de elementos arquitetónicos identificados em anos recentes... Uma nova paisagem, portanto, onde os antigos espaços áulicos imperiais albergam agora os mortos e/ou os novos locais de culto.

### As pessoas que vivem nos campos: a ruralização da sociedade

Parece claro que as *villae*, enquanto estrutura fundiária de *otium* e *contemplatio* que reflectem a mundividência clássica, cessam a existência durante o século v. Se continuam a ser habitadas, já não o são da mesma forma, enquanto espaço áulico e de representação do *dominus*. A sociedade altera-se, com a erosão do poder imperial, a ascensão do cristianismo e as alterações na estrutura da sociedade. E um outro fenómeno ocorre, silencioso e subterrâneo, pois não temos textos ou documentação que nos permita perceber a sua extensão: as modificações na estrutura fundiária, com a concentração de propriedades nas mãos de um único dono, o que conduziu ao abandono de várias terras. Higino[41] deixa-nos esse retrato, que pode explicar o elevado conjunto de indicadores de abandono e de *squatterização* que encontramos no Alto Alentejo, ou a sucessiva ampliação do lagar e adega em Torre de Palma, indicando o reforço da capacidade produtiva do local. Esta situação deverá ter a sua raiz em fenómenos verificados na esfera social, em que alguns privados vêm o seu poder reforçado - como eventualmente o caso de *Sabinus vir honestus* na epígrafe de Silveirona - mas também a progressiva estruturação de uma hierarquia eclesiástica, onde os homens pertencentes à emergente estrutura da Igreja angariam bens e clientelas, poderá ter contribuído para a concentração fundiária. Aliás, talvez seja por esta via que se explica a cruz grafada no enorme peso de lagar de Torre de Palma, um sítio onde a presença de um baptistério implica laços estreitos à esfera da Igreja, ou mesmo a pertença directa de um clérigo

---

[41] Citado por Chavarría Arnau 2006: 32.

em permanência. Neste caso, talvez o enigmático "northeastern building", com os seus pequenos compartimentos, se destinasse à existência de catecúmenos ou de funcionários no local. Este fato, tal como a rede de locais de culto que se dissemina pela paisagem (situação verificável a partir dos elementos arquitetónicos paleocristãos) mostram como a Igreja entra nos campos enquanto agente activo e estruturante na criação de uma nova paisagem, na qual os presbíteros locais serão os "guardadores de propriedades", "un autêntico *villicus*, un administrador patrimonial" (Diaz 1994: 307). Neste novo universo que o século VI inaugura, onde o Império é uma recordação cada vez mais distante, verificamos como a sociedade se ruraliza, como a "consciência da fragmentação" do poder à escala do Mediterrâneo conduz os atores para uma dinâmica de atuação cada vez mais baseada nos campos e em economias de circulação local. É certo que *Augusta Emerita* mantém um papel ativo, como vemos na honorífica distinção de capital da *Diocesis Hispaniarum*, no seu papel de centro de peregrinações a Eulália e nos atores políticos que aí residem, alguns deles de onomástica orientalizante. Entre *Emerita* e o Alto Alentejo vemos ainda várias *villae*, agora designadas *villulae*, que assumem um papel ativo na dinamização do território. Mas nesta região, onde a ausência de um grande centro urbano marcara a paisagem imperial, vemos também a progressiva transformação de uma paisagem pagã por lugares cristãos de culto e de sepultamento, com a substituição das *villae* por locais que já têm afinal outros conteúdos. Estas necrópoles são extensas, com várias dezenas de indivíduos, como em Silveirona, Terrugem ou Pombais, mostrando que as dinâmicas demográficas se mantêm, mas evidenciando também outros fenómenos: concentrações de povoamento, com mais gente em menos sítios; e um nivelamento social, pois todos se sepultam no mesmo local, embora com uma hierarquização que se percebe, quer nas denominações (o *vir honestus*, possivelmente um *honestior* por contraponto aos *humiliores*), quer na topografia funerária, pois algumas sepulturas são monumentalizadas (sarcófagos), estão dentro de estruturas quadrangulares, ou ocupam posições axiais no universo funerário.

Em resumo, entre o velhos restos de um Império, por entre muros em ruína e casas abandonadas, nascem durante o século v os locais de vida e morte das gentes que durante a Antiguidade Tardia povoam o território do Alto Alentejo.

## Bibliografia

ANTÓNIO, J.; ENCARNAÇÃO, J. (2009) Grafito identifica Alter do Chão como *Abelterium*. *RPA* 12 (1), p. 197-200.

BRAZUNA, S. (2003) Villa *da Herdade das Argamassas. Relatório dos Trabalhos Arqueológicos 2002/2003*. Lisboa. Era-Arqueologia, S.A. [Policopiado].

BUGALHÃO, J. (2004) O abrigo tardo-romano da Vinagreira, Elvas. *In:* Bugalhão (ed.), *Arqueologia na rede de transporte de gás: 10 anos de investigação.* Lisboa. (*Trabalhos de Arqueologia* 39), p. 97-108.

CARNEIRO, A. (2008) *Itinerários romanos do Alentejo. Uma releitura de «As grandes vias da Lusitânia – o Itinerário de Antonino Pio» de Mário Saa, cinquenta anos depois.* Lisboa.

(2009-2010) A cartografia dos cultos religiosos no Alto Alentejo em época romana: uma leitura de conjunto. *Hispania Antiqua* 33-34, p. 237-272.

(2011) *Povoamento rural no Alto Alentejo em época romana. Vectores estruturantes durante o Império e Antiguidade Tardia*. Dissertação de doutoramento em Arqueologia apresentada à Universidade de Évora. 2 volumes. [Policopiado].

(2015) Morre-se há muito tempo sobre a terra. Topografia funerária e sociedade no Alto Alentejo em época romana. *Actas do II Congresso de Arqueologia de Transição: o mundo funerário*, Évora, CHAIA, p. 125-139

CHAVARRÍA ARNAU, A. (2004) Interpreting the transformation of late roman villas: the case of *Hispania*. *In:* Christie (Ed.) *Landscapes of change. Rural evolutions in late antiquity and the early Middle Ages*. London, p. 67-102.

(2006) Villas en *Hispania* durante la Antigüedad Tardia. *In:* Chavarría; Arce; e Brogiolo (Eds), Villas tardoantiguas en el Mediterráneo Occidental. *Anejos del AEespA* XXXIX. Madrid, p. 17-35.

(2007) *El final de las* villae *en Hispania (siglos IV-VIII)*. Turnhout. (*Bibliothèque de l'Antiquité Tardive* 7)

CORDERO RUIZ, T. (2010) Una nueva propuesta sobre los límites del *ager emeritensis* durante el Imperio Romano y la Antigüedad Tardía. *Zephyrus* LXV, Jan-Jun. 2010, p. 149-165.

CUNHA, M. 2002 *Silveirona: do mundo funerário romano à Antiguidade Tardia. Sete décadas depois*. Dissertação de Mestrado, Lisboa. [Policopiado].

DEUS, A.; LOURO H.; VIANA, A. (1955) Apontamentos de estações romanas e visigóticas da região de Elvas (Portugal). *III Congresso Arqueologico Nacional*. Zaragoza, p. 568-578.

DIAS, A. C. (1994) Monte de S. Salvador. *Informação Arqueológica* 9, p. 122-125.

DÍAZ, P. C. (1994) Propriedad y explotación de la tierra en la Lusitania tardoantigua. *In* Gorges; Salinas de Frias (Eds), *Les campagnes de lusitanie romaine: occupation du sol et habitats*. Madrid /Salamanca (*Collection de la Casa de Velázquez* 47), p. 297-309.

ENCARNAÇÃO, J. (1984) *Inscrições Romanas do Conuentus Pacencis*. Coimbra.

(1989) A população romana de Campo Maior. *Trabalhos de Antropologia e Etnografia* 21, p. 83-94

FABIÃO, C. (1998), *O Mundo indígena e a sua romanização na área céltica do território hoje português*. Lisboa, Dissertação de Doutoramento apresentada à FLUL. [Policopiado].

FERNANDES, I. C. (1987) Monte da Herdade dos Pombais. *Informação Arqueológica* 8, p. 63.

IRCP = ENCARNAÇÃO (1984)

LANCHA, J. e ANDRE, P. (2000) *Corpus dos mosaicos romanos de Portugal. II – Conventvs Pacensis. 1 – A* villa *de Torre de Palma*. 2 volumes, Lisboa.

MANTAS, V. (2002) Libertos e escravos na cidade luso-romana de *Ammaia*. *Ibn Marúan* 12, p. 49-68.

(2012) *As vias romanas da Lusitania*. Mérida.

OLIVEIRA, J. PEREIRA, S. e PARREIRA, J. (2007) *Nova Carta Arqueológica do concelho de Marvão. Ibn-Maruan* 14.

RIPOLL, G. e ARCE, J. (2001) Transformación y final de las *villae* en occidente (siglos IV-VIII): problemas y perspectivas. *Arqueología y territorio medieval* 8, p. 21-54.

# El proyecto FVNDVS de la villa romana de Noheda:
## planteamientos metodológicos y primeros resultados
(The FVNDVS project and the roman villa of Noheda: methodological issues and first results)

Miguel Ángel Valero Tévar (mvalero@cuenca.uned.es)
UNED Centro Asociado de Cuenca

Resumo – As escavações arqueológicas que nos últimos anos foram realizadas na villa romana de Noheda permitiram divulgar o seu excepcional mosaico figurativo e analisar os aspectos micro-espaciais relacionados do sítio nos seus diversos espaços e nas suas sequências de ocupação. Todavia, o estudo não estaria completo sem analisar de modo macro-espacial o território envolvente, de modo a compreender a sua verdadeira dimensão histórica e contextual. Este artigo apresenta a metodologia e primeiros resultados desta análise.

Palavras-chave – *Villa* tardo-romana; mosaicos: *fundus*; povoamento romano; paisagem.

Abstract – Archaeological interventions developed in recent years in the Roman villa of Noheda have allowed, not only to publicize its exceptional figurative mosaic but also a quite accurate approximation to the microspatial aspects of the enclave and its occupational sequence. However a study of this magnitude would not be complete without approaching the research at macrospatial level of the territory where the complex is inserted, in order to serve to give it its true historical dimension. This article involves exposure of the methodology and the first results obtained with it.

Keywords – Late Roman Villa, mosaics, *fundus*, roman population, lansdcape.

## 1.1. Introducción

La presente contribución supone la presentación del proyecto de análisis territorial *fundus* de la *villa* romana de Noheda, la exposición de la metodología que se está llevando a cabo y los primeros datos extraídos de la aplicación de la misma.

Este trabajo surge de la necesidad de contribuir al estudio integral del yacimiento, ya que, si bien es justo reconocer que hasta el momento ha sido el mosaico figurado localizado en el *triclinium* de la *villa* la evidencia más notoria del mismo por la cual es conocido (Valero 2009: 54; 2010b: 6; 2011: 91*ss*; 2013a: 307*ss*; Valero e.p.; Valero y Gómez 2013: 87*ss*), consideramos que la investigación sobre el enclave debe plantearse de manera integral, es decir, sin olvidar el tapiz musivario, pero otorgando la misma relevancia al resto de los aspectos conformadores de la *villa*. En esta línea, ya se han efectuados algunos estudios analizando arquitectónicamente diversas estancias, la cronología del complejo, la evolución de las fases constructivas, las técnicas edilicias empleadas y el proceso de destrucción (Valero 2014b: 233). Del mismo modo también se han abordado análisis sobre los elementos que ornamentaban la *pars urbana* del complejo (Valero, Gutiérrez y Rodà e.p.), el estudio de captación de recursos hídrocos con los que se abastecía el complejo rural (Mejías *et alii* 2013: 17; Martínez *et alii* 2014: 2), o los primeros resultados sobre los programas de prevención y conservación efectuados en el tapiz musivario (Valero *et alii* 2014: 1667). Por ello el analisis del territorio susceptible de conformar el *fundus* de la quinta, y sus adaptaciones y/o transformaciones con motivo de la inserción del espacio en el ámbito de explotación de la *villa*, suponen un dato de especial importancia de cara al conocimiento exhaustivo del complejo rural.

Para el estudio de aprovechamiento territorial y ordenación de la población del *fundus* de la *villa* de Noheda, nos hemos valido de las directrices esgrimidas por la llamada Arqueología del Paisaje, que otorga especial interés a éste, considerándolo no solamente como un espacio físico, si no que en su conjunto forma un marco ambiental en el que el hombre está obligado a vivir, incidiendo en mayor o menor medida sobre él (Criado *et alii* 1991: 28). De este modo, estudiando el paisaje se puede comprender como una sociedad determinada se asienta en él, adaptándose al mismo, y/o modelándolo en distinto grado. Uno de los aspectos más interesantes de este tipo de investigación, es el que permite apreciar las diferencias en la manera de ocupar y explotar un territorio entre las distintas sociedades (Gómez *et alii* 2005: 29).

Nuestra propuesta continua el camino marcado en otras zonas y que tan buenos resultados han ofrecido, con aportaciones metodológicas que permiten abordar el estudio integral de un paisaje determinado, poniendo de manifiesto la necesidad de valorar adecuadamente el patrimonio arqueológico rural de cara a la correcta comprensión del fenómeno de la transformación sufrido en la época romana (Dyson y Alden 1978: 21; Harke 1981: 57; Davidson y Bailey 1984: 26; Filloy y Gil 1984: 9; Pons 1984; 29; Duran y Padilla 1990; Carrillo e Hidalgo 1991: 38; Criado *et alii* 1991; Orfila y Cardell 1991-92: 41; Villanueva 1991: 319; Escacena y Padilla 1992; Orejas 1995/96: 61; *eadem* 1996; Moreno 1997: 205; Palet *et alii* 1998: 153; Pérez y Borreda 1998: 133; Amores *et alii* 2001: 414; Henares 2001: 607; García Vargas *et alii* 2002: 313; González 2002; Vargas y Romo 2002: 149; Sáez *et alii* 2002; Gisbert 2003: 121; Ariño *et alii* 2004; Fernández *et alii* 2004: 216; Gómez *et alii* 2005: 28; Orejas *et alii* 2005: 42; Pérez 2006; Sáez *et alii* 2006 141; Rodríguez 2007: 133; Moscardó 2008: 177; Moreno y Quixal 2009: 110; Gutiérrez 2010: 13; Deprez *et alii* 2011: 36: Gómez *et alii* 2011; López-Romero 2011: 83; Rubio 2011: 145).

La riqueza arqueológica del territorio circundante de la *villa* es un hecho demostrado, encontrando evidencias antrópicas en la zona de prácticamente todas la etapas cronoculturales. De este modo, el Abrigo de Buendía con diversas ocupaciones en el Paleolítico Superior, supone la primera prueba documentada hasta el momento de hábitat en la zona (Torre *et alii* 2007: 537). Mayor información se tiene de la Edad del Bronce, en la mayoría de los casos basado en análisis territoriales (Martínez González 1988; Martínez Navarrete 1988a; *eadem* 1988b; Díaz-Andreu 1990; *eadem* 1994; Valero 1996; *idem* 2012b), si bien también se cuenta con publicaciones sobre yacimientos específicos (Valiente 1974: 134; Martínez González y Martínez Navarrete 1988: 218). Hasta el momento, resultan más escuetos los datos acerca de la Edad del Hierro (Díaz-Andreu y Sandoval 1991/92: 226; Valero 1999a: 10; *idem* 1999b: 306; *ter* 2012a: 47-60; Domingo *et alii* 2007: 220), si bien nuevos proyectos, aun en desarrollo, auguran avances en el conocimiento de esta etapa (Valero 2013b: 236). Pero sin duda será el estudio sobre la época romana el que ha cobrado mayor intensidad (Palomero 1987; Zarzalejos y Morillo 1994: 166; Solías 1997: 220; Castelo *et alii* 2000: Guisado y Bernárdez 2002: 276; *idem* 2003: 246; Busquier 2010: 3.02; Valero 2010b: 203), condicionado en gran medida por la relevancia de la ciudad de Ercávica, donde tras los primeros estudios (Osuna 1976; *idem* 1997: 173; Lorrio 2001), ha primado el análisis del fenómeno urbano (Rubio 2004: 217; 2006: 187; 2008: 136; 2010: 1031; 2013: 170; Rubio y Valero 2007: 436) sin olvidar su amplio *territorium* (Valero 2013b: 217).

Pese a la demostrada antropización de la comarca, ésta no ha suscitado excesivo interés, no acometiéndose investigaciones que abordasen de manera diacrónica la ocupación de este territorio hasta los últimos años (Valero 2013b: 211).

Por ello será en el entorno inmediato de la *villa* romana de Noheda donde, en aras del arriba citado conocimiento global del enclave y profundizando en esta línea de investigaciones sobre el territorio, intentaremos ahondar en la realidad de explotación parcelaria de época romana, que arranca en el momento de uso de la primera *villa* documentada, continúa en la fase tardoantigua, coincidiendo con la etapa álgida del complejo rural y se desarrolla de manera ininterrumpida hasta nuestros días con las consiguientes transformaciones paisajísticas.

### 1.2. La *villa* y sus mosaicos

El yacimiento de la *villa* romana de Noheda es conocido desde antiguo (Larrañaga 1966: 438; Abascal 1982: 68; Palomero 1985: 169), si bien es tan solo en fechas recientes cuando ha comenzado a ser difundido de manera rigurosa (Valero 2009: 54; 2010a: 6; 2011: 91*ss*; 2013a: 307*ss*; 2014: 521; Valero y Gómez, 2013: 87*ss*; Valero *et alii* 2014: 1667), junto con algunos enfoques divergentes en cuanto a la lectura de sus mosaicos (Fernández 2010: 136; Ucatescu 2013: 297-299).

Se ubica en la parte central de la Península Ibérica, próxima de las ciudades de Segóbriga (a 58 Km.), Ercávica (a 44,5 Km.) y Valeria a (43,5 km.), situándose a 17 km. al norte de la ciudad de Cuenca. La *villa* se localiza a escasos 500 m. al noroeste de la localidad de la cual toma su nombre, siendo ésta pedanía de Villar de Domingo García. (Fig. 1)

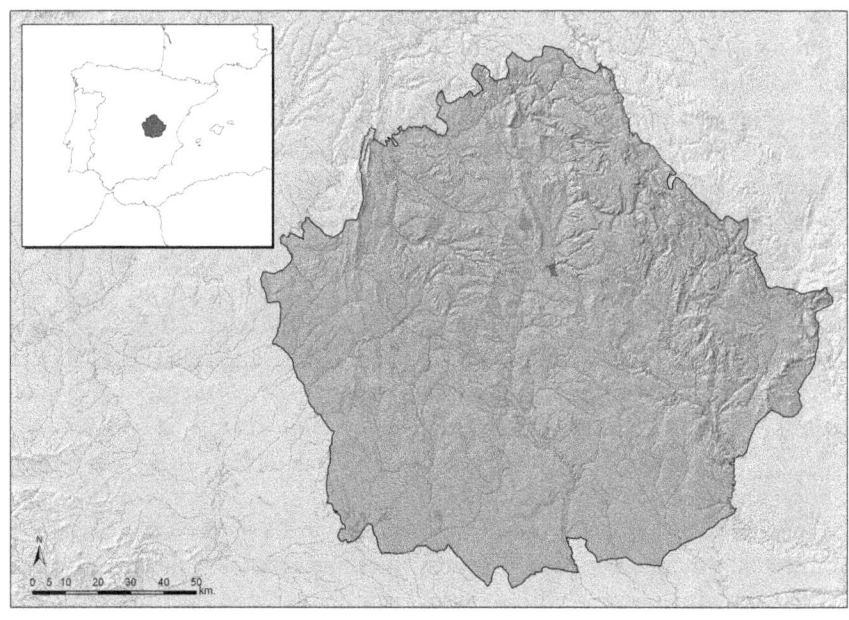

*Figura 1* – Plano de localización de Noheda.

El complejo arqueológico fue declarado Bien de Interés Cultural en 2012, principalmente por los mosaicos descubiertos en él, si bien no es solo la etapa tardoantigua la que cuenta con evidencias antrópicas, aunque es justo reconocer que es, hasta el momento, la mejor documentada. Las investigaciones realizadas en los últimos años han puesto de manifiesto que bajo la *villa* romana tardoantigua, resulta probada la existencia de estructuras arqueológicas pertenecientes al Alto Imperio, en un estado de conservación bueno pese a haber sido cantera de las construcciones suprapuestas (Valero 2015: *passim*).

Dichas construcciones coinciden cronológicamente con el proceso de eclosión y auge de las grandes *villae* documentadas en la parte occidental de Imperio (Vera 1992-1993: 299; Volpe 1996: 210; Sfameni 2006: 19-21; Chavarría 2006: 19; *eadem* 2007: 53*ss*; Pensabene 2010-2011: 171-174; Hidalgo 2014a: 229). De este modo, hasta el momento son tres las áreas exhumadas de la *villa*, por un lado algunas estructuras que a tenor del espacio excavado parecen pertenecer a la *pars rustica*. De esta manera, el complejo contaría con los edificios necesarios que le otorgarían esa vocación agrícola que resulta inherente al concepto de *vill*a rústica (Richmond 1970:51; McKay 1975:100-108; Percival 1976: 13; Johnston 1983: 3-8; Balmelle 2001: 16; Gros 2001: 265: Mulvin 2002: 3;

Chavarría 2005, 523-526; *eadem* 2007: 32; 54; Arce 2006: 14; *idem* 2009: 136; *ter* 2012: 27; Sfameni 2006: 110) a lo largo de toda la época romana[1].

Por otro lado, y habiendo centrado los esfuerzos en estas zonas, se ha excavado una parte de la *pars urbana*, compuestas por el *balneum* y determinadas estancias del edificio residencial. Éste último se conforma con varias dependencias de holgadas dimensiones entre las que destaca la denominada Sala Triabsidada, no sólo por su imponente superficie – de 290,64 m$^2$ – y sus extraordinarios pavimentos, sino también por su compleja articulación arquitectónica donde la multiplicidad de ábsides es una constante, a lo que habría que añadir una cuidada decoración parietal compuesta por un zócalo de placas de mármol y un colorido alzado de pintura mural.

La mencionada morfología cuadrangular con exedras en tres de sus lados, permiten adscribirla al tipo de salas tríforas que se hacen frecuentes en los más lujosos conjuntos residenciales bajoimperiales (Balmelle 2001: 327-328; Romizzi 2001: 19; Sfameni 2006: 166). Se trata de dependencias de articulación *trichora* que comúnmente vienen interpretándose como *triclinia* (Hidalgo 1998: 283; 2014a: 233; 2014b: 538; Dunbabin 2003: 198; Mar y Verde 2008: 78; Arce 2010: 40), adaptando así las formas arquitectónicas a las nuevas tendencias en la organización espacial de los comensales de banquetes, con lechos dispuestos en semicírculo, los *stibadia* (Rossiter 1991: 199; Volpe 2006: 321).

Es en esta estancia donde se halla el excepcional mosaico figurativo que cuenta con unas dimensiones conservadas de 231,62 m$^2$, realizado en su mayor parte con *opus vermiculatum* de una variadísima gama cromática, utilizándose para determinados colores piezas de pasta vítrea en multitud de tonos e incluso doradas.

La composición ornamental de este pavimento está formada por un lado, de una amplia zona central dividida en seis paneles con escenas de temática mitológica y alegórica, que presentan un carácter unitario y donde se abigarran profusamente las figuras, aglutinándose en grupos escénicos. Este conjunto figurativo, cuya forma rectangular se reparte el espacio principal de la sala, se extiende entre el centrado estanque monumental y el enmarque realizado con

---

[1] No es necesario recordar que la agricultura era considerada por los romanos como un método adecuado de autoabastecerse, pero sobre todo de enriquecerse de manera honesta, frente a la acumulación de riqueza mediante la guerra, el comercio, la usura y los cargos públicos (Col.I.1). De hecho, son varios los autores (Catón, Varrón, Columela y Paladio) que han dedicado esfuerzos en transmitir mediante tratados, libros y otras fuentes, las bondades de la vida en el campo, así como su mejor y más adecuada manera de explotación del mismo. Estos autores que han instruido acerca del mundo rural, son los denominados *scriptores rei rusticae*. Pero los datos aportados por cada uno de los autores, han de ser tomados teniendo en cuenta la época en la que se escriben, qué ámbito describen, normalmente la Península Itálica y para quién van dirigidos, las clases acomodadas que viven en la ciudad y cuentan con posesiones en el campo. Por tanto como se ha indicado (Palahí y Nolla 2010, 12) la historia de las *villae*, es la historia de una ideología y de los intereses económicos de las clases dirigentes y de las circunstancias políticas y económicas de cada una de las etapas por las que pasó el Imperio Romano.

una amplia orla vegetal de roleos de hojas de acanto, más elaborados en la parte central de las tiras, en los espacios coincidentes con el acceso a las tres exedras de la estancia, que contarían con decoración geométrica, a tenor de lo observado en las dos conservadas.

Los cuadros figurativos fueron estructurados en seis franjas rectangulares, denominadas, a efectos de descripción y estudio, por orden de visionado del visitante a la sala: A, B, C, D, E y F. (Fig. 2)

*Figura 2* – Subdivisión en paneles figurativos del mosaico del triclinium de Noheda (imagen de M. Á. Valero sobre la foto del mosaico de José Latova).

Así la escena A representa la contienda mantenida entre el rey de Olimpia, Enómao y el príncipe anatolio, Pélope por Hipodamia, la hija de aquel. Se divide en tres grupos escénicos, el primero de ellos compacto, de cinco personajes en torno al monarca entronizado, el siguiente refleja en primer lugar, el violento *naufragium* sufrido por la cuadriga del soberano, continuando con la plasmación de Pélope vencedor descendiendo de la barquilla del carro mientras es abrazado por Hipodamia y recibe de ésta la palma de la victoria. Completaría la escena un tercer del que solo quedan dos personajes que asisten a los corceles, habiendo sido destruido por la acción del arado. Sobre el cuadro escénico principal, otro ubicado en la parte superior de menores dimensiones en la que se aprecia un circo – alusivo a la carrera de cuadrigas – donde se plasma la *cavea*, la *arena*, la *spina*, las *metae*, los *ovaria*, el *phala*, así como varias esculturas de dioses y animales que ornamentarían el edificio.

El mito de Pélope, Enómao e Hipodamía, si bien contó con gran aceptación en la tradición mitológica (Triantis 1992: 693; 1994: 19; 282; Alvar 2000: 865; Schwab 2009: 134; Humbert 2010: 166), no son muchas las representaciones del mismo.

Una de las escenas más espectaculares del mito se encuentra en las esculturas de bulto redondo que ornamentaban el frontón oriental del Templo de Zeus en Olimpia (Frontinos 1989: 60). Esta leyenda también es representada en algunos sarcófagos del siglo III (Balty 1989: 500; Blázquez, López y San Nicolás 2004: 292). Así como en el arte vascular donde destaca el caso de vaso de figuras rojas custodiado en el Museo de Atenas (Sparkes 1996:125).

Sin embargo en mosaicos, no son abundantes las escenas alusivas a esta historia tradicional griega. El más elocuente es el mosaico ubicado en el Museo de Damasco de procedencia desconocida (Balty 1989: 498). Además, ya en territorio hispano, en la *villa* del Arellano, se ha documentado un *dextrarum iunctio* que tradicionalmente ha sido interpretado como correspondiente a los esponsales de Attis con la hija del rey de Pessinonte (Mezquíriz 2003: 234). No obstante, las similitudes en la disposición y vestimenta de los personajes del yacimiento navarro resultan a los que aparecen en la Sala Triabsidada de la *villa* de Noheda, son más que evidentes.

Si escasas son las representaciones musivarias del mito, no ocurre lo mismo con las escenas en que aparecen cuadrigas y los mismos circos (López 1994: 343*ss*). Quizás el más famoso de ellos sea el plasmado en la palestra de la *villa* del Casalle de Piazza Armerina (Catullo 1999: 35), pero también en la zona norteafricana se cuenta con varios ejemplos (Ennaifer 1994: 255), así como en territorio griego (Lemaître 2009: 75*ss*).

Ya en territorio hispano son varios los ejemplos musivos con representaciones circenses, lo que unido a los documentos epigráficos y los testimonios arqueológicos ponen de manifiesto un considerable gusto por los *ludi* circenses en la Península Ibérica.

De este modo, por citar algunos de los más significativos, indicaremos el denominado mosaico del circo de Barcelona (Balil 1962 257*ss*; Blázquez 2003: 195*ss*), o la representación circense que se localiza en el mosaico de Can Pau Birol en Bell-lloc (Nolla *et alii* 1993: 34*ss*). No podemos olvidar un mosaico con escenas del circo muy fragmentario, procedente del Cortijo de Paterna en Paradas, Sevilla, datado a finales del siglo IV o inicios del V (López 1994: 350), o el que existió y conocemos mediante un dibujo (Laborde 1806) del denominado mosaico del Circo o de las Musas. En esta misma zona bética, el circo también aparece en un mosaico excavado solamente de manera parcial en 2010, donde se aprecian las *carceres*, un extremo de la *spina*, una victoria alada y dos personajes de pie junto a varias inscripciones (León *et alii* 2010: 149).

La escena B, ubicada en la zona norte de la sala, se divide igualmente en dos subescenas, en la principal, representa una compañía teatral en la que se suceden todos los componentes de la pantomima, bajo ésta se sitúa otra de menores dimensiones cuyos personajes, alusivos a los *ludi*, se encuentran enmarcados entre dobles columnas techadas por una sucesión de dinteles rectos y arcos escarzanos.

La escena C se localiza en la parte oriental de la estancia, dividiéndose igualmente en grupos escénicos. El primero de ellos compuesto por un conjunto de cinco personajes, tres femeninos frente a uno masculino vestido con túnica y sentado sobre una roca a la sombra de un árbol, entre ellos Eros. Representa el juicio de Paris, mito de larga tradición que gozó de una gran aceptación en las fuentes clásicas, siendo representado asiduamente en la pintura vascular (Clairmont 1951: 60), en frescos parietales, en relieves, en espejos, o piedras preciosas e incluso monedas. Por el contrario, su plasmación en pavimentos musivos resulta escasa (Levi 1947: 16; Morricone 1950: 219; Dunbabin 1978: 254; Mondelo y Torres 1985: 148; Buenacasa 2006: 26; Blázquez 2014: 109-110; López 2014: 118; Choclán *e.p.*).

El siguiente conjunto escénico, se desarrolla en torno a un barco con cuatro marineros a bordo, dos de ellos que se afanan en izar las velas y desatracar la nave, mientras los otros dos tripulantes centran sus esfuerzos en atar amarras, simbolizando unos la partida y otros la llegada a puerto. Al navío, mediante una rampa situada en la popa, accede Paris mientras agarra la mano de la raptada Helena que va acompañada de tres asistentas, que portan respectivamente, una sombrilla, un espejo y un cofre. Al otro lado de la nave, por la proa, los mismos cinco personajes descienden por la pasarela, para ser recibidos por dos parejas de danzantes con indumentaria frigia, ante una construcción amurallada identificable con Troya.

La escena D, está ubicada igualmente en ese lado oriental de la sala. En ella se plasma un cortejo dionisiaco en el que el dios representado como un joven de largos cabellos, aparece subido en una cuadriga tirada cubierta por un *pardalis*, y tirada por cuatro centauros músicos que tocan el *aulos* y la *siringa*. El carro es antecedido por el resto de personajes asociados a este *thiasos*: ménades, sátiros, el dios Pan, Sileno y animales de filiación oriental.

Los pasajes de la vida del dios cuenta han sido asiduamente representados por lo que existen múltiples paralelos en la musivaria hispana. Por citar alguno mencionaremos el descubierto en la *domus* situada en la calle Espíritu Santo de Écija (León *et alii* 2010: 66). Otro ejemplo lo recogía el mosaico perdido de Dionisos de Sagunto (López 2004; 195). Sin olvidar el solado de la *villa* de Fuente Álamo en Puente Genil, Córdoba (San Nicolás 1997: 406*ss*; Lancha 2001: 165), o el maltrecho mosaico de Baños de Valdearados (Argente 1975: 901; 1979: Blázquez 2010: 94). Son muchos los ejemplos de escenas báquicas, por lo que eludimos la enumeración de todos, pero no podemos dejar pasar el destacado cortejo dionisíaco de Torre de Palma en Monforte, Portugal, donde aparecen un número de quince personajes formando parte del *thiasos* (Blázquez 1980: 128), casi tantos como en el mosaico de Noheda.

La escena E, localizada y orientada hacia la parte meridional de la sala es muy similar al panel B arriba mencionado, apreciándose solamente ligeras variaciones en la posición y dinamismo de las figuras, así como en el cambio de orientación de determinados personajes. Como en el caso antes analizado, las escenas menores son alusivas a *ludi*.

Por último, la escena F parcialmente destruida por la caída de la cúpula de la estancia, representa diversos motivos marinos, – escenas de pesca, erotes, tritones y nereidas –, acordes con la naturaleza acuática del estanque que enmarcaban.

Como en el caso anterior, la representación del *thiasos* marino en la musivaria romana es un tema muy recurrente en todo el imperio, baste con consultar la dilatada bibliografía existente (López 1988a: 38*ss*; Neira 1991: 514*ss*; 1994a: 1261; 1994b: 360; 1997: 364; 2002: 16*ss*; 1997: 265*ss*; San Nicolás 2004-2005 310-314) para comprobar la ingente cantidad de pavimentos que cuentan con este tema. Aunque creemos obligado destacar la escena de nereidas que junto a tritones aparecen en el mosaico italicense del Nacimiento de Afrodita/Venus descubierto en 1973 (Canto 1976: 293), en el que aparecen dos ejemplares con epigrafía, uno de ellos flotando sobre los lomos de un toro marino a cuyos cuernos se aferra y otro que da la espalda al espectador (León *et alii* 2010: 116).

Hay que resaltar la gran calidad técnica conseguida a la hora de ejecutar el mosaico del *triclinium* de Noheda, que parece una obra pictórica más que musivaria. Se trata por tanto de pavimento realizado en su mayor parte de *opus vermiculatum*, con teselas milimétricas – algunas de ellas de 1,5 mm. – de una variadísima gama cromática, utilizándose para determinados tonos piezas de pasta vítrea e incluso doradas. Se consiguen así infinidad de matices, destacando el cuidado estudio anatómico del cuerpo humano, el dinamismo de las figuras en movimiento y la expresividad de los personajes.

Por múltiples razones el mosaico de Noheda es excepcional, no conociéndose en territorio hispano ningún otro pavimento figurativo con estas dimensiones. Además resulta complicado buscar otros ejemplares musivarios en todo el Imperio con características análogas a éste, es decir, que cuenten con su gran profusión iconográfica y tan compleja y variada composición. A todo esto se suma el excelente estado de conservación, habiendo perdido, tal y como se he indicado, sólo una pequeña parte de su superficie, que en modo alguno afecta a la interpretación global de las escenas. A nuestro entender se trata de un *unicum* dentro de la producción musivaria conservada en ámbito hispano, pero también en todo el imperio romano.

### 1.3. Propuesta de delimitación del *fundus* de Noheda

A la hora de establecer una propuesta del ámbito de desarrollo del *fundus* de la *villa* de Noheda, no tiene sentido la delimitación actual administrativa, de manera que el estudio diacrónico del territorio no se realizará sobre los términos municipales actuales (Arrancacepas, Bascuñana de San Pedro, Cañaveras, Cuenca, Chillarón de Cuenca, Mariana, Sotorribas, Torralba, Villar de Domingo García, Villar y Velasco y Villas de la Ventosa), que no conforman una unidad territorial coherente. Por el contrario, se atenderá a una delimitación espacial basada fundamentalmente en factores geográficos y culturales (Mee y Forbes 1997: 33), lo que en ocasiones implica dificultades nominales, además de otras de orden práctico.

Por ello la opción por la que hemos nos hemos decantado a la hora de acotar la zona, es que el área elegida responde a unas demarcaciones geográficas ordenadas en torno a los sistemas montañosos y varias cuencas fluviales, lo que entendemos que puede corresponder una unidad económica romana de este tipo de grandes complejos agropecuarios, ya que contiene terrenos susceptibles de ser integrados por el *fundus* de una *villa* y por tanto de ser explotados y aprovechados por estas fincas. De este modo, en la delimitación propuesta se distinguen, el *ager* entendiendo como tal las propias tierras de cultivo que circundan la quinta; el *saltus*, siendo éstos los espacios dedicados a la vida pastoril y que corresponden con las alcarrias actuales donde son comunes las suaves lomas y pequeños oteros con monte bajo y herbáceas idóneas para el aprovechamiento pecuario. Por último, la *silva* que es el propio bosque de aprovechamiento maderero y de recolección de frutos silvestres que recae en las sierras de Bascuñana y Cabrejas.

Las fronteras propuestas para el *fundus* estudiado son: la Sierra de Bascuñana al este, la Sierra de Cabrejas en su franja occidental, el río Guadamejud en el sector norte, mientras que el río Júcar cierra al sur, este amplio territorio de 25 km². Es decir una extensa semi-llanura con presencia de altos y apuntados cerros, aplanados páramos, extensas campiñas y profundos valles (Asensio *et alii* 1998: 231), que se encuentra bien regada y articulada por las cuencas hidrográficas de los ríos, Júcar, Chillarón, Guadamejud y Mayor, con sus respectivos cursos fluviales tributarios. (Fig. 3)

Nuestro interés por esta área se centra, por un lado, en analizar el importante factor de ordenación territorial que supuso en época romana la *villa* de Noheda y por otro, porque la presencia en este espacio geográfico de varios subtipos de unidades fisiográficas, ofrecen elementos de utilidad, y muy especialmente la posibilidad de analizar el patrón de explotación agropecuaria del territorio diseñada por la quinta, para la zona de los valles, de los altos páramos, las áreas llanas, o los apuntados cerros y las estribaciones montañosas. Con ello esperamos encontrarnos con diferentes respuestas de adaptabilidad agrícola al medio.

En síntesis el objetivo de este trabajo, será intentar definir el tipo de poblamiento de las comunidades asociadas a la *villa* allí establecidas, determinar las influencias del medio físico sobre el hombre, al tiempo que éste sobre aquel y llevar a cabo un análisis diacrónico desde el punto de vista histórico y cultural del entorno de la *villa* romana de Noheda, valorando las transformaciones sufridas como consecuencia de su aprovechamiento en las diferentes etapas de explotación.

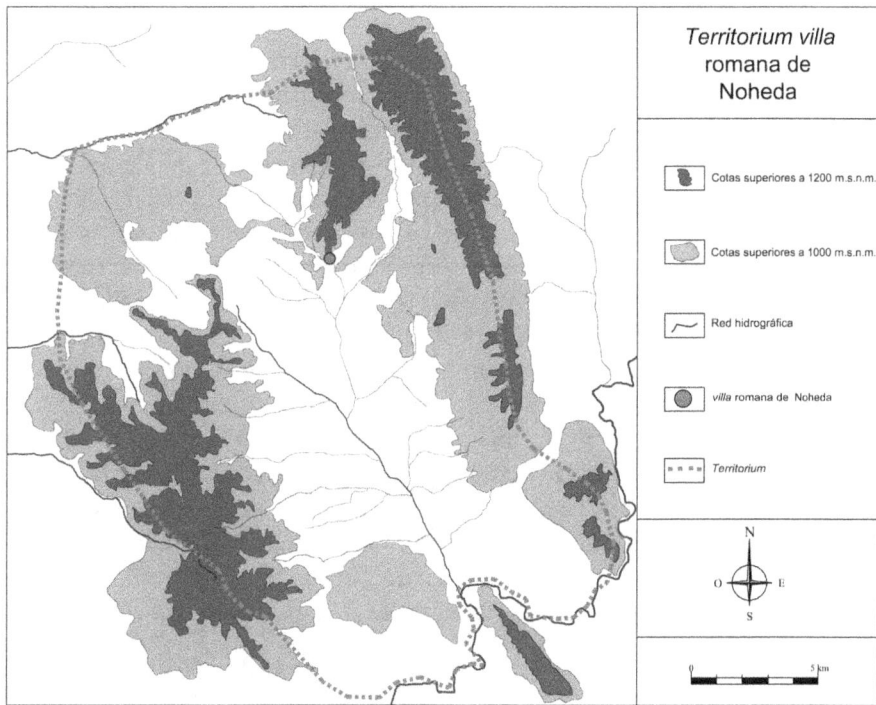

*Figura 3* – Propuesta del fundus de la villa romana de Noheda.

### 1.4. El medio físico

El conocimiento del marco geográfico en el que se desarrolla una determinada cultura constituye un requisito fundamental para el estudio y comprensión de la misma, teniendo en cuenta que éste influye directamente en la conducta humana, haciendo que las actividades antrópicas estén orientadas a responder ante ese marco espacial. La respuesta es bidireccional: el hombre estará condicionado por el medio físico y éste a su vez estará siendo modificado constantemente por el primero. Lógicamente el nivel tecnológico de que disfruta el hombre en cada momento incide en su capacidad de transformación del entorno. De este modo, sociedades como la romana, cuyo grado de desarrollo tecnológico es elevado, el grado de afección antrópico sobre el medio es bastante acusado, al intentar extraer el máximo rendimiento posible.

Para la configuración y descripción del marco geográfico se ha recurrido en determinados casos a datos actuales, siendo conscientes de que el medio ambiente está constantemente sometido a pequeñas o grandes transformaciones. Por ello, la mayoría de la información usada para la reconstrucción del paisaje en esta área para época romana se ha basado en los análisis faunísticos, palinológicos, carpológicos y antracológicos efectuados en el transcurso de nuestras investigaciones efectuadas en la propia *villa*.

El entorno de Noheda se caracteriza por orografía cambiante donde las áreas llanas de las campiñas se alternan con los elevados páramos, altos cerros o profundos valles (Asensio *et alii* 1998, 231). Además las cordilleras montañosas delimitadoras cuentan con un agreste relieve constitutivo de la Sierra de Bascuñana (Gesteiro 1998: 245) y un abrupto y compacto contrafuerte rocoso en la Sierra de Cabrejas (Alonso 1998: 265). Su ubicación geográfica en el contexto peninsular, marcando un "paso sencillo" de sur a norte, y de este a oeste, entre los accidentados macizos antes mencionados, hacen de esta zona una vía natural de comunicación (Valero 1999b: 213; 1999c: 14; 2008: 180) que recorren varias calzadas romanas (Abascal 1982: 68; Palomero 1987; 156 Valero 2013b: 233).

El paisaje de la comarca es variado con indudables contrastes visuales entre zonas llanas, valles y cerros. Pero sin duda, la tipología paisajística que identifica a este espacio son los páramos y las alcarrias, con sus cuestas acarcavadas coronadas por planicies. Terminan por dibujar el panorama las arboledas de encinas, robles y pinos, que sirven de introducción a la sierra y las alamedas en el fondo de los valles que dan un colorido cambiante con el paso de las estaciones, acompañadas por los colores rojizos de las plantaciones de mimbre (Peinado *et alii* 2008: 26). (Fig. 4)

*Figura 4* – Paisaje circundante de la villa.

La estratigrafía geológica está marcada por las diversas formaciones del Terciario sobre las que apoyaron en las zonas de los valles las tierras cuaternarias, si bien las sierras contienen materiales formados en época Jurásica (Gesteiro 1998: 250-251). Esta etapa geológica es la responsable del tipo de suelos, que no olvidemos, es una de las variables ambientales con mayor peso específico en la explotación económica de un territorio. En el entorno de Noheda encontramos fundamentalmente suelos pardo-rojizos con superficie caliza. Éstos, unido a la inexistencia de aguas a escasa profundidad, así como en la costra superficial, explican la presencia de cultivos como el girasol y cereal. Al mismo tiempo no resultan extrañas las producciones hortofrutícolas en las proximidades a los cauces de agua. Por otra parte, donde el relieve es más acusado y las tierras se vuelven más calizas con ligeras concreciones de limos arenosos (Estébanez 1974: 12), es frecuente la explotación de secano centrada en olivos, motivada por la escasa necesidad del líquido elemento y nutrientes que estos árboles requieren. Esta realidad geológica debió jugar igualmente un papel importante para la fase cronológica ahora analizada, donde las explotaciones intensivas del terreno fueron en constante crecimiento. Los habitantes de estas zonas debieron aprovechar positivamente las ventajas de explotación ofrecidas por estos suelos.

Desde el punto de vista hidrológico, como hemos apuntado más arriba, los terrenos analizados quedan insertos en el ámbito de influencia de la cuenca fluvial de los ríos Júcar, Chillarón, Guadamejud y Mayor, así como varios arroyos o ramblas de dispar caudal. El aprovechamiento únicamente de los cauces fue en muchos casos suficiente para las necesidades hídricas generadas por un hábitat disperso en pequeños asentamientos con un marcado carácter agropecuario, tal y como ocurría en el Arroyo del Egidillo (Valero 2010: 184). No obstante, la propia *villa* con mayores necesidades sobre todo para la imponente *pars urbana*, aparte de surtirse del río, contó con otros apoyos como es la existencia de una capa freática a escasa profundidad gracias a su ubicación próxima a varias surgencias de agua, que garantizaba agua a la población (Mejías *et alii* 2013: 16; Martínez *et alii* 2014: 1).

Por lo que respecta a la vegetación, los mencionados análisis palinológicos, carpológicos y antracológicos efectuados en la *villa* de Noheda, han identificado 23 taxones de los que 6 son arbóreos, 3 arbustivos, 14 herbáceos, junto a 3 elementos acuáticos (Cyperaceae, Nymphaceae y Typha monada), y 10 micro-fósiles no polínicos (MNP) de afinidad diversa. La composición del grupo arbóreo (*Quercus* tipo perennifolio y caducifolio, Oleaceae, *Pinus* y *Juniperus* y presencias de *Abies*), es indicativa de un paisaje de tipo mediterráneo relativamente próximo a un cauce, hecho que justifica la presencia de los taxones de ribera (*Salix* y *Ulmus*). El estrato arbustivo no tiene un papel relevante en el paisaje vegetal. En cuanto a la composición del conjunto herbáceo, cabe destacar el dominio de las *Asteraceae liguliflorae* y *Asteraceae tubuliflorae*, *Poaceae* y en menor medida *Chenopodiaceae*, junto a un variado conjunto de plantas, relacionado con la presencia del hombre. En cuanto a los MNP detectados y cuyo desarrollo está estrechamente relacionado con la naturaleza del medio, destacan los de afinidad coprófila (*Sordaria* o tipo 55 A y *Podospora* o tipo 368), los de carácter meso-eutrófico (tipos 16, 174, 181) y *Glomus* o tipo 207, asociado a procesos de deforestación.

La vegetación actual está muy alterada, el desarrollo de la agricultura extensiva junto a la tala desmedida de gran parte de la flora original, ha creado un paisaje distinto desde época romana hasta nuestros días. Así en las parameras, por su particular disposición orográfica, existe una vegetación compuesta mayormente por sabinas albares y enebros. Por su parte, las campiñas y los fondos de los valles cuentan con pequeñas machas arbóreas de chopos y olmos, cercanas a los cauces de agua. Las laderas y cimas de las elevaciones se tupen con quejigares, encinas y pinos (Asensio *et alii* 1998: 238).

### 1.5. Metodología propuesta

En un estudio de análisis y evolución territorial, lógicamente el método de trabajo a emplear es la prospección arqueológica. A través de la misma se pueden localizar todos los yacimientos con cierta entidad en el área estudiada y gran cantidad, sino todos, los núcleos subsidiarios de diversa funcionalidad, ya sean de sustento económico mediante el aprovechamiento agropecuario e industrial, o los de carácter defensivo. Es por ello, que la técnica a aplicar será la prospección intensiva, pasando a especialmente intensa en determinados puntos que por geografía, toponimia o ubicación, cuenten con altas probabilidades de contener vestigios arqueológicos.

De cara a un mejor abordaje del trabajo de campo, se están efectuaron toda una serie de labores previas a la inspección ocular del terreno cuya finalidad es recopilar la mayor información posible acerca del área a estudiar. Como paso ineludible se han consultado las Cartas Arqueológicas municipales[2]. Esta información será utilizada para corroborar la existencia o no de un yacimiento, pero únicamente como punto de partida, ya que llegados al enclave se documentará completamente como si fuese inédito.

Por otro lado, aparte de la necesaria consulta bibliográfica, se está prestando especial atención a las fuentes históricas de cada uno de los municipios susceptibles de integrar el *fundus* de la *villa* de Noheda. De este modo, mediante la de las Relaciones Topográficas de Felipe II, se ha comprobado como en el interrogatorio efectuado, en contestación a la pregunta 36, se contesta que alu-

---

[2] Las Cartas Arqueológicas de la zona susceptible de integrar el *fundus* de Noheda no se han realizado en su totalidad ya que pese a ser financiadas, por el Grupo de Acción Local CEDER LA ALCARRIA, la Junta de Comunidades de Castilla La Mancha y los municipios interesados, algunos de los municipios no se ha acogido a este tipo de ayudas por lo que el trabajo en sus términos municipales no está realizado con la consiguiente merma de información preliminar en estas áreas, que esperemos sea suplida con las tareas proyectadas en esta investigación.

diendo en muchos casos a la presencia de yacimientos arqueológicos indicando la aparición de restos, e incluso otorgando acertadamente la cronología de los mismos (Zarco Cuevas 1575: 313). Por otro lado, el examen del Catastro del Marqués de la Ensenada fechado en 1753, entre otros datos, ayuda a buscar la presencia y ubicación de restos de minería, tanto coetánea al interrogatorio, como anterior al mismo lo que auxilia la indagación acerca de explotaciones antiguas como las minas de *lapis specularis* tan comunes en la zona de Torralba. No se puede obviar el dictamen ofrecido por las respuestas de Tomás López de 1786, que describen profusamente los centros históricos así como la economía del municipio, o el diccionario Madoz de 1845-1850 (1987: 187) se realiza una exhaustiva descripción de los principales caminos transitados en la época, datos que unidos a otros, nos sirven para la realización del estudio de la caminería histórica y sus pervivencias sobre itinerarios anteriores.

La consulta de Mapas Topográficos del Servicio Geográfico del Ejército y del Instituto Geográfico Nacional es obligada para los estudios de prospección. Por ello se están utilizando cartografía de escala 1:50.000 y 1:25.000, tanto moderna como antigua, así como los catastros actuales a escala 1:5.000 y los denominados "catastrones"[3] de escala 1:10.000 fechados en 1908, donde la obtención de referencias acerca de microtopónimos, o de estructuras históricas susceptibles de ser elementos inventariables resulta patente. Además se está trabajado con las imágenes disponibles gracias al Plan Nacional de Ortofotografía Aérea (PNOA), así como con las fotografías del denominado "vuelo americano", todas estas herramientas que están siendo intensamente analizadas, una vez georreferenciadas y volcados los datos extraídos en el plano matriz que se genera con la asunción de todos los testimonios anteriormente citados. (Fig. 5)

*Figura 5* – Detalle de la zona donde se ubica el yacimiento, procedente de las fotografías aéreas del denominado vuelo americano.

---

[3] Agradecer desde aquí al Archivo Histórico Provincial de Cuenca, las facilidades otorgadas para la consulta de estos mapas, así como de las fotografías aéreas de 1956 del vuelo americano.

La última actividad dentro de esta fase de documentación previa es la realización de entrevistas a varios habitantes de los distintos pueblos. Esta técnica está basada en la obtención de datos procedentes de la sabiduría popular, ya que consideramos que el mejor conocedor del lugar es la persona que lo habita y lo trabaja, pues es quién percibe cualquier anomalía en el terreno. Con la modernización agrícola, las nuevas máquinas empleadas en tareas de desfonde introducen las rejas del arado a una mayor profundidad de lo que se hacía antaño, cuando se empleaba tracción animal. El agricultor percibe con claridad la aparición de lo que ellos denominan "pucheros morunos", hecho que manifiesta si se le pregunta directamente por el tema.

Tras la profusa preparación previa, se pasará al trabajo de campo. La primera cuestión a resolver en el planteamiento de la prospección, una vez marcadas las fronteras naturales o administrativas que acotan la zona, es cómo llevarla a cabo, es decir la metodología de prospección a seguir. En este sentido es fácilmente deducible que las técnicas de prospección deben adecuarse a la zona a tratar y no viceversa. Esto cobra especial relevancia en el área donde se inserta la *villa* de Noheda, la Alcarria Conquense, caracterizada por la alternancia entre paisajes llanos, pequeñas y medianas lomas y presencia de algunos picos montañosos, no excesivamente elevados pero sí apuntados. Por ello, es indispensable partir de unos criterios geográficos, aplicando la sistemática de *transects*, o de la división agrícola del terreno, en las zonas más o menos llanas, lo que permite una mayor rentabilización de resultados, mientras que en las superficies montañosas se empleará el sistema usado y de demostrada eficacia en varios ámbitos del Mediterráneo (Gómez *et alii* 2005: 29; 2011: 8), que es la división por terrazas o cotas.

Queremos llamar la atención sobre la realidad del espacio a analizar, compuesto tal y como hemos apuntado, a parte iguales por zonas semi-llanas donde se ha desarrollado una agricultura extensiva y por tanto la visibilidad de terreno es óptima, y topografía abrupta donde la vegetación existente en la actualidad se compone de monte bajo o pinares, con la consecuente dificultad (sobre todo de éstos últimos) en visionar el suelo, ya que se encuentra completamente cubierto por pinocha.

El rastreo se efectuará con una interdivisión de los miembros del equipo de 25 o 50 m. en las zonas bajas, pero se intensificará a 5 m. en áreas de denso bosque o de mala visibilidad. En un espacio tan densamente antropizado y donde los procesos deposicionales y postdeposicionales tienen un peso importante, la determinación de la existencia o no de un yacimiento, implicará la localización de una concentración cerámica superior a 16 fragmentos por 100 m$^2$, independientemente de la existencia o no de estructuras emergentes. Para una mejor comprensión y valoración del concepto de yacimiento seguiremos la metodología anglo-sajona, de demostrada eficacia, que distingue diametralmente entre hallazgos *on-site* y *off-site* (Bintliff, 2000: 202-214). De este modo, las densidades fragmentos cerámicos que permiten hipotetizar sobre la existencia de estructuras soterradas, varía entre 50 y 300 hallazgos en 100 m². Mientras que la presencia de material residual, – entre 1 y 15 fragmentos – indica la presencia de algún tipo de actividad humana, como pueden ser, hábitat estacional, laboreo agrícola, etc. (Cherry *et alii* 1991: 45-53). El hecho de localizar algún fragmento cerámico, conllevará el rastreo meticuloso con una separación de 2 m. entre prospectores. Se delimitará el área de dispersión cerámica y contaremos los fragmentos, además de aplicar un baremo de 1 a 15, relativo al grado de concentración de los mismos como variable para identificar hábitats o de explotación agrícola y sobre todo para determinar la zona nuclear o de dispersión cerámica de un yacimiento, más si cabe en esta zona donde el laboreo agrícola ha podido desplazar los vestigios arqueológicos desde su punto de origen. Los yacimientos en los que se detecten estructuras emergentes constituirán un caso aparte ya que éstas facilitan su delimitación, aunque sin perder de vista que la demarcación apreciable en superficie no tiene por qué coincidir con los límites reales del asentamiento.

A continuación se recogerá el material más significativo que ayude a identificar el origen y la datación del enclave, dejando el resto *in situ*, para no esquilmarlo. Para éste hecho se seguirá la bibliografía específica (Vegas 1964; Beltrán 1990; Abascal 1996; 2008; Luezas 2002; Bernal y Lagóstena 2004; Serrano 2008).

La gestión del amplísimo volumen de información generado (Fernández 2003: 173), se articulará mediante el desarrollo de un Sistema de Información Geográfica, herramienta de reconocida eficiencia (Sáez *et alii* 2000:26), que contiene un importante cuerpo de datos tanto de carácter gráfico como alfanumérico, referidos a la realidad arqueológica encontrada. Con ello se están marcando unos protocolos de trabajo de prospección que permitirán la recogida de información en campo, así como su volcado en la base de datos, para su integración en un S.I.G., en el propio yacimiento. Esto es así porque consideramos que la plasmación de la documentación exacta resulta fundamental, de tal modo que evitaremos la degradación de la información desde su adquisición en el propio enclave hasta su ulterior volcado en el Sistema. Para ello, se ha desarrollado un procedimiento que permite la toma de datos *in situ* directamente en un ordenador de mano dotado de G.P.S. (concretamente una Tablet iPad 2) al cual se le ha insertado el pertinente software cartográfico, con los arriba mencionados planos matrices. Como en otros estudios (Sáez *et alii* 2006: 149), con esta metodología se sustituirá el procedimiento tradicional, consistente en el relleno de fichas sobre el terreno anotando la ubicación y delimitación de los yacimientos –con o sin G.P.S.-, además de sobre la base de cartografía en papel. Es bien conocido que este sistema está sujeto a errores o carencias en cuanto a la calidad de la información, sobre todo a la hora de su transmisión a la documentación final y al S.I.G.

De este modo, los datos de delimitación de los elementos arqueológicos se introducirán *in situ*, visualizando en pantalla sobre el mapa *ráster* y las ortofotografías, la localización en la que nos encontramos en cada momento. Asimismo, las anotaciones de campo y la cumplimentación de fichas también se llevarán a cabo en el ordenador de mano. La realización de todo el proceso directamente en el yacimiento, implicará una mayor precisión, además de la posibilidad de un primer análisis todavía en campo, por lo que se podrá profundizar sobre algunas cuestiones como la intervisibilidad con otros enclaves, la caracterización fisiográfica y paleogeográfica del terreno circundante (llanura, ladera, cima, espolón, etc.) y una incipiente, pero reveladora, evaluación de los recursos existentes, especialmente las capacidades agropecuarias y mineras de las tierras.

Con todos estos datos aplicaremos las directrices de la arqueología del paisaje, que nos ayudará a analizar factores explicativos del patrón de asentamientos y sus variaciones en diversas épocas (inicialmente nos ceñiremos a la Romanización), distribución espacial y explotación territorial (agrícola, ganadera o minera), jerarquización de enclaves habitacionales, su evolución diacrónica y las interconexiones con las vías de comunicación.

### 1.6. Los primeros datos: la evolución del paisaje

La evolución de la explotación territorial en época romana, no se puede interpretar adecuadamente sin intentar conocer y comprender los cambios y la evolución que el paisaje en las fases históricas posteriores a la analizada.

Para conocer éstas últimas hemos recurrido a las fuentes históricas que nos indican el desenvolvimiento agrícola, ganadero, minero y sobre todo del tipo de vegetación existente desde el siglo xv (Zarco Cuevas 1575: 141-145; 192-199), hasta nuestros días, haciendo especial hincapié en los siglos xviii (Catastro de Ensenada 1753 y Diccionario de Tomás López 1786) y xix (Diccionario de Madoz). De este modo, comprobamos como la zona analizada empieza a reflejar una mayor ocupación del terreno para el desarrollo de los cultivos, ya no ciñéndose a los valles donde la afluencia de agua está garantizada, sino a la totalidad del espacio que orográficamente es susceptible de ser aprovechado, a partir de mediados del siglo xx.

La cubierta vegetal tal y como hemos apuntado, si la intervención del hombre no se hubiera producido, se adaptaría al bosque mediterráneo compuesto por pinos, encinas, robles y algún arbusto como las sabinas y enebros. Los herbáceos son fundamentalmente tomillos, romeros, aliagas y esparto. La agricultura ha alterado este tipo de cubierta, pero incluso ésta ha cambiado a lo largo de los años, transformando el paisaje agrario de época moderna, probablemente heredado de las etapas precedentes. De este modo, en el siglo XV resultaban muy abundantes los viñedos, cultivo que en el siglo xviii (AHPC legajo 959/7) aún se mantenía, llegando hasta mediados de la centuria siguiente (Madoz 1987: 187). Éstos ocupaban las zonas llanas de las campiñas, esparcidas en pequeñas parcelas. Hoy en día solamente quedan algunos testigos de este tipo de explotación.

Sí que se han mantenido inalterables a lo largo del tiempo, los campos dedicados al cereal – sobre todo trigo y cebada – y los olivos, si bien han cambiado los porcentajes y su distribución. Así las cosas, el cereal ha ganado espacio a costa de las mencionadas viñas, conquistando la totalidad de las parcelas. Por otro lado, los olivares que se encontraban distribuidos en reducidas propiedades que ocupaban las empinadas laderas de las alcarrias y los cerros, transformándolas en vistosas terrazas únicamente trabajadas mediante tracción animal, con la llegada de la mecanización al campo, fueron trasladados a las partes bajas de esos oteros, formando amplias parcelas dedicadas a esta labor. También parecen fosilizadas, al menos en determinadas zonas como la propia Noheda, las vegas de los cursos fluviales. En época romana estaban densamente ocupadas por cultivos de árboles frutales como, manzanos y perales, que alternaban entre frondosas choperas, junto a pequeñas pero fértiles huertas donde las hortalizas estaban patentes. Y así las encontramos hoy en día, en una buena parte del cauce de los ríos con caudal regular.

Consideramos que en época romana, tanto la cubierta vegetal como el aprovechamiento campesino no fuera muy diferente al descrito por los textos históricos. Así en el mencionado estudio palinológico de la *villa* de Noheda se manifiesta una paulatina antropización del espacio territorial a partir del siglo I con una progresiva pérdida de masa arbórea en favor de los cultivos centrados en la tríada mediterránea, con olivos y cereales a partes iguales, si bien las viñas resultan mayoritarias. Hortalizas, legumbres y frutales completan el espectro. Nos encontramos pues, con idénticos taxones que los reflejados por las fuentes históricas lo que apoya la creencia de que el paisaje descrito por las mismas no variaría mucho de las etapas precedentes, en mayor o menor grado de intensidad en la producción.

Pero desde mediados del siglo xx hasta nuestros días la evolución del paisaje ha sido vertiginosa, con una transformación del entorno acelerado, cuyo punto de origen fue la mecanización del campo que ha metamorfoseado drásticamente el paisaje e incluso el parcelario, aglutinando las pequeñas explotaciones en grandes fincas, con la consiguiente pérdida de información histórica sobre el repartimiento de las tierras en la antigüedad. Las transformaciones agrícolas han sido especialmente intensas en los cultivos de secano. Así a la comentada práctica eliminación de la masa de viñedos, se le suma la introducción de cultivos como el girasol que ocupa el mismo espacio que los cereales, alternando las parcelas junto con los barbechos para obtener un mayor rendimiento. Las laderas de los cerros fueron completamente abandonadas, dejando solo despobladas terrazas como testigos de la ocupación oleícola que tuvieron antaño. Frutales y hortalizas resultan en la actualidad poco significativos, concentradas como hemos apuntado en los cauces fluviales.

Al contrario que en otras zona próximas (Valero 2013b: 262), los dos primeros tercios del siglo xx no supusieron la degradación de la *silva* romana, pese a talas realizadas la reforestación del bosque, eso sí con un tipo de pino distinto al tradicional, implica que aun hoy existan grandes concentraciones arbóreas de pinos y encinas en las estribaciones serranas que delimitan el *fundus* de Noheda.

También se localizan varias canteras – algunas centenarias –, dedicadas a la extracción de sillares y otras de grava, o arenas.

En definitiva, en el entorno de Noheda son más que patentes los cambios en el paisaje derivados de por el llamado progreso. Las grandes fincas han sustituido a las pequeñas parcelas centenarias. Estas transformaciones afectan al reconocimiento del poblamiento antiguo a través de la prospección. Los porcentajes de posibles yacimientos en distintas áreas del territorio, están directamente relacionadas con la conservación o el deterioro del paisaje (Pérez y Borreda, 1998: 139).

El avance de las intervenciones en la *villa* romana de Noheda, unido al descubrimiento de nuevos datos aportados por las prospecciones y la publicación de investigaciones en marcha, consolidarán o no nuestras propuestas.

## Bibliografía

ABASCAL PALAZÓN, J.M. (1982) *Vías de comunicación romanas de la provincia de Guadalajara*. Guadalajara, Diputación Provincial de Guadalajara.

(1996) *La cerámica pintada romana de tradición indígena en la Península Ibérica*. Madrid.

(2008) Las cerámicas tipo Clunia y otras producciones pintadas hispanorromanas. *In:* Cerámicas hispanorromanas. Un estado de la cuestión. XVII Congreso Internacional de la Asociación Rei Cretariae Fautores. Cádiz, p. 429-443.

ALONSO OTERO, F. (1998) Serranía de Cuenca. *In:* VVAA: *Guía de Castilla- -La Mancha: Espacios naturales*. Toledo, p. 265-281.

AMORES CARREDANO, F.; RODRÍGUEZ BOBADA, C.; SÁEZ FERNÁNDEZ, P. (2001) La organización y explotación del territorio de Carmo. *Carmona romana*. Carmona, p. 413-446.

ARCE, J. (2006) *Villae* en el paisaje rural de *Hispania* romana durante la Antigüedad tardía. *In:* Chavarría; Arce; Brogiolo (Eds.) *Villas Tardoantiguas en el Mediterráneo Occidental*. Madrid (Anejos de *AEspa* XXXIX), p. 9-15.

(2009) *El último siglo de la España romana, 284-412*. Madrid.

(2010) El complejo residencial tardorromano de Cercadilla (*Corduba*). *In:* Vaquerizo (ed.) *Las áreas suburbanas en la ciudad histórica. Topografía, usos, función*. Cordoba (*Monografías de Arqueología Cordobesa* 18), p. 397-412.

(2012) Campos, tierras y *villae* en Hispania. *In:* Caballero; Mateos; Cordero (Eds.) *Visigodos y Omeyas. El territorio*. Mérida, p. 21-30.

ARIÑO GIL, E.; GURT ESPARRAGUERA, J.M.; PALET MARTÍNEZ, J.M. (2004) *El pasado presente. Arqueología de los paisajes en la Hispania romana*. Salamanca, Universidad de Salamanca.

ASENSIO, I.; GONZÁLEZ, J.A.; VÁZQUEZ GONZÁLEZ, A. (1998) Páramos y campiñas de la Alcarria. *In:* VVAA: *Guía de Castilla-La Mancha: Espacios naturales*. Toledo, p. 227-243.

BELTRÁN LLORIS, M. (1990) *Guía de la Cerámica romana*. Zaragoza, Pórtico Libr.

BERNAL CASASOLA, D.; LAGÓSTENA BARRIOS, N. (Eds.) (2004) *Figlinae Baeticae. Talleres alfareros y producciones cerámica en la Bética romana (siglos II a.C. – VII d. C.)*. Oxford (*BAR IS* 1266).

BINTLIFF, J. (2000) The concepts of "site" and "of site" archaeology in surface artefact survey. *In:* Pasquinucci; Trément, (eds.) *Non-destructive techniques applied to landscape archaeology*. Oxford, p. 200-215.

BLÁZQUEZ MARTÍNEZ, J. M. (2003) El Circo Máximo de Roma y los mosaicos circenses hispanos de Barcelona, Gerona e Itálica. *In:* Nogales; Sanchez (Eds.) *El Circo en Hispania romana.* Mérida, p. 197-215.

(2014) Mitos del mosaico de Cástulo. *SEsq* 6, p. 109-111.

BUENACASA PÉREZ, C. (2006) *Mosaicos romanos de Siria. Pintura de piedra.* Barcelona, Ed. Fundació Arqueològica Clos.

BUSQUIER CORBÍ, J. D. (2010) Un ejemplo de minería romana en la Meseta Conquense. La mina de Lapis Specularis de Vallejo del Castillejo. Horcajada de la Torre (Cuenca). *In:* Perlines Benito; Madrigal Belinchón (Eds.) *Actas de las II Jornadas de Arqueología en Castilla-La Mancha,* Vol. II. Toledo, cd adjunto 3.2.

CANTO, A. (1976) El mosaico del Nacimiento de Venus en Itálica. *Habis* 7, p. 293-338.

CARRILLO, J.R.; HIDALGO PRIETO, R. (1991) Aproximación al estudio del poblamiento romano en la comarca de Palma del Río (Córdoba): implantación territorial. *Ariadna* 8, p. 37-68.

CASTELLO RUANO, R.; TORRECILLA, A.; AGUADO, M.; BANGO, C.; ARRIBAS, R.; SIERRA, C. (2000) Arqueología en la comarca de la Alcarria conquense. Avance de las investigaciones sobre el yacimiento del cerro de Alvar Fáñez (Huete-Cuenca) *CuPAUAM* 26, p. 95-149.

CLAIRMONT, C. (1951) *Das Parisurteil in der antiken Kunst.* Zurich.

CRIADO, F.; BONILLA RODRÍGUEZ, A.; CERQUEIRO LANDÍN, D.; DÍAZ VÁZQUEZ, M.; GONZÁLEZ MENDÉZ, M.; INFANTE ROURA, F.; MÉNDEZ FERNÁNDEZ, F.; PENEDO ROMERO, R.; RODRÍGUEZ PUENTES, E.; VAQUERO LASTRA, J. (1991) *Arqueología del paisaje. El área Bocelo-Furelos entre los tiempos paleolíticos y medievales.* La Coruña (*Arqueoloxía/ Investigación* 6).

CHAVARRÍA ARNAU, A. (2005) Villas in Hispania during the fourth and fifth Centuries. *In:* Bowes; Kulikowski (Eds.), *Hispania in Late Antiquity. Current Perspectives.* Leiden-Boston, p. 518-555.

(2006) Villas en *Hispania* durante la Antigüedad tardía. *In:* Chavarría; Arce; Brogiolo (Eds.) *Villas Tardoantiguas en el Mediterráneo Occidental.* Madrid (*Anejos de AEspa* XXXIX), p. 17-35.

(2007) *El final de las uillae en Hispania (siglos IV-VIII),* Brepols, Turnhout (BAT 7).

CHERRY, J.F.; DAVIES, J.L.; MANTZOURANI, E. (1991) *Landscape Archaeology as Long-Term History (Northern Keos in the Cycladic Islands).* Los Angeles.

CHOCLÁN, C. (ed.) (e.p.) *Actividades del Proyectos Forum MMX. Excavaciones en el Centro Monumental de Cástulo 2011*-2012, Conjunto Monumental de Cástulo.

DAVIDSON, I; BAILEY, G.N. (1984) Los yacimientos, sus territorios de explotación y la topografía. *Boletín del Museo Arqueológico Nacional* II, p. 25-46.

DEPREZ, S.; DE DAPPER, M.; DE JAEGER, C.; VERMEULEN, F. (2011) Geo-archaelogical research in the Northeastern Alentejo. *In:* Carneiro; Rocha; Morgado; Oliveira (ed.) *Arqueologia do norte alentejano. Comunicações das 3.ᵃˢ Jornadas*. Fronteira, p. 25-34.

DÍAZ-ANDREU GARCÍA, M. (1990) Las Edad del Bronce en el Noroeste de la Meseta. *Actas del Simposio sobre la Edad del Bronce en Castilla-La Mancha*. Toledo, p. 145-171.

(1994) *La Edad del Bronce en la provincia de Cuenca*. Cuenca (*Serie Arqueología Conquense* 13).

DÍAZ-ANDREU GARCÍA, M.; SANDOVAL LEÓN, M.D. (1991/92) El poblamiento en la Cuenca del río Guadamejud (Cuenca) durante la II Edad del Hierro. *Zephyrus* XLIV-XLV, p. 331-371.

DOMINGOS PUERTAS, L.A.; MAX-MAGARIÑOS SÁNCHEZ, J.M.; ALDECOA QUINTANA, M. A. (2007) Nuevos datos sobre el poblamiento en la Carpetania meridional: el valle medio del Cigüela. *Estudios sobre la Edad del Hierro en la Carpetania: registro arqueológico, secuencia y territorio*, Vol. 1, p. 218-235.

DUNBABIN, K. M. D. (1978) *The Mosaics of Roman North Africa*. Oxford.

(2003) *The Roman Banquet. Images of conviviality*. Cambrige.

DURÁN, V.; PADILLA, A. (1990) *Evolución del Poblamiento Antiguo en el Término Municipal de Écija*. Écija.

DYSON HUDSON, R.; ALDEN SMITH, E. (1978) Human territoriality. *American Antropologist* 80, p. 21-41.

ESCACENA CARRASCO, J.L.; PADILLA MONGE, A. (1992) *El poblamiento romano en los márgenes del antiguo estuario del Guadalquivir*. Ecija.

ESEBÁNEZ ALVAREZ, J. (1974): *Cuenca, estudio geográfico*. Madrid, CSIC.

FERNÁNDEZ CACHO, S. (2003) Nuevas tecnologías en la gestión de la información del Patrimonio Arqueológico de Andalucía. Problemas detectados y soluciones adoptadas. *In:* Martín de la Cruz; Lucena Martín (Eds.) *Actas del I Encuentro Internacional de Informática Aplicada a la Investigación y la Gestión Arqueológica*. Córdoba, p. 169-184.

FERNÁNDEZ GALIANO, D. (2010) El triunfo del amor: mosaico de Paris y Helena de Noheda. *In:* Neira (Ed.) *Mitología e Historia en los mosaicos romanos.* Madrid, p. 111-136.

FERNÁNDEZ OCHOA, C.; GI|L SENDINO, F.; OREJAS SACO DEL VALLE, A. (2004) La villa romana de Veranes. El complejo rural tardorromano y la propuesta de estudio del territorio. *AEspA* 77, p. 197-219.

GARCÍA VARGAS, E.; ORIA SEGURA, M.; CAMACHO MORENO, M. (2002) El poblamiento romano en la campiña sevillana: el término municipal de Marchena. *Spal* 11, p. 311-340.

GESTEIRO ARAÚJO, M.; (1998) La Sierra de Altomira. *In:* VVAA: *Guía de Castilla-La Mancha: Espacios naturales.* Toledo, p. 245-253.

GISBERT, J.A. (2003) El territorium de Dianum-Dénia en el Alto Imperio. La Marina Alta: La producción agrícola y doblamiento. *In:* Abascal Palazón; Abad Casal (Eds.) *Revista Canelobre.* Alacant, p. 121-144.

GÓMEZ BELLARD, C.; MARÍ I COSTA, V.; PUIG MORAGÓN, R. M. (2005) Evolución del poblamiento rural en el NE de Ibiza en época Púnica y Romana. (Prospecciones sistemáticas 2001-2003). *Saguntum* 37, p. 27-43.

GÓMEZ BELLARD, C.; DÍEZ CUSÍ, E.; MARÍ I COSTA, V. (2011) Tres paisajes ibicencos: un estudio arqueológico. *Saguntum* Extra 10.

GONZÁLEZ VILLAESCUSA, R. (2002) *Las formas de los paisajes mediterráneos.* Jaén.

GROS, P. (2001) *L´Architecture romaine, 2. Maisons, palais, villas et tombeaux,* Paris.

GUISADO DI MONTI, J.C.; BERNARDEZ GOMEZ, M. J. (2002) Las Explotaciones Mineras de *Lapis Specularis* en Hispania. *ARTIFEX, Ingeniería Romana en España.* Madrid, p. 273-298.

(2003) La Minería Romana de *Lapis Specularis*, una minería de interior. *Investigaciones arqueológicas de Castilla-La Mancha. Junta de Comunidades de Castilla – La Mancha.* Toledo, p. 245-256.

GUTIÉRREZ GONZÁLEZ, J. A. (2010) Modelos de transformación del paisaje antiguo y configuración de los nuevos espacios de ocupación en el norte peninsular. *Actas del curso A Limia en época Medieval*, Universidad de Vigo – Universidad de Ourense, p. 1-26.

HARKE SMITH, C F. (1981) Land use, burial practice and territories in the Peak District, C 2000-1000 BC. *In:* Barker (Ed.), *Essays in social prehistoric reconstruction*, p. 57-72.

HENARES GUERRA, M. T. (2001) El bosque de Cote: una aproximación al paisaje antiguo y medieval de Montellano (Sevilla, España). *Archeologia Medievale* 28, p. 607-623.

HIDALGO PRIETO, R. (1998) El *triclinium* triconque del *palatium* de Córdoba. *Anales de Arqueología Cordobesa* 9, p. 273-300.

(2014a) ¿Fue Cercadilla una *villa*? El problema de la función del complejo de Cercadilla en *Corduba*. *Archivo Español de Arqueología* 87, p. 217-241.

(2014b) Aspetti dell'interpretazione del complesso palatino di Cercadilla a Cordova. *La Villa Restaurata e i Nuovi Studi sull'Edilizia Residenziale Tardoantica. Atti del Convegno Internazionale del Centro Interuniversitario di Studi sull'Edilizia abitativa tardoantica nel Mediterraneo*. Bari, p. 533-542.

JOHNSTON, D.E. (1983) *Roman Villas*. Aylesbury Shire.

LEVI, D. (1947) *Antioch Mosaic Pavements*. Princeton.

LÓPEZ MONTEAGUDO, G. (2014) El mosaico de los Amores de Cástulo. *SEsq* 6, p. 117-125.

LÓPEZ-ROMERO, E. (2011) Arqueología del Paisaje y técnicas estadísticas para el conocimiento del megalitismo de la cuenca del Server: el análisis discriminante como método de clasificación. *In:* Carneiro; Rocha; Morgado; Oliveira (Ed.) *Arqueologia do norte alentejano. Comunicações das 3.ᵃˢ Jornadas*. Fronteira, p. 83-94.

LORRIO ALVARADO, A.J. (2001) *Ercávica: la muralla y la topografía de la ciudad*. Madrid.

LUEZAS PASCUAL, R.A. (2002) *Cerámica común romana en La Rioja*. Logroño.

MAOZ, P. (1987) *Diccionario Geográfico-Estadístico de España y sus posesiones de ultramar*. Castilla-La Mancha, Edición facsímil, Tomos I y II. Madrid.

MAR, R.; VERDE, G. (2008) Las villas tardoantiguas: cuestiones de tipología arquitectónica". Fernández Ochoa; García Entero; Gil Sendino (eds.) *Las villae tardorromanas en el occidente del imperio: Arquitectura y Función*. Gijón, p. 50-83.

MARTÍNEZ GONZÁLEZ, J. (1988) Cerámicas campaniformes de la provincia de Cuenca. *Trabajos de Prehistoria* 45, p. 123-142.

MARTÍNEZ GONZÁLEZ, J.M.; MARTÍNEZ NAVARRETE, M. I. (1988) La primera ocupación del Castillo de Huete (Cuenca). *Actas de 1º Congreso de Historia en Castilla-La Mancha* Vol. III. Ciudad Real, p. 217-227.

MARTÍNEZ NAVARRETE, C.; MEJÍAS MORENO, M.; GOICOECHEA GARCÍA, P.; VALERO TÉVAR, M.A. (2014) *Posibilidades de abastecimiento subterráneas de la villa romana de Noheda y características geológicas de su entorno* – Cuenca.

MARTÍNEZ NAVARRETE, I. (1988a) *La Edad del Bronce en la Submeseta Suboriental.* Madrid, Universidad Complutense (Serie Tesis Doctorales).

(1988b) Morras, motillas y castillejos: ¿unidad o pluralidad cultural durante la Edad del Bronce en La Mancha?. *Homenaje a Manuel de los Santos.* Albacete, p. 81-92.

McKAY, A.G. (1975) *Houses, Villas and Palaces in the Roman World.* London.

MEE, C.; FORBES, H. (1997) *A Roung and Rocky Place. The Ladscape and Settlement Hustory of the Methana Peninsula Greece.* Liverpool.

MEJÍAS MORENO, M.; MARTÍNEZ NAVARRETE, C.; GOICOECHEA GARCÍA, P.; VALERO TÉVAR, M.A. (2013) *Estudio Geológico e Hidrológico del yacimiento arqueológico de Noheda (Villar de Domingo García, Cuenca), Instituto Geológico y Minero de España*, IGME.

MONDELO PARDO, R; TORRES CARRO, M. (1985) El mosaico romano de Casariche (Sevilla). *Boletín del Seminario de Estudios de Arte y Arqueología* 51, p. 143-157.

MORENO MARTÌN, F. (1997) Ocupación territorial hispano romana. Los *vici* poblaciones rurales. *Espacio, Tiempo y Forma*, Serie II (10), p. 295-306.

MORRICONE, Mª. L. (1950) Scavi e ricerche a Cos (1935-1943). Relazione preliminare. *Bolletino d'Arte* 35, p. 219-239.

MOSCARDÓ SABATER, E. (1998) El poblamiento rural romano en el territorio norte de Dianum. La comarca de la Safor-Valldigna (Valencia). *Saguntum* 40, 177-192.

NEIRA JIMÉNEZ, M. L. (1991) Acerca de las representaciones de thiasos marino en los mosaicos romanos tardo-antiguos de Hispania". *Antigüedad y Cristianismo* 8, p. 513- 529.

(1994a) Mosaicos romanos con nereidas y tritones. Su relación con el ambiente arquitectónico en el Norte de África y en Hispania. *L'Africa romana. X Convengo Internazionale di Studi.* Sassari, p. 1259-1278.

(1994b) Mosaico de los tritones de Itálica en el contexto iconográfico del thiasos marino en Hispania. *VI Coloquio Internacional sobre Mosaico Antiguo (Palencia-Mérida 1990).* Guadalajara, p. 359-382.

(1997) Representaciones de nereidas. La pervivencia de algunas series tipológicas en los mosaicos romanos de la Antigüedad Tardía. *Antigüedad y Cristianismo* 14, p. 363-402.

(2002) *La representación del thiasos marino en los mosaicos romano. Nereidas y tritones.* Madrid.

OREJAS SACO DEL VALLE, A. (1995-1996) Territorio, análisis territorial y arqueología del paisaje. *Stvd. Hist. Antig.* 13-14, p. 61-68.

(1996) Estructura social y territorio. El impacto romano en la cuenca noroccidental del Duero. *Anejos de AEspA* XV.

OREJAS, A.; CEPAS, A.; PLÁCIDO, D.; SÁNCHEZ-PALENCIA, F.J.; SASTRE, I.; RUIZ DEL ÁRBOL, M. (2005) La Vallée Moyenne du Guadalquivir, Paysage et territoire. *Perception and evaluation of Cultural Landscapes. Proceedings of an International Symposium*, Zakhynthos, p. 41-57.

ORFILA PONS, M.; CARDELL PERELLÓ J. (1991-1992) Posible catastro romano en la isla de Mallorca. Planteamiento metodológico. *Cuadernos de Prehistoria y Arqueología de la Universidad de Granada* 16-17, p. 415-423.

OSUNA RUIZ, M. (1976) *Ercávica I.* Cuenca.

(1997) Ercávica. *Ciudades romanas en la provincia de Cuenca. Homenaje a Francisco Suay Martínez.* Cuenca, p. 169-207.

PALAHI GRIMAL, L.; NOLLA I BRUFAU, J. M. (2010) *Felix Turissa: La vil·la romana dels Ametllers i el seu fundus (Tossa de Mar, la Selva).* Tarragona *(Documenta* 12).

PALET MARTÍNEZ, J. M.; LEVEAU, P.; MOCCI, F. (1998) Arles y su territorio: Estructuras agrarias y explotación agropecuaria en época romana y medieval. *Saguntum* 31, p. 153-164.

PALOMERO PLAZA, S. (1987) *Las vías romanas de la provincia de Cuenca.* Cuenca.

PEINADO LORCA, M.; MONJE ARENAS, L.; MARTÍNEZ PARRAS, J. M. (2008) *El paisaje vegetal en Castilla-La Mancha. Manual de Geobotánica.* Toledo.

PENSABENE, P. (2010-2011) La villa del Casale tra Tardo Antico e Medioevo alla luce dei nuovi date archaeologici: funcioni, decorazioni e transformazioni. *Rend. Pont. Acc. Arch.* LXXXIII, p. 141-226.

PEÑA CERVANTES, Y. (2010) *Torcularia: La producción de vino y aceite en Hispania.* Tarragona, *(Documenta* 14).

PERCIVAL, J. (1976) *The Roman Villa, A Historical Introduction.* London.

PÉREZ BALLESTER, J.; BORREDA MEJÍAS, R. (1998) El poblamiento ibérico del Valle del Canyoles. Avance sobre un proyecto de evolución del paisaje en la comarca de la Costera (Valencia). *Saguntum* 31, p. 133-152.

PÉREZ MÍNGUEZ, R. (2006) *Aspectos del mundo rural romano en el territorio comprendido entre los ríos Turia y Palancia*. Valencia (*Trabajos varios del SIP* 106).

PONS I BRUN, E. (1984) Los orígenes acerca de la independencia <<pueblo-territorio>> en la llanura del Empordá (Girona). *In:* Burillo (Ed.) *Arqueología Espacial* 4. Teruel, p. 29-42.

RICHMOND, I. (1970) The plans of roman villas in Britain. *In:* Rivet (Ed.) *The Roman Villas in Britain*. London, p. 49-70.

RODRÍGUEZ RESINO, A. (2007) Ciudades, vicus, castra y villae en el NW durante la tardoantigüedad. Ensayo de un modelo arqueológico para el período. *Gallaecia* 26, p. 133-168.

ROMIZZI, L. (2006) Le ville tardo-antiche in Italia. *In:* Chavarría; Arce; Brogiolo; (Eds.) *Villas Tardoantiguas en el Mediterráneo Occidental, Anejos del Archivo Español de Arqueología* 39, p. 37-59.

RUBIO RIVERA, R. (2004) La ciudad romana de Ercávica. *Intervenciones arqueológicas en Castilla-La Mancha 1996-2004*, Toledo, p. 215-228.

(2006) Puertas y torres de la ciudad romana de Ercávica. *Stadttore Bautyp und Kunstform. Puertas de ciudad, tipo arquitectónico y forma artística, Iberia Archaeologica* 8, p. 185-197.

(2008) Continuidad y cambio en el proceso de Romanización del ámbito celtibérico meridional y carpetano. *Iberia e Italia: modelos romanos de integración territorial*, p. 127-142.

(2010) La muralla de Ercávica. *Dialéctica histórica y compromiso social*, vol. 2, p. 1029-1044.

(2013) Los orígenes de Ercávica y su municipalización en el contexto de la Romanización de la Celtiberia meridional. *Vínculos de Historia* 2, p. 169-183.

RUBIO RIVERA, R.; VALERO TÉVAR, M.A. (2007) Intervenciones arqueológicas en Ercávica: campañas 2003-2005. *In:* Rodríguez Ruza; Millán Martínez, (Eds.) *Actas de las 1ª Jornadas de Arqueología en Castilla-La Mancha*. Cuenca, p. 431-444.

RUBIO VALVERDE, M. (2011) Estudio preliminar de una posible parcelación rural romana en el territorio de Carmo (Carmona, Sevilla). *Arqueología y Territorio* 8, p. 145-155.

SÁEZ FERNÁNDEZ, P.; ORDOÑEZ AGULLA, S.; GARCÍA VARGAS, E.; GARCÍA-DILS DE LA VEGA, S. (2000) Aplicaciones de los S.I.G. al territorio y casco urbano de Écija (Sevilla) (Proyecto AstiGIS). *Sistemas de Informação Arqueológica. SIG's aplicados à Arqueologia da Peninsula Ibérica*. Porto, p. 15-31.

(2002) Le territoire d'Astigi (Écija), La centuriation. *Atlas Historique des cadastres d'Europe II*, dossier 2.

(2006) Paisaje agrario y territorio en la campiña occidental de la Baetica. *Arqueología Espacial* 26, p. 143-170.

SERRANO RAMOS, E. (2008) El mundo de las cerámicas comunes altoimperiales de Hispania. *Cerámicas hispanorromanas. Un estado de la cuestión. XVII Congreso Internacional de la Asociación Rei Cretariae Fautores*. Cádiz, p. 471-488.

SOLÍAS ARIS, J. M. (1997) Territorium y topografía de Ercávica. *Ciudades romanas en la provincia de Cuenca. Homenaje a Francisco Suay Martínez*, Cuenca, p. 209-238.

TORRE, I.; LÓPEZ-ROMERO, E.; MORÁN, N.; BENITO, A.; MARTÍNEZ-MORENO, J.; GOWLETT, J.; VICENT, J. M. (2007) Primeras intervenciones arqueológicas en el Abrigo de Buendía (Castejón, Cuenca). *In:* Rodríguez Ruza; Millán Martínez (Eds.) *Actas de las 1.ª Jornadas de Arqueología en Castilla-La Mancha*. Cuenca, p. 531-539.

UCATESCU, A. (2013) Visual culture and paideia: the triumph of the theatre revisiting the late antique mosaic of Noheda. *Antiquite Tardive* 21, p. 375-400.

VALERO TÉVAR, M.A. (1996) La Edad del Bronce en Cuenca. *Ikalesken* 1, p. 59-66.

(1999a) El Mundo Celtibérico en la Meseta Sur. Estado de la Cuestión. *Ikalesken* 3, p. 9-40.

(1999b) El Origen del Mundo Celtibérico en la Meseta Sur. *Actas de I Encuentros sobre el Mundo Celtibérico*, Guadalajara, p. 300-319.

(2009) La villa de Noheda: esplendor tardoimperial. *Revista Memorias* 15, p. 53-58.

(2010a) El yacimiento Arroyo del Egidillo, un asentamiento rural del siglo I d.C. (Villanueva de los Escuderos, Cuenca). *In:* Villar Díaz; Madrigal Belinchón (Coord.) *Nuestro Patrimonio*, Cuenca, p. 183-226.

(2010b) La villa romana de Noheda: Avance de los primeros resultados. *Informes sobre Patrimonio* 1, Toledo, p. 5-19.

(2011) Les images de ludi de la mosaïque de la villa romaine de Noheda (Villar De Domingo García – Cuenca). *Nikephoros* 24, p. 91-114.

(2012a) *El yacimiento ibérico de Los Canónigos (Arcas del Villar-Cuenca) y su aportación al proceso de iberización de la Submeseta Sur*. Madrid.

(2012b) La Protohistoria en el Área Nororiental de la Submeseta Sur. *Studia Académica* 17, p. 268-323.

(2013a) The late-antique villa at Noheda (Villar de Domingo García) near Cuenca and its mosaics. *Journal of Roman Archaeology* 26, p. 307-330.

(2013b) El cambio de patrón poblacional en el territorium de Ercávica: avance sobre un proyecto de evolución del paisaje en la Alcarria. *La romanización en la provincia de Guadalajara,* Madrid, p. 235-299.

(2014) El triclinium de la villa tardoantigua de Noheda: edilicia y ornamentación. *Actas del Convegno Internazionale La Villa Restaurata e i Nuovi Studi sull'Edilizia Residenziale Tardoantica.*

(e.p.) *Los mosaicos de la villa romana de Noheda (Villar de Domingo García-Cuenca). Contexto Arqueológico y análisis interpretativo.* Cuenca.

VALERO TÉVAR, M. A., Merello, P.; Fernández Navajas, A, García-Diego, F.J., (2014a) Characterisation and evaluation of a thermo-hygrometric corrective action implemented in the Noheda's archaeological site (Noheda, Spain). *Sensor* 14, p. 1665- 1679.

VALERO TÉVAR, M. A. y Gómez Pallarés, J. (2013): El mimo del celoso adinerado: literatura y espectáculo en la villa de Noheda (Cuenca). *Quaderni Urbitani di Cultura Classica* 102, p. 87-106.

VALIENTE CÁNOVAS, S. (1974): Fragmento de cuenco campaniforme aparecido en Buendía (Cuenca), *CuPAUAM* 1, p. 133-138.

VARGAS JIMÉNEZ, J. M. y Romo Salas, A.M. (2002): El territorio de Osuna en la Antigüedad. *Urso. Ala búsqueda de su pasado,* Osuna, p. 147-186.

VEGAS DE WIGG, M. (1964): *Clasificación tipológica preliminar de algunas formas de cerámica común romana.* Barcelona.

VERA, D. (1992-1993): Schiavitù rurale e colonato nell'Italia imperiale. *SASAA* 6-7, p. 291-339.

VILLANUEVA ACUÑA, M. (1991): Problemas de la implantación agraria romana y la organización del territorio en la península ibérica en el Altoimperio. *Espacio, Tiempo y Forma,* Serie II, Hª Antigua, Tomo IV, p. 319-350.

VOLPE, G. (1996): *Contadini, pastori e mercanti nell'Apulia tardoantica,* Bari (Munera 6).

VOLPE, G. (2006): *Stibadium* e *convivium* in una villa tardoantica (Faragola-Ascoli-Satriano). *In:* Silvestrini, M., Spagnuolo Vigorita, T. e Volpe, G. (Eds.), *Studi in onore di Francesco Grelle.* Bari, p. 319-349.

ZARCO CUEVAS, M. (1575) R*elaciones de pueblos del Obispado de Cuenca.* Ed. revisada y preparada por Dimas Pérez Ramírez, Cuenca..

ZARZALEJOS PRIETO, Mª. M y Morillo Cerdán, A. (1994) Terra Sigillata procedente de la Cueva de Cavañiles (Huete, Cuenca). *CuPAUAM* 21, p. 159-182.

VVAA, (1998): *Guía de Castilla-La Mancha: Espacios naturales.* Toledo.

## Cambios en la dinámica poblacional en el siglo V en la Cuenca de Vera: Cerro Montroy y Cabezo María
(Changes in the settlement dynamics it the Vth century in Vera basin: Cerro Monroy and Cabezo María)

Daniel Hernández San José (danhern@ ugr.es)
Universidad de Granada
Mario Gutiérrez Rodríguez (mgrodriguez@ugr.es)
Universidad de Granada.

Resumo – O presente estudo analisa a dinâmica populacional na bacia de Vera durante a Antiguidade Tardia, utilizando as perspectivas de análise trazidas pelos sistemas SIG. Povoados de altura, datando do século V, são analisados com particular atenção, em especial no caso de Cabezo Marías (Antas), no que poderão ser um modelo para os padrões de povoamento. Através de um estudo comparado, são analisados paralelos que permitem conhecer as elites de *potentes* que organizaram a área a partir do século v.

Palavras-chave – SIG, Bacia de Vera, Antiguidade Tardia, Povoamento

Abstract – This paper analyzes the population dynamics of the Vera Basin during Late Antiquity from a territorial perspective, based on the GIS possibilities, and, more specifically, viewshed analysis. High habitats, scattered throughout the study area and dating from the 5th century onwards, are given particular attention – especially Cabezo María (Antas), which seems to be a model for settlement patterning. Then, we conclude with a comparative study of other parallels better known that there were a group of *potentes* who headed the reorganization of this area in the 5th century.

Keywords – GIS, Vera Basin, Late Antiquity, Settlement.

La cuenca de Vera, de unos 500km² y situada en el Bajo Almanzora, estuvo encabezada desde la Protohistoria por el núcleo de *Baria* (Villaricos, Almería), de origen fenicio, constituido en *municipium* en época romana. Abarcando las cuencas de tres ríos (Aguas, Antas y Almanzora), el *ager* de Baria será objeto de una intensa explotación que no va a decaer en los siglos posteriores a los que nos ocupan. En cuanto al potencial económico y la vitalidad de su sociedad no podemos dejar de señalar el ejercicio del duovirato de uno de sus miembros (AE 1982, 632), así como la dedicatoria a mediados del siglo III por parte de la *Res Publica Bariensium* de un epígrafe al emperador Filipo el Árabe (SIRET 1906: 95, lám. xxiii; MENASANCH 2003:153), con una posible estatua. También destaca por su cronología tan tardía, la acción evergética de algunos miembros de su élite: es el caso de *Caesianus*, que construyó un templo para la ciudad (SIRET 1906: 89, 96, lám. xxiv; ANDREU 2000: 114). Queda decir que es una *civitas* de tercer orden en la escala territorial de las *civitates* hispanas que, por su situación, está volcada al mar, comercializando la explotación de las minas de Sierra Almagrera, los productos derivados de las actividades agropecuarias desarrolladas en su *ager*, actuó como nudo de comunicaciones marítimas entre *Abdera* (Cerro de Montecristo, Adra) y Cartagena (tal y como se desprende del Anónimo de Rávena) y encabezó la entrada al interior, hacia *Basti* (Cerro Cepero, Baza), a través de *Tagilit* (Tíjola).

En cuanto a la trayectoria histórica del poblamiento rural del territorio adscrito a *Baria*, las fuentes arqueológicas muestran un cambio o ruptura entre el patrón de asentamiento de este territorio desde el siglo V, que es destacado por las investigaciones más recientes (MENASANCH 2003; CHÁVEZ 2004). El hecho más destacado es el traslado del núcleo originario de *Baria* a favor de un nuevo asentamiento, Cerro Montroy. Si hasta el siglo IV el panorama general venía marcado por una situación de eficaz explotación del territorio, con una densidad de ocupación y poblamiento del territorio equiparable a la acontecida en época del calcolítico y que no se repetiría hasta la Edad Moderna (CASTRO *et al.*, 1996: 42), desde el siglo V vemos cómo hay una serie de variaciones en la estructuración del poblamiento de la cuenca de Vera: asistimos a la reducción del número de asentamientos y a la conformación de dos grandes núcleos poblacionales, Cerro Montroy y Cabezo María. El poblamiento de la depresión de Vera, se conformaría como un hábitat disperso y con la aparición de una nueva tipología de hábitat, los *asentamientos en altura*. Frente al abandono de diferentes sitios arqueológicos, podemos asistir a la fundación de El Picacho de Mojácar, en el extremo sur de la depresión, Era Alta, Castillo de Mojácar, o fuera de esta cuenca, el de Los Orives. Dados los fuertes cambios que experimenta nuestra zona de estudio en el patrón de asentamiento a partir del siglo V, desde este trabajo se propone una lectura espacial y territorial del mismo a través del análisis de una variable topográfica como la cuenca visual mediante tecnología SIG. Esto permite realizar inferencias sobre el alcance de dichos cambios de la estructura poblacional para, finalmente, hacer una propuesta del cambio social durante la Antigüedad Tardía en esta depresión.

1. Análisis de cuencas visuales y el patrón de asentamiento

En este trabajo se hace un acercamiento a los patrones de asentamiento y su evolución desde la óptica de la interpretación de las cuencas visuales de los sitios arqueológicos, su interrelación y su evolución en el tiempo, ya que se entiende que las relaciones visuales han jugado un papel más o menos destacado, dependiendo del momento del proceso histórico, en la estructuración de los paisajes y en las decisiones locativas de los asentamientos (WHEATLEY y GILLINGS, 2002: 201-202), llegando a formarse lo que Llobera denominó "visualscapes" o la "*articulación de las propiedades visuales generadas por (o asociada a) una configuración espacial específica*" (LLOBERA, 2003: 30-31), es decir, las sociedades del pasado generaron pautas de territorialidad diversas que conllevaron sus propias estructuras visuales (GARCÍA *et al.*, 2006) siendo pues la visibilidad una característica más que define los patrones de asentamiento.

De esta manera, se realizó un Modelo Digital del Terreno[1] en un ambiente SIG (ArcGIS 10)[2] a partir de curvas de nivel y puntos de cotas obtenidos del Instituto Geográfico Nacional[3], que si bien representaba el terreno en su estado actual, se intentó restituir una variable geográfica como es la línea de costa en la Antigüedad, gracias a los datos obtenidos por el *"Proyecto Costa"*[4] (ARTEAGA y HOFFMANN, 1987; HOFFMANN, 1988). Para este estudio interesan las conclusiones obtenidas para las desembocaduras de los ríos Almanzora, Antas y Aguas, donde se observó la existencia de una amplia ensenada marítima que penetraba 4 kilómetros al interior de la línea de costa actual y cuyas entradas habían sido controladas por una red de sitios arqueológicos cuya cronología oscilaba entre la época púnica y la tardoantigüedad, comenzando después, desde la Edad Media hasta la actualidad, un fuerte proceso de colmatación, provocado en gran medida por la ocupación humana, especialmente en época romana (ARTEAGA, 1995: 153; CHÁVEZ, 2004: 34), cuya tendencia ha sido regularizar la línea de costa y que ha cubierto tanto la ensenada como una serie de pequeñas penínsulas donde se ubicaban los yacimientos.

Una vez localizados los sitios se procedió a calcular la cuenca visual de cada uno de ellos en un radio de 5 km siguiendo las conclusiones de Zamora (2008: 127), la cual establece el radio de 5 km como el límite para ver sitios arqueológicos de menor entidad, tales como instalaciones agrarias o pesqueras, muy presentes en este territorio. Para determinar si la visibilidad de los sitios objeto de estudio responden a un criterio azaroso o si por el contrario ésta responde a una planificación previa relacionada con la decisión de localización de un sitio, es decir, el patrón de asentamiento, se insertaron 40 puntos aleatorios en el terreno y se calcularon sus cuencas visuales con los mismos parámetros aplicados a los sitios arqueológicos con el fin de contrastar los rangos obtenidos del cálculo del % visible de la cuenca visual potencial (78,53 km$^2$) mediante el test no paramétrico de U de Mann-Whitney. Esta técnica, ha tenido una amplia difusión en el estudio de patrones de visibilidad en sitios arqueológicos (GARCÍA *et al.*, 2006: 185), y *"se utiliza para contrastar si una diferencia entre*

---

[1] La resolución de este MDE tipo TIN fue de 1 m$^2$ por tamaño de celda así como el DEM generado a partir de éste que fue la base de los análisis de visibilidad.

[2] Todos los análisis y el geoprocesamiento de datos se han realizado con el mismo software (ArcGIS 10).

[3] Datos de la Base Cartográfica Numérica 1:25.000, Hojas 10.311, 10.312, 10.313, 10.314 y 10.321.

[4] *"Investigaciones geológicas y arqueológicas sobre los cambios de la línea costera de la Andalucía mediterránea y su importancia para los asentamientos arqueológicos, especialmente fenicios, en el Sur de España"*.

*las medias de dos muestras es estadísticamente significativa"* (GARCÍA *et al.*, 2006: 185). En este caso, la hipótesis de trabajo es: $H_1$ "la distribución espacial de los sitios arqueológicos está relacionada con el control visual del territorio objeto de estudio", mientras que la hipótesis nula sería: $H_0$ "la distribución espacial de los sitios arqueológicos NO está relacionada con el dominio visual del territorio objeto de estudio". Como la tabla 1 refleja (Tab.1), el resultado ha validado con suficiente confianza la hipótesis de trabajo, ya que el nivel de significación está por debajo del límite establecido (0,05%).

|  | N (sitios arqueológicos) | N (puntos aleatorios) | Suma de rangos (sitios arqueológicos) | Suma de rangos (puntos aleatorios) | Mann-Whitney U | Nivel de significación |
|---|---|---|---|---|---|---|
| TOTAL SITIOS | 38 | 40 | 1913,00 | 1168,00 | 348,000 | **0,000** |
| III – V d.C. | 31 | 30 | 1221,00 | 670,00 | 205,00 | **0,000** |
| V – VII d.C. | 19 | 20 | 487,00 | 293,00 | 83,00 | **0,003** |

*Tabla 1* – Resultados de U Mann-Whitney para contrastar la visibilidad de sitios arqueológicos con puntos aleatorios

De esta forma, el test U de Mann-Whitney reforzó la hipótesis de la existencia de patrones visuales, que se podían observar a nivel territorial analizando las cuencas visuales de los sitios arqueológicos a nivel cuantitativo, no sólo a nivel general sino para cada uno de los dos períodos que aquí se discuten.

Para la horquilla cronológica de los siglos III-V, los estudios del territorio de *Baria* coinciden en interpretar el poblamiento como un proceso tendente a la agrupación en torno a asentamientos rurales tipo *villa* con respecto al altoimperio (CHÁVEZ, 2004: 531-533; MENASANCH, 2003: 243), lo que estaría indicando un régimen de propiedad de la tierra tendente al latifundio, representado a nivel territorial por las grandes *villae*, como El Roceipón, La Torrecica, Quréñima o Cortijo Cadímar, todos ellos con una gran cuenca visual y un amplio control sobre las zonas de explotación agropecuaria, base de su existencia. Dentro de los análisis de visibilidad en época romana, las *villae* ocupan un puesto especial, ya que la *villa* se convierte en un elemento de un juego ideológico a nivel territorial, con la vista enmarca la impresión del observador con respecto al propietario y de éste con respecto al mundo exterior. Se trata pues de un símbolo del *status* del *dominus* y del poder de éste de cara al exterior (FIZ *et al.*, 2010: 99).

En este mismo período, hay una fuerte presencia de sitios vinculados con la costa, cuya existencia vendría motivada por el control visual de la ensenada marítima así como por la carga/descarga de mercancías y el tránsito de personas. Destaca un lugar especial en el dominio visual, el sitio de Conteros II, solar donde se ubicó la *civitas* portuaria de *Baria*. Se conocen tres grandes complejos de procesado de salazón en la misma línea de costa (SIRET, 1907: 10-11). Muchos de los sitios vinculados a la bahía tienen una cronología que se remonta a la ocupación púnica y tardopúnica (Coto-1; Hoya del Pozo del Taray; Cabecicos Negros, etc.), por lo que la explotación de los recursos derivados del mar constituye una actividad continuada en el tiempo. También se localizan sitios de procesado de mineral procedente de Sierra Almagrera vinculados a la costa, así como lugares de producción cerámica, como es el caso del alfar de La Rumina o el asentamiento de Era Alta, dedicados a la exportación de manufacturas locales por vía marítima.

Finalmente, hay un grupo de sitios cuya fundación se remonta al siglo IV y que van a anteceder los cambios que se producen con mayor fuerza a inicios del siglo V d.C. Se trata de hábitats en altura como Cabezo María, La Risca o el Cortijo de la Terrera (CHÁVEZ *et al.*, 2002: 127; CHÁVEZ, 2004: 536).

Este inicio de las reestructuraciones coincide con el abandono de las factorías de salazones de *Baria* (MENASANCH, 2003: 154) y de los yacimientos mineros de Herrerías, que como fecha temprana dejarían de funcionar con grandes ritmos de producción entre los siglos I-II d.C. siguiendo la tónica general del sureste hispano (ARBOLEDAS, 2011: 99).

Del análisis de la cuenca visual acumulada para este período, se observa un marcado interés en controlar visualmente la ensenada marítima, lugar que tuvo que protagonizar un importante papel en las relaciones socioeconómicas de la zona. Es de resaltar que *Baria*, representada por el sitio Conteros II (8)[5], no es de los yacimientos más percibido a pesar de que tuvo una importancia capital como *municipium* fiscalizador y organizador del territorio. Frente a este valor tan bajo, encontramos sitios como Cortijo de la Terrera, El Coto-1, El Coto-3 (8-10) en la ensenada marítima del Antas que tendrían valores más altos. Con respecto a los sitios de interior, representados por las *villae*, los valores de intervisibilidad siguen siendo bajos. Sin embargo, el Cabezo María (15) ya se configura a partir del siglo IV como un claro referente visual en el paisaje, preludiando los cambios del siglo V d.C. A nivel general, hay, como se apuntó anteriormente, un interés por el control visual de la ensenada, así como de la zona minera de Herrerías, sin embargo, el control visual del territorio, a nivel general, es bastante limitado en comparación con el período siguiente.

Por otro lado, entre los siglos V-VII destaca una reducción de los asentamientos costeros y de producción y procesado del mineral, tendencia que ya se apuntaba en el final del período anterior, permaneciendo tan sólo los sitios de El Es-

---

[5] A partir de este punto, al hablar de valores de intervisibilidad, se representa entre paréntesis la cantidad de sitios arqueológicos que guardan una relación visual directa entre sí.

trecho, el Cerro de las Brujas, Cortijo de la Terrera y Era Alta (Tab.3), destinado éste último desde momentos altoimperiales a la transformación de recursos mineros (ARBOLEDAS, 2011: 93). Éste se trata de un fenómeno probablemente vinculado a la inseguridad e inestabilidad generalizada. Queda así reforzada la hipótesis inicial, de la existencia de estructuras visuales en el territorio fruto de la necesidad de un control visual que en este período se acrecienta por los fenómenos político sociales.

En este período, el análisis de la cuenca visual acumulada es sintomático de la situación que esta zona está experimentando. Esa selección de hábitats en altura está íntimamente relacionada con la búsqueda de una estructura visual del paisaje, ya que, con un número menor de asentamientos (19) hay un mayor control visual del territorio y del mar, origen de mercancías pero también de esas nuevas gentes que se han ido introduciendo a lo largo de dos centurias. También hay un mayor control sobre las zonas de explotación agrícola con respecto al período anterior, especialmente las circundantes a los asentamientos, así como de rutas comerciales como el inicio del pasillo de Fiñana, que desde la Prehistoria Reciente ha sido una ruta de conexión con el interior y que en época tardorromana su control toma protagonismo con la amplia cuenca visual de sitios como el Cabezo María. En cuanto a los sitios a nivel particular, siendo menos tienen unos mayores valores de intervisibilidad, como es el caso de Cabezo María (10), Cerro Montroy (10), Cerro de las Brujas (8), Almizaraque (8), Cerro de la Cueva del Murciélago (8), Castillo de Mojácar (5), El Estrecho (3), Roceipón (3), etc.

## 2. Lectura histórica

Por lo tanto, en el siglo V se producen dos cambios destacables en la organización territorial: el traslado del espacio habitacional de *Baria* al muy próximo Cerro Montroy, en una posición más reducida y de fácil defensa, y la aparición de Cabezo María como el otro gran asentamiento del área entre los siglos v-vii, rompiendo la tradición anterior donde *Baria* era el único centro destacado en esta zona, pero con otro aspecto que hace más interesante para su estudio. Cabezo María había tenido una ocupación marginal y secundaria en época altoimperial (CHÁVEZ 2004: 516), según se desprende de los pocos materiales de este período hallados en el asentamiento, lo que ha llevado a hablar de una auténtica "fundación" del mismo en el siglo iv. Este fuerte contraste que hace que pase de ser un centro secundario a un núcleo de referencia en el poblamiento del *territorium* de Baria en cuestión de un siglo, lo que puede servirnos para comprender mejor las claves de esta transición de la Antigüedad al mundo de la Antigüedad Tardía.

En suma vamos a centrarnos a analizar la situación de la cuenca de Vera en estos momentos desde la óptica de Cabezo María, ya que Cerro Montroy sí ha sido objeto de una investigación más pormenorizada[6]. Cabe decir brevemente que Cabezo María es la denominación del yacimiento asentado sobre el cono volcánico que le da nombre, en el que predomina un tipo de roca muy característica en este ámbito local denominada *verita*, fruto del volcanismo lamproítico Mioceno/Tortoniense, y que se presenta como un enclave físico inmejorable tanto por sus características defensivas como visuales. Su punto más alto es de 256 m.s.n.m., ocupando una extensión de 3Ha. No entra dentro de la categoría estricta de poblados en altura *fortificados* por la ausencia de muralla: no obstante, el cono volcánico podría realizar esta misma función, ya que su acceso solo se puede hacer, con dificultad, por puntos muy concretos aún por fijar pero que pudiera ser en la cara este o sur (donde está el actual camino de acceso a la ermita que lo corona). Recientemente protegido bajo la categoría de BIC, la única excavación que en él se ha realizado fue por parte de Pedro Flores, capataz de Luis Siret (investigador muy activo en el sureste español a finales del siglo XIX y principios del XX) (SIRET 1906), en unas estructuras excavadas parcialmente en la roca del cerro y de las que realizó un croquis sobre el que recientemente se realizó su publicación (MENASANCH 2003: 180). Sobre estas estructuras hablaremos a continuación, porque también cabe recoger que Flores, a los pies del cerro, excavó unas tumbas que por la descripción que nos brinda en las memorias bien pudieran tratarse de tardorromanas debido a la presencia de un "*un jarrito depositado en la parte de la cabeza*" (MENASANCH, 2003: 179). Igualmente a los pies del cerro se ha identificado una *villa* de la que volveremos a tratar (CHÁVEZ 2000: 534).

Las estructuras excavadas por Flores serían espacios interpretados como domésticos (MENASANCH 2003: 179), y nuestro interés reside en su carácter formal: la técnica constructiva observada es la de una excavación parcial en la roca y con la presencia de una hornacina en una. Con la intención de identificar las estructuras catalogadas por Flores sobre el terreno, realizamos un reconocimiento *in situ*, pudiendo observar la presencia de un tipo semejante de estructuras distribuidas al menos en toda la cara norte, este y sur del cerro, que van desde la cima del mismo (actualmente ocupada por una ermita que pudiera estar levantada sobre restos de una estructura similar a las que encontró Pedro Flores a principios del XX) descendiendo hasta el mismo borde del cono volcánico, donde éste provoca un desnivel insalvable. Aparentemente, y a falta de una investigación sistemática del asentamiento, parece existir un mismo patrón constructivo en las estructuras conservadas que pudieran indicar la ocupación intencionadamente planificada en un mismo momento de este cerro, con una racionalización del espacio disponible manifestada en el aterrazamiento de éste, y que en

---

[6] Por ejemplo, desde su excavación arqueológica a la realización de una planimetría del mismo, mientras que de Cabezo María no hay ningún tipo de plano o estratigrafía, simplemente los croquis y descripciones de Flores y el estudio de sus materiales arqueológicos por prospección.

apariencia satura la totalidad de su superficie del mismo. El esquema de estas casas presenta una parte excavada en roca, mientras que las estructuras exteriores se realizarían con muros de adobe o tapial sobre zócalos de mampuestos para favorecer este aterrazamiento, y su cubierta, ante la ausencia de *tegulae*, ha llevado a M. Menasanch a pensar en *cubiertas planas también de tierra, igual que ocurría en Cerro Montroy* (Menasanch 2003:179), sin embargo en la visita anteriormente mencionada se reconocieron *tegulae*. De hecho, y aunque con datos sustentados básicamente en materiales cerámicos de prospecciones, para esta investigadora, parece que Cabezo María reuniría un quinto de la población total de la Cuenca de Vera, dato al que habría que añadir que considera que tanto Cabezo María como Cerro Montroy absorberían casi dos tercios del poblamiento de esta depresión (MENASANCH 2003: 247) y que creemos es al menos indicativo de la trayectoria del poblamiento. Es más, creemos en la posibilidad de que ambos asentamientos hayan seguido un mismo patrón constructivo para levantar las unidades habitacionales, ya que en Montroy sabemos por la descripción de M. Menasanch que *estaban construidas en buena parte contra la roca natural recortada artificialmente para dar lugar a espacios cuadrangulares: es el caso de las 'casas' 1, 3, 11, 13 y 18 de Siret* (MENASANCH 2003: 158).

A ello hay que añadir las características de los materiales arqueológicos que en él aparecen muestran ciertos paralelos con los que se localizan en Cerro Montroy. Cabezo María y Cerro Montroy son los que absorben el mayor porcentaje de elementos de importación, tanto en el siglo v como el vi, mientras que los otros yacimientos que reciben material de importación son El Gitano, en el siglo v, y El Picacho, en el vi (MENASANCH 2000: 220). Para el caso concreto del Cabezo María, sus materiales cerámicos nos llevan a una cronología entre los siglos iv y vii, si bien la primera de estas centurias está poco representada, destacando la presencia de la forma 2 de TSHTM (ORFILA 2010). Por el contrario, los siglos v y vi están muy bien representados con materiales como Hayes 84, Hayes 82, Hayes 87 A, Hayes 91C, Hayes 99 y Hayes 104 para las cerámicas de vajilla, y Keay LXV y Keay LIII C para el material anfórico. Por último, hay una fuerte presencia de un material muy poco documentado en la Península Ibérica, salvo para ciertas zonas costeras, como es la *Terra Sigillata Focense Tardía*, también muy documentada en el Cerro Montroy, donde ya Siret documentó algunos ejemplares muy significativos (SIRET 1907) y que en el Cabezo María aparece en las formas Hayes 3B y 3D.

Finalmente, a estas características señaladas por la historiografía (la presencia de estructuras excavadas en roca, desde Flores, y la presencia de unos materiales que revelan la capacidad para atraer productos de importación), cabe añadir nuestra contribución de los resultados obtenidos a través del análisis por SIG. Que Cabezo María se constituya en un referente visual dentro del territorio de la antigua *Baria* y sus principales asentamientos indicaría, una vez más, la posibilidad de una planificación previa a la hora de fundarlo, en la práctica, como un asentamiento *ex novo*: tanto por las características que implican convertirlo en habitable (como comentamos, el esfuerzo para su aterrazamiento y excavación parcial de las estructuras en la roca), como por su importancia cuantitativa en número de habitantes y capacidad de consumo de materiales externos vía comercial.

Por su situación en tierras de menor calidad agrícola, en opinión de M. Menasanch el primero no sería sede de un poder institucionalizado a diferencia de Montroy (MENASANCH 2003: 254), pero en nuestra aportación queremos hacer hincapié en el carácter de Cabezo María como referente visual con relaciones de intervisibilidad desde Montroy y desde el otro asentamiento que cierra la costa de Vera, El Picacho de Mojácar, poblado en altura que aparece del siglo v al vii, es decir, con fechas similares. Por tanto, como mínimo, Cabezo María, Montroy, pero también El Picacho, muestran unas fechas similares en su aparición como referentes visuales. Por tanto Cabezo María, pese a no presentar amurallamiento, sí presenta una entidad referencial. Ante la inexistencia de una excavación no se puede barajar la presencia o no de elementos más destacados en su cima, bajo la actual ermita con origen en xvi-xvii, que pudieran dar lugar a pensar en un carácter institucional añadido. Las dificultades para dar el salto a una interpretación sobre la transición histórica en este área son numerosas y complejas ante la ausencia de una intervención arqueológica pormenorizada.

### 3. Una propuesta de transición en la cuenca de Vera.

Dicho todo esto, según los estudios realizados hasta la fecha en el siglo V se produce un cambio considerable especialmente en la estructura poblacional en la cuenca de Vera: se resumiría a través del declive de *Baria* como núcleo urbano, la aparición de Cerro de Montroy y Cabezo María como las mayores poblaciones del territorio de Vera entre los siglos v-vii, y la aparición de la tipología de asentamientos en altura (Los Orives, Era Alta, El Picacho...), que no implica el abandono de la totalidad de asentamientos en llano pero sí su descenso ya que el perfil que definiría el poblamiento de este momento sería el de un hábitat disperso (MENASANCH 2003: 247) y sigue la dinámica general del Mediterráneo Occidental (GUTIÉRREZ 1996: 275-276). La continuidad del poblamiento en el antiguo solar de *Baria* se documenta también con la existencia de una *tegula* hallada con una inscripción en griego[7] (ICERV 523; VIZCAÍNO, 2009: 733-735) y que pudiera incluirse dentro de un grupo de comerciantes, según la posición de L. García Moreno sobre la presencia de colonias de orientales en diferentes enclaves, siendo los más cercanos a Vera

---

[7] +ΕΝΘΑ/ ΚΑΤΑΚ/ ΙΤΕ ΕΥΤΥ/ΧΗΣ/ ΟΣ ΥΕΟΚ/ ΣΑΜΒ/ΑΤΟΥ. "(Cruz) Aquí yace Eutyches, griego, hijo de Sambatius".

los de Tortosa, Elche, Cartagena o *Malaka* (GARCÍA MORENO: 1972) y al hallazgo de unos *nummi* de época de Justiniano que también se atestiguó en la zona (VIZCAÍNO 2009: 720).

Uno de los factores tradicionalmente señalados como causa de aparición de estos asentamientos en altura es la inestabilidad política que se deriva de fuentes primarias, que desde la ruptura del *limes* en el 406 hacen hincapié en las acciones y movimientos de los pueblos "bárbaros" en suelo hispano. Las noticias que tenemos de acciones bélicas más próxima a Vera son las noticias que nos dan Sidonio Apolinar sobre el *foedus* de Honorio con los visigodos de Walia para expulsar a los vándalos y alanos de Hispania, que provocaban el caos en Calpe[8] (*Poemas*, II 364-366), y en fechas más tardías, la destrucción que nos transmite Hidacio (*Chronicon*, a.460; Isidoro, *Chronicon*, 76) de la flota que Mayoriano estaba preparando para mandar una expedición contra los vándalos, en la cartaginense. Luego les sigue la intervención de Justiniano en el contexto de la guerra civil entre Agila y Atanagildo (Isidoro, *Historiae*, 46; o Jordanes, *Getica*, 303). Igual sucede cuando Leovigildo saquea el *ager* de Basti y *Malaca* en el c. 570 (Juan de Bíclaro, *Chronicon*, 12), pocos años después, y poco podemos decir de las noticias llegadas sobre las acciones bélicas entre godos y los *romani milites* hasta la caída de *Carthago Spartaria* y su destrucción a manos de Suintila C.622 (Isidoro, *Historiae*, 62). Pese a todo, estos momentos son ya de la primera mitad del siglo VII, y quizá se alejen de nuestro estudio, y cabe decir que la muralla de Montroy o la del coetáneo yacimiento de Los Orives (es decir, del siglo VI según MENASANCH 2003: 255) no tienen la entidad de las de *Begastri* o las de Tolmo de Minateda, lugares donde sí se debió dar un enfrentamiento directo. De esta forma hay una imagen de repetidas acciones bélicas, sin embargo muy repartidas en el espacio de dos siglos (V-VI) y que no nos permiten puntualizar más en base a la información literaria. La aparición de los asentamientos en altura tendría más relación con el interés por el mantenimiento del orden social y económico en un momento de crisis (GUTIÉRREZ LLORET 1996: 275ss), aunque se acepta que la necesidad de proteger un territorio ante la posibilidad, aun así algo remota para el caso de Vera, de una incursión tendría también esta función. En Vera no hay presencia de una labor de envergadura que sí se da en otros lugares: el refuerzo de un bastión en Denia, la elevación de fortificaciones como *Begastri*, Garres, Tolmo de Minateda, o el refuerzo de las murallas que realiza Comitiolo en el 589 en Cartagena. La mayoría de las noticias de la preparación de unas defensas realmente consistentes son del período de la década final del siglo VI hasta la caída de Cartagena, momento en que el *regnum gothorum* sale consolidado tras la labor de Leovigildo y

---

[8] Interpretable como Gibraltar, o como la actual Calpe alicantina, según las propias notas a la traducción castellana (editorial Gredos, 2005, nota 94 o p. 105)

la superación de los cinco años de rebelión de Hermenegildo (c.579-584), claves para el posterior desarrollo del reino católico de Toledo[9].

La cuenca de Vera se encontraría en un área secundaria y bien protegida geográficamente, por lo que estas acciones la afectarían relativamente. Frente a este panorama de constantes luchas, quizás exagerado por las fuentes, cabe enfrentar otro tipo de información procedente en esencia de la investigación arqueológica. De ella queremos resaltar la pervivencia de diferentes *villae* que en este área de Vera se considera hasta los siglos v-vii (CHÁVEZ 2004: 535). De las veinte villas de las que se tiene constancia en época altoimperial, para época bajoimperial quedarán 6 (CHAVEZ 2004: 550), que continuarán perviviendo hasta más allá del siglo v: es el caso de Roceipón, cuyos materiales revelarían una ocupación desde el Alto Imperio (CHÁVEZ 2004: 515) hasta principios del vii, siendo una *villa* referente en este área, con un gran programa decorativo datado en el siglo iv conocido gracias a las diferentes excavaciones de A. Pérez Casas (CHÁVEZ 2004: 21, y sobre la ocupación, CHÁVEZ 2004: 178 y MENASANCH 2003: 101). Igualmente podría suceder con otras villas que no han mostrado riqueza y ostentación de tipo propagandístico como la anterior en parte porque no han sido excavados: Cadímar (MENASANCH 2003: 69), con pervivencia hasta el siglo vii, o el gran asentamiento rural del Cortijo de los Riquelmes (MENASANCH 2003: 77, 155). La villa de *Pie del Cerro María* nos parece un caso a destacar por la interesante interpretación de Esther Chávez, que considera que la *villa* de Quréníma, con destacada importancia desde el s. i al v d.C., se abandonaría y trasladaría precisamente en este siglo V a los pies de Cabezo María, siendo ocupada de los siglos v al vii (CHÁVEZ 2004: 534) según la investigación del grupo *Poblamiento Tardorromano y Altomedieval en la cuenca baja del río Almanzora, Almería* (CAMALICH y MARTÍN 1999).

Nos parecen unos datos a resaltar, máxime si consideramos que la reorganización del territorio de *Baria* se realizó ya desde el siglo iii, con una reestructuración y concentración del poblamiento de época altoimperial: acabamos de citar la reducción del número de *villae*, pero también lo podemos ver como un proceso general (CHÁVEZ 2004: 534ss.). No se abandona el *ager* y su poblamiento en llano, sino que se realiza una conexión visual con los nuevos poblados en altura, tal y como E. Chávez comentó (CHÁVEZ 2004: 556-557) y que no había sido investigado específicamente hasta nuestro análisis mediante tecnología SIG.

---

[9] Este trabajo incorpora reflexiones y conclusiones del estudio realizado con la Beca de Iniciación a la Investigación 2010/11 del Plan Propio de la Universidad de Granada integrada en los contenidos del grupo de investigación HUM 178, "*Paganos, Judíos y Cristianos en la Antigüedad*", por Daniel Hernández San José, D., y este aspecto que señalamos podría ampliarse en la memoria de la misma: "*La Iglesia y la legitimación de la violencia en la Spania visigoda: El paradigma de Hermenegildo*".

La pervivencia de otras *villae* está atestiguada en otros territorios del sureste, como sería el caso de la Vega de Granada (SÁNCHEZ *et al*, 2008) o el entorno murciano, donde destacan Tallante (SOLER y EGEA 2000) y también el caso de los Algezares, ésta especialmente excepcional por el hallazgo de una estructura áulica que se ha interpretado ligada a la *audienta* del *dominus* (GARCÍA BLÁNZQUEZ 2006). Otros casos en *Hispania* son los de Fraga (o *Villa Fortunatus*), también con un espacio áulico, y el de Veranés, en Asturias, reconocida como espacio de representación. Decimos que es destacable porque las dimensiones de esta estructura áulica de los Algézares es comparable a la de Veranés y mantiene unas fechas que llegan hasta bien entrado el siglo VI (GARCÍA BLÁNQUEZ 2006: 125). Por tanto, vemos la actitud de determinada aristocracia en ámbitos no tan alejados de la cuenca de Vera, donde como comentábamos había una aristocracia que desde el siglo III da muestras de su poder, sustentada en la explotación de Sierra Almagrera pero también de la agropecuaria.

Decíamos cómo según Gutiérrez Lloret (GUTIÉRREZ 1996: 275-276), opinión que acepta E. Chávez (CHÁVEZ 2004: 549), los poblados en altura se deberían a factores de orden económico y social, en una línea de dominación de la población y su control. Si esta es una de las motivaciones principales, también creemos que el control efectivo del territorio se revela necesario tras la desaparición del poder central occidental. Podemos citar los casos de Rutilio Namaciano a principios del siglo V (*De reditu suo*, 20) o Sidonio Apolinar a finales del mismo siglo, como dos miembros de la más alta aristocracia que, sin embargo, acuden a sus territorios o posesiones del sur de la Galia para reorganizarlos directamente tras las invasiones germánicas y los procesos de usurpaciones imperiales (y hemos comentado antes por Sonia Gutiérrez 1996: 275-275 cómo toda la *pars occidentalis* asiste a unos procesos similares, como el encaramamiento de los asentamientos). Esta inestabilidad política hace que haya una necesidad de resguardar la estabilidad social, económica y política a escala local, y eso está en manos de esta aristocracia, que además actúa ejerciendo su patronazgo desde las sedes episcopales (como el propio Sidonio Apolinar acabará siendo). Un ejemplo claro es el de Mérida, donde el patronazgo de sus obispos y la representación de éstos como defensores de la comunidad romana frente a la visigoda se refleja en las *Vitas Patrum Emeritensium*, que encajan cronológicamente con nuestro objeto de estudio. ¿Cabría la opción de que estas fueran las medidas adoptadas por la élite de la cuenca de Vera? Es en el siglo VI cuando se eleva la muralla de mediana calidad de Montroy, y el caso de Cabezo María parece un repliegue hacia el interior, a una posición de fácil defensa tanto de amenazas procedentes del mar como del interior de país (igual que el caso de Montroy, salvaguardando el contacto comercial por mar). Esta explicación encajaría con la interpretación del traslado de la *villa* de Quérnima a la *villa* de Pies del Cerro María, como ya hemos comentado.

## 4. Conclusiones

De este modo podemos concluir, para atestiguar o no la presencia de una aristocracia local que actúa decisivamente en el cambio del panorama general de la cuenca de Vera en el siglo v, que, primero, Montroy y Cabezo María presentan unas características semejantes en poblamiento, topografía, registro de materiales cerámicos, y algunas de sus estructuras habitacionales acentuadas en Cabezo María por su desnivel, con mayores recortes en roca, mismas techumbres, mismos materiales, y las mismas fechas. A ello se añade su carácter de ser referentes visuales en el territorio. En segundo lugar, podemos ver cómo hay una serie de villas que siguen siendo ocupadas de forma continua: algunas aristocráticas (Roceipon), otras de menor entidad (Cadímar), y podríamos ver de nuevo capacidad de actuación de esta élite si fuera cierto que trasladan la *villa* de Qurénima a Pie del Cerro María. De esta forma, y como tercera conclusión, vemos cómo hay una racionalización del territorio: Montroy no tiene muralla hasta siglo vi, haciéndonos pensar por el momento (a falta de otros datos) que pudiera ser más una posición de cautela que de defensa directa ante un temor inminente. Además, el alejamiento del mar por parte de los núcleos principales de población es otra característica: Hay un control efectivo del territorio que se pone en práctica y es visible en la realidad material. Por último, la administración municipal de *Baria* perduraría en los siglos v-vii: *Baria* aparece citada por última vez en las actas del Concilio de Elvira a principios del siglo iv y en el Anónimo de Rávena. Que en el siglo vi se decida amurallar Cerro Montroy en una segunda fase podría mostrarlo como referente institucional al menos en siglo vi, aún sin ir en detrimento del carácter que Cabezo María tuviera.

Dado el objeto de este estudio y la breve extensión del mismo remitimos a otro trabajo reciente y que completa los aspectos sobre el estudio de los patrones de visibilidad durante la Antigüedad Tardía en el *ager bariensis* (GUTIÉRREZ, HERNÁNDEZ y CHÁVEZ: 2012), pero al margen de esta matización y otras cuestiones que apoyaran la actividad de esta élite en la reorganización de la cuenca de Vera, que quedaría comprobar por excavación bien de villas, bien de Cabezo María, las conclusiones definitivas que proponemos serían: en el siglo v se produce una reestructuración del poblamiento de la depresión de Vera planificada y organizada, donde aparecen nuevos tipos de asentamientos (Cabezo María, Cerro Montroy, Los Orives, Era Alta,...), y el abandono de diferentes yacimientos que no implica la desaparición de otros (Roceipón, Pago de San Antón), e incluso la aparición de otros asentamientos coetáneos a Cabezo María (Nueve Oliveras, El Picacho,...), sino una selección del poblamiento. La presencia de una planificación en esta reestructuración se refuerza con los resultados del análisis SIG, que permite concluir que los asentamientos de la cuenca de

Vera conforman una estructura visual donde Cabezo María y Cerro Montroy ocupan un papel preeminente que probablemente se relacione con su papel político, administrativo e incluso ideológico[10]. De hecho, la ruptura de la estructura poblacional romana se debe situar en el siglo IX, cuando el centro administrativo de *Bayra* (Vera), heredero de *Baria*, se traslade al actual Cerro del Espíritu Santo.

---

10   Dado el objeto de este estudio y la breve extensión del mismo remitimos a otro trabajo reciente y más completo sobre el estudio de los patrones de visibilidad durante la Antigüedad Tardía en el *agerbariensis* (Gutiérrez; Hernández; Chávez 2012).

## Bibliografía

ANDREU PINTADO, J. (2000): El comportamiento munificente de las élites hispano-romanas en materia religiosa: la construcción de templos por iniciativa privada en *Hispania. Iberia* n.º 3, p. 111-128.

ARBOLEDAS MARTÍNEZ, L. (2011): Minería y metalurgia romana en el sureste peninsular: La provincia de Almería. *Sagvntvm*, vol. 42, p. 87-102.

ARTEAGA MATUTE, O. (1995): Paradigmas historicistas de la civilización occidental. Los fenicios en las costas mediterráneas de Andalucía. *Spal*, 4, p. 131-171.

ARTEAGA MATUTE, O. y HOFFMANN, G. (1987): Investigaciones geológicas y arqueológicas sobre los cambios de la línea costera en el litoral de la Andalucía mediterránea. *Anuario Arqueológico de Andalucía 1986*, p. 194-195.

BAÑOS SERRANO, J. (2006): El sector norte del cerro del castillo de Alhama de Murcia. Un asentamiento entre la antigüedad tardía y el mundo islámico. *Antigüedad y Cristianismo* XXIII, p. 81-100.

BONET PÉREZ, M. A. (1988): La economía tardorromana del SE peninsular, el ejemplo de El Puerto de Mazarrón (Murcia). *Antigüedad y Cristianismo* V, p. 471-502.

CAMALICH MASSIEU, M.D.; MARTÍN SOCAS, D. Eds. (1999): *El territorio almeriense desde los inicios de la producción hasta fines de la Antigüedad. Un modelo: La depresión de Vera y la cuenca del río Almanzora.* Sevilla.

CASTRO, P.V.; COLOMER, E., ESCORIZA, T.; FERNÁNDEZ MIRANDA, M.; FERNÁNDEZ POSSE, M.D.; GARCIA, A.; GILI, S.; GONZÁLEZ MARCÉN, P.; LÓPEZ CASTRO, J.L.; LULL, V.; MARTÍN, C.; MENASANCH, M.; MICÓ, R.; MONTÓN, S.; OLMO, L.; RIHUETE, C.; RISCH, R.; RUIZ, M.; SANAHUJA YLL, E.; TENAS, M. (1996): Territorios económicos y sociales en la Cuenca de Vera (Almería) desde c. 4000 cal ANE hasta la actualidad. *In*: SÁNCHEZ PICÓN, A. (Coord.) *Historia y medio ambiente en el territorio almeriense*, UAL, p. 35-47.

CHÁVEZ ÁLVAREZ, M.E.; CAMALICH MASSIEU, M.D.; MARTÍN SOCAS, D.; GONZÁLEZ QUINTERO, P. (2002): *Protohistoria y Antigüedad en el Sureste Peninsular. El Poblamiento de la Depresión de Vera y Valle del río Almanzora (Almería)* (BAR IS 1026), Oxford.

CHÁVEZ ÁLVAREZ, M.E. (2004): *Análisis del territorio durante la ocupación protohistórica y romana en la depresión de Vera y valle del río Almanzora,*

*Almería*. Colección Tesis Doctorales, Servicio de Publicaciones, Universidad de La Laguna.

FIZ, I.; LÓPEZ, J.; PREVOSTI, M.; ABELA, J. (2010): *In conspectupropetotiusurbis*: La aplicación de diferentes métodos de análisis de visibilidad al paisaje del *agerTarraconensis*. *Cuadernos de Prehistoria y Arqueología de la Universidad de Granada*, 20, p. 97-122.

GARCÍA BLÁNQUEZ, L. A. (2006): El *atrium* paleocristiano de Algézares. *Antigüedad y Cristianismo* XXIII, p. 113-132.

GARCÍA MORENO, L.A. (1972): Colonias de comerciantes orientales en la Península Ibérica, s. V-VII. *Habis*, 3, p. 127-154.

(1991): El hábitat rural disperso en la Península Ibérica durante la Antigüedad Tardía (siglos V-VII). *Antigüedad y Cristianismo* VIII, p. 265-273.

GARCÍA SANJUÁN, L.; METCALFE-WOOD, S.; RIVERA JIMÉNEZ, T.; WHEATLEY, D.W. (2006): Análisis de pautas de visibilidad en la distribución de monumentos megalíticos de Sierra Morena Occidental. *In*: GRAU, I. (ed.) *La aplicación de los SIG en la Arqueología del Paisaje*, p. 181-200.

GONZÁLEZ BLANCO, A. (1988): La población del sureste en los siglos oscuros (IV-X). *Antigüedad y Cristianismo* V, p. 11-30.

GUTIÉRREZ LLORET, S. (1988): El poblamiento tardorromano en Alicante a través de los testimonios materiales. Estado de la cuestión y perspectivas. *Antigüedad y Cristianismo* V, p. 323-338.

GUTIÉRREZ LLORET, S., (1996): *La Cora de Tudmīr de la Antigüedad Tardía al mundo islámico. Poblamiento y cultura material*, Madrid.

GUTIÉRREZ RODRÍGUEZ, M.; HERNÁNDEZ SAN JOSÉ, D.; CHÁVEZ ÁLVAREZ, E. (2012): Análisis de visibilidad e inferencias sobre el patrón de asentamiento: el Cabezo María, un caso en la depresión de Vera durante la Antigüedad Tardía. *Antiqvitas*, 24, p. 187-202.

LLOBERA, M. (2003): Extending GIS-based visual analysis: the concept of visualscapes. *International Journal of Geographical Information Science*, 17 (1), p. 25-48.

LÓPEZ MEDINA, M.J., (2004) *Ciudad y territorio en el sureste peninsular durante época romana*, Madrid.

MARTÍN SOCAS, D.; MEDEROS MARTÍN, A.; CHAVEZ ÁLVAREZ, M.E.; DÍAZ CANTÓN, A.; ARAMBURU ESCOLANO, E.; LÓPEZ SALMERÓN, J. (1999): Estudio del Territorio *In*: CAMALICH MASSIEU, M.D.; MARTÍN SOCAS, D. (eds.) *El territorio almeriense desde los inicios de la producción hasta fines de la Antigüedad. Un modelo: La depresión de Vera y la cuenca del río Almanzora.* Sevilla.

MARTÍNEZ RODRÍGUEZ, A. (1988): Aproximación al poblamiento tardorromano en el norte del municipio de Lorca. *Antigüedad y Cristianismo* V, p. 543-563.

MATILLA SÉIQUER, G. (1988): El castillo de los Garres. Una fortaleza tardía en la Vega de Murcia. *Antigüedad y Cristianismo* V, Murcia, p. 353-402

MENASANCH DE TOBARUELA, M. (2000): Un espacio rural en territorio bizantino: análisis arqueológico de la Depresión de Vera (Almería) entre los siglos V y VII. *V Reunión de Arqueología Cristiana Hispánica (Cartagena, 1998)*, Barcelona, p. 211-222.

MENASANCH DE TOBARUELA, M. (2003): *Secuencias de cambio social en una región mediterránea. Análisis arqueológico de la depresión de Vera (Almería) entre los siglos V y XI* (BAR IS 1132). Oxford.

MENASANCH DE TOBARUELA, M. (2005): Los poblados de altura: centros de los nuevos espacios sociales (Depresión de Vera, Almería. Siglos V-VIII). *VI Reunión de Arqueología Cristiana Hispánica Valencia - Mayo de 2003* (Preactas), p. 87-88.

MURCIA MUÑOZ, A. J. (2000): Asentamientos rurales de los siglos V-VII d.C. En el contorno de Cartagena. *V Reunió d'Arqueologia Cristiana Hispánica*, p. 371-382.

ORFILA PONS, M. (2010): La vajilla *Terra Sigillata* Hispánica Tardía Meridional *In*: BERNAL, D.; RIBERA, A. (Eds.) *Cerámicas hispanorromanas. Un estado de la cuestión.* Cádiz.

REYNOLDS, P. (1985): Cerámica tardorromana modelada a mano de carácter local, regional y de importación en la provincia de Alicante. *Lucentum*, IV, p. 245-267.

REYNOLDS, P. (1995): *Trade in the Western Mediterranean, AD 400-700: The ceramic evidence.* (BAR IS 604) Oxford.

RUIZ MOLINA, Liborio (1988): El poblamiento romano en el área de Yecla (Murcia). *Antigüedad y Cristianismo* V, p. 565-598.

SÁNCHEZ LÓPEZ, E.; ORFILA PONS, M.; MORENO PÉREZ, S.(2009): Las actividades productivas de los habitantes de *Florentia Iliberritana*. *In*: ORFILA, M. (Ed.) *Granada en época romana: Florentia Iliberritana.* Granada.

SALVADOR VENTURA, F. (1990): *Hispania meridional entre Roma y el Islam. Economía y sociedad*, Granada.

SANZ SERRANO, R. (1986): Aproximación al estudio de los ejércitos privados en Hispania durante la Antigüedad Tardía. *Gerión*, 4, p. 225-264.

SIRET, L. (1906): *Villaricos y Herrerías. Antigüedades púnicas, romanas, visigóticas y árabes*. M.R.A.H. XIV, Madrid.

SOLER HUERTAS, B., y EGEA VIVANCOS, A. (2000): El Cabildo (Tallante): la pervivencia del poblamiento en el *territorium* de *Carthago Spartaria*. *V Reunió d'Arqueologia Cristiana Hispánica*.

UBRIC RABANEDA, P. (2003): *La Iglesia y los Estados bárbaros en la Hispania del siglo V (409-507)*. Granada.

VALLEJO GIRVÉS, M. (1993): *Bizancio y la España tardo-antigua (ss. V-VIII)*. Madrid.

VIZCAÍNO SÁNCHEZ, J. (2009): *La presencia bizantina en Hispania (siglos VI-VII): la documentación arqueológica*. Murcia.

WHEATLEY, D.W.; GILLINGS, M. (2000): Vision, perception and GIS: developing enriched approaches to the study of archaeological visibility. *In*: LOCK, G. (ed.): *Beyond the Map. Archaeology and Spatial Technologies*, NATO Science Series A, Life Sciences, vol. 321, p. 1-27.

ZAMORA, M. (2008): *Territorio y espacio en la Protohistoria de la Península Ibérica. Estudios de visibilidad: el caso de la cuenca del Genil*, Madrid.

*Lámina 1* – Porcentaje de la cuenca visual potencial (78,53 km2) para los siglos v-vii y iii-v d.C. (en azul, hábitats en altura; en verde, instalaciones agropecuarias *y villae*; en naranja, zonas de procesado de mineral y artesanías pesqueras y alfareras). Los números entre paréntesis en el topónimo de los sitios arqueológicos se corresponden con su localización en la Lámina 3.

Cambios en la dinámica poblacional en el siglo v
en la Cuenca de Vera: Cerro Montroy y Cabezo María

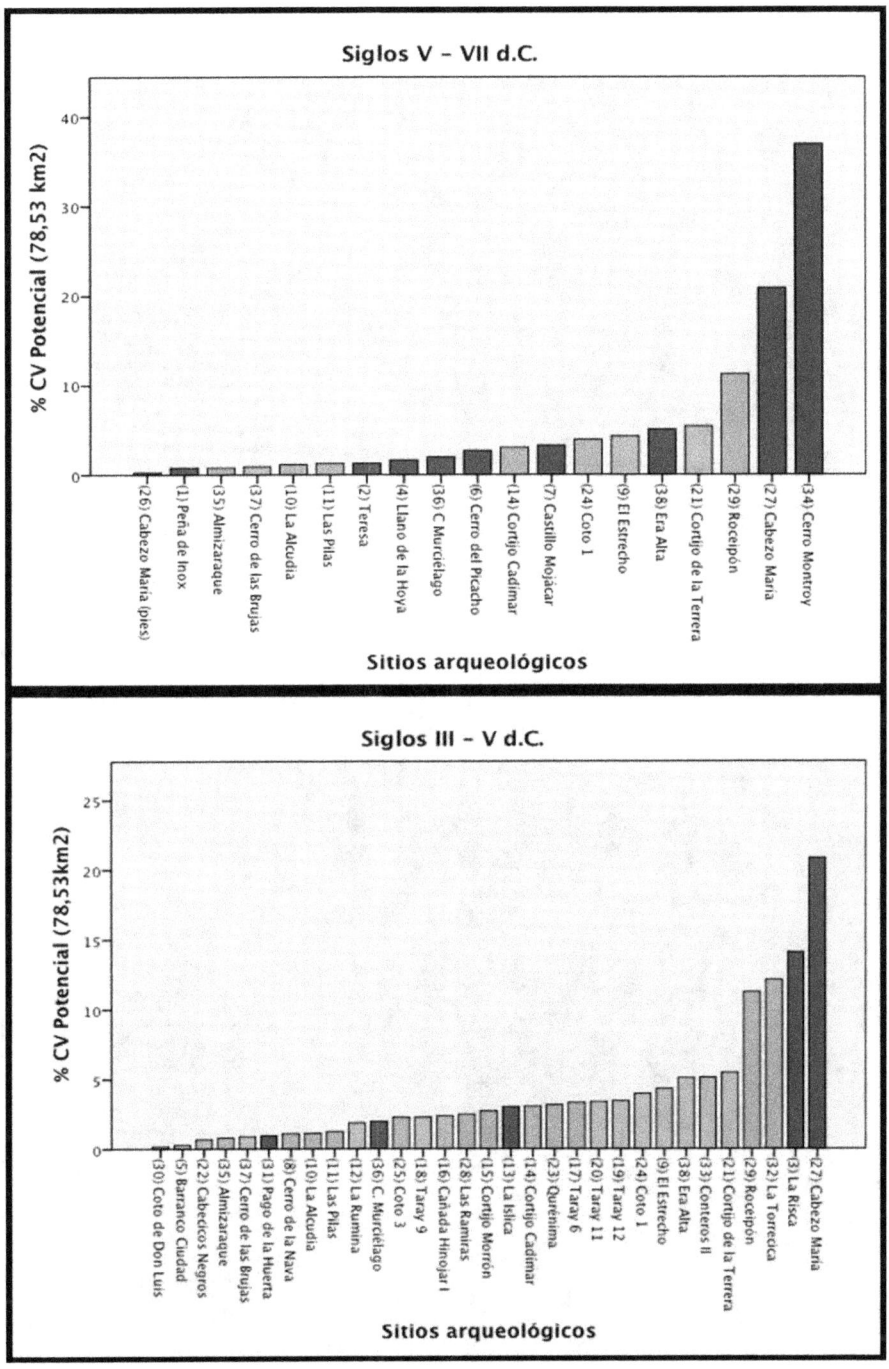

*Lámina 2* – Cuenca Visual acumulada (s. III-V) y (s. V-VII) sobre Modelo Digital de Elevaciones.

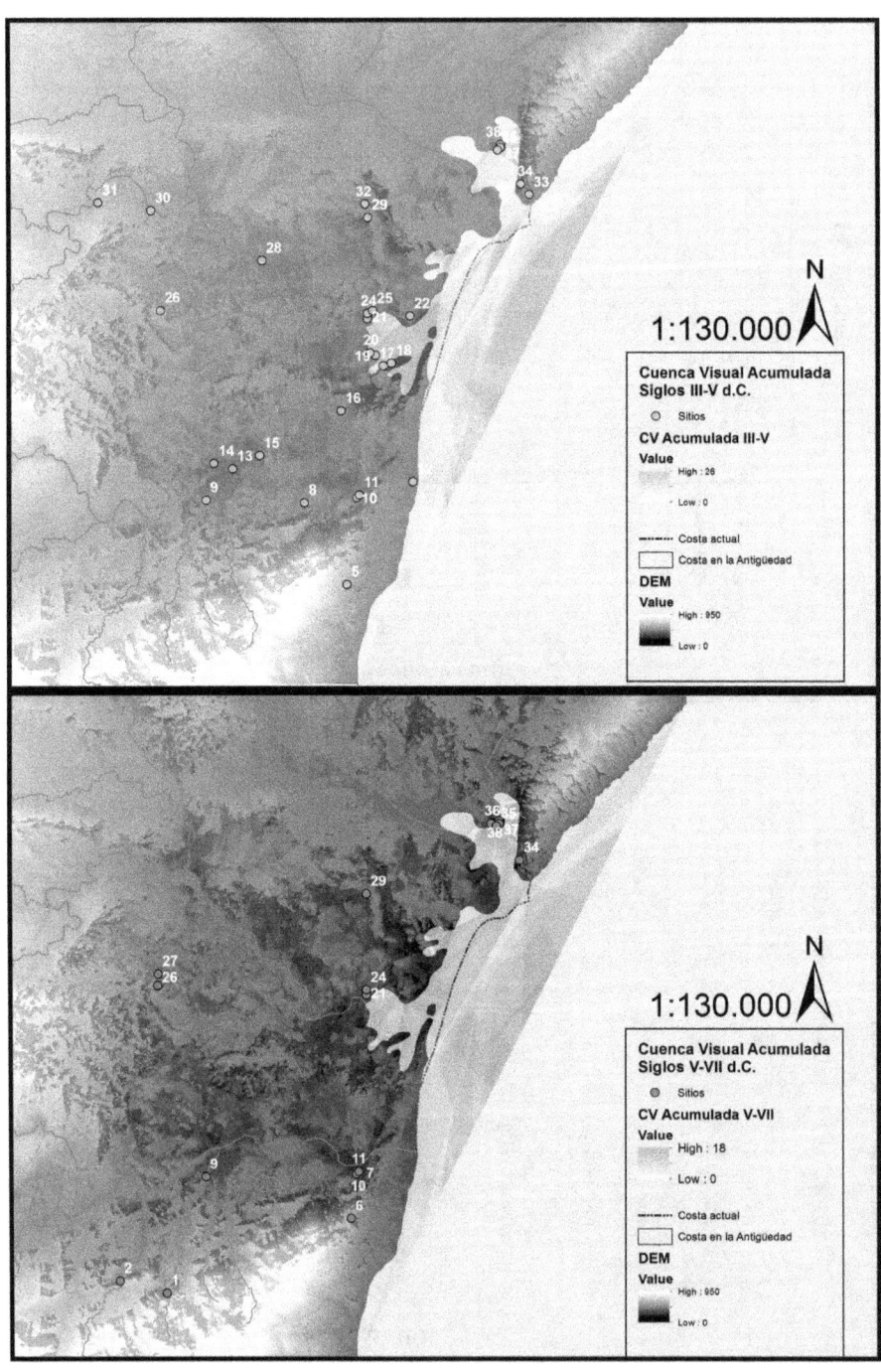

*Lámina 3* – Estructuras documentadas en Cabezo María que complementan a las halladas por P. Flórez.

El poblamiento en el centro peninsular entre
el Tardoimperio y la Alta Edad Media (ss. v-viii)
The settlement in the centre of the peninsula between the Late Empire
and the High Middle Ages (v-viiith centuries)

Carlos Tejerizo García (carlosteje@gmail.com)
Departamento de Geografía, Prehistoria y Arqueología,
Universidad del País Vasco / Euskal Herriko Unibertsitatea, UPV/EHU

Resumo – O presente estudo analisa os padrões de povoamento no território situado entre os rios Adaja e Eresma na transição do final da economia imperial romana para o princípio da Alta Idade Média. A análise começa por uma caracterização tipológica e cronológica dos diversos pontos de povoamento, apresentando dados estratigráficos obtidos em escavações arqueológicas. Várias intervenções nos ultimos anos, no quadro da expansão de núcleos urbanos, trouxeram importantes dados estratigráficos que nos permitem colocar algumas hipóteses sobre este momento histórico.

Palabras clave – Povoamento; Arqueologia da Alta Idade Média; Bacia do Douro; Transição.

Summary – This paper analyses the settlement pattern in the territory between the Adaja and Eresma rivers during the transition between the end of Roman imperial economy and the beginning of the Early Middle Ages. This analyses starts from a typological and chronological characterization of the different settlements from which we have stratigraphic data through archaeological excavations. In this area there have been numerous archaeological interventions in recent years due to urban expansion which have provided important stratigraphic contexts and data that allow us to propose some hypotheses about this historic process.

Keywords – Settlement pattern; Early Middle Age Archaeology; Duero basin; Transition.

1. Introducción[1]

El análisis de la transición entre el mundo imperial romano y los primeros momentos de la Alta Edad Media es un tema que está atrayendo reciente-

---

[1] Trabajo realizado en el marco del proyecto de investigación "Desigualdad en los paisajes medievales del norte peninsular: los marcadores arqueológicos", HUM 2012-32514, de la actividad del "Grupo de Investigación en Patrimonio y Paisajes Culturales / Ondare eta Kultur Paisaietan Ikerketa Taldea" (IT315-10) financiado por el Gobierno Vasco, de la UFI 11/02 "Historia, Pensamiento y Cultura Material" y la Unidad Asociada CSIC-UPV/EHU 'Grupo de Estudios Rurales'. Agradezco a Juan Antonio Quirós, Alfonso Vigil-Escalera, Javier Martínez y Clara Hernando los comentarios al texto.

mente la atención de los investigadores en Arqueología. Hasta hace unos años el estudio de este momento histórico había estado dominado por los análisis realizados desde el punto de vista de los escasos documentos conservados, pero, progresivamente, se han ido incorporando los avances desde el análisis de la cultura material que han permitido replantear muchos de los debates sobre el poblamiento altomedieval.

La Arqueología de la Alta Edad Media es una disciplina joven, si bien el análisis de la Cuenca del Duero, espacio geográfico que centra el análisis de este trabajo[2], tiene algo más de trayectoria historiográfica con respecto a otras zonas de la Península Ibérica. Sin embargo, gran parte de los análisis arqueológicos del poblamiento altomedieval en este área se han sustentado de forma empírica, principalmente, en los datos provenientes de las excavaciones en las necrópolis e iglesias altomedievales y en los datos proporcionados por prospecciones más o menos sistemáticas junto con la recopilación de materiales dispersos. Sólo en algunas ocasiones se han visto complementados con algunas excavaciones aisladas, normalmente muy antiguas o de escasa extensión.

Las ventajas que ofrecen las prospecciones son indudables; no sólo ofrecen un método no destructivo de estudio (y más económico) sino que es una herramienta que compagina la densidad de análisis con la extensión territorial y cronológica. Por el contrario, los mayores inconvenientes de este tipo de metodologías son el cronológico y el taxonómico. En cuanto a las dataciones, este tipo de estudios, al carecer de estratigrafías, tienen que apoyarse normalmente en "fósiles directores" que delimitan, de forma muy aproximada, un marco cronocultural (por ejemplo, clasificar como "tardorromano" la asociación tégula – *Terras Sigillatas* tardías); cronología que se complica a medida que se adentra en los siglos V al VIII. Por otro lado, se presenta la dificultad de clasificar el tipo de poblamiento relacionado con el material en superficie, que genera débiles sistemas de categorización derivados en muchas ocasiones de la ausencia de estructuras que acompañen al material en superficie (por ejemplo, la anterior asociación tégula y *sigillatas* relacionado sistemáticamente con el asentamiento "tipo *villa*") y a la falta de marcos teórico-interpretativos.

La importante información ofrecida por el análisis del material en superficie debe ser, pues, complementada con los datos provenientes de contextos estratigráficos que, hasta hace unos pocos años, eran muy escasos. Este panorama ha cambiado radicalmente debido a la expansión urbanística de las últimas dos décadas, que ha generado una inmensa cantidad de datos, ahora sí, provenientes de excavaciones estratigráficas[3]. Contamos, por tanto, con la masa de datos

---

[2] Este trabajo forma parte de mi proyecto de Tesis Doctoral en torno al análisis del poblamiento y la estructuración social altomedieval en la Cuenca del Duero.

[3] Excavaciones que en ocasiones han dejado mucho que desear en cuanto a la metodología de registro, la calidad de los procedimientos o los sistemas de registro (Vigil-Escalera 2011) y

suficiente para hacer algunas aproximaciones a estos momentos de transición desde un punto de vista arqueológico y estratigráfico.

El espacio elegido como marco "experimental" de análisis comprende un territorio delimitado por el río Duero al norte, el Sistema Central al sur y, *grosso modo*, el espacio comprendido entre las cuencas del río Eresma y el Adaja. En grandes líneas es un contexto geográfico relativamente uniforme conformado por las llamadas campiñas meridionales del Duero, grandes espacios relativamente llanos salpicados de pequeños montes y elevaciones de escasa altura relativa, interrumpiéndose al sur con el piedemonte del Sistema Central.

La elección de este territorio responde a dos criterios: por un lado, la huida voluntaria del uso de marcos geopolíticos actuales (provincias, localidades, Comunidades Autónomas...) que responden, en mayor o menor medida, al fomento de identidades políticas contemporáneas que poco tienen que ver con las identidades sociales de las comunidades del pasado; por otro, la alta densidad de yacimientos arqueológicos excavados en esta zona (ver figura 1).

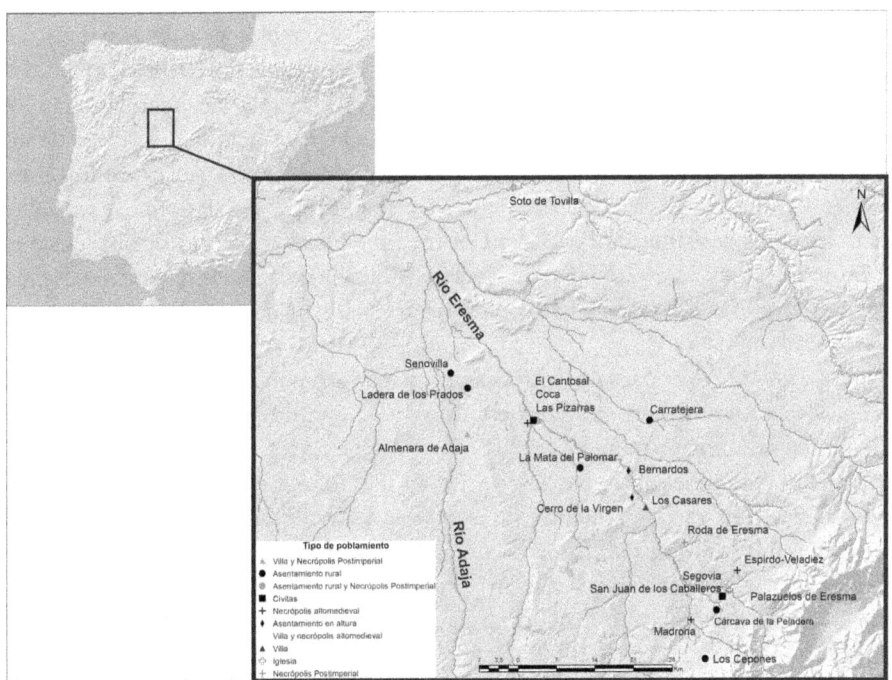

*Figura 1* – Mapa con la distribución y tipo de yacimientos en el área de estudio.

---

que deben ser objeto de una profunda crítica estratigráfica y arqueológica (además de ética y social) para poder utilizarse como fundamentación empírica de los estudios.

## 2. La materialidad arqueológica: una síntesis

En total se han podido recopilar hasta 20 excavaciones arqueológicas con algún tipo de estratigrafía en el territorio objeto de estudio cuya secuencia de ocupación se encuentra en algún momento entre los siglos v y ix. Estos contextos se exponen en función de una categorización basada en el tipo de poblamiento al que se pueden adscribir; de esta manera se han diferenciado **villas tardoimperiales, entidades rurales menores, necrópolis postimperiales, antiguas** *civitas***, ocupaciones en altura, necrópolis altomedievales** y **asentamientos rurales altomedievales**. Si bien, como veremos, esta categorización no es estática en el tiempo ya que en algunos casos han coincidido espacialmente varios tipos de poblamiento. De cada uno de ellos se presentarán algunos casos significativos que permitan caracterizar el tipo de poblamiento.

### 2.1. Las villas tardoimperiales

Las villas tardoimperiales son los contextos arqueológicos de este período mejor conocidos tanto en la Península Ibérica como en la cuenca del Duero (Chavarría Arnau 2008). En general se definen por la presencia de un gran edificio con sus distintas dependencias que centraliza la producción latifundista de un territorio más o menos extenso así como por servir de residencia y expresión simbólica de una aristocracia terrateniente. Entre el Adaja y el Eresma se encuentran las villas de **Almenara de Adaja** (Almenara-Puras, Valladolid), **Los Casares** (Armuña, Segovia), **Palazuelos de Eresma** (Segovia) y la recientemente excavada villa suburbana de **Las Pizarras** con las necrópolis asociadas, en las proximidades de la ciudad de Coca[4].

La *villa* de **Almenara de Adaja** es un yacimiento conocido desde antiguo. La *villa*, situada en un terreno llano en altura a 15 km de la ciudad de Coca[5], fue documentada por primera vez en 1887 a través del descubrimiento de un gran mosaico tardoimperial. A partir de entonces, y de manera intermitente, se han ido sucediendo varias campañas de excavaciones que han dado como resultado la excavación de una *villa* romana de cerca de 2500 m$^2$ y con un gran cuerpo rectangular articulada en torno a un patio central de 10x12 m que ha sido calificado de "pequeño palacio rural" (García Merino e Sánchez Simón 2004 p. 193).

---

[4] *Nota do Editor: ver contributo de Cesáreo Pérez Gonzalez e Olivia Reyes Hernando neste volume.*

[5] La situación de la villa de Almenara de Adaja a escasos 15 km. de la *civitas* de Coca ha sido un argumento para relacionarla con la familia imperial teodosiana (Mañanes Pérez 1992). Este argumento de la vinculación de los yacimientos segovianos con la familia teodosiana es un *topos* común en los estudios históricos y arqueológicos sobre muchos de los yacimientos aquí estudiados y que son un claro ejemplo de las interpretaciones arqueológicas subalternas de la documentación escrita que poco suelen añadir a la interpretación de los procesos históricos.

Aunque la *villa* presenta una importante fase de época altoimperial, el edificio que ha quedado actualmente es una construcción que se iniciaría a comienzos del siglo IV y que tuvo al menos una importante reforma a mediados de esa centuria (García Merino e Sánchez Simón 2004).

El abandono definitivo de la *villa* como residencia aristocrática se sitúa arqueológicamente a finales del siglo V o inicios del VI "sin que se aprecie la presencia de materiales que lleven a pensar en una reocupación del edificio en siglos posteriores" (Chavarría Arnau 2008: 98) salvo por una tumba de época visigoda documentada por G. Nieto pero de la que no existen más datos (García Merino e Sánchez Simón 2004: 182). Este abandono viene avalado por la secuencia estratigráfica, detectándose fenómenos de expolio muy próximos en el tiempo a su abandono como *villa* residencial[6]. Es más, en alguna de las publicaciones sobre la *villa* se hace mención directa sobre la presencia, en niveles asociados a la destrucción, de material constructivo con "cerámica común"[7] y "cerámica tosca, porosa, de corte granuloso, con desgrasantes de cuarzo, en tonos pardos o negros, con formas de cuenco y recipientes con tapadera" así como de "cerámicas grises estampadas en el nivel de destrucción del edificio" (García Merino e Sánchez Simón 2011: 181). El conjunto cerámico publicado de los niveles de destrucción de la *villa* muestran algunos fragmentos que podrían datarse, junto con la cerámica estampillada, hacia el último tercio de la V centuria mostrando quizá la presencia de un poblamiento altomedieval en los entornos de la *villa*, como parece mostrarse también a través de la presencia de la tumba "visigoda". A 200 metros de la *villa* se excavó una tumba de una mujer adulta cuyo ajuar (cuenco de TSHt, un posible huso y tabas de animales) parecen relacionarla con las necrópolis postimperiales (vid. *infra*).

Otra *villa* tardoimperial cercana a *Cauca* es la **villa de Los Casares**. Esta *villa* fue documentada en 1987 y posteriormente analizada por fotografía aérea, que permitió una primera aproximación a su planta (Regueras Grande e Del Olmo 1997). A partir de 2005 la *villa* ha sido objeto de un proyecto de investigación con varias campañas de prospección y excavación entre 2005-2007 (Storch De Gracia 2010). Dichas excavaciones se han centrado en algunas de las habitaciones principales de la *villa* tardoimperial documentando varias fases de ocupación.

---

[6] No sólo se detectaron zanjas de expolio (por ejemplo, en la habitación n.º 20) y huellas de hoguera sobre algunos mosaicos, sino que "las tejas en algunos puntos no son tan abundantes como cabría esperar si nada hubiera alterado la formación del depósito, lo que indica un expolio muy temprano" (García Merino e Sánchez Simón 2011: 181).

[7] Término excesivamente poco expresivo y que apenas ofrece información de ningún tipo que debería ser desechado en las publicaciones arqueológicas, al menos de estos momentos cronológicos en favor de otros criterios de clasificación que permitan una mejor caracterización del material arqueológico.

En lo que respecta a su abandono, I. Rodríguez sugiere una ocupación continuada del espacio entre época altoimperial "hasta, al menos, el siglo IV" (Rodríguez López 2010: 134). Sin embargo, algunos de los materiales cerámicos publicados podrían apuntar, de nuevo, a momentos de abandono, o de un cambio significativo en la funcionalidad del contexto, en torno a mediados de la V centuria.

### 2.2. Entidades rurales menores

La documentación escrita hace referencia a la presencia en las zonas rurales de "entidades menores" junto a los grandes latifundios vilicarios. Sin embargo, el reflejo arqueológico de estos en la Península Ibérica es muy escaso debido a la atención preferencial que han tenido los espacios residenciales de las villas. Actualmente se conocen algunos contextos rurales coetáneos a las villas pero que no responden al mismo tipo de poblamiento y que, debido al escaso conocimiento que se tiene sobre ellos, tienen una difícil caracterización tipológica y social; en nuestro caso, serían los yacimientos de **Soto de Tovilla** (Tudela de Duero, Valladolid) y **Carratejera** (Navalmanzano, Segovia).

Éste último ha sido objeto de dos campañas de excavación en 2003 y 2007 (Marcos Contreras, *e alii* 2010). Se sitúa en un cerro junto a la margen izquierda del río Malucas, en el espacio interfluvial entre los ríos Cega y Eresma. Las excavaciones registraron un total de 155 estructuras correspondientes a dos fases distintas; la primera del Bronce Medio y la segunda denominada "tardorromana". Esta segunda deparó algunas estructuras como un horno de cocción de cerámica o materiales constructivos, varias fosas de almacenamiento utilizadas como basureros en el momento final de uso o una posible canalización de agua construida a partir de tégulas y ladrillos.

Destaca la estructura 1517, excavada en el suelo y con planta de 3x2,77 m y 1,13 m de profundidad. En la base se registraron cuatro agujeros de poste circulares en las esquinas. El material hallado en el relleno se compone por una importante cantidad de objetos de metal, destacando una pátera y un caldero, un aplique circular con un crismón central calado, dos pasarriendas y una campanilla, así como un as de época de Tiberio. En cuanto a la cerámica, se localizaron fragmentos de TSHt, lucernas, fragmentos de ánfora así como grandes contenedores y ollas de cocina (sin descripción)[8]. Los excavadores la interpretaron como un "habitáculo semirrupestre que serviría de sótano, nevero, bodega o silo, sobre el que se construye un edifico o casa, o bien que simplemente fuera un recinto protegido por una cubierta" (Marcos Contreras, *et alii* 2010: 383).

---

[8] Información extraída de las fichas estratigráficas del informe correspondiente (Strato 2003).

Dadas sus características y el contexto cronológico en el que se inserta, es posible que se trate de un fondo de cabaña como los que se localizan en los asentamientos rurales a partir de momentos avanzados de la quinta centuria (vid. *Infra*). De ser así, y el resto de estructuras estar en conexión con ella, esta interpretación modificaría la adscripción cronológica del yacimiento, así como su interpretación socio-económica. A falta de más datos y de una publicación detallada de los materiales y su contexto estratigráfico, hay que ser cauteloso con esta hipótesis. Por un lado, parte de los materiales descritos en la mencionada publicación, tanto del relleno de esta estructura como en el yacimiento en general, son de clara cronología tardoimperial, aunque podrían haber llegado hasta estos rellenos como elementos residuales debido a los procesos de amortización; por otro, la datación por termoluminiscencia llevada a cabo en un horno dio como resultado una amplia horquilla (265±139 d.C) que podría corresponder desde mediados del siglo II hasta inicios del V para la última cocción efectuada en el horno.

Se plantea, por tanto, que algunas, si no la mayoría de las estructuras de Carratejera, pudieran pertenecer al mundo altomedieval más que al tardoimperial. Hipótesis que habrá que confirmar con el estudio detallado y estratigráfico de los materiales cerámicos en busca de posibles marcadores *post quem* del siglo V-VI.

### 2.3. Las necrópolis postimperiales

El fenómeno de las necrópolis postimperiales (*sensu* Vigil-Escalera 2009) es otro tipo de contexto ampliamente reconocido en el contexto de la cuenca del Duero. En la zona de estudio se han excavado algunos de los contextos más significativos como es la de **Roda de Eresma** (Segovia) y otras menos tratadas en la bibliografía como la necrópolis de **Soto de Tovilla** (Tudela de Duero, Valladolid)**,** las tumbas recientemente excavadas en **Las Pizarras**, junto con la tumba documentada en la *villa* de **Almenara de Adaja**.

La necrópolis de **Roda de Eresma** fue hallada durante unas prospecciones realizadas por Antonio Molinero en 1948 en la que se descubrieron cinco tumbas que fueron catalogadas como "hispano-romanas" y dos estelas funerarias. Fue excavada en 1950, añadiendo 28 tumbas más a las anteriores con "abundantes piezas de cerámica, vidrios, herramientas de hierro, tenazas de herrero y martillos, tachuelas, una lucerna, brazaletes, etc." (Molinero Pérez 1950: 647). En prospecciones más recientes de 1987 se localizaron algunos restos de TSHt, "cerámica común", recipientes de vidrio, armas, herramientas, dos inscripciones funerarias reaprovechadas en una tumba y otros elementos de bronce y hierro que apuntan a estas cronologías postimperiales. Desgraciadamente no se ha conservado una planta de las tumbas, lo que limita enormemente las posibilidades de análisis de este cementerio.

Se excavaron 33 tumbas en total que, de forma mayoritaria, son fosas simples con ataúd (reconocido en, al menos, 27 de ellas). De ellas, 28 cuentan con algún elemento de ajuar y en 5 de ellas no se recuperó ningún objeto. Junto a las clásicas cerámicas de los ciclos finales de *Terra Sigillata* o de "cerámica común", (botellas, jarras y platos fundamentalmente) y diferentes elementos de hierro (en 9 sepulturas; el 27%), se registró una importante colección de vidrios que estaban presentes en, al menos, 17 tumbas (casi el 52%) y que presentan cuatro grupos fundamentales: jarras, cuencos, vasos cerrados y ungüentarios. Es especialmente relevante la masiva presencia de vidrio en este cementerio si lo comparamos con otros del mismo entorno y cronología[9].

En cuanto a **Soto de Tovilla,** este yacimiento se encuentra en una terraza fluvial de la margen izquierda del nivel del río Duero, a 20 m sobre este, que ofrece un lugar óptimo para la agricultura; actividad que ha afectado enormemente al yacimiento. Se documentaron una serie de paramentos pertenecientes a uno o varios edificios, pero de cronología desconocida. La necrópolis se emplaza al sur de los paramentos de mampostería y está formada por 26 tumbas en dos espacios diferenciados (Martín Rodríguez e San Gregorio Hernández 2008). Tipológicamente se registran dos tipos mayoritarios de tumbas: en fosa simple, la gran mayoría; y dos en cista de teja; al menos 15 de las primeras registraron restos de ataúdes. 15 enterramientos (el 57,7%) presentaron algún elemento de ajuar. En 12 de ellas se registró algún tipo de recipiente cerámico entre los que está presente de forma repetitiva alguna forma de vaso junto con elementos de TSHt o de "cerámica común". Destaca la presencia en la sepultura 107, perteneciente a un infantil, de un plato y una jarra de cerámica de "*Terra sigillata* gris, también denominada paleocristiana... decorado con un círculo de rosetas impreso en su interior", que podría estar indicando una cronología en torno a la mitad o finales del siglo v. Las otras tres contenían una pulsera de cuentas de ámbar y azabache una de ellas, un útil de hierro la segunda y el tercero, inhumado en decúbito lateral contenía un mango tallado en hueso, un cuchillo y dos punzones de hueso. Otros elementos significativos serían un cuchillo "tipo-Simancas" y la presencia de una cabeza de caballo en la sepultura 276. Los autores sitúan cronológicamente estas sepulturas en los siglos iv-v (Martín Rodríguez e San Gregorio Hernández 2008: 31).

### 2.4. Necrópolis altomedievales

A partir de finales del siglo v e inicios del siglo vi se observan importantes cambios en la ritualidad funeraria con respecto a los momentos precedentes.

---

[9] En Las Merchanas (Lumbrales, Salamanca) sólo el 6% de las tumbas cuentan con vidrios; en La Morterona (Saldaña, Palencia) se sitúa en el 12%; en San Miguel del Arroyo (Valladolid) llega al 23%; y Simancas (Valladolid), la paradigmática necrópolis postimperial, únicamente el 3% de las tumbas cuenta con algún elemento de vidrio (a partir de los datos de Fuentes Domínguez 1989)

El contraste entre los contextos funerarios postimperiales y los altomedievales datados a partir de finales de la quinta centuria e inicios del siglo VI es muy destacada (Tejerizo García 2011) y obedecen a una diferente estructuración socio-económica e identitaria de las comunidades enterradas.

La necrópolis altomedieval más significativa cualitativa y cuantitativamente es **Madrona** (Segovia). Esta se encuentra situada al noroeste de la población actual, en las últimas estribaciones de la Sierra del Quintanar, en la zona de confluencia de los ríos Milanillos y Eresma, a unos 7 km de la ciudad de Segovia. Fue descubierta y excavada en la década de los 50 por Antonio Molinero, quién documentó un total de 351 sepulturas y recientemente revisada por A. Jepure (2012).

La planta de los enterramientos refleja una mayoritaria disposición en dirección E-O, aunque con importantes desviaciones e, incluso, con algunas tumbas con una orientación radicalmente opuesta en dirección NE-SO, que indican varias fases de un uso dilatado de este yacimiento. De los 351 enterramientos, 165 cuentan con algún tipo de ajuar (algo más del 47% de ellas) aunque las diferencias entre estos ajuares son muy significativas, reflejando asimetrías sociales y económicas dentro de la comunidad. En cuanto al tipo de tumbas, sobresalen en número las compuestas por muretes de piedras de gran tamaño junto con las fosas simples. Igualmente se documentó un número elevado de sarcófagos, con 32 ejemplares en todo el conjunto funerario.

La cantidad y calidad de los ajuares es muy significativa, lo que hace de Madrona una de las necrópolis más ricas junto con un reducido grupo de yacimientos de similares características, caso de Duratón o Carpio de Tajo. Se trata de un conjunto típico en las necrópolis altomedievales consistentes en ajuares de tipo personal en forma de broches, fíbulas y hebillas de diversos tipos, collares, pendientes, brazaletes… y la presencia de algunos puñales y regatones, identificados normalmente con armas. La ausencia de broches de cinturón liriformes podrían estar indicando una cronología centrada en el siglo VI y principios del VII para el conjunto funerario.

La necrópolis de **El Cantosal** (Segovia) está situada en el pago del mismo nombre en las proximidades de la ciudad de Coca (Lucas de Viñas 1971). Se trata de una necrópolis que, a pesar del escaso tamaño conocido (un total de 10 enterramientos), es especialmente heterogénea en todos los sentidos. En primer lugar, encontramos una diversidad en las formas de enterramiento que parecen reflejar momentos cronológicos distintos y, por tanto, o un uso reiterativo del mismo espacio funerario en diversos momentos o un uso continuado durante un periodo largo de tiempo. Esta segunda opción parece más probable, pues los pocos enterramientos recuperados respetan una orientación W-E. En El Cantosal encontramos enterramientos en ánfora (enterramiento 2), en estructuras que usan teja, en fosa simple o fosa simple rodeada de piedras, una cista de piedras, un sarcófago monolítico "reutilizado" y una fosa con un muro de piedras irregulares bastante homogéneas formando una estructura cuadrangular de esquinas redondeadas. Este uso prolongado en el tiempo se confirma también a través del enterramiento 7, en el que se encontraron dos individuos enterrados, un conjunto de huesos a los pies y otro enterramiento por debajo de la tumba.

Únicamente dos de las tumbas ofrecieron ajuar, consistente en un jarrito cerámico en el enterramiento 9 y un anillo en el enterramiento 8. Junto a estos objetos se documentó un pequeño conjunto de cerámicas que se dividieron en dos grupos; las cerámicas *sigillatas* y las cerámicas grises. Por último, hay que hacer mención a un objeto de metal (un "osculatorio") que, según afirma Blanco García (1997: 389), parece que se halló en el interior de un plato "gris" en esta necrópolis, de forma clandestina.

La escasez de datos sugiere precaución ante su adscripción cronológica, aunque las tipologías mayoritarias de tumbas (salvo el ánfora), el tipo de ajuar encontrado y el tipo de cerámicas recuperadas parecen sugerir un momento de uso posterior al siglo VI para el conjunto conocido, aunque no se descarta una ocupación continuada de la necrópolis desde época imperial hasta un límite altomedieval muy inseguro, que encajaría mejor con una necrópolis suburbana, como parece ser el caso.

Junto a estos dos contextos encontramos también **Espirdo-Veladiez** (Segovia) como ejemplo de necrópolis altomedieval (Jepure 2004).

### 2.5. Antiguas *civitas*

El área geográfica objeto de estudio fue encuadrada por el aparato administrativo imperial dentro de las áreas jurisdiccionales de las ciudades de Segovia y de Cauca, de las que se tiene un conocimiento arqueológico muy somero para época tardoimperial y altoimperial (Blanco García, 2010; Santiago Pardo e Martínez Caballero 2010).

En cuanto a **Segovia** a partir del siglo v apenas tenemos referencias arqueológicas dentro de la propia ciudad, pero sí algunas en textos documentales. En cuanto a las escasos datos arqueológicos se conoce la construcción a lo largo del siglo vi de la iglesia de **San Juan de los Caballeros** (Santiago Pardo e Martínez Caballero 2010), siendo esta la única iglesia que encontramos en el área de estudio. Sabemos a través de los textos conciliares que a finales de la sexta centuria existe una sede episcopal en Segovia y que participaba activamente en la política religiosa del momento con la participación de un total de seis obispos en los concilios entre los Concilios III y el XVI de Toledo (Alonso Ávila 1984-1985). Sin embargo, el origen de esta sede parece detectarse anteriormente en las cartas del obispo Montano a Toribio en el segundo tercio de esta misma centuria en un contexto religioso marcado por las disputas con el prisciliarismo y la reorganización institucional de la iglesia en la Meseta (Isla Frez 2000-2001: 51).

De la zona central de **Cauca** a partir del siglo iv únicamente existen algunos datos aislados, como la presencia de cerámicas estampilladas en la zona de la

C/Azafranales, donde se excavó un pozo del que se han conservado hasta 4,5 m de profundidad (Blanco García 2010: 234), así como menciones a algunos materiales como pizarras de tipo Lerilla, fíbulas o broches de cinturón asociadas a un momento altomedieval (Blanco García 1997: 390). A esto se une la presencia de un horno de cocción cerámica en la zona de Las Negreras (Blanco García 2010: 249). La pérdida de funciones administrativas de la ciudad es significativa a partir del siglo VI, cuando fue adscrita al obispado segoviano (Martínez Caballero e Santiago Pardo 2010: 100).

## 2.6. Las aldeas altomedievales

En los últimos quince años se han producido numerosas excavaciones sobre contextos rurales altomedievales en toda la Península Ibérica que han generado una ingente cantidad de información. Esto se debe principalmente al modelo de expansión urbanística implementado en Castilla y León que ha priorizado los entornos periurbanos y las vías de comunicación. La información arqueológica ha estado, pues, determinada por el tipo de intervenciones llevadas a cabo, ligadas principalmente a la construcción de las líneas de Alta Velocidad, infraestructuras menores (acueductos, canalizaciones) o pequeños seguimientos de obra.

Precisamente, el área de estudio elegida tiene algunos de los contextos rurales altomedievales más significativos de toda la cuenca del Duero. Esto son, principalmente **Senovilla** (Olmedo, Valladolid), **Ladera de los Prados** (Aguasal, Valladolid), **Navamboal** (Íscar, Valladolid), **La Mata del Palomar** (Nieva, Segovia), **Cárcava de la Peladera** (Hontoria, Segovia) y **Los Cepones** (La Losa, Segovia)[10].

El yacimiento de **Senovilla**[11] se encuentra a 1 km de la actual localidad de Olmedo en las proximidades del arroyo Torcas y el bodón de La Veguilla (Strato 2007). Durante la excavación, llevada a cabo en 2007, se documentaron 110 estructuras. La mayoría de ellas son de formato rehundido que se clasifican en cuatro tipos básicos: fondos de cabaña, zanjas, silos y cubetas indeterminadas. Se documentaron cerca de una docena de posibles fondos de cabaña, estructura doméstica muy común en los contextos altomedievales en toda Europa. Llaman la atención las estructuras 23 y 23 bis, cortando la primera a la segunda y mostrando, al menos, dos fases sucesivas de construcción y ocupación del yacimiento y el carácter móvil de las unidades de ocupación.

---

[10] Los yacimientos de Ladera de los Prados, Navamboal, La Mata del Palomar y Cárcava de la Peladera son objeto de un estudio monográfico (J. A Quirós Castillo 2013), por lo que no se describirán aquí.

[11] Para esta descripción se han utilizado los datos de los informes de excavación. Agradecemos especialmente a ARATIKOS y a STRATO y en particular a Francisco Javier Sanz y Ángel Palomino su disponibilidad y paciencia.

Se excavaron alrededor de 25 silos de almacenamiento que han mostrado un alto grado de arrasamiento del entorno. La estructura 100, la mejor conservada, tiene unas medidas de 1,55 m de diámetro, que posiblemente corresponda a su diámetro máximo, y 90 cm de profundidad, por lo que se puede hipotetizar que los diversos procesos postdeposicionales habrían destruido entre 50 cm y un metro de la cota de frecuentación original en muchas de las estructuras del yacimiento.

Un elemento muy característico de este yacimiento son las numerosas zanjas que se dispersan por el contexto excavado, registrándose hasta 14 de estas estructuras. Aunque su interpretación funcional no es clara, no se descarta que pudieran ser zanjas de cimentación de estructuras de separación de las distintas unidades ocupacionales del asentamiento, como se ha mostrado en otros contextos similares de la Península Ibérica (Vigil-Escalera 2007). De ser así, se trataría de una significativa organización del espacio aldeano que nos pondría en relación con estructuras de propiedad de diferentes unidades ocupacionales parceladas dentro del mismo marco de producción aldeana.

Como es común en los contextos aldeanos de la cuenca del Duero, el alto grado de arrasamiento ha deparado una escasa cantidad de estructuras aéreas. En Senovilla se han documentado únicamente cuatro estructuras de piedra, todas ellas muy sencillas de mampostería de caliza y arenisca trabadas en seco. La más completa es la estructura 28, con dos paramentos de piedra mediante un doble lienzo de mampostería de piedras relleno por cantos cuarcíticos y materiales constructivos que dibujan una planta cuadrangular. Estos paramentos amortizan un posible silo de almacenamiento (la estructura 100) como consecuencia de las diversas fases de ocupación y construcción.

El análisis preliminar de los materiales cerámicos parece datar este entorno entre finales de la quinta centuria y un momento indeterminado de la Alta Edad Media, posiblemente no más allá de la octava centuria.

El yacimiento de **Los Cepones**, situado en la localidad de La Losa. Es el más meridional de todos los yacimientos aquí analizados y se encuentra al pie de las sierras del Sistema Central. La pequeña intervención llevada a cabo a partir de la construcción de la Autopista A-6 documentó la presencia de varias estructuras aéreas hechas en mampostería de piedra (Strato 2002). Destaca la llamada "estructura 4" (ver figura 2) situada en el sector 2. Se trata de un edificio con planta en forma de "L", con los extremos orientados hacia el suroeste y el noroeste. El "Ala Menor" mide unos 9,5x4 m mientras que el "Ala Mayor" tiene unas medidas de 13x5,5 m con cerca de 110 m$^2$ de espacio útil. Frente a las estructuras del sector I, el tamaño de las piedras es mayor y son esencialmente grandes bloques de granito, gneiss y esquisto careado de procedencia local junto con piedras calizas foráneas. Se ha registrado la presencia de tres posibles puertas; dos en el muro norte y otro en la mitad del muro sur y algunos lienzos que podrían indicar la compartimentación en distintas habitaciones, aunque no se ha podido determinar con claridad.

El análisis preliminar de los materiales podría estar indicando una cronología del yacimiento centrada en los siglos v y vii (Strato 2002).

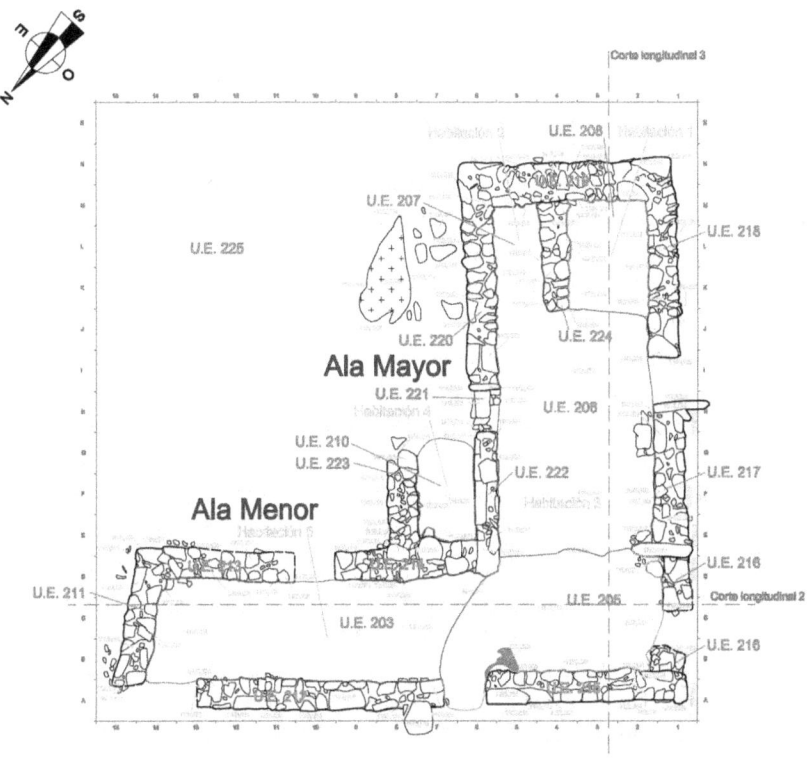

*Figura 2* – Estructura 4 de Los Cepones (Strato 2002)

## 2.7. Las ocupaciones en altura

Un fenómeno ampliamente constatado en toda Europa Occidental a partir de la cuarta centuria es la ocupación o reocupación de espacios en altura relativa (Quirós Castillo e Tejado Sebastián 2012) cuya interpretación ha sido muy diversa. En la cuenca del Duero se han localizado un número muy significativo de estos contextos que han sido vinculados a espacios de élites políticas relacionadas con la articulación del territorio a partir de la desestructuración de las antiguas *civitates* imperiales (Castellanos e Martín Viso 2005).

En nuestra zona de estudio encontramos, sin embargo, únicamente dos casos conocidos arqueológicamente. Sobre el sitio del **Cerro de la Virgen del Tormejón** (Armuña, Segovia) contamos con algunas informaciones aisladas que parecen señalar su ocupación en época altomedieval. Se trata de un asentamiento en altura con ocupación en la Prehistoria Reciente pero que debió ser abandonado durante la época imperial. Ya en 1971 Antonio Molinero recogió algunos materiales altomedievales de la zona de la Armuña, posiblemente de este cerro, que fueron luego republicados y ampliados por Juan Tovar y Blanco García (Juan Tovar e Blanco García 1997: 174; 212*ss*; Molinero Pérez 1971). Las prospecciones y análisis llevados a cabo por Gozalo Viejo a finales de los 70 parecen confirmar esta ocupación altomedieval (Gozalo Viejo 1980). Ocupación que, sin embargo, sólo se conoce, a falta de más información, por la presencia de las cerámicas estampilladas.

Algo más de información se tiene del cerro de **Bernardos**, en la localidad del mismo nombre. Se trata de una superficie amesetada en altura en el valle del río Eresma que fue objeto de excavaciones a finales de los años 80 y, posteriormente, entre los años 1996-2000 (Fuentes Domínguez *et alii* 2008; Gonzalo González 2007). El aspecto más destacado a nivel estructural de Bernardos es el doble recinto de muralla que rodea el asentamiento. El más interno es un lienzo con varios tramos diferenciados; del más monumental se conservan hasta dos metros de altura y 3,5 m de espesor. Cuenta con bastiones semicirculares situados a lo largo de la línea de muralla. Está construida fundamentalmente a base de pizarra y sillares de material calizo posiblemente reutilizados. Se han constatado posibles reparaciones en algunos tramos, incluida la construcción de lo que se ha identificado como un "paso de ronda", lo que parece indicar una ocupación dilatada de este espacio y un gasto significativo para el mantenimiento de esta muralla.

Las excavaciones se llevaron a cabo principalmente en la cara interna de la muralla, documentándose una serie de muros apoyados contra ella, construidos en lajas de pizarra y muros de mampostería, que han sido relacionados con espacios de habitación. Uno de los espacios contaba con dos habitaciones y dos vanos de acceso, uno de ellos con acceso desde el paso de ronda. Este espacio se ha datado en las primeras fases del yacimiento, a mediados del siglo v, aunque una de las habitaciones podría ser posterior.

Un aspecto muy destacado del contexto de Bernardos es el conjunto cerámico recuperado. Este conjunto mostraría, según Gonzalo González, la evolución cerámica entre los siglos v hasta mediados del ix sin interrupciones significativas (2007: 37*ss*), lo que nos ofrecería un contexto de ocupación que sobrepasaría el fatal "siglo viii", así como una información muy interesante sobre los patrones de ocupación de los primeros momentos de implantación del Estado islámico.

## 3. Interpretación: hipótesis sobre el proceso histórico

Los contextos presentados y la propuesta de delimitación cronológica (figura 3) nos permiten hacer una serie de valoraciones e hipótesis sobre los procesos históricos ocurridos en el centro peninsular entre los siglos iv y ix.

Como se ha afirmado en otras publicaciones (Quirós Castillo e Vigil-Escalera 2006; Tejerizo García 2011), se observa arqueológicamente un profundo cambio en la segunda mitad de la quinta centuria cuyos indicadores principales son tres: el final de las villas latifundistas, la (re)ocupación de los espacios en altura y el surgimiento de un nuevo tipo de poblamiento en la forma, principalmente, de aldeas y granjas.

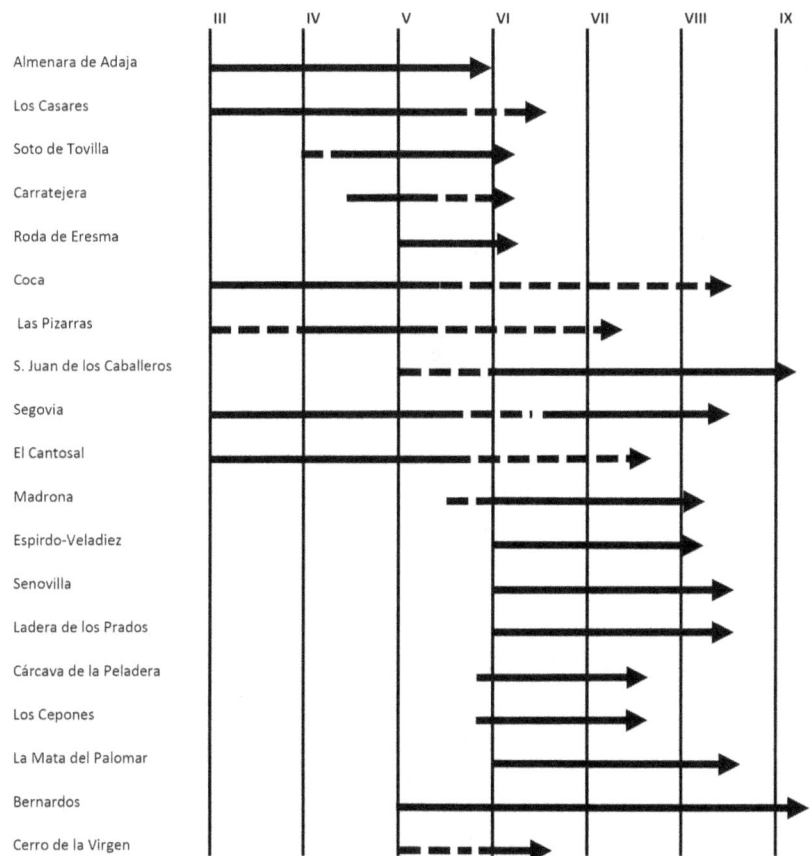

*Figura 3* – Propuesta cronológica de los yacimientos analizados.

El concepto "final" de las villas latifundistas se refiere al fin de un tipo determinado de poblamiento relacionado con la forma de explotación hegemónica en época tardoimperial, no al final de la ocupación de un mismo espacio geográfico. En efecto, en muchas de estas villas tardoimperiales del centro peninsular se constata una continuidad en la ocupación de los espacios, ya sea a través de la reutilización o reocupación de espacios con fines domésticos, la presencia de necrópolis amortizando las estructuras o, más efímeramente, a través de la presencia de producciones cerámicas dentro de los ciclos tecnológicos medievales

(Chavarría Arnau 2007; 2008). Sin embargo, este tipo de ocupaciones no responden ya a un poblamiento dedicado a la centralización y comercialización de excedentes, sino a una nueva forma de ocupación del territorio. Se trataría de comunidades que aprovechan los antiguos espacios vilicarios en función de las necesidades de sus estructuras económicas y sociales, radicalmente distintas a las necesidades estructurales de una economía imperial como la romana. Estas reocupaciones podían servir a las nuevas comunidades tanto a nivel funcional, reutilizando materiales (teja y ladrillo) y espacios (estructuras murarías y habitaciones), como a nivel simbólico, con la ocupación de antiguos espacios de prestigio que legitimaran el nuevo tipo de poblamiento. En cualquier caso, lo importante es constatar el radical cambio que se produce en el tipo de poblamiento, y que se relaciona con la desestructuración del entramado económico imperial, el cambio en las formas de propiedad de los espacios y la reestructuración social de las comunidades que ocuparon estos espacios.

Quedaría aún por determinar el carácter de los asentamientos del tipo de Soto de Tovilla o Carratejera. ¿Forman parte del entramado de la economía imperial en la forma de pequeños asentamientos rurales dependientes (o independientes) de la centralización latifundista? ¿O son más bien un reflejo de este proceso de desestructuración sistémica? Por el momento, no se puede más que apuntar la posibilidad de que puedan formar parte de este proceso de transición entre un sistema de poblamiento y otro aunque en mi opinión, y en función de los datos conocidos, ya no formarían parte del mundo imperial.

El fenómeno de las necrópolis postimperiales pueden ser analizadas desde este punto de vista de desestructuración de la economía y la sociedad tardoimperial (Tejerizo García 2011; Vigil-Escalera 2010). Los importantes cambios en los sistemas de propiedad y en la estructuración social llevarían a las comunidades rurales y a sus élites a situaciones de tensión político-social (Halsall 2011) en los que se haría necesaria la justificación y legitimación de la posición social de algunos personajes dentro de las comunidades y de la dependencia del resto mediante la amortización simbólica de elementos "prestigiosos". El uso del vidrio en Roda de Eresma es particularmente interesante en este sentido ya que mostraría la amortización de un elemento de difícil acceso y cada vez menos frecuente, al menos, en el mundo rural[12].

En torno a este "mediados de la quinta centuria" se constatan igualmente las conocidas ocupaciones de espacios en altura (caso de Bernardos y el Cerro de la Virgen, pero también de prácticamente todos los ejemplos en la Cuenca del

---

[12] No ocurriendo lo mismo en ciudades como Recópolis o Toledo (Castro e Gómez 2008). Al contrario de lo que opina Fuentes Domínguez pienso que el vidrio no era un material "económicamente asequible a la población" (1989: 229) y que en este tipo de contextos se rarificarían de forma sustancial a partir de la quinta centuria, sobre todo por la significativa escasez, que no ausencia, de este tipo de material en los contextos de los siglos VI-VIII.

Duero) que se han relacionado con un clima de inestabilidad política y militar, que llevó a las élites tardoimperiales a buscar refugio en espacios fortificados. La contemporaneidad de este proceso con la evidente desestructuración de los centros urbanos, de los que Segovia y Coca serían ejemplos paradigmáticos, no hace sino corroborar aparentemente esta interpretación. Sin embargo, las excavaciones (todavía escasas) en algunos de estos entornos (Quirós Castillo e Tejado Sebastián 2012) muestran un tipo de poblamiento muy estable en el espacio y en el tiempo que aunque tuviera un inicio relacionado con actividades militares (cuestión, por otro lado, muy difícil de demostrar arqueológicamente), pronto adquiriría otras funcionalidades. El tipo de materialidad y los ciclos tecnológicos reflejados en estas ocupaciones muestran una fuerte capacidad para acaparar capital social y económico (las murallas de Bernardos podrían ser un ejemplo) muy diferentes a los atestiguados en los asentamientos rurales que deben ponerse en relación con diferencias en cuanto al estatus y funcionalidad de estos centros con respecto a los asentamientos rurales. Es indudable que la falta de excavaciones limita mucho la capacidad de análisis (¿dónde se enterraban estas comunidades? ¿qué tipo de economía y estructura social permitía su producción y reproducción?), pero los datos arqueológicos parecen mostrar algún tipo de centralidad de estos espacios en la articulación política y económica de los territorios. Centros que, de tener esta funcionalidad político-administrativa (una especie de sustitutos contextuales de las antiguas *civitates* romana, aunque de carácter radicalmente distinto) tendrían que ser numerosos en el espacio entre el Adaja y el Eresma, si se atiende a la escasa distancia que media entre Bernardos y el Cerro de la Virgen (escasos 5 km). Otra posibilidad es que la variabilidad de estos centros sea mayor de lo que se cree y que mientras que algunos (¿Bernardos?) pudieran ejercer este papel articulador, otros podrían ser ocupaciones por parte del mismo tipo de comunidades que ocupan los asentamientos rurales, sin funcionalidad articuladora, aunque de momento no tenemos datos para confirmar o refutar esta hipótesis.

Uno de los elementos más significativos de este período es la emergencia de un tipo de poblamiento basado en las relaciones sociales de tipo comunitario y de pequeña escala cuyo inicio, al menos en el área de estudio (y que podríamos extender a gran parte de la cuenca del Duero), se puede datar a partir de mediados de la quinta centuria. A partir del siglo VI parece consolidarse este tipo de poblamiento cuya base social e identitaria se encuentra en la unidad doméstica, centro de las relaciones sociales de producción y de la gestión de una propiedad privada junto con otra pública. Un tipo de poblamiento que sería reflejo, al menos en sus primeras etapas, de ese incremento de la capacidad de gestión de los procesos productivos por parte del campesinado propuesta por C. Wickham (2005) y que se desarrollaría de forma distinta según el contexto socioeconómico concreto. En nuestro caso de estudio la presencia de asentamientos de cierta "especialización" económica, como La Mata del Palomar o Los Cepones, junto con otros más pequeños, como Cárcava de la Peladera, podría indicar una cierta inserción de esta área en escalas de poder extralocales (de nuevo, ¿Bernardos?) que gestionarían y dirigirían la actividad de algunos de estos asentamientos.

Esta presencia de varias escalas de producción y reproducción social dentro de los mismos contextos podría ser una vía explicativa para las necrópolis altomedievales hasta la octava centuria (Tejerizo García 2011). La presencia de elementos de ajuar de tipo personal que hacen referencia explícita al centro de poder toledano funcionarían como elementos de prestigio, en la forma de "dones y contradones", que reforzarían estos vínculos clientelares con ciertas unidades domésticas de las comunidades rurales. De esta manera se explicarían las diferencias internas a la hora de acceder a esta materialidad al mismo tiempo que explicaría por qué existen necrópolis con escasos elementos de ajuar (como ocurre, por ejemplo, en necrópolis como El Cantosal). La consolidación de la estructuración social y las escalas de poder a partir de la séptima centuria, momento coincidente con la consolidación de la "red aldeana" (Quirós Castillo e Vigil-Escalera 2006), modificaría sustancialmente el lenguaje simbólico en estas necrópolis hacia una aparente "igualdad" en la ritualidad aunque igualmente reflejo de una compleja estratificación social (Tejerizo García 2011).

Si bien el inicio de todo este proceso es más o menos claro, su final es más complicado de detectar y de explicar. La enorme dificultad para la datación y secuenciación de los asentamientos rurales, debido a la falta de herramientas más precisas, es especialmente influyente a la hora de definir los procesos finales de este tipo de poblamiento. Todo parece apuntar a una desestructuración de este sistema en la octava centuria, pero no es más que una vaguedad determinada por tradiciones historiográficas como el de las invasiones musulmanas y la "despoblación del Duero", superadas en la teoría pero muy influyentes en la praxis arqueológica. La presencia islámica únicamente se ha podido documentar en Bernardos, y por lo que se puede observar en otras zonas de la cuenca del Duero, parece que este tipo de centros articuladores fueron el objetivo principal del estado islámico al norte del Sistema Central. Desechando las tesis de cualquier tipo de despoblación total de la zona del Duero, se plantearía la hipótesis de una posible continuidad de algunos de los asentamientos rurales altomedievales a lo largo de la octava centuria, pero con un carácter distinto quizá asociado a una restricción de las escalas de acción social y política. Esto encajaría, por otra parte, con el sistema de poblamiento contemporáneo a los procesos de construcción de las primeras estructuras políticas altomedievales.

## 4. Conclusiones

El desarrollo de la Arqueología Comercial entre mediados de los 90 y los primeros años de la nueva centuria ha proporcionado una ingente cantidad de información arqueológica. En el caso de la Alta Edad Media este fenómeno ha sido, paradójicamente, un punto y aparte en la posibilidad de formular hipótesis sobre los procesos históricos de este período. Hipótesis que anteriormente habían tenido que restringirse a los datos provenientes, fundamentalmente, de las prospecciones arqueológicas.

El territorio entre los ríos Eresma y el Adaja, en la zona central de la cuenca del Duero, es un área especialmente densa en yacimientos arqueológicos excavados desde el que se ha podido hacer una aproximación a este proceso histórico de transición entre la economía tardoimperial romana y los primeros momentos de la Alta Edad Media. Esta hipótesis tiene como eje fundamental la desestructuración del entramado económico imperial a lo largo de la quinta centuria que produjo un fuerte cambio de escala (*sensu* Escalona Monge 2011) cuya consecuencia fue un cambio en el sistema de poblamiento en el que los asentamientos rurales, las granjas y aldeas, formaron el núcleo de articulación básico del territorio estudiado y de gran parte de la Península Ibérica.

Es indudable la enorme cantidad de problemas sin resolver y que requieren, no tanto de más datos, sino de una crítica sobre los mismos bajo nuevos paradigmas teóricos; pero es igualmente indudable que estamos en disposición en la actualidad de los datos suficientes como para ofrecer narrativas históricas coherentes sobre este proceso de transición histórica.

## Bibliografía

ALONSO ÁVILA, Á. (1984-1985) Aproximación a la época visigoda en el territorio de la actual provincia de Segovia. *Studia Histórica: Historia Antigua* 2-3, p. 271-290.

BLANCO GARCÍA, J. F. (1997) Aproximación a la *Cauca* del bajo Imperio. *Congreso Internacional La Hispania de Teodosio* (vol. 2). Segovia, p. 377-393.

BLANCO GARCÍA, J. F. (2010) La ciudad de Cauca y su territorio. *In:* Martínez Caballero; Caballero; Santiago Pardo; Zamora Canellada (eds) *Segovia Romana II. Gentes y territorios*. Segovia, p. 221-249

CASTELLANOS, S.; MARTÍN VISO, I. (2005) The local articulation of central power in the north of the iberian Peninsula (500-1000). *Early Medieval Europe*, 13 (1), p. 1-42.

CASTRO, M., e GÓMEZ, A. (2008) La actividad artesanal en Recópolis: la producción de vidrio. *In:* Olmo (ed.) *Recópolis y la ciudad en la época visigoda*. Alcalá de Henares, p. 117-128.

CHAVARRÍA ARNAU, A. (2007) *El final de las villae en Hispania (siglos IV-VII d.C)*. Turnhout.

CHAVARRÍA ARNAU, A. (2008) Villae tardoantiguas en el valle del Duero. *In:* Castellanos; Martín Viso (eds.) *De Roma a los Bárbaros. Poder central y horizontes locales en la Cuenca del Duero*. León, p. 93-122

ESCALONA MONGE, J. (2011) The Early Middle Ages: a scale-based approach. *In:* Escalona Monge; Reynolds (eds.) *Scale and scale change in the Early Middle Ages. Exploring landscape, local society, and the world beyond*. Turnhout, p. 9-30.

FUENTES DOMÍNGUEZ, Á. (1989) *La necrópolis tardorromana de Albalate de las Nogueras (Cuenca)*. Cuenca.

FUENTES DOMÍNGUEZ, Á.; BARRIO MARTÍN, J.; GONZALO GONZÁLEZ, J. M. (2008) *Memoria de investigación de los trabajos en el yacimiento arqueológico del Cerro del Castillo (Bernardos, Segovia). Campañas de 1996, 1997, 1998, 1999, 2000*. Informe depositado en el Servicio Territorial de Cultura de Segovia.

GARCÍA MERINO, C., e SÁNCHEZ SIMÓN, M. (2004) De nuevo acerca de la villa romana de Almenara de Adaja (Valladolid): excavaciones de 1998 a 2002. *Archivo Español de Arqueología* 77, p. 177-195.

GARCÍA MERINO, C.; SÁNCHEZ SIMÓN, M. (2011) Una tumba femenina con ajuar de la villa romana de Almenara de Adaja (Valladolid). *Zephyrus* LXVIII, p. 239-255.

GONZALO GONZÁLEZ, J. M. (2007) *El Cerro del Castillo, Bernardos (Segovia). Un yacimiento arqueológico singular en la provincia de Segovia durante la Antigüedad Tardía.* Segovia.

GOZALO VIEJO, F. (1980) *El yacimiento del Cerro Tormejón. Armuña, Segovia.* Memoria de Licenciatura inédita, Departamento de Prehistoria y Arqueología, Universidad Autónoma de Madrid.

HALSALL, G. (2011) Ethnicity and early medieval cemeteries. *Arqueología y Territorio Medieval* 18, p. 15-28.

ISLA FREZ, A. (2000-2001) Desde el reino visigodo y la ortodoxia toledana: la correspondencia de Montano. *Studia Histórica: Historia Medieval* 18-19, p. 41-52.

JEPURE, A. (2004) *La necrópolis de época visigoda de Espirdo-Veladiez*: Junta de Castilla y León.

JEPURE, A. (2012) *Das westgotenzeitliche Gräberfeld von Madrona (Segovia, Spanien).* Würzburg.

JUAN TOVAR, L. C.; BLANCO GARCÍA, J. F. (1997) Cerámica común tardorromana, imitación de sigillata, en la provincia de Segovia. *Archivo Español de Arqueología* 70, p. 171-219.

LUCAS DE VIÑAS, M. d. R. (1971) La necrópolis de "El Cantosal", Coca (Segovia). *Noticiario Arqueológico Hispánico* XVI, p. 383-396.

MAÑANES PÉREZ, T. (1992) *La villa romana de Almenara-Puras (Valladolid).* Valladolid.

MARCOS CONTRERAS, G. J.; SANZ GARCÍA, F. J.; MISIEGO TEJEDA, J. C.; MARTÍN CARBAJO, M. Á.; DEL CAÑO GARCÍA, L. Á. (2010) La ocupación tardorromana en el yacimiento de Carratejera, en Navalmanzano (Segovia). *In:* Martínez Caballero; Santiago Pardo; Zamora Canellada (eds) *Segovia Romana II. Gentes y territorios.* Segovia, p. 379-392.

MARTÍN RODRÍGUEZ, E. M.; SAN GREGORIO HERNÁNDEZ, D. (2008) La necrópolis tardorromana del Soto de Tovilla (Tudela de Duero, Valladolid). *Estudios del Patrimonio Cultural* 1, p. 19-32.

MARTÍNEZ CABALLERO, S.; SANTIAGO PARDO, J. (2010) La ocupación del territorio segoviano en época imperial romana (ss. I-V d.C). *In:* Martínez Caballero; Santiago Pardo; Zamora Canellada (eds.) *Segovia Romana II. Gentes y territorios.* Segovia, p. 75-118.

MOLINERO PÉREZ, A. (1950) Diez años de arqueología segoviana. *Estudios Segovianos* II-III, p. 639-652.

MOLINERO PÉREZ, A. (1971) Aportaciones de las excavaciones y hallazgos casuales (1941-1959) al Museo Arqueológico de Segovia. *Excavaciones Arqueológicas en España* 72.

QUIRÓS CASTILLO, J. A. (Ed.) (2013) *El poblamiento rural de época visigoda en Hispania. Arqueología del campesinado en el interior peninsular*. Bilbao.

QUIRÓS CASTILLO, J. A.; TEJADO SEBASTIÁN, J. M. (2012) *Los castillos altomedievales en el noroeste de la Península Ibérica*. Bilbao.

QUIRÓS CASTILLO, J. A.; VIGIL-ESCALERA, A. (2006) Networks of peasant villages between Toledo and Velegia Alabense, Northwestern Spain (V-Xth centuries). *Archeologia Medievale* XXXIII, p. 79-128.

REGUERAS GRANDE, F.; DEL OLMO, J. (1997) La villa de los Casares (Armuña, Segovia): Propuestas de lectura. *In:* Teja; Pérez (eds.) *Congreso Internacional La Hispania de Teodosio*. Segovia, p. 675-686.

RODRÍGUEZ LÓPEZ, M. I. (2010) Materiales arqueológicos de la villa romana de los Casares en Armuña, Segovia (2005-2007). *Bollettino di Archeologia* I, p. 126-134.

SANTIAGO PARDO, J.; MARTÍNEZ CABALLERO, S. (2010) La ciudad de Segovia y su territorio. *In:* Martínez Caballero; Santiago Pardo; Zamora Canellada (eds.) *Segovia Romana II. Gentes y territorios*. Segovia, p. 143-180.

STORCH DE GRACIA, J. J. (2010) La villa imperial de Los Casares en Armuña (Segovia). *In:* Martínez Caballero; Santiago Pardo; Zamora Canellada (eds.) *Segovia Romana II. Gentes y territorios*. Segovia, p. 363-377.

STRATO (2002) *Excavación arqueológica en el yacimiento de Los Cepones (T.M. La Losa, Segovia) afectado por el trazado de la autopista de peaje conexión A-6 (San Rafael) a Segovia*. Informe depositado en el Servicio Territorial de Cultura de Segovia.

(2003) *Excavación arqueológica en el yacimiento de Carratejera, afectado por la construcción de la variante de Navalmanzano, CL-601 (Segovia)*. Informe depositado en el Servicio Territorial de Cultura de Segovia.

(2007) *Excavación en área en el yacimiento de „Senovilla" (T.M. Olmedo, Valladolid)*. Informe inédito depositado en el Servicio Territorial de Cultura de Valladolid.

TEJERIZO GARCÍA, C. (2011) Ethnicity in early middle age cemeteries. The case of the "visigothic" burials. *Arqueología y Territorio Medieval* 18, p. 29-43.

VIGIL-ESCALERA, A. (2007) Granjas y aldeas altomedievales al norte de Toledo (450-800 d.C). *Archivo Español de Arqueología* 80, p. 239-284.

(2009) Apuntes sobre la geneología política de aldeas y granjas altomedievales. *In:* Martín Viso (Ed.) *¿Tiempos oscuros? Territorios y sociedad en el centro de la Península Ibérica (siglos VII-X)*. Madrid, p. 31-44

(2010) El yacimiento arqueológico de Cabriana. La Necrópolis Postimperial. *Estudios mirandeses: anuario de la Fundación Cultura*, p. 179-194.

VIGIL-ESCALERA, A. (2011) El pequeño mundo en ruinas de la Arqueología contractual española. *Revista Arkeogazte* 1, p. 17-20.

WICKHAM, C. (2005) *Framing the Early Middle Ages*. Oxford.

# Do *cloisonné* ao liriforme.
## Diacronias de um adorno de vestuário na Alta Idade Média
From *cloisonné* to lyre-shaped belt buckles.
The diachrony of a clothing adornment in the Early Middle Ages

Andreia Arezes (andreia.arezes@gmail.com)
FLUP-DCTP/CITCEM

Resumo – Este texto centra-se num conjunto particular de peças metálicas: o das placas de cinturão recolhidas em território português, com cronologia atribuída ao período que medeia entre os séculos V e VIII.

A análise e interpretação desenvolvidas partiram do enquadramento dos materiais inventariados em tipologias. Foi possível identificar três grandes grupos de objectos, cada um dos quais reflecte diversos cenários e influências, nomeadamente através das soluções técnicas e estéticas adoptadas na composição dos *artefactos*.

O *corpus* de materiais arrolados não procede exclusivamente de áreas de enterramento. Alguns provêm de *villae* romanas ou tardo-romanas, nalguns casos com necrópoles associadas; outros, por seu turno, foram identificados em áreas de assentamento ou abrigos. Noutros casos, contudo, a sua origem é completamente desconhecida, circunstância que acarreta inegáveis problemas de interpretação.

As placas de cinturão integravam o conjunto de elementos de adorno passíveis de acompanhar o indivíduo no "microcosmos" de uma sepultura. No entanto, é fulcral sublinhar que o sepulcro não constitui necessariamente um reflexo do quotidiano; pelo contrário, pode revelar uma composição feita especificamente para o enterramento. De qualquer modo, há que considerar a hipótese de os artefactos depositados em contexto funerário poderem decorrer do estatuto, género ou etnia do defunto inumado. Neste sentido, é provável que certos objectos tenham sido incorporados na sepultura de forma a transmitir e perpetuar a condição ou o sentimento de pertença do indivíduo a um grupo.

Estes pontos, entre vários outros, serão explorados neste artigo. Apesar de algumas limitações intrínsecas, procuraremos analisar e discutir as informações geradas pelos adornos de vestuário e articulá-las com eventos coevos e com a mentalidade subjacente.

Palavras-chave – Placas de cinturão; Vestuário; "moda Danubiana"; Suevos; Visigodos

Abstract – This article focuses on a particular set of metallic artefacts used over costume: the belt-buckles recovered from the Portuguese territory, dated from the 5th century till the beginning of the 8th.

My analysis and interpretation developed in order to sort the elements that were included in the inventory according to a typology. It was possible to distinguish three major "groups" of objects that reflect different scenarios and influences namely through the technical and aesthetic solutions adopted.

It is important to mention that the *corpus* of materials inventoried was not retrieved exclusively from burial sites. Actually, their origin is very diverse. It was possible to indicate, as source location, Roman or Late Roman *villae*, sometimes connected to necropolis or, for instance, *habitats* or shelters. In other cases, however, their origin is completely unknown, which raises more difficulties for interpretation.

In the "microcosm" of a grave, the set of artefacts that accompanied the individual could integrate belt-buckles. But it should be noted that a grave might not necessarily be a reflection of everyday life, in that it may reveal a specific composition to the act of burial. On the other hand, it is advanced the hypothesis of each of the artefacts deposited was related to the condition, gender or ethnicity of the buried individual. In this sense, it is very likely that certain kinds of objects could have been used to transmit and perpetuate the sense of belonging to a particular group. This point, amongst several others, will be explored in this article. Despite its inherent limitations, it aims to discuss the informations provided by the dress adornments and to articulate them with the contemporary events and with the underlying mentality.

KEYWORDS – Belt-buckles; Costume; "Danubian fashion"; Sueves; Visigoths

## 1. INTRODUÇÃO

Este texto, que desenvolve a temática por nós abordada no II painel de comunicações do *I Congresso Internacional sobre Arqueologia de Transição* (Évora, 2012), centrado na cultura material e no mundo do quotidiano, centra-se num conjunto específico de peças metálicas: as placas de cinturão exumadas em território português, com cronologia balizada entre os séculos V e VIII.

Vocacionadas para a aplicação sobre a indumentária, as placas de cinturão extravasam largamente o papel de elemento de adorno. Assumem-se como símbolos de identidade e etnicidade, e como potencialmente reveladoras do estatuto socioeconómico ou até da crença religiosa de quem as coloca sobre o vestuário envergado (Almeida 1962: 91; Arezes 2011: 97; Arezes 2015: 169-170). Tendo conquistado incontornável projeção e relevância entre grupos de filiação "germânica" ao serviço ou em contacto com o Império Romano, a sua utilização persistiu mesmo na sequência da desagregação e desmembramento administrativo da sua parte ocidental, mantendo activo um corpo de formas, técnicas de produção e soluções decorativas (Pérez Rodríguez-Aragón 1992: 239-240). Como tal, este tipo de adereço afirma-se como objeto de estudo, como plataforma passível de proporcionar informações intrínsecas pertinentes que se impõe explorar, até porque, não raro, muitos achados apresentam carácter descontextualizado. E, com efeito, determinadas particularidades das placas de cinturão, nomeadamente de ordem morfológica, estilística e ornamental, são suscetíveis de configurar indicações cronológicas e de indiciar influências diversas, remetendo para realidades e substratos específicos e nem sempre consonantes.

A maior parte das peças que aqui apresentaremos, no breve percurso diacrónico que nos propusemos concretizar, começaram por ser inventariadas com o objetivo de traçar um diagnóstico das existências de adornos metálicos do corpo ou relacionados com o vestuário e de sistematizar conhecimentos no quadro do espaço português e no âmbito cronológico definido. Todavia, não sendo possível abordar aqui individualmente a totalidade dos exemplares catalogados serão privilegiados aqueles que se afiguram mais singulares ou passíveis de suscitar maior problematização.

Finalizamos esta nota introdutória salientando que a nossa opção metodológica se fez no sentido de agrupar as peças constituintes do conjunto em três grandes grupos (o das peças que ostentam a chamada decoração policroma, cristalizada na bibliografia como *"cloisonné"*, o das placas rígidas e o dos elementos de tipologia liriforme) e que, através da referida perspetiva de análise se procurou destacar os pontos de contacto e/ou divergências plasmadas nos materiais arrolados.

## 2. Os materiais

### 2.1. Peças com decoração incrustada

Começamos por proceder à apresentação sumária dos atributos da decoração policroma, vulgarmente designada *cloisonné* (Balmaseda Muncharaz 2006: 753). Sobejamente associada ao engaste de granadas recortadas em pequenas células ou concavidades soldadas num suporte metálico, requer grande cuidado e elevada competência na execução. Salientemos, contudo, que apesar de a utilização desta técnica ter começado por se circunscrever ao universo das peças áureas, acabou por ampliar-se e ser canalizada para elementos produzidos em ligas de cobre, provavelmente em resposta à menor disponibilidade de metal precioso (Hellenkemper 1979: 52-53). Por outro lado, não foram apenas as granadas, geradoras de prestígio, que afluíam ao Mar Negro vindas da Ásia Menor, de Ceilão e da Índia (Ostoia 1953: 149; Daim 1998: 86), a compor os embutidos. Também o âmbar, uma resina fossilizada abundante nas margens do Mar Báltico (Grimaldi 2009: 51) foi recorrentemente utilizado nas incrustações, designadamente, em peças de armamento, tal como atestado na espada de Beja (Vasconcelos 1913: 577, fig. 296), a que adiante voltaremos a aludir. Já mais tardiamente, recorreu-se ao engaste de pastas vítreas coloridas. Assim, e muito embora os materiais empregues fossem de algum modo perdendo "valor" e, em paralelo, acabando por se esvaziar de certas conotações simbólicas[1], nem por isso a técnica, que proporcionava num inequívoco efeito visual e fulgor estético (Morillo Cerdán 1989: 238), deixou de ser aplicada, pelo menos até à segunda metade do século VI.

São vários os autores e diversas as teorias que têm tentado esclarecer as suas origens, sem, porém, conseguirem atingir completa conciliação. Não obstante, encontra-se razoavelmente firmada a sua ascendência oriental, assim como a noção de que constitui produto de um desenvolvimento faseado e bem marcado

---

[1] Note-se que ao âmbar, passível de ser modelado por aquecimento ou polimento (cf. Ripoll López 1985: 32) e amplamente utilizado para a preparação de contas de colar no âmbito cronológico em análise, são imputadas propriedades mágicas e propiciatórias do descanso dos defuntos (Vizcaíno Sánchez 2007: 568).

pelo cruzamento de diversas influências, colhidos no mundo iraniano, no helenístico e até no romano. De facto, traços precursores deste estilo e anunciadores da chamada "moda danubiana" ocorrem em materiais georgianos datáveis dos séculos II e III, e também em peças alano-sármatas e persas sassânidas, por seu turno atribuídas à III e IV centúrias (Lebedynsky 2001: 83).

Ora, este apontamento obriga-nos desde logo a refletir na questão cronológica. Na verdade, e apesar dos objectos que se inserem neste esquema terem começado a circular ainda na III centúria, a grande difusão do estilo policromo ocorreu fundamentalmente nos finais do século IV e, sobretudo no V, com a eclosão de novas movimentações populacionais e em clara articulação com fenómenos de imitação e interpenetração cultural (Lebedynsky 2001: 83).

Ora, no quadro dos achados coevos efectuados em território português, o grupo de peças com incrustações configura, claramente, o de expressão mais reduzida. Aliás, até ao momento e, para além dos elementos que, de seguida, serão abordados e dos restantes materiais constituintes do conjunto de Beja, é conhecido apenas um outro onde surge aplicado este tipo de recurso técnico e ornamental. Trata-se de um adorno do corpo, em concreto, o anel áureo oriundo da necrópole de Beiral do Lima (Ponte de Lima), no qual não nos centraremos, dado que excede o âmbito estabelecido para o presente artigo.

### 2.1.1. *O conjunto de Beja*

Os dois primeiros exemplares em análise surgem frequentemente referenciados na bibliografia como fivelas ou "broches de cinturão", expressão colhida na literatura castelhana e ulteriormente importada e aplicada na portuguesa para elementos congéneres. Produzidos em ouro e denotando execução exímia, apresentam granadas embutidas nas cavidades definidas para o efeito, as quais, num dos casos (n.º inv. – Au 124, do M. N. A.), ocupam não apenas o corpo da placa, mas inclusive parte da superfície da fivela articulada e do fuzilhão zoomorfo. Juntamente com estes objectos terão sido recuperadas duas outras peças, também metálicas: um adorno isolado, igualmente áureo, com uma granada engastada, debruada com delicado perlado (Arezes 2011: 211-214; 369-370), a par de uma espada de ferro, decorada nas guardas com filamentos de ouro e incrustações de âmbar em forma de losango (Vasconcelos 1913: 577, fig. 296; Pérez Rodríguez--Aragón 1997: 631; 636-638; Lebedynsky 2001: 81; 123).

Trata-se de um conjunto de materiais que manifesta fortes similitudes com elementos recolhidos em túmulos principescos das zonas do Danúbio Médio ocupadas pelos Hunos na primeira metade do século V, sobretudo nas primeiras décadas da referida centúria (Kazanski 1991: 62). Com efeito, parece ter sido precisamente no referido enquadramento temporal que, paulatinamente, os aristocratas integrados no séquito de Átila (Pérez Rodríguez-Aragón 1997: 634), começaram a introduzir a prática da inumação acompanhada de objectos excepcionais, em que avultava o ouro e demais materiais preciosos, deste modo definindo um dos traços da chamada "moda danubiana", designação que está longe de espelhar uma realidade homogénea. De facto, na sua génese, centrada justamente nas zonas do Danúbio Médio, radica uma mescla de contributos hunos, alano-sármatas, germânicos e até romanos (Kazanski 1991: 72; 76). E, apesar de o "Império" Huno ter acabado por se desmoronar na sequência do desaparecimento de Átila, acarretando roturas e desencadeando a irrupção de novos movimentos populacionais enformou, ainda assim, uma fase que favoreceu a formação de uma espécie de "cultura aristocrática guerreira", cuja influência se manteve, apesar da decadência da conjuntura em que se estabeleceu e precisamente através da difusão dessa "moda". Aliás, mesmo ao serviço do exército do Império, os grupos de ascendência germânica tenderiam a conservar a indumentária e adereços que os identificavam e se afirmavam como atributo muito próprio das zonas de origem, podendo, inclusive, rejeitar o uso de armas tidas como romanas; todavia, não é de excluir a possibilidade de os guerreiros de estatuto superior acusarem a penetração de laivos de "romanidade" (Lebedynsky 2001: 25; 73-76). Note-se, contudo, que esta asserção não é pacífica. De facto, alguns autores consideram que os traços diferenciadores dos grupos de "Bárbaros" incorporados nos contingentes romanos teriam ficado remetidos para contexto funerário, enquanto no quotidiano a tendência reinante seria a de imitar o aparato militar de outros soldados do Império. Em contrapartida, as mulheres persistiriam na utilização de vestuário representativo das suas origens (Kazanski; Périn 1997: 201), pormenor que merece ser sublinhado. Com efeito, e em conformidade com o apontado por Volker Bierbrauer, o universo da indumentária feminina de filiação gótica manteve as suas características singulares e diferenciadoras até ao arranque do século VI (Bierbrauer 1997: 167-169), corporizando uma opção consciente e deliberada: a de realçar o vínculo de pertença a uma identidade étnica específica[2].

Recuperando então o conceito de "moda danubiana", note-se que os materiais detectados na sepultura dupla de *Untersiebenbrunn* (Viena, Áustria), atribuída a um guerreiro de elite e à sua mulher, têm vindo a ser apresentados como indicadores de referência para a definição dos elementos constitutivos dessa forma particular de indumentária e dos adereços a ela associados (Kazanski 1991: 76). É por este motivo que o nome da estação epónima *Untersiebenbrunn* acabou não só ser aplicado a um conjunto de sepulturas datadas do período de dominação huna e classificadas como "principescas", mas também por servir de base à vulgarização da expressão "cultura *Untersiebenbrunn*"[3], fundamentalmente adstrita a contextos de inumação (Kazanski 1991: 76).

---

[2] Para um confronto mais detalhado com as problemáticas subjacentes às questões da identidade e etnicidade, atualmente no centro de um vigoroso debate, consultar Arezes 2015: 121-170.

[3] Chamamos a atenção para o fato de o conceito de "cultura" e, em especial, o de "cultura arqueológica" não ser isento de críticas, tendo vindo a ser sujeito a profundo questionamento de alguns anos a esta parte (Jones 1997: 39; 108; Shennan 2003: 5).

Mas, como explicar a ocorrência de objectos conotados com a chamada "cultura *Untersiebenbrunn*" em território peninsular? Será defensável considerar que a presença desses elementos decorre da existência de contactos entre os Suevos que permaneceram na bacia danubiana e os que integraram o *Regnum* da *Gallaecia*? Ou antes, mais plausível, equacionar que militares integrados nos contingentes tardo-romanos em trânsito tivessem adoptado a "moda danubiana" e, consequentemente, o recurso a objetos de "tipo huno", eventualmente motivados pela sua ascendência oriental (Pérez Rodríguez-Aragón 1997: 641)? Muito embora não possamos apontar uma resposta concreta, afigura-se importante estabelecer vários cenários no sentido de explicar a circulação deste materiais, cenários esses que não passam exclusivamente pelos acontecimentos decorrentes da penetração de suevos, vândalos e alanos no território peninsular, em 409, nem pela consequente entrada em cena dos *foederati* visigodos. Refira-se, a propósito, que os suevos, entre meados e finais da primeira metade da centúria e sob o comando de Réquila, efetuaram incursões e devastações na *Baetica* e em cidades da *Lusitania*, como *Myrtillis* e *Emerita Augusta*, esta última convertida, temporariamente, em capital do *Regnum* (Leguay 1993: 49-51). Poderá a preparação da sepultura de Beja ter algum tipo de relação com os eventos e movimentações elencados?

### 2.1.2. *O exemplar de* Conimbriga

Consideremos agora a peça incompleta de *Conimbriga* (Alarcão 1994: 141, n.º 432.5; Arezes 2011: 98; 151-152), a que presentemente falta a fivela e o eixo da charneira, através do qual se processaria a articulação entre as partes. Apesar de possuir incrustações, são várias as especificidades que a separam dos adornos de Beja. Comparativamente, a qualidade revelada é menor, particularidade que se traduz ao nível da execução técnica, menos exigente, e das matérias-primas utilizadas, quer no suporte (neste caso, liga de cobre) quer nos engastes propriamente ditos (produzidos em pasta vítrea). Ainda assim, a solução promovida, apesar de não "preciosa", mantém a policromia e o impato visual.

O objeto tipologicamente mais próximo que reconhecemos como possível paralelo consta de uma placa recolhida em Tinto Juan de la Cruz (Pinto, Madrid), sítio que na última fase de ocupação, atribuída ao século VI, comportou uma área funerária de "tradição" visigótica composta por sepulturas de inumação, em fossa simples ou assumindo a forma de cistas, que, não raro, testemunham o reaproveitamento de materiais ou das próprias estruturas da *villa* tardo-romana (Barroso Cabrera; Morín de Pablos 2006: 720; 725, fig. 9). Note-se que a associação de áreas funerárias tardias a *villae* romanas configura uma opção recorrentemente adoptada em meio rural um pouco por todo o território peninsular, até porque, precisamente, estes espaços congregam dispositivos disponíveis para desmantelamento (total ou parcial) e posterior reutilização dos seus elementos constituintes na preparação dos conjuntos sepulcrais (Arezes 2015: 206).

Mas, regressando ao artefato de *Conimbriga*, analisemo-lo à luz do esquema de sistematização de materiais construído por G. Ripoll López com base nos achados desenvolvidos a partir de escavações antigas realizadas na Península Ibérica. De acordo com o referido esquema, o exemplar de *Conimbriga* poderá ser equiparado aos abarcados pelo nível III definido pela autora, o qual se prolonga sensivelmente entre cerca de 525 e 560/580 (Ripoll López 1998: 44; 50-51). Todavia, e se atendermos à proposta de datação sugerida para a peça de Tinto Juan, que se supõe eventualmente originária da *Septimania* (Barroso Cabrera; Morín de Pablos 2006: 725-726), haveria que reequacionar a integração da placa de *Conimbriga* e apontar a inclusão da mesma no nível II, balizado entre 480/90 e 525 (Ripoll López 1998: 49).

De qualquer modo, e independentemente da afinação das hipóteses cronológicas avançadas, é evidente que esta peça se afasta, em termos de enquadramento, dos adornos áureos oriundos de Beja. E as divergências estendem-se também à origem espacial dos paralelos. Com efeito, a placa em análise é claramente comparável às utilizadas pelos grupos de visigodos que, sensivelmente nos finais do século V ou, mais plausivelmente, já em meados do século VI, se encontravam fixados na Península, e das quais possuímos testemunhos consideravelmente abundantes, designadamente, em algumas das necrópoles da Meseta Castelhana, como Castiltierra (Arias Sánchez; Balmaseda Muncharaz 2015).

## 2.2. Placas rígidas

Documentadas em distintos sítios europeus, com destaque para os localizados em zonas banhadas pelo Danúbio ou já mais próximas do Mediterrâneo, estas peças ocorrem também nas faixas mais ocidentais do norte de África e um pouco por toda a geografia peninsular, inclusive nas grandes necrópoles da Meseta Castelhana, onde, aparentemente, integram os conjuntos datáveis da última fase de ocupação. A sua disseminação, no período que se estende sensivelmente entre as últimas décadas do século VI e a primeira metade do VII, reflete o incremento de novos centros produtores hispânicos e, em contrapartida, o decréscimo da produção das oficinas que perpetuavam "linguagens" entendidas como visigóticas. Produto de fundição e perfazendo um todo com a fivela, entram em cena numa fase de consolidação da monarquia sediada em Toledo, fase essa que se pauta também pela tessitura de redes e contatos comerciais no Mediterrâneo (Ripoll López 1998: 56-59).

### 2.2.1. *Placas rígidas simples*

Da observação do conjunto de elementos dotados de placa rígida publicados para o território português decorre o reconhecimento de certo grau de variabilidade formal e estilística. Entre os "subtipos" identificados, um reporta-se aos objetos de placa simples e destituída de decoração. Nele se enquadram as peças de Milreu (Estói, Faro), bem como a recolhida na necrópole da Abuxarda (Cascais), esta última completa e ainda na posse do fuzilhão de contorno escutiforme, apoiado na fivela (Arezes 2011: 99; 141-142; 165-168).

Mas as placas rígidas simples podem exibir ornatos. Note-se, porém, que as decorações elaboradas pelos artífices se pautam, em regra, por uma grande simplicidade, podendo resumir-se a composições onde se congregam linhas ou círculos concêntricos, eventualmente ladeados por molduras (Ripoll López 1998: 70). O exemplar oriundo da necrópole da Retorta (Loulé) enquadra-se precisamente nos referidos parâmetros, exibindo no anverso motivos incisos, oculados e semicirculares (Arezes 2011: 179-180), especialmente profusos na superfície frontal da fivela.

### 2.2.2. *Placas rígidas vazadas*

Outras peças destacam-se pela aplicação da técnica do vazado ou recortado, a qual se terá difundido tardiamente pelo Império, refletindo a introdução de uma nova conceção estética, pautada por ruturas e mudanças de plano e assumindo-se como contraponto a um gosto mais focado na linearidade (Aurrecoechea Fernández 1994: 160). Na *Hispania* são conhecidos exemplares datáveis dos séculos VI e VII, cronologia condizente com o enquadramento genericamente atribuído às placas rígidas. Confirma-se, neste sentido, que a aplicação desta técnica persiste para além da queda do Império Romano do Ocidente (Palol Salellas 1950: 76). No território português encontram-se inventariadas três variantes deste tipo de objeto.

### 2.2.3. *Placa rígida vazada com decoração geométrica*

Neste campo é integrável um único fragmento distal de uma peça procedente de *Conimbriga* e atualmente depositada no Museu Nacional de Arqueologia. Trata-se de um objeto de bronze, produto de fundição, de perfil ligeiramente assimétrico e pontuado por ornatos geométricos incisos, que se aproxima dos elementos classificados como de "tipo *Palazuelos*" (Arezes 2011: 99; 153-154), designação motivada pelo excelente fabrico das placas exumadas no sítio epónimo (Palazuelos, Guadalajara). Acrescente-se, a propósito, que exemplares congéneres têm vindo a ser detetados em quantidade significativa noutras necrópoles conotadas com a ocupação visigótica, caso de Duratón (Segóvia) ou Carpio de Tajo (Toledo) (Ripoll 1985: 72-73; 1998: 92-93). Não obstante, o paralelo mais próximo identificado para a peça de *Conimbriga* remete para um objeto praticamente completo recuperado no sítio de El Juncal, Málaga (Ripoll López 1998: 99).

## 2.2.4. Placa rígida vazada com decoração figurada

A segunda variante, ilustrada numa peça de origem desconhecida conservada no Museu Nacional de Arqueologia, notabiliza-se pelo facto de patentear uma cena onde se conjugam um suposto equídeo e um antropomorfo incisos, a par de uma sequência ordenada de caracteres alfabéticos, dispostos na zona superior do objeto.

Não nos foi possível reconhecer um paralelo direto para o exemplar em questão. Ainda assim, apontamos duas placas que, por motivos diferentes, denotam certas afinidades com a analisada. Uma, n.º 24 da Colecção Sevilhana (Ripoll López 1998: 77), pelo fato de ser vazada, com figuração de um zoomorfo, em concreto, um grifo; a outra, a placa relicário de Gondorf (Ripoll López 1998: 79), pela composição muito peculiar que apresenta: carateres alfabéticos na área superior (corporizando uma assinatura, *Siggiricus fecit*) e, no campo central, a figura de Daniel, de corpo inteiro, ladeando leões. A tradução simbólica e a idiossincrasia particular dos elementos evocados poderão não ser rigorosamente consonantes, mas consideramos a presença de um fundo iconográfico que indicia, se assim o podemos designar, um certo "ar de família". Ora, a placa relicário será de âmbito "burgúndio" e, com efeito, os temas iconográficos do repertório burgúndio (que não raro aposta na representação de grifos ou serpentes bicéfalas, com conotações cristológicas), constituíram fonte de inspiração para oficinas de outras paragens, caso das hispânicas, que acabaram por adaptar os seus fabricos e se distanciar de alguns dos atributos que pautavam as produções originais, como a extremidade distal reta ou a fivela articulada através de charneira.

No entanto, é possível que, mediante influência exercida por uma oficina situada, a título de exemplo, na zona do antigo reino burgúndio da *Germania Superior*, ocupada pelos francos a partir de 535, artesãos peninsulares tenham seguido modelos daí originários, ajustando-os e formulando criações com especificidades próprias (Ripoll López 1998: 82-83), como as reveladas pelo objeto de procedência desconhecida em análise, com fivela e placa fundidas num só objeto e extremidade distal semicircular.

## 2.2.5. Placa rígida epigráfica

A terceira e última das variantes a abordar refere-se a uma placa vazada de caráter epigráfico, a única até ao momento publicada para o território português. Oriunda da *villa* do Paço Velho da Facha (Almeida 2003: 373-374), ostenta uma fórmula, *XPS SIT / TE CVM X* (*Christus sit te cum*) de evidente teor cristão, colocando-se a hipótese de o último *X* assumir um papel decorativo, dado que parece limitar-se a compor e equilibrar a parte inferior do campo epigráfico (Vives 1969: 137). A fórmula repete-se de modo praticamente idêntico em distintos exemplares peninsulares: no de As Pereiras, em Ourense (Aboal

Fernández; Cobas Fernández 1999: 11-12), no de Ortigosa de Cameros, em Logroño e ainda num fragmento integrado na colecção sevilhana (Ripoll López 1998: 73; 96-98; lâmina IV, n.º 17). Contudo e, apesar de as similitudes reveladas por este conjunto serem imediatas e indiciarem uma inquestionável proximidade entre os objetos indicados, nomeadamente se atentarmos no da Facha e no de Ortigosa de Cameros, existem motivos válidos para considerar que não deverão ter sido produzidos pelo mesmo molde (Arezes 2011: 100). Independentemente desta questão, a dispersão espacial dos exemplares elencados e o modo de elaboração, em obediência ao esquema epigráfico e fórmula especificados, leva-nos a considerar que a mensagem veiculada se revestiria de grande relevância simbólica. Não obstante, parece-nos algo arriscado aferir ilações diretas acerca da prática religiosa dos indivíduos que os utilizariam como adorno aplicado sobre o seu vestuário. Com efeito, concordamos com G. Ripoll López quando afirma que, muito embora a inscrição *Christus sit te cum* ocorra com alguma regularidade nos repertórios epigráficos da segunda metade do século VI e inícios do VII, se afigura problemático garantir que todos os indivíduos que usaram placas exibindo a fórmula em causa estariam absolutamente conscientes das implicações simbólicas e religiosas inerentes ao seu uso (Ripoll López 1998: 98).

Aqui chegados, encontramo-nos inequivocamente afastados da ambiência subjacente à "moda danubiana", à qual tivemos oportunidade de aludir a propósito das peças de Beja. De fato, os materiais que começaram a ser introduzidos a partir de 560/80 (Ripoll López 1998: 57-58) remetem para os primeiros traços de um cosmos bem diverso, o da chamada indumentária "latino-mediterrânica". Esse novo modelo e a panóplia de peças a ele associado, difundiu-se de modo quase que análogo entre os descendentes de grupos de origem "germânica" e a população hispano-romana, circunstância que tornou progressivamente mais difícil definir os espaços funerários conotados com cada um dos grupos (Barroso Cabrera; Morín de Pablos 2006: 730-731).

Note-se, a propósito, que as transformações e novidades patentes ao nível das evidências materiais que confirmam os contatos com o mundo bizantino e que, progressivamente, vêm sendo sinalizadas na Península Ibérica[4], configuram apenas uma das vertentes de um processo mais amplo. Assente na procura de pontos de convergência no seio do *Regnum Visigothorum*, apostou na expansão e "unificação" territorial (traduzida na anexação da Gallaecia suévica) e na harmonização jurídica, favorecida pela anulação da proibição dos casamentos mistos, entretanto decretada por Leovigildo (Orlandis 2006: 68-69). Ressalvemos, no entanto, que,

---

[4] Refira-se, como exemplo, o achado de um *pentanummium* de Justiniano I numa unidade de produção de preparados de peixe de época romana, detetada aquando das escavações levadas a cabo na Casa do Governador da Torre de Belém, em Lisboa (cf. Fabião 2009: 25-50).

pelo menos em meios rurais, e em conformidade com as informações geradas pelo registo arqueológico, nomeadamente por contextos sepulcrais onde surge atestada a mistura de materiais hispano-romanos e de elementos atribuíveis a visigodos, esta prática poderia vigorar já em fase anterior à da iniciativa legislativa (Ripoll López 1998: 32), o que vem demonstrar que é necessário matizar o entendimento destes "entidades" (em si mesmos, intrinsecamente heterogéneas) como entidades fechadas e estanques (Arezes 2015: 84). Por outro lado, convém realçar que um dos mecanismos chave para a "aproximação" demográfica dos dois grupos radicou no esbatimento de um factor diferenciador, o das clivagens religiosas. A conversão ao catolicismo promovida por Recaredo e formalmente estabelecida no III Concílio de Toledo, celebrado em 589 (Palol Salellas 1950: 15; 114), assumiu-se, portanto, como um instrumento político, que ultrapassou a esfera da crença e se repercutiu a vários níveis.

Neste sentido, considera-se que as ações levadas a cabo pelos dois monarcas (Leovigildo e Recaredo), a conjuntura específica em que exerceram o poder e os objetivos a que pretenderam dar resposta, criaram condições favoráveis ao progressivo abandono da indumentária mais tradicional e dos adornos pessoais relacionados (Ripoll López 1998: 32-33) tendo, consequentemente, redundado no gradual silêncio do registo arqueológico relativamente aos vestígios conotados com os descendentes dos grupos de visigodos que haviam penetrado no território peninsular.

De fato e em última instância, a mudança cristalizada no quadro mental vigente ter-se-á estendido a todo o conjunto de símbolos e traços de "identidade" associados aos visigodos. De qualquer modo, as tendências que começam a desvelar-se na segunda metade do século VI só viriam a tornar-se realidades consumadas apenas na centúria subsequente.

### 2.3. Placas de tipo liriforme

Resta-nos agora apresentar o grupo dos objetos liriformes, quantitativamente preponderantes entre os achados concretizados em território português (Arezes 2010-2011: 69). Produto de fundição em molde, estes exemplares congregam reminiscências que remetem para um fundo Baixo Imperial e romano oriental, a par de uma inclinação preponderante para captar os renovados influxos gerados por uma outra matriz, focada em Bizâncio e no Mediterrâneo (Palol Salellas 1950: 18; 21; 114; Vallalta Martínez 1988: 305).

Com efeito, a origem geográfica das produções liriformes, que compõem um conjunto relativamente homogéneo, apenas marcado por algumas particularidades formais e decorativas, radicará na faixa mediterrânica oriental, designadamente na zona pôntica, a partir de onde os artífices bizantinos exportariam os seus quase que "padronizados" produtos, não só para toda a bacia daquele mar, mas mais além, atingindo inclusive os Alpes (Ripoll López 1998:

129). Aliás, a chave para explicar a circulação destes materiais reside precisamente no comércio e na intensificação dos contactos com o Mediterrâneo, sendo que a ascendência exercida por Bizâncio sobre o Regnum Visigótico da *Hispania* é notória fundamentalmente a partir do século VII (Vallalta Martínez 1988: 305-307).

Com a chegada à *Hispania* das novas produções, as oficinas peninsulares começam a dedicar-se à sua reprodução. Todavia, afastam-se progressivamente dos esquemas a que obedeciam os originais, denunciando, em contrapartida, tendência para o que alguns autores apelidam de "barbarização". Tal "barbarização" das placas liriformes peninsulares traduz-se, por um lado, na deturpação ou abandono da iconografia e simbologia patentes nos adornos bizantinos; por outro, na utilização crescente de volutas e na adesão a renovadas composições, onde se cruzam os grifos entrelaçados, os elementos vegetalistas e geométricos. Nalguns casos, porém, resvala-se para um nível de esquematismo que acaba por tornar quase ininteligíveis as soluções decorativas destes adornos (Ripoll López 1998: 131-132), o que é bem sintomático na peça exumada no Monte da Serra Brava 7, Moura (Arezes 2011: 169-170). Já a propósito da profusão decorativa, e entre os objectos publicados em Portugal, destacamos a placa de S. Caetano (Chaves), a de Salvaterra do Extremo (Idanha-a-Nova), a mais completa entre as de Patalou (Nisa) e ainda a da Herdade de Fontalva (Elvas) (Arezes 2011: 102; 162-164; 173-174; 181-182).

Os adornos liriformes persistem ao longo de todo o século VII e, convém realçar, a sua utilização não se extingue com as transformações de ordem política e militar que se farão sentir nos alvores do VIII (Vallalta Martínez 1988: 307; Ripoll López 1998: 65). Mas é, de fato, sob o pano de fundo do século VII, que determinados acontecimentos fulcrais que haviam tomado lugar na centúria anterior, caso da derrogação da proibição dos casamentos mistos ou da abjuração do arianismo (Palol Salellas 1950: 15), revelam os seus efeitos mais profundos. Entre eles salientamos o ocaso das grandes necrópoles da Meseta Castelhana, questão sintomática, que ilustra o esfumar da necessidade de manter espaços de enterramento apartados para a população "visigótica", por um lado, e para a hispano-romana, por outro. E, fenómeno sem retorno, indicamos o abandono efetivo da indumentária gótica tradicional, em favor da moda "latino-mediterrânica". A disseminação dos elementos que compõem o *corpus* de adereços associados ao novo vestuário faz-se de forma intensa, com penetração em zonas que até então não eram particularmente povoadas pelos visigodos, no quadro de uma nítida articulação com as renovadas teias de produção e distribuição (Palol Salellas 1986: 516; Ripoll López 1998: 126-127).

Em suma, o caminho encetado resultou na crescente aproximação das distintas entidades presentes no âmbito da geografia peninsular e, consequência desse movimento de aproximação, redundou na progressiva perda dos traços de identidade pessoal e social imputada aos descendentes dos grupos de origem "germânica".

## 3. OS CONTEXTOS

Consideremos agora, sumariamente, os contextos arqueológicos em que o tipo de peça em estudo tem vindo a ser sinalizado na geografia europeia e peninsular, e procuremos estabelecer o contraponto com a situação conhecida relativamente aos achados efetuados, concretamente, no atual território português.

Nas planícies da Europa Central, o mundo funerário assume-se como meio privilegiado de exumação dos elementos de placa circular e decoração policroma. Não obstante, investigações concretizadas em necrópoles localizadas na zona Danubiana sugerem a utilização diferenciada destes objetos, em função do género do inumado. Na verdade, as sepulturas masculinas podem conter dois destes adornos, os quais seriam porventura destinados à aplicação sobre o calçado. Já os enterramentos femininos congregam, por norma, um único adereço, que funcionaria como fecho de cinturão propriamente dito (Pérez Rodríguez-Aragón 1997: 637). Que inferir sobre o túmulo de Beja? Dele provêm, além das placas, um adorno isolado e uma espada (Vasconcelos 1913: 577), pelo que se afigura possível que os elementos em causa compusessem o atavio para a morte de um indivíduo do sexo masculino. Mas, dado o desconhecimento relativo ao contexto preciso dos achados e a carência de estudos aprofundados, que permitam compreender todas as implicações e associações entre materiais e género, mantemos algumas reservas em torno desta questão.

Relativamente à placa de *Conimbriga*, ignoramos as circunstâncias em que terá sido recolhida. Notamos, porém, que o *Oppidum* elevado a *Municipium* no século I (Alarcão 1994: 7), sujeito a depredações suevas no V (Tranoy 1974: 171-173: §229, §231; 175: §241) e posteriormente ocupado por visigodos (Alarcão *et al*. 1977: 10-11; 143; 165; 179), consta do único sítio que proporcionou exemplares integráveis em cada um dos grandes grupos de peças que aqui definimos.

No que concerne às placas rígidas, afigura-se que o mundo funerário representa o contexto de achado por excelência. Por outro lado, presume-se que estes exemplares possam ocorrer, indistintamente, em enterramentos masculinos ou femininos, se bem que, devido à carência de dados antropológicos fidedignos, não seja possível avançar com asserções inteiramente comprovadas. Ainda assim, a Meseta Castelhana fornece alguns exemplos, colhidos em necrópoles como Duratón (Segóvia) ou Herrera de Pisuerga (Palência), que atestam a presença, em sepulturas carateristicamente femininas, de peças rígidas associadas a um par de fíbulas e a uma placa com decoração incrustada (Ripoll López 1998: 70). Em contrapartida, podem também surgir de modo isolado ou, conforme demonstrado na esmagadora maioria dos casos, acompanhados de uma pequena faca. Será tal combinação indiciadora de inumações masculinas? Hipótese validada em alguns contextos, mas, todavia, sem possibilidade de generalização, atendendo, uma vez mais, à insuficiência de dados disponíveis.

Não obstante, e independentemente destas e de outras interrogações, convém acrescentar que estes objetos têm vindo a ser detectados não apenas em necrópoles peninsulares atribuídas aos visigodos, mas igualmente em contextos merovíngios e em sítios localizados nos territórios que se estendem entre o Sena e o Reno (Ripoll López 1998: 72; 74). Contudo, as produções hispânicas são as únicas que apresentam o extremo distal semicircular e a fivela fundida numa só peça com a placa. Já a ornamentação dos materiais peninsulares mantém a filiação nos exemplares que lhes serviram de inspiração, cujos motivos e cenas provêm das zonas orientais do Império, tendo chegado aos artesãos da Antiguidade Tardia de um modo não uniforme, antes filtrado em função dos diferentes espaços e épocas em que foram desenvolvidos (Ripoll López 1998: 83; 91).

No território português há várias ocorrências documentadas, designadamente em necrópoles, como a da Abuxarda, assim como em *villae* romanas ou tardo--romanas com espaços mortuários associadas (Arezes 2011: 88-91), caso, nomeadamente, de Milreu (Estói, Faro) (Cardozo 1942: 255; Arezes 2015: 88-89) ou da Retorta (Boliqueime, Loulé) (Almeida 1962: 244; 254; Arezes 2011: 90-91). Contudo, e no que concerne a estes dois exemplos concretos, não se revela possível apontar a proveniência específica dos adornos.

Transitamos agora para o grupo das peças liriformes. À semelhança do apurado para as rígidas, também a origem destes adereços é díspar, se bem que, no espaço atualmente definido como português, a prevalência recaia sobre os contextos de enterramento (circunstância ilustrada nos casos de Salvaterra do Extremo, em Idanha-a-Nova e Bensafrim, Lagos). Já no que respeita à Herdade de Fontalva (Elvas) e Patalou (Nisa), as informações colhidas são mais escassas, uma vez que o tipo de ocupação não é conhecido. Todavia, não é de excluir a existência de áreas de enterramentos nos referidos locais (Arezes 2010-2011: 74; 2011: 58-59; 74; 77-78; 81-82; 87). Além do mais, há que referir que a diversidade de proveniência se estende a uma gruta com longa diacronia de ocupação, iniciada no Paleolítico Superior[5] (Cardoso 1991: 53), a um povoado da Idade do Ferro posteriormente reocupado[6] (Barroca 1984: 120-121) ou a um *habitat* ou abrigo romano[7] (Bugalhão 2004: 97; 106).

Na maioria dos exemplares analisados, a iconografia adoptada revela uma insistência clara na representação de grifos, que por vezes surgem posicionados simetricamente, separados por linhas diagonais, vetores estruturantes do campo ornamental. O grifo, quadrúpede alado com bico de águia, foi profusamente utilizado quer nas peças de adorno de vestuário quer noutras categorias de objectos, assim perpassando por todo o Oriente, inclusive na zona dos Montes Cárpatos e

---

[5] Situação expressa nas Grutas do Poço Velho, em Cascais (Cardoso 1991: 53).
[6] Caso de Sta. Marinha do Zêzere, em Baião (Barroca 1984: 120-121).
[7] Classificação proposta para o sítio da Vinagreira, em Elvas (Bugalhão 2004: 97; 106).

entre os Avares. Animal fantástico, traduziria a natureza dual de Cristo, humana e divina, congregando, a um só tempo, o poder do leão e a energia da águia, terra e céu (Ripoll López 1998: 86). O simbolismo veiculado através da sua reprodução em elementos torêuticos assume carácter apotropaico e psicopompo (Barroso Cabrera *et al.* 2006: 218). E, de facto, a tradição cristã atribui aos grifos o papel de protetores da alma dos defuntos, seres a quem cabe conduzir os mortos, apoiá-los no abandono da terra e na ascensão ao Céu (Ripoll López 1998: 86-87).

## 4. Considerações finais

Este percurso em torno de um conjunto de objetos, perspetivados em função da sua origem espacial alargada (o território português) e, em paralelo, da respetiva integração cronológica (o intervalo que medeia entre os séculos v e viii), pautou-se, por um lado, pela enunciação dos elementos de aproximação que justificam o seu enquadramento em três grandes grupos de peças e, por outro, pela exposição das dissonâncias e da variabilidade que as mesmas comportam.

De fato, as placas de cinturão funcionam como espelho de universos distintos: refletem as influências introduzidas por grupos que viveram em trânsito; mudanças e suspensões, mas também continuidades enraizadas no substrato peninsular, a par da persistência da utilização de técnicas, deformação de originais e construção de modelos próprios.

Abordar as placas de cinturão implica, necessariamente, considerar temas relacionados com a indumentária. Porém e tendo questionado, fundamentalmente, os contextos funerários, há uma interrogação que não se afigura possível responder. Poderão as composições detetadas nos sepulcros constituir um reflexo do modo de apresentação pessoal e do vestuário utilizado no quotidiano? Ou serão as composições identificadas nos enterramentos resultado da preparação cuidadosa de um ataviamento especificamente direcionado para a "encenação" funerária, através da qual lograria perpetuar-se a posição ou estatuto inerente a cada indivíduo? A propósito desta interrogação, recuperamos uma ideia avançada por Guy Halsall, autor que atribui à presença de materiais nos sepulcros uma dimensão ativa e mesmo competitiva, passível não só de contribuir para a perpetuação de mecanismos de afirmação social, mas também de sublinhar a diferenciação dos inumados, em função da idade e do género a que pertencem (Halsall 1995: 246). Assim sendo, é possível que a introdução de artefatos em contexto funerário possa ser entendido não apenas como um meio de "clarificação" das distinções verticais, mas também horizontais e, neste sentido, o género do defunto poderia influir no tipo de escolha preconizada para a disposição dos "cenários" mortuários, consoante a sua vinculação, a homens ou mulheres (González Villaescusa 2001: 65). É certo que a questão da atribuição das placas de cinturão a um género continua insuficientemente esclarecida, designadamente em razão da escassez de dados antropológicos que permitam firmar asserções sólidas. Todavia, casos bem documentados e contextualizados parecem sugerir que estas peças adornariam a indumentária envergada por ambos os sexos no sepulcro, ainda que pudessem verificar-se algumas variantes na disposição das peças ou no tipo de associação revelado.

Por último, mas não menos importante, registe-se o imperativo de considerar as questões da etnicidade nesta discussão. Com efeito, e atendendo ao facto de a análise promovida neste texto ter incidido sobre adereços de vestuário, é fulcral registar que, como tão bem expressou Ian Hodder, a opção pelo uso de um *corpus* específico de elementos de indumentária constitui um instrumento crucial para sublinhar, intencionalmente, diferenças tribais e étnicas entre grupos (Hodder 1982: 56). Como tal, e apoiando-nos neste contributo para perspetivar a evolução evidenciada pelas placas de cinturão, percebemos que, num contexto marcado pela vigência de maior tensão e dificuldades de coexistência entre entidades diferenciadas, os grupos forâneos, demograficamente minoritários, mas que acabaram por se afirmar do ponto de vista político e militar (apesar de todas as debilidades intrínsecas) num mundo administrativamente desagregado, tenham escolhido manter os seus traços diferenciadores visualmente mais expressivos. Pelo contrário, num momento cronologicamente mais avançado, quando as compartimentações perdem a sua relevância, e até do ponto de vista político e religioso, se assume como necessário promover uma maior aproximação entre populações que, na prática, muito provavelmente já estariam a misturar-se (conforme indicado pelas evidências recolhidas em áreas funerárias, sobretudo em meio rural), então também as distinções apoiadas nos adereços de indumentária, etnicamente ilustrativos, deixam de ser requeridas e de fazer sentido.

Confirma-se, por isso, e apesar do conjunto de lacunas apontadas, muitas das quais decorrentes da insuficiência de dados contextualizados, a inegável pertinência de que se reveste a análise dos adornos de vestuário (sendo que, neste âmbito, as placas e as fíbulas corporizam, porventura, os elementos mais emblemáticos). Como afirmávamos na introdução, são várias as potencialidades que decorrem dessa análise e do esforço desenvolvido em torno da perscrutação dos indicadores e "mensagens" transmitidos pelos objectos, sendo que a questão identitária subjacente se afigura, na nossa óptica, uma das mais importantes e desafiadoras, ainda que eivada de dificuldades de interpretação.

## REFERÊNCIAS BIBLIOGRÁFICAS

ABOAL FERNÁNDEZ, Roberto; COBAS FERNÁNDEZ (1999), La Arqueología en la Gasificación de Galicia 10. Sondeos en el Yacimiento Romano-Medieval de As Pereiras. *Traballos en Arqueoloxia da Paisaxe (TAPA)*,13, Santiago de Compostela.

ALARCÃO, Adília (1994), *Museu Monográfico de Conimbriga. Colecções.* Coimbra.

ALARCÃO, Jorge de; ETIENNE, Robert (1977), L'Architecture, *Fouilles de Conimbriga.* I, Paris.

ALMEIDA, C. A. B. de (2003), *Povoamento Romano do Litoral Minhoto entre o Cávado e o Minho*, Dissertação de Doutoramento em Pré-História e Arqueologia apresentada à Faculdade de Letras da Universidade do Porto, Porto.

ALMEIDA, D. Fernando de (1962), Arte Visigótica em Portugal. *O Arqueólogo Português*. Nova Série, IV, p. 5-278.

AREZES, A. C. M. (2010-2011), Materiais de adorno visigóticos de Patalou - Nisa. *PORTVGALIA*, Nova Série, vol. 31-32, p. 65-82.

(2011), *Elementos de Adorno Altimediévicos em Portugal (Séculos V a VIII)*. Serie Trivium 41, Noia.

(2015), Ocupação «Germânica» na Alta Idade Média em Portugal: as necrópoles dos séculos V a VIII". Dissertação de Doutoramento apresentada à Faculdade de Letras da Universidade do Porto, 2 vols.[edição policopiada].

ARIAS SÁNCHEZ, Isabel; BALMASEDA MUNCHARAZ, Luis J. (2015), *La necrópolis de época visigoda de Castiltierra (Segovia). Excavaciones dirigidas por E. Camps y J. M.ª de Navascués, 1932-1935. Materiales conservados en el Museo Arqueológico Nacional.* Tomo I: Presentación de sepulturas y ajuares. Madrid.

AURRECOECHEA FERNÁNDEZ, Joaquín (1994), Los botones de bronce en la *Hispania* romana. *Archivo Español de Arqueologia*, [67], p. 169/170, 157-178.

BALMASEDA MUNCHARAZ, Luis J. (2006), La orfebrería de época visigoda en la Comunidad de Madrid. *Zona arqueológica* 8-3 (Exemplar dedicado a: La Investigación Arqueológica de la Época Visigoda en la Comunidad de Madrid), Alcalá de Henares, p. 753-765.

BARROCA, Mário Jorge (1984), Notas Sobre a Ocupação Medieval em Baião. *Arqueologia* 10, p. 116-136.

BARROSO CABRERA, R.; LÓPEZ QUIROGA, J.; MORÍN DE PABLOS, J. (2006), Mundo funerario y presencia 'germánica' en Hispania (ss. V-VI d.C.). *In*: López Quiroga, ; Martínez Tejera; Morín de Pablos (Eds.), *Gallia e Hispania en el contexto de la presencia 'germánica' (ss. V-VIII). Balance y perspectivas*. BAR IS 1534, Oxford, p. 213-224.

BARROSO CABRERA, R.; MORÍN DE PABLOS, J. (2006), Arqueología funeraria de época visigoda en la Comunidad de Madrid: la toréutica". *Zona Arqueológica*, 8-3 (Exemplar dedicado a: La Investigación Arqueológica de la Época Visigoda en la Comunidad de Madrid). Alcalá de Henares, p. 717-732.

BIERBRAUER, Volker (1997), Les Wisigoths dans le royaume franc. *Antiquités Nationales*, tome 29, p. 167-200.

BUGALHÃO, Jacinta (2004), O abrigo tardo-romano da Vinagreira, Elvas - Arqueologia na Rede de Transporte de Gás: 10 anos de investigação. *Trabalhos de Arqueologia*, 39, p. 97-108.

CARDOSO, Guilherme (1991), *Carta Arqueológica do Concelho de Cascais*. Cascais.

CARDOZO, Mário (1942), Uma estação visigótica (?) no concelho de Chaves (S. Caetano – Freguesia de Couto de Ervededo). *Revista de Guimarães* 52, p. 237-256.

DAIM, Falko (1998), The exemple of the Avars, Carantanians and Moravians in the eighth century. *In*: Pohl; Reimitz (Eds.). *Strategies of distinction. The transformation of the Roman World, 300-800*, Leiden - Boston, p. 71-93.

FABIÃO, Carlos (2009), O Ocidente da Península Ibérica no século VI: sobre o Pentanummium de Justiniano I encontrado na unidade de produção de preparados de peixe da Casa do Governador da Casa do Governador da Torre de Belém, Lisboa. *ERA Apontamentos de Arqueologia e Património* 4, p. 25-50.

GONZÁLEZ VILLAESCUSA, Ricardo (2001), *El mundo funerario romano en el País Valenciano. Monumentos funerarios y sepulturas entre los siglos I a. de C. - VII d. C.* Madrid-Alicante.

GRIMALDI, David (2009), Pushing back amber production. *Science*, 326 (5949), p. 51-52.

HALSALL, Guy (1995), *Settlement and social organization. The Merovingian region of Metz*. Cambridge.

HELLENKEMPER, Hansgerd (1979), *Tresórs romains - Trésors barbares. Industrie d'art à la fin de l' Antiquité et au début du Moyen Age*. Bruxelas.

HODDER, Ian (1982), *Symbols in action. Ethnoarchaeological studies of material culture*. Cambridge.

JONES, Siân (1997), *The Archaeology of Ethnicity. Constructing identities in the past and present*. London.

KAZANSKI, Michel (1991), *Les Goths (Ier-VIIe après J.-C)*. Paris.

KAZANSKI, Michel; PÉRIN, Patrick (1997), Les Barbares 'orientaux' dans l'armée romaine en Gaule. *Antiquités Nationales*, tome 29, p. 201-217.

LEBEDYNSKY, Iaroslav (2001), *Armes et guerriers barbares au temps des grandes invasions. IV au VI siècle après J.-C.* Paris.

LEGUAY, Jean-Pierre (1993), O Portugal Germânico". *In*: Oliveira Marques, A. H. de (Coord.), *Nova História de Portugal. Das Invasões Germânicas à "Reconquista"*, vol. II, Lisboa, p. 11-115.

ORLANDIS, José (2006), *Historia del Reino Visigodo Español*. Madrid.

OSTOIA, Vera K. (1953), A Ponto-Gothic Fibula. *The Metropolitan Museum of Art Bulletin*, New Series, vol. 11, n.º 5, p. 146-152.

PALOL SALELLAS, Pedro de (1950), Jarritos e Patenas Litúrgicos. *Bronces Hispanovisigodos de Origen Mediterráneo*, Barcelona.

(1986), Las excavaciones del conjunto de 'El Bovalar', Seros (Segria, Lerida) y el reino de Akhila. *Los Visigodos: Historia y Civilizacion. Antigüedad y Cristianismo. Monografias Historicas sobre la Antigüedad Tardia* III, Murcia, p. 513-526.

PÉREZ RODRÍGUEZ-ARAGÓN, Fernando (1996), La cultura de Tchernjahov, la diaspora gotica e el peine de Cacabelos. *Boletín del Seminario de Estudios de Arte y Arqueología* LXII, p. 173-184.

(1997), Elementos de tipo bárbaro oriental y danubiano de época bajo-imperial en Hispânia. *Actas del Congreso Internacional "La Hispania de Teodósio"* 2, p. 629-647.

RIPOLL LÓPEZ, Gisella (1985), La Necropolis Visigoda de el Carpio de Tajo (Toledo). *Excavaciones Arqueológicas en España* 142, Madrid.

(1998), *Toréutica de la Bética (siglos VI y VII D.C.)*. Barcelona.

SHENNAN, Stephen (2003), Introduction: archaeological approaches to cultural identity. *Archaeological approaches to cultural identity*, London, p. 1-32.

TRANOY, A. (1974), *Hydace: Chronique. Tome I, Introduction, texte critique, traduction*. Paris.

VALLALTA MARTíNEZ, Pilar (1988), Dos objetos de bronce de epoca visigoda en el yacimiento de Begastri (Cehegin, Murcia). Estudio y restauración. *Antigüedad y Cristianismo: Monografías Históricas sobre la Antigüedad Tardia* V, p. 303-314.

VASCONCELOS, José Leite de (1913), *Religiões da Lusitânia*, vol. III, Lisboa.

VIZCAÍNO SÁNCHEZ, Jaime (2007), Introducción. El estudio del mundo funerario tardoantiguo en el área Hispana: ¿Bizantinos, Visigodos o Hispanorromanos?. La presencia bizantina en Hispania (siglos VI-VII). La documentación arqueológica. *Antiguedad y Cristianismo: Monografías Históricas sobre la Antigüedad Tardía*, XXIV, Murcia, p. 535-596.

VIVES, José (1969), *Inscripciones Cristianas de la España Romana y Visigoda*. Barcelona.

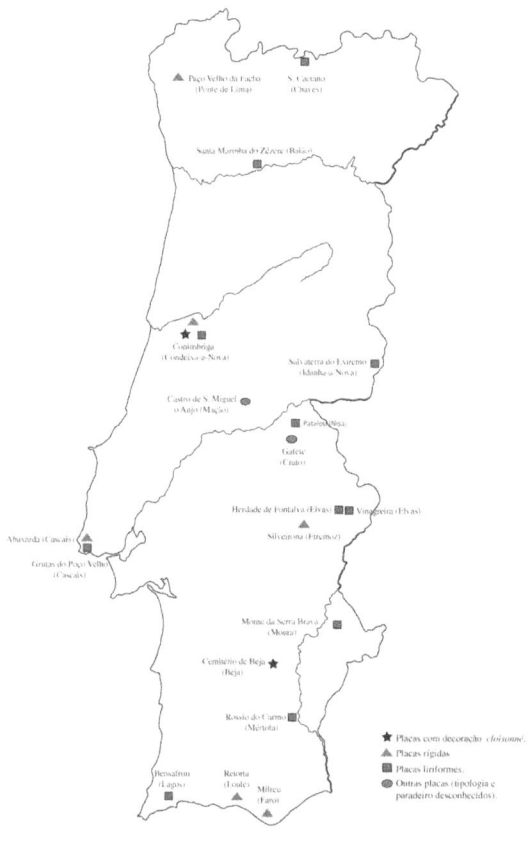

Ocorrências documentadas de placas de cinturão no território português.

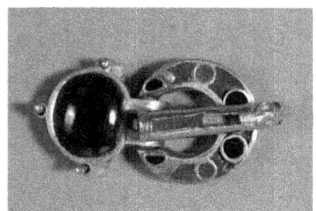

Origem: cemitério de Sta. Clara (Beja). N. inv. Au 124 (M.N.A.). Foto: M.N.A.

Origem: cemitério de Sta. Clara (Beja). N. inv. Au 125 (M.N.A.). Foto: M.N.A.

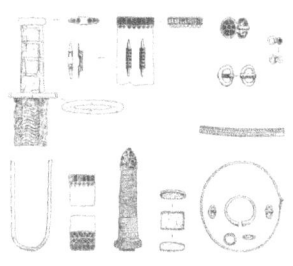

Materiais "principescos" exumados no túmulo de Pouan (Aube - França), datados do século V (segundo Kazanski; Périn 1997: 202).

Do *cloisonné* ao liriforme.
Diacronias de um adorno de vestuário na Alta Idade Média

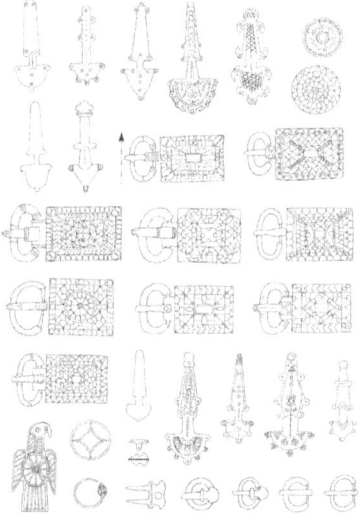

Materiais de adorno pessoal e de vestuário do nível III
(segundo Ripoll López 1998: 51).

Origem: *Conimbriga* (Condeixa-a-Nova).
N. inv. A.74.6. (M. Monográfico de Conimbriga) )

Origem: *Tinto Juan de La Cruz*
Museo Arqueológico Regional (M.A.R.) –
Alcalá de Henares
(segundo Barroso Cabrera e Morín de Pablos 2006: 725).

Placa rígida. Origem: Milreu (Estói, Faro).
N. inv. 983.1002.101 (M.N.A.).

Placa rígida. Origem: Abuxarda (Cascais).
N. inv. 2003.9.1. (M.N.A.).

Placa rígida com decoração. Origem: Retorta (Loulé).
N. inv. 983.1223.1. (M.N.A.).

Placa rígida vazada com decoração.
Origem: *Conimbriga* (Condeixa-a-Nova).
S/ N.º inv. (M.N.A.).

Placa rígida vazada epigráfica.
Origem: Paço Velho da Facha (Ponte de Lima).
S/ N.º inv. (Edifício Paço do Marquês - C.M.P.L.)

Placa rígida vazada com decoração figurada.
Origem: Desconhecida.
S/ N.º inv. (M.N.A.).

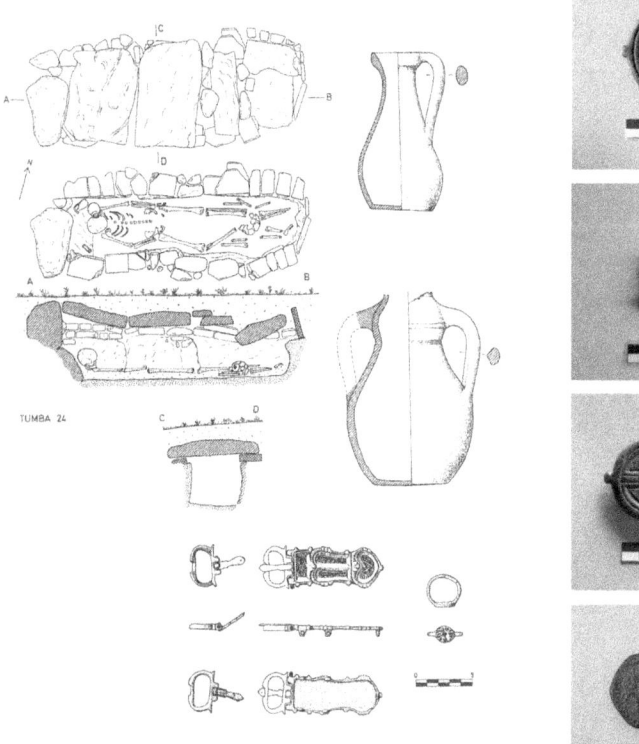

Em cima: sepultura n. 24 de Gerena (Sevilha) e reprodução do material nela exumado (Ripoll López 1998: 255). Ao lado, placas de tipologia liriforme, recolhidas em território português: 1 - Sta. Marinha do Zêzere (Baião); 2 - Salvaterra do Extremo (Idanha-a-Nova); 3 - Patalou (Nisa); 4 - Herdade de Fontalva (Elvas).

# Adornos anulares en la Antigüedad Tardía: criterios para la catalogación de la colección del Museo Nacional de Arte Romano de Mérida (Badajoz, España)
(Annular adornments in Late Antiquity: cataloguing criteria for the collection in Museo Nacional de Arte Romano de Mérida (Badajoz/España))

Nova Barrero Martín (nova.barrero@mecd.es)
Museo Nacional de Arte Romano de Mérida

Resumo – Neste estudo pretendemos analisar os adornos pessoais da Antiguidade Tardia que pertencem às reservas do Museo Nacional de Arte Romano, e em específico, os ornamentos anelares. Representam a importância que a cidade de *Augusta Emerita* deteve, bem visível no domínio da cultura material e, em específico, da torêutica deste período. A análise sistemática da colecção do Museu e a aplicação de critérios de catalogação que não são exclusivamente tipológicos trouxe avanços para a investigação e estudo destes 26 anéis, muitos dos quais ainda inéditos, e que este estudo preliminar permite divulgar.

Palavras-chave – Museo Nacional de Arte Romano em Mérida; *Augusta Emerita*; Antiguidade Tardia; adornos pessoais; anéis

Abstract – In this research, we release the personal ornaments assemblage belonging to late antiquity from the National Museum of Roman Art, annular ornaments specifically. It is significant how the importance of the antique city *Augusta Emerita* is not return to material culture and to collection of Toreutica specifically in this period. The systematic analysis of the Museum's collection and the application of cataloguing criteria not typological exclusively, have yielded positive results. We show 26 rings in the aggregate, many unpublished, in this preliminary study.

Keywords – National Museum of Roman Art in Mérida, *Augusta Emerita*, Late Antiquity, personal ornaments, rings

Una de los interrogantes de la arqueología emeritense referente a la Antigüedad Tardía es la mínima representación de adornos personales correspondientes a este período, al menos la bibliografía así lo reflejaba, lo que se contradice con la amplia documentación histórico, literaria y arqueológica que existe para la *Augusta Emerita* tardoantigua (Álvarez Martínez y Mateos Cruz 2011)[1]. Por ello, establecer patrones y criterios de catalogación definidos, que permitieran revisar la colección del Museo Nacional de Arte Romano de Mérida (en ade-

---

[1] Las *Actas del Congreso Internacional 1910-2010. El yacimiento Emeritense* es una buena muestra del actual conocimiento de la Augusta Emerita en la Antigüedad Tardía.

https://doi.org/10.14195/978-989-26-1353-6_7

lante MNAR) con un nuevo enfoque y perspectiva, fue el planteamiento de este trabajo, incluido en el estudio mucho más amplio[2], siendo conscientes de que quizá sea también unos de los aspectos más controvertidos.

Por un lado, hay que tener presente la ausencia de documentación sobre la procedencia y/o contexto arqueológico de buena parte de la colección de adornos personales del MNAR, que entraron a formar parte de las colecciones como "Fondo Antiguo". Por otra parte, desde una perspectiva tradicional, el empleo de un único criterio de estudio, como era el tipológico, para estos materiales, con la ausencia de fósiles directores, concluyó con la práctica ausencia de estudios específicos sobre toréutica tardoantigua en *Augusta Emerita*. Una nueva visión más amplia de lo que supone la cultura material de estos siglos, así como los últimos hallazgos a cargo del Consorcio de la Ciudad Monumental de Mérida, permite hablar ya de un catálogo de materiales (Pérez Maestro 2005; Heras Mora 2006; Cantillo Vázquez 2007).

La revisión sistemática de la colección de adornos personales del MNAR, la aplicación de nuevos criterios para su catalogación, especialmente para el caso de los adornos anulares, permite poner a discusión en este trabajo un buen número de piezas que nos informan sobre el uso de este tipo de objetos en el territorio de *Augusta Emerita* en la Antigüedad Tardía.

### Catálogo de materiales

En la revisión y estudio de la colección de anillos del MNAR, la determinación de su adscripción cronocultural a la Antigüedad Tardía viene dada fundamentalmente por el empleo de dos criterios en su catalogación:

— Contexto Arqueológico: La ampliación de este criterio prima sobre cualquier otro. Todos los adornos anulares procedentes de excavaciones cuyo contexto arqueológico nos sitúe en el ámbito de estudio, están incluidos.

— Epigráfico/Iconográfico: La presencia de monogramas y/o advocaciones cristianas que atestiguan la fe de su poseedor, o símbolos iconográficos más complejos que tienen el mismo objetivo, sin duda nos sitúa en un momento cronológico, al menos, *post quem* a la llegada del cristianismo y, por tanto, cronológicamente dentro del período de estudio de este trabajo.

---

[2] Desde el Departamento de Investigación del MNAR y dentro del Grupo Regional de Investigación (EMA-HUM 016) desarrollamos una línea de trabajo referente a la Toréutica de la Antigüedad Tardía en la Lusitania. En 2011 presentamos el Trabajo de Fin de Máster bajo el título *La colección de Toréutica Cristiana del Museo Nacional de Arte Romano de Mérida en la Antigüedad Tardía y en Época Visigoda (siglos IV-VII d.C.)*.

Adornos anulares en la Antigüedad Tardía: criterios para la catalogación de la colección del Museo Nacional de Arte Romano de Mérida (Badajoz, España)

Por otro lado, hay que subrayar que un criterio de catalogación no empleado ha sido el tipológico. Mientras que la aplicación del mismo para otros grupos de piezas que han sido objeto de estudios monográficos extensos, como por ejemplo, los broches de cinturón, han dado de fructíferos resultados en el caso hispano (Ripoll López 1998), en el caso de los adornos anulares no existen tales estudios de referencia.

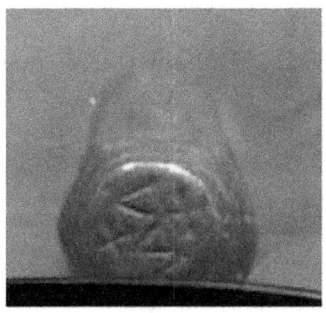

N.º 01 – Lám. I, Fig. 1 (Inv. CE00222).
Bronce. Fundido y cincelado. Diámetro: 24 mm. Inscripción: (Cruz) VM (Cruz) o VIVA. Datación: Siglo VI-VII d. C.
Comentario: Anillo de chatón hexagonal, en el que aparecen inscritas dos letras en el centro, reconocidas como "V" y "M", que comparten uno de los brazos de las letras. En la parte superior e inferior, dos cruces. La pieza ingresa en el Museo antes de 1910. Actualmente se encuentra en paradero desconocido y sólo se conocía por referencias antiguas, hasta que gracias a un proyecto actual del MNAR de digitalización del Archivo Fotográfico permitió rescatar una placa de vidrio que, aunque fragmentada, permite reconocer y estudiar la pieza.

La pieza recoge una tipología típica de los anillos visigodos, realizada en bronce y con modelo de chatón, para albergar signos cristológicos junto a inscripciones (Reinhart 1947: 168.). De acuerdo a la lectura realizada por Ramírez Sádaba, que no pudo consultar la pieza por estar desaparecida, se trataría del típico modelo en el que se recoge el monograma, posiblemente del poseedor de la pieza, un individuo masculino a juzgar por el diámetro, en el que éste es acompañado de los símbolos propios de la religión que profesa, como son las cruces que delimitan al mismo.

Otra opción posible de lectura sería "VIVA", advocatoria resumida de "Vivas in Deo" o "Vivas in Christo", presente en distintos objetos así como en encabezamientos de epitafios (González Fernández 2002). Su presencia en anillos también es relativamente usual, bien con advocatoria completa, como es el caso del anillo de Baena (nº Inv. 10/3/1) (Morena y Sánchez 2011) o como parece presentarse en el anillo hallado en la Sepultura nº 34000-12 de la necrópolis oriental de Cartagena (CA4-34356-902-1) (Madrid Balanza y Vizcaíno Sánchez 2006: 113-114, Fig 6.3.), o bien en expresión reducida, tal y como puede observarse en algunos anillos visigodos procedentes de Sierra Elvira, publicados por Gómez Moreno (Gómez Moreno 1888, n° 253, 254 y 255, Lám. XVII) y posteriormente recogidos por Reinhart. Concretamente el n.° 65 del catálogo del autor alemán recoge un esquema epigráfico similar (Reinhart 1947: 76, n.° 65) al ejemplo emeritense. Sería, por tanto, otra opción posible y muy sugerente.

Bibliografía: RAMÍREZ SÁDABA, J.L. y MATEOS CRUZ, P. 2000, n° 173, p. 216-217; NAVASCUÉS, J. M. 1948, n.° 70, p. 271.

N.° 02 – (Inv. CE00223)
Bronce. Fundido y cincelado. Diámetro: 29 mm. Peso: 1,13 g. Datación: Siglo VI-VII d. C.

Comentario: Aro laminiforme. Sus extremos se superponen para cerrarse y sufre un ligero ensanchamiento en el centro para formar chatón, en el que se graba una cruz.

La pieza pertenece a una de las tipos morfológicos más sencillos de los anillos, con una configuración y un método de fabricación simple. Sin embargo, si no fuera por el símbolo que presenta en el chatón sería muy difícil una adscripción plausible al período cristiano.

Esta forma de fabricación, una lámina que cierra superponiendo los dos extremos, tuvo gran difusión en la Antigüedad Tardía, usando el chatón para la plasmación de inscripciones o símbolos cristianos, como en este caso. El uso de este sistema de cierre permitiría la adaptación al usuario y es bastante común en necrópolis visigodas, con numerosos paralelos como los procedentes de la necrópolis de Pamplona (Mezquiriz Irujo 1965: 55, Lám. XI.13).

N.° 3 – Lám. I, Fig. 2 (Inv. CE11277).
Bronce. Fundido y cincelado. Diámetro: 22 mm. Peso: 2,45 g. Datación: Siglo VI-VII d. C.

Comentario: Aro compuesto por lámina de sección semicircular, que se solapa en los extremos para cerrarse y se ensancha en el centro para recibir decoración. Ésta se compone de cruz inscrita en lonsange y agrupaciones de puntos de dos, cuatro, dos y tres (leídos de izquierda a derecha y de arriba a bajo) en los espacios en hueco. El campo se cierra con dos líneas horizontales, seguidas por dos líneas verticales paralelas que corren a lo largo del aro, cerradas en uno de los lados por otra línea horizontal.

La cruz como motivo único es de uso habitual en los anillos cristianos y también, como en este caso incluida, en lonsange. Ejemplos similares son recogidos por Reinhart (Reinhart 1947: 168).

N.º 4 – Lám. I, FigG. 3 (Inv. CE11278).
Bronce. Fundido y cincelado. Diámetro: 27 mm. Peso: 14,82 g. Datación: Siglo IV-VII d.C.

Comentario: Aro de sección semicircular, plano al interior. Presenta chatón circular, con imagen grabada de dos aves de cola larga afrontadas en torno a un vástago central y estrella en la parte inferior.

La tipología de anillo, aro con chatón circular, es de larga tradición romana y no presenta una novedad en los objetos de adorno personal. Sin embargo, el tipo decorativo recogido en el chatón es el que lo introduce en los tipos iconográficos del mundo cristiano. Efectivamente, la imagen de dos aves afrontadas en torno a un elemento central (rueda calada, crismón, cratera, vaso.. etc) es habitual en el repertorio decorativo cristiano a partir del siglo IV d.C., primero con una carga simbólica muy significativa y, avanzado el tiempo, como motivo meramente ornamental. En este caso las aves representadas son pavos reales, ya que la larga cola permite su identificación. El Pavo Real, espacialmente en contextos funerarios, parece aludir a la resurrección cristiana. Los pavos afrontados serían un trasunto del tema pagano, ya reconvertido a la moral cristina, según el cual existe la leyenda de que su carne es incorruptible por su asociación al mito del Ave Fénix y, por tanto, inmortal, igual que el alma cristiana (Bisconte 2000: 111).

Conocemos un paralelo exacto al anillo emeritense, procedente de un área funeraria visigoda cordobesa y conservado actualmente en el Museo Arqueológico de la ciudad (N.º inv. CE027841)[3]. Aunque la tipología de anillo varía, ya que en

---

[3] Ficha de Inventario del Museo Arqueológico de Córdoba.

este caso se trata de un aro que se ensancha en el centro de forma circular, para formar chatón, el tipo decorativo que presenta es muy semejante. Se trata de dos aves afrontadas en torno a una cruz, formada por cuatro triángulos dispuestos radialmente. Toda la escena está enmarcada por una grafila de puntos. El contexto del hallazgo está fechado entre el siglo v y viii d.C.

Reinhart, en su estudio de los anillos hispanovisigodos, recoge también un ejemplar de características muy similares. Se trata de un anillo procedente de Sierra Elvira, conformado por aro y chatón circular, con dos aviformes enfrentadas en torno a un vástago central, rematado en cruz (Reinhart 1947: 177, Fig. 3.55). Se trataría, según Reinhart, de un tipo iconográfico bizantino y el anillo, un producto de importación.

Sólo a modo de ejemplo, citaremos algunas piezas de la espléndida colección de escultura visigoda emeritense que presentan este mismo esquema iconográfico: un friso decorativo (Inv. CE 08.219) (Cruz Villalón 1985: 136, n.º 354), que posiblemente formaría parte de un monumento funerario, y la placa que hoy conserva el MAN (Inv. CE07763) (Cruz Villalón 1985: 148, n.º 406). Además, el trasunto del tema tiene su plasmación en otras piezas de gran interés, en la que los pavones son sustituidos por aves identificadas con palomas, enfrentadas en torno a un vaso. Se trata de una placa-nicho (Inv. CE08565) (Cruz Villalón 1985: 82, n.º 135), pieza de gran importancia en el programa iconográfico por la situación preponderante que guardaría en la decoración de los edificios religiosos este tipo de piezas.

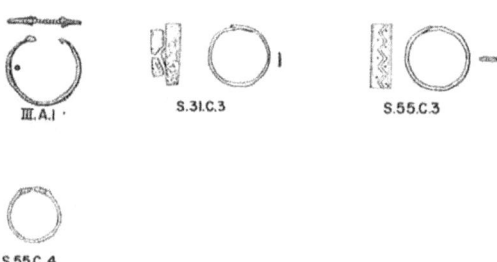

N.º 5– Lám. I, Fig. 4 (según CABALLERO y ULBERT) (Inv. CE11977).

Bronce. Fundido y cincelado. Diámetro: 21 mm. Peso: 65 g. Procedencia: Mérida. Basílica de Casa Herrera. Nave central. Datación: Siglo VI-VII d. C

Comentario: Aro filiforme de sección circular, decorado con estrías, fragmentado en el centro, donde ha perdido el chatón.

El anillo fue hallado en la Nave Central de la Basílica de Casa Herrera, durante la campaña de 1968. La tipología de anillos con chatón para engastar piedras o vidrios es común en las necrópolis de la Antigüedad Tardía, y son claros ejemplos de la perduración de modelos romanos en este período. Es habitual, en este tipo de anillos, que sea el chatón el elemento perdido, al ser la unión con el

Adornos anulares en la Antigüedad Tardía: criterios para la catalogación de la colección del Museo Nacional de Arte Romano de Mérida (Badajoz, España)

aro el elemento más débil y el chatón la pieza más sobresaliente. Sólo el contexto arqueológico permite datar estos objetos, ya que no existen diferencias entre los fabricados en época romana y los de momentos posteriores.

Bibliografía: CABALLERO, L. y ULBERT, T. 1976: 113, Fig. 19. II.A.1.

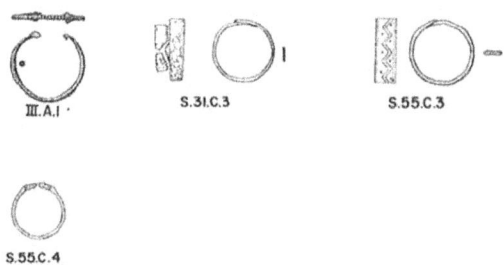

N.º 6 – Lám. I, Fig. 4 (según CABALLERO y ULBERT) (Inv. CE12008). Bronce. Fundido. Diámetro: 15 mm. Peso: 0,79 g. Procedencia: Mérida. Basílica de Casa Herrera Sepultura 19, estrato II. Datación: Siglo VI-VII d. C.

Comentario: Aro laminar, cuyos extremos se superponen para cerrarse. En la zona central presenta cierto ensanchamiento. El borde del aro aparece decorado con sendas gráfilas de puntos, mientras que el centro está ocupado por una línea continua en ziczac. La decoración está muy perdida.

La pieza se halló dentro de la Sepultura 19 de Casa Herrera. Parece que formaría parte del ajuar de un individuo, cuyos restos habían sido arrinconados dentro de la tumba, para que ésta pudiera ser reaprovechada.

Nos encontramos de nuevo ante una tipología sencilla de adorno anular, en este caso dignificada por la decoración grabada que presenta. Ésta no es inusual. En la propia Basílica se halló otro anillo de semejante decoración, incluido en este estudio (n.º 7).

Bibliografía: CABALLERO, L. y ULBERT, T. 1976: 154, Fig. 41.S.19.C.4.

N.º 7 – (Inv. CE16462)
Bronce. Fundido y cincelado. Diámetro: 18 mm. Gr. 2 mm. Peso: 0,74 g. Procedencia: Mérida. Basílica de Casa Herrera. Sepultura n.º 55 . Datación: Siglo VI-VII d. C.

Comentario: Aro laminar, cerrado por la yuxtaposición de sus extremos. Presenta decoración incisa de doble línea de zigzag y triángulos en los espacios libres que forman. Una cenefa de pequeñas líneas paralelas define el perímetro de toda la pieza.

El anillo apareció, junto al n.º 8 de este catálogo, en la Sepultura 55, dentro de la necrópolis extendida en los alrededores de la Basílica, durante la campaña de 1972. El individuo era una mujer de edad madura. El ajuar se completaba con dos jarros típicamente visigodos.

El tipo de anillo pertenece de nuevo a lámina doblada sobre sí misma para amoldarse el dedo del usuario y cerrarse, ya comentada. La decoración en ziczac con puntos en los intersticios es un motivo de antiquísimas raíces mediterráneas, que en el mundo tardoantiguo y visigodo adquiere un especial protagonismo en los objetos de adorno personal.

Bibliografía: CABALLERO, L. y ULBERT, T. 1976: 182, Fig. 57.S.55.C.3.

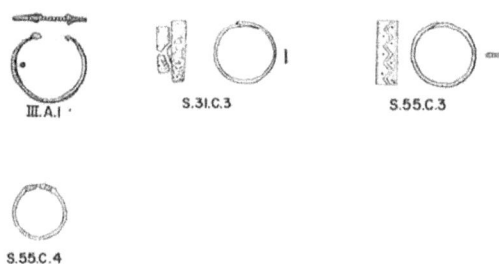

N.º 8 – Lám. I, Fig. 4 (según CABALLERO y ULBERT) (Inv. CE16463). Bronce. Fundido y cincelado.: Diámetro: 17 mm. Anch. 1 mm. Gr. 1 mm. Peso: 0,47 g. Procedencia: Mérida. Basílica de Casa Herrera. Sepultura n.º 55. Datación: Siglo VI-VII d. C.

Comentario: Aro filiforme, conformado por hilo de bronce de sección circular, con extremos decorados mediante otro hilo enrollado sobre estos. Está roto en esta zona decorada.

El anillo apareció junto al anillo n.º 7 de este trabajo. De nuevo nos encontramos ante un método de fabricación sencilla, aunque muy resolutiva: hilo de bronce que se retuerce y se dobla sobre sí mismo para cerrarse.

Bibliografía: CABALLERO, L. y ULBERT, T. 1976 182, Fig. 57.S.55.C.4.

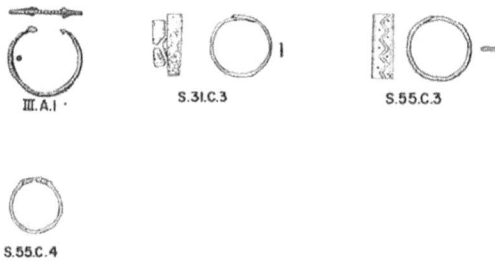

N.º 9 – Lám. I, Fig. 4 (según CABALLERO y ULBERT) (Inv. CE16464). Bronce. Fundido y cincelado. Diámetro: 18 mm. Anch. 4 mm. Gr. 2 mm. Peso: 1,05 g. Procedencia: Mérida. Basílica de Casa Herrera. Sepultura n.º 31. Datación: Siglo VI-VII d. C.

Comentario: Aro laminar, de sección plana, cerrado por la yuxtaposición de sus extremos. El anillo apareció en la Sepultura 31 de la Basílica de Casa Herrera (Mérida), en la campaña de 1972, en la mano izquierda del esqueleto hallado en su interior. Éste pertenecía a un cuerpo femenino maduro. El ajuar se completaba con otro anillo de hierro, unido a éste, hoy perdido, así como un jarro y una olla típicamente visigodos.
Bibliografía: CABALLERO, L. y ULBERT, T. 1976: 166, Fig. 47.S.31.C.3.

N.º 10 – (Inv. CE16465).
Bronce. Fundido y cincelado. Diámetro: 23 mm. Anch. 3 mm. Gr. 3 mm. Peso: 2,98 g. Procedencia: Mérida. Basílica de Casa Herrera. Nave Lateral Sur. Datación: Siglo VI-VII d. C.
Comentario: Aro de sección circular. Presenta concreciones por oxidación. El anillo fue hallado en la Nave Lateral Sur de la Basílica durante las labores de limpieza de la campaña de 1972. Destaca su extrema sencillez.
Bibliografía: CABALLERO, L. y ULBERT, T. 1976: 166, Fig. 47.S.31.C.3.

N.º 11 – (Inv. CE16494).
Bronce. Fundido y cincelado. Diámetro: 21 mm. Anch. 7 mm. Gr. 3 mm. Peso: 3,12 g. Procedencia: Mérida. Basílica de Casa Herrera. Habitación NO interior. Datación: Siglo VI-VII d. C.
Comentario: Aro de sección semicircular, plano al interior, que se ensancha en el centro para formar chatón. Parece que hubo elementos grabados en éste, pero no se conservan.
El anillo fue hallado en la Habitación NO interior de la Basílica, durante las labores de limpieza de la campaña de 1972.
Su morfología es bien conocida dentro de las tipologías de anillos tardoantiguos: fabricado en lámina de bronce, que se ensancha para formar chatón; en éste se incluía el nombre del propietario o signos de adscripción cristiana del mismo. Sin embargo, en este caso sólo se observan restos de algún grabado indescifrable.
Bibliografía: CABALLERO, L. y ULBERT, T. 1976: 166, Fig. 47.S.31.C.3.

N.º 12 – Lám. I, Fig. 5 (Inv. CE17818).
Bronce. Fundido y cincelado. Diámetro: 20 mm. Peso: 2,5 g. Procedencia: Mérida. Teatro romano. Ingresa el 3/7/73. Inscripción: (Cruz) EMILIA. Datación: Siglo VI-VII d. C
Comentario: Aro de sección semicircular que se ensancha en el centro para recoger la inscripción. Ésta está antecedida por una cruz griega de brazos patados. La inscripción reza un nombre femenino, Emilia.
Nos encontramos ante un ejemplar que sigue modelos habituales en el artesanado visigodo, con la singularidad de que en este caso el chatón no recoge un monograma sino el nombre completo de la dueña y usuaria del

anillo, que reafirma a su vez su condición cristiana con la inclusión de cruz antecediendo el nombre.

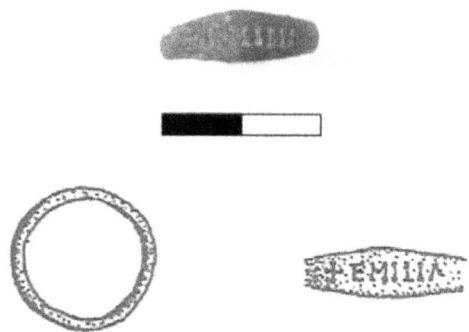

Conocemos algún ejemplar procedente de la propia Mérida que sigue este mismo modelo de incluir el nombre completo del propietario en el adorno anular del chatón. Es el caso del nº 18 de este trabajo, con el nombre de Iusta, o la posibilidad de que los nº 1, 17, 21 y 22, cuya inscripción no ha podido ser leída correctamente, también incluyan el nombre, o funcionaran como anillos signatarios.

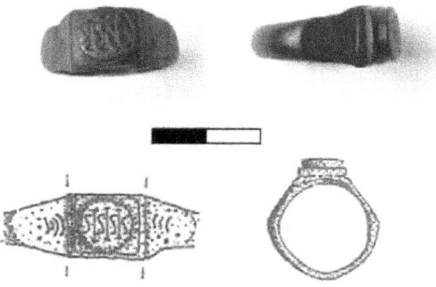

N.º 13 – Lám. I, Fig. 6 (Inv. CE19333).
Bronce. Fundido y cincelado. Diámetro: 25 mm. Peso: 9,55 g. Procedencia: Mérida. Donación. Casa del Anfiteatro. Ingresado el 14/01/1974. Inscripción: SISISIS. Datación: Siglo VI-VII d. C.
Comentario: Aro de sección semicircular y aplanado y recto en las laterales al chatón. Éste es rectangular de doble moldura, sobre el que se dispone otra moldura circular que recibe la inscripción de cuatro "S" separadas por tres vástagos rematados por triángulos en sus extremos. En los laterales al chatón, incisas tres medias lunas y serie de tres puntos.
El adorno anular procedente de la Casa del Anfiteatro alberga en su chatón cuadrangular un motivo usado típicamente en la metalistería visigoda, aunque no es propia de ella. El motivo puede ser identificado o asemejado a los estrigiles, que ya tuvieran gran éxito en los sarcófagos paleocristianos enmarcando las escenas principales de los lados mayores y que para este tipo de piezas se usan como

motivos decorativos en anillos y otros objetos de adorno personal. Así es reconocido por Reinhart, que recoge un anillo con tema decorativo similar (Reinhart 1947: 177, Fig. 3.50).

Además, se conocen otros anillos visigodos con tema de estrígiles, separados en ocasiones por elementos verticales, como es el caso del emeritense. Por su mayor cercanía citaremos, en primer lugar, el anillo hallado en la necrópolis visigoda de El Caballar (Usagre, Badajoz) (Ortiz Alesón y Blasco Rodriguez 1985: 165--166, Fig. 2, Lám. I, 1 y 2), que fue hallado con laminilla de plata enrollado sobre el aro, lo que hace suponer a los arqueólogos que se portaría colgado y empleado, cuando se necesitase, como anillo signatario. Otro ejemplo es el procedente de la necrópolis de Durantón y publicado por Molinero Pérez (Molinero Pérez 1971, Lám. XLIV, sep. 498, n.º 884). También Zeiss recoge en su estudio monográfico un anillo con esquema decorativo similar (Zeiss 1934, Lám. 25.2).

Otos objetos propios de la metalistería visigoda emplearon motivo idéntico en su decoración. Algunos ejemplos serían el hebijón de la hebilla hallada en la tumba 34 AT de la necrópolis de El Ruedo (Almedinilla-Córdoba) (Muñiz Jaén y Bravo Carrasco 2000: 193), datado en el siglo VI d.C., o la hebilla y base de la aguja de un broche conservado completo, procedente de la sepultura 31 de la necrópolis de Herrera del Pisuerga (Martínez Santa Olalla 1933: 42, Lám. L ).

Bibliografía: RAMÍREZ SÁDABA, J. L. y MATEOS CRUZ, P. 2000, n.º 174, p. 217; NAVASCUÉS, J. M. 1948, n.º 72, p. 274.

N.º 14 – Lám. II, Fig. 1 (Inv. CE29231).
Bronce. Fundido y cincelado. Diámetro: 19 mm. Peso: 1,64 g. Datación: Siglo VI-VII d. C.
Comentario: Aro conformado por lámina plana, que en los extremos se superpone para cerrarse. En el centro de ensancha de forma romboidal, donde tiene incisa una cruceta.

La tipología simple de anillo, laminar con ensanchamiento para la constitución de chatón, y el sistema de cierre son elementos ya observados en otros ejemplares recogidos en este estudio. Como motivo decorativo, una simple cruceta adaptada a la forma en lonsange del chatón, que tuvo gran aceptación en la metalistería visigoda a juzgar por numerosos ejemplos conocidos y de los que recogemos algunos paralelos con los conocidos de la necrópolis de Pamplona (Mézquiriz 1965, Lám. X, n.º 10 y 11), la tumba n.º 51 de de Herrera del Pisuerga (Martínez Santa Olalla 1933: 44, Lám. LV.) o ejemplares procedentes de la zona salmantina (Morín de Pablos y Barroso Cabrera 2010: 170, Fig. 20, n.º 12).

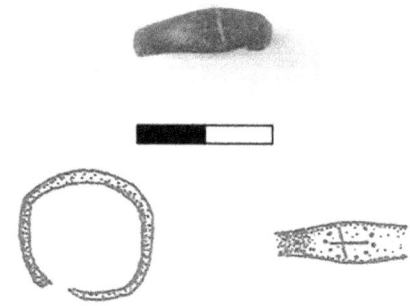

N.º 15– Lám. II, Fig. 2 (Inv. CE29403).
Bronce. Fundido y cincelado. Diámetro: 21 mm. Peso: 1,94 g. Datación: Siglo VI-VII d. C.
Comentario: Aro laminar, roto en uno de los extremos. Se ensancha en el centro para dar lugar al chatón, decorado con cruz latina rodeada de puntos.
El ejemplar repite modelos simplificados, bien conocidos dentro del contexto de estudio. La simplificación del motivo decorativo en el chatón, la cruz, en este caso rodeada de puntos, ha sido analizada ya, al igual que el sistema de cierre, que en este caso volvería a repetir el solapamiento de los extremos y su ajuste por presión al usuario.

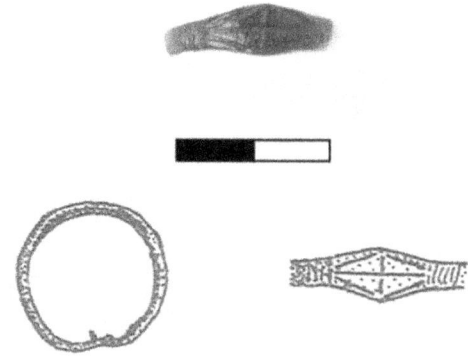

N.º 16 – Lám. II, Fig. 3 (Inv.CE29407).
Bronce. Fundido y cincelado. Diámetro: 22 mm. Peso: 1,66 g. Datación: Siglo VI-VII d. C.

Comentario: Aro compuesto por lámina de sección semicircular, que en los extremos se superpone para cerrarse. En el centro se ensancha para recibir decoración. Ésta se compone de cruz inscrita en lonsange, cercada en los laterales por tres líneas paralelas.

N.º 17 – Lám. II, Fig. 4 (Inv. CE29408).
Bronce. Fundido y cincelado. Diámetro: 21 mm. Peso: 1,44 g. Inscripción: D (.) / LV / (.) V (.). Datación: Siglo VI-VII d. C.
Comentario: Aro filiforme de sección semicircular que lleva soldado el chatón de forma elipsoide. Éste contiene inscripción en tres registros, que se conserva muy desgastada en los laterales.
El ejemplar sigue modelos de tradición romana que perduraron durante Antigüedad Tardía, con chatón para la inclusión de nombres o monogramas, funcionando o no como anillos signatarios. En este caso el nombre no ha podido ser leído, debido al desgaste sufrido por el uso. A la dificultad de leerlo de forma fiel, se une el hecho de que estos monogramas son en muchas ocasiones indescifrables.
Bibliografía: RAMÍREZ SÁDABA, J. L. y MATEOS CRUZ, P. 2000, n.º 172, p. 216; NAVASCUÉS, J. M. 1948, n.º 69, p. 270.

N.º 18– Lám. II, Fig. 5 (Inv. CE29449).
Bronce. Fundido y cincelado. Diámetro: 21 mm. Peso: 3,59 g. Inscripción: (Cruz) IUSTA. Datación: Siglo VI-VII d. C.

Comentario: Aro de sección semicircular con chatón circular de doble moldura. Inscrito en él, nombre femenino, Iusta, en el que se enlazan las tres primeras letras. El nombre queda enmarcado por dos pequeñas líneas horizontales. Bajo la superior una cruz griega.

Una vez más, el chatón sirve para identificar al dueño y portador de la pieza, en este caso un individuo femenino, Iusta, que además reafirma su fe con la inclusión de una cruz sobre el nombre.

Bibliografía: RAMÍREZ SÁDABA, J. L. y MATEOS CRUZ, P. 2000, n.º 167, p. 213; VIVES, ICERV: 1969, n.º 394; NAVASCUÉS, J. M. 1948, n.º 71, p. 272-73; MÉLIDA, J. R. 1925, Tomo II, n.º 2115.

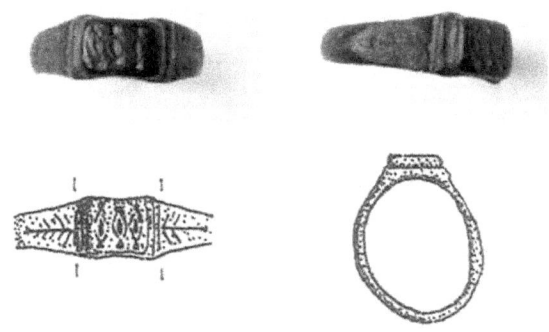

N.º 19– Lám. II, Fig. 6 (Inv. CE32525).

Bronce. Fundido y cincelado. Diámetro: 24 mm. Peso: 4,51 g. Datación: Siglo VI-VII d. C.

Comentario: Aro se sección semicircular, que se aplana en los laterales del chatón. Éste es de morfología cuadrangular, en doble moldura, con decoración de tres elipses, enmarcadas por cuatro rayitas cada una y rematadas en los extremos por triángulos. Tanto estos últimos como las elipses conservan restos de la pasta de color claro decorativa que iría incrustada. En los laterales del chatón, aplanados, se observan sendas palmas.

El motivo iconográfico empleado es conocido en otras piezas correspondientes a la toréutica tardoantigua halladas en contexto, que permiten la adscripción temporal de la pieza emeritense. El problema estriba en su correcta interpretación o identificación con motivos propios de la iconografía tardoantigua, lo cual no ha podido ser realizada hasta estos momentos. La palmeta por su parte, que aparece como elemento complementario en los laterales al chatón, sí es motivo bien conocido en la plástica cristiana, como símbolo de victoria y triunfo.

Entre los paralelos conocidos de esta pieza cabe citar el ejemplar recogido por Gómez Moreno de Sierra Elvira y dibujado por él (Gómez Moreno 1888, Lám. XVII, n.º 259), e incluido por Reinhart en su estudio (Reinhart 1947: 76, Fig. 3, n.º 68), la pieza recogida por Morín de Pablos y Barroso Cabrera

Adornos anulares en la Antigüedad Tardía: criterios para la catalogación de la colección del Museo Nacional de Arte Romano de Mérida (Badajoz, España)

procedente de la zona salmantina y que repite las palmas en los laterales del chatón (Morín de Pablos y Barroso Cabrera 2010: 170, Fig. 20.H) o el ejemplar hallado en la sepultura nº 345 de Madrona (Segovia) (Molinero Pérez, A. 1971, Lám. XCIV, Fig. 1).

N.º 20 – Lám. II, Fig. 7 (Inv. CE32563).
Oro. Fundido y cincelado. Diámetro: 21 mm. Anch. 11 mm. Peso: 7,33 g. Procedencia: Mérida. Necrópolis de San José. Ingresa en el Museo 4/10/85. Inscripción: Lateral: SE/NES Lateral: FE/CIT Chatón: IN/OR/SVI?? Datación: Siglo V-VII d. C

Comentario: Aro de sección semicircular, plano al interior, que se ensancha en el centro para formar chatón. Tiene inscripción a los lados del chatón (SE/NES y FE/CIT), así como en el mismo, en este caso de más difícil lectura (IN/OR/SVI??). Esta última inscripción se sitúa en la perímetro del mismo, alrededor de una figura aviforme, resuelta de forma muy esquemática.

Nos encontramos ante una tipología habitual, de larga tradición romana y cuyo modelo se extiende a lo largo de toda la tardoantigüedad. Sin embargo, la excepcionalidad de la pieza radica en la cantidad de metal aurífero que emplea para su fabricación y, por tanto, el alto valor de la misma. De hecho, se conocen pocas piezas realizadas en oro adscritas a estos momentos procedentes del solar emeritense o de su inmediato territorio. A este respecto, destacamos, además de la pieza incluida en este estudio con el nº 21, el anillo procedente del Turuñuelo (Medellín, Badajoz), hoy en el MAN (n.º inv. 1963/56/20), también fabricado en el metal aurífero, que formaba parte del ajuar de una rica dama datado a fines del siglo VI d.C. (Pérez Martín 1961: 13-14, Lám. 4, Fig. n.º 8). El anillo concretamente es un aro, plano al interior, que se ensancha en el centro para formar el chatón, que recibe la inscripción: NSII.

Por otro lado, el lugar de hallazgo, la necrópolis cristiana de San José, así como la inscripción, el tipo de letra empleada en ella y la iconografía que presenta, son los elementos que permiten situarlo entre el siglo v-vii d.C., pero sin mayores precisiones.

La inscripción no ha podido ser leída en su totalidad. Por un lado, la correspondiente a los laterales del chatón no ofrece dificultad ni en su lectura ni en su interpretación: SENES FECIT, es decir, "lo hizo Senes". Sin embargo, la inscripción situada en el interior del chatón no ha podido ser leída con claridad. Proponemos la siguiente lectura: IN OR SVI[4]. Ésta se referiría a su ordenación como algún cargo eclesial y es que, recordemos, que tanto la iconografía como el metal noble con el que está fabricado nos remite a un poseedor relacionado con la alta jerarquía eclesiástica. Por otro lado, el tipo de letra empleada es la habitual para los epígrafes cristianos emeritenses de los siglo vi y vii d.C. (Ramírez Sádaba y Mateos Cruz 2000).

En cuanto a la iconografía, en la descripción se ha aludido a un aviforme, que protagoniza como elemento iconográfico el chatón. Creemos que se podría tratar de una paloma. En ocasiones es difícil distinguir, dado el esquematismo y la poca recreación en detalles anatómicos, la especie de animal. Sin embargo, teniendo en cuenta que las palomas y los pavos reales son las aves más representadas en la iconografía cristiana de estas fechas[5] y que los últimos pueden ser identificados por la cresta o la larga cola, nos inclinamos a pensar en la paloma con motivo más plausible.

La paloma en la iconografía cristiana tendrá diferentes lecturas, pero su sola presencia es identificada como ideograma simbólico de Cristo. Sus distintas lecturas tienen que ver con el contexto narrativo en el que se inserta, desde la paz celeste e imagen del paraíso, en el ámbito funerario, o como motivo acompañando a jarrones de frutas, guirnaldas, crismón, etc. También con la rama de olivo en el pico, rememorando el episodio de Noé, con un significativo mensaje de Salvación. También su presencia en momentos como el Bautismo de Cristo representando el Espíritu Santo o en la propia Anunciación. Recogemos por tanto, sólo algunas de las advocaciones de la paloma en la simbología cristiana, que dan una idea de la importancia de la misma y por tanto justifican sobradamente su presencia en una pieza como la que analizamos.

Se conocen numerosos ejemplares de anillos visigodos en los que el chatón de conforma con una estructura similar a la analizada en este caso, es decir, aviforme en el centro, no siempre identificado como paloma, e inscripción alrededor de la

---

[4] Agradecemos al Prof. Ramírez Sádaba su ayuda y consejos para la lectura e interpretación de este epígrafe.

[5] REINHART, WM. 1947: 168. Alude a cómo uno de los tipos más habituales en el período visigodo serán los de chatón, que permiten desarrollar tanto inscripciones como grabar figuras, entre las cuales, señala como una de las más habituales las palomas.

misma. Reinhart recoge varios de ellos en su trabajo (Reinhart 1947: 171-175, Fig. 1.6, 1.7, 1.8, 1.13 y 1.16). Con un ave sólo en el centro, identificada esta vez sí como paloma, es un anillo hallado en unas tumbas visigodas en el entorno del teatro romano de Córdoba (Moreno Almenara y González Vírseda 2005: 201--203, Lám. IX. Fig. 5). Otro adorno anular, procedente de "El Santiscal" (Arcos de la Frontera, Cádiz) presenta aviforme en el centro del chatón, rodeado de inscripción con el nombre del propietario, antecedido de cruz griega (Sánchez Sánchez 1990). En la orfebrería bizantina, también se conocen numerosos ejemplares que repiten este tema iconográfico (Baldini Lippolis 1999: 208-211).

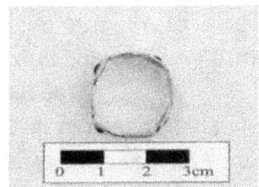 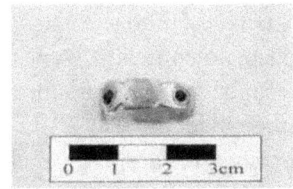

N.º 21 – Lám. III, Fig. 1 (Inv. CE37247).
Oro y granates. Fundido, embutido y cincelado. Diámetro: 19 mm. Anch. 5 mm. Peso: 3.85 g. Procedencia: Mérida. Se incluía dentro de la Colección Quirós, comprada por la Junta de Calificación, Valoración y Exportación de Bienes Culturales para el MNAR en el 2001. Datación: Siglo V-VI d. C. Inscripción: DILI TV RI??
Comentario: Aro de ocho facetas, de sección semicircular plano al interior, que alterna en cada faceta incrustación de granates (cuatro) con inscripción grabada en tres de ellas, y crismón en la cuarta. El anillo fue publicado en el 2001 por. A. Castellanos, que sitúa su datación en el siglo IV d.C.
La presencia del crismón es el elemento que permite situar cronológicamente la pieza a partir del siglo IV d.C., puesto que la inscripción, ilegible, no nos permite aventurar ningún tipo de fórmula. Éste elemento iconográfico es clave para situar el análisis de la pieza, destacando junto a la calidad de la misma y el uso del granate como recurso técnico decorativo. En cuanto al crismón, puede relacionarse con el anillo de Baena (Córdoba), de chatón destacado que presenta grabado crismón, junto con inscripción del nombre de la propietaria y advocación religiosa en el aro (Morena y Sánchez 2011).
La morfología de la pieza es singular, aro facetado en ocho lados. Sólo se conoce una tipología similar como son los anillos bizantinos utilizados en las ceremonias matrimoniales, que normalmente tenían forma octogonal como símbolo de la fertilidad (Papanokola-Bakirchí 2003: 145, n.º 127). En este sentido, hay que recordar la más que presencia de población de procedencia oriental y de artesanos, más concretamente, en la antigua *Augusta Emérita* (De Hoz 2007; García Moreno 1972) así como la influencia de la plástica bizantina en la escultura visigoda emeritense (Cruz Villalón 1985).

En el caso concreto de la orfebrería, los materiales de origen oriental en la ciudad de Mérida y su territorio es significativa, con conjuntos como el citado del Turuñuelo (Medellín, Badajoz) o los pendientes conservados actualmente en la Walters Art Museum (n° inv. 57.560 y 57.561) y procedentes de Extremadura (Baldini Lippolis 1999: 98, n.° 5, con bibliografía anterior). Todos estos conjuntos están fechados en el siglo VI d.C.

Además, pueden proponerse otras relaciones contextuales para esta pieza a la luz de nuevos hallazgos en el solar emeritense. Nos referimos a un magnífico ajuar hallado en el "Solar de Blanes" y sólo parcialmente publicado (Heras Mora 2006) A lo que sabemos está conformado por collar de cuentas esféricas y lanceoladas, en oro y granates, junto a la agujas de pelo. El conjunto puede adscribirse a los materiales hispano contextualizados dentro del llamado "horizonte póntico--danubiano-hispano" de la primera mitad del siglo V d.C. (López Quiroga 2010: 112-132). El empleo del oro y el granate, nada habitual en lo que conocemos de la orfebrería cristiana de Mérida es el elemento técnico que permite tal relación, aunque hay que admitir, que tanto el anillo como el conjunto de Blanes suponen un *unicum* en nuestro conocimiento actual de la joyería tardoantigua emeritense. En cualquier caso, la cronología del anillo debe ser adelantada, tal y como se propone en su ficha técnica, a los siglos V-VI d.C..

Bibliografía: CASTELLANO HERNÁNDEZ, M.A. 2001: 23, Lám. 4.7 y 4.8.

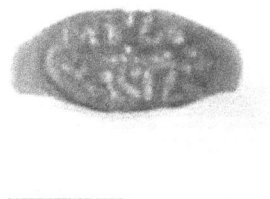

N.° 22 – Lám. III, Fig. 2.
Bronce. Fundido y cincelado. Diámetro: 23 mm. Peso: 3,2 g. Procedencia: Villa romana de Torre Águila (Barbaño, Badajoz). CATA 37TG. CAPA2. N° 1570. 11-12-85. Inscripción: Ilegible. Datación: Siglo VI d. C.

Comentario: Aro de sección semicircular, plano al interior, que se ensancha y aplana en la parte central para formar chatón. Éste tiene grabada inscripción ilegible. Todos los anillos incluidos en este estudio procedentes de la Villa de Torre Águila aparecieron en la necrópolis correspondiente a III Fase de ocupación de la Villa, contexto datado en el siglo VI d.C. (Rodríguez Martín 1997)[6].

---

[6] Agradecemos a Germán Rodríguez las facilidades de consulta de material así como su ayuda y comentarios para situar el contexto de todos los materiales hallados en la Villa de Torre Águila.

La tipología del anillo es propia del mundo tardoantiguo. Su construcción es simple, con delimitación del chatón que se ensancha para recibir inscripción. Posiblemente en este caso se trate del monograma del propietario.

N.º 23 –
Bronce. Fundido y cincelado. Diámetro: 20 mm. Peso: 0,62 g.
Procedencia: Villa romana de Torre Águila (Barbaño, Badajoz). TA85. CATA 132. CAPA1. 24-12-85. Datación: Siglo VI d.C.
Comentario: Aro de sección plana, liso al interior y estriado al exterior. Esta morfología sencilla de aro estriado es un modelo ya presente en el mundo romano pero que continúa durante los siglos posteriores.

N.º 24 – Lám. III, Fig. 3.
Bronce y pasta vítrea. Fundido y embutido. Diámetro: 19 mm. Anch. chaton. 9 mm. gr. 2 mm. Peso: 1,41 g. Procedencia: Villa romana de Torre Águila (Barbaño, Badajoz). TA85. CATA 84. CAPA 3. n.º 2303. Datación: Siglo VI d.C.
Comentario: Aro laminar de sección plana, que se ensancha en el centro para formar chatón. Éste es de forma elíptica y hueco, donde se ha incrustado pasta vítrea, en parte perdida.
La tipología de anillos con chatón de incrustaciones vítreas es de larga tradición romana, y se constata su presencia y continuación en las necrópolis de la Antigüedad Tardía, especialmente hasta el siglo VI d.C. (Reinhart 1947: 168).

N.º 25 –
Bronce. Fundido y cincelado. Diámetro: 19 mm. Gr. 2 mm. Peso: 0,69 g. Procedencia: Villa romana de Torre Águila (Barbaño, Badajoz). TA85. CATA 84. CAPA 3. n.º 2303. Datación: Siglo VI d.C.
Comentario: Aro laminar de sección plana, que presenta en el exterior decoración grabada, con una línea incisa continua que recorre todo el perímetro de la pieza, cruzada por multitud de pequeñas líneas perpendiculares.

N.º 26 – Lám. III, Fig. 4.
Bronce. Fundido y cincelado. Diámetro: 21 mm. gr. 2 mm. Peso: 1,72 g.; Apéndice: Long. 11 mm. anch. 9 mm. Procedencia/Historia del objeto: Villa romana de Torre Águila (Barbaño, Badajoz). Datación: Siglo VI d.C.
Comentario: Aro de sección semicircular, plano al interior, que presenta en el centro un apéndice cuadrangular sobre base mas estrecha, que en su interior está calado en forma acorazonada. Se trata de un tipo conocido como anillo-llave, habitual en contextos de los siglos II y III d.C. Eran utilizados tanto por mujeres como por hombres para llevar consigo la llave que habría cofrecillos con joyas y secretos de tocador, las primeras, o cajas fuertes con documentos, los segundos. La morfología de este tipo es variada y se conocen ejemplares similares a la pieza de Torre Águila (Bagot *et al.* 2012: 203-204, nº 536 y 538). En *Hispania* no son numerosos los ejemplares conocidos y publicados, destacando el ejemplar procedente de la Villa romana de la Morlaca (Villamediana, La Rioja) (Castillo 1998) y el procedente del solar de la Morería de Sagunto (López y Delaporte 2005: 151, n.º 21), ambos datados en el siglo III d.C.

Conclusiones

Visto el catálogo razonado de materiales, no cabe duda de la existencia de una comunidad cristiana en la ciudad de Mérida que vive su fe y que ésta queda reflejada en el empleo de ciertos elementos simbólicos en los adornos personales que les acompañan. Sin embargo, cierto es que la lectura es sutil, y hay que hacer un análisis detallado de toda la información relativa en cado uno de estos adornos anulares.

En el caso de aquellos materiales procedentes de contextos arqueológicos datados, su adscripción no tiene dudas, a pesar de que, de manera paradójica, estos, tanto los procedentes de la Basílica de Casa Herrera como de la necrópolis de la Villa de Torre Águila, no ofrezcan ningún otro elemento para su adscripción cronocultural.

Adornos anulares en la Antigüedad Tardía: criterios para la catalogación de la colección del Museo Nacional de Arte Romano de Mérida (Badajoz, España)

En el caso de los materiales procedente de la Basílica de Casa Herrera, se trata de un conjunto de 7 anillos procedentes de distintos enterramientos en los alrededores de la Basílica, situada a 7 km. de Mérida. El edificio fue descubierto en 1943, a raíz de unos hallazgos casuales, por José Serra Rafols, realizando una primera campaña de excavación ese mismo año. En 1972 y 1973 se retomaron los trabajos en la zona por parte de Thilo Ulbert y Luis Caballero Zoreda, que fechan la basílica en torno al 500 d.C. y tanto en su interior como en los alrededores fueron excavados enterramientos hasta un total de 59. Sin embargo, pocas de ellas ofrecieron ajuares metálicos, sólo 6, que se reducen a este grupo citado de 7 anillos.

Las piezas incluidas en este catálogo procedentes de la Villa de Torre Águila, en su práctica totalidad fueron halladas en la zona de necrópolis de la Villa correspondiente a lo que su excavador, F. German Rodríguez, denomina III Fase de ocupación, fechada en el siglo VI d.C.

En cuanto a las conclusiones plausibles que pueden extraerse del análisis de la colección de anillos tardoantiguos del MNAR son, en primer lugar, la corroboración de la difusión y amplia aceptación por parte de la población de este tipo de adorno personal, que ya en su momento advertía Reinhart. Uno de los motivos de su mayor difusión y su empleo por amplios espectros de la sociedad, comparado con época romana, quizá sea el abundante empleo del bronce de baja calidad, lo que hacía su coste más bajo y por tanto más accesible a la población. Se observa cómo la utilización de los materiales más nobles, tales como el oro, queda reservado para piezas muy destacadas, que por su calidad técnica e iconografía debieron pertenecer muy posiblemente a personajes de alto rango social, con acceso a este tipo de piezas.

Con respecto a las tipologías, se aprecia una continuación de los tipos romanos, sin aportar novedades, aunque decantándose por aquellos de sencilla fabricación: laminares o filiformes. Destaca sin duda el empleo del chatón como campo de expresión singular de la individualidad, bien a través de la propia identificación del poseedor, bien a través de la proclamación de su fe a partir de elementos iconográficos cristológicos, como la cruz simple, bien a través de iconografías más complejas.

## Bibliografía

ÁLVAREZ MARTÍNEZ, J. M.; MATEOS CRUZ, P. (Eds.) (2010) *Mérida. 2000 años de Historia, 100 años de Arqueología*. Mérida.

BAGOT, Jaume, *at al.* (2012) *El legado de Hefesto*. Barcelona.

BALDINI LIPPOLIS, I. (1999) *L'Oreficeria nelll'Imperio di Costantinopoli tra IV e VII secolo*. Bari.

BISCONTI, Fabrizio (2000) *Temi di iconografia paleocristiana*. Roma (*Sussidi allo Studio delle Antichitá Christiane* 13).

CABALLERO, L.; ULBERT, T. (1976) *La Basílica Paleocristiana de Casa Herrera en las cercanías de Mérida (Badajoz)*. Madrid.

CANTILLO VÁZQUEZ, M. A. et al. (2007) – Intervención arqueológica realizada durante las obras de la A-66 (variante Mérida-Autovía de la Plata). *Mérida. Excavaciones Arqueológicas. Memoria 10*, p. 77-89.

CASTILLO PASCUAL, M. J. (1998) Un ejemplar de anillo-llave procedente de la Villa romana de la Morlaca (Villamediana, La Rioja). *IBERIA, 1*, p. 207-211.

CRUZ VILLALÓN, M. (1985) - *Mérida Visigoda. La Escultura Arquitectónica y Litúrgica*, Badajoz.

DE HOZ, M. P. (2007) - Las inscripciones griegas como testimonio de la presencia de orientales en la Mérida visigoda, en *Munus quaesitum meritis. Homenaje a Carmen Codoñer*. Salamanca, p. 481-489.

GÓMEZ MORENO, M. (1888) *Medina Elvira*, Facsímile 1986, Granada.

GONZÁLEZ FERNÁNDEZ, J. (2002) La epigrafía visigoda: Tradición y originalidad. *In:* González (Ed.) *San Isidoro. Doctor Hispaniae*, Sevilla, p. 35-50.

HERAS MORA, J. (2006) Un collar de oro y granates de época visigoda. *Revista Foro*, 43, p. 6.

LÓPEZ BRAVO, F.; DELAPORTE, S. (2005) Estudio preliminar del mobiliario metálico de época romana del Solar de la Morería de Sagunto. *ARSE* 39, p. 145-182.

LÓPEZ QUIROGA, J. (2010) – *Arqueología del mundo funerario en la Península Ibérica (siglos V-X)*. Madrid (Colección *Biblioteca Básica* 3).

MADRID BALANZA, M. J.; VIZCAÍNO SÁNCHEZ, J. (2006) Nuevos elementos de ajuar de la necrópolis oriental de *Carthago Spartaria* (I). *Mastia*, 5, p. 85-130.

MARTÍNEZ SANTA-OLALLA, J. (1933) *Excavaciones en la necrópolis visigoda de Herrera del Pisuerga (Palencia). Memoria de los Trabajos realizados en dichas excavaciones.* Madrid.

MELIDA ALINARI, J. R. (1925) *Catálogo monumental de España. Provincia de Badajoz: 1907-1910.* Madrid.

MEZQUIRIZ IRUJO, M. Á. (1965) Necrópolis visigoda de Pamplona. *Príncipe de Viana,* Año XXVI, n.º 98-99, p. 107-131.

MOLINERO PÉREZ, Antonio (1971) Aportaciones de las excavaciones y hallazgos casuales (1941-1959) al Museo Arqueológico de Segovia. *Excavaciones Arqueológicas en España* 72.

MORENA, J. A.; SÁNCHEZ, I. (2011) Un anillo de oro con inscripción del Museo Histórico de Baena (Córdoba). *Pyrenae,* n.º 42 (1), p. 129-142.

MORENO ALMENARA, M.; GONZÁLEZ VÍRSEDA, M. L. (2005) Dos tumbas hispanovisigodas del teatro de la Axerquía de Córdoba. *Anales de Arqueología Cordobesa* n.º 16, p. 193-206.

MORÍN DE PABLOS, J.; BARROSO CABRERA, R. (2010) El mundo funerario. De las necrópolis tardorromanas a los cementerios hispanovisigodos en el oeste peninsular. *In:* Morín de Pablos et al. (Coord.) *El tiempo de los Bárbaros: Pervivencia y transformación en Galia e Hispania (SS. V-VI d.C.), Zona Arqueológica* 11, p. 149-180.

MUÑIZ JAÉN, I.; BRAVO CARRASCO, A. (2000) La Toreútica en las necrópolis tardorromana y de época visigoda de El Ruedo (Almedinilla, Córdoba). *Antiqvitas* 11-12, p. 189-198.

NAVASCUÉS y DE JUAN, J. M. (1948) - *Los epígrafes cristianos latinos de Mérida.* Tesis doctoral mecanografiada.

ORTIZ ALESÓN, M.; BLASCO RODRIGUEZ, F. (1985) Avance de estudio del ajuar de uso personal de la necrópolis del Caballar (Usagre, Badajoz). *Excavcaiones Arqueológicas en España. Homenaje a D. Jesús Cánovas,* p. 161-170.

PAPANIKOLA-BAKIRCHÍ, D. (2003) Matrimonio, maternidad e Hijos. *In:* Papanikola-Bakirchí; Albani (Dir.) *Aspectos de la vida cotidiana en Bizancio,* p. 145-149.

PÉREZ MAESTRO, C. (2005) Nuevas aportaciones para el conocimiento de la secuencia ocupacional del área periurbana de Mérida. *Mérida. Excavaciones Arqueológicas 8,* p. 227-245.

PÉREZ MARTÍN, María José (1961) *Una tumba hispano-visigoda excepcional hallada en el Turuñuelo. Medellín (Badajoz), Trabajos de Prehistoria* Vol. IV.

RAMÍREZ SÁDABA, J. L.; MATEOS CRUZ, P. (2000) Catálogo de las Inscripciones cristianas de Mérida, *Cuadernos Emeritenses* 16.

REINHART, W. M. (1947) Los anillos hispano-visigodos. *Archivo Español de Arqueología,* T. XX, p. 167-178.

RIPOLL LÓPEZ, G. (1998) *Toréutica de la Bética (siglos VI y VII d.C.).* Barcelona.

RODRÍGUEZ MARTÍN, F. G. (1997) La Villa romana de Torre Águila (Barbaño, Badajoz) a partir del siglo IV d.C. Consideraciones generales. En *Congreso Internacional La Hispania de Teodosio,* Vol. II, p. 697-711.

SÁNCHEZ SÁNCHEZ, J. M. (1990) Un anillo inédito con inscripción procedente de "El Santiscal" (Arcos de la Frontera, Cádiz). *Habis,* 21, p. 229-233.

ICERV = VIVES, J. (1969) *Inscripciones cristiana de la España romana y visigoda.* Barcelona

ZEISS, H. (1934) *Die Grabfunde aus dem Spanischen Westgoten-Reinch.* Berlin.

# A Exportação de Produtos Lusitanos na Antiguidade Tardia: Rotas, Cargas e Naufrágios no Mediterrâneo Ocidental (Séculos III a VI) – Dados Preliminares

(Exportation of lusitanian products: preliminary data for routes, cargoes and shipwrecks in Late Antiquity Western Mediterranean (III-VIth centuries))

Sónia Bombico (sbombico@uevora.pt)
CIDEHUS – Universidade de Évora

Resumo – A presença de cerâmicas de importação datáveis da Antiguidade Tardia, na antiga província romana da Lusitânia, surge em perfeita relação com a longevidade dos centros produtores de preparados piscícolas e a produção de contentores anfóricos, cujas últimas investigações têm atestado para além dos inícios do século V com provável continuidade até ao século VI. A difusão de ânforas de produção lusitana no Mediterrâneo, em contextos subaquáticos e terrestres litorais, têm possibilitado o estudo das principais rotas utilizadas para a exportação dos preparados de peixe lusitanos.

Palavras-chave – Antiguidade Tardia; rotas marítimas; naufrágios; ânforas lusitanas.

Abstract – The presence of imported ceramics from the Late Antiquity, in the Roman province of Lusitania, appeared in perfect relationship with the longevity of amphorae and salted fish productions, whose latest investigations have confirmed beyond the early fifth century and probably until the sixth century. The diffusion of Lusitanian amphorae in the Mediterranean, in underwater and terrestrial coastal environments, has allowed the study of the main routes used for the export salted fish from Lusitania.

Keywords – Late Antiquity, maritime routes, shipwrecks, Lusitanian amphorae.

## O Ocidente Peninsular e as redes de intercâmbio com o Mediterrâneo: Continuidades e Rupturas

A presença de cerâmicas de importação, datáveis do final do domínio romano, nos contextos arqueológicos lusitanos tem contribuído para a perceção de uma continuidade das estruturas económicas de trocas, que em muitos contextos se prolonga para além da queda do Império Romano do Ocidente. Ânforas africanas e orientais, *sigillatae* tardias claras (africanas), cipriotas, foceences e hispânicas tardias, difundidas entre os meados do século V e o século VI, revelam uma plena integração do Ocidente da Península Ibérica, já sob o domínio dos povos bárbaros, na vasta rede de comunicações e intercâmbios com o Império Romano do Oriente (Fabião 2009a). É provável que as contrapartidas do Ocidente Peninsular passassem pela continuidade da exportação de preparados piscícolas (*garum, liquamen, allec, muria* e produtos similares).

Entre os finais do século II e os inícios do século III registam-se profundas alterações na produção de preparados de peixe na Lusitânia, mudanças que se verificam ao nível da organização das unidades e dos centros oleiros, e que se fazem sentir nos registos de importação da generalidade dos sítios do Mediterrâneo Ocidental (Fabião 2008: 735 e Fabião 2009b). Este período de transição é marcado pelo abandono de algumas unidades de produção e pela reestruturação ou subdivisão dos tanques de salga. A descontinuidade na produção lusitana ajusta-se perfeitamente ao ocorrido no âmbito do "Círculo do Estreito" (Villaverde Vega 1990; Lagosténa Barrios 2001; Bernal Casasola 2008).

Estas transformações são geralmente associadas às medidas Severianas. A política dos Severos prejudicou os lucros da indústria de azeite da Bética, com a expropriação de propriedades e a passagem do controle da produção e distribuição para o Estado. As elites financeiras regionais, nas quais se poderiam incluir também os grandes proprietários das unidades de produção de preparados de peixe, foram objetivamente prejudicados (Reynolds, 2010: 26 e 41).

Desta forma, o século III marcou o início de um conjunto de alterações no quadro das dependências interprovinciais. Assistiu-se a uma nova estrutura do comércio marítimo, na qual as rotas africanas ganham especial importância, na sequência do florescer das produções oleárias e piscícolas das províncias do Norte de África, sobretudo da África Proconsular, Bizacena e Tripolitana (Mantas 1998: 238). A *annona* parece ter estimulado o transporte de produtos da África, como antes havia feito com os béticos (Wickham 1988 *apud* Padilla Monge 2008). A partir de meados do século IV, a África converte-se no abastecedor de azeite maioritário em Roma (Padilla Monge 2008: 362).

Na Lusitânia, a exploração e a exportação de preparados de peixe atinge um evidente florescimento ao logo do século IV, mantendo-se em pleno funcionamento até ao século V (Fabião 2009b: 571).

A falta de dados precisos, quanto ao número e às dimensões dos tanques de salga, tem dificultado os estudos relativos à quantificação da produção. Ainda assim têm-se projetado alguns estudos preliminares, como o levado a cabo por Andrew Wilson (2006). De alguma forma contrariando a evolução global no mundo romano, as regiões ocidentais da Lusitânia e as costas Norte Africanas e Hispânicas, em torno do Estreito de Gibraltar, registam uma produção estável e com níveis bastante elevados, entre o século III e o início do V. Níveis associados a dois momentos de investimento no aumento da capacidade de produção e reestruturação das unidades de produção, ocorridos nas primeiras metades dos séculos III e IV (Wilson 2006).

A investigação das últimas décadas tem permitido atestar a laboração de algumas unidades para além dos inícios do século V, e nos contextos de Lagos (Rua 25 de Abril e Rua Silva Lopes) até ao século VI (Fabião 2009a e Bernal Casasola 2008).

Durante os séculos IV e V, as olarias do Sado e do Tejo apresentam um grande dinamismo, o que sugere um pico de consumo e exportação dos produtos lusitanos (Fabião 2008: 740). Os dados atuais têm permitido atestar a continuidade da produção no contexto sadino até aos finais do século V e inícios do VI, e os contextos estratigráficos da cidade de Lisboa tem revelado abundantes materiais anfóricos de produção local em níveis do século VI e inícios do VII (Fabião 2008: 743). Os centros oleiros da região algarvia ganham especial importância nesta época, afirmando-se como a área produtora mais relevante, com produções atestadas para Martinhal até aos inícios do século V, e em Lagos (Rua 25 de Abril e Rua Silva Lopes) com provável prolongamento da produção até ao VI (Fabião 2008: 740 e Fabião 2009a). Podemos, assim, assumir que a produção e a exportação de produtos lusitanos se mantiveram, ainda que em menor escala, durante todo o século V e os inícios do século VI, ou seja, até momentos claramente posteriores à queda do Império Romano do Ocidente.

Em meados do século IV e durante o século V, assistimos a um aumento do número de naufrágios de origem hispânica no Mediterrâneo, cuja frequência parece aumentar após um período de alguma ausência (GarcíaVargas 2011: 101). Por outro lado, a distribuição geográfica dos naufrágios, segundo os dados de Parker, evolui de um predomínio da área ocidental no século IV, para uma maior número de registos na área oriental associada ao domínio Bizantino, nos séculos VI e VII (Volpe 2002: 242).

Durante a Antiguidade Tardia os produtos ibéricos, particularmente as conservas de peixe da Bética e da Lusitânia envasados nas ânforas de tipo Keay XIX e Keay XXIII, estão presentes no Oriente, havendo sido documentadas em Beirut, Palmira, Beit She'an (Israel), Kibbutz Reshafim (Beit She'an), Samira e Caesarea Maritima (Bernal Casasola 2000; Padilla Monge 2008; García Vargas 2011: 101 e Reynolds 2010).

Sob o domínio Vândalo, o Norte de África continuou a fazer chegar os seus produtos às costas do sul da Europa. Os numerosos registos de cerâmica africana e oriental, dos séculos V e VI, nas costas narbonenses, tirrénicas e ligúricas podem ser associados à rota Roma-Arles retratada no *Itinerarium maritimum (*apêndice do *Itinerarium Antonini)*. Obra cuja datação tem vindo a ser atribuída à segunda metade do século V (Uggeri 2002: 712-713).

A partir de 533/534 o Estreito de Gibraltar é objecto de ocupação pelas tropas de Justiniano, que se inicia com a tomada de *Septem* (actual Ceuta) e se amplia até *Carthago Spartaria* (Cartagena). Domínio que se vai prolongar no tempo até finais do seculo VII (Bernal Casasola 2004: 55).

O progressivo abandono das unidades produtoras de preparados de peixe, a partir de meados do século VI, tem sido associada à conquista Bizantina da área integrada no "Círculo do Estreito". Assiste-se ao fim do sistema tradicional de produção, ao consecutivo abandono das unidades e ao desaparecimento das ânforas de preparados piscícolas do sul da Hispânia (Almagro 50 e 51 c e a-b) dos mercados mediterrâneos. Sobrevivem as formas designadas de *spatheia* de produção sul-hispânica e levantina, que se vão tornando cada vez mais comuns durante o século v, vi e vii (Bernal Casasola, 2004; 2008). Na opinião de Bernal Casasola (2004) devemos entender esta questão como um problema de geoestratégia comercial. A decadência da produção ibérica parece estar associada a medidas protecionistas que visavam o favorecimento das produções pesqueiras e vinárias da fachada africana do Império Bizantino. O enfraquecimento das produções lusitanas e béticas terá ocorrido a par do franco desenvolvimento das suas congéneres norte africanas, que conjuntamente com a produção de azeite começaram a dominar nos mercados do Mediterrâneo Ocidental.

Efectivamente, durante os séculos vi e vii ganham especial destaque, no Ocidente, as cerâmicas africanas e orientais. Para tal deve ter contribuído o sistema anonário. A necessidade de abastecer as tropas destacadas no Ocidente parece ter feito desenvolver um eficiente sistema de abastecimento, perceptível também na Itália Bizantina (Bernal Casasola 2004: 57).

No entanto, a elevada percentagem de ânforas orientais no "Círculo do Estreito" parece atestar, também, a intensa atividade dos *transmarini negotiatores* citados pelas fontes. Cuja atividade não parece ter sido interrompida nem com a presença dos Vândalos, nem pela conquista Bizantina (Expósito Álvarez e Bernal Casasola 2007: 125).

Nos últimos anos, a arqueologia tem registado a multiplicação de sítios arqueológicos com importação de ânforas orientais. Chegaram ao Ocidente Peninsular, entre os séculos iv e vii, as ânforas dos tipos LRA 1, 2, 3 e 4 de produção da Asia Menor, do Egeu, Síria, Palestina e Egipto (Garcia Vargas 2011: 78). A sua presença em território português tem vindo a ser atestada em *Bracara Augusta, Olisipo, Conimbriga*, entre outros locais ao longo da fachada atlântica (Fabião 2009: 37, fig.5 e Morais 1998). As produções cerâmicas africanas e os tipos anfóricos orientais (LRA 1, 2, 3 e 4) estão também documentados em Vigo e nas Rias Baixas, a partir do século iv e v (Fernández Fernández 2010: 234-235).

Estas importações precedentes da *Pars Orientalis* do Império são evidências de um comércio ativo Oriente-Ocidente, no qual as colonias de comerciantes orientais residentes na Península Ibérica (os *syrrii* e *graeci* das fontes) detinham um papel estratégico fundamental enquanto agentes comerciais (Expósito Álvarez e Bernal Casasola 2007: 125; Pieri 2002).

A intervenção da Igreja na produção e comercialização de produtos tem sido questionada (Bernal Casasola 2008; 2010). Por um lado pode-se atribuir uma função decorativa aos motivos religiosos reproduzidos nas lucernas e na *sigillata* clara de produção africana; decorações associadas à ampla difusão de cenas religiosas em todo o tipo de suportes desde a oficialização do Cristianismo, nos finais do seculo IV. Por outro lado, os dados arqueológicos permitem demonstrar a participação de agentes eclesiásticos tanto na produção como no comércio de alimentos a grande distância (Bernal Casasola 2010; 20).

O primeiro indício arqueológico reside na existência de grafitos com motivos religiosos nas séries anfóricas norte africanas entre meados do século IV e os séculos VI/VII. A localização dos grafitos de tipo simbólico *in collo*, como o crismón e a cruz, parecem surgir na sequência da tradição dos selos, fazendo referencia provavelmente ao produtor (Bernal Casasola 2010; 21). O exemplo mais ilustrativo desta prática são as ânforas africanas de tipo Keay LXII, LV entre outras, do naufrágio de *La Palud*, no sul da França, datado da primeira metade do século VI (Long e Volpe 1996 *apud* Bernal Casasola 2008: 41). No entanto, esta interpretação não anula a existência, em paralelo, da prática de anotações comerciais pintadas efectuadas pelos *transmarini negotiatores*, normalmente em grego e a tinta vermelha. Na qual a utilização de símbolos religiosos tem sido associada ao carácter sagrado das mercadorias transportadas (vinhos e azeites), destinados a usos litúrgicos (Bernal Casasola 2008: 41).

Atualmente, ainda que de maneira tímida, os arqueólogos começam a utilizar epítetos, como ânforas procedentes de "olarias eclesiásticas", que até há poucos anos eram impensáveis (Bernal Casasola 2010: 24).

A segunda evidência reside na íntima conexão entre a localização de basílicas e mosteiros e os centros de produção alimentar. Nesse sentido Bernal Casasola enumera alguns exemplos de conexões físicas entre diversas fábricas de preparados de peixe tardo-romanas e alguns centros basilicários ou episcopais, tais como a basílica de *Septem*, actual Ceuta, e a fábrica de preparados de peixe da Rua Queipo de Llano, em laboração no século V; as instalações industriais de *Valentia*, no interior de um edifício administrativo, próximas da área sagrada de "Cárcel de San Vicente"; ou as *cetariae* de *Barcino* activas entre os séculos III e V, no entorno do núcleo episcopal (Bernal Casasola 2010: 23).

Apesar da complexidade do tema e das controvérsias a ele associadas, estas evidências são extrapoláveis ao caso de Tróia, na Península de Setúbal. A edificação da Basílica paleocristã de Tróia, instalada no final do século IV (Vaz Pinto, Magalhães e Brum 2011), é contemporânea à plena laboração de algumas oficinas do complexo industrial.

Ainda segundo Darío Bernal Casasola, a importância dos episcopados tardo-antigos poderá estar por detrás da pujança económica detectada em algumas regiões a partir do século IV. Um bom exemplo desse desenvolvimento poderá ser o *floruit* da produção cerâmica, na qual se inclui a produção de ânforas, na área ocidental da Andalusia, no entorno de *Onuba* (Bernal Casasola 2010: 23). Ao qual poderemos juntar o reflorescer da produção Lusitana, e em particular a área de produção Algarvia.

## ÂNFORAS DE TRANSPORTE DE PRODUÇÃO LUSITANA (SÉCULOS III A VI)[1]

Durante a fase tardia de produção de ânforas proliferam, nas olarias da Lusitânia, um conjunto de novas formas que vêm substituir a Dressel 14, o tipo clássico de ampla produção do Alto Império. Nos centros do Tejo e Sado destacam-se as formas Almagro 51c, Almagro 50 e Keay XVI (formas 4, 5 e 6 da tipologia de Dias Diogo). A Almagro 51c é normalmente considerada herdeira da forma Lusitana 3. Surgem ainda as formas Keay 78 do Sado (equivalente à forma 91 de Guilherme Cardoso, à Lusitana 8 de Dias Diogo ou Sado 1 de Mayet e Silva) e a Lusitana 9 de fundo plano (tipologia de Dias Diogo e equivalente à Sado 2 de Mayet e Silva), produzida também no estuário do Tejo. No decorrer dos séculos IV e V surge a forma Almagro 51 a-b, muito embora seja igualmente associada aos finais do século III (Fabião 2004; 2008; Mayet 2001).

Em momentos tardios, já dos finais do século IV e inícios do V, surgem novas morfologias como a designada Sado 3, identificada em níveis tardios de Santarém e Cartago (Fabião 1996: 381; Fabião 2008: 742; Fabião 2009b: 575), e no naufrágio de Cala Reale A, onde surgem associadas às de tipo Almagro 51 a-b (Spanu 1997 e Gasperetti 2012).

A forma Beltrán 72, durante muito tempo considerada como uma produção algarvia, parece ter sido definitivamente excluída das produções lusitanas pela maioria dos autores e enquadrável nas produções tardias da área da baía gaditana (Fabião 2004: 397). Ainda assim, alguns estudos de materiais cerâmicos recentes continuam a fazer referência a formas deste tipo com pastas lusitanas, o que mantém a questão em aberto (Garcia Vargas 2007: 343).

Para além do panorama sumariamente apresentado, existe ainda um conjunto de tipos minoritários, ainda mal caraterizados e que poderão ter tido uma difusão apenas regional. A produção lusitana de ânforas encontra-se intimamente ligada ao transporte de preparados de peixe, pelo que a generalidade das formas se considera destinada ao seu transporte. Ainda assim, a produção dos tipos Lusitana 3 e 9, de fundo plano, tem sido associada ao transporte de vinho.

---

[1] Para uma leitura das formas e tipologias anfóricas deverá ser consultar a bibliografia citada, assim como o site do Projecto Amphorae ex Hispania (http://amphorae.icac.cat/)

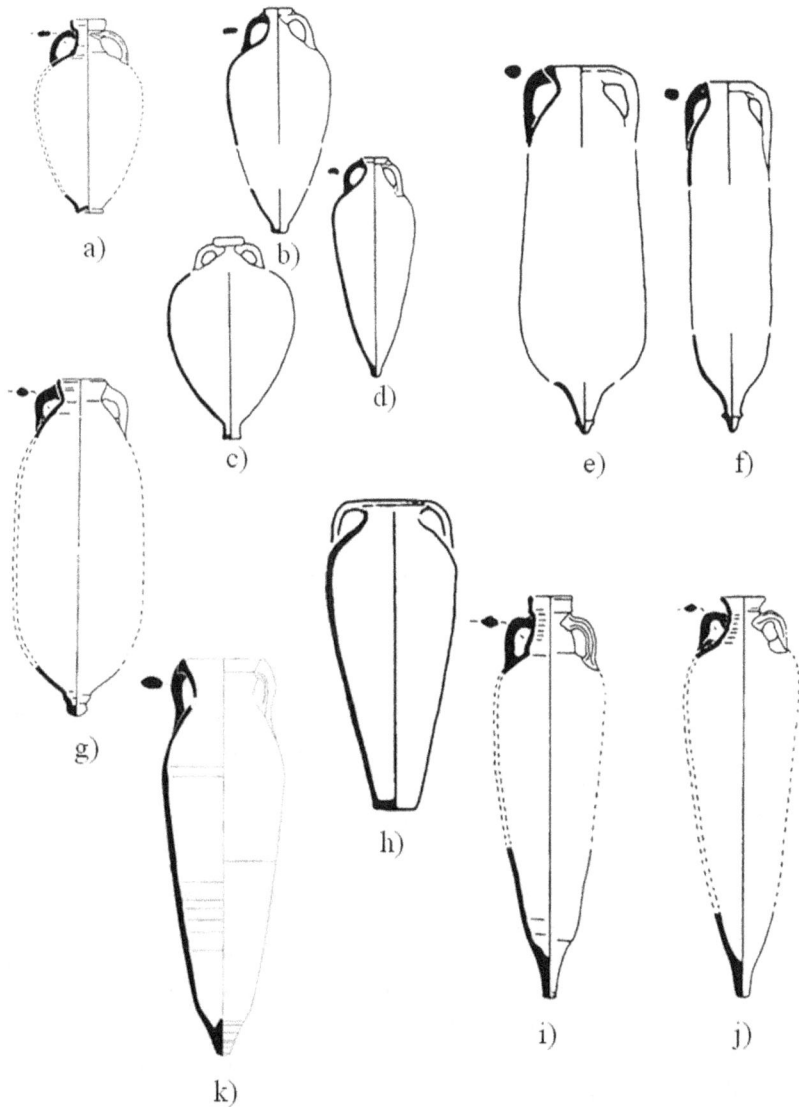

*Figura 1* – Ânforas de produção Lusitana (séc. III a VI): a) Lusitana 3 do Pinheiro, Sado (Mayet e Silva, 1998 *apud* Fabião 2008); b), c) e d) Almagro 51c, e) Almagro 50 e f) Keay XVI do Porto dos Cacos e Quinta do Rouxinol, Tejo (Raposo, Sabrosa e Duarte, 1995 *apud* Fabião 2008); g) Keay 78 do Pinheiro, Sado (Mayet e Silva 1998 *apud* Fabião 2008); h) Lusitana 9 do Porto dos Cacos e Quinta do Rouxinol, Tejo (Raposo, Sabrosa e Duarte, 1995 *apud* Fabião 2008); i) e j) Almagro 51 a-b do Pinheiro, Sado (Mayet e Silva 1998, *apud* Fabião 2008); k) Sado 3 de Santarém (Arruda *et al.* 2005 *apud* Fabião 2008).

De entre o conjunto de formas descritas, os tipos Almagro 51 C e 51 a-b mantêm especial longevidade, constituindo as produções por excelência dos contextos algarvios (Bernardes 2008; Viegas 2009).

## A EXPORTAÇÃO DE PRODUTOS LUSITANOS PARA O MEDITERRÂNEO: PROBLEMAS E DESAFIOS

Os dados disponíveis, para o estudo da difusão de produtos lusitanos, resumem-se em grande parte ao estudo das ânforas, contentores marítimos por excelência. Assim, e tendo em consideração que a generalidade das ânforas produzidas na Lusitânia se destinava ao transporte de preparados piscícolas, é sobre a exportação desses produtos que focaremos a nossa análise. No entanto, uma análise do género acarreta um conjunto de dificuldades e limitações que procuraremos apresentar nas próximas linhas.

A conjugação do estudo da distribuição de artefatos em contextos terrestres com a localização de naufrágios é complexa. Parker analisou as suas limitações (Parker 2008). Empiricamente sabemos que a existência de um vazio na distribuição pode ser interpretado como uma efetiva ausência dos artefactos num determinado local, mas que pode igualmente corresponder à ausência de atividade arqueológica. Os métodos arqueológicos, baseados em mapas de distribuição de produtos, têm obviamente as suas limitações.

No campo da definição de rotas, os naufrágios constituem sem dúvida a fonte de informação mais completa. Fontes diretas no estudo da circulação de bens, os naufrágios não se apresentam, ainda assim, isentos de limitações. O conjunto de naufrágios tradicionalmente associado à presença de ânforas de tipo lusitano, e ciclicamente replicado na bibliografia (Edmondson 1987; Mayet e Lopes 1990; Parker 1992; Mayet e Étienne 1993-94; Fabião 1996; 1997), constitui genericamente um conjunto de sítios subaquáticos mal caraterizados. A maioria são sítios de recolhas de superfície ocasionais, realizadas com pouco rigor científico e posicionados de forma deficiente. Nos quais nunca foi efectuada uma intervenção arqueológica sistemática e cujos resultados foram publicados de forma incompleta. O grande desafio será o da clarificação desses dados, o que passaria idealmente pela revisão da totalidade das ânforas identificadas nos contextos de naufrágio. A necessidade de reavaliação dos materiais tem por base o facto das formas anfóricas produzidas na Lusitânia não serem exclusivas da região. O estado actual dos conhecimentos permite-nos reconhecer a produção de formas análogas às produzidas na Lusitânia, designadamente as formas de maior difusão (Dressel 14 e as Almagro 50, 51 a-b e 51c), num conjunto de centros oleiros da região de Huelva, Baía Gaditana, Baía de Algeciras e Costa de Málaga. Existem ainda indícios da produção, das formas tardo-antigas, na *Tarraconensis*, na *Tingitana* e em El Mojón – Múrcia (Padilla Monge 2008: 358; Bernal Casasola 1998; Villaverde Vega 2001; Pons Pujol 2009: 121-123; Berrocal Caparrós 2012: 263-265).

A exportação de produtos lusitanos na Antiguidade Tardia: rotas, cargas e naufrágios no Mediterrâneo Ocidental (Séculos III a VI) – Dados preliminares

A economia marítima da Lusitânia apresenta-se mais complicada de compreender em comparação com a das províncias da Bética ou da Bizacena por exemplo, por se basear na exportação de preparados piscícolas. Produtos aos quais os hábitos epigráficos não se podem comparar ao do transporte de azeite ou vinho, e sobre os quais os autores clássicos praticamente não se pronunciaram. Por outro lado, continua a ser difícil individualizar as produções lusitanas, no vasto conjunto de dados publicados, sendo bastante vulgar encontrar classificações genéricas de origem, como sul-hispânica ou simplesmente da Península Ibérica. Mais do que fruto da dificuldade de identificação das produções lusitanas, principalmente ao nível das pastas, essas classificações generalistas enquadram-se no conjunto global do estudo da economia de importação, na qual a designação da macro-região de origem parece ser suficiente.

O "desconhecido" é também um factor limitativo, refletido na elevada percentagem de ânforas de forma e proveniência indeterminada, comum à generalidade dos contextos arqueológicos publicados.

Há ainda que ter em conta que os preparados de peixe terão constituído, na maioria das vezes, cargas secundárias enquadráveis num sistema de comércio livre e subsidiário, não comparável aos volumes de redistribuição do trigo, do azeite, do vinho, dos metais ou do mármore, promovidos pelo Estado com destino aos dois grandes mercados do mundo romano, Roma e os acantonamentos militares (Tchernia 2010). Assim, ter por objeto de estudo a distribuição de um produto minoritário no conjunto das trocas afigura-se difícil. Mais limitador parece ser estudar um produto originário da Lusitânia, cuja difusão se dilui no conjunto global das exportações do sul da Península Ibérica. No entanto, a sua identificação nas cargas naufragadas e nos contextos arqueológicos portuários, contribui, inegavelmente, para o conhecimento dos itinerários de circulação desses mesmos produtos. Ainda que, por outro lado, se apresentem dificuldades ao nível da comparação de percentagens de materiais arqueológicos de contextos e cronologias distintas (Reynolds 2010: 137).

Para além das limitações relativas à quantificação da produção, abordadas por Andrew Wilson (Wilson 2006), deparamo-nos com outro problema, o do desconhecimento do valor comercial dos produtos. Ou seja, o mesmo contentor anfórico teria um valor comercial seguramente diferente consoante o seu conteúdo, peixe salgado ou *garum* por exemplo.

Concluímos este ponto acrescentando uma limitação de fundo, o fato do estudo da economia da Antiguidade Tardia sofrer um défice de atenção se comparado com o dos períodos Republicano e Alto-Imperial. Para esse fato em muito tem contribuído o grande percentual de naufrágios entre o século I a.C. e o I d.C. registada no Mediterrâneo (Parker 1992), assim como a ideia pré-concebida de colapso das redes comerciais associadas à queda do Império Romano do Ocidente. No entanto, e ainda que as evidências apontem para uma efectiva diminuição do volume de bens transacionados, os produtos continuam a circular entre a esfera ocidental e oriental do Mediterrâneo.

## Rotas, Cargas e Naufrágios: Os caminhos da exportação dos preparados de peixe lusitanos

Ainda que se considere que, pelo menos durante os séculos I e II, a distribuição de preparados de peixe tenha sido em geral independente da do azeite, os produtos piscícolas da Bética parecem ter beneficiado das redes de distribuição e navegação ao serviço da *annona*, quer no Mediterrâneo, quer no contexto Atlântico (Reynolds 2010 e Carreras Monfort 2000). A produção piscícola lusitana terá garantidamente, a par da sua congénere bética, aproveitando as rotas de abastecimento estatal com destino à cidade de Roma. Os produtos piscícolas do ocidente peninsular, entre os meados do século I e o século II d.C., seguiam em direcção ao porto de *Ostia*, em embarcações que navegavam ao largo das Ilhas Baleares e da Sardenha, atravessando o Estreito de Bonifácio. Os naufrágios de San Antonio Abad/Grum de Sal (Vilar-Sancho e Mañá 1964; 1965) e Punta Sardegna A (Porqueddu 2013) dão-nos conta da existência de cargas maioritárias de ânforas Dressel 14 lusitanas; enquanto casos como os de La Balise des Lavezzi, Lavezzi 1 e Lavezzi 3 (no Estreito de Bonifácio) nos dão conta de cargas mistas que incluem produtos piscícolas béticos e provavelmente lusitanos, associados a lingotes e/ou a ânforas olearias Dressel 20 béticas (Bebko 1971; Liou 1990 e Parker 1992).

A partir do século III d.C., os produtos lusitanos continuam a chegar aos mercados de Roma através da rota descrita, no entanto durante a Antiguidade Tardia as ânforas lusitanas atingem paragens mais meridionais, tais como a Sicília. A identificação de cargas onde as ânforas lusitanas surgem associadas a produtos norte-africanos, sugere a sua circulação nas rotas estabelecidas entre os portos africanos, como Cartago, e a península itálica ou o sul da Gália.

Ainda assim, entre meados do século III e inícios do IV, as ânforas lusitanas continuavam a circular, na direcção Oeste-Este em direcção aos portos de Roma, em embarcações com cargas maioritariamente hispânicas ou provenientes de portos localizados no sul da Península Ibérica. São exemplos disso os naufrágios de Cabrera III (Bost *et al.* 1992) e Punta Ala A (Dell'Amico e Pallarés 2006), compostos por cargas mistas de ânforas piscícolas e olearias béticas (Dressel 20), ânforas norte-africanas (Africanas II) e ânforas lusitanas do tipo Almagro 51c.

Se durante o Principado os produtos piscícolas béticos dominam os mercados mediterrâneos ocidentais (Dressel 7-11 e Beltrán II), o registo arqueológico diz-nos que, durante a Antiguidade Tardia, as ânforas piscícolas lusitanas e norte africanas são muito mais comuns (Carreras Monfort 2010: 18), o que evidencia um maior potencial nos mercados. Ao que tudo indica as exportações de conservas de peixe béticas e lusitanas, transportadas em ânforas Almagro 51c, continuaram a chegar a Roma em quantidades apreciáveis até 420 d.C. (Padilla Monge 2008: 363).

Os naufrágios de Punta Vecchia 1 e Fontanamare A/Gonnesa Sito A evidenciam a existência de cargas aparentemente maioritárias de ânforas lusitanas do tipo Almagro 51c, acompanhadas por contentores norte-africanos (Africana II), também eles associados ao transporte de preparados de peixe, e terra *sigillata* clara de produção tunisina (Leroy de La Brière 2006: 87; Leroy de La Brière e Meysen 2007: 88-89; Salvi e Sanna 2000; Dell'Amico, Faccena e Pallarés 2001- -2002).

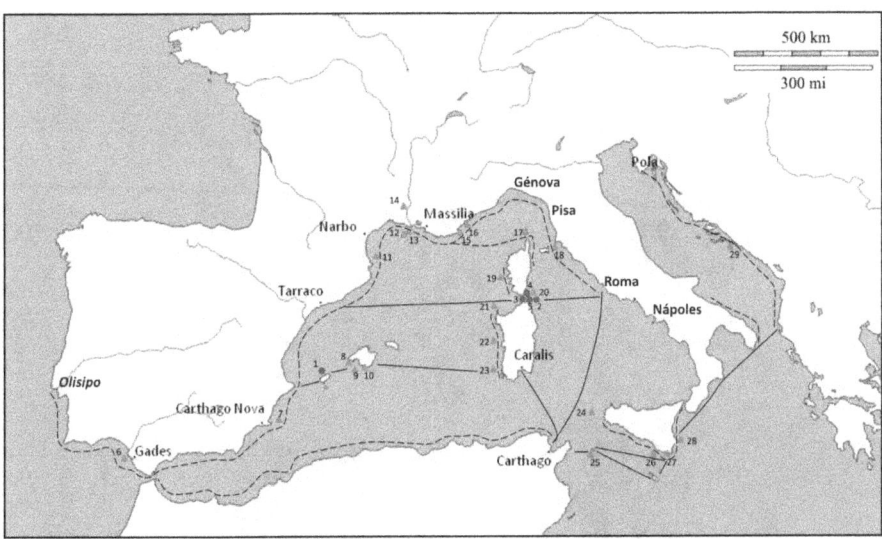

*Figura 2* – Sítios de naufrágio referidos no texto e rotas de circulação das ânforas lusitanas no Mediterrâneo Ocidental. Alto Império: 1- San Antonio Abal/Grum de Sal; 2 - Punta Sardegna A; 3 - La Balise des Lavezzi; 4 - Lavezzi 1 e 5 - Lavezzi 3. Antiguidade Tardia: 6 - Sancti Petri; 7 - Escolletes 1; 8 - Cap Blanc; 9 - Cabrera I; 10 - Cabrera III; 11 - Port-Vendres 1; 12 - Planier 7; 13 - Catalans; 14 - Arles-Rhône 7; 15 - Pampelonne; 16 - Chrétienne D; 17 - Punta Vecchia 1; 18 - Punta Ala A; 19 - Porticcio A; 20 - Sud-Lavezzi 1; 21 - Cala Reale A; 22 - Mandriola A; 23 - Fontanamare A/Gonnesa; 24 - Levanzo 1; 25 - Scauri (Ilha de Pantelleria); 26 - Femina Morta; 27 - Randello; 28 - Marzameni F; 29 - Sobra.

A distribuição geográfica dos naufrágios com ânforas lusitanas, entre os meados do século III e os inícios do século V, concentra-se em cinco grandes áreas: as Baleares, a costa ocidental da Sardenha, o Estreito de Bonifácio, a costa da Gália e a Sicília.

Da sua localização podemos depreender a manutenção da rota Oeste-Este que parte do extremo ocidente da Península Ibérica em direcção aos portos de Roma, como nos indicam os naufrágios de Cap Blanc, Cabrera I, Cabrera III, Mandriola A, Cala Real A e Sud Lavezzi I. A existência de produtos africanos a bordo dos três primeiros pressupõe a sua reunião aos hispânicos, num dos portos do sul da Hispânia, provavelmente Cádis. Os naufrágios de Sud Lavezzi I (Liou 1982) e Cala Real A (Spanu 1997 e Gasperetti 2012), datados dos finais do século IV e inícios do V, apresentam cargas muito idênticas, onde predominam as formas lusitanas Almagro 50, 51 a-b, 51c, e exemplares da forma Sado 3 no caso do segundo.

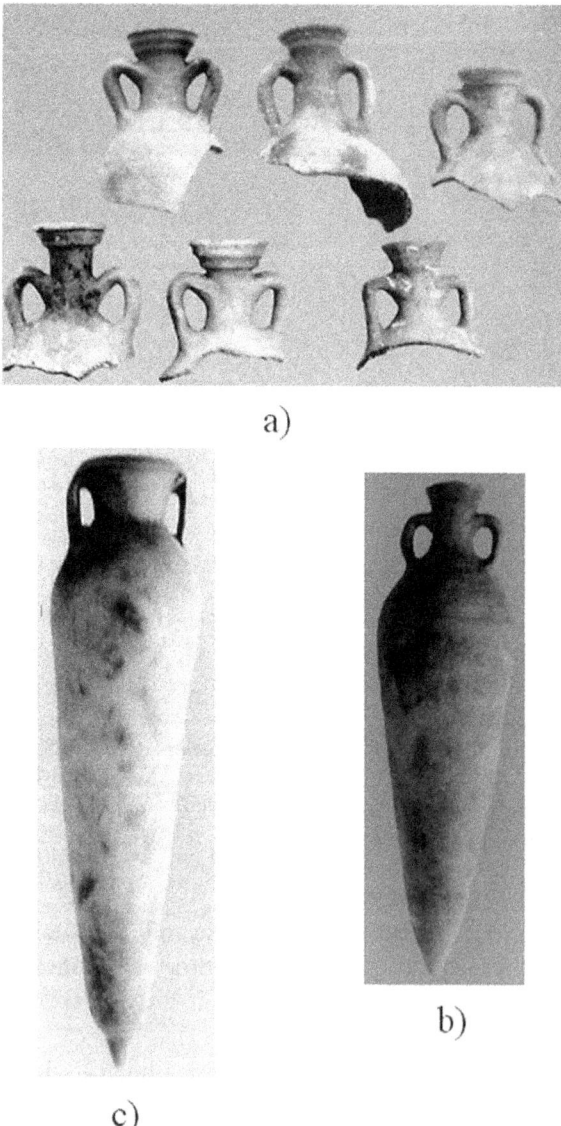

*Figura 3* – Ânforas lusitanas do naufrágio de Cala Real A (Spanu 1997): a) e b) formas Almagro 51 a-b; c) forma Sado 3.

A exportação de produtos lusitanos na Antiguidade Tardia: rotas, cargas e naufrágios no Mediterrâneo Ocidental (Séculos III a VI) – Dados preliminares

*Figura 4* – Ânforas lusitanas do naufrágio de Sud-Lavezzi I (Liou 1982).

A presença, em alguns casos maioritária, de ânforas de proveniência africana nos naufrágios da costa da Gália – Pampelonne, Planier 7 e Arles-Rhône 7 (Lequément 1976: 177-188; Benoit 1962: 157-159; Long e Duperron 2011) – às quais se juntam poucos exemplares de ânforas piscícolas sul-hispânicas (Almagro 50, 51c e 51 a-b) coloca dúvidas relativamente à rota através da qual esses produtos aí chegaram. Podemos conceber a sua chegada através de rotas de redistribuição provenientes de Roma, através da rota Roma-Arles, anteriormente referida. Outra alternativa, provavelmente menos plausível, serão as rotas de cabotagem ao longo das costas de Sardenha e da Córsega.

Contrariamente a esse fluxo de circulação, as ânforas lusitanas terão chegado ao litoral da Gália, através de rotas de distribuição provenientes da costa continental hispânica, em possível articulação com as Baleares. Os naufrágios de Port-Vendres I, Chrétienne D e Catalans (Liou 1973; 1974; Parker 1992; Joncheray e Brandon 1997: 121-135) nos quais as ânforas sul-hispânicas piscícolas são maioritárias, surgindo acompanhadas por uma carga secundária de ânforas norte-africanas e/ou de *sigillata* clara D. Estes naufrágios pressupõem uma junção de carga num dos portos do sul da Península Ibérica, até onde os produtos africanos terão sido encaminhados por meio de rotas ao longo da costa do Norte de África, no sentido Este-Oeste.

O naufrágio Punta Vecchia 1, localizado no Cap Corse, documenta a passagem de um navio com uma carga maioritária de ânforas lusitanas Almagro 51c, acompanhada por ânforas Africanas IIB e IID (Leroy de La Brière e Meysen 2007: 88-89). A sua localização ajusta-se às rotas provenientes da Península Ibérica, que costeando a costa da Gália entram no Alto Tirreno, dobrando o Cap Corse, muito provavelmente com destino aos portos de Roma ou ao Norte da Península Itálica.

A presença de ânforas lusitanas nos registos arqueológicos tardo-antigos de Pisa (Costantini 2010: 331-332), nos *horrea* de *Vada Volaterrana* (Menchelli e Pasquinucci 2004: 235), em Génova (Melli 2004: 9 e 11) e no naufrágio de Punta Ala A (Dell'Amico e Pallarés 2006) documentam a sua circulação nos circuitos comerciais e rotas de navegação do Alto Tirreno e Mar da Ligúria.

De mais difícil interpretação, no que concerne à rota percorrida, é o naufrágio de Porticcio A, localizado na costa ocidental da Córsega, datado do século III. A carga, bastante heterogénea, inclui ânforas com proveniência do mediterrâneo ocidental e oriental, *sigillata* clara C, cerâmica comum e de cozinha africana, *mortaria*, uma lucerna, mais de 100 objectos em vidro e variados fragmentos de esculturas em mármore (Alfonsi 2008). A carga de ânforas é na sua grande maioria constituída pelo tipo Kapitan II, seguida de uma menor percentagem de Africanas II e Kapitan I. A grande variedade anfórica inclui ainda os seguintes tipos minoritários: Africana I, Forlimpopoli, Agora M 254, Almagro 51C, Almagro 50, Dressel 20, Dressel 23, Agora F65/66, Crétoise 2, Dressel 30, Dressel 28, Beltrán 72, Egípcia Romana, Empoli, Tripolitana, Peacock & Williams 60 e

Zemer 57, para além de outros tipos indeterminados. De entre os fragmentos anfóricos atribuíveis aos tipos lusitanos registam-se: 4 fragmentos de Almagro 51c e 2 fragmentos associáveis ao tipo Almagro 50/Keay XVI, de provável produção bética (Alfonsi 2005; 2010).

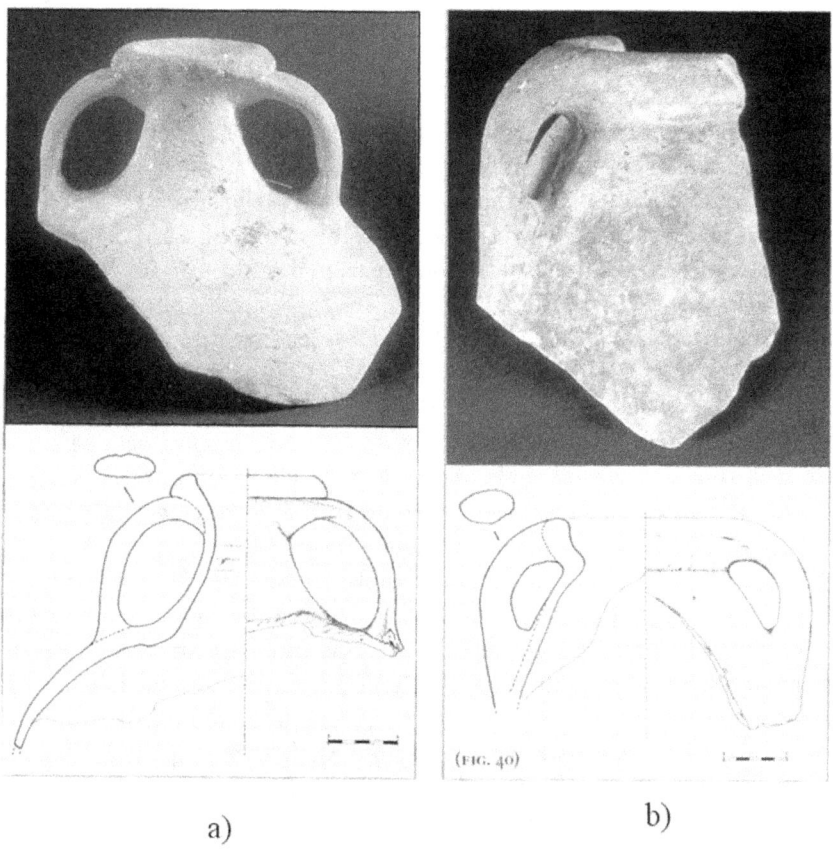

a)                                        b)

Figura 5 – Ânforas lusitanas do Fontanamare A/Sítio A de Gonnesa (Salvi e Sanna 2000); a) Almagro 51c; b) Keay 78.

O naufrágio de Fontanamare A/Gonnesa A (Salvi e Sanna 2000; Dell'Amico, Facenna e Pallarés 2001-2002), datável dos finais do século III e inícios do século IV, no qual as ânforas lusitanas Almagro 51c e Keay 78 estão documentadas, conjuntamente com Africanas IID e numerosos fragmentos de *sigillata* clara D, parece sugerir a existência de uma reunião de carga num dos portos do Norte de África, ou até mesmo no sul da Sardenha, em Cagliari por exemplo. A Sardenha, pelo seu papel geo-estratégico no Mediterrâneo, no caminho das rotas Oeste-Este e Sul-Norte, é local de passagem obrigatório para os produtos piscícolas lusitanos. Presentes desde o século I d.C., as ânforas de produção lusitana ganham especial destaque a partir do século III, conjuntamente com as produções africanas. Assim parecem indicar as percentuais registadas em *Turris Libisonis*, Cagliari e Nora (Piccardi e Nervi 2013; Nervi 2014).

Os naufrágios registados na costa oriental da Sicília (Marzameni F, Femina Morta e Randello) colocam as ânforas lusitanas Almagro 50 e 51c no caminho do mediterrâneo central e oriental conjuntamente com as produções anfóricas africanas e a *sigillata* de produção tunisina (Parker, 1981; 1989; 1992).

Para além de destinos mais orientais, como Beirut, onde as ânforas lusitanas estão razoavelmente bem documentadas nos séculos IV e V (Reynolds 2010: 42--43), as lusitanas terão circulado ao longo das costas adriáticas. Ao naufrágio de Sobra, onde foram identificadas ânforas de tipo Almagro 50 (Parker 1992), deveremos acrescentar outros registos, tais como: a identificação de dois exemplares de Almagro 50, num contexto de armazém dos finais do século V, em Pula (Croácia) (Starac 2014: 177-178); e os registos residuais das formas Almagro 51 a-b e 51c em Egnazia (Puglia, Itália), datados dos finais do século IV e inícios do V (Berloco *et al.* 2014: 209).

Os resultados publicados das escavações britânicas em Cartago não individualizam as produções regionais no conjunto global de importações da Península Ibérica. No entanto, sabemos pelos dados de Reynolds que as produções lusitanas se encontram documentadas nas termas de Bir El Jebbana, em contextos dos finais do seculo I até ao V (Reynolds 2010: 44).

A identificação de pelo menos um exemplar de Almagro 51c lusitana no naufrágio de Scauri, na Ilha de Pantelleria, coloca questões interessantes. O naufrágio, atribuído à primeira metade do século V, apresenta um carregamento na sua quase totalidade constituído por cerâmica de cozinha de Pantelleria (77%). Surgem depois em pequenas percentagens as cerâmicas comum, de cozinha e de mesa africana (*sigillata*), as lucernas e as ânforas, de ente as quais de identificaram produções da África Proconsular, Zeugitana, Bizacena, Tripolitana, Orientais (Creta, Ásia Menor, Palestina) e Ocidentais, nas quais se incluem exemplares Lusitanos e provavelmente béticos (Keay XV e XIX) (Baldassari 2009: 92 e 108). A presença de ânforas lusitanas numa embarcação que se imagina naufragada à saída do porto de origem, mas que apresenta uma carga tão diversificada, documenta a circulação dos produtos piscícolas lusitanos no seio do complexo sistema de rotas entre o Oriente e o Ocidente, no qual a região marítima entre o sul da Sicília e o porto de Cartago terá desempenhado um papel importante.

Os dados por nós recolhidos, até ao momento, permitem-nos concluir que, apesar da sua presença residual na maioria dos contextos analisados, as ânforas de preparados de peixe lusitanas apresentam uma maior difusão geográfica durante a Antiguidade Tardia. Demonstrando uma grande capacidade no abastecimento dos mercados de maior proximidade, como *Hispallis*, onde representam mais de 30% dos materiais anfóricos tardo antigos, prevalecendo sobre as importações africanas e orientais, sendo apenas menos numerosas que as produções da própria

Bética (Garcia Vargas 2007: 347). A mesma tendência é observável no naufrágio de Escolletes 1 (Múrcia), datável dos inícios do seculo IV, e onde as ânforas lusitanas, com destaque para a forma Almagro 51c, são maioritárias (Cerezo Andreo 2011) .O autor documenta ainda os tipos Almagro 50, Keay 78 e imitações da forma Dressel 28 de pastas lusitanas (Cerezo Andreo 2011: 62 a 76).

A presença de ânforas lusitanas ao longo da fachada mediterrânea da Península Ibérica, em locais como Valência, *Tarraco* ou *Barcino*, parece indicar-nos a sua circulação em rotas que percorreriam esse troço de mar em direção ao sul da Gália.

Em *Tarraco*, entre os finais do século III e o fim do século IV, as ânforas são maioritariamente originárias da Hispânia (Tarraconense, Lusitânia e Bética) e da África (Macias i Solé e Remolà Vallverdú 2005). Durante o século V as grandes zonas abastecedoras continuam a ser a Hispânia e a África, mas a novidade reside no notável aumento de ânforas procedentes do Mediterrâneo oriental, um fenómeno que caracteriza os registros arqueológicos deste período noutras cidades do Mediterrâneo Ocidental (Remolà Vallverdú 1998: 807).

As formas Almagro 50 e 51 de produção lusitana foram documentadas em *Barcino*, em níveis dos séculos IV e V, com alguns exemplares a poderem ser atribuídos aos níveis dos séculos VI e VII. No entanto, a sua presença é sempre muito residual, com percentuais inferiores aos 5% do total de ânforas importadas (Carreras Monfort 2012).

As formas Almagro 51 a-b e 51c lusitanas estão presentes, em níveis do século V, em Lyon (Vallet, Lemaître e Schmitt 2010: 210), em Arles e em *Narbonne* (Alessandri, Pieri, Sanchez 1998: 121). Cidade na qual as relações económicas com as províncias da vizinha Hispânia, durante a Antiguidade Tardia, parecem ter sido muito mais frequentes do que em Marselha (Alessandri, Pieri, Sanchez 1998: 121), onde predominam desde meados do século V as ânforas orientais seguidas das africanas. Tendência que só se altera no decurso do século VI com o aumento das produções africanas, situação que se mantém até aos finais do século VII (Bonifay e Piéri 1995: 116).

A presença de ânforas lusitanas em Roma, em contextos pós-severianos, tem sido documentada em diversos contextos[2]. No Palatino, na cripta de San Bonaventura, num contexto da segunda metade do século III, as formas Almagro 51 a-b e 51c correspondem a 5% do conjunto anfórico (Caragnani e Pacetti 1989). A identificação de lusitanas foi igualmente registada num contexto datado entre 290 e 312/315 d.C., correspondente a uma *domus* localizada na zona norte-ocidental do Palatino (Peña 1999). Contemporâneas são as formas lusitanas identificadas num contexto de entulheira da fundação do Arco de Constantino (Zeggio e Rizzo 1998). Os contextos de escavação, datados entre a segunda metade do século IV e a segunda metade do V, no templo de *Magna Mater*, no

---

[2] Agradecemos ao Doutor Giorgio Rizzo a compilação bibliográfica dos dados da cidade de Roma.

Palatino, documentam igualmente ânforas lusitanas dos tipos Almagro 51 a-b e 51c (Panella e Saguì 2001 e Panella *et al.* 2011). Os tipos lusitanos foram ainda identificados, na capital do Império, num conjunto de outros contextos do século v, entre os quais a *Basilica Hilariana* (Bertoli e Pacetti 2011), a igreja de Santo Stefano Rotondo (Rizzo 2009: 270-272), e a *insula* sondada na área de S. Cecília em Trastavere (Auriemma 2004: 201-203).

A identificação de ânforas de tipo lusitano, nos mais variados contextos arqueológicos do mundo romano, carrega consigo a dificuldade acrescida da sua classificação, na base da sua não exclusividade produtiva, como anteriormente referimos. Nesse sentido, concluímos o presente artigo com a identificação sumária de alguns exemplos dessas classificações ambíguas.

O sítio de Sancti Petri (Baía de Cádiz), documentado desde 1992, revelou a presença de um núcleo de materiais datáveis entre a segunda metade do século IV e a primeira metade do v; de entre os quais figuram ânforas de tipo Almagro 50 e 51, ânforas africanas e *sigillata* clara. Das figuras publicadas é possível identificar os tipos Sado 3 lusitano, Keay XIX/Almagro 51 a-b e Keay 25 africana (Alonso Villalobos *et al.* 1994: 47, fig. 4 e 5). O naufrágio contribui para a afirmação da continuidade do comércio gaditano até à primeira metade do século v d.C.; atestando assim o pleno funcionamento do porto de *Gades* nessa época (Bernal Casasola 2004: 47).

A zona costeira de Port-Vendres continua a revelar o seu enorme potencial arqueológico subaquático com a regular descoberta de novos sítios de naufrágio. No limite ocidental de Anse Béar, numa zona rochosa, foi realizada, em 2005, uma sondagem (nº20) que revelou a presença de material cerâmico do século III d.C., entre o qual se encontra uma ânfora de tipo Almagro 50 e uma de tipo Almagro 51c de origem lusitana ou bética. (Castellvi e Salvat 2007: 3) Foi igualmente recuperada uma pança de um tipo indeterminado que poderá corresponder a uma Lusitana 3 ou Almagro 51c lusitana.

Em 2006, numa campanha de prospeção com ROV, foi localizado a 94m de profundidade o sítio de Levanzo I, a Norte da pequena ilha de Levanzo localizada a Oeste da Sicília. De entre o conjunto de ânforas identificadas, que são na sua grande maioria ânforas tunisinas de tipo Africana I e II, surge um exemplar do tipo Almagro 51c cujos autores apresentam como de provável proveniência Lusitana, Bética ou Norte Africana (Royal e Tusa 2012: 40).

**Conclusões**

Se cruzarmos a cartografia dos achados subaquáticos com a das rotas mediterrânicas na Antiguidade Tardia[3] saltam à vista uma série de concentrações

---

[3] Para o estudo das rotas de navegação na Antiguidade consultámos essencialmente a obra de Pascal Arnaud (2005).

geográficas. Estas, não podendo ser alienadas das condições difíceis de navegação dos locais, indicam-nos acima de tudo locais de cruzamento de cargas e rotas, mas também entrepostos portuários de redistribuição e consumo.

Apesar da multiplicação de intervenções arqueológicas dos últimos anos, que em muito tem contribuído para o crescente conhecimento das unidades de produção de preparados de peixe e das olarias produtoras de ânforas, a elas associadas, estamos ainda longe de uma total compreensão das dinâmicas, do volume e das cronologias da produção e exportação. Todavia, estamos convencidos que os dados registados em terra, devidamente articulados com os dados subaquáticos, permitirão num futuro próximo aferir algumas dinâmicas comerciais e compreender melhor as rotas e fluxos económicos nos quais as ânforas lusitanas circularam.

## Bibliografia

ALONSO VILLALOBOS, C. ; GALLARDO ABÁRZUZA, M. ; GARCIA RIVERA, C. e MARTI SOLANO, J. (1994) – Prospecciones Arqueológicas Subacuáticas en Sancti-Petri. *Anuario Arqueológico de Andalucia 1994, Actividades Sistemáticas*, Sevilha, p. 44-48.

ALESSANDRI, Patrice; PIERI, Dominique e SANCHEZ, Corinne (1998) – Note sur un lot d'amphores du Ve Siècle de notre ère à Narbonne (Aude). *In :* Rivet e Saulnier (Eds.), *Importations d'anphores en Gaele du Sud, du règnes d'Auguste à l'Antiquité tardive, Actes di Congrès d'Istres*, Marselha, p. 117-122.

ALFONSI, H. (2005) - *Fouille Archeologique Sous-Marines de l'épave de Porticcio*, Rapport 2005, Marseille, Département des recherches archéologiques subaquatiques et sous-marines. Não publicado

ALFONSI, H. (2008) - L'épave de Porticcio. *In :* Stantari (Ed.) *Histoire naturelle e culturelle de la Corse*, n.º 12.

ALFONSI, H. (2010) - *Fouille Archeologique Sous-Marines de l'épave de Porticcio*, Rapport 2010, Marseille, Département des recherches archéologiques subaquatiques et sous-marines. Não publicado.

ARNAUD, Pascal (2005) – *Les routes de la navigation antique-Itinéraires en Mediterranée*. Paris.

AURIEMMA, R. (2004) – La ceramica della fase del battistero paleocristiano. *In:* Parmegiani; Pronti (Ed.) *Santa Cecilia in Trastevere. Nuovi scavi e ricerche (Monumenti di antichità cristiana, II serie, XVI)*, Vaticano, p. 197-230.

BALDASSARI, Roberta (2009) – Il materiale del carico del relitto: analisi tipologica e quantitativa della ceramica locale da fuoco e Le anfore da trasporto. *In*: La Rocca; Tusa, Zangara (Ed.) *Il relitto tardo-antico di Scauri a Pantelleria*, Palermo.

BEBKO, W. (1971) - Les épaves antiques du Sud de la Corse. *Cahiers Corsica* 1-3, Bastia.

*BENOÎT*, F. (1962) – Nouvelles épaves de Provence (III). *Gallia, 20.*

BERLOCO, V.; CONTE, R.; FOSCOLO, M.; GIANNICO, V.; PALMISANO, D.; PIGNATARO, M.; SHIAVARIELLO, G. (2014) - Stratigraphy of 'tips': about some 'closed' contexts from Egnazia (Fasano-Italy). *Actas 28$^{th}$ Congress of the Rei Cretariae Romanae Faustores*, p. 203-218.

BERNAL CASASOLA, D. (1998) – Anforas del bajo imperio en Baetica y Tingitana: estado de la cuestión y primeras aportaciones arqueológicas.

*In:* Teja; Pérez González (Coord.) *Congreso Internacional La Hispania de Teodosio: actas*, Vol. 2.

BERNAL CASASOLA, D. (2000) - Las ánforas béticas en los confines del imperio. Primera aproximación a las exportaciones a la pars Orientalis. *Ex Baetica amphorae. Conservas, aceite y vino de la Bética en el imperio romano.* Congreso internacional,. Actas, p. 935-988.

BERNAL CASASOLA, D. (2004) – Comercio, rutas y navegación en la Hispania meridional tardorromana (ss. III-VII d.C.). Una perspectiva desde la arqueología litoral. *In:* De Maria; Turchetti, (eds.), *Rotte e porti del Mediterraneo dopo la caduta dell'Impero roma d'Occidente, Continuità e innovazioni tecnologiche e funzionali, IV Seminario ANSER,* p. 33-64.

BERNAL CASASOLA, D. (2008) – El final de la industria pesquero-conservera en Hispania (ss. V-VII d.C.) entre Obispos, Bizancio y la evidencia arqueológica. *In:* Napoli, J. (ed.) Ressources et activités maritimes des peuples de l'Antiquité. Les Cahiers du Littoral, 2 (6), p. 31-58.

BERNAL CASASOLA, D. (2010) - Iglesia, producción y comercio en el Mediterráneo tardoantiguo. De las ánforas a los talleres eclesiásticos. *In*: Menchelli; Santoro; Pasquinucci; Guiducci (Eds), *LRCW3 Late Roman Coarse Wares, Cooking Wares and Amphorae in the Mediterranean: Archaeology and archaeometry. Comparison between western and eastern Mediterranean*, Volume I, BAR 2185.

BERNARDES, J. P. (2008) – O Centro Oleiro do Martinhal. *Xelb 8 (Actas do 5º Encontro de Arqueologia do Algarve)*, Vol. 1, p. 191-212.

BERTOLDI, T.; PACETTI, F. (2010) – *Materiali di V secolo dalla Basilica Hilariana sul Celio: analisi tipologica delle ceramiche comuni. In*: Menchelli; Santoro; Pasquinucci; Guiducci (Eds), *LRCW3 Late Roman Coarse Wares, Cooking Wares and Amphorae in the Mediterranean: Archaeology and archaeometry. Comparison between western and eastern Mediterranean*, Volume I, BAR 2185, p. 433-445.

BERROCAL CAPARRÓS, M. del C. (2012) – Producciones anfóricas en la costa meridional de Carthago-Spartaria. *In:* Bernal Casasola; Ribera i Lacomba (eds), *Cerámicas hispanorromanas II – Producciones regionales*. Cádiz, p.255-277.

BONIFAY, Michel ; PIERI, Dominique (1995) – Amphores du Ve au VIIe s. à Marseille: nouvelles données sur la typologie et le contenu. *Journal of roman archaeology*, 8 p. 94-120.

BOST, J. P.; CAMPO, M.; COLLS, D.; GUERRERO, V. y MAYET, F. (1992) – *L'épave Cabrera III (Majorque). Échanges commerciaux et circuits monétaires au milieu du IIIe siècle après Jésus-Christ*. Publications du Centre Pierre Paris, 23. Paris.

CARIGNANI, A. e PACETTI, F. (1989) – Anfore tardo-antiche dagli scavi del Palatino. *Amphores Romaines et Histoire Economique: dix ans de recherche, Sienne*, , Rome, p. 610-615.

CARRERAS MONFORT, C. (2000) - *Economia de la Britannia Romana: La Importación de Alimentos*, Collecció Instrumenta 8, Barcelona.

CASTELLVI, Georges e SALVAT, Michel (2007) – Un trésor monétaire du III e s. ap. J.C., découvert dans les eaux de Port-Vendres (Pyrénées-Orientales). *Domitia*, n.º 8.

CEREZO ANDREO, F. (2011) - *La colección material del yacimiento subacuático de Escolletes. Arqueología Náutica y Dinámicas Comerciales em el Sureste Ibérico en Época Bajo Imperial*. Trabalho Final de Master, Universidade de Murcia. Não publicado.

CONSTANTINI, A. (2010) Pisa – Via Marche: le amphore della necropoli tardoantica. *In*: Menchelli; Santoro; Pasquinucci; Guiducci (Eds), *LRCW3 Late Roman Coarse Wares, Cooking Wares and Amphorae in the Mediterranean: Archaeology and archaeometry. Comparison between western and eastern Mediterranean*, Volume I, BAR 2185, p. 329-336.

DELL'AMICO, P; FACENNA, F. e PALLARÈS, F. (2001-2002) - Fontanamare (Cagliari). Il relitto 'A'. *Bullettino di Numismatica 36-39*, p. 9-151.

DELL'AMICO, P e PALLARÈS, F. (2006) – *Il relitto "A" di Punta Ala*. Roma.

DIAS DIOGO, A.M.D. (1987) – Quadro Tipológico das ânforas de fabrico lusitano. *O Arqueólogo Português*, Série IV, 5, p. 179-191.

EDMONDSON, J. C (1987) – *Two industries in Roman* Lusitania mining and garum production, Oxford: BAR IS 362.

ÉTIENNE, R. e MAYET, F. (1993-1994) – La place de la Lusitanie dans le commerce méditerranéen. *Conimbriga* 32-33, p. 201-218.

EXPOSITO ALVAREZ, J. A. e BERNAL CASASOLA, D. (2007) – Ánforas orientales en el extremo occidente: las importaciones de LR1 en el sur de Hispania. *In*: Bonifay; Tréglia (eds). *LRCW2. Late Roman Coarse Wares, Cooking Wares and Amphorae in the Mediterranean: Archaeology and Archaeometry*. Volumen I, BAR IS 1662.

FABIÃO, C. (1996) – Sobre a Tipologia das ânforas da Lusitânia. *Ocupação Romana dos Estuários do Tejo e do Sado – Actas das primeiras Jornadas sobre Romanização dos Estuários do Tejo e do Sado*. Lisboa, p. 371-390.

FABIÃO, Carlos (1997) – A Exploração dos Recursos Marinhos. *Portugal Romano: a exploração dos recursos naturais*. Lisboa.

FABIÃO, C. (2004) – Centros oleiros da *Lusitania*. Balanço dos conhecimentos e perspectivas de investigação. *Actas del Congresso Internacional Figlinae Baeticae. Talleres alfareros y producciones cerámicas en la Bética romana (ss. II a.C. – VII d.C.)*, B.A.R, IS1266, p. 379-410.

FABIÃO C. (2008) - Las ánforas de Lusitania. In: Bernal; Ribera Lacomba (Eds.) *Cerámicas hispanoromanas. Un estado de la cuestión. Actas del XXVI Congreso Internacional de la Asociación Rei Cretariae Romanae Fautores*, p. 725-745.

FABIÃO, C. (2009a) – O Ocidente da península Ibérica no século VI: sobre o pentanummium de Justiniano I encontrado na unidade de produção de preparados de peixe da Casa do Governador da Torre de Belém, Lisboa. ERA *Apontamentos de Arqueologia e Património* 4, p. 25-50.

FABIÃO, C. (2009b) – Cetárias, ânforas e sal: a exploração de recursos marinhos na Lusitania. *Estudos Arqueológicos de Oeiras* 17, p. 555-594.

FERNÁNDEZ FERNÁNDEZ, A. (2010) – Rías Baixas and Vigo (*Vicus Eleni*). *In*: Carreras Monfort; Morais (Eds.), *The Western Roman Atlantic Façade: a study of economy and trade in the Mar Exterior. From the Republic to the Principate*, BAR 2162, p. 229-237.

GARCÍA VARGAS, Enrique (2007) – *Hispalis* como Centro de consumo desde época Tardo Republicana a la Antiguedad Tardía. El testimonio de las ánforas. *Anales de Arqueología Cordobesa* 18, p. 317-360.

GARCÍA VARGAS, Enrique (2011) – *Oriental trade in the Iberian Peninsula during Late Antiquity (4th-7th centuries AD). An archaeological perspective. New Perspectives on Late Antiquity*. Cambridge, p. 76-117.

GASPERETTI, G. (2012) – L'attività del Servizio per l'Archeologia Subacquea della Soprintendenza per i beni archeologici per le province di Sassari e Nuoro. Un caso significativo. *Erentzias*, Volume I, p. 293-305

JONCHERAY, J. P. (1975) – Une épave du Bas Empire : Dramont F. *Cahiers d'archéologie subaquatique*, 4.

JONCHERAY, J. P. e BRANDON, Christopher (1997) - Deux épaves du Bas--Empire romain: Première partie: L'épave Chrétienne D. *Cahiers d'archéologie subaquatique*, 13, p. 121-35.

LAGÓSTENA BARRIOS, Lázaro (2001) – *La producción de salsas y conservas de pescado en la Hispania Romana: (II a.C. - VI d.C.)*, Collecció instrumenta 11, Barcelona.

LEQUEMENT, R. (1976) – Une épave du Bas-Empire dans la baie de Pampelonne (presqu'île de Saint-Tropez). *Revue archéologique de Narbonnaise* Tome 9.

LEROY DE LA BRIERE, G. (2006) – Littoral de la Corse. Travaux et recherches archéologiques de terrain. *Département des recherches archéologiques subaquatiques et sous-marines, Bilan Scientifique 2004*, p. 87.

LEROY DE LA BRIÈRE, G. e MEYSEN, A (2007) – Littoral de la Corse. Travaux et recherches archéologiques de terrain. *Bilan Scientifique do DRASSM* 2005, p. 88 e 89.

LIOU, B. (1973) – Recherches archéologiques sous-marines. *Gallia.* Tome 31 fascicule 2, p. 571-608.

LIOU, B. (1974) – L'épave romaine de l'anse Gerbal à Port-Vendres. *Comptes rendus, Academie des Inscriptions et Belles-Lettres*, p. 414-433.

LIOU, B. (1982) – Direction des recherches archéologiques sous-marines. *Gallia* Tome 40 fascicule 2, p. 437-454.

LIOU, B. (1990) – Le commerce de la Bétique au Ier siécle de notre ère. Notes sur l'épave Lavezzi 1 Bonifacio, Corse du Sud. *Archeonautica* 10, p.125-155.

LONG, L. e DUPERON, G. (2011) – Le mobilier de la fouilee de l'épave romaine Arles-Rhône 7. Un navire fluvio-maritime du IIIe siècle de notre ère. *SFECAG. Actes du Congrès d'Arles.2-5 Juin 2011*, p. 37-56.

LOPES, C. e MAYET, F. (1990) – Commerce Régional et Lointain des Amphores Lusitaniennes. *Ânforas lusitanas. Tipologia, produção, comércio*. Coimbra, p. 295-303.

MACIAS I SOLÉ, J. M. e REMOLÀ VALLVERDÚ, J. A. (2005) – La cultura material de Tarraco-Tarracona (Hispania Tarraconensis-Regnum Visigothorum): cerámica común y ánforas. *In*: Gurt; Buxeda; Cau (Eds), *LRCW 1. Late Roman Coarse Wares, Cooking Wares and Amphorae in the Mediterranean. Archaeology and Archaeometry.* BAR IS 1340, p. 125-135.

MANTAS, Vasco Gil (1998) – Navegação, economia e relações interprovinciais: Lusitânia e Bética. *Humanitas* 50, p. 199-240.

MAYET, F. (2001) – Les amphores lusitaniennes. *Céramiques Hellénistiques et Romaines* 3, p. 277-293.

MELLI, Piera (2004) – The role of Genoa in the Mediterranean trade in Antiquity. *In*: Pasquinucci; Weski (Eds.), *Close encounters: Sea- and Riverborne trade, port and hinterlands, ship construction and navigation in Antiquity, the Middle Ages and in Modern Time*, BAR IS1283, p. 1-18.

MENCHELLI, S. e PASQUINUCCI, M. (2004) – Archeologia della redistribuizione nell'Etruria Settentrionale: il caso di Vada Volaterrana.

*In*: Malfitana; Poblome; Lund (Eds) *Old Poterry in a new century. Innovative Prespectives in Roman Pottery Studies, Proccedings of the International Workshop*, Catania 22-24 April 2004, Catania.

MORAIS, Rui *(1998)* – *A*s *Ânforas da Zona das Carvalheiras. Contribuição para o Estudo das Ânforas Romanas de Bracara Augusta*. Cadernos de Arqueologia/ Monografias 8, Braga.

NERVI, C. e Piccardi, E. (2013) – Produzioni anforiche dalla Penisola Iberica in Sardegna. *In*: Bernal; Bustamante; Díaz; Sáez (Eds) - *Hornos, talleres y focos de producción alfarera en Hispania*, Monografías ex Officina Hispana 1, Actas do I Congreso Internacional de la SECAH ,Tomo II, p. 365-388.

NERVI,C. (2014) – La Sardinia tra Peninsula Iberica ed Africa immersa in un mare di sale. *In*: Botte; Leicht (Eds), *Fish and Ships. Production et commerce des salsamenta durant l'Antiquité*, BIAMA 17, Aix en Provence, p. 199--212.

PADILLA MONGE (2008) – La ordenación territorial de la Bahía de Cádiz durante el Imperio Romano Tardío. *Revista Atlántica-Mediterránea de Prehistoria y Arqueología Social* 10, p. 365.

PANELLA, C. e SAGUI, L. (2001) – Consumo e produzione a Roma tra tardoantico e altomedioevo: le merci, i contesti. *Roma nell'alto medioevo, settimane di studio del C.I.S.A.M., XLVIII, Spoleto, 2000,* Spoleto, p. 757-820.

PANELLA, C.; SAGUÌ, L.; CASALINI, M. e COLETTI, F. (2010) – Contesti tardoantichi di Roma: una rilettura alla luce di nuovi dati. *In*: Menchelli; Santoro; Pasquinucci; Guiducci (Eds), *LRCW3 Late Roman Coarse Wares, Cooking Wares and Amphorae in the Mediterranean: Archaeology and archaeometry. Comparison between western and eastern Mediterranean*, Volume I, BAR 2185, Volume I, p. 57-78.

PARKER, A. J. (1981) – Stratification and contamination in Ancient Mediterranean shipwrecks. *The International Journal of Nautical Archaeology and Underwater Exploration* 10, 4, p. 309-335.

PARKER, A. J. (1989) – Amphores Almagro 50 de l'épave de Randello (Sicile). *École Française de Rome*, 114, Rome.

PARKER, A. J. (1992) – *Ancient shipwrecks of the Mediterranean and Roman Provinces*. BAR IS 580.

PARKER, A.J. (2008) – Artifact Distribuitions and Wreck Locations: The Archaeology of Roman Commerce. *In*: R. L. Hohlfelder (Ed.) *The Maritime World of Ancient Rome*. Ann Arbor, p. 177-196.

PEÑA, J. Th. (1999) – *The Urban Economy during the Early Dominate. Pottery evidence from the Palatine Hill* (BAR IS 784), Oxford.

PIERI, Dominique (2002) – Marchands Orientaux Dans L'économie Occidentale De L'antiquité Tardive. *In*: Rivet ; Sciallano (Eds.), *Vivre, produire et échanger : reflects méditerranéens. Mélanges offerts à Bernard Liou*, Montagnac (*Archéologie et Histoire romaine* 8), p. 123-132.

POMEY, P.; LONG, L.; L'HOUR, M.; RICHEZ, F. e BERNARD, H., (*1989*) – *Recherches sous-marines. Gallia Informations* (*1987-8*).

PONS PUJOL, Lluís (2009) – *La Economía de la Mauretania Tingitana (s. I-III d.C.): aceite, vino y salazones*. Colleccío Instrumenta 34, Barcelona.

PORQUEDDU, A. (2013) – *Prospezioni archeologiche nell'arcipelago di la Maddalena - Risultati della prima campagna di ricerche*. Tese de Specializzazione in Beni Archeologici. Não publicado.

REMOLÀ VALLVERDÚ, J. A. (1998) – Ánforas y modelos de aprovisionamiento en la ciudad tardo-antigua de Tarraco (Diocesis Hispaniarum). In: Saguí (Ed.), *Ceramica in Italia: VI-VII secolo. Atti del Colloquio in onore di J.W. Hayes*. Biblioteca di Archeologia Medievale 14, p. 797-808

REYNOLDS, Paul (2010) - *Hispania and the Roman Mediterranean, AD 100- -700 (Ceramics and Trade)*. London.

RIZZO, G. (2009) – Anfore. In: Lissi Caronna (ed.) *Roma (Regio II) – Via di Santo Stefano Rotondo. Scavi nella chiesa di Santo Stefano Rotondo*, p. 34-282.

ROYAL, Jeffrey G. e TUSA, Sebastiano (2012) – The Levanzo I Wreck, Sicily: a 4th-century AD merchantman in the service of the *annona*?. *The International Journal of Nautical Archaeology* 41.1, p. 26–55.

SALVI, Donatella e SANNA, Ignazio (2000) – *L'acqua e il tempo. Prospezioni di archeologia subacquea nelle acque di Gonnesa, Comune di Gonnesa e Soprintendenza Archeologica Cagliari e Oristano*.

SPANU, P.G. (1997) – Il relitto "A" di Cala Reale (L'Asinara 1). *Atti del Convegno nazionale di archeologia subacquea* (Anzio 1996), Bari, p. 109-119.

SPANU, P.G. (2006) – Il relitto tardo-antico di Mandriola-A. *In*: Mastino; Spanu; Zucca (edd.) *Tharros Felix* 2, Roma, p. 181-196.

STARAC, Alka (2014) – Urban Identity of Pula and roman potery from St. Theodore's Quarter 2005. Actas *28th Congress Rei Cretariae Romanae Fautores*, p .175-182.

TCHERNIA, André (2011) – *Les Romains et le commerce*. Naples – Aix-en- -Provence.

UGGERI, Giovanni (2002) – Problemi della rotta Roma-Arles. *L'Africa Romana XVI*, p. 711-716.

VALLET, Cecile Batigne ; LEMAÎTRE, Severine e SCHMITT, Anne (2010) – Céramiques Communes et Amphores du début du Ve Siècle à Lyon (Fouilles du Musée Gadagne). *In*: Menchelli; Santoro; Pasquinucci; Guiducci (Eds), *LRCW3 Late Roman Coarse Wares, Cooking Wares and Amphorae in the Mediterranean: Archaeology and archaeometry. Comparison between western and eastern Mediterranean*, Volume I, BAR 2185.

VAZ PINTO, I; MAGALHÃES, P. e BRUM, P. (2011) – O Complexo Industrial de Tróia desde os tempos dos *Cornelii Bocchi*. *In*: Cardoso; Almagro-Gorbea (Eds.) *Lucius Cornelius Bocchus – Escritor Lusitano da Idade de Prata da Literatura Latina*, Colóquio Internacional de Tróia 6-8 de Outubro de 2010, Lisboa.

VIEGAS, Catarina (2009) – *A ocupação romana do Algarve: estudo do povoamento e economia do Algarve central e oriental no período romano*. Tese de Doutoramento em Arqueologia, Universidade de Lisboa.

VILAR-SANCHO, B. e MAÑÁ, J. M. (1964) – Informe sobre la excavación arqueológica en la Bahía de San Antonio Abad de Ibiza. *Noticiario Arqueológico Hispánico* VI, Cuadernos 1-3, p. 177-188.

VILAR-SANCHO, B. e MAÑÁ, J. M. 1965 – Informe sobre la segunda fase de la excavación arqueológica realizada en aguas de la Bahía de San Antonio Abad, de Ibiza. *Noticiario Arqueológico Hispánico* VII, 1-3, p. 188-194.

VILLAVERDE VEGA, Noé (1990) – Comercio marítimo y crisis del s. III en el Círculo del Estrecho. Sus repercusiones en *Mauretania Tingitana*. *Actes du 115eme Congr. Nat. Soc. Sav., Avignón, 1990, Ve Coll. Sur l'histoire et l'archéologie de l'Afrique du Nord, C.T.H.S.*, París, p. 333-347

VILLAVERDE VEGA, Noé (2001) – *Tingitana en la Antigüedad Tardía (siglos III-VII): Autoctonía y Romanidad en el Extremo Occidente Mediterráneo*. R.A.H., Biblioteca Archaeologica Hispana 11, Madrid.

VOLPE, Giuliano (1998) – *Archeologia subacquea e commerci in età tardoantica"* in *Archeologia subacquea. Come opera l'archeologo sott'acqua. Storie dalle acque*, Firenze, p. 561-626

VOLPE, Giuliano (2002) – Relitti e rotte commerciali del Mediterraneo occidentale tardoantico. *L'Africa Romana XVI*, p. 239-250.

WILSON, Andrew (2006) – Fishy Business: Roman Exploitation of Marine Resources. *Journal of Roman Archaeology 19.2*, p. 525–537.

ZEGGIO, S. e RIZZO, G. (1998) I materiali residui come indicatori della storia di un sito: il caso della fossa di fondazione dell'Arco di Costantino. *Materiali residui*, p. 125-148.

## La *domus* suburbana del solar del antiguo cuartel de Hernán Cortés (Mérida, Badajoz). Un ejemplo de arquitectura residencial en la tardoantigüedad
(The suburban domus in the ancient Hernan Cortés quarter (Mérida, Badajoz). An example of Late Antique residencial architecture)

Diego Sanabria Murillo, Víctor M. Gibello Bravo,
Andrea Menéndez Menéndez y
Fernando Sánchez Hidalgo (arqveocheck@arqveocheck.com)
Arqveocheck S.L.U.

Resumen – El descubrimiento de un edificio aristocrático, datado entre los siglos v-vi, en el solar del antiguo Cuartel de Hernán Cortés (Mérida), proporciona una nueva pieza en el puzle urbano de esta ciudad durante la Antigüedad Tardía. No conocemos con exactitud el *status* de su propietario, pero es probable que fuera una figura pública de la alta sociedad emeritense durante este período. La residencia mantiene la planta clásica romana, con los espacios nobles apropiados, como el atrio para la recepción de los visitantes, el *tablinum* para las negociaciones y tratos, y los baños como símbolo de prestigio, además del empleo higiénico.

Palabras clave – Residencia suburbana, Antigüedad Tardía, *Emerita*, baños romanos.

Resumo – A descoberta de um edifício aristocrático, datado dos séculos v-vi, no solar do antigo Quartel de Hernán Cortés (Mérida), proporciona uma nova peça no puzzle urbano desta cidade durante a Antiguidade Tardia. Não conhecemos com exatidão o *status* do proprietário, mas é provável que fosse uma figura pública da elite emeritense durante este período. A residência mantém a planta clássica romana, com os espaços nobres apropriados, como o *atrium* para a recepção dos visitantes, o *tablinum* para as negociações e tratos, e os banhos como símbolo de prestígio, além do uso para a higiene quotidiana.

Palavras chave – Residência suburbana, Antiguidade Tardia, *Emerita*, banhos romanos.

Abstract – The discovery of an aristocratic building, dating from the v-vi century, in the place of ancient "Cuartel de Hernán Cortés" (Mérida), provides a new piece in the urban puzzle of this city during the Late Antiquity. We don't know exactly the status of its owner, but it's probable that he was a public figure of *Emeritensis* elite during this period. The residence keeps the classical roman plan, with the proper noble rooms, as the *atrium* for the visitor's reception, the *tablinum* for the negotiations and deals, and the baths as symbol of prestige, besides the hygienic use.

Keywords – Suburbian residence, Late Antiquity, *Emerita*, roman baths.

## 1. Introducción

Con motivo del Plan para la Reactivación de la Economía y el Empleo, impulsado desde el Gobierno de España, el Ayuntamiento de Mérida (Badajoz) planificó la ejecución de una excavación arqueológica en el solar del antiguo Cuartel de Artillería "Hernán Cortés". El proyecto, sometido a concurso público, se adjudicó a la empresa Arqveocheck S.L.U., y fue dirigido por uno de nosotros[1], entre los meses de mayo y noviembre de 2009. La zona a excavar se articuló en tres grandes sectores y el resultado de esta intervención fue la documentación de una amplia secuencia estratigráfica, que arranca en los albores del siglo I de nuestra era y se dilata hasta prácticamente la actualidad, destacando el conjunto de estructuras exhumado en el Sector SO, entre las que se encuentra la planta de un espacio residencial identificado con una *domus*, que hemos fechado entre los siglos V y VII d.C.

## 2. Espacio geográfico

El solar donde se sitúa la excavación se encuentra al norte del núcleo urbano emeritense, entre las calles Teniente Flomesta por el norte, Pontezuelas por el sur, López Puigcervert por el oeste y el aparcamiento de la calle cabo Verde y los terrenos del Museo Abierto de Mérida, por el este. Con esta actuación, se logran definir sucesivas etapas de ocupación en las diversas áreas excavadas, en una zona que se encontraba extramuros desde la fundación de la ciudad hasta tiempos recientes.

## 3. La excavación arqueológica

Los trabajos se desarrollaron en una superficie de unos 10.000 m² aproximadamente, sobre los restos del antiguo cuartel. Éstos se identificaban con cimentaciones y zapatas de hormigón. Una vez retirados los niveles contemporáneos se documentó parte de una *maqbara* musulmana en la mitad S del solar. También se localizó una calzada altoimperial que discurre en sentido N-S, así como una gran necrópolis romana integrada por edificios funerarios y tumbas aisladas, tanto de incineración como de inhumación, que están en uso desde el cambio de era hasta el siglo V y que se extiende por gran parte del área intervenida. Por otro lado, hacia la zona central, se hallaron los restos de un camino bajoimperial, con orientación E-O, que se superpone a la calzada antes mencionada. De forma más concreta, en el Sector SO los niveles más antiguos se identifican con los restos de un edificio funerario altoimperial asociado a la calzada. Sobre éste, entre los siglos I y II d.C.,

---

[1] Fernando Sánchez Hidalgo.

se construye una edificación de la que se ha de destacar una amplia superficie de pavimentos de *opus signinum* y unas letrinas. A todo el conjunto se superpone, ya en época bajoimperial, un gran complejo termal, que tras varias e importantes reformas se abandona a finales del siglo III. Y es en época tardoantigua, tras un paréntesis de al menos un siglo desde el abandono del *balnea*, cuando tiene lugar la construcción de la *domus* objeto de este trabajo, sobre los restos anteriores.

## 4. La *domus* tardoantigua

Tras el *hiatus* que se produce en el Sector SO durante el siglo IV, la ocupación se reactiva a partir de finales del siglo V ó comienzos del VI, con la construcción de un nuevo edificio, concretamente de una *domus* suburbana de notables dimensiones (alrededor de 450 m$^2$). El conjunto muestra cierta simetría y centralidad, con un esquema espacial diferente al de los edificios a los que se superpone, de tal modo que, salvando las distancias con el planteamiento de la casa itálica, están presentes elementos tales como el vestíbulo, el atrio, un impluvio, grandes estancias (posible *tablinvm*), pequeños espacios perimetrales (*cubicula*) y finalmente un *balneum*, presentando asimismo un cerramiento perimetral desigualmente conservado. Al igual que en otras construcciones de similar cronología, el nuevo edificio reaprovecha algunos elementos arquitectónicos precedentes, como pavimentos y muros, recreciendo las cimentaciones de éstos y parcheando aquéllos donde no se hubieran conservado. En este sentido, valga el ejemplo de la fachada, que sigue siendo un elemento común a todos los edificios. En cuanto a su articulación arquitectónica, se atisba cierta intención de axialidad, y todo ello organizado en torno a un atrio o patio interior. De forma más precisa, si estableciésemos un eje partiendo desde la fachada, de Este a Oeste, atravesaríamos un vestíbulo, seguido del atrio y una dependencia de notables dimensiones, rodeado todo ello de pequeñas estancias. En el extremo Oeste se halla una amplia sala, que se comunica por su paramento S con uno de los espacios del *balneum*.

*Figura 1* – Vista general del edificio tardoantiguo desde el S.

*Figura 2* – Planta de la domus excavada en el Cuartel Hernán Cortés.

Siguiendo ese eje, en primer lugar se localiza la fachada de la casa, que se establece en el mismo lugar que los anteriores edificios, aunque ahora se reforma, de tal modo, que una parte del antiguo muro de fachada altoimperial es aprovechada para cimentar la nueva estructura que definirá el frente de la *domus* tardoantigua.

*Figura 3* – Vista general de la fachada.

La entrada a la casa, se haría por el mismo sitio, aunque a una cota superior a la de momentos anteriores, pues la calzada desde la que se había planteado toda la trama edilicia desde época altoimperial ya está amortizada por un estrato que en este punto alcanza los 40-45 cm de espesor. Tras este pequeño vestíbulo, nos encontramos frente a un muro que separaría la entrada de un espacio semicubierto o atrio. Éste presenta planta rectangular, con unos 58 m² de superficie y está situado en el eje de la casa, rodeado de otras estancias menores. Su nivel de suelo aprovecha un pavimento preexistente. En su zona central se conservan los restos de un *impluvium*, resultando un corredor o ándito entre éste y los muros de cierre del atrio, de entre 1,8 y 2,2 m de anchura. Dicho *impluvium* se articula como un espacio rectangular (5 x 2,4 m) construido con muros de *caementicium* y dotado de un suelo de mortero hidráulico rematado en media caña. En su interior se localiza un receptáculo, practicado sobre el pavimento y destinado a su limpieza, mientras que en la esquina NE se ha identificado un desagüe. Se trata de un canal revestido de *signinum*, de unos 15 m de longitud, con orientación N-S, que gira bruscamente al E, desde aproximadamente la mitad de su longitud total. Posee una cubierta de tégula y ladrillo fragmentario en su mitad inicial, mientras que el resto se cubre con piedras grandes e irregulares.

*Figura 4* – Vista general desde el SO del atrio con impluvium central.

*Figuras 5 e 6* – Vista general desde el S del impluvium y detalle de su desagüe.

Dejando atrás el atrio, en dirección O, nos encontramos con una estancia de grandes dimensiones, E-6, un espacio de planta rectangular, de 5,9 x 4,6 m de lado y 26 m² de superficie. Situado en el mismo eje central imaginario, que partiría desde el acceso al edificio, con este tamaño y su ubicación preferente en la vivienda, podríamos pensar en su identificación como *tablinum*. En su pavimentado se ha aprovechado un suelo anterior de *signinum*, que conserva las huellas de un muro del siglo III, algo que se soluciona con un parcheado de cal muy rudimentario.

*Figura 7* – Vista general de E 7 desde el S.

En cuanto a las estancias perimetrales, E-1 se localiza en la zona de la entrada. De hecho, el muro de la fachada le sirve como límite oriental. Dicho espacio posee planta de tendencia cuadrangular y una superficie de unos 9 m² aproximadamente. Una de las estructuras del edificio del siglo II se reutiliza y recrece en este momento, sirviendo para delimitar un corredor entre el atrio y las estancias que se abren al N. Por este lado, y de E a O, nos encontramos en primer lugar con E-2, situada en el espacio donde antes se situaban las letrinas altoimperiales. Más al O, se halla un nuevo espacio, E-3, cuyos límites lamentablemente no se han podido documentar, aunque sí sabemos que por el N, son delimitadas por el mismo muro que cierra E-2. Finalmente, la última estancia por el flanco N es E-4, identificado con un pequeño espacio (6 m²) a continuación de E-3. En esta estancia, se aprovecha como pavimento un suelo del edificio del *balnea* bajoimperial.

*Figura 8* – Pavimento reaprovechado en E4.

Otras dependencias perimetrales del flanco S de la vivienda, aprovechan en sus cimentaciones las estructuras pertenecientes al edificio del siglo II, adosadas a su vez a un recinto funerario anterior, aunque estos datos son difíciles de documentar debido al enorme arrasamiento de la zona. No obstante, sí podemos indicar que en momentos tardoantiguos, en este flanco S, se crean dos espacios, E-8 y E-9, este último vinculado al *balneum* de la casa. La estancia E-8, se localiza al S de la vivienda, con salida directa al atrio. La realización de un depósito de hidrocarburos en época contemporánea, ha deformado considerablemente su planta; no obstante, se han conservado algunos tramos de muro que permiten reconocer se definición espacial. Asimismo, existen dos vanos que comunican E-8 con el pasillo perimetral S de la vivienda y con el atrio. Por otro lado, se ha documentado un pavimento de *signinum* rematado en media caña, que cubre a otro anterior del siglo III y que será aprovechado en la estancia E-9. Esta se ha diferenciado de E-8 por no contar con el suelo documentado en esta última sala, ya que su pavimento se encuentra a una cota más baja. Se sitúa inmediatamente al O de E-8 y queda delimitada hacia el O por un muro con orientación N-S, que la separa del *frigidarium*, aunque ambas se encuentran comunicadas mediante un pequeño vano con arco, con una luz de 48 cm. Este se localiza a nivel de suelo, por lo que debe ponerse en relación con el *balneum*, si bien su función se nos escapa.

En el extremo O de la casa, contigua a la gran estancia E-6, nos encontramos con E-7, un ámbito también de grandes dimensiones (20 m²). De planta cuadrangular, presenta un vano de 0,75 m de luz que comunica E-7 con el *balneum*. En cuanto a su pavimento, lo comparte con E-6, un suelo de *opus signinum* perteneciente, en origen, al edificio del *balnea* del siglo III.

*Figura 9* – En primer término, hipocausto y frigidarium. Al fondo, E-7.

Una de las dependencias más significativas es el *balneum*, que se localiza en el extremo SO de la casa. Se trata de un espacio de unos 15 m² y, entre los distintos ámbitos que lo componen, puede reconocerse un posible frigidario y un caldario, al que se añadió, en una fase de reforma, una pequeña bañera semicircular. En cuanto a la primera de las salas, ha sido identificada como frigidario, y es la más oriental del conjunto. Como se ha señalado, a ella se accede desde E-7. Posee unos 7,7 m² de superficie y planta rectangular. En cuanto al pavimento, se trata de una capa de *signinum*, reaprovechado de una estructura previa del edificio del siglo III, de modo similar al caso de la estancia E-9.

Por otra parte, el acceso desde esta sala a los recintos calefactados, se efectuaba mediante dos escalones de 76 cm de longitud, 46 cm de anchura y 37 cm de altura. Se localizan al NO de la estancia. En cuanto al hipocausto, se encuentra inmediatamente al O, contiguo a la sala fría. Dicha estructura presenta, en su lado meridional, un vano central compuesto por un sillar como dintel y dos jambas de granito, que comunica con el *praefurnium*. Al N cuenta con una pequeña bañera, que se adosa al conjunto por el exterior. En cuanto al sistema de sustentación, estaría formado por 6 arcos de ladrillos *bessalis* (18 x 18 cm ó 22 x 22 cm) y tres *pilae* adosadas al muro. Su pavimento se compone de una capa de ladrillos recortados y reaprovechados. Respecto a la bañera, se trata de un depósito anexo al caldario, creado en una fase de reforma de la sala, invadiendo la amplia estancia contigua situada al N (E-7). Posee planta semicircular, con un escalón descendente hasta la base, que se adosa al muro de cierre de la sala calefactada. El conjunto presenta un revoco de *signinum*, así como un contrafuerte en cuña por el exterior, posiblemente para contrarrestar los empujes de la cubierta de la bañera, solucionada con una bóveda de cuarto de esfera, necesaria para espacios absidiados.

*Figura 10* – Vista de hipocausto desde el N. Al fondo, vano del praefurnium.

*Figuras 11 e 12* – Detalles de la bañera o alveus.

El sistema de evacuación de dicha bañera se realizaba por medio de un desagüe, que parte desde ella en dirección NO, del cual se conservan algunos elementos. El vaciado se efectuaba por una tubería de plomo, que vertería a un canal de mortero hidráulico situado en el exterior. Finalmente, respecto al *propnigeum*, se localiza al S del hipocausto, delimitado al S por el cerramiento perimetral de la casa. Se trata de un espacio que oscila entre 1,5 y 2 m de anchura entre dicho cierre y la casa.

*Figuras 13 e 14* – Tubería de plomo y desagüe de signinum.

*Figura 15* – Propnigeum visto desde el O. En primer término, muro de cierre perimetral.

La *domus* suburbana del solar del antiguo cuartel de Hernán Cortés (Mérida, Badajoz).
Un ejemplo de arquitectura residencial en la tardoantigüedad

*Figuras 16 e 17* – Muros de cierre perimetrales en el flanco E ante la fachada (a la izquierda), y en el extremo N (a la derecha).

Al NO del edificio se localiza una pequeña estancia, E-5, con pavimento de piedra y tierra apisonada y un hogar, formado por una tégula invertida sobre la que se localizó un paquete de cenizas y carbones y dos objetos de hierro de forma alargada. Hacia el E se abre un vano de unos 0,7 m de luz.

*Figura 18* – Vista general de E-5 desde el N.

## 5. Cronología y paralelos

Aunque los elementos numismáticos localizados en estratos de amortización del *balnea* bajoimperial del Cuartel Hernán Cortés, ya nos mostraban con claridad el abandono del sector durante la quinta centuria, la presencia de materiales cerámicos fechables desde mediados del siglo IV hasta finales del V, en estratos donde cimenta la edificación que denominamos *domus* tardoantigua, nos confirma definitivamente la fecha *post quem* de dicha construcción. Dentro del repertorio material cerámico presente en los niveles anteriores a la casa, queremos destacar algunos de los más significativos: fragmento de copa Hayes 73/Lamb. 57, en *terra sigillata* africana C, con cronología entre 420-475 (s. Hayes); dos platos de la forma Hayes 67 en *terra sigillata* africana D, fechables desde mediados del s. IV a finales del V; y dos bases en africana D, con decoraciones estampadas de palmetas del estilo A(ii) de Hayes, datadas entre mediados del s. IV y comienzos del V. En otro de los estratos analizados (UE 113) se ha localizado un fragmento de copa en *sigillata* africana D, del tipo 91b de Hayes, que se prolongaría hasta el primer tercio del siglo VI; además, se ha localizado un fragmento de *TSHT* con círculo radiado; otro de *TSGT* sin decoración; y, entre las vasijas más significativas, se encuentra un ejemplar de cuenco de borde engrosado, levemente reentrante y escotadura poco marcada en su zona alta, que se fecha en época visigoda. Por lo tanto, esta selección de materiales nos proporciona, en su conjunto, una fecha muy precisa a partir de la cual se levanta el edificio (finales del siglo V – inicios del siglo VI). Se desconoce el momento exacto de su abandono, aunque existe un dato bastante esclarecedor, ya que en época emiral (siglos VIII-IX) la zona forma parte de una extensa necrópolis. Sea como fuere, el edificio, una vez abandonado, se arruina bajo extensos derrumbes de tégula que aparecen cubriendo prácticamente la totalidad de la superficie ocupada por la casa. Entre los materiales muebles recuperados en estos niveles, destaca un ejemplar de cazuela de borde engrosado reentrante y carena alta, que nos aporta una cronología de mediados del siglo VI en adelante, para el uso de la *domus* tardoantigua. Ejemplares de esta tipología se han documentado en Mérida en contexto visigodo (Ayerbe 2007: 195, fig. 11; Alba 2000: 302, lám. 8); en concreto, la primera autora, en la excavación del solar n.º 5 de la calle Adriano, documenta dos fragmentos en el mismo estrato, que fecha entre los siglos VII-VIII. En el caso del segundo, en su excavación de la calle Suárez Somonte, fecha un fragmento de cazuela muy similar a la nuestra en el siglo VI.

La *domus* suburbana del solar del antiguo cuartel de Hernán Cortés (Mérida, Badajoz). Un ejemplo de arquitectura residencial en la tardoantigüedad

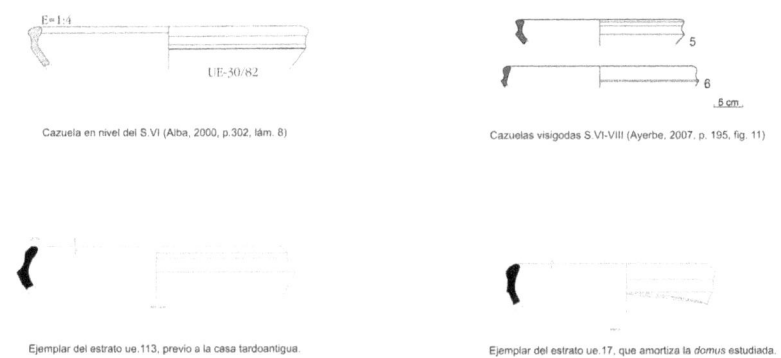

*Figura 19* – Comparativa de diversos ejemplares de cazuelas tardoantiguas.

En definitiva, todos los datos apuntan a que la construcción del edificio estudiado se llevaría a cabo, al menos, hacia finales del siglo v, siendo muy probable que fuese erigido a comienzos de la siguiente centuria. Además, el marco cronológico en la vida de este edificio se desarrollaría, con total seguridad, entre los siglos vi y vii. No es posible conocer más datos al respecto, ya que no se han conservado suficientes elementos materiales muebles bajo los derrumbes de la casa. En este sentido, pensamos que el abandono pudo ser programado, como también lo sería el desmantelamiento progresivo de los diversos materiales, tanto enseres como constructivos del inmueble. Cuando estos factores se conjugan, el registro material queda muy mermado y, además, a esto hay que sumarle el hecho de que la casa tendría anchos muros de tapial que, al caer, habrán arrojado necesariamente materiales de su interior, sobre todo tras el colapso definitivo de la construcción. Este proceso, aunque bien conocido en arqueología, no deja de ofrecer registros mezclados o contaminados con materiales anteriores, que aportan poco y dificultan mucho las interpretaciones.

Respecto a los paralelos edilicios más próximos a nuestra construcción, se documentan escasos ejemplos de arquitectura doméstica tardoantigua en *Hispania* (tanto en el entramado urbano como en los *suburbia*) que guarden semejanzas con la tradicional casa romana, entre los que podemos destacar, en orden de su cronología de uso:

1 – Casa A (ss. iv-v) del conjunto de la C/ Era del Puerto de Mazarrón (Cartagena), con estancias organizadas en torno a dos espacios centrales abiertos, con una atarjea N-S, bajo el pavimento. Esta vivienda mantiene aún la planta y estructura de la *domus* romana de época altoimperial (Ruiz Valderas 1991, en Ramallo Asensio 2000).
2 – Diversas viviendas del área portuaria de *Tarraco* (ss. iv-v), que cuentan con *balnea* privados, en una zona que muestra la vitalidad urbanística en las afueras de la ciudad (Macías *et alii* 2005: 184).

3 – *Domus* de la alcazaba de Mérida, sin ningún indicio de compartimentación doméstica, en época tardoantigua, como les sucede a otras grandes casas emeritenses afectadas por cambios de propiedad. (Alba 2005: 209).

4 – "Casa de Cupidos" de *Complutum* (Madrid) (siglo VI), que cuenta con peristilo y estancias con mosaicos, con las características tipológicas de la vivienda romana (Fernández Galiano 1984; Sánchez Montes 1999: 256-257).

5 – Vivienda de la calle Nerja en Mérida (ss. VI-VII), con termas, identificada como un palacio o residencia extraurbana por su excavador (Feijoo Martínez 2000: 333-357; García-Entero 2005: 741). No se conocen más aspectos de la configuración de la casa.

6 – Residencia visigoda en un *suburbium* de *Tarraco* (siglo VI-VIII), concretamente localizada durante las excavaciones de las calles Pere Martell 48-50 y Felip Pedrell 3-5, dirigidas por C.A. Pociña (Fiz Fernández 2007: 150-151, ficha 609).

Entre todas ellas, son los ejemplos 5 y 6 los que guardan mayor similitud con la *domus* tardoantigua del "Hernán Cortés", tanto por su cronología como por su identificación como viviendas extraurbanas de propietarios de una elevada categoría dentro de sus respectivas ciudades.

## 6. Conclusiones

Sobre los restos de un edificio termal anterior, en uso hasta el Bajo Imperio, se edifica una vivienda en época tardoantigua (siglos V-VII), perteneciente con seguridad a un personaje de cierta relevancia de la sociedad emeritense del momento. Este dato se desprende de la arquitectura doméstica empleada en la edificación, que sigue los planteamientos de la casa romana itálica, con presencia de atrio con *impluvium*, esquema de tendencia axial en planta, e incluso la creación de un ambiente termal. Dicho espacio o *balneum*, presenta unas dimensiones bien adaptadas a la configuración de la casa y su presencia es por sí misma indicativa del *status* del *dominus*.

Este tipo de instalación no es frecuente en ámbitos domésticos privados de época tardía y muestra, sin duda, la importancia social de los propietarios de la casa. Es, por tanto, un símbolo de prestigio más que un espacio destinado meramente a la higiene. Además, entre los siglos VI-VII ha decaído mucho la construcción de termas, separándose en gran medida del fenómeno de la proliferación de las pequeñas termas de barrio tanto domésticas como semiprivadas, que se produce durante todo el Imperio y especialmente en el tardío. El esplendor en la arquitectura privada, que se produce a partir del siglo III, se había reflejado en la incorporación de *balnea* en numerosas *domus* de la ciudad, así como en las reformas de salas de prestigio como los *triclinia* y zonas importantes de la casa (entradas y peristilos) (García-Entero 2006: 521).

En lo relativo a las características constructivas de la vivienda, se pueden reconocer algunos aspectos propios de la arquitectura de la época, como el empleo de muros de mampostería irregular trabados con barro, reutilización de estructuras precedentes (en este caso, los suelos de *signinum* del *balnea*), evacuación de aguas mediante atarjeas excavadas bajo los patios, uso de hogares de arcilla endurecida (o en su defecto piezas latericias en un rincón de la habitación) y otras. En la *domus* tardoantigua del Cuartel "Hernán Cortés", no se cumple categóricamente la tónica común estructural estudiada en otras viviendas de similar cronología, ya que, en la mayoría de los casos se han estudiado espacios de uso comunal, de diferente categoría, o espacios donde primaban otros factores ocupacionales. En este sentido, la edificación del Cuartel sería una construcción de nueva planta, extramuros de la ciudad, que se crea con un esquema de casa itálica de atrio, muro perimetral, termas, acceso a caminos importantes de la ciudad y que cuenta con unas dimensiones considerables. No es, por tanto, un modelo de reutilización de espacios domésticos precedentes, que es tan característica desde el siglo v y a lo largo del s. vi. Hay que diferenciar el aprovechamiento de algunos pavimentos que les sirvieron de referencia para ubicar sus suelos, con la propia reocupación de espacios que, repetimos, no se produce *sensu stricto*.

Dentro de los procesos de cambio que se manifiestan en ámbito urbano en las ciudades de la Tardoantigüedad, destacan, por un lado, la compartimentación de las antiguas *domus* urbanas; la construcción de nuevas viviendas de escasas dimensiones, invadiendo el entramado viario anterior; y el auge de buena parte de las ciudades desde mediados del siglo vi, con la consolidación del Estado visigodo. Asimismo, los visigodos se apropian y reutilizan gran parte del pasado romano, imitando sistemas constructivos, uso de complejos termales, ocupación de las *domus* o *villae*, estableciéndose en antiguos espacios públicos o en el *suburbium* (Arce 2005: 148-149).

Como cita Arce (2002: 46), "la importancia de Emerita como centro administrativo y de poder se evidencia también durante todo el siglo v" y "el momento culminante de este desarrollo y centralidad administrativa de Emerita se manifiesta en el siglo vi, momento en el que, con Leovigildo, rivaliza con *Toletum* como capital, acabando por imponerse esta última". A pesar de los conflictos armados que asolan el territorio a comienzos del s. v, se piensa que la presencia del vicariato persistió a pesar de la presencia alana o bien que la administración romana volvió a instaurarse en Emerita (Arce 2002: 182). De nuevo los suevos controlan la ciudad desde 439 a 448, convirtiéndola en su capital. La presencia de la corte regia implicó la imitación de los lugares de residencia y representación de los Emperadores romanos (Arce 2002: 187).

Junto a las construcciones domésticas más sencillas, se documentan edificios de mayor envergadura, construidos con una arquitectura más compleja, pertenecientes a las jerarquías urbanas, tanto civiles como eclesiásticas. No es de extrañar que la élite política, religiosa y militar visigoda, dispusiera de establecimientos de este tipo. La casa tardoantigua del "Hernán Cortés", parece integrarse en dicho contexto, siendo significativo el diseño de su planta, como "resultado de la evolución de las antiguas domus de época romana y dadas las escasas evidencias que se conocen, sólo es posible apuntar la importancia que parecen seguir desempeñando las dependencias destinadas a la recepción pública, fruto de una cierta continuidad en los usos y costumbres de las elites". Este ejemplo, apuntado por Barroso *et alii* (2011: 44), para la evolución de algunas construcciones civiles en ciudades como Barcelona o Mérida durante el siglo VII, se ajusta perfectamente a la idiosincrasia de la edificación del "Hernán Cortés", donde se emulan algunos de los antiguos espacios de prestigio .

Para el modelo toledano, estos autores (Barroso *et alii* 2011: 44) indican que "la aristocracia visigoda y especialmente aquellos de sus miembros que formaban parte del *Officium Palatinum* –entre cuyos cargos figuraba un *comes* de la ciudad– debieron poseer dentro de la población sus propias edificaciones de prestigio que sin duda copiarían los modelos iconográficos y arquitectónicos palatinos". Queremos redundar en este aspecto, ya que de igual modo ocurriría con algunos miembros de la aristocracia hispano-romana que entró a formar parte de la administración sobre todo a partir del siglo VII. Otro grupo de familias aristocráticas provinciales (*senatores*), permanecieron al margen de la oligarquía palatina, viviendo en sus grandes patrimonios territoriales situados lejos de Toledo (en la Bética, en la Lusitania o en la Tarraconense) (Orlandis 1987: 217). En todos los casos, sus residencias alcanzarían cierta complejidad edilicia, como correspondía a su cargo y condición social. A resultas de este nuevo impulso arquitectónico, se crea una topografía urbana con modificaciones de gran alcance, en la que las elites adquieren un gran protagonismo, que va a influir de manera decisiva en la configuración de la ciudad (Barroso *et alii* 2011: 45).

El poder civil, en Mérida, queda detentado por unas pocas familias nobiliarias, en su mayoría autóctonas, junto a otras importadas por mandato regio, con sede en sus propias residencias palaciales, que dotan de alto clero a la jerarquía eclesiástica. Una de esas grandes casas señoriales que se mantuvo en uso es la de la Alcazaba, sin ningún indicio de compartimentación doméstica, como les sucede a otras grandes casas emeritenses afectadas por cambios de propiedad, que indican una disminución del número de familias potentadas. Debieron existir residencias palaciales de mayor empaque, como la del *dux*, que debió rodearse de un urbanismo inmediato como enclave de poder, al mantener la tradición del Bajo Imperio de administrar desde su propia residencia señorial (Alba 2005: 232).

Las investigaciones que se vienen realizando en los últimos años muestran que el siglo VII fue un momento de auge cultural y constructivo en el que se definieron una serie de tipologías constructivas que iban a tener una clara trascendencia en las construcciones posteriores. Por primera vez desde la desaparición del Imperio romano, las elites volvieron a buscar un protagonismo en el territorio mediante la construcción de nuevas edificaciones de prestigio. La Casa de Cupidos en *Complutum*, muestra remodelaciones profundas en el siglo v y se mantiene en uso al menos hasta el siglo vi. Este edificio es una muestra más de que el formato de casa – palacio no está agotado, y que hay una nobleza urbana interesada en las referencias espaciales del peristilo y las salas de recepción vinculadas a él (Rascón, Sánchez 2006: 271).

En cuanto a la actividad edilicia de la Iglesia, que se deja traslucir en el caso emeritense con notable vigor, sobre todo a partir de la segunda mitad del siglo vi, el entorno de la Basílica de Santa Eulalia sería un foco de gran dinamismo. El obispo Fidel acometerá la reedificación de la basílica de Santa Eulalia, extramuros del recinto de la ciudad, que se configurará en el núcleo urbanístico a partir del cual se desarrolle toda una serie de nuevas construcciones (Caballero Zoreda, Mateos 1992: 19). En la zona del Hernán Cortés, al igual que ocurre en otras áreas de la ciudad, se comprueba cómo existe todo un proceso de dinamismo urbano en la Mérida visigoda que supone la reocupación de áreas abandonadas en el siglo v (Olmo 1998: 112). La política edilicia de la Iglesia, forma parte de dichos procesos en *Emerita*, por lo que no se puede descartar que nuestro edificio se enmarque en este contexto específico.

Caso similar ocurrirá en *Tarraco*, con la implantación en el s. v d.C. de un extenso conjunto cristiano en el *suburbium* del Río Tulcis, que integra la Basílica de los Mártires Fructuoso, Augurio y Eulogio, que cuenta con palacio anexo, una residencia aristocrática y una segunda basílica probablemente monacal. El suburbio acoge no sólo los complejos cristianos, mausoleos y grandes cementerios, sino que en la línea portuaria se ubican una serie de espacios residenciales que, en algunos casos, constituyen auténticas viviendas aristocráticas dotadas de conjuntos termales privados (Mar *et alii* 2010: 175-176). Gracias a las excavaciones realizadas en Tarragona, entre las calles Pere Martell 48-50 y Felip Pedrell 3-5, entre los años 1998 y 2001, se ha podido documentar un gran complejo edilicio, que se ha catalogado como *palatium* o gran *domus* residencial de carácter aristocrático, erigido en el siglo vi. Al igual que en nuestro caso, su implantación supone una modificación sustancial de las estructuras preexistentes que, en la construcción de *Tarraco* afectaron a dos *horrea*, a la vía funeraria y al mausoleo. Destaca en todo el complejo la construcción de unas termas, en sintonía con nuestro modelo del "Hernán Cortés", donde también se diseña la *domus* incluyendo un *balneum* que, como se cita anteriormente, se reforma posteriormente con intención de ampliarlo. En el edificio de Tarraco, se han podido obtener suficientes datos arqueológicos para aseverar que permaneció en pie hasta el s. viii d.C. (Mar *et alii* 2010: 175-176), algo que, en nuestro caso, no se ha podido constatar ante la escasez de registro material.

La casa Tardoantigua del Hernán Cortés es, por tanto, un edificio de nueva planta, dentro del contexto emeritense de entre los siglos vi y vii, en que, a resultas de un impulso regenerador en diversas zonas urbanas y periurbanas de la ciudad, se emulan estilos de las clásicas *domus* de época romana. Como se ha podido documentar, algunos miembros de las altas jerarquías emeritenses dotan sus viviendas de las correspondientes dependencias destinadas a la recepción pública, así como de otras estancias de prestigio (ambiente termal), demostrando una cierta continuidad en los usos y costumbres romanos. En este sentido, nos inclinamos a pensar que el propietario pudo ser un integrante de la antigua nobleza hispanorromana, ahora ligado a la administración local de la Emérita visigoda, quien optaría por mantener una tradición edilicia muy arraigada – la *domus* –, iniciando un proyecto de nueva planta en un área de la ciudad extramuros, evitando de este modo el abigarramiento del prominente urbanismo en buena parte del interior de la ciudad.

Este nuevo hallazgo edilicio, aporta un elemento más de estudio para contextualizar diversos aspectos de una de las principales ciudades hispanas durante la Tardoantigüedad.

## Bibliografía

ALBA CALZADO, M. (1997) – Ocupación diacrónica del área arqueológica de Morería (Mérida). *Mérida. Excavaciones arqueológicas, 1994-1995*. Mérida, p. 285-316.

- (2000) – Transición de un espacio doméstico y viario de época romana a la Tardoantigüedad.*Mérida. Excavaciones arqueológicas, 1998*,Mérida,p. 277-303.

- (2005) – Evolución y final de los espacios romanos emeritenses a la luz de los datos arqueológicos (pautas de transformación de la ciudad Tardoantigua y Altomedieval). *In*: Nogales Basarrate, T. (Ed.): *Augusta Emerita. Territorios, espacios, imágenes y gentes en Lusitania romana*. Mérida, p. 209-255.

ARCE, J. (2002) – *¿Hispalis o Emerita?* A propósito de la capital de la *Diocesis Hispaniarum* en el siglo IV d.C. *Habis*, 33, p. 501-506.

(2003) – Augusta Emerita en la *Vitas Patrum Emeritensium. Cuadernos Emeritenses* 22, p. 195-214.

(2005) – *Bárbaros y romanos en Hispania 400-507 A.D*. Madrid.

AYERBE VÉLEZ, R. (2007) – Evolución y transformación de un *cardo minor* y su *margo* desde época romana hasta nuestros días. *Mérida. Excavaciones arqueológicas, 2004*. Mérida, p. 185-208.

BARROSO CABRERA, R.; CARROBLES SANTOS, J.; MORÍN DE PABLOS, J. (2011) – Arquitectura de poder en el territorio toledano en la Antigüedad tardía y época visigoda. Los palacios de Toledo como referente en la edilicia medieval. En Passini, J.; Izquierdo, R. (coord.) - *La ciudad medieval: de la casa principal al palacio urbano. Actas del III Curso de Historia y Urbanismo medieval*. Madrid, p. 27-92.

BARROSO CABRERA, R.; CARROBLES SANTOS, J.; MORÍN DE PABLOS, J.; SÁNCHEZ RAMOS, I. M. (2016) – Toledo, La construcción de una "Civitas Regia" *Idanha-a-Velha. Serie Histórica*, 2, Madrid.

CABALLERO ZOREDA, L.; MATEOS, P. (1992) – Trabajos arqueológicos en la Iglesia de Santa Eulalia de Mérida. *Extremadura Arqueológica*, n.º 3, p. 15-50.

FEIJOO MARTÍNEZ, S. (2000) – Intervención arqueológica en la zanja para canalización de aguas de la c/ Nerja. Unas termas de época visigoda extramuros de la ciudad. *Memoria. Excavaciones arqueológicas en Mérida, 1998*, p. 333-357.

FIZ FERNÁNDEZ, I *et alii* (Dir.) (2007) – *Planimetría arqueològica de Tarraco*. Tarragona.

GARCÍA-ENTERO, V. (2005) – Los Balnea domésticos – ámbito rural y urbano – en la Hispania romana. *Anejos de AEspA*, XXXVII. Madrid.

HAYES, J. (1972) – *Late Roman Pottery*. London.

MACÍAS, J.M.; REMOLÀ, J.A. (2005) – El port de Tarraco a l´Antiguitat Tardana. *VI Reunión de Arqueología Cristiana Hispánica (Valencia 2003)*. Barcelona.

MAR MEDINA, R. y GUIDI-SÁNCHEZ, J.J. (2010) – Formación y usos del espacio urbano tardoantiguo en Tarraco. En García, A. (Coord.): *Espacios urbanos en el Occidente Mediterráneo (S. VI - VIII)*, p. 173-182.

MARTÍN GONZÁLEZ, S. (2013) – Un paisaje de *villae* fluviales: economía y sociedad en el territorio meridional de *Avgvsta Emerita* en época tardoantigua, *In*: Oliveira, F. ; Brandão, J. L.; Mantas, V. G.; Sanz Serrano R. (Coords.), *A queda de Roma e o Alvorecer da Europa*, Coimbra, p. 187-208.

MATEOS, P. (2000) – Augusta Emerita, de capital de la *diócesis Hispaniarum* a sede temporal visigoda. *In:* Gurt, J.M.; Ripoll, G. (Ed.) - *Sedes Regiae. Regna Barbarica*, Gijón, p. 171-178.

OLMO ENCISO, L. (1998) – Consideraciones sobre la ciudad en época visigoda. *Arqueología y Territorio Medieval* 5, p. 109-118.

(2006) – La ciudad en el centro peninsular durante el proceso de consolidación del estado visigodo de Toledo. *Zona Arqueológica* 8 (2) p. 250-264.

ORLANDIS, J. (1987) – *Historia de España. Tomo IV. Época Visigoda (409-711)*. Madrid.

PALOL, P.; CORTÉS, J. (1974) – La villa romana de La Olmeda, Pedrosa de la Vega (Palencia). Excavaciones de 1969 y 1970. *Acta Arqueológica Hispánica*, 7.

RAMALLO ASENSIO, SEBASTIÁN F. (2000) – Arquitectura doméstica en ámbitos urbanos entre los siglos V y VIII. Anejos de *AEspA*, XXIII, p. 367-384.

RASCÓN MARQUÉS, S.; SÁNCHEZ MONTES, A.L. (2006) – *Complutum* Tardoantiguo. *Zona Arqueológica* 8 (2), p. 266-291.

SÁNCHEZ MONTES, A.L. (1999) – La Antigüedad Tardía en *Complutum*: la época hispanovisigoda. *Actas del I encuentro Complutum y las ciudades hispanas de la Antigüedad Tardía, Alcalá de Henares, Octubre de 1996. Acta Antiqua Complutensia*, 1. Alcalá de Henares, p. 249-265.

VELÁZQUEZ, ISABEL (2008) – *Vidas de los santos Padres de Mérida, (introducción, traducción y notas de)*. Madrid.

# L'IMAGE DANS L'ÉDIFICE CULTUEL CHRÉTIEN AU IVe S.: LÉGITIMITÉ ET FONCTIONS
(Imagery in the Christian cult buildings in the IVth century: legitimacy and functions)

JEAN-PIERRE CAILLET
Université Paris Ouest

RESUMO – Momento decisivo no estabelecimento da Cristandade em geral, o século quarto é igualmente crucial na afirmação da iconografia cristã. Todavia, os bispos reunidos no concílio de Elvira em 306 expressaram a sua oposição à utilização de imagens nos edifícios cultuais: e, em torno a 400, o bispo Epifânio de Salamis ainda mantinha esta posição. Mas facilmente se percebe que estas ordens não foram respeitadas. Aqui se debate o que poderia ter sido edificado sob as ordens do Imperador Constantino (ou algumas décadas depois) nas fundações romanas de São Pedro e de Latrão ; ou o que pode ser visto no complexo «teodosiano» da catedral de Aquileia, ou o que é possível imaginar de acordo com as descrições do bispo Paulino nas construções de Nola/Cimitile e Fundi ; e, finalmente, o que é mencionado por Gregório de Niceia a propósito de uma igreja martirial no Oriente. Assim, e aparte a utilidade didáctica reconhecida por alguns membros da Igreja, é claramente perceptível a função das imagens como elementos estruturantes do local de culto e oração nas suas diversas componentes específicas, mostrando nesta fase inicial a dinâmica que terá pleno desenvolvimento durante a Idade Média.

PALAVRAS CHAVE – Iconografia cristã antiga, Roma, Século IV d. C, Imagens nos edifícios de culto.

ABSTRACT – Decisive moment for the establishment of Christianity in general, the fourth century is equally crucial for the affirmation of Christian iconography. However, the bishops assembled in council at Elvira in 306 expressed their opposition to the display of images in cultual buildings; and, toward 400, bishop Epiphanius of Salamis still held this position. But it is easy to realize that these commands were not always respected. Here is taken in account what might have been achieved under Emperor Constantine himself (or some decades later) in the Roman foundations of the Lateran and St. Peter; then, what is still to be seen in the "Theodorian" cathedral complex of Aquileia, and what it is possible to imagine according to the descriptions of bishop Paulinus in his foundations in Nola/Cimitile and Fundi; and finally what is also mentioned by Gregory of Nyssa for a martyrial church in Orient. It results that, apart from the true didactical utility now recognized by some churchmen, the functions of images are clearly perceived for structuring the place of worship according to the respective characters or the different areas within it. So, the essential aspects of what was going to be developed during the Middle Ages – and later – are already installed.

KEYWORDS – Early Christian iconography, Rome, Fourth century A.D., Imagery in the cultual building.

Les récentes publications, dans le cadre d'une exposition organisée au Kimbell Art Museum de Fort Worth aux États-Unis[1], puis avec un dossier intitulé «christianisation et images» dans la revue *Antiquité tardive*[2], ont amené plusieurs auteurs à réévoquer plus ou moins brièvement le problème de l'origine des programmes figuratifs dans le cadre de l'édifice cultuel chrétien. Car, s'il est bien admis que la nouvelle religion a déterminé l'essor d'une imagerie spécifique dès le IIIe siècle dans le domaine funéraire, les débuts de l'investissement de l'espace proprement ecclésial par une iconographie de cette nature ne se laissent pas facilement appréhender. Cela bien évidemment parce que les grands sanctuaires correspondant à la première génération de l'établissement institutionnel du christianisme – c'est-à-dire ceux bâtis sous le règne de Constantin – ne nous sont pas parvenus dans leur état initial ; que la documentation graphique antérieure à leur restructuration moderne peut ne refléter que des adjonctions opérées plus ou moins après coup ; et que la documentation textuelle, d'élaboration pourtant plus proche du moment en question, est tout de même sensiblement postérieure à celui-ci et, partant, d'interprétation également assez incertaine. Il ne nous paraît toutefois pas inopportun de revenir encore sur ce point, dans la mesure où il s'agit d'un aspect absolument crucial de la mutation advenue avec la reconnaissance, doublée d'une particulière bienveillance de l'empereur en personne, d'une pratique cultuelle jusque-là ballottée entre stricte interdiction et semi-clandestinité. Et puisque l'on s'accorde à considérer que les lignes maîtresses des schémas appelés à dominer durant tout le Moyen Âge (voire au-delà) se trouvent bien définies au lendemain de 400, il faut s'efforcer de clarifier tant que faire se peut le processus ayant abouti à cela.

Si l'on reprend les choses dans une perspective chronologique, le retour sur la fameuse «maison chrétienne» de Doura Europos[3] apparaît incontournable. On a alors en effet, et de manière sûre avant 256, l'attestation d'une imagerie combinant séquence narrative et synthèse dogmatique, dans un mode de distribution s'adaptant parfaitement au cadre architectural et à ce que l'on peut conjecturer, du moins, de l'usage liturgique et de l'occupation de l'espace par officiants et fidèles (fig. 1). La séquence narrative en question, avec à la fois des épisodes vétéro- et néotestamentaires (David tuant Goliath, Christ guérissant le paralytique puis sauvant Pierre des eaux, et la parabole

---

[1] J. Spier (dir.), *Picturing the Bible. The Earliest Christian Art*, Fort Worth-Yale-New Haven--Londres, 2007.

[2] «Christianisation et images», *Antiquité tardive* 19 (2011), p. 13-236.

[3] A. Grabar, *Les voies de la création en iconographie chrétienne*, Paris, 1979, en particulier p. 22--30, 32 ; J. Spier (dir.), *Picturing the Bible...* (cf. ci-dessus n. 1), p. 12 (J. Spier), 99 (J.G. Deckers), 111-115 passim (H.L. Kessler) ; D. Korol, «Neues zu den alt- und neutestamentlichen Darstellungen im Baptisterium von Dura Europos», in T. Vegge, Ø. Norderval et C.D. Hellholm (dir.), *Ablution, Initiation and Baptism. Late Antiquity, Early Judaism and Early Christianity*, Berlin, 2011, p. 1607-1668.

des vierges sages et folles ou les Saintes Femmes au tombeau), s'affiche aux murs latéraux, soit en correspondance directe avec la zone dans laquelle se tenaient les assistants à la cérémonie. Quant à la synthèse dogmatique, on peut manifestement prêter ce caractère à l'association de l'image d'Adam et Eve et de celle du Bon Pasteur (c'est-à-dire, en un saisissant raccourci, l'évocation de la chute initiale et de la voie du Salut), qui prend place juste au-dessus de la cuve où le prêtre conférait le baptême: soit une particulière adéquation entre image focale et perpétration du rite salvifique, en pleine vue des membres de la communauté. C'est à bon droit, sans doute, que Johannes Deckers a suggéré que ce témoignage induisait l'éventualité, du moins, que d'autres édifices cultuels aient pu bénéficier du déploiement d'une imagerie de cet ordre dès le milieu du IIIe siècle. Cela en Orient, probablement, mais aussi peut-être en Occident: car à cet égard, Fabrizio Bisconti et Jean-Michel Spieser n'ont pas manqué de relever que la récurrence des mêmes scènes dans les catacombes romaines contemporaines amenait à envisager, dès ce temps, la réalité d'une véritable *koinè* d'iconographie biblique dans l'ensemble du monde méditerranéen[4]. Pour Rome, ce serait évidemment dans le cadre des *tituli* antérieurs à la Paix de l'Église de 313 que cela aurait pu advenir. Rappelons à ce propos, à la suite de Hugo Brandenburg[5], que des textes d'Eusèbe de Césarée (relativement à une décision de l'empereur Aurélien en 272) et de Lactance (quant à un édit de Licinius promulgué en 311) établissent clairement l'existence d'édifices de culte en possession de communautés chrétiennes locales dès les dernières décennies du IIIe et la première du IVe siècle. Et la possibilité de la présence d'un décor figuré chrétien dans de tels bâtiments se trouve pleinement confirmée par les termes du 36e canon du concile tenu à Elvire/Grenade entre 300 et 306: car, ainsi que l'ont récemment encore souligné plusieurs auteurs[6], l'interdiction de dépeindre des sujets sacrés aux parois des édifices en question ne s'explique que par le fait que l'usage s'en était ouvertement instauré; cela dans la Péninsule ibérique, dont les exemples étaient naturellement visés par ceux qui siégeaient à ce synode provincial; mais – et le cas de Doura Europos, auquel nous revenons encore, en offre bien la preuve – c'est dans toute l'aire de l'Empire que, dans certains cas du moins, l'on avait considéré licite de déployer des décors de ce genre.

---

[4] F. Bisconti, «Primi passi di un'arte cristiana. I processi di definizione e l'evoluzione dei significati», in «Christianisation et images» (cf. ci-dessus n. 2), p. 35-46 passim ; J.-M. Spieser, «Le décor figuré des édifices ecclésiaux», *ibid.*, p. 95-100.

[5] H. Brandenburg, *Ancient Churches of Rome from the Fourth to the Seventh Century*, Turnhout, 2005, p. 14-15.

[6] J.G. Deckers in J. Spier (dir.), *Picturing the Bible...* (cf. ci-dessus n. 1), p. 94, 99 ; M. Dulaey, «L'image et les Pères de l'Église. À propos du cubiculum F de la catacombe de la Via Latina», in «Christianisation et images» (cf. ci-dessus n. 2), p. 48 ; J.-M. Spieser, «Le décor figuré...», *ibid.*, p. 96 ; B. Brenk, «Apses, Icons and Image Propaganda before Iconoclasm», *ibid.*, p. 110.

*Figura 1* – Doura Europos, baptistère (Yale University Art Gallery). Vue générale.

Nous en venons à présent au moment crucial de l'implantation des premiers grands sanctuaires à l'initiative de Constantin. Si, quant à ceux établis en Terre Sainte, rien ne peut être conjecturé d'éventuels programmes figurés, la question se pose réellement pour ceux de Rome; mais le débat est loin d'être clos, là; et il nous faut faire état des diverses positions. Si l'on envisage tout d'abord le problème pour la cathédrale du Latran, on dispose d'une indication d'importance majeure avec le passage du *Liber Pontificalis*[7] suivant lequel l'empereur avait fait installer au front de l'abside un dispositif monumental (*fastigium*) comportant, du côté de la nef, les statues en argent du Christ trônant et des douze apôtres (avec chacun une couronne) et, du côté de l'hémicycle, celle du Christ trônant à nouveau, et de quatre anges armés d'une lance; Sible De Blaauw[8] a proposé, sous deux variantes, une reconstitution tout à fait plausible de ce dispositif, qui aurait constitué une sorte de clôture de l'aire presbytérale, avec des colonnes (d'ailleurs réemployées vers 1600 pour le baldaquin surmontant un autel secondaire dans le bras sud du transept)[9] au soutien d'un fronton orné des statues en question (fig. 2 a-b).

---

[7] *Liber Pontificalis*, 34, c. 9-10.

[8] Cf. notamment S. De Blaauw, «Imperial Connotations in Roman Church Interiors. The Significance and Effect of the Lateran Fastigium", in *Acta ad archeologiam et artium historiam pertinentia*, 15, 2001, p. 137-146.

[9] H. Brandenburg, *Ancient Churches of Rome...* (cf. ci-dessus n. 5), p. 26.

L'image dans l'édifice cultuel Chrétien au IVe s. :
légitimité et fonctions

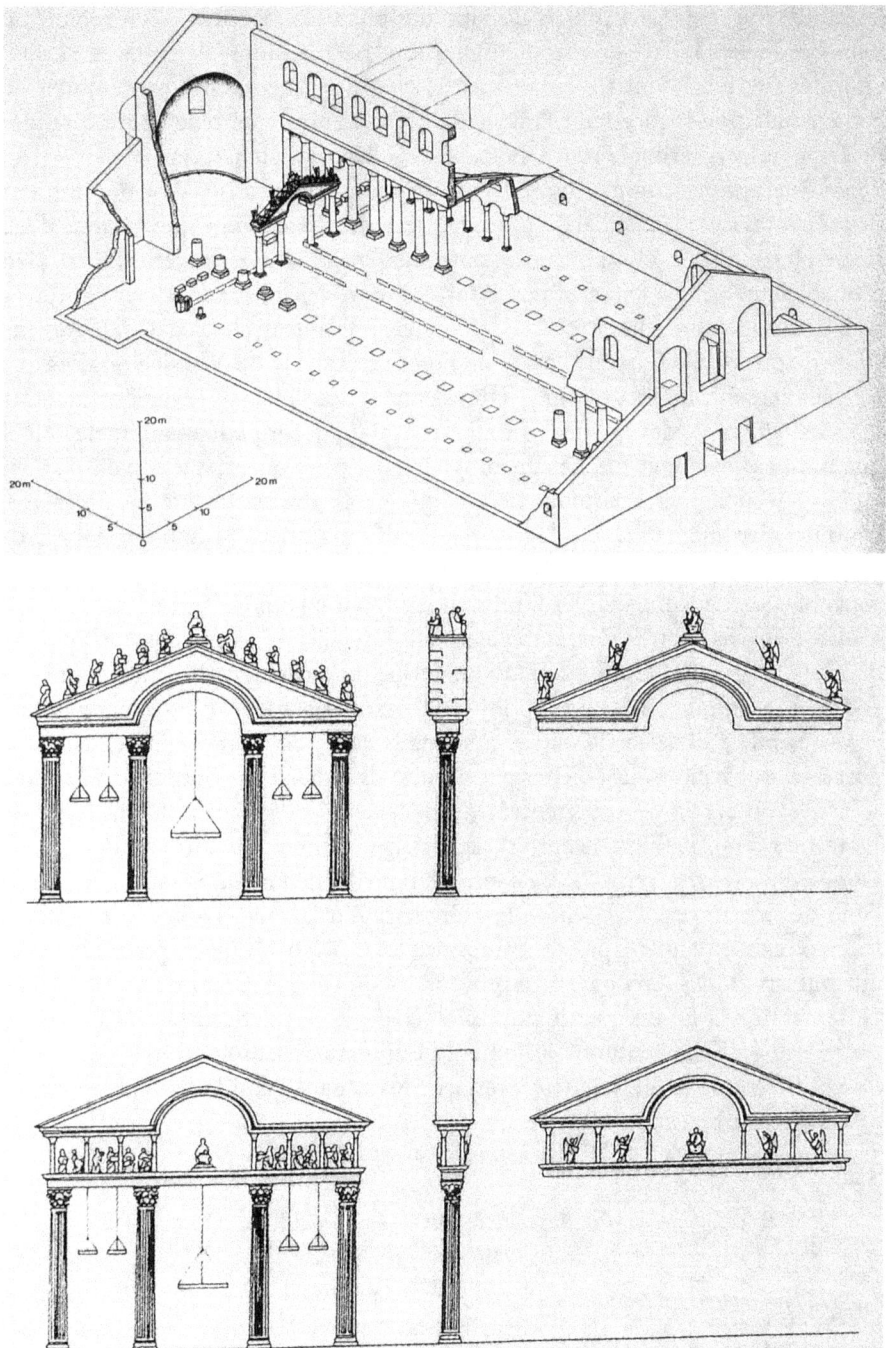

*Figura 2 a-b* – Rome, basilique du Latran. Implantation du *fastigium* et propositions de reconstitution de celui-ci, d'après Sible De Blaauw.

Compte tenu de la particulière aversion des premiers chrétiens – à l'exemple de leurs devanciers juifs – pour toute figuration tridimensionnelle de nature à susciter des pratiques idolâtres analogues à celles des païens, on a pu s'étonner de cette installation incorporant l'image du Sauveur, ainsi que celle de ses disciples et des anges, en véritable ronde-bosse; et, évidemment, le fait que ce passage du *Liber Pontificalis* – comme tout ce qui y a trait aux entreprises de Constantin et de ses successeurs immédiats – n'ait manifestement été rédigé que quelque deux siècle plus tard pourrait amener à douter de l'information. Toutefois, il est bien probable que le rédacteur s'est fondé sur des sources fiables; et on peut donc sans trop de scrupules accorder foi à ce témoignage. D'ailleurs, le caractère plutôt insolite du dispositif constitue en soi un indice positif: aux Ve-VIe siècles, alors que les déploiements de programmes figurés étaient désormais relativement courants dans les églises, ce devait en effet toujours être un décor pariétal bidimensionnel que l'on privilégiait; et l'on ne conçoit guère, par conséquent, que l'on ait pu bien après coup imaginer l'existence de quelque chose d'aussi inusité – pire même, contraire aux injonctions du dogme – à l'actif du glorieux promoteur d'un Empire chrétien. Enfin, quant à la disparition précoce de ce *fastigium*, il suffit de songer au sac de Rome par les Goths en 410 pour en rendre raison.

En tout cas, la très vraisemblable réalité du dispositif en question indique que, dès les années 320/30 sans doute, le thème du Christ trônant accosté des apôtres s'imposait comme une option iconographique majeure pour marquer, aux yeux des fidèles, l'espace le plus sacré dans le cadre de l'édifice cultuel. Par rapport à ce que l'on devait afficher par la suite dans d'autres contextes, la formule semble avoir été un peu différente: ainsi dans le *cubiculum* 74 de la catacombe de Domitille vers 350/75[10], ou sur un sarcophage comme celui au nom de l'évêque Concordius à Arles vers 390[11], ou encore, dans le même temps sans doute, dans l'une des absidioles de la chapelle Saint-Aquilin à Saint-Laurent de Milan[12], les apôtres ne tiennent pas de couronne; ils sont en revanche pourvus de cet attribut sur un des sarcophage en provenance du cimetière Saint-Sébastien, daté également de la fin du quatrième siècle[13] (mais là, le sujet central est d'un autre ordre, et nous y reviendrons justement ci-après); et, sans couronne à nouveau, les apôtres associés au Seigneur prennent place dans l'abside de l'église Sainte--Pudentienne peu après 400[14].

---

[10] J. Spier (dir.), *Picturing the Bible...* (cf. ci-dessus n. 1), p. 183, n.° 11 (avec bibliographie).
[11] B. Chistern-Briesenick, *Repertorium der christlich-antiken Sarkophage*, III, *Frankreich, Algerien, Tunesien*, Mayence, 2003, n.° 65.
[12] *Milano, capitale dell'impero romano, 286-402 d.C.*, Milan, 1990, p. 140-142 (2a.35) (C. Bertelli).
[13] F.W. Deichmann (dir.), G. Bovini et H. Brandenburg, *Repertorium der christlich-antiken Sarkophage*, I, *Rom und Ostia*, Wiesbaden, 1967, n° 208.
[14] H. Brandenburg, *Ancient Churches of Rome...* (cf. ci-dessus n.5), p. 140-142; M. Andaloro, *La pittura medievale a Roma*, I, *L'orizzonte tardoantico e le nuove immagini, 312-468*, Turnhourt, 2006, p. 114-124 ; J.-M. Spieser, «Le décor figuré...» (cf. ci-dessus n. 6), p. 100.

Quant à la composition de la partie postérieure du *fastigium*, elle n'était pas appelée à connaître une aussi remarquable descendance. On retrouve cependant le Christ trônant accosté d'anges doryphores, vers 500, sur l'un des murs latéraux de Saint-Apollinaire-le-Neuf à Ravenne; Friedrich Wilhelm Deichmann y relevait la reprise d'un schéma impérial (le souverain flanqué de ses silentiaires)[15]; mais, bien évidemment, cela avait dû déjà être à la source de cette iconographie du *fastigium*. Puis vers le milieu du VIe siècle, à Ravenne encore, le Christ trônant entre des anges devait réapparaître dans l'abside de Saint-Vital et à l'arc triomphal de Saint-Michel *in Africisco*[16]. C'est, sinon, sur plusieurs diptyques d'ivoire ou icônes de cette même période que la garde angélique devait intervenir de manière assez récurrente – mais transposée dans une glorification de Marie présentant l'Enfant-Dieu, tandis que ce sont les deux premiers des apôtres qui flanquent alors le Christ[17].

Indépendamment du *fastigium*, il faut aussi s'arrêter à ce qu'aurait pu comporter la conque absidale de cette même basilique du Latran. Rappelons que la mosaïque actuellement visible résulte d'une lourde restauration, menée à la fin du XIXe siècle, du décor réalisé par Jacopo Torriti à la demande du pape Nicolas IV en 1292[18] (fig. 3); mais l'inscription alors apposée par Torriti à la base de la demi-coupole précise qu'il avait réintégré, à son emplacement d'origine, l'image en buste du Sauveur qui figurait là depuis la consécration même de la cathédrale[19]; on pourrait donc admettre que, dès cet état le plus ancien, le buste en question surmontait une croix, ainsi que dans la composition dont Torriti dut reprendre les grandes lignes – et ainsi que, aux VIe-VIIe siècles sans doute, on le représentait sur des ampoules de pèlerinage de Terre Sainte et, à Rome même, à la conque d'une abside alors greffée sur l'église Saint-Étienne-le-Rond[20].

---

[15] F.W. Deichmann, *Ravenna, Hauptstadt des spätantiken Abendlandes*, II, *Kommentar*, 1, Wiesbaden, 1974, p. 146.

[16] Id., *Ravenna...*, II, *Kommentar*, 2, Wiesbaden, 1976, p. 39-40 (Saint-Michel *in Africisco*) et 165-166 (Saint-Vital).

[17] W.F. Volbach, *Elfenbeinarbeiten der Spätantiken und des frühen Mittelalters*, 3e éd. revue, Mayence, 1976, en particulier n.ᵒˢ 137, 142, 145; J.-P. Caillet, «remarques sur l'iconographie christo-mariale des grands diptyques d'ivoire du VIe siècle», in G. Bühl et A. Cutler (éd.), *Spätantike und byzantinische Elfenbeinwerke im Diskurs*, Wiesbaden, 2008, p. 17-29.

[18] H. Brandenburg, *Ancient Churches of Rome...* (cf. ci-dessus n.5), p. 23-26.

[19] B. Brenk, «Apses...» (cf. ci-dessus n. 6), p. 114 (avec texte intégral de l'inscription en question).

[20] A. Grabar, *Les ampoules de Terre Sainte (Monza-Bobbio)*, Paris, 1959, passim ; pour Saint-Étienne-le-Rond, H. Brandenburg, *Ancient Churches of Rome...* (cf. ci-dessus n.5), p. 213.

*Figura 3* – Rome, basilique du Latran. Mosaïque absidale (état actuel).

Hugo Brandenburg a tendu à considérer que ce programme n'était pas antérieur à 428-30, et qu'il correspondait au don d'un patricien du nom de Flavius Felix; cela en reconnaissant, toutefois, que l'inscription commémorant l'initiative de ce personnage ne mentionnait pas explicitement le sujet de la mosaïque qui nous occupe[21]. Jean-Michel Spieser n'a pas envisagé non plus l'éventualité d'une telle composition avant les environs de 400; et Beat Brenk s'est déclaré en ce

---

[21] H. Brandenburg, *ibid.*, p. 23.

même sens[22]: il aurait selon lui été impossible d'imposer cette image dès l'époque constantinienne, puisqu'elle se serait alors trouvée en «compétition» avec la thématique du *fastigium*. Pourtant, ce dernier argument ne nous semble pas réellement décisif: on peut en effet parfaitement admettre la complémentarité d'une iconographie de connotation «ecclésiologique» (Jésus et le collège apostolique) et d'une iconographie plutôt axée sur le caractère sotériologique de la personne du Christ à travers l'évocation de son supplice même et de son triomphe sur la mort. L'éventualité du déploiement immédiat de ce second thème s'accorderait d'ailleurs fort bien avec la dédicace de l'édifice – *Basilica Salvatoris* – telle que nous l'a transmise le *Liber Pontificalis*[23]; et l'on n'oubliera pas que ce pourrait bien être sous Constantin déjà que serait advenue l'«invention» de la Vraie Croix: dès 348-50 en effet, Cyrille de Jérusalem en répandait l'information[24]. Quant au «doublet» (et à la discordance) thématique dont Beat Brenk a rejeté la possibilité, on objectera que des programmes plus tardifs devaient au contraire l'ériger en système: ainsi au VIe siècle à Saint-Vital de Ravenne où, précisément, une série de médaillons avec le Christ et les apôtres marque l'entrée du chœur à l'arc triomphal, tandis que le Seigneur trône entre deux anges, des saints et l'évêque dédicant dans la conque absidale[25]. Ainsi, et bien que la preuve formelle ne puisse évidemment pas en être apportée, il n'apparaît du moins pas exclu que la cathédrale du Latran ait dès le second quart du IVe siècle connu le déploiement d'une imagerie traduisant, à l'entrée et au fond du chœur, deux aspects de l'Entité divine – formule appelée à un grand avenir.

Sous Constantin et à Rome toujours, le cas de la Basilique Vaticane[26] requiert une non moindre attention; et c'est d'ailleurs, là encore, l'éventualité d'une double iconographie impliquant la personne du Seigneur qui se trouve à prendre en compte. Mais la situation est ici de nouveau fort complexe quant à la chronologie du programme. Pour l'abside, et en reconnaissant avec Jean-Michel Spieser que le texte de l'inscription sous-jacente ne s'avère pas de nature à vraiment expliciter ce qui s'y trouvait représenté, on ne dispose guère que de l'aquarelle réalisée par Giacomo Grimaldi en 1619 avant destruction – mais alors que la mosaïque originelle avait sans doute subi diverses restaurations au cours des siècles[27] (fig. 4). Du moins peut-on admettre que la figuration du Christ trônant avec à ses côté Pierre et Paul correspond vraisemblablement au schéma initial, tels qu'il se trouve aussi attesté au registre supérieur de la face principale du sarcophage de Junius

---

[22] J.-M. Spieser, «Le décor figuré…» (cf. ci-dessus n. 6), p. 100 ; B. Brenk, «Apses…» (cf. ci-dessus n. 6), p. 114.
[23] H. Brandenburg, *Ancient Churches of Rome…* (cf. ci-dessus n.5), p. 20.
[24] *Ibid.*, p. 107.
[25] F.W. Deichmann, *Ravenna…*, II, *Kommentar*, 2 (cf. ci-dessus n. 16), p. 147-148, 165-166.
[26] H. Brandenburg, *Ancient Churches of Rome…* (cf. ci-dessus n.5), p. 98.
[27] J.-M. Spieser, *Autour de la Traditio Legis*, Thessalonique, 2004, p. 14-15 ; Id., «Le décor figuré…» (cf. ci-dessus n. 6), p. 100-102 ; aussi, B. Brenk, «Apses…» (cf. ci-dessus n. 6), p. 115.

Bassus en 359[28] et, au registre supérieur également d'une composition associant d'autres saints, dans une peinture de la chambre 3 de la catacombe «aux deux lauriers» (Saints-Marcellin-et-Pierre) vers 400[29]; cela avant de connaître ensuite une fortune durable aux absides des églises romaines du VIe au XIIIe siècle (avec alors d'autres saints de part et d'autre des deux premiers des apôtres)[30].

*Figura 4* – Rome, Saint-Pierre. Mosaïque absidale de la basilique paléochrétienne (aquarelle de Grimaldi, 1619).

Quant à l'arc triomphal – c'est-à-dire celui matérialisant la séparation entre nef et transept –, une description en date de 1537 indique qu'y était figuré, à mosaïque également, l'empereur Constantin présentant une maquette de l'édifice au Christ accosté de saint Pierre; une inscription commentait l'image, en

---

[28] F.W. Deichmann (dir.), G. Bovini et H. Brandenburg, *Repertorium...*, I (cf. ci-dessus n. 13), n.° 680.

[29] J. Guyon, *Le cimetière aux deux lauriers. Recherches sur les catacombes romaines*, Rome, 1987, p. 341, 411.

[30] C. Jäggi, «Donator oder Fundator ? Zur Genese des monumentalen Stifterbildes», in *Georg-Bloch-Jahrbuch des Kunsthistorischen Instituts der Universität Zürich*, 9/10, 2002/03, p. 27--45; J.-P. Caillet, «L'image du dédicant dans l'édifice cultuel (IVe-VIIe s.): aux origines de la visualisation d'un pouvoir de concession divine», in «Christianisation et images» (cf. ci-dessus n. 2), p. 149-169.

stipulant que le souverain dédiait l'édifice au Seigneur[31] (le chef des apôtres n'y était pas mentionné, mais son image à côté de celle du Christ suffisait évidemment à l'établir comme second dédicataire spécifique). C'était donc là le prototype d'une iconographie du donateur qui devait aussi connaître un succès considérable dans les églises de Rome même du VIe au IXe siècle, et dans celles de Ravenne au cours du VIe siècle.

Richard Krautheimer[32] s'est nettement prononcé à l'encontre d'une attribution de cette iconographie de l'arc de la Vaticane aux temps de Constantin: le fait que la thématique en question ne semblait s'être développée qu'à partir du VIe siècle – Krautheimer se fondait précisément sur les exemples que nous venons de mentionner – lui a d'abord paru à cet égard un argument décisif; ensuite, sur la base d'une interprétation plutôt discutable de l'inscription de l'abside, il a cependant envisagé l'éventualité d'une réalisation sous le règne de Constance II (soit peu après le milieu du IVe siècle) pour le décor de celle-ci. Pour Herbert Kessler[33] ensuite, si l'inscription de l'arc triomphal pouvait bien-être des années 320, la représentation de Constantin en donateur serait susceptible de ne constituer qu'une adjonction d'époque carolingienne (s'inspirant alors des précédents locaux des VIe-VIIe siècles). Plus récemment enfin, Jean-Michel Spieser[34] a tendu à exclure la possibilité de réalisations de la première moitié du IVe siècle tant pour la thématique de l'abside que pour celle de l'arc: il invoquait, pour la première comme pour la seconde apparemment, l'improbabilité d'une représentation de Jésus en état d'abstraction de ses activités humaines antérieurement aux années 350/60 (moment de la claire attestation de quelque chose de cet ordre sur le sarcophage de Junius Bassus[35] – pour lequel, par ailleurs, Yves Christe a renvoyé à l'antécédent de l'arc de Galère à Thessalonique, où le souverain trône aussi au-dessus d'une personnification du ciel[36]); Jean-Michel Spieser a admis toutefois qu'une ébauche dans cette voie se manifeste sur l'un des sarcophages (dit «des filles de Jaïre») de facture romaine aujourd'hui conservé au musée d'Arles, et attribuable avec assez de vraisemblance aux environs de 320[37]. Mais on se trouve ainsi ramené, alors, à l'hypothèse d'une élaboration sous Constantin même de ces

---

[31] H. Brandenburg, *Ancient Churches of Rome...* (cf. ci-dessus n.5), p. 98 ; J.-M. Spieser, *Autour de la Traditio Legis* (cf. ci-dessus n. 27), p. 14 (avec texte intégral de l'inscription en question).

[32] Cf. en dernier lieu R. Krautheimer, "A Note on the Inscription in the Apse of Old St. Peter's", in *Dumbarton Oaks Papers*, 41, 1987, p. 317-320.

[33] Cf. notamment H.L. Kessler, *Old St. Peter's and Church Decoration in Medieval Italy*, Spolète, 2002, p. 1-13.

[34] J.-M. Spieser, *Autour de la Traditio Legis* (cf. ci-dessus n. 27), p. 14-15 ; Id., «Le décor figuré...» (cf. ci-dessus n. 6), p. 100-101.

[35] Cf. référence ci-dessus n. 28.

[36] Y. Christe, compte rendu de J.-M. Spieser, *Autour de la Traditio Legis* (cf. ci-dessus n. 27), in *Cahiers de civilisation médiévale*, 51, juil.-sept. 2008, p. 294.

[37] B. Chistern-Briesenick, *Repertorium...*, III (cf. ci-dessus n. 11), n.° 32.

deux composantes majeures du décor que la Vaticane: car sur le sarcophage «des filles de Jaïre», Jean-Michel Spieser n'a lui-même pas manqué de reconnaître que ce sont très probablement des apôtres qu'il convient d'identifier dans les deux figures de part et d'autre du Christ trônant (comme dans l'abside de notre basilique, donc). Et quant aux représentations d'offrande de la maquette d'un édifice à un personnage de rang prééminent, on peut à la suite d'André Grabar renvoyer au témoignage de monnaies du Ier au IIIe siècle, qui montrent la personnification d'une ville présentant au souverain le modèle d'un temple[38].

Dès 1959, Wolfgang Schumacher[39] avait justement proposé de voir dans le décor – constantinien selon lui – de l'abside de la Vaticane le prototype du thème ensuite fameux de la proclamation de la nouvelle loi par le Christ en présence des deux premiers des apôtres (thème d'ailleurs improprement interprété, souvent, comme remise de la loi à Pierre[40]). Cette ancienneté, du décor de l'abside et de celui de l'arc à la fois, est aujourd'hui admise par Hugo Brandenburg, Sible De Blaauw et Paolo Liverani[41]; ce dernier, en particulier, a fait valoir que des éléments du formulaire de l'inscription de l'arc suggéraient pour celle-ci une réalisation entre 321 et 324, et que la thématique figurative s'avérait en plein accord avec les données de ce texte, tandis que l'allusion à un «père» et à un «fils» dans l'inscription de l'abside renverrait à Constance Chlore et à Constantin – avec pour corollaire ce dernier comme commanditaire du décor en question. On peut toujours, néanmoins, ne pas adhérer à cette argumentation: cela vient encore d'être le cas de la part de Jean-Michel Spieser[42]. Quant à nous, l'attestation des antécédents iconographiques «adaptables» rappelés ci-dessus pour la thématique de l'arc, ainsi que celle d'une composition avec le Christ trônant entre deux apôtres sur des sarcophages sans doute contemporains, nous semble tout de même propre à accorder réel crédit à l'hypothèse d'une datation très haute de ce décor[43]; cela d'autant plus que, comme nous l'avons vu, l'exemple du *fastigium* (et de l'abside?) du Latran s'offre pour établir que Constantin y avait privilégié l'option du déploiement d'un programme figuré; pourquoi en aurait-il été dif-

---

[38] A. Grabar, *L'empereur dans l'art byzantin*, Paris, 1936, p. 154.

[39] W.N. Schumacher, «Dominus legem dat», in *Römische Quartalschrift*, 54, 1959, p. 1-39; puis Id., "Eine römische Apsiskomposition", *ibid.*, p. 137-202.

[40] J.-M. Spieser, *Autour de la Traditio Legis* (cf. ci-dessus n. 27), p. 8-9 (avec renvoi aux diverses interprétations antérieures de cette scène p. 8, n. 13).

[41] H. Brandenburg, *Ancient Churches of Rome...* (cf. ci-dessus n.5), p. 98 ; S. De Blaauw, «Konstantin als Kirchenstifter», in A. Demandt et J. Engemann (éd.), *Konstantin der Grosse. Geschichte – Archäologie – Rezeption. Internationales Kolloquium vom 10.-15. Oktober 2005 an der Universität Trier*, Trèves, 2006, p. 170-171; P. Liverani, «L'architettura costantiniana, tra committenza imperiale e contributo delle élites locali», *ibid.*, p. 238-242, puis dernièrement «Roma, il Laterano e San Pietro», in P. Biscottini et G. Sena Chiesa (éd.), *L'edito di Milano e il tempo della tolleranza. Costantino 313 d.C.*, Milan, 2012, p. 93.

[42] J.-M. Spieser, «Le décor figuré...» (cf. ci-dessus n. 6), p. 100-101.

[43] J.-P. Caillet, «L'image du dédicant...» (cf. ci-dessus n. 30), p. 150.

féremment dans le second grand sanctuaire dont il avait personnellement pris l'initiative de la fondation ?

Avant de quitter la Basilique Vaticane, il faut encore évoquer le problème du décor qui se développait aux deux parois longitudinales de la nef, et qui nous est surtout connu par des aquarelles de Domenico Tasselli en date de 1605 (fig. 5) et les commentaires contemporains de Grimaldi. Rappelons que l'essentiel y consistait en un double cycle pictural illustrant, sur deux registres au mur nord, les principaux épisodes de l'Ancien Testament depuis la Genèse jusqu'à l'Exode, et, au mur sud, sur deux registres également, des épisodes du Nouveau Testament depuis l'Annonciation jusqu'à (probablement) l'Ascension et avec, apparemment, plusieurs scènes impliquant saint Pierre[44]. On a le plus souvent considéré que, comme les cycles en partie analogues de l'autre grand *martyrium* romain, Saint-Paul-hors-les-murs, bâti quant à lui à l'époque théodosienne, ce décor n'avait été réalisé que sous le pontificat de Léon le Grand (440-61): c'est, en dernier lieu, la position encore défendue par Manuela Viscontini[45]. Toutefois, en faisant particulièrement valoir que la disposition en deux registres – ainsi d'ailleurs que la séparation entre les scènes au moyen de colonnettes – était observable dès les années 350 sur le sarcophage de Junius Bassus[46], Herbert Kessler[47] n'a pas exclu l'éventualité d'une attribution de ces peintures de la Vaticane au cours du IVe siècle. Cette proposition a notamment été reprise par Hugo Brandenburg[48], qui s'est pour sa part fondé sur le fait que vers 400, en mentionnant un décor assez similaire dans l'une des églises qu'il venait de faire édifier à Cimitile, Paulin de Nole devait déclarer que ce type de programme n'était «pas courant» (*raro more*)[49]: ce qui, en effet, induit à admettre qu'il en existait déjà quelques spécimens; et, bien entendu, un sanctuaire de l'importance de la Basilique Vaticane aurait été l'un de ceux les plus susceptibles d'accueillir précocement un tel ensemble. Un dernier argument, non négligeable, a enfin été avancé par Jean-Michel Spieser[50]: dans la mesure où, vers 440, c'est en mosaïque que l'on réalisait le cycle vétérotestamentaire de Sainte-Marie-Majeure, il apparaîtrait étonnant que l'on soit quelques années après revenu à la technique plus «pauvre» de la peinture pour un même type de programme à la Vaticane; celui-ci

---

[44] H.L. Kessler, *Old St. Peter's...* (cf. ci-dessus n. 33), passim; Id., «Bright Gardens of Paradise», in J. Spier (dir.), *Picturing the Bible...* (cf. ci-dessus n. 1), p. 114-115.

[45] M. Viscontini in M. Andaloro (dir.), *La pittura medievale a Roma*, I, *L'orizzonte tardoantico...* (cf. ci-dessus n. 14), p. 411-415.

[46] Cf. référence ci-dessus n. 28.

[47] Cf. références ci-dessus n. 44.

[48] H. Brandenburg, *Ancient Churches of Rome...* (cf. ci-dessus n.5), p. 98.

[49] Paulin de Nole, *Carmina*, 27, 542 sq. ; pour les édifices de Cimitile en question, cf. ci-après (et références n. 58-60).

[50] J.-M. Spieser, «Le décor figuré...» (cf. ci-dessus n. 6), p. 106, avec renvoi aux diverses propositions antérieures.

se place donc plus vraisemblablement bien plus haut dans le temps (vers la fin du IVe siècle en tout cas, selon Jean-Michel Spieser).

*Figura 5* – Rome, Saint-Pierre. Mur nord de la nef centrale paléochrétienne, avec cycle pictural vétéro-testamentaire (aquarelle de Tasselli, 1605).

Le caractère absolument majeur des fondations constantiniennes de Rome – et, en relation avec le prestige de la capitale, de la personne du chef des apôtres et de celle de l'empereur même, l'impact profond de ces exemples – ne doit pas par ailleurs faire oublier qu'un autre témoignage de ces mêmes décennies doit également être pris en compte. Il s'agit du pavement mosaïque de la basilique sud du groupe cathédral primitif d'Aquilée, que l'on s'accorde à dater de l'épiscopat de Théodore, signataire d'un concile réuni à Arles en 314 et dont l'inscription de dédicace s'affiche dans ce qui a dû correspondre à l'aire presbytérale de cet édifice[51] (fig. 6). Là, à côté de l'inscription en question se trouve illustrée l'histoire de Jonas, naturellement conçue comme «type» vétérotestamentaire de la mort et de la résurrection du Christ.

---

[51] Pour la datation de ce complexe et de la mosaïque en question, cf. notamment T. Lehmann, «I mosaici nelle aule teodoriane sotto la basilica patriarcale di Aquileia: status quaestionis», in G. Cuscito (éd.), *Aquileia dalle origini alla costituzione del ducato longobardo. L'arte ad Aquileia dal sec. IV al IX* (Antichità Altoadriatiche, LXII), Trieste, 2006, p. 61-82.

L'image dans l'édifice cultuel Chrétien au IVe s.:
légitimité et fonctions

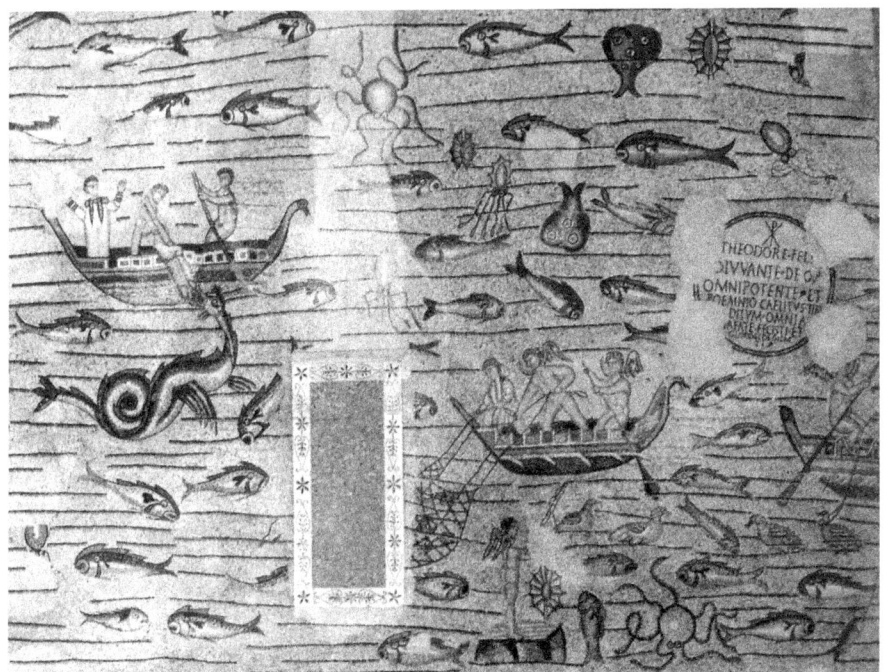

*Figura 6* – Aquilée, basilique sud du groupe cathédral théodorien. Pavement de la travée orientale, avec inscription de Théodore et cycle de Jonas.

Quant aux travées de ce qui devait constituer l'aire dévolue aux fidèles, rappelons qu'elles accueillent, dans les compartiments de diverses trames géométriques, des personnifications des saisons, de probables portraits de donateurs laïcs, et des sujets tels qu'un berger criophore, le combat d'un coq et d'une tortue, et enfin une Victoire brandissant une palme et une couronne, avec à ses pieds une corbeille de pain et (apparemment) un calice (fig. 7 a-b). Hugo Brandenburg a récemment dénié toute signification symbolique chrétienne à ces dernières figurations[52]. À l'encontre, et en faveur de ce que l'on avait généralement admis d'assez longue date, nous avons fait valoir que, dans le cadre d'une église, l'*interpretatio cristiana* se recommandait très certainement[53]: le berger a donc sans nul doute été considéré comme le «Bon Pasteur» auquel le Christ

---

[52] H. Brandenburg, «Il complesso episcopale di Aquileia nel contesto dell'architettura paleocristiana», *ibid.*, en particulier p. 38-41.

[53] J.-P. Caillet, «L'image du dédicant…» (cf. ci-dessus n. 30), p. 164 ; en faveur d'une interprétation chrétienne, également, cf. aussi G. Cuscito, «L'immaginario cristiano del IV secolo nei musaici teodoriani di Aquileia. Letture e proposte esegetiche nel dibattito in corso», in G. Cuscito (éd.), *Aquileia dalle origini…* (cf. ci-dessus n. 51), p. 83-137 (repris dans G. Cuscito, *Signaculum Fidei. L'ambiente cristiano delle origini nell'Alto Adriatico : aspetti e problemi*, Trieste, 2009, p. 53-105).

*Figura 7 a–b* – Aquilée, basilique sud du groupe cathédral théodorien. Détails du pavement de la nef : berger criophore et figure de Victoire.

L'image dans l'édifice cultuel Chrétien au IVe s. :
légitimité et fonctions

lui-même s'assimile dans les Évangiles[54] (Luisa Bertacchi relevait d'ailleurs à bon droit qu'il se trouvait précisément disposé de manière à être en vue de ceux qui pénétraient dans l'édifice depuis l'accès obligé, dans le mur nord[55]); les deux animaux antagonistes peuvent manifestement renvoyer à la lutte entre lumière et ténèbres ; et l'image de la Victoire semble devoir, en fonction de ses attributs, être mise en rapport avec les bienfaits dispensés par l'eucharistie.

Mais il est fort possible que l'iconographie de teneur chrétienne ne se limitait pas à ce seul pavement. Il subsiste en effet un fragment du décor pictural qui se déployait sur le mur longitudinal sud de la salle[56]. Ce que l'on y observe – des *putti* devant une barrière de jardin avec des oiseaux et une fontaine à vasque au premier plan (fig. 8) – semble évidemment de caractère tout à fait profane. Il serait cependant étonnant que le décor de la paroi dans son entier se soit cantonné dans ce répertoire, alors que le sol recevait les sujets d'inspiration sacrée.

*Figura 8* – Aquilée, basilique sud du groupe cathédral théodorien. Fragment de la partie basse du décor peint d'une paroi longitudinale de la nef.

À cet égard, il faut opérer le rapprochement avec la mosaïque qui ornait initialement (soit vers 350) la coupole du mausolée de Constantina à Rome, qui nous est assez bien connue par une documentation graphique des XVIe-XVIIe siècles et dont l'étude a récemment été reprise par Achim Arbeiter[57] (fig. 9). Il y apparaît que des jeux aquatiques impliquant de nombreux *putti* se disposaient au registre le plus bas (position tout à fait idoine pour cette évocation d'un monde profane), alors que le niveau immédiatement supérieur accueillait des scènes vétérotestamentaires, est le suivant sans doute des scènes néotestamentaires (dont seuls, hélas, celle du miracle du paralytique de Capharnaüm a pu être identifiée). Avec évidemment toute la prudence qu'impose ce genre de démarche rétrospective, on pourrait donc conjecturer quelque chose d'analogue pour l'église d'Aquilée dès

---

[54] Matthieu, 18, 12-24 ; Jean, 10, 1-10.
[55] L. Bertacchi, «Architettura e mosaico», in *Da Aquileia a Venezia*, Milan, 1980 (et rééd. 1986), p. 200.
[56] Cf. en dernier lieu M. Novello, M. Salvadori, Cr. Tussi et L. Villa, «Aquileia, l'ornato della basilica teodoriana», in P. Biscottini et G. Sena Chiesa (éd.), *L'edito di Milan...* (cf. ci-dessus n. 41), p. 101-103.
[57] [J.J. Rasch et] A. Arbeiter, *Das Mausoleum der Constantina in Rom*, Mayence, 2007, p. 231-280.

les environs de 320. Et, à côté de l'éventuel cycle biblique duquel nous faisions ci--avant mention pour la Basilique Vaticane, cela pourrait donc être mis au nombre des programme «peu courants»de cette nature dont devait faire état Paulin de Nole à la fin du même siècle.

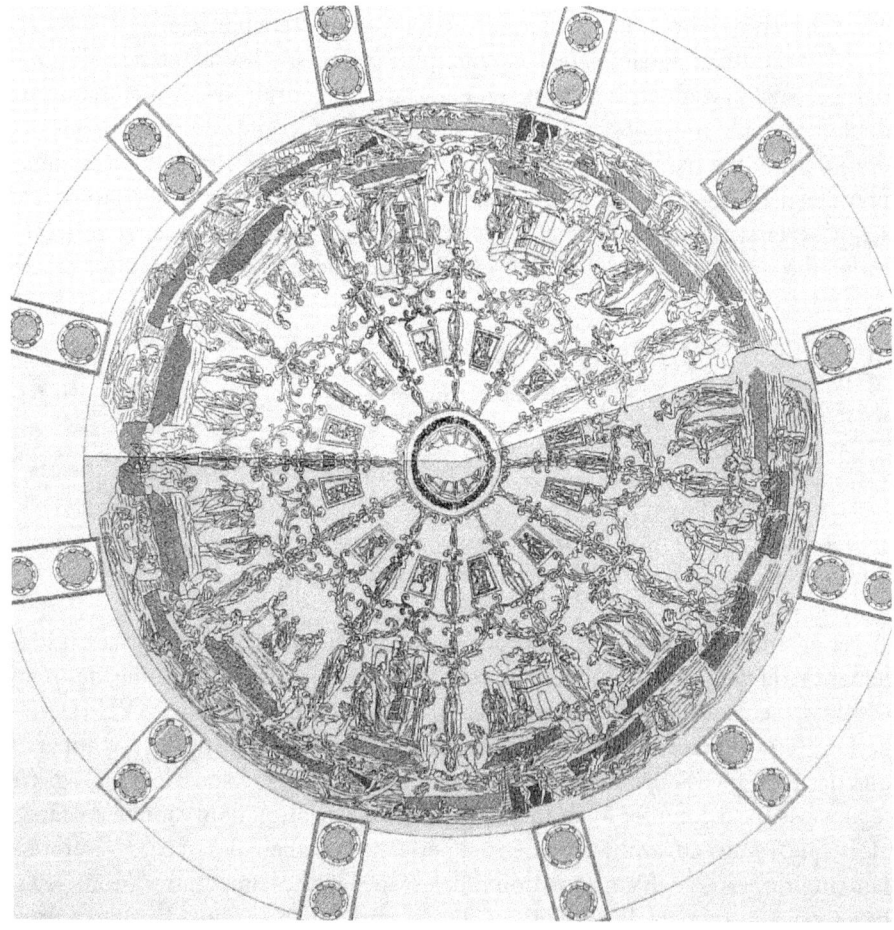

*Figura 9* – Rome, mausolée de Constantina. Décor à mosaïque de la coupole (A. Arbeiter, d'après un dessin de Ciampini, 1699).

Ce retour aux dires de l'évêque de la cité campanienne nous amène à présent à un arrêt sur les textes qui, autour de 400, établissent clairement que les composantes d'un répertoire assez diversifié, et leur adéquation spécifique à certaines parties de l'édifice cultuel, sont désormais bien définies. L'épître adressée par Paulin à son ami Sulpice Sévère donne notamment des indications assez précises sur la thématique globale et les éléments iconographiques de la mosaïque absidale d'une basilique qu'il a fait édifier à Cimitile, ainsi que de la peinture qu'il a prévue pour le même emplacement dans une église, encore en cours de construction, de son domaine de Fundi[58]. La première, dont Friedrich Wickhoff a proposé, voici plus d'un siècle, une reconstitution graphique aujourd'hui encore largement admise[59] (fig. 10), a reçu une évocation de la Trinité, combinant l'image de l'agneau christique juché sur un rocher d'où jaillissaient quatre fleuves symbolisant les Évangiles, celle d'une colombe pour le Saint-Esprit et – probablement – une main émergeant d'une nuée pour traduire, ainsi que l'usage allait s'en établir très largement ensuite, la voix du Père dans les cieux; une croix couronnée, allusion au sacrifice du Sauveur, entrait encore dans cette composition, avec douze autres colombes représentant les apôtres; enfin, une palme et une étoffe de pourpre renvoyaient au triomphe et à la royauté du Fils de Dieu.

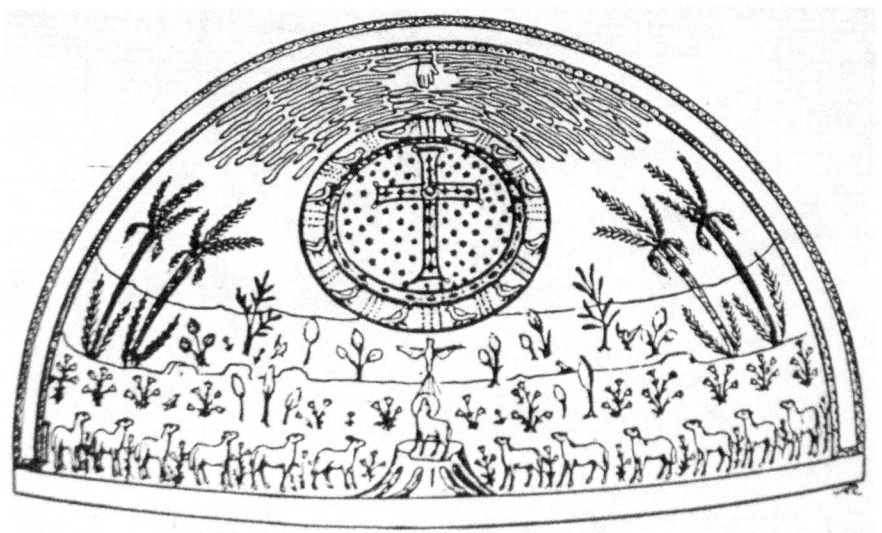

*Figura 10* – Nole/Cimitile, reconstitution du décor conçu par Paulin de Nole pour sa basilique (Friedrich Wickhoff).

Quant à la peinture de la seconde de ces absides – celle de Fundi –, elle offrait une allégorie du Jugement dernier avec, de nouveau, le Christ sous l'aspect de l'agneau juché sur une éminence, puis au-dessus le Saint-Esprit et la main du

---

[58] Paulin de Nole, *Epistulae*, 32. Cf. notamment, pour la reconstitution de ces décors, Chr. Ihm, *Die Programme der christlichen Apsismalerei vom 4. Jahrhundert bis zur Mitte des 8. Jahrhunderts*, 2ᵉ éd. Revue, Stuttgart, 1992, p. 80-83 et 179-182 ; aussi, cf. D. Korol, *Die frühchristlichen Wandmalereien aus den Grabbauten in Cimitile/Nola* (Jahrbuch für Antike und Christentum, Ergänzungsband 13), Münster, 1987 ; puis T. Lehmann, «Der Besuch des Papstes Damasus and der Pilgerstätte des Hl. Felix in Cimitile/Nola», in *12. Internationaler Kongreß für christliche Archäologie, Bonn, 22. bis 28. September 1991*, Münster, 1995, p. 975-977.

[59] Chr. Ihm, *ibid.*, p. 81.

Père, tenant ici une couronne; un trône, également, s'intercalait entre les éléments de cette composition axiale; enfin, au registre inférieur, sur une prairie évoquant le paradis, des brebis et des boucs se disposaient de part et d'autre de l'agneau qui, naturellement, regardait les unes en signe d'accueil au séjour céleste et se détournait des autres pour marquer leur condamnation. La restitution graphique qu'a tentée Christa Ihm (fig. 11) correspond à l'une des variantes possibles de l'agencement de cet ensemble.

*Figura 11* – Fundi, reconstitution du décor conçu par paulin de Nole pour sa basilique (Christa Ihm).

Paulin fait par ailleurs état de scènes bibliques aux murs longitudinaux de ses églises de Cimitile[60] – c'est là que, comme nous l'avons ci-dessus relevé, il renvoie implicitement à quelques antécédents. Mais aux approches de 400 également, un autre évêque, d'Orient cette fois, s'attache à la description d'un édifice cultuel orné de peintures à iconographie narrative: il s'agit de l'un des grands Cappadociens, Grégoire de Nysse, dans son propos sur un *martyrium* dédié à saint Théodore[61]; il y mentionne, par le biais d'une énumération induisant sans ambiguïté la pluralité des scènes, les insultes et le supplice par le feu qu'a subis le bienheureux, sa mort même ainsi que la figure du Christ sous le regard duquel ce cycle se déployait. Il

---

[60] Paulin de Nole, *Carmina*, 27. Cf. D. Korol, *Die frühchristlichen Wandmalereien...* (cf. ci--dessus n. 58).

[61] Grégoire de Nysse, *Laudatio s. Theodori* ; cf. traduction anglaise et annotations dans C. Mango, *The Art of the Byzantine Empire 312-1453* (Sources and Documents), Englewood Cliffs, 1972, et réed. Toronto-Buffalo-Londres 1986, p. 36-37.

convient encore de noter qu'outre le fait que Paulin comme Grégoire louent la magnificence de ces réalisations, il ne manquent pas non plus de souligner leur caractère édifiant: cela de manière purement générique et pour quiconque pénétrant dans l'édifice, chez Grégoire; et avec une particulière attention pour les paysans, chez Paulin: cette imagerie pieuse se trouve en effet justifiée par sa capacité à affranchir les plus rustres de leurs pulsions primitives vers nourriture et boisson.

Il apparaît de la sorte que si, vers 400 encore, un Epiphane de Salamine de Chypre s'élève toujours véhémentement contre l'usage de déployer des images du Christ ou des saints dans le cadre d'une église[62], et si un saint Augustin manifeste son grand scepticisme à l'égard du bien-fondé de semblables figurations[63], le mouvement en sens contraire a désormais bien touché le milieu épiscopal: non seulement certains de ses membres se délectent ouvertement des qualités artistiques de tels programmes, mais ils s'attachent à les légitimer – anticipant ainsi de quelque deux siècles les termes des fameuses lettres de Grégoire le Grand à Serenus de Marseille[64]. Et le IVe siècle, en définitive, s'avère bien correspondre au moment le plus décisif dans l'établissement, au sein du sanctuaire même, de ce qui allait ensuite durablement y prévaloir.

Certes, les datations demeurent souvent assez incertaines; et, en particulier, nous avons eu lieu de rappeler que ce qui touchait à la période constantinienne fait l'objet d'assez âpres contestations. Du moins avons-nous tenté de valoriser ce qui, dans l'argumentation, nous semblait de nature à privilégier cette hypothèse de haute ancienneté. Mais nous avons aussi pu constater que, même en refusant de l'envisager ainsi, il apparaissait bien que l'essentiel était en place dès avant la fin du siècle. Quant à ce processus, une discussion connexe ne manquera pas de se développer encore: faudra-t-il croire, comme y a tendu (bien que non sans nuances) Jean-Michel Spieser[65], que l' «l'invention» de nouvelles thématiques est plus concevable dans le domaine privé – soit celui de l'art funéraire des peintures de catacombes et des sarcophages – que dans le cadre officiel de l'église sous contrôle des autorités institutionnelles ? ou considérer, à la suite de Wolfgang Schumacher[66], que seul ce qui avait été élaboré pour les grands édifices proprement cultuels a pu donner le ton ? ou encore adopter, comme Gisella Cantino Wataghin ou Beat Brenk[67], une position pour ainsi dire «moyenne» en admettant

---

[62] Epiphane de Salamine, *Testament, Lettre à l'empereur Théodose* et *Lettre à Jean, évêque d'Aelia (Jérusalem)* ; cf. C. Mango, *ibid.*, p. 41-43.

[63] J. Wirth, «Voir et entendre. Notes sur le problème des images de saint Augustin à l'iconoclasme», in *I cinque sensi. The Five Senses* (Micrologus, X), Florence, 2002, en particulier p. 72-77.

[64] *Ibid.*, p. 79-82.

[65] J.-M. Spieser, *Autour de la Traditio Legis* (cf. ci-dessus n. 27), p. 14.

[66] W.N. Schumacher, *loc. cit.* in *Römische Quartalschrift*, cf. ci-dessus n. 39.

[67] G. Cantino Wataghin, «I primi cristiani, tra imagines, historiae e pictura. Spunti di riflessione», in «Christianisation et images» (cf. ci-dessus n. 2), p. 28-29 ; B. Brenk, «Apses...», *ibid.*, p. 110-112.

que, pour certaines iconographies du moins, et dans le domaine funéraire aussi bien que dans les édifices cultuels, de véritables théologiens ont pu orienter les choix ? Mais à cet égard – et comme pour les datations plus ou moins tard dans le siècle – cela reste, faute de pouvoir produire des preuves véritables, une affaire d'intime conviction…

En tout cas, il n'est sans doute pas superflu d'insister encore, ici, sur les apports plus que substantiels des programmes dont nous avons rappelé les traits principaux. On ne pourra évidemment pas manquer de reconnaître la dette des concepteurs de ceux-ci envers leurs devanciers de l'époque classique: ainsi quant à l'héritage de l'art impérial, on peut toujours renvoyer à ce que disait André Grabar[68] de la figure du Christ accosté de ses disciples, proclamant sa loi ou recevant une offrande; ou encore, du principe même des séquences narratives. Et sans avaliser toutes les critiques élevées à l'encontre de telles vues par Thomas Mathews[69], les antécédents plus proprement païens invoqués par ce dernier doivent également être pris en compte – de même, d'ailleurs, qu'un contexte général de propension au surnaturel, dont l'imagerie miraculaire christique a bien pu faire profit. Dernièrement aussi, Johannes Deckers[70] faisait état des décors de sanctuaire païens d'Ostie, de Sabratha et de Louxor, à la source de ceux de nos églises par leurs compositions axées sur une entité d'essence supérieure. Mais pour autant, l'innovation chrétienne n'a pas été en reste. En soi, l'exaltation de la figure du Sauveur instaure l'incontournable dominante des temps à venir; et il n'est peut-être pas exclu, suivant une suggestion d'Yves Christe[71] quant au livre tenu par le Christ et à son éventuelle relation avec un texte de Victorin de Poetovio, qu'une connotation apocalyptique ait été précocement introduite[72]; conjointement avec l'allégorie du Jugement dernier attesté à Fundi, on aurait donc ainsi déjà affaire aux prémices des deux théophanies majeures de l'art médiéval. Si l'on ajoute enfin qu'à ces iconographies visant à manifester, au point focal de l'édifice, la présence divine, se conjuguaient déjà les séquences bibliques – et hagiographiques – d'intention plus catéchétique dans l'aire des fidèles, on a bien confirmation des immenses acquis de ce siècle «pionnier». Tout n'est certes pas encore présent: la personne mariale, notamment, devra gagner la place qui sera sienne; mais les fondements les plus solides, l'esprit et l'articulation du discours sont désormais posés.

---

[68] A. Grabar, *Les voies de la création…* (cf. ci-dessus n. 3), p. 33-53.
[69] T. Mathews, *The Clash of Gods. A Reinterpretation of Early Christian Art*, Princeton, 1993 (et éd. revue 1999), passim.
[70] J.G. Deckers, «Constantine the Great and Early Christian Art», in J. Spier (dir.), *Picturing the Bible…* (cf. ci-dessus n. 1), p. 96-98.
[71] Y. Christe, compte rendu de J.-M. Spieser (cf. ci-dessus n. 36), p. 294-295.
[72] Connotation dernièrement encore rejetée, toutefois, par J.-M. Spieser, «Le décor figuré…» (cf. ci-dessus n. 6), p. 102.

# VETERA CHRISTIANA MONUMENTA IN BAETICA.
## Hacia una sistematización de la arquitectura de época tardoantigua en la parte occidental de la provincia
(VETERA CHRISTIANA MONUMENTA IN BAETICA. Towards a late antique architecture systematization in the western part of the province)

Jerónimo Sánchez Velasco (jeronimo.sanchez.velasco@gmail.com)

Resumo – Os edifícios de época tardoantiga que se conhecem na Bética são sistematizados, de acordo com os diferentes tipos, por forma e função. A sua datação, em muitos casos incerta, não permite adiantar dados sobre uma hipotética evolução entre os diferentes tipos de edifícios. Os monumentos de tipo funerário não são incluídos neste estudo.

Palavras-chave – Arquitectura tardo-antiga, Betica, elementos arquitectónicos.

Abstract – The Late Antique buildings known in the Baetica province are reviewed, according to their specificities, form and function. Their date is in many cases uncertain, and so we cannot presume an hypothetical evolution between the different types of buildings. Funerary buildings are not considered.

Keywords – Late Antique architecture, Baetica, architectonical elements.

## 1. Introducción y aclaraciones previas

El trabajo que aquí presentamos es parte de los resultados de nuestra tesis doctoral (Sánchez Velasco 2012), aunque los mismos se presentan de forma resumida, adaptándose a las normas editoriales del siguiente volumen. Además, se analizan sólo aquellos complejos edilicios que tiene una planta mínimamente reconocible o intuida (*vid.* mapas).

En dicha tesis doctoral se estructuró la información sobre los complejos edilicios a partir de las provincias españolas actuales, asignándoles a cada uno de ellos una referencia específica. Esta referencia es la que aquí se usará, también por comodidad, para referirnos a cada uno de los complejos edilicios analizados: las letras mayúsculas iniciales se corresponden con la provincia actual, mientras el número es el correlativo correspondiente.

## 2. Construcciones Civiles

### 2.1. Infraestructuras

Existe muy poca documentación sobre el sistema de abastecimiento y eliminación de residuos en época tardía en las ciudades de la Bética que hemos estudiado.

C13

En la calle Duque de Hornachuelos de Córdoba (C13) se detectó la reparación de una cloaca, fechada en el siglo V d.C., junto con la construcción del muro que, sobre ella, corta el decumano (Sánchez Velasco 2006: 196-204). El sistema empleado es el mismo que en época romana, creando un tejado a dos aguas en la reparación de la canalización, aunque en este caso se introduce parte de un fuste, y no un sillar. Siglos después, en época califal, se vuelve a reparar la cloaca, esta vez colocando tres sillares consecutivos sobre la rotura.

Resulta muy interesante comprobar cómo, durante la Antigüedad Tardía (al menos en Córdoba) se mantiene la red de alcantarillado activa, al menos en ciertos puntos donde se ha podido documentar, como ya hemos tenido la ocasión de exponer por extenso en otro lugar (Sánchez Velasco 2006; Sánchez Velasco 2011).

### 2.2. Murallas y Defensas

Tal vez, los casos que parecen más claros, a tenor de su contexto y de las excavaciones llevadas a cabo en la actualidad, son los detectados en los límites de la Pza. de la Encarnación y el hallado en el Alcázar (González Acuña 2012: 62-69). Aunque habrá que esperar a que todos estos datos se concreten a través de nuevas intervenciones.

En *Italica*, un supuesto muro que cruza la ampliación adrianea de la ciudad, dividiéndola en dos, y que ha sido interpretado como muralla tardía de forma acrítica (Rodríguez Hidalgo *et alii*, 1999: 88; Hidalgo 2003: 121-122; Diarte 2012: 169; 290-292), requiere de la necesaria confirmación arqueológica (Verdugo 2003: 370*ss*; Sánchez Velasco 2012): primero para certificar que, efectivamente, se trata de un muro, y de carácter defensivo; segundo, para determinar su cronología.

Para el caso de Córdoba, ya hemos expresado nuestras dudas (Ordóñez *et al.* 2013) sobre la entidad y cronología de ese supuesto *castellum* adelantado a la muralla, hallado en la zona del actual Alcázar de los Reyes Cristianos. De hecho, algunos de los restos de decoración arquitectónica que sabemos que, con total seguridad, aparecieron en las recientes excavaciones llevadas a cabo en el recinto, parecen indicar la posibilidad de la existencia de un ámbito religioso monumental, en concreto una placa-nicho (Sánchez Velasco 2012, n.º cat. 175). Habrá que esperar a que nuevas intervenciones, publicadas de forma más precisa, disipen las lógicas dudas sobre unos argumentos débiles y expuestos de forma muy deficiente. Tan sólo en un caso, y dudoso, parece haberse podido datar un pequeño tramo de muralla (¿*refectio*?¿*ex nouo*?), en la puerta oriental (López Rey 2002: 107). En las zonas de muralla que han podido ser documentadas de formas más amplia (Molina 2005; Molina-Valdivieso 2007) las reparaciones de la muralla romana parecen centrarse en el siglo III d.C. y ya en época bajomedieval.

### 2.3. Palacios – Edificios administrativos

En teoría, todas aquellas ciudades que fueron cabeza de condado, debieron contar con centros administrativo-militares: con seguridad, *Egabrum*, *Hispalis*, *Ilipla*, y *Corduba* como capital de la provincia y sede del *Dux*.

De nuevo, la Arqueología se empecina en poner unos interrogantes a las afirmaciones de la tradición historiográfica. El único palacio o centro administrativo del que tenemos claras referencias (que no ubicación) a través de las fuentes, es el de Don Rodrigo, el *Roderic* de las fuentes árabes, que -tradicionalmente- se ha venido localizando en la zona del antiguo alcázar omeya, debido a cierta interpretación de dichas fuentes (Marfil 2000). En la actualidad, ninguna de las pruebas aportadas por la Arqueología es capaz de sustentar, de forma incuestionable, esta hipótesis y, por consiguiente, no podemos asociar ningún resto arqueológico con dichos complejos civiles de forma rigurosa.

### 3. Construcciones Religiosas

Suponen el grueso de la nómina de edificios analizados, aunque básicamente porque son más fácilmente reconocibles que el resto. Pensamos que no cabe duda de que esta descompensación se debe más a la falta de investigación que a una supuesta y apabullante hegemonía de las construcciones religiosas sobre las de otra funcionalidad.

## 3.1. Complejos Episcopales

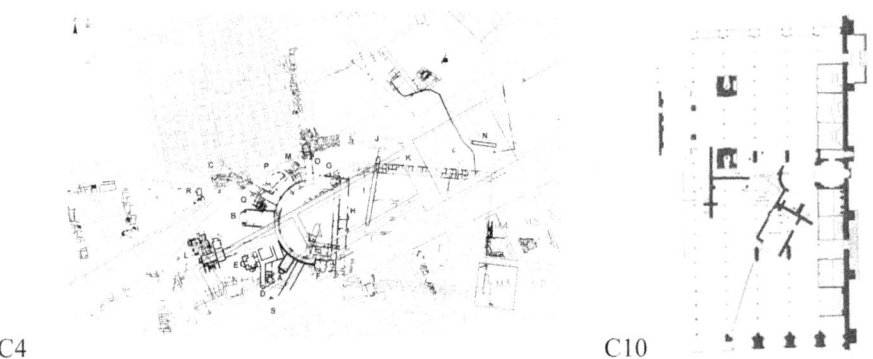

C4  C10

Las ciudades que fueron sedes episcopales debieron contar con un complejo de estas características, llamado por parte de la historiografía francesa "grupo episcopal" debido a que en él se aglutinan edificios muy diversos de funciones no menos heterogéneas.

En la Bética occidental, la problemática sobre los complejos episcopales es idéntica a otras zonas del Imperio, como *Palaestina Prima* por ejemplo (Piccirillo 1989), el conocimiento de obispos y comunidades cristianas es amplísimo pero donde no se conoce nada más que el *episcopium* de Jerusalén, y no sin dudas.

Nada sabemos de *episcopia* como los debieron existir en *Ilipla*, *Italica* o *Egabrum*. Sin mucho fundamento se ha supuesto que el *episcopium* de *Hispalis* estaría en la zona extramuros del Patio de Banderas[1], aunque recientes hipótesis (Sánchez Velasco 2012; García Vargas 2012) lo ubican, de forma más documentada, en el entorno de la c/ Mármoles, aunque todavía debe concretarse de forma arqueológica (*vid. infra*).

Tan sólo en *Corduba* contamos con evidencias suficientes para hablar de dos grupos episcopales. Y lo decimos en plural porque mantenemos como hipótesis de trabajo, que esta ciudad pudo contar con dos núcleos episcopales diacrónicos. Uno se ubicaría extramuros, tendría una cronología muy temprana (s. IV d.C.) y tal vez estaría relacionado con la figura del obispo Osio, consejero imperial e influyente miembro de la corte de Constantino, que podría haber influido en la realización de la primera fase de este gigantesco complejo. Ya hemos defendido en varias ocasiones (Sánchez Velasco 2011; Sánchez Velasco 2013) las razones arqueológicas que nos llevan a defender la existencia de un complejo episcopal

---

[1] Bendala; Negueruela 1980; Blanco 1989; Ristow 1998; Tarradellas Corominas 2000; Gurt; Sánchez 2008; Sánchez Ramos 2009; Gurt; Sánchez 2010; Barragán Valencia 2010; Gurt; Sánchez 2011.

completo en Cercadilla, basadas en la falta de una lógica interpretación de la secuencia estratigráfica de las edificaciones, y por qué no puede ser considerado ni un palacio imperial ni una gran villa extraurbana. Por lo que no entraremos más en esta cuestión. Un segundo grupo episcopal, cuyo principal apoyo son las fuentes árabes y determinados restos arqueológicos, pudo ser un traslado a una zona intramuros a partir del s. VI d.C. (Ordóñez *et al.* 2013).

Esta línea de trabajo que mantenemos no asume como válidas las últimas tendencias historiográficas de buena parte de los especialistas actuales en la materia, que consideran que los complejos episcopales, desde época muy temprana, se ubican intramuros: en algunos casos en áreas periféricas de la ciudad; en otros, sobre los antiguos foros. La bibliografía es muy extensa, pero esta tendencia se consolida a partir del *XI Congreso Internacional de Arqueología Cristiana*, celebrado en Lyon (Duval 1989), donde una parte se dedica, de forma monográfica, a abordar la cuestión de los *episcopia*. Básicamente, se contempla lo difícil que es definir con claridad este tipo de conjuntos[2], por múltiples razones: a) deben tener un baptisterio, pero no todos los baptisterios indican la presencia de complejos episcopales; b) la presencia de grandes conjuntos de edificios, relacionados entre sí y de gran monumentalidad, pueden responder a razones vinculadas al culto martirial, o a complejos monásticos; c) generalmente las residencias episcopales son edificios de gran monumentalidad unidos a basílicas, pero esta unión no tiene por qué significar necesariamente que, cuando se dan, sean *episcopia*; d) los obispos se suelen enterrar en estos complejos, en grandes mausoleos vinculados directamente con los edificios de culto, pero tampoco esto es definitorio, porque sabemos que muchos obispos se entierra allí donde estiman más oportuno, en muchos casos en importantes focos de culto martirial. En conclusión, la clave para definir los complejos episcopales se basó en lo que parecía una constante: su ubicación dentro de las ciudades.

Así, en un importante artículo de Testini, Pani y Cantino (1989) en el marco de dicho congreso, se determinó que, en Italia, prácticamente todos los complejos episcopales se encontraban intramuros, salvo contadas excepciones, algunas de ellas no bien atestiguadas arqueológicamente, y desde momentos muy tempranos. Incluso en los escasos ejemplos por ellos reconocidos en los que la existencia de complejos extraurbanos es difícilmente discutible, se insiste en que el suburbio próximo es, sin lugar a dudas, ciudad.

Este análisis se extiende de Italia a otros lugares, como *Gallia*, Turquía o África, donde los resultados serían los mismos. A partir de ahí, queda establecido, pues, que una característica importante de los conjuntos episcopales es su ubicación intramuros, dados los ejemplos estudiados. Recientes estudios que abordan

---

[2] Un ilustrativo texto sobre los problemas para definir este tipo de complejos puede verse en Duval 1989: 348-375.

la cuestión, tanto en *Gallia* (Guyon 2006: 92-95) como en *Hispania,* inciden en esta apreciación, e incluso van más allá, al considerarlo una "norma" (Arbeiter 2010) e, incluso, un error debido a "un notable desconocimiento sobre el proceso de cristianización de la topografía cristiana de las ciudades del Imperio" (Chavarría 2010: 448).

Sin embargo, el único error evidente radica en desconocer las realidades arqueológicas locales e intentar generalizar a partir de generalizaciones previas, y siempre desde un cierto dogmatismo que busca generar una suerte de "leyes científicas" (Chavarría 2010) que, ante un análisis más sosegado, riguroso e imparcial, no se sostienen, entre otras razones porque se pretende exportar un "modelo" itálico o gálico a un territorio que, como las *Hispanias*, dista mucho de ser homogéneo o – siquiera – bien conocido. Esta situación de heterogeneidad ya se ha demostrado para los baptisterios hispanos (Godoy 1989: 611; nt. 14 con bibliografía sobre la cuestión), y no se ha pretendido unificar ni normativizar este tipo de restos (sobre los que, por otra parte, la investigación es escasísima, quizás por lo complejo de la cuestión).

En definitiva, las distorsiones en este esquema tan cerrado vienen de un acercamiento a las realidades locales y a los estudios de conjunto que exponen, con claridad, la situación real del conocimiento de las ciudades que contaron con un *episcopium*.

La primera cuestión es, sin duda, determinar la cronología de los primeros complejos episcopales, ya que la inmensa mayoría de ellos tiene fechas muy tardías, de siglo V avanzado o VI, cuando conocemos obispos, tanto en Hispania como en el resto de la zona occidental del Imperio, desde al menos el siglo III d.C. con seguridad total.

Luego, para saber si un *episcopium* (claramente definido como tal) está intramuros o extramuros es, obviamente, necesario conocer los perímetros amurallados de las ciudades en cuestión. En un elevadísimo porcentaje de las ciudades galas (Guyon 2006), itálicas (Testini-Pani-Cantino 1989: 89-229) o norteafricanas (Duval 1989) en las que se ha supuesto un *episcopium* intramuros no se conoce el recorrido preciso de la muralla y, con muchas reservas, se supone parte de la extensión de la ciudad. En casos italianos -más estudiados y numerosos- donde la cerca defensiva se conoce bien, como por ejemplo *Aquileia* (Bertacchi-Luigiano 2003; Cantino 1989: 182-187), *Concordia Sagittaria* (Cantino 1989: 190-193), Parma (Cantino 1989: 155-157), Rávena (Cantino 1989: 140-142), Florencia (Pani 1989: 122-126) o Pisa (Pani 1989: 130-132), los complejos episcopales se encuentran fuera de las murallas, en el suburbio. Recientes estudios para el sur de Italia (Sami 2010) demuestran, a través de la Arqueología y los textos, que los *episcopia* de Siracusa, Agrigento y, posiblemente, Taormina, estaban en los respectivos *suburbia* de estas ciudades, al menos hasta bien entrado el siglo VI d.C.

En el caso de *Gallia* (Heijmans-Guyon 2006: 94-95), el problema de las murallas persiste, aunque tan sólo se admite para el caso de Dax (Aquitania)

VETERA CHRISTIANA MONUMENTA IN BAETICA. Hacia una sistematización de la arquitectura de época tardoantigua en la parte occidental de la provincia

una posible existencia extramuros del complejo episcopal, definido a partir de unos textos del siglo XI d.C. Aunque se reconoce que, en muchas ocasiones, de la ciudad tardoantigua apenas si se sabe de la existencia de algunos muros o edificios completos.

*Hispania* no es una excepción en este desconocimiento generalizado de los núcleos episcopales, lo que ha dado lugar a desafortunadas apreciaciones a favor de que la mayoría de los *episcopia* sean extramuros (Kulikowski 2005) o, por el contrario, intramuros (Chavarría 2010). Frente a estos extremos, se impone una lectura más sosegada y documentada, que se inclina hacia la postura historiográfica actual de establecer como paradigma la ubicación intramuros de los *episcopia* hispanos (Arbeiter 2010). El tema, sin duda de moda, cuenta recientemente con nuevas publicaciones, aunque más a modo de resumen de lo ya avanzado por otros que como verdadera aportación científica (Gurt-Sánchez 2011).

Con seguridad, conocemos poquísimos complejos episcopales hispanos: *Valentia* (Ribera 2008), *Egara* (García; Moro; Tuset 2009) y *Barcino* (Arbeiter 2010). El primero es de la segunda mitad del siglo V d.C. y está situado en pleno foro de la vieja ciudad romana; del segundo no se conoce la ubicación de la ciudad romana y, bajo el *episcopium* creado *ex nouo* en el siglo V d.C., no se han encontrado restos anteriores; el tercero se ubica en una zona periférica. Como se puede apreciar, tres conjuntos, tres ubicaciones diferentes. A éstos habría que sumar, como presumibles, varios casos más. *Complutum*, donde una memoria a los santos Justo y Pastor pasaría a ser la catedral de la ciudad, extramuros (Rascón; Sánchez 2008: 255-257). *Egitania*, donde bajo la catedral actual, intramuros de la ciudad antigua, hay un baptisterio tardoantiguo, lo que ha hecho pensar sin dudas que sería parte del *episcopium* (Arbeiter 2010: 423). En un caso parecido a *Egitania* estaría Ampurias, donde el hallazgo de una piscina bautismal extramuros, en Santa Margarida, ha sido interpretado como indicio de un posible *episcopium* (Nolla 1993), algo visto con mucho escepticismo por algunos investigadores (Arbeiter 2010: 424). *Segobriga*, en cuyo impresionante complejo extramuros hay enterrados varios obispos, ha sido considerado el conjunto episcopal por parte de la investigación alemana (Schlunk; Hauschild 1978: 43), aunque otra parte parece descartarlo (Arbeiter 2010: 429). Para Mérida, así como para Gerona, sólo contamos con sendas fuentes textuales, del siglo VI y de época Carolingia respectivamente (Arbeiter 2010: 423; 429), que ubicarían la sede emeritense intramuros y la gerundense en el suburbio. En el caso de Tarragona, ciudad cuyas similitudes con Córdoba son extraordinariamente interesantes, es fiel reflejo de este intenso debate, con dos posturas bien argumentadas a partir de un sólido conocimiento científico de la ciudad, y que proponen una ubicación intramuros (López Vilar 2006: 257-259) frente a otra extramuros (Macías 2000). Las recientes campañas arqueológicas llevadas a cabo bajo la actual catedral tarraconense están motivadas, entre otros muchos objetivos, por la búsqueda de posibles restos del primitivo *episcopium*. Habrá que esperar a la publicación de los resultados de la segunda campaña de excavación en el interior de la catedral[3] para ver clarificado el panorama. Aunque, tal vez, la presencia de un magnífico propileo tardoantiguo en torno a la plaza del Rovellat esté indicando, al igual que en Valencia (y creemos que en Sevilla, *vid. infra*), la delimitación de un *episcopium* que se situaría en una ubicación más periférica que la supuesta hasta ahora, junto al flanco nororiental de la ciudad alta.

Volviendo al tema en cuestión, creemos que en el estado actual del conocimiento, no es aconsejable establecer ninguna "norma" de ubicación, ya sea extramuros o intramuros, porque se puede caer en un dogmatismo que nada tiene que ver con la evidencia arqueológica. Pensamos que un mismo argumento para definir un *episcopium* no puede ser válido o inválido dependiendo de si estamos en una situación plenamente urbana o suburbana, máxime teniendo en cuenta que hay ejemplos perfectamente documentados (*vid. supra*) de existencia de *episcopia* extramuros. Conclusión: al igual que se ha determinado para otros argumentos, la ubicación intramuros no es, *per se*, ni un argumento incuestionable ni determinante.

Resulta evidente que la gran mayoría de los *episcopia* documentados se encuentran (lógicamente) dentro de las murallas de las ciudades tardoantiguas, entre otras razones porque los casos que hay atestiguados son básicamente del siglo VI d.C., o poco anterior, lo que dificulta sobremanera la comprensión de las ciudades de los siglos IV y V d.C. Y la variable "tiempo" en esta ecuación es fundamental. No podemos aplicar modelos urbanísticos del siglo VI d.C. de Italia o Francia a la ciudades romanas del siglo IV d.C. de Hispania, África o Asia, como tampoco podemos suponer grandes y radicales transformaciones en unas ciudades de la cuarta centuria donde el Cristianismo todavía era visto con enormes recelos, o directamente con abierta hostilidad. En este sentido, creemos que sigue siendo muy válida la visión de Krautheimer sobre las ciudades y capitales del Imperio en el siglo IV d.C. (Krautheimer 2002), donde las dinámicas se vuelven heterogéneas, ricas y locales, dependiendo de multitud de factores: financiación imperial de grandes obras (Constantinopla, Jerusalén); realización de grandes complejos cristianos en un difícil equilibrio con el poder de la aristocracia pagana (Roma); importancia y patronazgo de grandes obispos, encabezando a una nueva aristocracia cristiana (Milán)... Frente a esta visión comedida de la expresión monumental del Cristianismo, está otra, la actualmente más extendida, donde se apuesta por una visibilización más radical del Cristianismo a través de grandes complejos que ocupan buena parte de las viejas ciudades paganas, desde fechas muy tempranas del siglo IV d.C., para lo que no tenemos constancia arqueológica, más bien un posicionamiento historiográfico diverso a la opinión del insigne

---

[3] Se puede ver alguna noticia sobre la cuestión en la web www.icac.net

investigador alemán, hegemónica durante gran parte de la segunda mitad del siglo xx. Sin duda, la clave es el conocimiento – más que deficiente – de las ciudades de los siglos iv y v d.C.

### 3.2. Iglesias

La parquedad de los datos a la hora de enfrentarnos a este tipo de edificaciones nos limita radicalmente la posibilidad de establecer una tipología clara, que determine la relación entre tipos de planta, cronología y función. Por consiguiente, hemos optado por realizar una síntesis centrada en la morfología de las escasas iglesias que conocemos, sugiriendo una posible función en cada caso.

#### 3.2.1. *Planta cuadrangular*

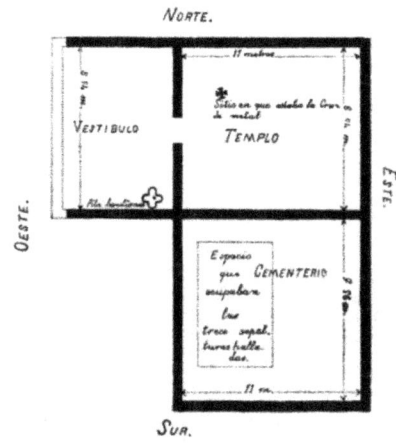

B1

Sería el tipo arquitectónico más simple de iglesia, limitada a una sala cuadrada con diferentes añadidos, como son baptisterio y recinto funerario. Pensamos, a modo de hipótesis, que es posible que este tipo tan simple de edificio se corresponda con el tipo de denominación que se aplica a algunas iglesias rurales, como la que aparece en la inscripción CIL II² / 7, 124, procedente de Porcuna, y donde se consagra una pequeña iglesia (*cella*) rural. Su carácter eminentemente rural nos lleva a suponer que estamos ante una iglesia relacionada con una gran propiedad, donde un pequeño templo sirve como parroquia y, sobre todo, como iglesia funeraria de la familia de los *possesores*, que se enterrarían *ad sanctos* en el recinto hallado al sur. En este sentido, otra inscripción, hallada cerca de Ategua, ilustra como uno de estos grandes propietarios debió construirse una iglesia para ser enterrado en ella (CIL II²/5, 482).

Este tipo de parroquias suelen estar relativamente cerca de la *villa* o núcleo de población rural, como puede verse en Mola di Monte Gelato (Kinney 2010: 88).

### 3.2.2. *Planta rectangular*

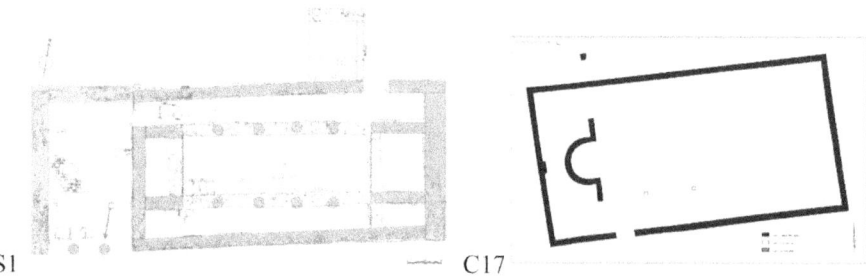

S1                                    C17

Se trata de un tipo de planta bastante bien documentado, donde los edificios tiene una forma exterior muy compacta, y en el interior es donde se desarrollan las diferentes subdivisiones litúrgicas y funcionales. En este sentido, hay amplios paralelos en todo el Mediterráneo Occidental, desde la catedral de Aquileia hasta varias iglesias baleares (Sa Carrotja, Son Fadrinet o Son Bou, *vid*. Alcaide 2010), pasando por Jordania (como la iglesia 20 de Umm al-Quttayn, la iglesia doble de Sabhah, *vid*. Michel 2001) o por multitud de ejemplos norteafricanos (en Orléansville, Tebessa, Bulla Regia, Sétif...*vid*. Duval 1973) todos ellos a lo largo de los cuatro siglos que nos ocupan.

Arquitectónicamente hablando, son edificios sencillos que buscan un importante ahorro de material y un proyecto más simple que la ejecución de un ábside saliente, adosandolo a alguno de los muros. Como vemos en la Gerena o en la Fase 3 de Coracho, el ábside se suele realizar con un par de muros perpendiculares al de fachada, lo que incide de nuevo en la idea de la economía de recursos. Por esto, cuando se realiza un templo de estas características con un ábside inscrito en la nave central y aislado del resto de la construcción, como el caso de Coracho (C17), debe interpretarse como una instalación litúrgica con una función precisa y realizada *ex profeso*, más que como un recurso estético u otro tipo de solución.

En el caso de la iglesia de Morón, como ya hemos explicado (S4) las dudas sobre si se trata de una iglesia de este tipo, de cabecera triple o absidada con anexos laterales. En cualquiera de los tres casos, lo cierto es que la forma de realizar su ábside, enmarcado en una habitación cuadrada, sería similar a lo que se supone sería la cabecera del maltratado templo de la Santa Croce de Rávena, fechado en el siglo V (Krautheimer 1996: 214-215; Jäggi 2010: 156-157) y, sobre todo, a las iglesias sirio-palestinas, como la catedral de Sergiopolis (Ulber 1989: 445*ss*), San Pablo en Umm al-Rasas, San Jorge en Khirbat al-Mukhayyat o la capilla de Khirbat al-Kursi (Michel 2001).

### 3.2.3. Planta absidada – basilical

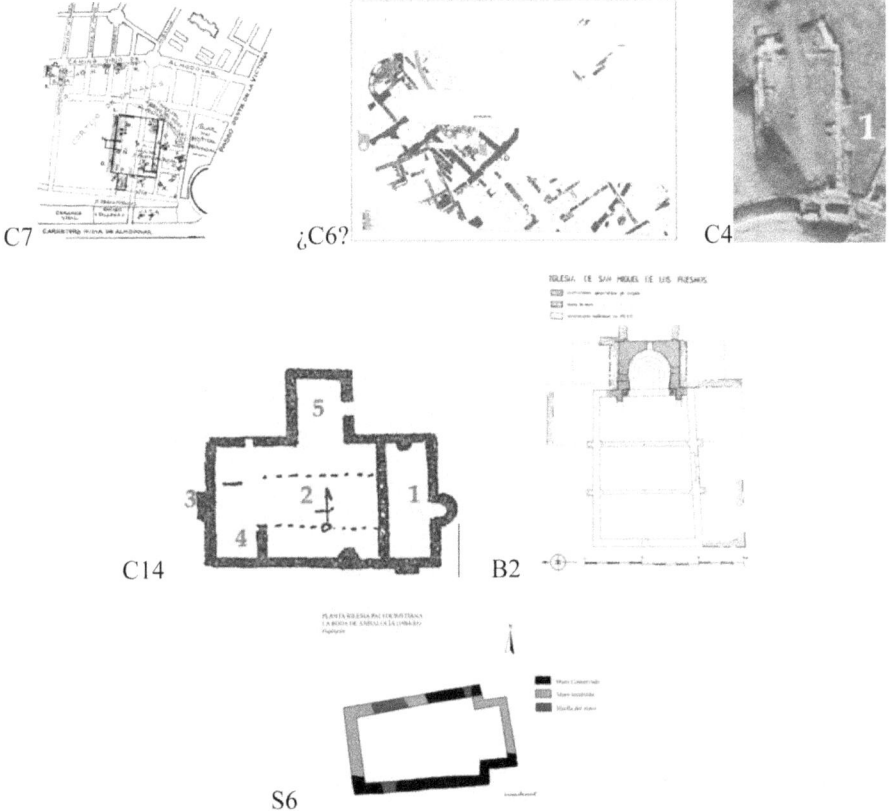

Sería, con mucho, el tipo de planta más frecuente. Y usamos el condicional porque, en realidad, los datos arqueológicos apenas si dejan entrever un par de casos posibles: Cercadilla (C4) y las – supuestas – *cellae* halladas en el anfiteatro occidental de Córdoba (C6), en ambos casos, posiblemente del siglo IV d.C., orientadas a Occidente y con funciones tan diversas como una gran basílica de un posible conjunto episcopal o una pequeña *cellae memoriae* martirial.

También con idénticas características (fecha, orientación), aunque con el ábside cuadrangular, estaría el complejo edilicio de Cortijo de Chinales (C7). Pero este extremo debe comprobarse arqueológicamente, al igual que su posible adscripción a un culto martirial.

Sin solución de continuidad, los siguientes ejemplos de planta basilical habría que buscarlos ya en el siglo VII d.C., donde encontraríamos tres ejemplos. El primero, de ábside cuadrangular, que se daría en una pequeña iglesia rural asociada a una *villa* (La Roda, *vid.* S6). El segundo, un ábside cuadrangular al exterior y con planta de arco peraltado al interior, en la gran iglesia – posiblemente – monacal y abovedada de San Miguel de los Fresnos (*vid.* B2), muy similar a Son

Bou (Godoy 1995; Alcaide 2011), a Ampurias o a la iglesia de *Villa Fortunatus* (Schlunk-Hauschil 1978: 161-162). El tercer caso de esta fase más tardía sería la iglesia de Los Llanos (*vid.* C14), con un pequeño ábside semicircular, en una estructura en su cabecera que recuerda a la de la basílica de Cabeza de Griego, en Segobriga (Schlunk; Hauschild 1978: 43, fig. 21).

**3.2.4.** *Doble ábside*

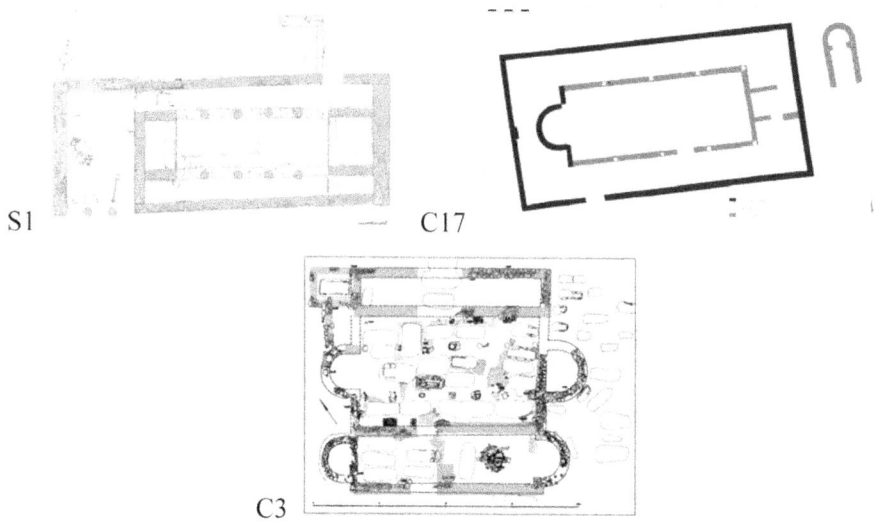

Contamos con tres ejemplos de basílicas de doble ábside y, de nuevo (amenazando con convertirse en una irritante tradición para la investigación arqueológica más normativista), cada uno respondería a subtipos diferentes. Con seguridad total nos encontramos con El Germo (C3) y con la Fase 3 de Coracho (C17). Menos seguro, pero pensamos que altamente probable, sería Gerena (S1). El primer caso, con doble ábside semicircular externo; el segundo con dos ábside inscritos, uno semicircular y otro rectangular; el tercero tendría dos ábside inscritos cuadrangulares. No entraremos aquí en avivar la intensa polémica científica entre diversos sectores de la investigación sobre la entidad litúrgica[4] o la nomenclatura[5] de estos edificios, y en concreto de estos ábsides, entre otras razones porque no existen en la Bética occidental elementos de juicio para ello, ya que no se han conservado instalaciones litúrgicas capaces de definir los usos religiosos concretos

---

[4] Esta polémica se aprecia con claridad (y con una acritud poco frecuente, sea dicho de paso) en las opiniones expresadas por Godoy (1995) y, en su contra, por Duval (2000).

[5] Creemos que la denominación de contra-ábside cuando esta estructura sobresale y de contra-coro cuando no lo hace es un tanto artificial y fruto más de una problemática historiográfica que de una realidad material evidente, al menos en la Bética occidental.

con claridad. Por lo tanto, resulta a nuestro juicio algo estéril tratar de buscar, en los restos que tenemos conservados de estas basílica, un reflejo (por mínimo que sea) de aquellas prescripciones litúrgicas que aparecen en los textos.

Tan sólo en un caso contamos con dos evidencias arqueológicas que puedan dar lugar a una interpretación litúrgica: se trata del ábside occidental de Coracho. Ya hemos publicado, de forma divulgativa (Botella; Sánchez 2008) y más específicamente científica (Sánchez; Moreno; Gómez 2009), nuestra hipótesis sobre esta interesante iglesia lucentina, por lo que no nos reiteraremos. Pero sí queremos insistir en dos de los aspectos que más controversia han creado a raíz de la presentación de estos restos[6]: el carácter martirial y la cronología de su Fase 1; y el posible *synthronon* de la Fase 2. A diferencia de otras iglesias (no sólo de doble ábside), en Coracho se realizó un importante esfuerzo por determinar no tanto aspectos de carácter litúrgico y/o artístico, sino puramente arqueológicos, a partir de los cuales establecer una evolución del edificio. Por desgracia, esto es algo poco común, y la mayoría de los investigadores centrados en las interpretaciones "liturgistas" atienden poco a este tipo de cuestiones, algo más prosaicas. Para Coracho es evidente, tras un análisis arqueológico de los restos, que el edificio contó con una primera fase muy homogénea donde se realizó un ábside occidentalizado en forma de omega y separado de la fachada oeste del edificio en una anchura superior a las naves laterales. Su cronología, imposible de certificar debido a las condiciones en las que se realizó la intervención arqueológica, se ha supuesto a partir de los pocos restos cerámicos de algunas de las tumbas de inhumación que amortizan una necrópolis de cremación pagana preexistente, dando una fecha aproximada del siglo IV d.C. Con estos elementos de juicio, y teniendo presente que las iglesias son edificios funcionales realizados para albergar, a modo de escenario, la liturgia, hemos supuesto que el espacio entre la fachada oeste y el ábside en omega debió servir como ámbito de circulación (deambulatorio, muy relacionado con el tradicional culto a los muertos, *vid.* Krautheimer 1996: 60), con una posible finalidad martirial, con ejemplos desde el siglo IV al VI, como ya hemos visto (*vid.* C17).

De entrada, y para cierto sector de la investigación actual, no se puede admitir la presencia de culto martirial en determinados templos por su morfología o sus características, sin una expresa referencia textual o epigráfica que así lo indique. Además, suponer la existencia de una arquitectura monumental cristiana en el siglo IV d.C. fuera de Italia se desestima, debido a que este territorio, así como el sur de Francia, serían los lugares de más pronta e intensa cristianización. Ni que decir tiene que sus defensores son, en su mayo-

---

[6] Lo relativamente reciente de la publicación de la basílica nos hace referirnos a aspectos destacados en aquellos congresos y coloquios en los que hemos participado, donde destacados especialistas han aportado su visión sobre estos restos. Nosotros aportamos aquí un breve resumen de nuestras impresiones, esperando ver pronto, publicadas, las distintas opiniones sobre este monumento.

ría, investigadores italianos y franceses que cuentan con una nómina de fuentes históricas de increíble precisión, como el *Liber Pontificalis* para Roma, que convierten la obtención de datos arqueológicos más en un trámite de certificación a lo dicho por los textos que en una auténtica fuente de datos. En este caso concreto de Coracho, parece evidente que la composición de los dobles ábsides responde a momentos diferentes, y no a un plan unívoco del edificio, con un primer momento de posible culto martirial focalizado en un ábside occidental que, posteriormente, se monumentaliza en una segunda fase y termina generando una basílica de doble ábside en su última reforma.

Será la entidad de esa segunda fase la que plantee más problemas, por parte de otro sector de la investigación, ya que no se admite como posible su interpretación como un esquema de arco triunfal con un posible *synthronon*. Los motivos se retroalimentan en un círculo sin salida: el rebanco hallado junto al ábside no puede ser un *synthronon* porque se trata de una instalación litúrgica ajena a culto hispano y típica del mundo bizantino; como las posesiones bizantinas se limitan a la costa mediterránea es imposible que hayan expandido su influencia hasta Lucena, por tanto no se puede hablar de *synthronon* (Vizcaíno Sánchez 2009: 451). Sin embargo, no se aporta ninguna solución basada en los propios restos arqueológicos que, como se puede observar, son bastante explícitos. A todo ello se suma una supuesta falta de paralelos aducibles a la construcción de un *synthronon* en un ábside occidental. Pero un sencillo recorrido por la bibliografía más habitual en los repertorios de iglesias de doble ábside[7] arroja la nómina de analogías de este tipo de instalaciones litúrgicas en ábsides occidentalizados: basílica II de Mactar (Duval 1973: 113, fig. 60); basílica VI de Sbeitla (Duval 1973: 180, fig. 107); basílica de Henchir Goraat ez Zid (Duval 1973: 271, fig. 153); catedral de Cyrene (Duval 1973: 288, fig. 162)... Estamos trabajando en una síntesis sobre este tipo arquitectónico, y esperamos pronto aportar algunas novedades más sobre estas singulares iglesias.

### 3.2.5. *De Planta Central*

Un único ejemplo, dentro del complejo de Cercadilla (C4), se correspondería con esta tipología. Se trataría de un edificio E, y apenas si tenemos información del mismo. Lo que sí parece claro es que se accedería a él a través de un atrio, desde el criptopórtico. A tenor de la documentación fotográfica y de la consulta de los respectivos expedientes de excavación, se puede deducir que el edificio tuvo dos fases, ambas de planta central: primero con tres ábsides y una entrada, al este, en forma de nártex; luego, tras una destrucción que debió ser importante, se reconstruyó más pequeño, con lo que parecen cuatro ábsides cuadrangulares.

---

[7] Resulta un tanto desolador que, a pesar de la gran cantidad de novedades, tesis y proyectos de investigación existentes en torno a la arquitectura de la Antigüedad Tardía, todavía no exista ningún repertorio general unificado de este tipo de templos.

VETERA CHRISTIANA MONUMENTA IN BAETICA. Hacia una sistematización de la arquitectura de época tardoantigua en la parte occidental de la provincia

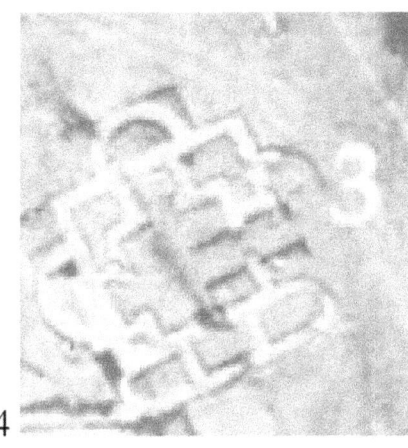

C4

Resulta muy complicado pronunciarse sobre la función de un edificio sólo por su planta, y más en este caso. Sólo podemos decir que este tipo de edificios de planta central suelen corresponderse con funciones de conmemoración martirial o baptisterios. A los ejemplos ya aducidos sobre el tipo y la presencia de un nártex como entrada (*vid.* C4) habría que sumar otros ejemplos de planta central, como el edificio funerario de Sant Miquel de *Egara* (García; Moro; Tuset 2009: 127*ss*), o algunos de los grandes mausoleos anexos a las basílicas cruciformes romanas, como serían los casos de San Sebastiano o San Lorenzo. Sin embargo, este tipo de planta presente en el edificio E de Cercadilla (o derivados directos de la misma), es habitual en las iglesias tardoantiguas del *Illiricum* oriental, como se puede ver en la iglesia E de *Iustiniana Prima* y sus homólogas regionales de Kursumlija o Nis (Duval 1984: 446*ss*). Este tipo de grandes edificios funerarios, independientemente de su planta, y que actúan como iglesias funerarias, se encuentran de forma habitual en los complejos episcopales (como el de *Egara* o *Valentia*, *vid.* Ribera 2009) y en los centros martiriales, como San Felice en Cimitile-Nola (Bertelli 2010: 197-201). Con todo, uno de los edificios que más se asemeja al que nos ocupa es el edificio bautismal de Gravedona I (Ristow 1998: n. 316).

3.2.6. *Triconques – Tetraconques*

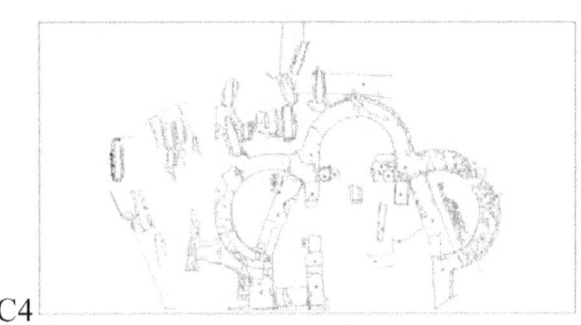

C4

De nuevo Cercadilla (C4) vuelve a aportar el único ejemplo seguro de edificio triconque en la Bética Occidental. Nuestra hipótesis sobre La Vegueta (S11) implicaría la existencia de otro edificio de estas características, aunque habría que esperar a una confirmación arqueológica. La articulación de la cabecera triconque es muy habitual tanto en edificios funerarios como en iglesias. Que son plantas polivalentes y, diríase, multifuncionales, se puede apreciar en un único lugar, como *Egara* (Fig. 1), donde tanto la cripta ubicada bajo el ábside del edificio funerario como su iglesia parroquial tienen esta forma (García; Moro; Tuset 2009: 135; 145*ss*). Gracias a la excelente conservación de la iglesia parroquial egerense podemos hacernos una clara idea de cómo sería el alzado del edificio cordobés. En torno a ambas estructuras se han documentado gran cantidad de enterramientos, sin necesidad de que sean considerados expresión de una *tumulatio ad sanctos*, algo que sí se ha hecho para el edificio G de Cercadilla (Sánchez Ramos 2007: 202-203).

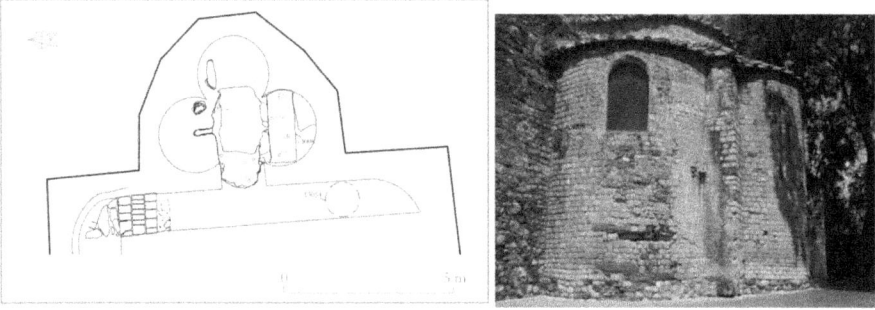

*Figura 1* – Planta de Sant Miquel (izq.) y exterior de la actual parroquia (der.), antiguos edificios del *episcopium* de *Egara*.

En la cuenca Mediterránea, los ejemplos son numerosísimos, a lo largo de todo el periodo tardoantiguo, tanto para iglesias como para edificios específicamente funerarios o *martyria*, y han sido profusamente estudiados desde época de Grabar (1946). En Italia contamos con buenos ejemplos fechados en torno al siglo V en Cimitile-Nola o para el VI en Copanello (Bertelli 2010). En el norte de África los ejemplos de este tipo de edificios asociados a *martyria* fueron estudiados por Cintas y Duval (1976: 897*ss*) con motivo de un análisis monográfico del importante edificio hallado en Cincari. Otra zona donde iglesias y centros de conmemoración martirial cuentan con esta específica formación, insistimos, con una cronología muy dilatada, es el *Illirycum*, con numerosos ejemplos (Varalis 1999; Duval 1984).

## 3.3. Edificios Bautismales

### 3.3.1. *Edificios complejos*

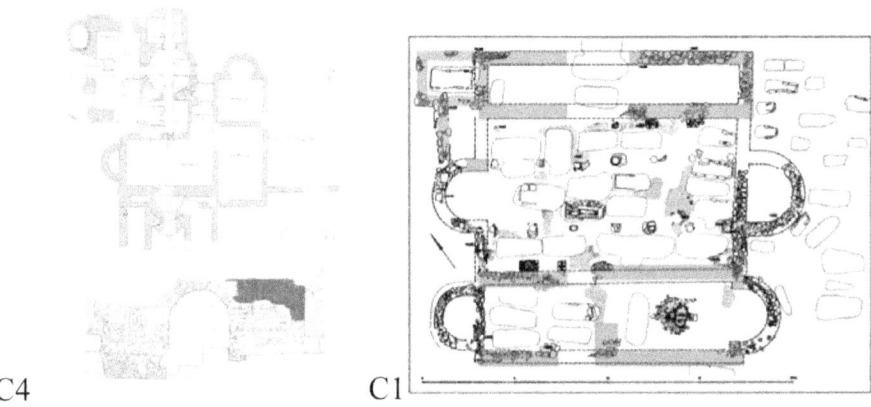

C4                    C1

El edificio bautismal de El Germo (C3) es el único que, con total seguridad, puede calificarse como tal. Se trata de un cuerpo adosado a la basílica por su lado sur, que reproduce la estructura de doble ábside de ésta, creando una original arquitectura, simétrica a la crujía norte del mismo edificio, que se une también a la basílica, pero sin ábsides en esta ocasión. Pensamos que dicho edificio estaría dividido en dos salas, separadas por una acceso hacia la basílica, y que dividiría claramente el espacio del bautismo (con su piscina) al sureste, de un espacio casi repleto de tumbas, al suroeste. No sabemos si los ábsides tenían una función litúrgica, es decir, llegaron a poseer altares, como en el caso de Casa Herrera (Sastre de Diego 2010). Arquitectónicamente hablando, el ábside más alejado de la piscina bautismal cuenta con un muro que, quizás, pudiera indicar la elevación necesaria para sustentar el altar como espacio privilegiado. Aunque esto no es seguro y es posible que estemos ante un recurso arquitectónico para salvar al desnivel del terreno. No podemos estar seguros. En el caso antes mencionado de Casa Herrera el altar está junto a la piscina, algo lógico si pensamos que, tras el bautismo, se produce la primera comunión de los *competentes*. Sin embargo, a favor de que el altar se encuentre en esta zona estaría la presencia de las tumbas.

La ubicación del edificio bautismal junto al altar, en un edificio anexo y compartimentado, tiene sus principales analogías en las iglesias baleares (Fig. 2) de Cap des Port y Torelló (Alcaide 2011) que cuentan este tipo de instalaciones, pero situadas en su fachada norte. En cambio, Son Fadrinet (Alcaide 2011) cuenta con un complejo edificio anexo al sur de la iglesia, pero situado a sus pies. Mucho más complejo, y prácticamente un edificio independiente, sería el edificio bautismal de Torre de Palma (Schlunk; Hauschild 1978: 172-174). En la villa de la Dehesa de la Cocosa, un pequeño edificio bautismal se sitúa al sur del edificio tetraconque, y también se divide en dos salas (Godoy 1995: 274-276), de forma muy similar a lo que ocurre en Casa Herrera. Hasta ahora, en la Península, no existen más ejemplos que este cordobés para ubicar piscinas bautismales en edificios absidados, o doblemente absidados.

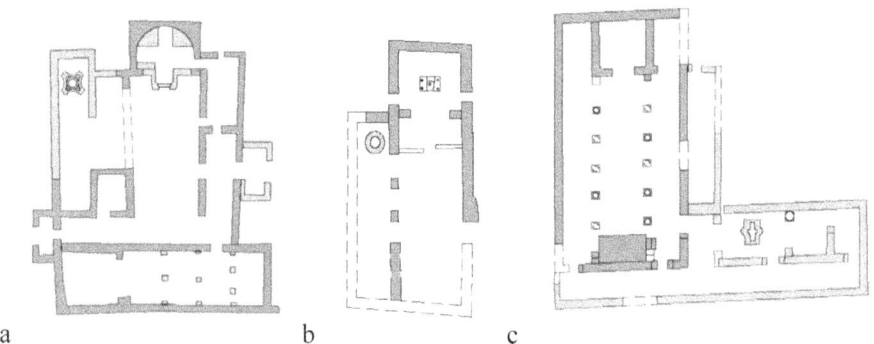

*Figura 2* – Ubicación de los edificios bautismales en las iglesias baleáricas (a partir de Alcaide 2011): a) Cap des Port; b) Torelló; c) Son Fadrinet.

De confirmarse que el edificio L de Cercadilla (C4) fuera un edificio bautismal, se situaría al sur de la basílica principal del complejo, y con varios ambientes absidados, aunque su singularidad a nivel de planta y ubicación se derivaría directamente de la asignación a un momento muy inicial de la arquitectura cristiana, casi de experimentación (Krautheimer 1996). Esta misma articulación de basílica-zona de tránsito-baptisterio en tres unidades edificadas bien diferenciadas (y edificadas conjuntamente o no), la encontramos en numerosas ocasiones a lo largo del Mediterráneo en la época que nos ocupa: el *patriarchio* Lateranense (De Blaauw 2004: 11-12; Liverani 2004, fig. 13; ya en el s. IV); la basílica meridional de *Tarraco* (López Vilar 2006, s. V); la basílica episcopal de *Valentia* (Ribera i Lacomba 2008, s. VI); Casa Herrera (Sastre de Diego 2009, s. VI); etc.

### 3.3.2. *Salas anexas*

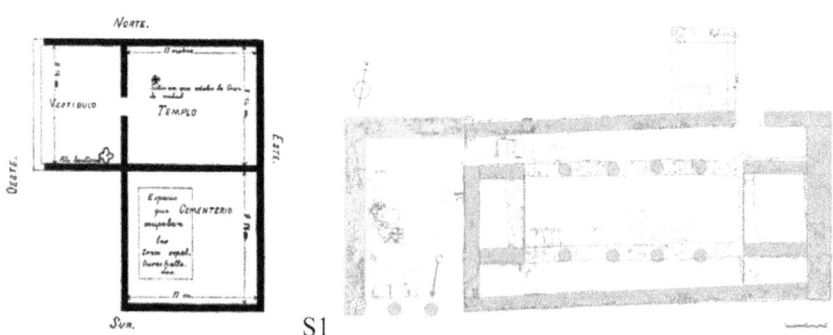

Igualmente singulares serían lo que hemos denominado salas anexas. Las hemos denominado así porque se encuentran abiertas, sin clausurar, algo para lo que no hemos encontrado paralelos. Su ubicación a los pies de los templos sí tiene multitud de paralelos. Gran parte de los baptisterios hispanos se ubican así respecto a sus iglesias (Schlunk; Hauschild 1978: 51). Atendiendo a los datos que poseemos para *Egara*, esta ubicación sería más moderna que la que sitúa los baptisterios junto a las cabeceras de las iglesias (García; Moro; Tuset 2009: 80--106). De hecho, en el espacio de aproximadamente unos 50 años, entre la fase preepiscopal III (380) y la IV (420-430 d.C.), el baptisterio cambia radicalmente de localización, desde la cabecera de iglesia episcopal a los pies de la misma. No sabemos si este cambio se produjo por cuestiones litúrgicas o debido a problemas estructurales. Sin embargo, todos se encuentran dentro de edificios y/o estancias cerradas. Tan sólo en el caso de Son Peretó (Fig. 3), ocurre algo similar a estos baptisterios béticos, con un acceso extraordinariamente generoso a esta instalación litúrgica.

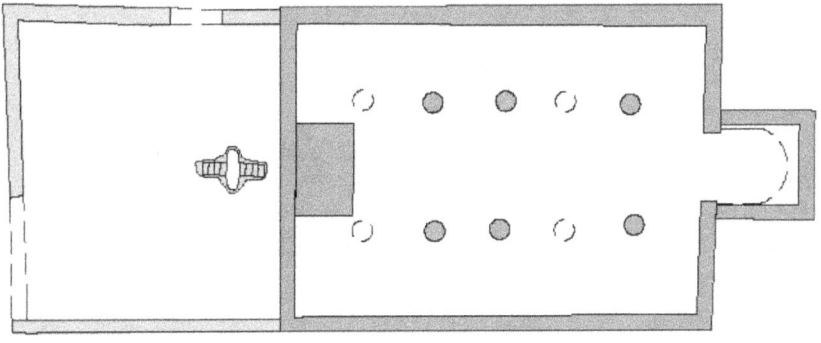

*Figura 3* – Planta de la basílica de Son Peretó (a partir de Alcaide 2011).

Con los datos actuales no sabemos si estas estancias estarían cerradas por canceles metálicos o alguna otra estructura. Habría que confirmar, a través de excavación, que se tratan de unidades habitacionales abiertas, tal y como las hemos detectado, asimismo, en monumentos funerarios, que se encuentra abiertos, sin muros de cierre, y en los que (gracias al mausoleo de Punta del Moral) hemos podido saber que –muy probablemente- se clausuraban tapiando con adobes enlucidos los accesos. No sabemos si esto ocurrió así en los baptisterios, o permanecieron abiertos. Pero es una posibilidad a tener en cuenta. En este sentido, hay que recordar que la simbología bautismal tenía fuertes concomitancias con la propiamente funeraria. Así, Ambrosio de Milán (Ferguson 2009: 643-644) explicaba el ritual del bautismo de forma frecuente en términos de muerte, entierro (*demergimur*) y resurrección (*surgimus*), equiparando el rito con la crucifixión y con una muerte al pecado. Incluso va más allá, porque para él "*Hesterno die de fonte disputavimus, cuius species ueluti quaedam sepulchri forma est*" (*Sacr.* 3.1.1). Por tanto, el propio baptisterio era, en su interpretación teológica, una tumba.

¿Sería, pues, posible, que estos baptisterios se encontraran clausurados, literalmente tapiados, y sólo se abrieran en la fecha señalada para su uso, imitando los recintos funerarios? La hipótesis de trabajo queda planteada ante la evidente falta de cierre de estas estancias, confirmada con seguridad en Gerena y de forma probable en Burguillos del Cerro. En el caso de Gerena, incluso, contaríamos con un edificio funerario privilegiado, junto a la cabecera, que quedaría abierto, según la hipótesis que planteamos de restitución en base a los restos materiales, conformando el paralelo "más cercano" de esta situación, dentro de un mismo edificio; sería similar al caso de *Valentia* (*vid.* infra). A todo ello que habría que añadir que, en el caso de El Germo (C3), único edificio bautismal determinado con seguridad, su tipología es muy similar a los grandes mausoleos de planta basilical de Coracho (C17) o La Trinidad (S7), y su parte occidental, de hecho, sirve de sala de enterramientos. En este sentido, las tipologías de edificios bautismales en otros lugares de *Hispania* o del Mediterráneo se asemejan, igualmente, a edificios funerarios, predominando en este caso la planta central o cruciforme (Ristow 1998; Ferguson 2009). El caso más destacado en la Península sería, sin duda, la catedral de *Valentia*, donde dos edificios cruciformes a cada lado del ábside principal sirven de mausoleo y de baptisterio, respectivamente.

Sin embargo, sin más datos de más excavaciones con un mayor índice de seguridad respecto a la clausura o apertura de estos edificios, así como de los funerarios, este tipo de propuestas deben quedar en el estricto ámbito de la hipótesis.

### 3.4. Baptisterios

Por baptisterios entiéndase piscina bautismales *stricto sensu*. Seguimos aquí, en parte, las tipologías sobre piscinas bautismales existentes para *Hispania* (Fig. 4 a partir de Schlunk; Hauschild 1978: 51, fig. 27) y para el Imperio (Ristow 1998: 27-52), aunque con ligeras variantes, básicamente para aquellos que cuentan con piscinas anexas.

Sin embargo, una cuestión mucho más complicada es la cronológica, ya que, salvo casos muy concretos, resulta casi imposible adscribir un tipo de forma de la piscina un momento concreto, sobre todo porque en los repertorios existentes (*vid.* Ristow 53-76) se asumen cronologías dudosas. Pensamos que, en el momento actual, habría que realizar una profunda revisión de este tipo de instalaciones, especialmente en *Hispania* (donde haría falta sin duda publicaciones monográficas como las existentes en Italia o Francia), tratando de centrar el debate cronológico más en datos de excavación rigurosos que en la posible comparación con la forma, la profundidad de las piscinas y sus aspectos litúrgicos, como se ha hecho hasta ahora (Godoy 1989). Sólo cuando tengamos datos fiables y seguros sobre la cronología de las piscinas se podrán aplicar criterios tipológicos a aquellas que no es posible datar a través del registro arqueológico (y siempre con reservas y señalando otro tipo de argumentos).

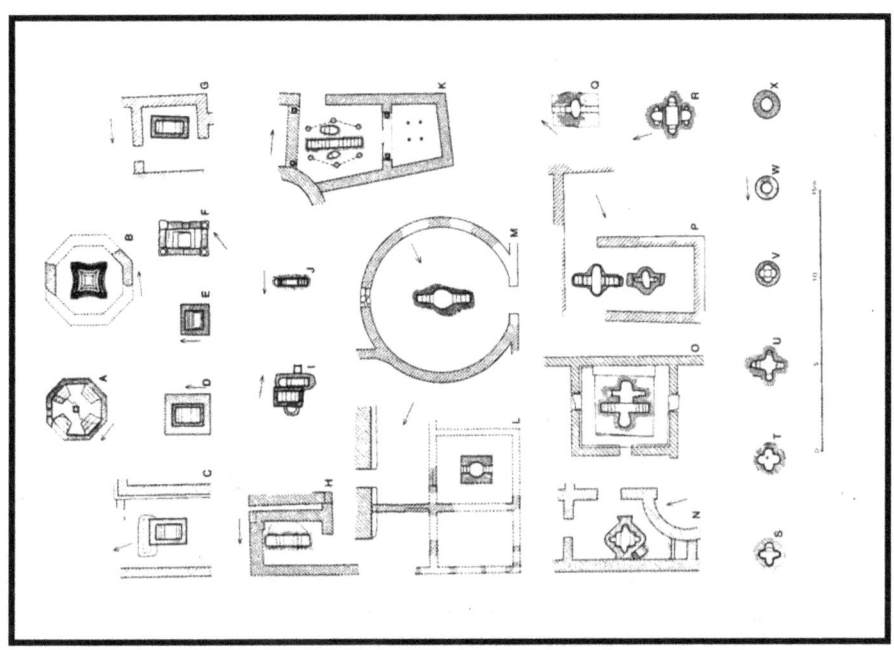

*Figura 4* – Baptisterios de Hispania (Schlunk; Hauschild 1978, fig. 27.

Y si complicada es la cronología, la simbología no lo es menos, porque es posible que la forma elegida para el tipo de piscinas (muy heterogéneo como ya hemos mencionado) esté en función de que se pretende incidir en alguno de los múltiples aspectos teológico-simbólicos que envuelven el rito del bautismo. Al igual que con los edificios bautismales, ya analizados (*vid. supra*), es posible que la elección de un tipo de forma u otro resida en si se pretende resaltar o la imitación del bautismo de Cristo (con una *fons*) o la simbología de la muerte al pecado (con una cruz). El primer baptisterio del que tenemos evidencia arqueológica es el de Doura Europos (Ferguson 2009: 440-441), fechado a mediados del siglo III d.C. (la ciudad es arrasada por los sasánidas en 256 d.C.) y que estructuralmente parece un arcosolio o alguna de las estructuras conmemorativas que el Papa Dámaso (366-384 d.C.) coloca en honor de los Santos Pedro y Marcelino en la catacumba homónima en *Via Labicana* o de San Genaro en la de Pretestato (*Via Appia*) (Fiocchi Nicolai, 2001: 80-81, Figs. 52-53). Sin embargo, los grandes baptisterios monumentales del siglo IV d.C. tienen una importante carga simbólica de reproducción teatral del bautismo de Cristo, como el baptisterio lateranense (Cosentino 2001) provisto de importantes sistemas hidráulicos que permitían el concurso de grandes cantidades de agua, una columna central sobre la que existía una llama que simbolizaba el descenso del Espíritu Santo y varias esculturas de animales, que recreaban un paisaje idealizado, de Naturaleza, de lo que se pensaba podía ser la orilla del Jordán.

No sabemos en qué grado las teorías ambrosianas sobre bautismo y muerte estaban presentes en *Hispania*, y hasta qué punto pudieron influir en la construcción de baptisterios o piscinas bautismales. Lo que sí parece seguro es que, mientras en *Italia* (Gandolfi 2001) y *Gallia* (Guyon 2000; I. 2006) se fomenta la *fons* circular u octogonal y la recreación peripatética del bautismo de Cristo, en la Bética apenas se da esta tipología, excepto en el caso del baptisterio de La Merced (C5).

*3.4.1. Cuadrangulares* – Quadratish Form *de Ristow 1998*

S4

Para Schlunk y Hauschild (1978) este tipo se incluiría dentro de las piscinas con "*Rechteckige Form*", de las que no las distinguen. El único ejemplar conocido en la Bética Occ. sería el de Estepa, de problemática datación. Este tipo de instalaciones supondrían, según la encuesta de Ristow (1998: 28, grf. 5) un 9% del total de baptisterios. Si nos centramos en *Hispania*, los ejemplos son numerosos: Milreu, Tarragona, Bobalá, *Villa Fortunatus* o la Cocosa. Poco más se puede decir de este tipo en el caso de la Bética Occ., a la espera de que sea publicadas las memorias de excavación y revisión de las antiguas intervenciones.

### 3.4.2. Con forma de Tau. Rectangulares con piscina auxiliar anexa.

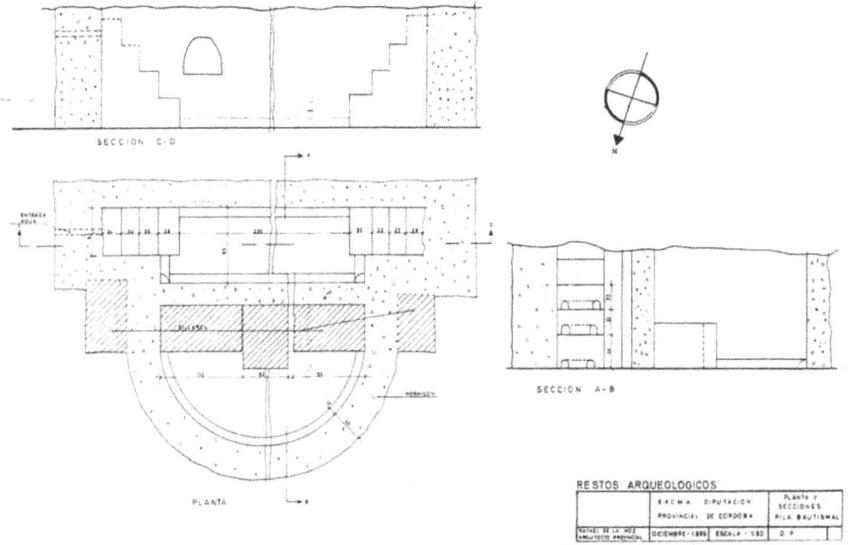

En la Península encontramos varios ejemplos de esta tipología, que generalmente se ha descrito como perteneciente al tipo *Rechteckige* (si las piscinas estaban separadas) o al *Kreuzform* (si estaban junta y/o unidas al cuerpo principal). Córdoba contaría con un ejemplo de esta tipología, al menos hasta que se resuelva definitivamente (a través de una intervención arqueológica en lo poco que queda de la estructura) si se trata de una unidad o son dos momentos diferentes los que aparecen en esta instalación: por un lado el cuerpo rectangular y, por otro, el semicircular. Ya hemos expresado, en su momento (Sánchez Velasco 2006), las causas que nos llevan a considerar estos restos como un baptisterio, y además uno de los más antiguos de la Península, debido a su complicado sistema hidráulico, propio de los inicios del rito bautismal, donde la necesidad de agua corriente era un requisito, futo de la propia recreación del primer bautismo, el de Cristo. En este sentido, la existencia de esta piscina anexa semicircular estaría en función del oficiante (el obispo) y su asistente (un diácono), mientras que el cuerpo rectangular, orientado E-O como es preceptivo, serviría para que los *competentes* hicieran el recorrido ritual de entrada-salida, con toda la simbología de muerte al pecado y resurrección a una nueva vida. Esta explicación, ya publicada hace tiempo (Godoy 1989: 622-623), parece ser la más convincente. Hasta el momento, tan sólo uno de los baptisterios de Idanha-a-Velha parecía corresponderse con una tipología similar, aunque la existencia, a su lado, de otro cruciforme más pequeño hacía mantener ciertas dudas, especialmente debido a la monumentalidad del cordobés. Sin embargo, el hallazgo reciente del baptisterio de Vila Verde de Ficalho

(Serpa, en Portugal, en el límite entre Lusitania y Bética)[8], parece confirmar la presencia de esta tipología específica (Fig. 5).

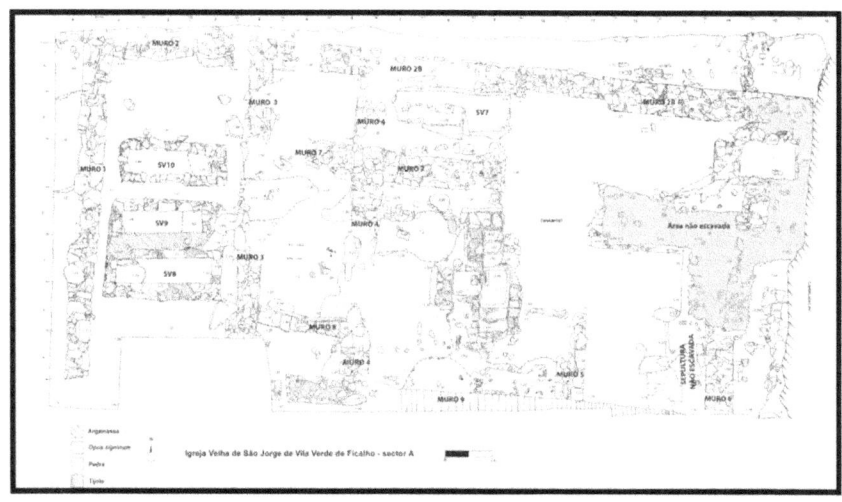

*Figura 5* – Planta de la excavación (arriba) y fotografía de detalle (abajo) del baptisterio de Ficalho (Wolfram 2012).

---

[8] Queremos agradecer encarecidamente a la responsable del proyecto de investigación que está revisando esta excavación, Mélanie Wolfram, que nos haya facilitado los datos inéditos de su investigación, así como variada documentación gráfica. En agosto de 2010 pudo reexcavar la zona, con pocos resultados, aunque el estudio de la TS de la excavación de los años '90 del siglo xx (de la que no se conserva memoria final de la misma), confrontados con los suyos propios, parecen indicar una datación entre finales del s. iv e inicios del v d.C.

### 3.4.3. *Cruciformes* – Kreuzform *de Schlunk-Hauschild 1978, Ristow 1998*

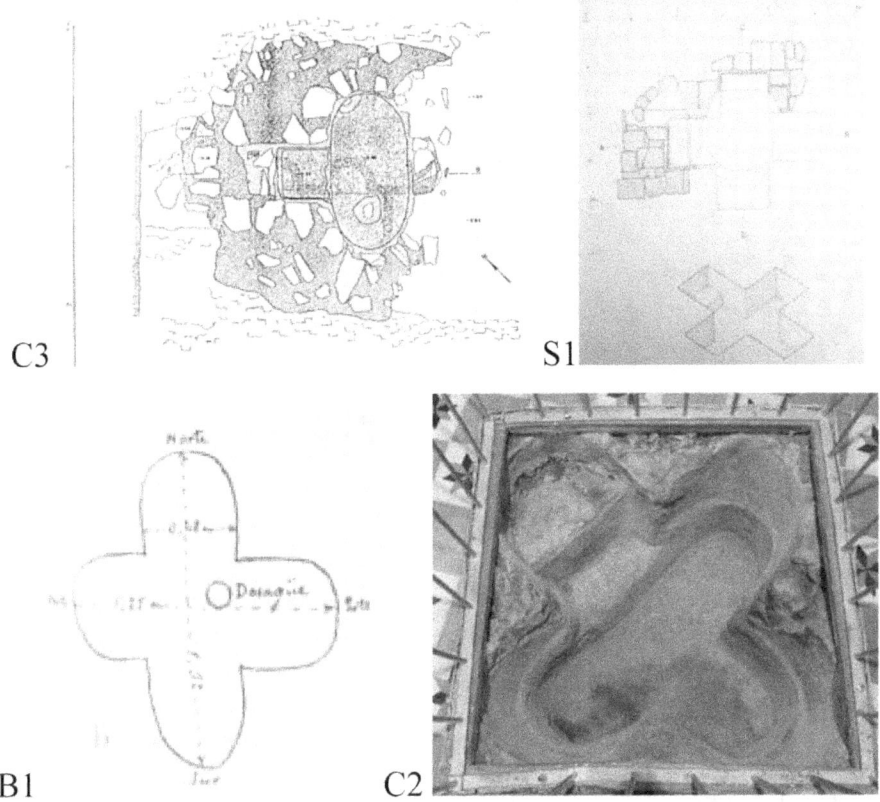

Está considerada la forma "típica" de los baptisterios béticos, siendo casi un 16% en la estadística aportada por Ristow (1998: 28, grf. 5). Desde luego, y ateniéndonos al territorio que estudiamos, es la forma hegemónica sin duda, con los ejemplos de El Guijo (C2), El Germo (C3), Burguillos del Cerro (B1) y Gerena (S1), aunque tan sólo el primero y el tercero responderían a una misma forma. Es complicado hablar de cronologías, aunque con los datos conocidos de El Germo (C3) y Gerena (S1) se podría proponer una datación aproximada entre inicios del siglo VI e inicios del VII d.C., con muchas reservas.

Su forma habría que relacionarla, tal vez, con la simbología expresada en los escritos teológicos sobre el bautismo que ya hemos visto en Ambrosio de Milán (Ferguson 2009: 642 ss) donde el baptisterio tenía forma de tumba y la ceremonia era un símbolo de la crucifixión.

### 3.4.4. *Cubetas* – Kleine runde Taufbecken *(Schlunk; Hauschild 1978)* y Rund Form *(Ristow 1998)*

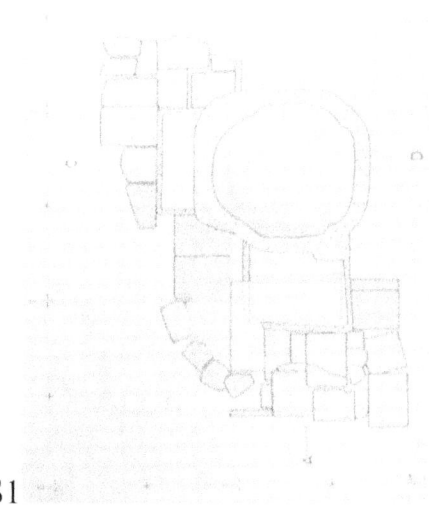

S1

Es, con mucha diferencia (un 30% del total estudiado por Ristow), el tipo de instalación bautismal más común en la *koiné* mediterránea. Estas cubetas se caracterizan por ser redondas, de pequeño radio y de escasa profundidad, construyéndose en obra o tallándose en un bloque monolítico, como el que nos ocupa, y que tiene un paralelo en la hallada en Son Bou (aunque esta se encuentre decorada al interior con cuatro lóbulos).

En el estudio que hemos realizado de Gerena (*vid.* S1) ya hemos señalado algunos paralelos destacados de esta estructura, que tiene un amplio recorrido temporal, aunque para el caso concreto que nos ocupa pensemos que habría que aplicar una cronología bastante tardía, de la segunda mitad del VII d.C. al menos, atendiendo a cierta lógica de amortización de las estructuras preexistentes.

### 3.5. Complejos monásticos

Conocemos la existencia de monjes en *Hispania* desde, al menos, el siglo IV d.C., y de una forma similar a su entorno mediterráneo (Marcos 2006), aunque sólo a través de los textos, de las polémicas prisicilianistas y de los concilios de ese siglo (Elvira, Zaragoza), aunque su "realidad material" es un problema. Nos parece muy acertada (al menos para la Bética occidental) parte de la conclusión a la que llega Moreno Martín (2009: 300) cuando afirma que, antes de la unificación y normalización benedictina del monasterio románico, las diferentes soluciones arquitectónicas para crear un monasterio debieron estar llenas de particularismos y localismos, fruto de un proceso expansivo no definido que se amoldará a las necesidades de cada momento y territorio. Igualmente, coincidimos con este investigador en que se ha dado poca importancia a los monasterios urbanos y periurbanos, algo que, si nos atenemos a la nómina de los mismos obtenida a partir de los textos (Puertas Tricas 1978), carece de lógica. Tal vez, la propia indefinición material de estos monasterios, así como la falta de referentes arquitectónicos unívocos (nada nuevo en la arquitectura tardía bética), haya hecho pensar en los monasterios como establecimientos rurales ubicados en lugares inhóspitos y apartados.

### 3.5.1. *Monasterios Urbanos*

Tan sólo tenemos documentadas arqueológicamente unas estructuras capaces de relacionarse con ambientes monásticos: el llamado edificio K de Cercadilla. Su estructura, tamaño y ubicación es idéntica a los diferentes monasterios que rodearon San Pedro del Vaticano (De Blaauw 2010) o San Juan de Letrán (Liverani 2004), y que sufrieron constantes añadidos, hasta el punto de que, en el siglo VIII-IX, formaban auténticas ciudades dentro de Roma (*Ciuitas Leoniana* llamaron al entorno de San Pedro del Vaticano tras el amurallamiento de la zona por el Papa León IV en 852 d.C.: *vid.* Brenk 2005: 141-143). Sin embargo, este es un extremo que, como prácticamente todo lo relacionado con Cercadilla, necesitaría de nuevas investigaciones multidisciplinares para conseguir datos arqueológicos fiables. Aunque, en nuestra opinión, la existencia en Córdoba de esa nómina tan abultada de monasterios en época omeya debe tener parte de su explicación en época visigoda.

Nuestra hipótesis sobre la definición como monasterio periurbano de los restos hallados en el Patio de Banderas (Ordóñez et al. 2013) debe esperar a mayores excavaciones para ser confirmada, más allá de la mera especulación científica a nivel interpretativo.

### 3.5.2. *Monasterios Rurales*

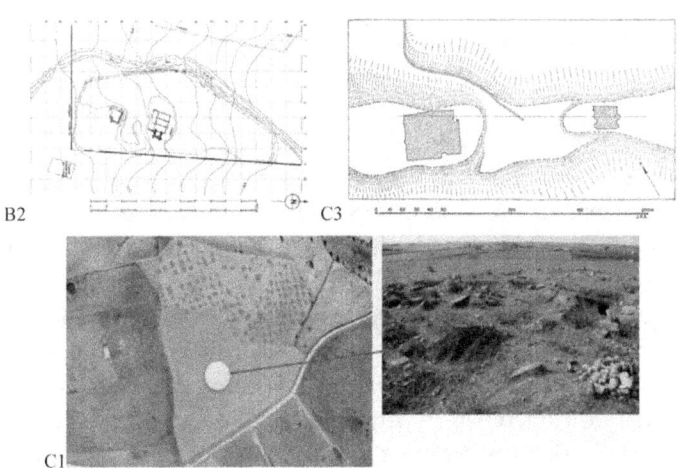

Tres son los emplazamientos que, pensamos, se corresponderían con monasterios rurales: El Germo (C3), La Losilla (C1) y San Miguel de los Fresnos (B2). Sin embargo, el desconocimiento de su realidad arqueológica (más allá del propio templo, se entiende) invita a ser prudentes, porque en realidad la definición de un monasterio se hace gracias, fundamentalmente, a las dependencias funcionales, no a las religiosas, ya que no existe un "tipo" de iglesia monacal (Moreno Martín 2009: 282). De hecho, hasta la *regula* de Isidoro de Sevilla, no tenemos una clara definición de qué es un monasterio, aunque lo que se plantea en su primer cánon es más bien un *desideratum* que una realidad material que sirva de posible referente arqueológico: es un modelo, como Sant Gall, donde la realidad es totalmente diferente al supuesto prototipo (Moreno Martín 2009: 280). Y esto es así para el siglo VII d.C.; para épocas anteriores la oscuridad documental es casi total. Por consiguiente, la definición del monasterio deberá ser, de forma necesaria, un hecho básicamente arqueológico, y en la Bética especialmente, donde la nómina de estos establecimientos es ingente a nivel textual (Puertas Tricas 1975) y casi nula a nivel material.

A pesar de todo lo dicho, hay que mencionar que estos establecimientos comparten ciertas características comunes: grandes iglesias, extremadamente grandes – si las comparamos con las halladas estrictamente en ámbitos rurales – y complejas arquitectónicamente (doble ábside, sistema de abovedamiento de la nave central…) en relación a los restos constructivos de edificios funcionales ubicados junto a ellas; importante acumulación de enterramientos en el interior de las iglesias; edificios alejados de los templos que tienen características de arquitectura doméstica, aunque no se correspondan con *domus* o *uillae* conocidas; organización en terrazas de las diferentes construcciones; espacio general delimitado, ya sea por cercas o por la propia orografía; más que posible existencia de unidades de habitación realizadas en soportes deleznables, como chozas o casas de madera, aunque esto último debe ser documentado arqueológicamente; ubicación en lugares alejados, pero bien comunicados, ocupando importantes áreas agrícolas o ganaderas, magníficamente abastecidas de agua.

El único caso totalmente excavado y (muy bien) publicado en varias ocasiones es El Germo (*vid.* C3). Aunque se planteó en un primer momento que fuera un monasterio, Ulbert (1981) lo desestima, considerando el lugar como un edificio laico ("*profanbau*", aunque no dice que sea una *villa*, ni tampoco lo define), extremo en el que es seguido por Godoy (1995: 272) y por Caballero (2006: 111). Martínez Tejera (2007: 34) también lo descarta – colateralmente – aduciendo que la clave para la definición del monasterio frente a una parroquia rural es la unión física entre iglesia y edificios funcionales. Moreno Martín (2009: 283) sólo cita que la inclusión de El Germo como monasterio es la "hipótesis que ha sido aceptada".

Nosotros nos inclinamos por definir El Germo como un monasterio (*vid.* C3), tanto por su características arquitectónicas como por las funcionales, topográficas y territoriales, además de por los hallazgos muebles encontrados y la

VETERA CHRISTIANA MONUMENTA IN BAETICA. Hacia una sistematización de la arquitectura de época tardoantigua en la parte occidental de la provincia

epigrafía descubierta. En nuestra opinión, comparte características con otros yacimientos que, con pocas dudas, se ubican en la nómina de monasterios hispanos, como Punta de l'Illa, en Cullera (Roselló 2005: 282-285; Ribera-Roselló 2007: 163-164), con estructuras dispersas a lo largo de toda la isla: la zona I considerada la iglesia; la zona II, *cellaria*; la zona III, celdas múltiples y dispersas. Esta misma dispersión, pero a una escala mucho mayor, se encuentra en el área septentrional del complejo paleocristiano del Francolì, considerado – con muchas posibilidades – como un monasterio extraurbano (López 2006: 270-275) y sin muro de cierre aparente. Otros lugares, considerados – sin ninguna objeción y de forma muy probable – como monasterios rurales en atención a su templo y a sus arquitecturas anexas, apenas cuenta con posibilidades reales de atisbar la funcionalidad de estas estructuras (Moreno Martín 2009: 286; Caballero 2007: 95-96). A pesar de que la realidad material es escasa, tanto por el emplazamiento como por su necrópolis, habría que considerar los restos hallados en El Arahal (S5) como un posible conjunto monacal, al menos como hipótesis de trabajo explicativa de un edificio y una necrópolis de importancia en pleno ámbito rural.

Por consiguiente, habrá que esperar a que más excavaciones o nuevos hallazgos nos ayuden a configurar mejor estas realidades arquitectónicas, que hasta ahora se resisten a ser definidas con corrección en la Bética Occidental.

### 3.5.3. *¿Cenobios rupestres?*

Bien se cierto que no todas las oquedades artificiales son eremitorios (Martín Viso 1999: 163), pero pensamos que en este caso (El Arrimadizo) las pruebas aducidas son bastante sólidas, especialmente teniendo en cuenta la necrópolis y la inscripción hallada (*vid.* C16).

Siguiendo a Martínez Tejera (2007: 20) en su definición de los tres tipos de espacios "monásticos" presentes, según los textos de la época, en la *Hispania* tardoantigua, pensamos que las tres covachas halladas en El Arrimadizo podrían corresponderse con *lauras* para eremitas. Desde luego, esto es sólo una hipótesis en espera de una mayor documentación arqueológica del lugar (muy arrasado, por cierto), pero en este caso habría de existir alguna zona de, digámoslo así, "hábitat común". En este caso, la única zona de estas características sería el cementerio hallado justo sobre estas *lauras*. La profusa vegetación, la abundancia de agua (con cascadas y numerosos arroyos) y el paisaje circundante nos hace pensar en las descripciones que hace *Eucherius* del monasterio de *Honoratus* en Lérins (fundado a inicios del s. v d.C.), y recogidas en *De laude eremi*, donde prácticamente define el monasterio como un paraíso terrenal de sentidos y Naturaleza.

En la cercana Cabra contamos con documentos epigráficos que mencionan expresamente a un *monachus* (CIL II² / 7, 333), eso sí, en si siglo VII d.C. Y ya publicamos (Sánchez; Moreno; Gómez 2009) la posible incidencia de estas comunidades en la zona a la hora de comprender ciertas destrucciones relacionadas con centros de culto pagano rurales, como el caso aducido de Almedinilla (Sánchez-Moreno-Gómez 2009: 175-176). Este tipo de comportamientos intransigentes los conocemos bien gracias a los relatos sobre Martín de Tours y sus ataques a templos paganos, urbanos y rurales (Marcos 2001). La cruz en forma de *ankh* hallada en Priego de Córdoba (Sánchez-Moreno-Gómez 2009: 173-175), y fechada en el siglo IV d.C., tal vez esté en relación con este tipo de comunidades, aunque no podemos saberlo.

Por consiguiente, pensamos que estas oquedades podrían ser una prueba más de monjes y eremitas en esta zona, tan tempranamente cristianizada de la Bética Occidental.

### 4. Torres

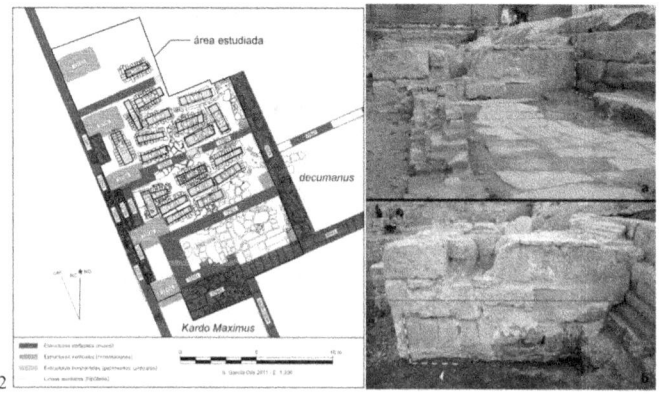

La presencia de una torre no se debe relacionar, sin crítica, con la existencia de campanas, así como las campanas no exigían necesariamente la presencia de torres, ni altas ni bajas. Sabemos de la existencia de campanas sin torres y de torres sin campanas. De este modo, no se habla de campanas en el testimonio literario hispano más antiguo relativo a las torres de una iglesia: las *Vitas sanctorum patrum emeritensium*, del s. VII, aseguran que el obispo Fidel (560-571) "restauró" allí la memoria de Santa Eulalia y "sobre este sacrosanto templo elevó las puntas empinadas de las torres a sublime altura" (Arbeiter 2010: 27). Las excavaciones han confirmado con bastante seguridad la situación de las citadas torres, porque aún existen restos de las partes inferiores, formando pareja en la cabecera de la iglesia y, a su vez, en el interior de la planta baja tenían sendas habitaciones con ábsides. En las *V.S.P.E.* no se dice nada de campanas, y las torres tal vez estén relacionadas con el carácter martirial de la iglesia, consagrada a la mártir más famosa de *Hispania*.

También dos iglesias monásticas rurales, que se han datado en el s. VII, cuentan con torres aunque en ambos casos una torre única y además independiente del templo (Arbeiter 2010: 28): São Gião, al sur de Nazaré (Leiria, Portugal), en cuyo flanco derecho perduran las huellas de una estructura cuadrangular, y Santa Lucía del Trampal, cerca de Alcuéscar (Cáceres), donde en la esquina noroccidental se hallan restos de muros, a partir de los cuales se ha reconstruido una torre cuadrangular. Al igual que en la iglesia emeritense de Santa Eulalia, no se sabe nada sobre posibles campanas. También se ha supuesto la existencia de torres en San Vicente de Córdoba y en la catedral de Toledo, a partir de ciertos testimonios de escritores árabes (Arbeiter 2010: 29-30). Igualmente ocurre para la iglesia que se menciona en las crónicas árabes que tratan el asalto vikingo a Sevilla, donde se menciona que se divisó la flota asaltante desde la torre de dicho templo, cercano a *Orippo* (García-Sánchez 2010).

Como vemos, y al menos en el ambiente hispano, la relación entre torre e iglesia parece ser estrecha, aunque no necesariamente implique la existencia de un campanario, y su función precisa se nos escapa, al menos en el único caso que conocemos con total seguridad a nivel arqueológico (éste de Écija), y hasta que no se revisen por completo todos los materiales procedentes de las sucesivas excavaciones del lugar (labor que estamos realizando) no será aconsejable emitir una hipótesis de trabajo.

## 5. Propileos

Ya hemos resaltado en su momento los numerosos ejemplos de este tipo de construcciones a lo largo de todo el arco mediterráneo, y especialmente en *Hispania*, con motivo del análisis del complejo arquitectónico de la c/ Mármoles (*vid.* S8). Por ello no nos detendremos más en esta cuestión, aunque nos gustaría hacer notar una apreciación más general: allí donde se han documentado estas estructuras en Hispania se baraja la existencia de un complejo episcopal (*Valentia*, y – posiblemente – *Tarraco* o *Corduba*), mientras en otras zonas del Mediterráneo, como Italia (San Lorenzo de Milán) o Palestina (la Anástasis de Jerusalén), estas estructuras se asocian a ambientes martiriales y/o conmemorativos, relacionados con el culto estacional. Esto no significa, automáticamente, que la aparición de estos propileos suponga la existencia de un *episcopium*, sólo que existe esa posibilidad, al menos en *Hispania*.

S8

Síntesis interpretativa

Avanzar una síntesis interpretativa a nivel arquitectónico con la entidad de los restos conocidos es poco menos que una temeridad. Tan sólo hay que ver algunos repertorios de edificios de otras zonas del Mediterráneo, como Jordania (Michel 2001), Norte de África (Duval 1971; 1973), Italia (De Blaauw 2010), Francia (Heijmans-Guyon 2006) e, incluso, Abjasia (Kroushkova 2006), y nos damos cuenta hasta qué punto la situación bética puede calificarse de incipiente. Si lo comparamos con los trabajos de otros colegas de la Península, ya sea a nivel de ciudades (como Tarragona, Valencia o Mértola) o de regiones (como Extremadura o La Mancha), la balanza sigue siendo francamente desfavorable para nuestro ámbito de estudio.

Sin embargo, pensamos que, frente a esta realidad evidente, tampoco hay que imponer una interpretación negativa de lo existente, más bien, todo lo contrario, ya que los avances son muchos desde aquellos tiempos (más superados que lejanos) de los compendios con voluntad de manual (Schlunk; Hauschild 1978) o los análisis un tanto superficiales y parciales (Godoy 1995).

Hoy sabemos que los materiales usados para las edificaciones van desde la sillería hasta la mampostería, pasando por los *opera mixta* y las soluciones más o

VETERA CHRISTIANA MONUMENTA IN BAETICA. Hacia una sistematización de la arquitectura de época tardoantigua en la parte occidental de la provincia

menos locales, así como por la reutilización masiva de elementos altoimperiales en época tardía. Somos capaces de reconocer determinados tipos de ejecución de obra que son similares en todo el Imperio, y también somos capaces de saber qué tipo de edilicia es común en todos los territorios estudiados y cuál no lo es. Ya podemos hablar con cierta propiedad de tipos de edificios, como iglesias rurales o *martyria*, y tenemos la posibilidad de plantear hipótesis sobre conjuntos edilicios de envergadura, como los *episcopia* o los monasterios. Incluso conocemos cómo se mantiene la red de alcantarillado o como se van ocupando calles y pórticos, algunos de forma tan espectacular como los del *Astigi*, que nos ayudará sin duda a entender, mucho mejor, el mundo funerario y la transformación del centro de las ciudades. Pero, sobre todo, pensamos que este recorrido por la gran arquitectura tardoantigua de la Bética Occidental deja varias ideas-clave planteadas, con vistas a desarrollarse a partir de ahora como líneas de investigación futuras.

No se puede establecer un línea evolutiva o cronológica de tipos de edilicia. Hay una gran variedad, y entre los siglos IV y VIII d.C. tenemos proyectos arquitectónicos perfectamente llevados a cabo y de gran envergadura, con sillería u *opera mixta* muy bien ejecutados, que denotan una importante planificación de medios y ejecución. Igualmente, entre el IV y el VIII d.C. contamos con sistemas edilicios que se adaptan perfectamente a la economía de medios, usando mamposterías y morteros muy pobres. No se puede decir que se evolucione desde una gran arquitectura de sillería hacia una albañilería de más o menos envergadura, porque ésta aparece intermitentemente. El único paramento claramente adscrito a una época es el que reutiliza grandes sillares de época romana calzados con cascote, y que en aquellos casos donde se ha documentado se adscribiría al siglo V d.C.

Los grandes complejos edilicios analizados son, todos, religiosos. No hay grandes complejos arquitectónicos civiles detectados. El único que se plantea abiertamente en la bibliografía (*vid.* C11) es, cuando menos, muy dudoso, y difícilmente comprensible con lo publicado hasta ahora. Gran parte de los proyectos arquitectónicos religiosos o funerarios se materializan con planta basilical, ya sea con ábside semicircular o cuadrangular, y que se distribuyen a lo largo de todo el periodo estudiado. Aunque existe una llamativa cantidad de edificios de planta central (ya sea cruciforme o poliabsidados) de forma similar a lo que ocurre en Cataluña o el litoral levantino, y que son utilizados tanto para iglesias como para mausoleos. La presencia de grandes edificios funerarios anexos (o junto) a las iglesias es bastante común, y tanto en ámbito rural como en la periferia urbana. Curiosamente, mausoleos y baptisterios comparten características comunes a nivel de edificios y concepción del programa arquitectónico, no encontrándonos baptisterios en edificios de planta central, como es muy normal en Italia (Gandolfi 2001) o Francia (Guyon 2000). En cuanto a su ubicación, los que tenemos constatados con seguridad respecto a sus iglesias se colocan a los pies de las mismas.

Hay evidentes concomitancias entre el grupo de iglesias béticas occidentales y el hallado en Baleares (Alcaide 2011), especialmente en lo que se refiere a las iglesias de planta rectangular y ábsides inscritos. Pero, junto a ésta, está surgiendo una arquitectura monumental urbana, asociada a las grandes capitales occidentales de la Bética (*Corduba, Hispalis, Astigi*), que en nada deben envidiar a los grandes conjuntos urbanos y suburbanos mejor conocidos del Mediterráneo Occidental. Y aunque los niveles de destrucción son muy elevados, esta mejor definición de los grandes conjuntos arquitectónicos béticos nos permitirá, como veremos más adelante, afrontar el estudio de la topografía urbana de nuestras ciudades de una forma comprensible.

Queda mucho camino por recorrer, pero creemos haber asentado las bases para una adecuada contextualización de lo ya existente en su entorno hispano y mediterráneo, con la certeza de que nuevos descubrimientos e investigaciones podrán perfilar mejor la etapa más desconocida de nuestra Historia y Arqueología.

## Bibliografía

ALCAIDE GONZÁLEZ, S. (2011) *Arquitectura cristiana balear en la Antigüedad Tardía (siglos V-X d.C.)*. Tesis Doctoral Inédita. Tarragona.

ARBEITER, A. (2003) Iglesia de San Miguel de los Fresnos. Fregenal de la Sierra. *In:* Mateos e Caballero (Ed.) *Repertorio de Arquitectura Cristiana en Extremadura. Época Tardoantigua y Altomedieval*. Madrid, p. 49-52.

(2010a) ¿Primitivas sedes episcopales hispánicas en los suburbia? La problemática de cara a las usanzas en el ámbito mediterráneo occidental. *In:* Vaquerizo (ed.): *Las áreas suburbanas en la ciudad histórica. Topografía, usos, función*. Córdoba, p. 413-434.

(2010b) La llamada a la oración y al servicio religioso. Campanas y campanarios de los cristianos hipánicos anteriores al Románico. *Bol. Arqueol. Medieval* 14, p. 21-53.

ARCE, J. (1997) Emperadores, palacios y villae. (A propósito de la villa romana de Cercadilla, Córdoba). *Antiquité Tardive* 5, p. 293-302.

BARRAGÁN VALENCIA, M. C. (2010a) *La necrópolis tardoantigua de la Carretera de Carmona (Hispalis)*. Sevilla.

BENDALA, M. e NEGUERUELA, I. (1980) Baptisterio paleocristiano y visigodo en los reales alcázares de Sevilla. *Noticiario Arqueológico Hispánico* 10, p. 335-380.

BERTACCHI, L. e LUIGIANO, F. (2003) *Nuova pianta archeologica di Aquileia*. Aquileia.

BERTELLI, G. (2010) Edilizia di culto cristiano a Napoli, nell'Italia meridionale e insulare dal IV al VII secolo. *In:* De Blaauw (ed.): *Storia Dell' Architettura Italiana: Da Costantino a Carlo Magno*. Roma, p. 190-227.

BLANCO FREIJEIRO, A. (1989) *Historia de Sevilla: la ciudad antigua (de la Prehistoria a los visigodos)*. 3a ed. Vol. 79. Sevilla.

BOTELLA ORTEGA, D. e SÁNCHEZ VELASCO, J. (2008) *La Basílica de Coracho*. Lucena.

BRENK, B. (2005) *Architettura e immagini del sacro nella tarda antichità*. Spoleto.

CANTINO WATHAGIN, G. (1989) Schede. *In:* Duval (ed.): *Actes du XIème Congrés International d'Archéologie Chrétienne (Lyon, Grenoble-Aosta, 1986)*, Roma, p. 89-229.

CHAVARRÍA, A. (2010) Suburbio, iglesias y obispos. Sobre la errónea ubicación de algunos complejos episcopales en la Hispania tardoantigua.

*In:* Vaquerizo (Ed.) *Las áreas suburbanas en la ciudad histórica. Topografía, usos, función.* Córdoba, p. 434-454.

COSENTINO, A. (2001) Il fuoco sul Giordano, il cero pasquale, la columna del battistero lateranense. *In:* Gandolfi (Ed.). *L'edificio battesimale in Italia : aspetti e problema. Atti dell'VIII Congresso nazionale di archeologia cristiana: Genova, Sarzana, Albenga, Finale Ligure, Ventimiglia.* Bordighera, p. 521-540.

DE BLAAUW, S. (2004) Il Patriarchio, la basilica lateranense e la liturgia. *MEFRA* 116, p. 161-172.

DIARTE BLASCO, P. (2012) *La configuración urbana de la Hispania tardoantigua.* Oxford (BAR IS 2429).

DUVAL, N. (1973) *Les églises africaines a deux absides. Recherches archéologiques sur la liturgie chrétienne en Afrique du Nord, II: Inventaire des monuments. Interprétation.* Paris.

(1984) L'architecture religieuse de Tsaritchin Grad dans le cadre de l'Illyricum oriental au VIe siècle. *In: Villes et peuplement dans l'Illyricum protobyzantin. Actes du colloque de Rome.* Roma, p. 399-481.

(1989) *Actes du XIe congrès international d'archéologie chrétienne. Lyon, Vienne, Grenoble, Genève, Aoste.* Lyon.

(2000) Les relations entre l'Afrique et l'Espagne dans le domaine liturgique: existe-t-il une explication commune pour les contre-absides et contre-choeurs? *RAC* 76, p. 429-476.

FERGUSON, E. (2009) *Baptism in the Early Church.* Michigan-Cambridge.

FIOCCHI NICOLAI, V. (2001) Battisteri e chiese rurali (IV-VII secolo). *In:* Gandolfi (Ed.). *L'edificio battesimale in Italia : aspetti e problema. Atti dell'VIII Congresso nazionale di archeologia cristiana: Genova, Sarzana, Albenga, Finale Ligure, Ventimiglia.* Bordighera, p. 303-384.

GANDOLFI, D. (Ed.) (2001) *L'edificio battesimale in Italia : aspetti e problema. Atti dell'VIII Congresso nazionale di archeologia cristiana: Genova, Sarzana, Albenga, Finale Ligure, Ventimiglia, 21-26 settembre 1998.* Bordighera.

GARCÍA LLINARES, G.; MORO GARCÍA, A.; TUSET BERTRÁN, F. (2009) *La Seu episcopal d'Egara. Arqueologia d'un conjunt cristià del segle IV al IX.* Tarragona.

GARCÍA VARGAS, E. (2012) La Sevilla tardoantigua. Diez años después. (2000-2010). *In:* Beltrán Fortes, Rodríguez Gutierrez (Eds.): *Hispaniae Urbes. Investigaciones arqueológicas en ciudades históricas.* Sevilla, p. 881-925.

GODOY, C. (1989) Baptisterios hispánicos (siglos IV al VIII), Arqueología y liturgia, *In:* Duval (Ed.) *Actes du XIème Congrés International d'Archéologie Chrétienne.* Roma, p. 607-634.

(1995) *Arqueología y Liturgia. Iglesias hispánicas (siglos IV al VIII).* Barcelona.

GRABAR, A. (1946) *Martyrium. Recherches sur le culte des reliques et l'Art Chrétien Antique.* Limoges.

GURT ESPARRAGUERA, J. M.; SÁNCHEZ RAMOS, I. (2008) Topografía cristiana en Hispania durante los siglos V y VI. *Zona Arqueológica* 11, 2008, p. 320-345.

(2010) Espacios funerarios y espacios sacros en la ciudad tardoantigua. La situación en Hispania. *In:* García (Ed.) *Espacios urbanos en el occidente mediterráneo* (s. VI-VIII), p. 15-28.

(2011) Episcopal groups in Hispania. *Oxford Journal of Archaeology*, 30, p. 273-298;

GUYON, J. (2000) *Les premiers baptistères des Gaules (IVe-VIIIe siècles).* Roma.

GUYON, J. (2006) Émergence et affirmation d'une topographie chrétienne dans les villes de la Gaule meridional. *Gallia* 63, p. 85-110.

HIDALGO PRIETO, R. (2003) En torno a la imagen urbana de Italica. *Romula* 2, p. 89-126

(2005) Algunas cuestiones sobre la Corduba de la Antigüedad Tardía. *In:* Gurt i Esparraguera, Ribera i Lacomba (dir.) *Les ciutats tardoantigues d'Hispania: cristianización i topografía. VI Reunió d'arqueologia cristiana Hispànica.* Barcelona.

JÄGGI, C. (2010) Edilizia di culto cristiano a Ravenna. *In:* De Blaauw (ed.) *Storia Dell' Architettura Italiana: Da Constantino a Carlo Magno.* Roma, p. 146-189.

KHROUSHKOVA L. (2006) *Les monuments chrétiens de la côte orientale de la Mer Noire. Abkhazie (IVe-XIVe siècles).* Brepols.

KINNEY, D. (2010) Edilizia di culto cristiano a Roma e in Italia centrale dalla metà del IV al VII secolo. *In:* De Blaauw (ed.) *Storia Dell' Architettura Italiana: Da Costantino a Carlo Magno.* Roma, p. 54-97.

KRAUTHEIMER, R. (1996) *Arquitectura Paleocristiana y Bizantina.* Madrid.

(2002) *Tre capitali cristiane. Topografia e politica.* Milán.

KULIKOWSKI, M. (2005) *Later Roman Spain and its Cities*, Baltimore.

LIVERANI, P. (2004) L'area lateranense in età tardoantica e le origini del Patriarchio, *MEFRA* 116, p.17-49.

LÓPEZ VILAR, J. (2006) *Les basíliques paleocristianes del suburbi occidental de Tarraco. El temple septentrional i el complex martirial de Sant Fructuós*. Tarragona.

MARTÍNEZ TEJERA, A.M. (2007) "El hábitat 'cenobítico' en Hispania: organización y dependencias de un espacio elitista en la Antigüedad Tardía y la Alta Edad Media (ss. v-x)". *In:* López Quiroga; Martínez Tejera; Morin de Pablos (eds.) *Monasteria et Territoria. Elites, edilicia y territorio en el Mediterráneo medieval (siglo V-XI)*. (BAR IS). p. 19-76.

MICHEL, A. (2001) *Les églises d'époque byzantine et umayyade de la Jordanie V-VIII siècle. Typologie architecturale et aménagements liturgiques*. Thurnhout.

MOLINA MAHEDERO, J.A.; VALDIVIESO RAMOS, A. (2007) Aportaciones a la evolución de las murallas de la Córdoba romana a partir de los datos arqueológicos. *Romula* 6, p. 29-50.

MOLINA MAHEDERO, J.A. (2005) Nuevos datos sobre el lienzo septentrional de la muralla de Córdoba. *Romula* 4, p. 99-114.

MORENO MARTIN, F.J. (2009) La configuración arquitectónica del monasterio hispano entre la tardoantigüedad y el alto medievo balance historiográfico y nuevas perspectivas. *Anales de historia del arte*, N.º Extra 1, p. 199-218.

NOLLA BRUFAU, J. M. (1993) Ampurias en la Antigüedad tardía. una nueva perspectiva, *Archivo Español de Arqueología* 66, p. 207-224.

PANI ERMINI, L. (1989) Schede. *In:* Duval (ed.) *Actes du XIème Congrés International d'Archéologie Chrétienne (Lyon, Grenoble-Aosta, 1986)*, Roma, p. 89-229.

PICCIRILLO, M. (1989): Gruppi episcopali nelle tre Palestine e in Arabia. *In*: Duval (ed.) *Actes du XIe congrès international d'archéologie chrétienne*. Volumes I et II. Roma, p. 459-501

PUERTAS TRICAS, R. (1975) *Iglesias hispánicas (siglos IV al VIII). Testimonios literarios*. Madrid.

RASCÓN MARQUÉS, S.; SÁNCHEZ MONTES, A, L. (2005) Realidades cambiantes: Complutum tardoantiguo. *In:* Gurt i Esparraguera, Ribera i Lacomba (dir.): *Les ciutats tardoantigues d'Hispania: cristianització i topografía. VI Reunió d'arquepologia cristiana Hispànica*. Barcelona, p. 499-517

RIBERA I LACOMBA, A.; ROSELLÓ MESQUIDA, M. (2007) Escultura decorativa de época tardoantigua en Valencia y su entorno. *In:* Caballero Zoreda; Mateos Cruz (coord.): *Escultura decorativa tardorromana y altomedieval en la Península*, Madrid, p. 345-366.

VETERA CHRISTIANA MONUMENTA IN BAETICA. Hacia una sistematización de la arquitectura de época tardoantigua en la parte occidental de la provincia

RIBERA I LACOMBA, A. (2008) La primera topografía cristiana de Valencia (Hispania Carthaginensis). *Rivista Archeologia Cristiana* 83, p. 377-434.

RISTOW, S. (1998) *Frühchristliche Baptisterien*. Münster.

RODRIGUEZ HIDALGO, J.M.; KEAY, S.; JORDAN, D. e CREGHTON, J. (1999) La Italica de Adriano. Resultados de las prospecciones arqueológicas de 1991 y 1993. *Archivo Español de Arqueología* 72, p. 73-78.

ROSELLÓ MESQUIDA, M. (2005) El territorium de Valentia a l'Antiguitat Tardana. *In:* Gurt i Esparraguera, Ribera i Lacomba (dir.): *Les ciutats tardoantigues d'Hispania: cristianització i topografía. VI Reunió d'arquepologia cristiana Hispànica.* Barcelona, p. 279-304.

SAMI, D. (2010) Changing Beliefs: the Transition from Pagan to Christian Towns in Late Antique Sicily. *In:* Sami e Speed (eds.): *Debating Urbanism: Within and Beyond the Walls, AD 300-700.* Leicester, p. 213-237.

SÁNCHEZ RAMOS, I. (2007) La cristianización de las necrópolis de Corduba: Fuentes escritas y testimonios arqueológicos. *Archivo Español de Arqueología* 80, p. 191-206.

(2009) Arquitectura sacra de época tardía en Hispalis. Algunas reflexiones. *Archivo Español de Arqueología* 82, p. 255-274.

(2010) Las ciudades de la Bética en la Antigüedad tardía. *Antiquité Tardive* 18, p. 243-276.

SASTRE DE DIEGO, I. (2009) *El altar en la Arquitectura Cristiana Hispánica. Siglos V-X. Estudio Arqueológico.* Tesis Doctoral inédita.

(2010): *Los primeros edificios cristianos de Extremadura. Sus espacios y elementos litúrgicos. Caelum in Terra.* Mérida.

SCHLUNK, H.; HAUSCHILD, T. (1978) *Hispania Antiqua. Die Denkmäler der fruhchristlichen und westgotischen Zeit.* Mainz am Rhein.

TARRADELLAS COROMINAS, M. C. (2000) Topografía Urbana de Sevilla durante la Antigüedad Tardía, *V Reunió d'Arqueología Cristiana Hispànica.* Barcelona, p. 279-290.

TESTINI, P.; CANTINO WATAGHIN, G.; PANI ERMINI, L. (1989): La Cattedrale in Italia. *In:* Duval (ed.) *Actes du XIe congrès international d'archéologie chrétienne.* Roma, p. 5-229 [fichas de cada una de las ciudades italianas en p. 89 – 229].

VARALIS, Y.D. (1999) Deux églises à chœur tréflé de l'Illyricum oriental Observations sur leur type architectural. *Bulletin de Correspondance Hellénique* 123, p. 195-225.

VERDUGO SANTOS, J. (2003) El cristianismo en Itálica: Fuentes, tradiciones, y testimonios arqueológicos. *In:* Bosch Jimenez *et al.* (coords): *Santos, Obispos y reliquias*, Alcalá de Henares, p. 353-389.

VIZCAÍNO SÁNCHEZ, J. (2009) *La presencia bizantina en Hispania (siglos VI--VII): la documentación arqueológica.* Murcia.

WOLFRAM, M. (2012) *La christianisation du monde rural dans le Sud de la Lusitanie. Archéologie-Architecture-Epigraphie.* Tesis Doctoral Inédita. Universidad de la Sorbona, París.

VETERA CHRISTIANA MONUMENTA IN BAETICA. Hacia una sistematización
de la arquitectura de época tardoantigua en la parte occidental de la provincia

# APÉNDICE CARTOGRÁFICO. MAPAS Y PLANOS.

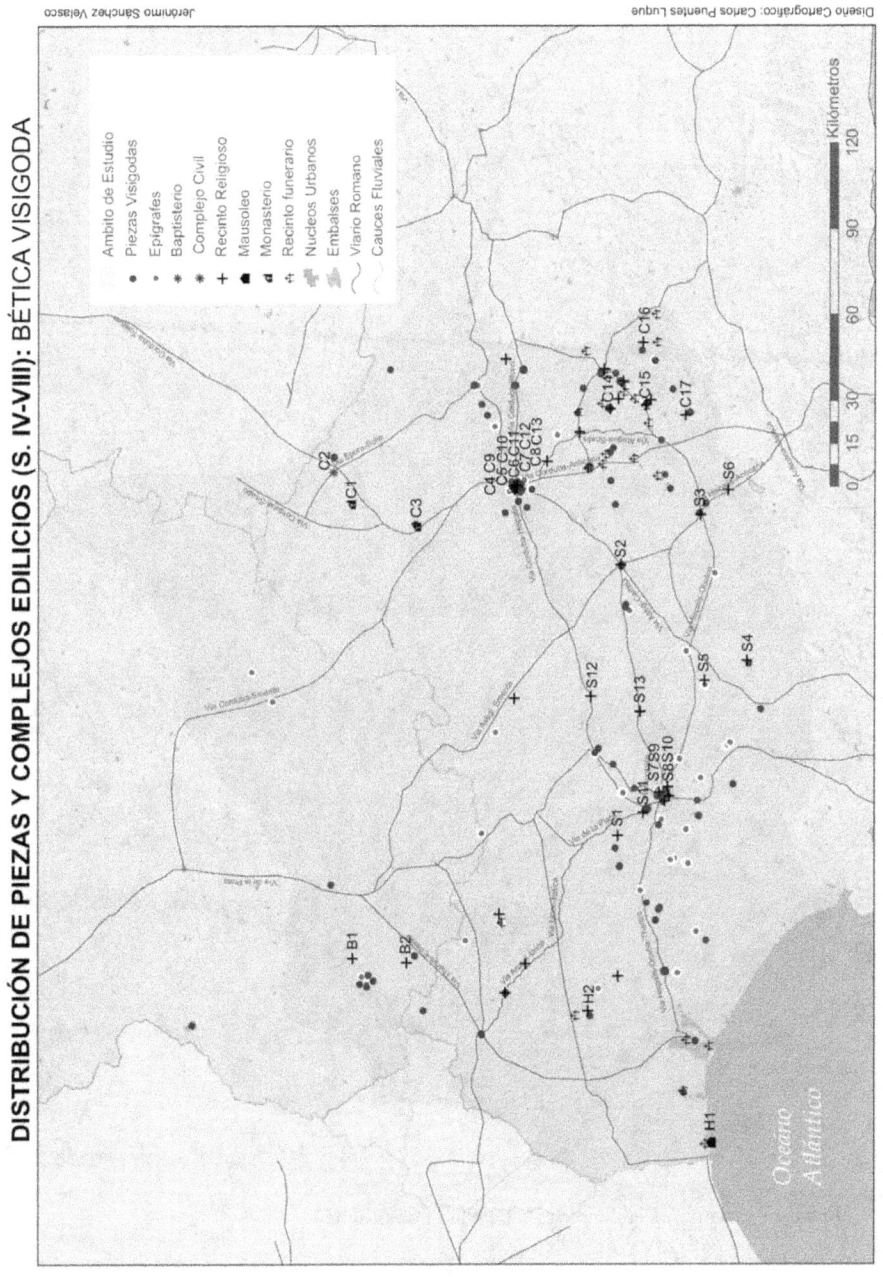

*Mapa 1* – Complejos edilicios de la Bética Occidental.

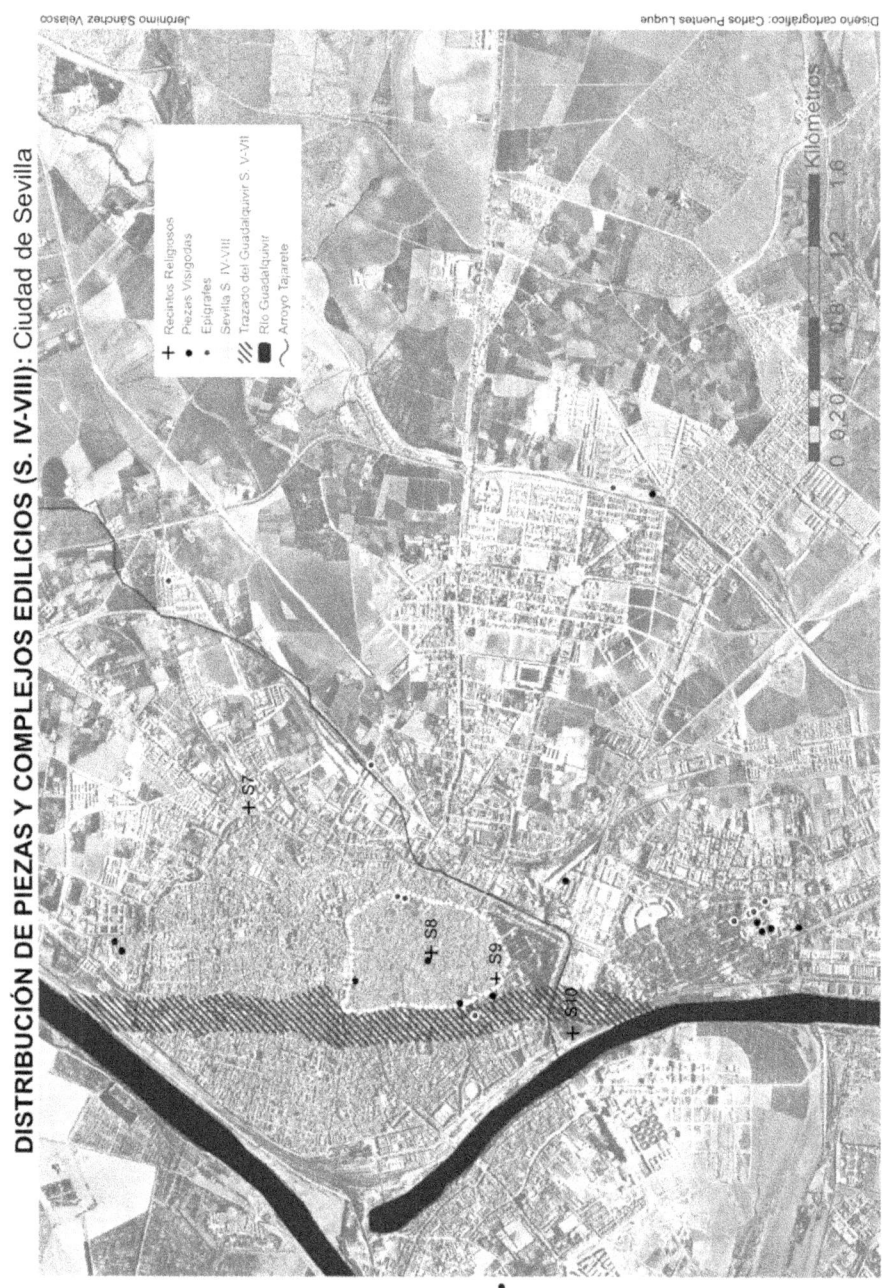

*Plano 1* – Complejos edilicios de la Sevilla tardoantigua.

VETERA CHRISTIANA MONUMENTA IN BAETICA. Hacia una sistematización de la arquitectura de época tardoantigua en la parte occidental de la provincia

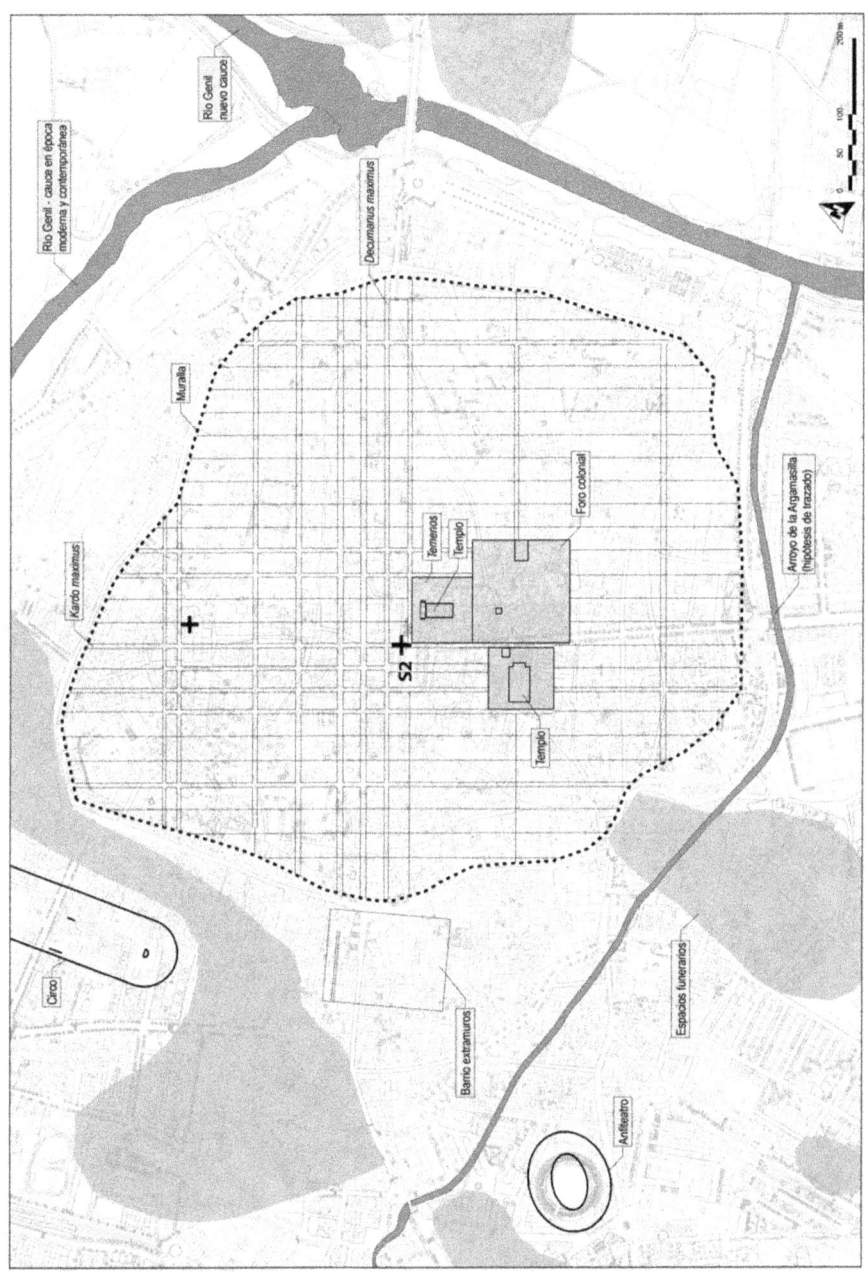

*Plano 2* – Complejos edilicios de la Écija tardoantigua.

Jerónimo Sanchez Velasco

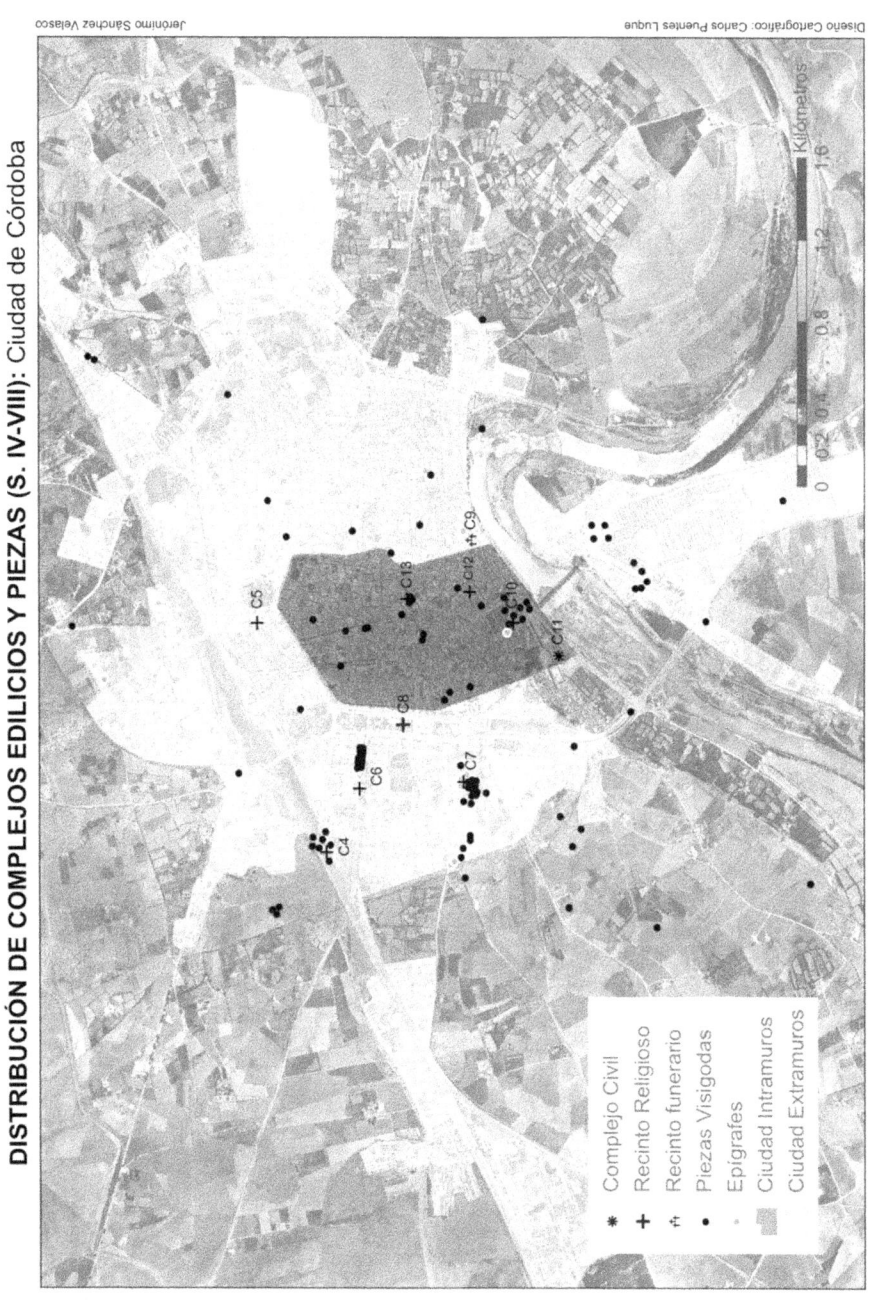

*Plano 3* – Complejos edilicios de la Córdoba tardoantigua.

VECTORES GENERALES Y RESPUESTAS LOCALES EN EL MONACATO
HISPANO TARDOANTIGUO: UN EJEMPLO DESDE LA ARQUEOLOGÍA
EN EL VALLE DEL EBRO
(General trends and local replies in late antique Spanish monasticism:
an example from the Ebro basin archaeology)

Urbano Espinosa (urbano.espinosa@unirioja.es)
Universidad de La Rioja

RESUMO – Este estudo identifica três mosteiros da Antiguidade Tardia nas localidades de Abelda de Iregua e Nalda (La Rioja, Espanha), alinhados a uma distância de 2,6km de uma estrada romana quec atravessa o vale de Iregua. Esta concentração monástica é explicada pela ação autónoma de *potentes*, ou *seniores loci*, que converteram os seus grupos sociais e familiares em organizações monásticas; a imunidade e a propriedade monástica não revogável (*patrimonium*) foram vistas por estes *seniores* como uma oportunidade de se defenderem do avanço da grande propriedade durante a Antiguidade Tardia e os inícios da Idade Média.

PALAVRAS-CHAVE – Monasticismo Tardo-Antigo, *seniores loci, patrimonium* monástico.

ABSTRACT – This work identifies three Late Antique monasteries in the localities of Albelda de Iregua and Nalda (La Rioja, Spain) aligned in 2,6 km next to a Roman road in the Iregua Valley. That monastic density is explained by the independent action of *potentes*, or *seniores loci*, which turned into monastic organization their respective familiar and social groups; immunity and nonrevocable monastic property (*patrimonium*) were considered by those *seniores* an opportunity to defend themselves of the advance of the great property during the Late Antiquity and Early Middle Ages.

KEYWORDS – Late Antique monasticism, *seniores loci*, monastic *patrimonium*.

1. INTRODUCCIÓN

El monacato constituye un importante eje temático de la Antigüedad Tardía[1]. Una temprana producción historiográfica lo contemplaba desde el punto de vista de la historia eclesial y de la espiritualidad, pero las líneas de investigación desarrolladas en los últimos decenios por la arqueología y por la crítica textual han permitido descubrir en el hecho monástico nuevas perspectivas sobre su dimensión social, económica o cultural. Por otro lado, la frecuencia

---

[1] Este trabajo se ha realizado en el marco del proyecto del Plan Nacional de I+D+i "*La cuenca del Ebro en la Antigüedad Tardía: nuevas propuestas interpretativas sobre un espacio frontera*" (HAR2008-04526/HIST).

de estudios centrados en ámbitos generales o regionales ha sido decisiva para matizar la visión historiográfica de partida[2].

El cenobitismo fue un fenómeno general en el mundo tardorromano, supuestamente más temprano en oriente, que caló no sólo en los medios urbanos, sino de modo especial en los rurales. De la praxis fue surgiendo un *corpus* literario (cánones, reglas, hagiografías, etc.), con muy distinto grado de desarrollo según regiones; desde el s. V el monacato comenzó incluso a hacerse presente en la legislación civil. La difusión del fenómeno no se apoyaba en un único centro regulador, sino en referentes multifocales; de ahí su polimorfismo, por una parte, y los esfuerzos realizados para encauzarlo bajo la autoridad eclesial, por la otra.

El monacato fue difundiéndose en Hispania mediante impulsos procedentes de ámbitos distintos (África del Norte, Oriente, Italia, Galia) añadidos a posibles componentes autóctonos; fue durante mucho tiempo una realidad con perfiles plurales y sólo el pacto entre la monarquía visigoda de Toledo con el episcopado a partir de finales del s. VI creó un núcleo potente de fuerza para tratar de imponer la unidad de disciplina y de dogma. No podemos evaluar hasta qué grado ese vector centrípeto llegó a actuar de modo efectivo en todos los territorios de la monarquía toledana, pero sí sabemos que de la necesidad de reglas surgieron en el s. VII las que conocemos en Hispania (reglas de Isidoro, de Fructuoso, *Monastica Communis* y *Consensoria* o Pactual)[3]; en todo caso, fueron manifestaciones tardías en relación con la praxis monástica previa.

Debido a la vitalidad de esa praxis, se hace necesario contar con estudios de ámbito regional, que apliquen el microanálisis a todo tipo de fuentes: escritas en general (también las altomedievales), arqueológicas, toponímicas y otras. Es lo que hemos llevado a cabo en la cuenca media del Ebro y como resultado hemos logrado identificar tres cenobios en las localidades vecinas de Albelda de Iregua

---

[2] No podemos extendernos en las distintas corrientes historiográficas sobre eremitismo/monacato en Hispania. El monacato como historia cristiana, Mundó 1957; González García 1979: Cap. VII, 612 *ss.*; Linage Conde 1986; Colombás 1998; Marcos 2000; el cenobitismo urbano, García Moreno 1993. Identificación de monasterios a partir de evidencias arqueológicas: Schlunk y Hauschild 1978; Caballero 1988; *id.* 2006; Martínez Tejera 2006 y 2007; Moreno Martín 2009. Algunas referencias desde perspectivas regionales: Azkarate 1988, Monreal 1989. Díaz Martínez 1990 y Barata Dias 2007 para el noroeste. Diversas aportaciones de interés sobre el monaquismo hispano tardoantiguo y altomedieval en López Quiroga, A.M. Martínez Tejera, J. Morín (eds.) (2007), *Actas del III Encuentro Internacional e Interdisciplinar sobre la Alta Edad Media en la Península Ibérica*, Barcelona. La vida monástica temprana en territorios de la actual Rioja, González Blanco (ed.) 1999 con varias colaboraciones sobre el tema; *id.* 2006; *id.* 2011. La perspectiva socio-económica del monacato tardoantiguo ha sido atendida por Díaz Martínez 1987.

[3] Las reglas monásticas hispanas, Campos y Roca 1971, t. II; comentarios sobre ellas, Díaz Martínez 2006. Estudios sobre las reglas *Monastica Communis*, de San Fructuoso y *Consensoria*, Barata Dias 2000, 2009 y 2012 respectivamente; también sobre Fructuoso, Díaz y Díaz 1967.

y de Nalda, ubicadas en la baja vega del río Iregua no lejos de su desembocadura en el Ebro dentro de la actual Rioja (Fig. 1).

No es sorprendente que la arqueología tardoantigua identifique monasterios en áreas rurales, pero sí lo es tropezarse con un grupo de tres junto a una antigua vía de comunicación y en un tramo de la misma muy corto. De norte a sur, uno se localiza en el término Las Tapias (Albelda), otro en la propia localidad de Albelda, en el solar de la iglesia antigua, y un tercero en el término San Pantaleón de Nalda (Fig. 5). Una explicación coherente sobre ese multicenobitismo constituye el objeto del presente trabajo.

## 2. Tres monasterios tardoantiguos en el bajo Iregua

El mejor conocido arqueológicamente de los tres centros monásticos es el localizado en el paraje Las Tapias a unos 850 m. al norte de la localidad de Albelda de Iregua (Fig. 2). Aquí se han excavado dos iglesias probablemente plantadas en paralelo con una separación entre sí de unos 20/25 metros; la situada al norte fue descubierta por Blas Taracena en 1925/26 y la otra por nosotros en 1979[4]. Un broche liriforme de la segunda mitad del s. vii hallado en el suelo del templo de 1925/26, la armonía funcional de los espacios arquitectónicos con la liturgia hispanovisigoda y otros indicadores de contexto parecen apuntar a una datación de ambos templos a lo largo del s. vii, o como más temprano a finales del vi. Aunque no se construyeran de modo simultáneo, sí lo fueron en fechas próximas entre sí porque aplicaron un patrón común de planta, aunque con variantes, y una misma técnica edilicia.

A partir de una estratigrafía bien definida en la iglesia excavada en 1979, sabemos que Las Tapias sufrió una fase de abandono seguida de un proceso de ruina. La cripta y el sarcófago de la citada iglesia fueron saqueados, luego los templos se convirtieron en cantera de materiales y el solar fue utilizado en la Edad Media como cementerio. La desaparición de las dos iglesias no sería más reciente de mediados del s. ix, cuando el área albeldense devino frontera militar y sufrió hechos de armas[5].

Los dos templos tienen dimensiones similares; el excavado en 1979 mide 14,4 m. de longitud total y su planta se basa en el sencillo modelo de nave con ábside poligonal orientado (Fig. 3), al que se han añadido otros tres cuerpos periféricos: al norte el pórtico, al occidente una cripta abovedada que guardaba un sarcófago de piedra y cistas de madera y al sur una cámara sin acceso a ras de suelo; la planta en su conjunto muestra una falsa apariencia cruciforme. Un coro delimitado por un cancel ocupa el tercio oriental de la nave y en el occidental un doble cancel

---

[4] Taracena 1927: 41 *ss.*; Espinosa 2011: "Primera parte".
[5] Espinosa 2011: 75 *ss.*

marcaba el acceso a la cripta, dejando todo ello escasa superficie libre para el agrupamiento de fieles. Construida en pendiente hacia el oeste, la iglesia de 1979 tenía sobre la bóveda de la cripta un espacio a modo de contra-coro, elevado respecto al occidente de la nave, pero casi a la misma cota que el ábside (Fig. 4).

Los conjuntos de iglesias, como éste de Las Tapias, no fueron algo excepcional en el primitivo cristianismo y en el Alto Medieval. Desde el s. v son habituales en oriente las iglesias duplicadas, tanto monasteriales como no monasteriales, y se ha supuesto que la práctica se extendería luego al occidente. Conjuntos de iglesias aparecen en medios urbanos con sede episcopal; así en Tarrasa (Egara) o en la necrópolis septentrional de Tarragona[6]; también en Mérida y en Coimbra, cuyas iglesias principales están dedicadas a Santa María y los templos-baptisterio anejos, al Bautista[7].

Pero el contexto de Las Tapias no es el urbano. En el entorno geográfico constatamos numerosos pares de iglesias en ambientes rupestres; 7 km. al este de Albelda una pequeña célula monástica al pie de Monte Laturce contaba con dos iglesias, una consagrada a san Prudencio con su sepulcro y la otra a san Vicente[8]. En el Condado de Treviño (Burgos) y en la zona alavesa adyacente se conocen varios casos de iglesias rupestres duplicadas, así como también en territorios del alto Ebro burgalés y en el alto Pisuerga. La datación de la mayor parte de estos paralelos parece segura entre los siglos VI y VII por hallazgos de TSHT, por dataciones de C14 o de tipo epigráfico[9].

Por tanto, en el medio rural los conjuntos de iglesias suelen aparecer asociados a contextos eremítico/monásticos. En la Galia merovingia los monasterios tenían habitualmente dos o más iglesias[10], lo mismo que ocurría en Italia, en África y en otras regiones. Recordemos, por citar un ejemplo hispano, que Santa Lucía del Trampal (Alcuéscar, Cáceres), considerado templo monástico, formaba conjunto probablemente con otros dos, el de Santiago y el de San Jorge[11].

Todo ello permite concluir que las dos iglesias de Las Tapias pertenecen a un monasterio. Se ha propuesto como indicador del carácter cenobítico de una iglesia el que cuente con un coro amplio, o con un contra-coro a los pies del templo, hecho que constatamos en la iglesia de Las Tapias de 1979; desde él era perfectamente visible el ábside. El espacio al sur de la nave y sin acceso a ras de suelo,

---

[6] Para Egara, Carrero 2009: 70; para Tarraco, López Villar 2006: vol. I, la iglesia del sector septentrional: 109 *ss.*, figs. 108-111 y la del sector meridional: 205 *ss.* (esp. 212-214) y figs. 245-248.

[7] Para Mérida, *VSPE* 4.9; para Coimbra, Carrero 2009: 66 *ss.*

[8] García Turza 1992: 27, docum. 1.

[9] Sobre estos conjuntos, Azkarate 1988, *passim*; Monreal 1989: 116 *ss.*; fecha epigráfica del 587 en Villarén (Palencia), Monreal 1989: 35-38; datación paleográfica en Las Gobas 6 (Treviño), Azkarate y García Camino 1996: 52 *ss.* y 88 *s.*

[10] Hubert 1957: 115.

[11] Caballero 1987: 65; Martínez Tejera 1998: 121.

presente en las dos iglesias de Las Tapias, difícilmente admite otra explicación que no sea la de cámara para el apartamiento ascético.

El carácter monástico de Las Tapias se sustenta en consideraciones añadidas. En el lugar no hubo sólo dos templos, sino también alguna otra edificación, como ponen de manifiesto vestigios superficiales de arquitectura; se trate de un edificio o de varios, eran piezas integrantes del mismo complejo. Consideramos significativo otro detalle: ninguna de las dos iglesias se cerraba del todo, pues sólo disponían de un cancel de piedra, seguramente porque ambas se hallaban protegidas por una cerca de fábrica.

Además de Las Tapias, en la localidad de Albelda y en su vecina Nalda existen pruebas de otros dos cenobios pertenecientes al ciclo tardoantiguo. Tomamos como punto de partida el texto que delimita los dominios del monasterio medieval de San Martín de Albelda, creado por Sancho Garcés I de Navarra el 924, así como otros documentos de la fase temprana del cenobio con apoyo de información arqueológica y toponímica complementaria. Por tanto, avanzamos hasta el siglo x cuando la comarca del Iregua pasó a formar parte estable del reino pamplonica.

El documento fundacional de San Martín dice que pertenecía a su patrimonio raíz el terreno que había encima del lugar llamado *Loreco*, donde se hallan la iglesia de San Pantaleón y *'otras que también hay construidas allí'*. Otro texto del 931 menciona las mismas iglesias cuando se permuta a seis vecinos de Viguera una heredad para que los frailes puedan construir un canal de riego. Finalmente, a finales del xi el abad Mirón dejó un listado de posesiones, en el cual sólo se habla ya de la "casa de San Pantaleón"[12], lo que indicaría que para entonces las otras iglesias habrían dejado de existir.

Lo relevante es que a principios del s. x había un conjunto de al menos tres iglesias en un solar que identificamos hoy con el topónimo San Pantaleón en la jurisdicción de Nalda, lindando con Albelda junto a la carretera LR-256[13]. Ese agrupamiento no pudo surgir en la temprana reconquista, porque sólo median dos o tres meses entre ésta y la fundación de San Martín, bajo cuya dependencia quedó el conjunto eclesial. Además, Blas Taracena constató en 1925/26 que en San Pantaleón había muros de *"grandes habitaciones"* y entre ellos *"tejas y baldosas romanas"*; también vio cerámicas medievales que dató en el siglo xii[14]. Los muros de las grandes habitaciones serían los restos de las iglesias y la *"tejas y baldosas*

---

[12] El documento de fundación se conserva en copias posteriores: Ubieto 1960: 12 ss. y Sáinz Ripa 1981: vol. I, 21 s. El documento de 1931: Cantera 1950: 509 y 1962: 334; Ubieto 1960: 16, doc. 6. El inventario del abad Mirón: Ubieto 1960, reed. 1981: 89, doc. 68; Cantera Orive 1961: 85; Sáinz Ripa 1981: 32.

[13] El topónimo sigue vivo en la localidad de Nalda; Lázaro 1997: nota 39; Ramírez 2006: 749, nota 10.

[14] Taracena 1927: 39 y nota 1; de aquí, González *et al.* 1979: 88.

*romanas"* indicarían que se construyeron cuando estaban en uso los recursos técnicos de la tradición hispanorromana; las cerámicas medievales se acumularían a partir del s. x cuando, existiendo ya el monasterio de San Martín, sólo parece sobrevivir la llamada *'casa de San Pantaleón'*.

Para explicar el origen del grupo de iglesias de San Pantaleón hay que presuponer una potente vitalidad religiosa y económica de fondo, que no creemos se pudiera dar a partir del s. VIII, cuando el Iregua devino territorio frontera y escenario de choques armados en la Marca Superior de al-Andalus. Sin duda, el conjunto eclesial tuvo que surgir en época visigoda como parte de un segundo monasterio y bajo similares coordenadas que las descritas en Las Tapias; la distancia entre ambos es de 2,6 kilómetros.

Por lo demás, son estrechas las similitudes entre Las Tapias y San Pantaleón, pues los dos se localizan en la margen derecha del Iregua, ocupan terrenos no irrigables junto a farallones rocosos, se hallan próximos a la antigua vía hacia Cameros y Numancia y cerca tienen conjuntos rupestres; Las Tapias se relaciona con las cuevas que hay al norte de Albelda y San Pantaleón con el grupo rupestre de Los Palomares (Fig. 5). La constante de proximidad entre cuevas y monasterios no puede ser ignorada y, por ello, sospechamos que existió relación mutua; las primeras albergarían lauras anacoréticas como posibles precursoras del cenobitismo más institucional que desarrollaron los segundos.

Finalmente, identificamos un tercer monasterio tardoantiguo en la propia localidad de Albelda, sobre cuyo solar se fundó el de San Martín en el s. x, que a su vez fue sustituido en el s. XVII por la iglesia parroquial; exponemos las pruebas al respecto. Las numerosas cuevas de Albelda en los cortados de Peña Salagón formaron parte del cenobio medieval desde sus inicios; tuvo, por tanto, un acusado componente rupestre (Fig. 5)[15]. No parece probable que los monjes asentados aquí el 924 iniciaran la excavación de esas oquedades al amparo de la *facultas aedificandi* otorgada por la carta fundacional; más bien, dado el precedente de Las Tapias y de San Pantaleón, cabe suponer que las cuevas preexistían, al menos parcialmente, como parte de una herencia monástica anterior. Esa herencia también incluía arquitectura exenta, pues dos capiteles de tipo visigótico hubo durante mucho tiempo en la iglesia del s. XVII, desaparecidos cuando ésta fue derruida en 1978.

Además, a mediados del s. IX Albelda es un hábitat reconocido por la *Crónica de Alfonso III* al narrar la razzia de Ordoño I contra el muladí Musa Iben Musa (de los Banu Qasi); por tanto, ya existía ocupación del lugar muchos decenios antes de la conquista pamplonica, por lo que Sancho Garcés no fundó el cenobio

---

[15] Todavía hoy son visibles los restos de cuevas artificiales a pesar de los derrumbes masivos de roca documentados en época moderna. Sobre la creación del monasterio medieval, Cantera Orive 1950; más recientemente, Ramírez 2006; González Blanco y Ramírez 1999; Ramírez *et al.* 2010.

de San Martín sobre la nada, sino sobre un hábitat de origen monástico[16]. Tal aprovechamiento de lo preexistente fue práctica frecuente en la progresión territorial de los reinos cristianos del norte peninsular.

Por tanto, y como síntesis de cuanto venimos exponiendo, tenemos un alineamiento de tres monasterios junto al curso oriental del bajo Iregua. El de Albelda ocupa una posición central, a 0,85 km. al norte se halla Las Tapias y a 1,75 km. al sur San Pantaleón. Si suponemos, como es lógico, que el cenobio de Albelda tendría pluralidad de templos, como los otros dos, quiere decir que en los 2,6 km. de distancia extrema entre los tres hubo al menos 7 iglesias: 3 seguras en San Pantaleón, 2 seguras en Las Tapias y otras dos probables en Albelda. Por tanto, los datos hablan de una comarca fuertemente cristianizada durante la Antigüedad Tardía a través de lo monástico[17]. Si superponemos a los tres cenobios el dominio territorial otorgado a San Martín en el s. x (Fig. 5), aquellos aparecen como su espina dorsal y éste como el heredero natural del patrimonio raíz de aquellos[18]; en el s. x ya no existía el de Las Tapias, pero sí los otros dos.

### 3. El modelo físico de cenobio

Decíamos que el centro monástico de Las Tapias estaba protegido por un recinto exterior. Lo fundamental eran sus iglesias y alguna construcción más con tejado cerámico; habría también precarias instalaciones, que apenas habrían dejado huella arqueológica. Por lo que respecta a San Pantaleón, resulta verosímil suponer que, además de sus tres templos, dispuso de otras edificaciones de servicio a los monjes, así como una cerca de fábrica; del monasterio de Albelda carecemos de datos concretos[19]. En todo caso, la configuración física final de los monasterios del Iregua pudo ser producto de actuaciones acumuladas a lo largo del tiempo.

¿Cómo era su forma material? Paralelo sugerente al respecto es el cenobio que unos 200 años antes creó san Martín en Marmoutier, a unos 3 km. de Tours; era obispo de la ciudad desde el 370, pero se apartó a una elevada meseta sobre el Loira donde reunió una laura de 80 solitarios[20]. Sulpicio Severo dice que el cenobio estaba cercado por un muro y que albergaba precarias cabañas

---

[16] Y de ahí que el famoso *scriptorium* albeldense conocido desde el s. x en realidad daba también continuidad a una actividad copista y libraria ya existente en época visigoda, como han propuesto Ramírez y González Blanco 2014; ver también sobre esa tradición cultural Díaz y Díaz 1969 y 2007 para el conjunto de Hispania.

[17] Esta concentración monástica en el Iregua es expresión a nivel local de la vitalidad desarrollada por el monacato de época visigoda a nivel general en Hispania, Barata Dias 2009: 656.

[18] Los dominios territoriales de San Martín otorgados por el documento fundacional del 924, en Cantera 1950: 323 *ss*.; Lázaro 1997: 353 *ss*.; Ramírez 2006: 748 *ss*. Detenido análisis de todos estos elementos, Espinosa 2011: 139 *ss*., fig. 37.

[19] Sobre la arquitectura y dependencias monásticas, Martínez Tejera 2007: 23 ss.

[20] Sulpicio Severo, *Vita Martini*, 10. 4-5; Colombás 1998: 243 s.

de madera para los monjes, algunas adosadas a la cerca; a un modesto templo inicial se fueron añadiendo otras capillas y criptas. A partir de estos datos se ha señalado que el conjunto "*ofrecía más el aspecto de una aldea o de una colonia, que el de un monasterio*"[21]. Algunos ascetas de Marmoutier optaron por excavar cuevas en los cortados que había sobre el río, un ejemplo más de la conexión entre cuevas y monasterio, a la que hemos aludido.

Aunque entre aquel caso y los monasterios del Iregua pueden mediar dos siglos, imaginamos a éstos últimos también como aldeas o colonias, pues así lo sugieren las evidencias arqueológicas de Las Tapias y de San Pantaleón. Tal modelo armonizaría bien con el que refleja en el siglo VII la regla de Fructuoso; no tenemos constatación documental de la directa recepción de ésta en el valle del Ebro, pero tampoco hay que excluirla a la vista de la influencia del monacato fructuosiano en ámbitos pirenaicos y transpirenaicos[22]. Pero en la centuria anterior, siglo VI, pudieron haber sido dominantes en el Ebro Medio los referentes de la Galia, pues de ahí adoptaron los obispos de la Tarraconense, antes de Recaredo, las principales disposiciones en materia monástica[23]; a dicha provincia eclesiástica pertenecían los territorios de Albelda y Nalda.

En la vega del Iregua parece que los asentamientos bajoimperiales (*villae* y otros) no tuvieron continuidad en época post-romana; la alternativa fueron los tres monasterios estudiados. Sus emplazamientos se elevan entre 20 y 40 metros sobre la vega y sus edificios fueron los primeros que hubo en sus respectivos solares. Pronto se consolidaron como un nuevo tipo de poblamiento llamado a sustituir al tardorromano.

Ello se pone de relieve si nos centramos en el origen del topónimo Albelda, creado en los siglos VIII y IX cuando dominó la región la saga muladí de los Banu Qasi. La *Crónica de Alfonso III*, narrando hechos de mediados del s. IX, cita la localidad como *Albalda* o *Albeilda* (versiones rotense y ovetense respectivamente)[24]. *Al-Balda/al-Beilda* significa "La Aldea"[25]; esto es, la arabofonía de los Banu Qasi identificaba la realidad poblacional del lugar como un agrupamiento de gentes no grande. He aquí, por consiguiente, un argumento añadido a favor del modelo de monasterio-aldea que proponemos para los cenobios del Iregua. Vista por ajenos, Albelda parecía una aldea, pero si la contempláramos desde dentro, desde la mozarabía de sus pobladores, diríamos que durante la etapa musulmana persistía

---

[21] Braunfels 1975: 33 s.
[22] Al respecto Barata Dias 2009: 281 *ss*.
[23] El c. 11 del concilio de Tarragona del 516 dice que en lo relativo a los monjes se apliquen las disposiciones de las iglesias de las Galias (Vives 1963: 37) y el c. 3 del de Lérida del 546 dispone que se sigan las prescripciones de los concilios de Agdé y Orleans (Vives 1963: 56).
[24] Ubieto 1971: 48 s.
[25] Asín 1944: 47 s.; Lorenzo 2010: 208 y 220 s.

su orden monástico, aunque no quedara del todo clara la distinción entre monjes y no monjes por su origen como cenobio familiar.

### 4. Origen aristocrático de los monasterios

El multimonasticismo del bajo Iregua precisa de una explicación consistente en términos históricos. De cara a tal objetivo, partamos del hecho de que el sarcófago guardado en la cripta de Las Tapias excavada en 1979 contenía los restos de un hombre y de una mujer[26]. Obviamente se trata de laicos, acomodados desde el punto de vista económico, que no sólo construyen el templo para su propio culto funerario dentro de un recinto monástico, sino que con toda probabilidad son los fundadores del propio cenobio en la línea de los denominados monasterios familiares o particulares, de cuya práctica se hacen eco la *Regula Communis* y la *Consensoria*[27]. No disponemos de datos tan concretos como en Las Tapias para los cenobios de Albelda y de San Pantaleón, pero suponemos con verosimilitud que tuvieron un origen similar. La monastización no sólo requería cierto nivel de riqueza para dotar de patrimonio al proyecto, sino posición social relevante para obtener del obispo la autorización y la regla interna, como reclamaban los cánones conciliares.

Los monasterios del bajo Iregua fueron promovidos por *potentes*, o *seniores loci*, en respuesta a dinámicas de cambio y como solución de continuidad para el orden social heredado del Bajo Imperio. Entre los siglos VI y VIII comunidades rurales enteras se gestionaron bajo forma de cenobio, manteniendo sus actividades previas y su orden jerárquico y social[28]. Podía mediar poca distancia entre ser y no ser monasterio; se requería un paso formal no difícil de franquear, al menos para los notables locales que vivían la intensa espiritualidad del ascetismo como patrimonio común a todas las gentes.

Muchos modestos linajes se vieron severamente amenazados por el avance de la gran propiedad y por la constitución de nuevos poderes territoriales. Los cenobios que creaban les ponían al abrigo de riesgos y exacciones, la cerca monacal definía un atrio inviolable, el patrimonio raíz no era revocable (título a perpetuidad) y las rentas no tributaban la tercia episcopal; podían acrecentar el patrimonio de forma considerable y adquirir instalaciones rurales, siervos y comunidades bajo las formas de patrocinio del momento. Dirigiendo sus monasterios particulares, esos notables locales prolongaba el liderazgo del linaje

---

[26] Martínez Flórez 2011: 258.
[27] Orlandis 1971: Cap. VII "Los monasterios familiares en España durante la Alta Edad Media", 125-164, espec. 128 y 131 *ss.*
[28] Sobre estas monastizaciones colectivas, Díaz Martínez 1986b: 191 *ss.*, referido al noroeste peninsular a partir de la *Regula Communis*, aunque fue una realidad también en otros territorios.

y lo reforzaban con el propio culto funerario[29]. En suma, el formato jurídico-religioso de monasterio podía representar realmente una oportunidad y por eso se legisló restrictivamente en Hispania desde finales del s. VI sobre la cuestión.

El origen de un monasterio aislado podría explicarse por cualquier circunstancia puntual, pero no el más o menos simultáneo de tres en Albelda y Nalda; es un hecho sorprendente que creemos se explica de modo razonable mediante su contextualización en las coordenadas sociales y económicas expuestas. Si surgieron tan próximos entre sí, fue porque su coexistencia no provocaba conflictos sustantivos; parece claro. No había incompatibilidad mutua, cada uno era cabeza de un agrupamiento de gentes y nódulo con identidad propia, con patrimonio de raíz independiente, con autonomía económica y con centralidad social diferenciada. Los tres parecían físicamente aldeas o colonias, como hemos dicho. La incompatibilidad sobrevino, por el contrario, tras la conquista cristiana del s. X, pues el benedictino monasterio de San Martín anuló de entrada el de San Pantaleón y después otros del entorno. Los cenobios tardoantiguos del bajo Iregua nacían de concretas decisiones locales, aunque en el marco general del ascetismo, mientras que el monasterio medieval se decidía en un punto más zenital e incluía fines supralocales; de ahí la coexistencia de los primeros y la tendencia del segundo a absorber otras células monásticas.

### 5. Lo trascendente y lo contingente

¿El monacato tardodantiguo fue un puro movimiento de espiritualidad o respondía también a una compleja dinámica histórica? En la muy monastizada comarca del bajo Iregua tuvo mucho de lo segundo[30]: damos por supuestos los motivos de piedad personal y la expectativa espiritual de los fundadores; no los negamos, porque en la Antigüedad Tardía toda visión de lo real estaba impregnada de trascendencia. Lo que afirmamos es que al crear sus cenobios, aquellos *possessores* resolvían fines trascendentes y fines contingentes. ¿En qué orden de importancia? Los dos a la vez y con toda naturalidad. Cuando organizaban su grupo social bajo formato de cenobio, aprovechaban lo que el momento ofrecía: protección económica al convertir en no enajenables sus recursos fundiarios, seguridad personal al garantizarse la inviolabilidad del atrio monástico, crear un hábitat alternativo a la inseguridad de la villa abierta, no tributar la tercia episcopal, perpetuar el linaje al frente de la comunidad, etc. Son contingencias nada despreciables.

---

[29] La dinámica de los *potentes* locales, Martin 2003: 105 ss.; en los territorios del Ebro, Wickham 2008: 240 ss.; también, Castellanos 1998; *id.* 1999; conexiones entre ascetismo y aristocracia, Marcos 2000: 225 ss. La perspectiva del monacato como solución a debilidades estructurales de la propiedad familiar, García González 2012: 81-84.

[30] En las reglas monásticas y, especialmente, en las del ciclo fructuosiano, se constata la atención a lo material e institucional, Barata Dias 2009: 645 ss.

Vectores generales y respuestas locales en el monacato hispano tardoantiguo:
un ejemplo desde la arqueología en el valle del Ebro

¿Por qué el monacato tardoantiguo floreció en el mundo rural hasta el punto de hacer palidecer al de los medios urbanos? ¿Por aquel tópico de que *in rure* las gentes son sencillas, menos contaminadas, y por tanto más receptivas a la nueva y verdadera fe? Preferimos pensar que el monacato rural fue potente porque en la conversión a formato monástico de grupos naturales y de pequeñas comunidades se resolvían también cuestiones de estatus y de poderes, los dimensionados a escala local frente a los dimensionados a escalas mayores. Si la historia es choque de intereses y de él deriva el cambio, el monacato como fenómeno histórico no podría haber sido tanto cuanto llegó a ser si no hubiera resuelto intereses contrapuestos, hechos contingentes junto a ideales trascendentes.

Durante la Antigüedad Tardía hubo cenobios en muchos sitios, a veces múltiples como en el bajo Iregua, pero pudieron adoptar formas diferenciadas bajo contingencias locales específicas. Ni homogénea era internamente la aristocracia, ni igual la problemática en cada territorio, tampoco las fuentes de riqueza, o las bases demográficas, o los tipos de hábitat. Tenemos por delante todo un camino para la investigación; es lo que pretendíamos formular con el título del presente trabajo: vectores generales *vs.* respuestas locales.

## Bibliografía

ASÍN, M. (1944), *Contribución a la toponimia árabe de España*. Madrid (2.ª ed.).

AZKARATE, A. (1988), *Arqueología cristiana de la Antigüedad Tardía en Álava, Guipúzcoa y Vizcaya*. Vitoria-Gasteiz.

AZKARATE, A. y García Camino, I. (1996), *Estelas e inscripciones medievales del País Vasco (siglos VI-XII). País Vasco occidental*. Bilbao.

BARATA DIAS, P. (2000), O lugar da Regula Monastica Communis no monaquismo hispánico. *Humanitas* 52, p. 213-240.

BARATA DIAS, P. (2007), Uma nova leitura da vida e da acçao de S. Frutuoso, à luz das fontes históricas e literárias. *Humanitas* 59, p. 147-164.

BARATA DIAS, P. (2009), *Os textos monásticos de ambiente Frutuosiano*. Viseu.

BARATA DIAS, P. (2012), A *Regula Consensoria Monachorum* e o seu acolhimento pelo monaquismo de inspiração agostiniana. *In*: Martínez Gázquez; de la Cruz; Ferrero (eds.) *Estudios de Latín Medieval Hispánico. Actas del V Congreso Hispánico de Latín Medieval*, Firenze, p. 41-52.

BRAUNFELS, W. (1975), *Arquitectura monacal en Occidente*. Barcelona.

CABALLERO, L. (1987), Hacia una propuesta tipológica de los elementos de la arquitectura de culto cristiano de época visigoda (nuevas iglesias de El Gatillo y El Trampal. *II Congreso de Arqueología Medieval Española*, Madrid, p. 61-98.

CABALLERO, L. (1988), Monasterios visigodos. Evidencias arqueológicas. *Codex Aquilarensis* 1, Aguilar de Campoo, p. 31-50.

CABALLERO, L. (2006), El conjunto monástico de Santa María del Melque (Toledo): siglos VII-IX (criterios seguidos para identificar monasterios hispánicos tardoantiguos). *Monjes y monasterios hispanos en la Alta Edad Media*, Salamanca, p. 99-146.

CAMPOS, J. y Roca, I. (1971), *Santos Padres Españoles*, t. II: *San Leandro, San Isidoro, San Fructuoso, Reglas monásticas de la España visigoda*, Madrid.

CANTERA, J. (1950 ss.), El primer siglo del monasterio de Albelda (Logroño), años 924-1024. *Berceo* n.º 5, 1950, 13-23, 313-326 y 509-521; n.º 19, 1951, 175-186; n.º 21, 1951, 531-541; n.º 23, 1952, 293-308; n.º 58, 1961, 81-96; n.º 61, 1961, 437-448; n.º 63, 1962, 201-206; n.º 64, 1962, 327--342; n.º 66, 1963, 7-20; n.º 69, 1963, 377-386.

CARRERO, E. (2009), La arquitectura medieval al servicio de las necesidades litúrgicas; los conjuntos de Iglesias. *Anales de Historia del Arte* (vol. extr.), p. 61-97.

CASTELLANOS, S. (1998), *Poder social, aristocracias y hombre santo en la Hispania visigoda: la* Vita Aemiliani *de Braulio de Zaragoza*. Logroño.

CASTELLANOS, S. (1999), *Hagiografía y sociedad en la Hispania visigoda: La* Vita Aemiliani *y el actual territorio riojano (siglo VI)*. Logroño.

COLOMBÁS, G.M. (1998), *El monacato primitivo*. Madrid.

DÍAZ Y DÍAZ, M.C. (1967), Fructuoso de Braga y el Bierzo. *Tierras de León, Revista de la Diputación Provincial*, vol. 7, n.º 8, 1967, 41-51.

DÍAZ Y DÍAZ, M.C. (1969), La circulation des manuscrits dans la Péninsule Ibérique du VIIIe au XIe siècle. *Cahiers de civilisation médiévale*, vol. 12, n.º 47, 219-241; y vol. 12, n.º 48, 383-392.

DÍAZ Y DÍAZ, M.C. (2007), Monasterios en la Alta Edad Media hispana: monjes y libros, en *Monasteria et territoria. Elites, edilicia y territorio en el Mediterraneo medieval (siglos V-XI)*. Oxford, p. 11-18.

DÍAZ MARTÍNEZ, P.C. (1990), El monacato y la cristianización del noroeste hispánico; un proceso de aculturación. *Antigüedad y Cristianismo* VII, p. 531-539.

DÍAZ MARTÍNEZ, P.C. (2006), El legado del pasado: reglas y monasterios visigodos y carolingios. *In*: García de Cortázar; Teja (Coords.) *Monjes y monasterios hispanos en la Alta Edad Media*, Salamanca, p. 9-31.

DÍAZ MARTÍNEZ, P.C. (1987), *Formas económicas y sociales del monacato visigodo*. Salamanca.

ESPINOSA, U. (2011), *La iglesia de Las Tapias y los monasterios tardoantiguos de Albelda de Iregua y Nalda (La Rioja)*. Logroño.

GARCÍA GONZÁLEZ, J.J. (2012), Utilización política y social de los monasterios por parte de los reyes. *Monasterios y monarcas: fundación, presencia y memoria regia en monasterios hispanos medievales*, Aguilar de Campoo, p. 63-96.

GARCÍA MORENO, L. (1993) Los monjes y monasterios de las ciudades de la España tardorromana y visigoda. *Habis* 24, p. 179-192.

GARCÍA TURZA, F.J. (1992), *Documentación medieval del monasterio de San Prudencio de Monte Laturce (siglos X-XV)*. Logroño.

GONZÁLEZ BLANCO, A. (2006), Los 'palomares' de Nalda; arqueología de un antiguo monasterio. *Cuadernos del Iregua* 6, p. 4-29.

GONZÁLEZ BLANCO, A. (2011), La cueva de Herrera en la problemática del mundo rupestre: cultura, espíritu y espiritualidad. *Antigüedad y Cristianismo* XXVI, Murcia, p. 187-244.

GONZÁLEZ BLANCO, A. ed. (1999), *Los columbarios de La Rioja* (*Antigüedad y Cristianismo* XVI). Murcia.

GONZÁLEZ BLANCO, A. y Ramírez, T. (1999), El monasterio de San Martín de Albelda y sus columbarios. *In*: González Blanco (Ed.) *Los columbarios de La Rioja (Antigüedad y Cristianismo* XVI), Murcia, p. 179-185.

GONZÁLEZ BLANCO, A.; Espinosa, U. y Sáenz, J. M.ª (1979), La población de La Rioja durante los siglos oscuros (IV-X). *Berceo* 96, p. 81-111.

GONZÁLEZ GARCÍA, T. (1979), La Iglesia desde la conversión de Recaredo hasta la invasión árabe. *Hist. de la Iglesia en España* (2ª parte), vol. 1, Madrid, p. 401 ss.

HUBERT, J. (1957), La discussion sul tema: il monachessimo nella Gallia e nella Peninsola Iberica nei secoli V e VI. *Il monachessimo nell'Alto Medioevo e la formazione della civiltà occidentale, (Sett. Spoleto 1956)*, n.º 4, p. 109-117.

LÁZARO, M. (1997), El monasterio de San Martín de Albelda: estrategias en la ocupación del territorio y valoración socioeconómica (925-1094). *VII Semana de Estudios Medievales (Nájera 1996)*, Logroño, p. 353-384.

LINAGE CONDE, A. (1986), El monacato visigodo. Hacia la benedictización. *Los visigodos. Historia y Civilización (Antigüedad y Cristianismo* III*)*, Murcia, p. 235-259.

LÓPEZ QUIROGA, A.M. Martínez Tejera, J. Morín, eds. (2007), *Monasteria et territoria; elites, edilicia y territorio en el Mediterráneo medieval (siglos V-XI)*. Oxford

LÓPEZ VILAR, J. (2006), *Les basíliques paleocristianes del suburbi occidental de Tarraco: el temple septentrional i el complex martirial de Sant Fructuós*. 2 vols., Tarragona.

LORENZO, J. (2010), *La Dawla de los Banu Qasi. Origen, auge y caída de una dinastía muladí en la frontera superior de Al-Andalus*. Madrid.

MARCOS, M. (2000), Los orígenes del ascetismo y el monacato en Hispania. *El cristianismo: aspectos históricos de su origen y difusión en Hispania*, Vitoria-Gasteiz, p. 201-233.

MARTIN, C. (2003), *La géographie du pouvoir dans l'Espagne visigothique*. Lille.

MARTÍNEZ FLÓREZ, J. (2011), Estudio bioantropológico del yacimiento de Las Tapias (Albelda de Iregua), *Apéndice. In*: Espinosa, *La iglesia de Las Tapias y los monasterios tardoantiguos de Albelda de Iregua y Nalda (La Rioja)* Logroño, p. 230-279.

MARTÍNEZ TEJERA, A.M. (2006), La realidad material de los monasterios y cenobios rupestres hispanos (siglos V-X). *Monjes y monasterios hispanos en la Alta Edad Media*. Salamanca, p. 59-97.

MARTÍNEZ TEJERA, A.M. (2006), El hábitat cenobítico en Hispania; organización y dependencias de un espacio elitista en la Antigüedad Tardía y Alta

Edad Media (siglos v-X). *In*: López Quiroga et al. (Ed.) *Monasteria et territoria; elites y territorio en el Mediterráneo medieval (siglos V-XI)*, Oxford, p. 19-76.

MONREAL, L.A. (1989), *Eremitorios rupestres altomedievales (el Alto Valle del Ebro)*, Bilbao.

MORENO MARTÍN, F.J. (2009), La configuración arquitectónica del monasterio hispano entre la tardoantigüedad y el alto medievo: balance historiográfico y nuevas perspectivas. *Anales de Historia del Arte* (vol. extr. 2009), p. 199-218.

MUNDÓ, A. (1957), Il monachessimo nella Peninsola Iberica fino al secolo VII. *Il monachessimo nell'Alto Medioevo e la formazione della civiltà occidentale, (Sett. Spoleto 1956)* 4, p. 73-108.

ORLANDIS, J. (1971), *Estudios sobre instituciones monásticas medievales*, Pamplona.

RAMÍREZ, T. (2006), El monasterio de Albelda; un cenobio rupestre. *Espacio y tiempo en la percepción de la Antigüedad Tardía, Homenaje al prof. Antonino González Blanco ingravitatis academica aetate (Antigüedad y Cristianismo XXIII)*, Murcia, p. 739-752.

RAMÍREZ, T.; González Blanco, A. (2014), San Martín de Albelda, monasterio y *scriptorium* en el contexto de un importante complejo rupestre. *In*: López Quiroga; Martínez Tejera (Ed.) *In concavis petrarum habitaverunt; el fenómeno rupestre en el Mediterráneo medieval, de la investigación a la puesta en valor* (BAR IS), Oxford, p. 197-217.

SÁINZ RIPA, E. (1981-1983), *Colección Diplomática de las colegiatas de Albelda y Logroño*, 3 vols., Logroño.

SCHLUNK, H. y Hauschild Th. (1978), *Die Denkmäler der frühchristlichen und westgotischen Zeit*, Mainz am Rhein.

TARACENA, B. (1927), Excavaciones y exploraciones en las provincias de Soria y Logroño. *Mem. de la JSEA* 86, Madrid, 38-46, figs. 16-17 y lám. XVIII, con apéndice de craneometría realizado por F. de las Barras de Aragón.

UBIETO, A. (1960), *Cartulario de Albelda*, Valencia (reed. Zaragoza 1981).

UBIETO, A. (1971), *Crónica de Alfonso III* (ed. e índices), Valencia.

VIVES, J. (1963), *Concilios visigóticos e hispano-romanos*, Barcelona-Madrid.

WICKHAM, C. (2008), *Una historia nueva de la Alta Edad Media. Europa y el mundo mediterráneo 400-800*, Madrid.

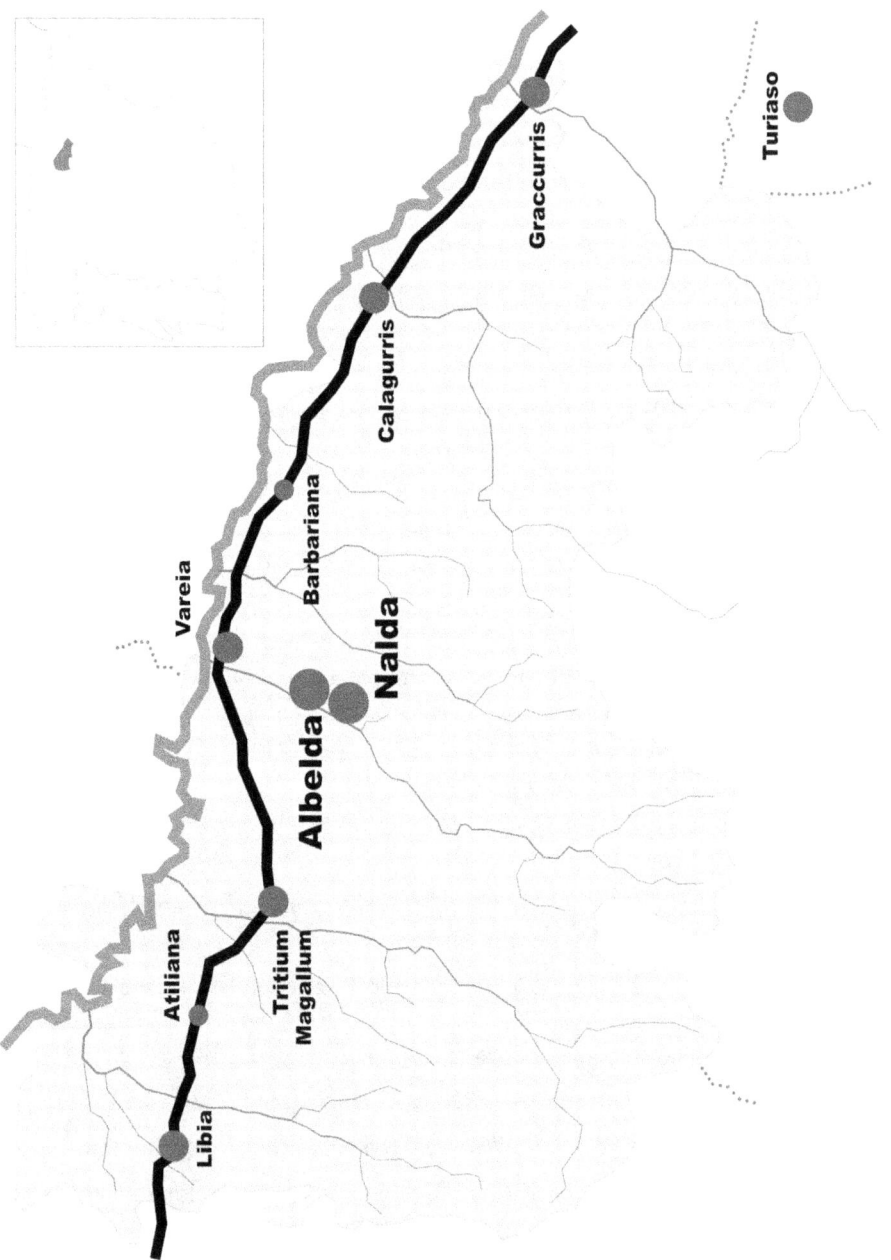

*Figura 1* – Localización de Albelda y Nalda en relación con la geografía histórica de La Rioja actual.

Vectores generales y respuestas locales en el monacato hispano tardoantiguo: un ejemplo desde la arqueología en el valle del Ebro

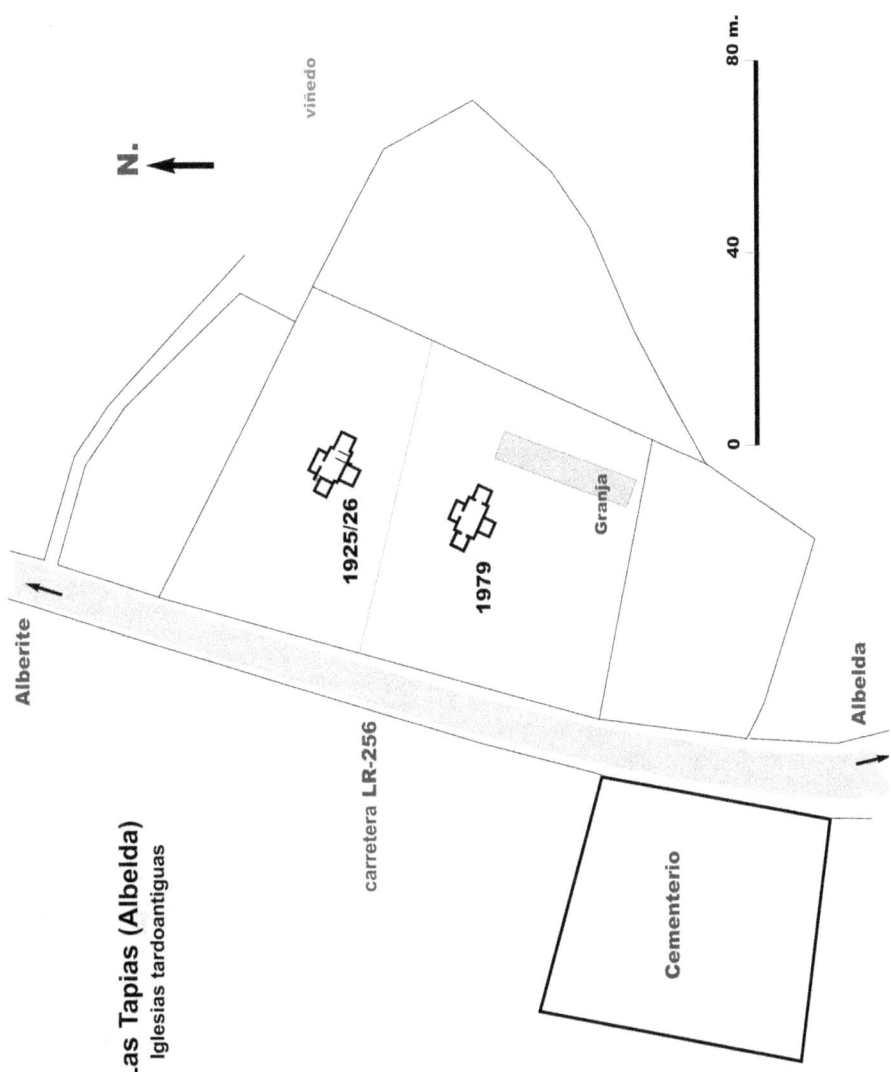

*Figura 2* – Iglesia de Las Tapias en la parcelación catastral de 1979; es aproximada la ubicación de la iglesia descubierta en 1925/26 por Blas Taracena.

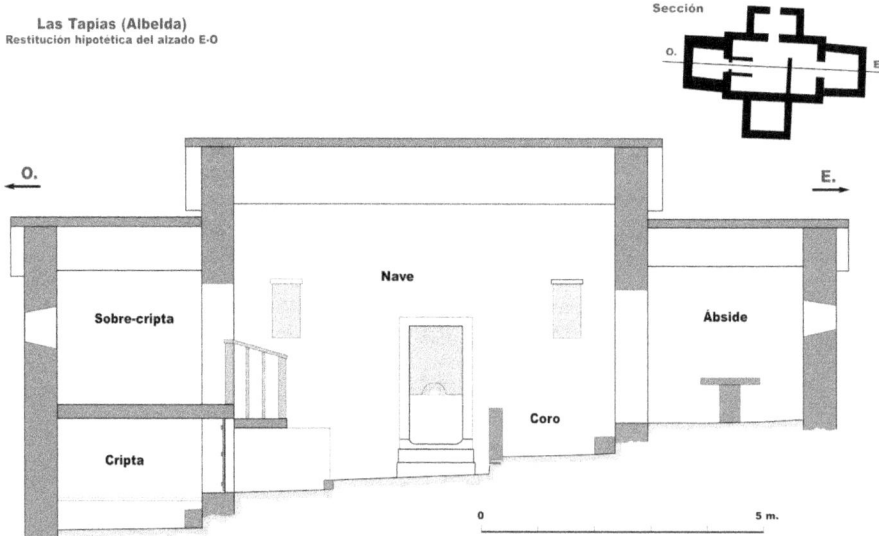

*Figura 3* – Restitución isométrica de Las Tapias (1979).

*Figura 4* – Restitución del alzado E-O de Las Tapias (1979), donde se aprecia la sobre--cripta, o contra-coro, en relación con las cotas de la nave y del ábside.

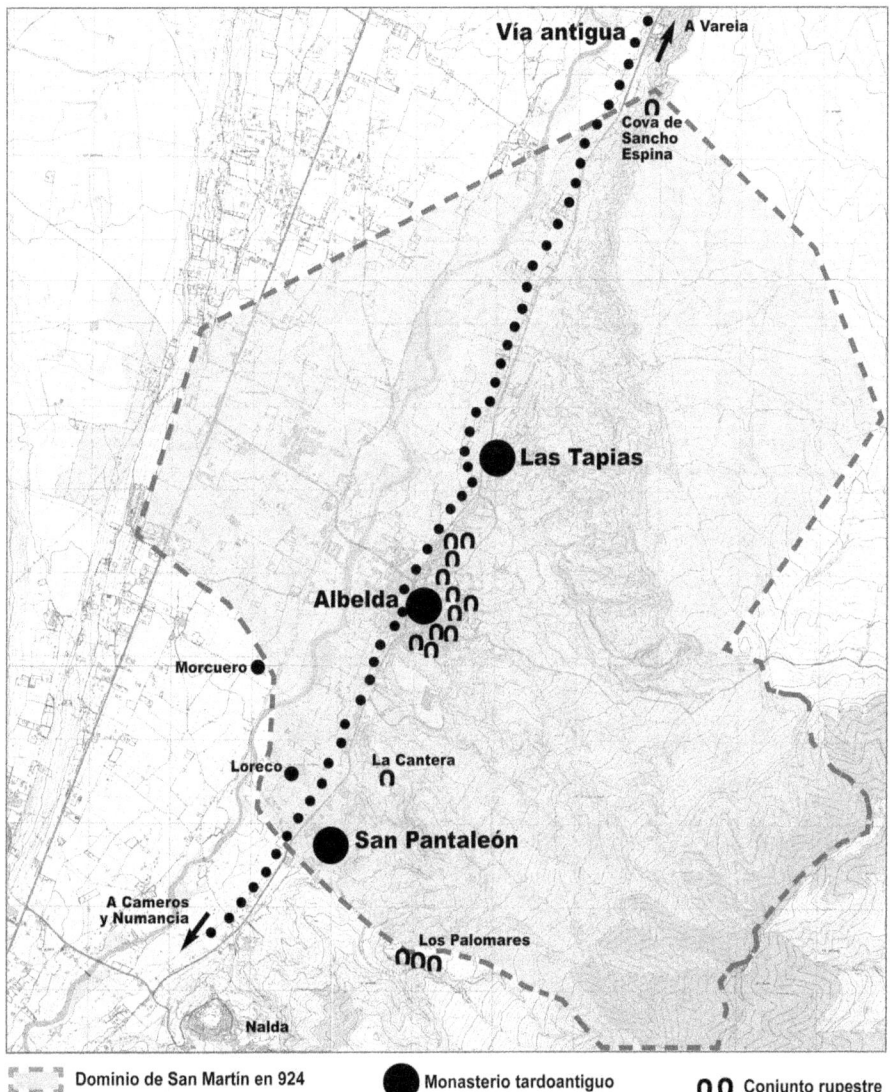

*Figura 5* – Los monasterios tardoantiguos de Las Tapias, Albelda y San Pantaleón y su relación espacial con el dominio de San Martín de Albelda el 924 (s. Tomás Ramírez 2006). Cartografía básica, Gobierno de La Rioja.

# DE LA *VILLA* A LA *ECCLESIA* (I): LOS DOCUMENTOS LITERARIOS SOBRE LAS TRANSFORMACIONES RELIGIOSAS EN LA HISPANIA RURAL
(From villa to ecclesia (I): literary testimonies on the religious transformations in rural Hispania)

Rosa Sanz Serrano
Dpto Historia Antigua – UCM

Resumo – A estrutura de povoamento peninsular transforma-se de modo significativo durante a Antiguidade Tardia. A leitura da documentação permite detetar alterações nos modos de designação dos sítios, em especial com o surgimento de termos neutros, como *villula*. Estas mudanças serão debatidas em seguida.

Palavras-chave – *Villa, villula*, cristianismo antigo, estruturas de povoamento.

Abstract – During Late Antiquity, the iberian settlement patterns changes dramatically. Reading the written sources, we can see the phenomena of change in the way as places are mentionned, emerging neutral designations. These changes will be discussed in this paper.

Keywords – *Villa, villula*, ancient christianity, settlement patterns.

Existe en la actualidad un interés cada vez mayor por el estudio de la transformación de los espacios religiosos en las Hispanias a partir del s. IV. Lamentablemente, en el análisis histórico de los cambios estructurales y materiales, el debate ha dado excesiva importancia a la llamada por el historiador Orosio "*pérdida de las Hispanias*" a raíz de la usurpación de Constantino III en la Prefectura de la Galia y de la llegada en el año 409 de suevos, vándalos y alanos[1]. Y lo ha hecho a pesar de la pobreza de fuentes escritas y de su evidente intencionalidad, sobre todo en el caso del obispo Hidacio cuando atribuye a los bárbaros las destrucciones de centros cristianos en el norte peninsular y evita cualquier información sobre los centros de culto pagano y la política imperial de persecución religiosa.

Como consecuencia de la lectura sesgada, tanto arqueológica como literaria, de la documentación con que contamos, se han asumido como evidentes dos hechos. El primero, la general cristianización de Hispania a comienzos del siglo V que supone a su vez la rápida desaparición de los templos paganos, pese a que una de las fuentes principales, Orosio, todavía dedica su obra a los recalcitrantes supuestos cristianos que, aprovechando el caos de esos momentos, habían vuelto a su fe pagana, y también a las abundantes alusiones en los textos conciliares a

---

[1] Sanz Serrano (1986: 225-265; 2006: 125-150) sobre la usurpación y las consecuencias políticas para Hispania. He dado especial énfasis a la autonomía de la nobleza local y de las comunidades en sus territorios.

los paganos. El segundo supuesto, el auge de la actividad edilicia cristiana y la evidencia de que la destrucción de un lugar de culto, fundamentalmente pagano, tiene que ver con las llamadas "invasiones bárbaras", lo que paralelamente lleva a soterrar la posibilidad en el caso de las destrucciones de otras causas y por otras manos, por ejemplo las cristianas. En esta línea se ha dado un mayor sentido al testimonio de autores cristianos como Sinesio de Cirene (*Oratio*, II, 3, 302) y su condena de las acciones destructoras de los bárbaros provenientes del desierto en el norte de África, la profanación de las tumbas, de las iglesias, la utilización de las mesas sagradas y de los utensilios litúrgicos cristianos, que a las abundantes denuncias en la amplia obra de autores como Libanio de Antioquia, el emperador Juliano o el historiador Zósimo, sobre la destrucción de centros de culto paganos como consecuencia de las actividades marcadamente ideológicas de la iglesia y el estado romano en las distintas provincias.

Por lo que se refiere a las Hispanias, de acuerdo con la realidad documental y, pese a la evidencia de que en una situación de relativo caos como la que se dio a principios del siglo v en Hispania, algunos edificios y lugares de culto – tanto pagano como cristianos – sufrieron ataques y despojos de distintas procedencias, las transformaciones que tuvieron lugar en los espacios religiosos se explican sobre todo en relación con los cambios ideológicos y políticos que tuvieron lugar entre los siglos v-vii. Estos cambios se iniciaron todavía durante el dominio romano y se desarrollaron plenamente con la monarquía visigoda y en ellos tuvieron un papel muy especial las aristocracias locales que influyeron en las poblaciones de los territorios que controlaban. El proceso, que no fue homogéneo ni sincrónico en el territorio hispano, suele aparecer ante nuestros ojos documentado arqueológicamente en su resultado final, es decir, la evidencia de construcciones cristianas entre los siglos v al vii en lugares donde anteriormente dominaban centro de culto paganos y en otros donde no hay esta constancia documental. Sin embargo, raramente el registro arqueológico nos explica las causas, los medios que se emplearon, los modos y otros factores determinantes de las transformaciones del paisaje religioso. Por el contrario, las fuentes literarias suelen ser más explícitas, aunque no completas en su narración, lo que nos permite plantear explicaciones más o menos aproximadas dentro de un estudio general sobre las transformaciones en los espacios rurales. Pero siempre que tengamos en cuenta las diferencias contextuales y las distintas problemáticas para definir – en este trabajo y en el complementario de Saúl Martín González – las diferencias existentes entre el sistema de villa romana y el de *villula* de época tardoantigua donde el complejo fenómeno de la cristianización tiene un importante papel.

He defendido en otras ocasiones[2] que el inicio de la cristianización de las Hispanias se encuentra a finales del siglo iv en la política de los emperadores

---

[2] Sanz Serrano 2003; 2007: 443-480.

cristianos – recogida en el Código Teodosiano – en contra de la libertad religiosa y a favor de la persecución de otras creencias y del cierre de los templos. Lo que no implica que se hayan producido hechos semejantes en épocas anteriores por distintas causas políticas, ideológicas y sociales[3]. De los inicios de la misma en las provincias de Hispania tenemos constancia en un decreto de los emperadores Honorio y Arcadio en el año 409 (*Codex Theodosianus*, XVI, 10, 15) – el mismo año al que se atribuye la llegada de suevos, vándalos y alanos – dirigido a *Macrobio vicario Hispaniarum et Procliano vicario quinque provinciarum* en el que en paralelo con la sanción del cierre de los templos se persigue su despojo en un intento de preservar el patrimonio del estado y evitar los conflictos. Este política estatal se sumaba a la llevada a cabo desde hacía tiempo por la Iglesia hispana con sus fieles, tal como se aprecia en los cánones del temprano concilio de Elvira donde se prohibía a los señores cristianos tener en sus casas ídolos para el culto de sus siervos, a no ser que temieran la violencia de los mismos[4], y se trataba de impedir que recibieran las ofrendas habituales a los dioses que descontaban los colonos de la renta debida a sus señores cristianos[5]. Pero sobre todo en el mismo se puede apreciar la violencia que generaba la represión de los cultos al anunciar la muerte, se supone a mano de los paganos, de algunos cristianos considerados como mártires en el intento de destruir los ídolos[6].

Sin embargo, el vacío documental del siglo V – que coincide con la pérdida del control imperial en las provincias y la llegada de los bárbaros – ha determinado que dependamos mas de lo deseable en este periodo tan determinante de la obra del obispo hispano Hidacio quien, en un acto para mí evidente y consciente de *damnatio memoriae*, elude transmitir cualquier tipo de noticias respecto a la fuerte lucha ideológica desencadenada en los territorios hispanos – y de la que tenemos constancia para otras provincias – y limita sus referencias exclusivamente a los cristianos y sus centros de culto en las regiones de conflicto entre hispanorromanos y bárbaros. Mucho más acorde con los tiempos, aunque escueto y solo válido para las primeras décadas del siglo, es el lamento de su contemporáneo y también cristiano hispano Orosio quien desde el norte de África como "desplazado político" escribió su historia "*contra los paganos*", es decir, para denunciar la supuesta

---

[3] Alvar Ezquerra (2014: 261-294) piensa que algunos centros de cultos mistéricos fueron destruídos en el siglo III por diversas causas.

[4] C. 41: *Admoneri placuit fideles, ut in quantum possunt prohibeant ne idola in domibus suis habeant. Si vero vim metuunt servorum vel se ipsos puros conservent; si non fecerint, alieni ab acclesia habeantur.* (Vives 1963: 9).

[5] C. 40: *Prohibere placuit, ut quum rationes suas accipiunt possessores, quidquid ad idolum datum fuerit accepto non ferant. Si post interdictum fecerint, per quinquennii spatia temporum a comunione esse arcendos.* (Vives 1963: 8).

[6] C. 60: *Si quis idola fregerit et ibidem fuerit occisus, quatenus in evangelio scribtum non est neque invenietur sub apostolis umquam factum, placuit in numerum eum non recipi martyrum.* (Vives 1963: 12).

"vuelta" al paganismo de unas poblaciones sometidas a las presiones institucionales y convertidas al cristianismo con demasiada urgencia y poca convicción religiosa. Por ello en el prólogo de su obra no duda en dirigirse a su protector Agustín de Hipona para señalarle que escribe contra los paganos que habitaban los pueblos y villas del campo y contra los gentiles a quienes les gustaban las cosas terrenas que no se preocupaban del futuro, olvidaban el pasado y atacaban su tiempo debido a que se adoraba a Dios mientras que los ídolos eran menos adorados[7].

Se detecta la misma preocupación que trasluce la obra de Orosio por la pervivencia del paganismo en sus más variadas formas en los concilios convocados entre los siglos IV al VII por unos obispos y unos monarcas suevos y visigodos que consideraban cristianos a los habitantes de las provincias, ya que el cristianismo era la religión impuesta por el estado romano, la defendida por la Iglesia y la asumida después por las monarquías imperantes. Así se comprueba primero en el I conc. de Zaragoza del año 380, en un contexto de persecución de los priscilianistas a quienes se consideraba herejes y paganos, en cuyo canon 4 se denunciaban actos durante el solsticio de invierno, entre el 17 de diciembre y el 6 de enero, días del año considerados también sagrados por los paganos, realizados de una manera oculta en las casas o haciendas *(in domibus/ in villam)* o en los montes[8]. El mismo concilio en el canon 2 especifica las reuniones poco convenientes en domingo y días de cuaresma en los mismos lugares[9]. En estos cánones se puede comprobar la misma coherencia ideológica que mas de un siglo después, y en referencia a los habitantes del alejado norte peninsular, comprobamos en la obra del obispo panonio Martín de Dumio (*De correctione rusticorum, 16* ), quien se queja de la "vuelta al paganismo", el abandono del signo de la cruz y el retorno a los ritos y creencias de los antepasados. El obispo, en clara connivencia con el emperador de Oriente y la monarquía sueva, convocó en poco tiempo dos concilios muy importantes en *Bracara Augusta*, la capital del reino suevo, en los que se estipularon los castigos que debían recibir quienes, en el campo o en las ciudades, se mantuviesen en el error y el pacto con el diablo (cs. 46, 47, 71 y 72 del II Concilio de Braga). Más en concreto, el canon 71 del II concilio de Braga, especifica claramente que se trataba de actividades que seguían las costumbres de

---

[7] Orosius, *Historiarum adversum paganos libri septem* prologo 9-10 (en la edición de Sánchez Salor 1982).

[8] C. 4: *Vigenti et uno die queo a XVImo kalendas ianuarias usque in diem Epifaniae qui est VIII idus kalendas ianuarias continuis diebus nulli licet de ecclesia absentare, nec latere in domibus, nec sedere in villam, nec montes petere, nec nudis pedibus incedere, sed concurrere ad ecclesiam. Quod qui non observaverit de susceptis, anathema sit in perpetuum.* (Vives 1963: 17)

[9] C. 2: *Ne quis ieiunet die dominica causa temporis aut persuasionis aut superstitionis aut quadragesimarum die ab ecclesiis non desint, nec habitent latibula cubiculorum ac montium qui in his suspicionibus perseverant, sed exemplum et praeceptum custodiant et ad alienas villas agendorum conventum a causa non conveniant.* (Vives 1963: 16).

los paganos (*paganorum consuetudinem*). En un contexto semejante, pero en este caso en territorios mucho más amplios dominados por la monarquía visigoda en los siglos VI y VII, los obispos reunidos con sus monarcas en los concilios de Toledo denunciaban todavía la persistencia de las creencias paganas, el culto a los ídolos, las piedras, las fuentes, los árboles y la existencia de personajes especializados en los antiguos ritos, al mismo tiempo que avalaban la política -heredada del imperio romano- de exterminio de los paganos, vigilada en las ciudades por los jueces y los obispos y en el campo por los *domini* dueños de los grandes predios (como ejemplo, el c. 2 del XVI Conc. de Toledo a. 693 de Egica). La crudeza del enfrentamiento religioso se comprueba sobre todo en el c. 16 del III Concilio de Toledo del año 589, donde se estableció lo siguiente:

> *Por estar muy arraigado en casi toda España y la Galia el sacrilegio de la idolatría, con el consentimiento del gloriosísimo rey (Recaredo), ordenó el santo concilio lo siguiente: Que cada obispo en su diócesis, en unión del juez del distrito, investiguen minuciosamente acerca del dicho sacrilegio, y no retrase el exterminar los que encuentre, y a aquellos que frecuentan tal error, salva siempre la vida, castíguenlos con las penas que pudieren, y si descuidaren obrar así, sepan ambos (obispos y juez) que incurrirán en la pena de excomunión, y si algunos señores descuidaren en desarraigar este pecado en sus posesiones, y no quisieren prohibírselo a sus siervos, sean privados también ellos, por el obispo, de la comunión*[10].

Las acciones violentas llegaban también a los espacios funerarios, cementerios o mausoleos, algunos de los cuales podían funcionar como centros de peregrinación y de culto para personajes singulares. De hecho las leyes romanas siempre castigaron con penas muy duras a los violadores de sepulcros, pero también las leyes visigodas (*L.V.*, XI, 2, 1-2) se hacían eco de la existencia de estos delitos dirigidos a robar los vestidos y ornamentos de las tumbas por hombres libres y siervos. Todavía más, el IV de Toledo del año 633 convocado por Sisenando implicaba en estas acciones a los clérigos en un acto que el concilio consideraba, no obstante, sacrílego y punible[11].

---

[10] *Quoniam pene per omnem Spaniam sive Galliam idolatriae sacrilegium inolevit, hoc quum consensu gloriosissimi principis sancta synodus ordinavit, ut omnis sacerdos in loco suo una cum iudice territorii sacrilegium memoratum studiose perquirat, et exterminari inventa non differat; omnes vero, qui ad talem errorem concurrunt, salvo discrimine animae, qua potuerit animadversione coerceant. Quod si neglexerint, sciant se utrique excommunicationis periculum esse subituros. Si qui vero domini extirpare hoc malum a possessione sua neglexerint vel familiae suae prohibere noluerint, ab episcopo et ipsi a comunione pellantur.* (Vives 1963: 499).

[11] C. 46: *Si quis clericus in demoliendis sepulchris fuerit deprehensus, quia facinus hoc pro sacrilegio legibus publicis sanguine vindicatur, oportet canonibus in tali scelere proditum a clericatus ordine submoveri et poenitentiae trienium deputari.* (Vives 1963: 499).

Desconocemos el alcance de las disposiciones eclesiásticas a favor de la persecución de los paganos y la destrucción de sus centros de culto, aunque es evidente en esta época la existencia de iglesias cristianas al menos en las ciudades y en algunas zonas rurales controladas por la Iglesia. Sin embargo, todavía en el año 681 el monarca Ervigio reunido con los obispos en el XII Concilio de Toledo esgrimía las mismas amenazas contra quienes desobedecían las leyes y ante la desolación que suponía el precario avance en la cristianización en una buena parte de las provincias hispanas. Pero lo sorprendente no es solo su lamento sobre el fuerte arraigo de las costumbres paganas entre el pueblo, sino que en el canon 11 se considera responsable a la nobleza (no sabemos en qué porcentaje) por no perseguir lo suficiente a sus dependientes y por incurrir ella misma en los errores de la fe. De manera que los reunidos en el concilio encomendaban a los jueces castigar con azotes y cargar con cadenas a los prevaricadores y exigían bajo juramento a sus dueños (se suponen por lo tanto que eran esclavos y siervos) la vigilancia de estos crímenes, bajo la amenaza de perder sus derechos sobre ellos y caer bajo la pena de la excomunión perpetua; además se amenazaba a los señores con el destierro y las consiguientes pérdida de sus bienes y el rechazo social que la excomunión suponía[12]. Finalmente el c. 2 del XVI concilio de Toledo en época de Égica (693), además de amenazar incluso a los presbíteros, jueces y nobles que no cumplieran con su obligación respecto a la persecución de los paganos, sancionaba definitivamente un hecho que se venía dando en todo el espacio peninsular y que explica en gran parte la transformación lenta, pero segura, de los espacios religiosos rurales, me refiero a la obligación de ofrecer a las iglesias cristianas vecinas los dones que las gentes depositaban en los espacios dedicados a los cultos tradicionales paganos de más o menos reciente construcción.

Lo que se evidencia en estos concilios es el papel determinante de la nobleza local en el mayor o menor éxito de la acción de los obispos y jueces. Sobre todo porque, como afirmaba en el siglo V el obispo Salviano de Marsella en su *De gubernatione Dei*, una buena parte de las poblaciones de las provincias de la Galia y de Hispania y aún sabiendo que ellos suponía la pérdida de sus propiedades, se habían arrojado en manos de la nobleza buscando protección -mediante los sistemas del *patrocinio vicorum* (de vici-aldeas) y el *vicanorum* (de vícanos, aldeanos)- frente a la inseguridad de los tiempos por la presencia de los bárbaros en las provincias y como defensa ante las tremendas presiones fiscales de la época. Esta

---

[12] C. 11: *Eos vero qui ad talem horrorem incurrunt et verberibus coerceant et onustos ferro suis dominis tradant, si tamen domini eorum per iusiurandi adtestationem promittant se eos tam sollicite custodire, ut ultra illis non liceat tale nefas conmittere. Quod si domini eorum nolint huiusmodi reos in fide sua suscipere, tunc ab eis a quibus coerciti sunt regiis conspectibus prasententur, ut principalis auctoritas liberam de talibus donandi potestatem obtineat: domini tamen eorum qui nuntiatos sibi talium servorum errores ulcisci distulerint et excommunicationes sententia perferant et iura servi illius quem coercere nolint se amisisse cognoscat quod si ingenuorum personae his erroribus fuerint inplicatae et perpetuae excommunicationis sententia feriantur et aretiori exilio ulciscentur.* (Vives 1963: 399).

realidad no solo forma parte, como se ha querido defender en ocasiones, de los excesos retóricos del obispo marsellés, pues los concilios y otras fuentes de la época demuestran sobradamente el enorme poder económico, político y ideológico de la nobleza hispana en los territorios que poseían[13]. Al respecto es importante señalar, y aunque un análisis detallado de los pormenores no puede ser tratado en este estudio, el hecho de que materialmente el poder ejercido por la nobleza hispana en el campo y en la ciudad aparece simbolizado en la magnitud y riqueza de las grandes villas que poseían y en las que tenían bajo su control a un buen número de siervos y dependientes[14].

Pero además interesa resaltar que en los grandes dominios que incluían estas villas, también en ambientes rurales, se situaban los templos de los dioses a los que acudían a orar, buscar consuelo o curación y a entregar sus ofrendas las poblaciones de los alrededores o de puntos muchos mas alejados en el caso de los templos con mayor prestigio. Y es precisamente a estos centros de culto y a quienes acudían allí, incluso bajo la amenaza de la persecución, a quienes se refieren mayoritariamente lo cánones conciliares analizados. Bien se trate de centros adscritos a una villa – y controlados por su dueño laico – o de lo que considero villas-templo o "dominios de los dioses" donde siervos, dependientes y sacerdotes que pertenecían a distintas divinidades, tarde o temprano sufrieron el peso de las leyes y de las disposiciones eclesiásticas, un fenómeno este necesitado de una profunda investigación. Aunque el investigador, a la hora de analizar los hechos y especular con los tiempos, formas y significados, ha de ser muy cuidadoso con los documentos materiales que le llegan, ya que éstos no siempre provienen de excavaciones sistemáticas, o no definen estructuras claras o pueden confundirno con iconografías y estilos artísticos o usos de larga pervivencia como sucede con las plantas basilicales o los mosaicos[15].

Pero es incuestionable que una buena parte de la destrucción de edificios y centros paganos está relacionada con el desarrollo del fenómeno cristianizador de las Hispanias. Ya que del mismo modo que la retórica y la acción misionera tenía como objetivo cambiar las mentes y las creencias de los habitantes de las provincias, la destrucción de los edificios y de los paisajes que llamamos paganos tenía

---

[13] He trabajado toda esta problemática en Sanz Serrano 2007: 443.
[14] Hay abundantes trabajos que mantienen la pervivencia de las grandes villas mucho después de la llegada de los bárbaros y el mantenimiento de su producción agrícola y artesanal eficiente (Orfila 1993: 125-147; Orselli 1999: 181-193; Gelichi 2000: 115-139).
[15] Un ejemplo sería la interpretación de los ricos mosaicos de época tardía en villas supuestamente cristianas y que conservan temas paganos como La Cocosa en Extremadura, la de Vitale en Tossa de Mar (Gerona), la de Cardilius y Avita de la villa de La Malena en Zaragoza, la de Quintana del Marco en León, las palentinas de Dueñas y La Olmeda, en Pedrosa de la Vega, Almenara de Adaja en Burgos, villa Fortunatus en Fraga (Huesca) y un largo etcétera. Es difícil suponer que la Iglesia en sus predios o la nobleza cristiana mantuvieran durante mucho tiempo estos testimonios porque los consideraban meros motivos artísticos como se ha argumentado (Arce 1993: 265- 274).

como objetivo la creación de un nuevo espacio cristiano, al servicio de una nueva ideología, para el que se aprovecharon siempre que hubo ocasión los materiales y riquezas requisadas. Y es fundamentalmente en relación con este proceso como podemos y debemos explicar la desaparición de la villa clásica como estructura señorial y su transformación en nuevos tipos de organización social, política y económica, como fueron la *parrochia* u organización territorial cristiana local y la *villula* como nueva forma de ocupación del suelo en la que se aprecian importantes cambios respecto a los antiguos predios señoriales.

Sobre lo temprano de este proceso, a mediados del siglo IV tenemos el testimonio muy conocido de la conversión de Prisciliano y de otros nobles del norte peninsular, un hecho histórico que ha sido tratado por buenos especialistas[16]. Los mismos priscilianistas admitían provenir de un pasado pagano muy comprometido (Prisciliano, *Libro Apologético*, 15) que considero pudo significar el compromiso sacerdotal de algunos de sus líderes, como Prisciliano, con algún culto concreto. Así al menos sucedía con una buena parte de las intelectuales en las provincias galas, y en especial con los que estudiaban en Burdeos donde impartían la *paideia clásica* todavía en el siglo IV los más famosos rétores paganos de Occidente. Entre ellos cabe destacar el llamado Acio Patera por el poeta Ausonio en su *Commemoratio* (4) que era "vástago de una familia de druidas de Bayocaso" (Bayeux, Calvados), del sagrado linaje del templo de Beleno e iniciado en los misterios de Apolo. En relación con esta realidad no se ha tenido en cuenta que a esta escuela pertenecía el rétor Delfidio que era precisamente el padre de la compañera sentimental de Prisciliano, ejecutada junto con su madre y el líder tras ser condenados en un concilio en esa ciudad por heréticos y paganos (Ausonio, *Comm.* 5), lo que demuestra la relación del líder priscilianista con estos círculos culturales y sobre todo sacerdotales bordeleses[17]. Por lo tanto, aún cuando fueron los priscilianistas acusados de practicar ritos prohibidos en los montes y en la intimidad de las villas, es de suponer que su conversión tuvo que tener unas consecuencias para los templos situados en sus dominios, siendo éste un supuesto sobre el que no tenemos ninguna documentación. En el caso de que esas transformaciones en centros cristianos no llegasen de la mano de los priscilianistas, pudieron ser llevadas a cabo por el obispado hispano que los persiguió, desterró y requisó sus bienes para apropiárselos. Pero sobre el particular tampoco hay evidencias en los textos ni en la documentación arqueológica relativa a los comienzos del siglo V y, por otra parte, la condena de los priscilianistas no tiene porqué suponer una inmediata cristianización de los espacios paganos en los que se movían, ya que la iglesia más conservadora del sur peninsular carecía de los medios y del material humano necesario para conseguir una transformación visible rápida en las pose-

---

[16] Blázquez Martínez 1981: 210-236; Vilella Masana 1997: 177-185; Escribano Paño 1988.
[17] Al respecto Sanz Serrano 2000; 2007.

siones requisadas. Menos aún cuando apenas dos décadas después las Hispanias fueron "invadidas" por los bárbaros.

Los priscilianitas no son los únicos ejemplos que nos llegan de la conversión de las élites provinciales; el cambio religioso lo veíamos reflejado en los cánones del Concilio de Elvira y en la ley del 409 dirigida a nuestras provincias y se intuye en una epístola del papa Hilario fechada a mediados del siglo v que parece demostrar la cristianización de unos personajes del Valle del Ebro denominados como *optimi et plurimi provinciales, honorati et possesores* de los territorios de las ciudades de Turiasso, Cascantum, Calagurris, Vareia, Tritium, Lejía (Libia) y Virovesa. Aunque en realidad la epístola solo refleja la participación de estos hombres destacados en la controversia desatada por el control de los obispados del Valle del Ebro, sin que por ello debamos inferir su segura cristianización[18]. Tampoco del dato un tanto ambiguo de que la joven aristócrata cristiana Melania y su esposo Piniano habían intentado vender algunas de sus posesiones peninsulares y otras convertirlas en monasterios, primero porque fracasaron en el intento por la presencia de los bárbaros en ellas y, por otra parte, porque no sabemos el alcance real que esta política hubiera tenido de haberse podido llevar a efecto.[19] De hecho, hay claras evidencias de que, al menos en el territorio burgalés y cántabro los santuarios tuvieron una larga pervivencia[20]. Por ampliar los ejemplos, desconocemos la repercusión real en las transformaciones del paisaje religioso y el impacto que ello puedo tener en las poblaciones de la conversión forzada y la imposición del culto a San Félix que llevo a cabo Paulino de Nola hacia el año 395 en los predios de su esposa la hispana Terasia en algún lugar de la Tarraconense, un hecho al que se alude constantemente para suponer la rápida cristianización peninsular[21].

En mi opinión el inicio del proceso de cristianización y su problemática está mejor documentado en las fuentes visigodas. Y en particular en el episodio real o simbólico, pero altamente sugerente, ambientado en el siglo vi y recogido por las *Vitas Sanctorum Patrum Emeretensium* (*VPE* 3,44)[22] en las que se narra el temor de los habitantes de ciertos dominios, al parecer requisados ya que se les reconoce del fisco, cuando Leovigildo se los entregó al monje africano Nacto y

---

[18] Controversia desatada por la queja del metropolitano de Tarraco ante las ordenaciones de obispos que estaba llevando a cabo sin su consentimiento el obispo Silvano de Calahorra. Lo que parece ser una disputa entre obispos, incluye a personajes laicos. Al respecto, *Ep.* 14 de *Ascanius* (Vilella Masana 1990: 385-39).

[19] Blázquez Martínez 1974: 103-123.

[20] Así lo hemos defendido respecto al de *Vurovius* en la zona burebana en Sanz Serrano; Ruiz Vélez 2014: 311-338.

[21] Terasia era una mujer muy piadosa pero Paulino fue sospechoso de haber participado en la muerte de su hermano y por eso se enclaustró. Véase Gruber 2006: 359-382; Álvarez Solano; Hurtado Buscató; Rivas García 1999: 275-300.

[22] (Ed.) Camacho Macías 1988.

a sus compañeros para que fundaran monasterios. Como consecuencia, se produjo el asesinato del monje a manos de los campesinos (*homines habitantes in eodem loco*), a quienes el personaje les era extraño por su origen, por su cultura y mentalidad y por llevar una vestimenta de pobre que le impedía ser respetado; aunque particularmente considero que tal violencia encerraba las represalias de esas comunidades ante la acción destructora de los edificios de culto pagano por parte de los recién llegados. Pero a pesar de este texto tan elocuente, que debemos sumar a los cánones conciliares visigodos vistos anteriormente que demuestran la persecución y la destrucción de los lugares y símbolos paganos, también es difícil elaborar un modelo de las características y cronologías de las transformaciones del espacio religioso en la etapa de pleno dominio de la monarquía visigoda. La razón fundamental es que las fuentes narrativas, como por ejemplo Isidoro de Sevilla o Juan de Biclaro, prefieren concentrar sus denuncias en las herejías y las desviaciones dogmáticas y dar por sentado que en un sistema de monarquía cristiana los súbditos no podían ser otra cosa que cristianos.

No obstante contamos con un pequeño número de obras de carácter hagiográfico en las que se puede comprobar en unos casos la reticencia de muchos territorios a la conversión y, en otros, la tardía llegada de cristianos a determinados lugares para llevar a cabo su labor misionera. También cómo esta estuvo protagonizada generalmente por miembros de las élites territoriales en sus propios dominios. Así al menos parecen ser los casos de Fructuoso, personaje hijo del *dux exercitus Spaniae* que llevó acabo una labor de evangelización en el norte y fundó monasterios en los obispados de Braga y Dumio, muy decaídos en la fe impuesta por Martín décadas antes; de Valerio, en el *Vergidense territorium* que pertenecía a su familia y donde tuvo problemas con el obispo de Astorga por el control ideológico de las poblaciones y de los donativos que llegaban al monasterio enviados por los fieles (Valerio, *Replicatio* 7-9); de Emiliano cuya vida narrada por Braulio de Zaragoza relata su labor en el Alto Valle del Ebro en territorios que pertenecían a su familia, y de Vicente de Huesca que tenía 26 propiedades en la Tarraconense y una de ellas la convirtió en el monasterio de Asan donde incluyó a sus colonos y siervos[23]. A ellos podemos sumar los numerosos ejemplos presentados por Ildefonso de Toledo en su *De viris illustribus*[24], obispos a los que podemos considerar como grandes transformadores de los territorios, *castra*, *vici*, *pagi* y *villae* que les pertenecían por herencia familiar. Por lo tanto es evidente la acción de las elites cristianas, poseedoras de grandes predios y lujosas villas, en el fenómeno de la transformación del espacio rural y de su cristianización, mediante la fundación de iglesias y de monasterios y la imposición de la nueva fe por las

---

[23] Castellanos 1998; 2004. Se ha especulado que la organización eclesiástica posterior se correspondiese con centros anteriores de poder al menos en el noroeste (véase Díaz 2001: 329-359).

[24] Codoñer Merino: 1972.

buenas o por la fuerza a sus siervos y esclavos que en los concilios aparecen denominados como *familia ecclessiae*[25].

De acuerdo con ello, ¿Cabe entonces pensar que los amplios espacios de la villa clásica fueron compartimentados para conformar espacios menores o *villulae* presididas por construcciones cristianas?. Por desgracia carecemos para Hispania de un discurso contemporáneo donde se puedan apreciar estos hechos y los cambios religiosos, sociales y económicos que supusieron. Sin embargo, hay ciertos textos de procedencia oriental donde se aprecian en gran amplitud y de manera descarnada porque provienen de buenos narradores. Entre ellos el emperador Juliano, ferviente denunciante de los abusos y consecuencias de las destrucciones de edificios paganos y de la persecución religiosa en Oriente en sus discursos y epístolas y, sobre todo, el rétor pagano Libanio de Antioquía que en su *Pro Templis* (*Oratio* XXX, 8-10) explica el proceso de cambio que se estaba llevando a cabo desde finales del siglo IV. Debemos detenernos en este último por su testimonio ejemplificador y sobre todo porque afirma y demuestra como se producían los hechos, sin contemplaciones hacia la masa de esclavos, colonos y trabajadores de las más variadas categorías que cultivaban y trabajaban en los templos de los dioses y que al mismo tiempo dependían de su existencia. Libanio refiere al emperador Teodosio las destrucciones y saqueos de estos lugares sagrados a manos de los monjes que hacían huir a sus sacerdotes y desencadenaban el abandono de sus tierras por los campesinos (y debemos suponer el freno de sus actividades industriales) sin ofrecer otra alternativa, de manera que las consecuencias eran la ruina de los campos y de los hombres cuya alma eran los templos, que habían edificado y mantenido, y en los que tenian puestas sus esperanzas con sus familias y sus animales y su tierra sembrada; esperanza perdida después de su destrucción y de la privación de sus dioses. El autor mantiene igualmente en otro de sus discursos (*Oratio* II, 30-32) la desconfianza de los fieles que con el cambio religioso exigido por el estado a favor del cristianismo habían dejado incluso de entregar ofrendas a los templos que todavía estaban en funcionamiento para que éstas no acabasen finalmente en manos de otros (se supone los cristianos) y habían dejado de practicar los sacrificios y los ritos que daban riquezas a los templos y servían para auxiliar a los necesitados, desencadenando con ello la pobreza para todos. Por lo tanto, para el autor, el drama de la persecución religiosa también lo era social y afectaba al sistema económico que además dejaba sin ayudas a los ancianos y a los niños huérfanos con los cuerpos lisiados que no recibían la atención médica que necesitaban, ayuda que el mismo Libanio conocía bien porque sus constantes dolores de cabeza solo encontraban alivio en las medicinas que recibía en el templo de Esculapio. A todo ello se venía a añadir según el emperador Juliano (*ep.* 84) el freno de las ayudas imperiales que iban destinadas a los templos para que los sacerdotes compraran alimentos y construyeran hospicios para los po-

---

[25] Cs. 6 del 11 de Toledo y 4 del III de Zaragoza (Vives 1963: 360; 478).

bres, para sus servidores y los extranjeros y mendigos que participaban también de las ofrendas de los fieles; aunque este emperador extiende sus críticas a cierto sacerdocio pagano más dedicado al lujo y los placeres y causante de que judíos y cristianos supliesen con sus obras caritativas las prácticas tradicionales de los paganos[26].

Consecuentemente, la persecución religiosa y la desaparición de sus símbolos y manifestaciones supuso un cambio en el paisaje y en la organización del espacio religioso con una grave pérdida para la comunidad pues, por ejemplo, en la descripción que Libanio hace del templo de Apolo en Dafne (cerca de Antioquía) (*Oratio*, XI, 235-245) afirma que contaba con un teatro, bosques de cipreses de fragancias embriagadores y con multitud de pájaros, viñedos, senderos, residencias majestuosas, salas para fiestas, jardines, baños restauradores de la salud y una gran riqueza acuífera que era utilizada para las curaciones de los enfermos que allí acudían. Por contraste, el autor en otro lugar (*Oratio* VII, 9-11) llega a afirmar que, una vez dañados, la mayor parte de las veces los antiguos lugares de culto se convertían en basureros, en depósitos de escorias o de leña o acababan por ser demolidos y sus piedras utilizadas para la construcción de casas. Como consecuencia, el historiador Zósimo (V, 23) asegura también que al desaparecer los templos muchas de sus antiguas actividades pasaban a ser realizadas en las mansiones y villas de personajes distinguidos, tal como veíamos en los cánones de los concilios de Zaragoza y el I de Toledo ya analizados referidos a las actividades supuestamente heréticas y paganas de los priscilianistas. Pero la transformación del paisaje religioso tuvo diversos tiempos según los contextos y dependió sobre todo de la capacidad de la Iglesia para crear y desarrollar las infraestructuras necesarias para su control y la organización de una nueva forma económica y social que, en parte, emanaba del pasado pero adquiría un nuevo significado. Aún así Libanio (*Oratio*, XXX, 26-28) era consciente de que la imposición del cristianismo no significaba necesariamente su aceptación.

Como es lógico las transformaciones producidas más o menos rápidas, coinciden con un cambio terminológico en los textos mediante la paulatina desaparición, aunque no radical, del término villa y la irrupción, no novedosa pero sí significativa, del término *villula* con un significado muy distinto al de *parrochia*. Aunque se ha especulado[27] con la posibilidad de que la *villula* podría ser una villa más modesta porque así parecen demostrarlo las referencias de épocas anteriores, es indudable que en época visigoda en el concepto se incluye una diferencia de función, de organización e ideológica además de la cuestión relativa al tamaño. Así debemos de tener en cuenta que en los primeros concilios de los siglos IV y V, cuando era escasa la cristianización de las provincias, los cánones que se refieren a los paganos, retirados para organizar sus ritos fuera del control eclesiástico en sus

---

[26] Enjuto Sánchez 2000: 407-423 ha estudiado algunos casos de estas evidencias en Oriente.
[27] Martín González 2011.

posesiones y casas donde había altares y templos, no utilizan el término *villula*. El Concilio de Elvira en su canon 41 utiliza *in domibus*, y el I Concilio de Zaragoza del año 380, en el c. 4 se refiere a la villa o a los montes como competencia de las iglesias (*nec sedere in villam, nec montes petere, nec nudis pedibus incedere, sed concurrere ad ecclesiam*). El canon 2 de este último insiste en habitáculos, montes y villas ajenas (*nec habitent latibula cubiculorum ac montium et ad alienas villas*). Sin embargo, en el inicio del esplendor de la monarquía visigoda, casi dos siglos después y puesto ya en marcha el aparato del estado para la cristianización de los territorios, el c. 16 del III Concilio de Toledo en el año 589, se refiere de una manera ambigua a actos idolátricos permitidos por los señores en sus posesiones (*a possessione sua*), ambigüedad que no nos permite aclarar qué tipo de lugares son, pero es significativo que se haga referencia a la *familiae* del *dominus*, los siervos y dependientes que habitualmente trabajaban para una villa, pero también para un sistema señorial ya transformado. Por el contrario, en un texto de clara significación cristiana, la ya referida obra sobre los padres emeritenses (*VPE*, II, 21), en el pasaje donde se cuenta al desbordamiento del río Guadiana, se comenta la inundación de edificaciones situadas en las *villulae* vecinas situadas en los bordes de río, lo que parece demostrar un tamaño modesto de las mismas, aunque lo más sugerente es la relación de éstas con el monasterio Caulaniense que actuaba como punto de referencia ideológica para las mismas[28]. Es decir, ha habido una cristianización del territorio y posiblemente una compartimentacion del mismo de posesiones anteriormente más amplias que pudieron pertenecer tanto a grandes señores paganos como a los emperadores ya desaparecidos o ser nuevas organizaciones socioeconómicas creadas con la transformación religiosa en la zona. Algo semejante tenemos en la obra de Julian de Toledo (*Historia Wambae*, 3: *Gerebantur enim ista in villula, cui antiquitas Gerticos nomen dedit*) donde el término *villula* va ligado a un centro de población, el de *Gerticos*, en territorio Salmanticense, supuestamente ya cristiano y originado en una organización anterior del tipo villa clásica. Todavía más, hay testimonio de la construcción de un cenobio femenino en una *villula* en la obra *Beati Ildephonsi Elogium* de Julián de Toledo ("*Coenobium quoque virginum in* Deibensi villula *construxit* en *PL*, XCVI, 43) y en la *Vita Iuliani* (VI, XCVI, 446: *Monasterio Sancti Felicis, quod est* Cabensi in villula *dedicatum*) de Félix de Toledo, donde se dice que se dedicó un monasterio a San Félix en una villula".

Los ejemplos se multiplican si atendemos a los concilios que nos permiten ver algunas diferencias nuevas. Así el Concilio XII de Toledo, en el intento de frenar los nombramientos de obispos sin el control del Metropolitano de Mérida,

---

[28] (*VPE*, II, 21): *Post quidecim vero aut eo amplius annos memorabilis amnis Ana nimium excrecens ripasque alvei sui supergrediens fluenta liquoris lat asparsi et ruinas aedium per villulas vicinas litori suo multas fecit, similiter et Caulaniensis monasterii cellas evertit.*

corrobora en el canon 4 la existencia de *villulas*, la construcción de monasterios en ellas y la ordenación de un nuevo obispo en la de Aquis – por presiones del rey Wamba – donde descansaba el cuerpo del confesor Pimenio[29]. Un poco más adelante se asegura que se estaba haciendo lo mismo en otros lugares y *villulas*, negándole a Aquis el privilegio de tener obispo. Si pudiéramos identificar la Aquis del concilio con la *Aquae Flaviae* (Chaves) que fue la sede obispal de Hidacio, lo que estamos viendo es la pérdida de la importancia eclesiástica del lugar en dos siglos y, muy probablemente, la transformación de un antiguo dominio familiar que encumbró a Hidacio como obispo, en compartimentos menores dependiente de la Iglesia hispana. Este mismo concilio, en el *tomus* previo, se refiere a la famosa ley militar de Wamba por la que se obligaba a los nobles a acudir a la llamada del rey en época de guerra y pone de manifiesto que algunos habitantes de las provincias habían sido declarados infames al no responder al requerimiento; pero lo que importante es que al señalar sus lugares de pertenencia utiliza los términos *vici* y *villulae*[30]. Por lo tanto en ninguno de los casos citados vuelve a aparecer el término *villa* para caracterizar formas de organización territorial al estilo de la villa clásica y sí el de *villula* siempre relacionado con la cristianización del lugar.

Este cambio terminológico evidente se aprecia plenamente relacionado con un cambio estructural en otros textos tardíos. La *Regula Communis* (VI) clarifica más sus características, ya que corrobora que en las *villulae* se podían encontrar espacios religiosos relacionados con el cristianismo e incluso monasterios familiares donde se incluían las mujeres y los hijos de los siervos y se construían hospicios para peregrinos bajo el modelo de los antiguos templos paganos como hemos visto más arriba. Además especifica cómo sus habitantes debían renunciar a la posesión de sus bienes y *villulae* que ya abandonaron. Por lo tanto, éstas son un patrimonio perdido de mayor o menor envergadura al que se tenía que renunciar en la vida monacal para entregarlo a la Iglesia. Pero lo interesante es que la *Regula* identifica otros lugares de hábitat donde no existen estos monasterios, los *vici* y las *villae*, entidades por lo tanto que en esa época son plenamente identificables como distintas a la *villula*.[31] El caso de la *villa* es una excepción respecto a la mayoría de los textos cristianos de estos siglos, donde prácticamente está desaparecida como unidad territorial, y lo cierto es que no podemos determinar

---

[29] C. 4…..*Ut in monasterio villulae Aquis ubi venerabile corpus sanctissimi Pimenii confessoris debito quiescit honore, novam episcopalis honoris ordinationem efficeret*. (Vives 1963: 390-392).

[30] C .2…*Ita ut quia in quibusdam villulis vel territorios sive vicis*... (Vives 1963: 383).

[31] *Regula Communis* VI (*PL* LXXXVII): *Cum venerit quispiam uxore vel filiis parvulis id est infra septem annos, placuit sanctae communi regulae ut tam parentes quam filii in potestatem se tradant abbatis, qui et ipse abbas omni sollicitudine quid observare debeant rationabiliter eis disponat: primum nullam corporis sui potestatem habeant, neque de cibo aut indumento recogitent. Neque facultates aut villulas quas semel reliquerunt ulterius possidere praesumant; sed tamquam hospites et peregrini subiecti in monasterio vivant*... Reg. Comm., XXII: ...*Ceterum vicos, villasque circuire adque ad saecularem possessionem accedere non licebit.*

si ésta era concebida en estos momentos como lo había sido hacía dos siglos y conservaba los valores de su pasado pagano y romano, aunque parece determinar un patrimonio privado en algunos documentos civiles, jurídicos y literarios[32].

Independientemente de lo que encierre el significado del término villa en el siglo VII, lo que parece incuestionable es que villa y villula no son términos intercambiables sino que coexisten en época visigoda identificados por sus contemporáneos en sus diferencias estructurales y funcionales. Diferencias que no se presentan demasiado claras debido a la precariedad de información en los textos, pero que parecen tener relación con la cristianización de los espacios rurales y muy probablemente con una compartimentación del territorio de los antiguos dominios señoriales para el caso de las villulae. La transformación en ese caso tuvo mucho que ver con las creencias e ideologías de sus respectivos dueños, en el caso de que fueran privadas, o de la iglesia en los espacios que le pertenecían por herencia patrimonial o expropiación a otros dueños. Personalmente creo que las villulas tuvieron mucho que ver con una transformación del paisaje rural como consecuencia de la descomposición de una parte de los antiguos grandes predios de época romana, bien por razones políticas, económicas o ideológicas (la persecución cristiana a la que me he referido más arriba), pero también como reflejo tardío de la existencia histórica de pequeñas y medianas propiedades libres que, con la descomposición del estado romano, pudieron ser más fácilmente controladas por la Iglesia. En ambos casos, el cambio ideológico se detecta en la construcción en ellas o en su entorno de monasterios y de iglesias rurales y la transformación de sus hombres libres en cristianos y de los siervos que habitaban las propiedades heredadas por la iglesia en la familia ecclessiae.

Fueron fundamentalmente estos miembros de la *familia ecclessia*e los elementos idóneos para el mantenimiento de las nuevas estructuras eclesiásticas creadas en los antiguos espacios sagrados paganos. Pues, si bien es evidente que no se puede hablar de la cristianización de los espacios rurales si solo contamos con pruebas de la destrucción de los templos paganos, ya que, como veíamos en Libanio, éstos podían ser abandonados o utilizados para otros menesteres más laicos como establos o almacenes, si hay abundantes testimonios en que construcciones cristianas sustituyeron a los anteriores edificios paganos en ellos como manifiestan los textos. No es mi intención abundar en este asunto, ya que en esta misma publicación, Saúl Martín González presenta algunos de los casos más destacados de estas transformaciones en su contexto material. Por mi parte, hace tiempo que llevo defendiendo que las antiguas Hispanias tardaron siglos en vaciarse de templos paganos y que este proceso fue más rápido en las ciudades que en el campo, ya que algunos de ellos estuvieron enclavados en parajes alejados e insólitos

---

[32] *Liber Iudiciorum*, II, 4, 17 y VIII, 6, 2 y Valerio del Bierzo, *De superioribus querimonis residuum*, III, 13, 15.

o lejos de los centros de población importantes[33]. Y al respecto remito en este momento a los evidentes casos de la cristianización del santuario de Ataecina en Santa María del Trampal o el de Endovélico en San Miguel de la Mota en Alandroal, Portugal, los dos con claros rasgos de destrucción y reutilización de sus materiales en la etapa cristiana. Además el fenómeno puede ser extendido a la construcción de iglesias en las antiguas villas que mantenían centros religiosos al servicio de sus dependientes y siervos. Como sin duda sucedió en las más ricas de la Península como Las Vegas de Pueblanueva, la de de Fortunatus en Fraga, la de São Cucufate en el territorio de Pax Iulia (Beja-Portugal), Francolí en Tarraco, La Cocosa, Las Tamujas en Toledo, Santa Lucía de Aguilafuente en Segovia y Santervás del Burgo en Soria, algunas de ellas con una datación muy tardía como las de Veranes en Gijón, de São Gião cerca de Nazaré, Valdecebadar de Olivenza, S. Juan de Baños en Palencia o S. Pedro de la Nave y Quintanilla de las Viñas. Yo misma he podido comprobar el fenómeno tardío de las transformaciones de los espacios rurales a partir del estudio del santuario de *Vurovius* en Barcina de los Montes, situado en un importante cruce de caminos entre la Meseta, Cantabria, el Valle del Ebro y la Galia y cuyo paso estaba controlado en los Montes Obarenes por el yacimiento de Soto de Bureba que hemos identificado con la civitas autrigona de *Vindeleia*[34]. Esta zona de cristianización tardía acabaría por convertirse finalmente en un enclave importante en el Camino de Santiago.

En definitiva, debemos ser tan cautelosos y precisos a la hora de aplicar las cronologías de los procesos, cuanto en los estudios de los materiales de los distintos contextos, ya que el fenómeno de la cristianización de las antiguas hispanias fue un proceso largo y muy complejo. Porque la construcción de edificios cristianos en lugares donde antes existieron centros de culto pagano o no, requirió contar con un importante componente humano capaz de mantenerlos en pie, cuidarlos, asegurar la labor misional entre los habitantes de la zona y posibilitar su funcionamiento. Por eso en los textos se comprueba cómo la Iglesia se organizó a base de la misma estructura social que anteriormente componía el elemento humano de las villas y de la que se nutrieron los antiguos centros de culto paganos para su mantenimiento y desarrollo. Es decir, de la estructura social campesina que ponía en manos de los grandes predios a un buen número de siervos y de dependientes. En el mundo pagano, los templos rurales funcionaron gracias a las ofrendas que recibían de las poblaciones cercanas, pero también de las rentas que provenían de

---

[33] Sanz Serrano 2003. El proceso no comenzó a ser importante hasta el siglo VI e incluso podemos llegar en algunas hasta época Omeya (Caballero Zoreda 2000; Godoy Fernández 1998) que presentan el debate abierto sobre las cronologías y las posturas adoptadas por los distintos especialistas respecto a centros como Santa Lucia del Trampal en Cáceres, Santa María de Melque, S. Pedro de la Mata en Toledo, Quintanilla de las Viñas en Burgos o Santa Comba de Bande en Orense entre otros. También Guerra; Schattner; Fabião; Almeida 2002; Schattner; Suárez Otero; Koch 2003.

[34] Sobre la problemática: Sanz Serrano; Ruiz Vélez 2014.

su trabajo en los campos de los dioses o como artesanos, administradores, cuidadores y sacerdotes de los mismos. Libanio de Antioquía era muy claro cuando incidía, como hemos visto más arriba, en este fenómeno, sintetizándolo en su frase de que los templos eran "el alma de los campos". Con su cristianización las iglesias se sustuvieron igualmente con el trabajo de los miembros de la llamada *familia ecclesiae* y de esta misma familia salieron los encargados de organizar el culto y mantenerlas en pie donde se construyeron, a veces en parajes recónditos.

De nuevo los cánones conciliares son en Hispania testimonio de estos hechos. El IV Concilio de Toledo en su canon 49 se refiere a la acogida de los siervos como monjes por voluntad propia si eran adultos o por la de sus padres en el caso de los menores, al mismo tiempo que se les negaba la posibilidad de volver al mundo si se arrepentían[35]. El mismo concilio en su canon 5 señala que los tonsurados no podían volver a la vida seglar aunque hubieran sido entregados a la iglesia por sus padres y sin su permiso o lo hicieron ellos mismos al quedar desprotegidos a la muerte de sus padres, condición que se repite para las viudas y vírgenes consagradas en los monasterios. El mismo canon deja claro que si han huído y son apresados por el obispo (en este caso actúa como el dominus en la villa), una vez cumplida la penitencia que se supone tendrían por no cumplir con sus obligaciones, caerían bajo el anatema al ser considerados como apóstatas de la fe. La dedicación de por vida iba aparejada incluso en el caso de que los padres no hubieran dado su consentimiento, hecho que nos pone en relación con la imposición de la Iglesia como patrona a sus siervos y que está reflejada en el canon 6 del X concilio de Toledo junto con las razones que llevaban a algunos padres a entregar a sus hijos antes de cumplir los 10 años de edad y que no eran otras que el niño pudiera "salir de la miseria", es decir, la esperanza de que bajo la protección del templo su vida mejorase respecto a la que les esperaba en el ámbito familiar. Pero requiere una especial atención el canon 12 del Concilio de Mérida del año 666 en que podemos comprobar la necesidad de contar con estos siervos de la Iglesia (familia ecclesiae) para mantener los edificios religiosos rurales y la celebración de los oficios a cambio del vestido y del alimento bajo la condición irrevocable de su fidelidad a los intereses de su patrona, la Iglesia, a la que se debían como siervos[36].

Ante estas imposiciones tiene su lógica la abundancia de denuncias en los concilios de casos específicos de obispos y sacerdotes que hacían mal uso de los

---

[35] C. 49 IV Concilio de Toledo: *Monachum aut paterna devotio aut propria professio facit; quidquid horum fuerit, alligatum tenebit: proinde eis ad mundum reverti intercludimus aditum, et omnem ad seculum interdicimus regressum* (Vives 1963: 208).

[36] C. 12 Concilio de Mérida: *Proinde instituit hoc sanctum synodum, ut omnes parrochitani presbyteres iusta ut in rebus sibi a Deo creditis sentiunt habere virtutem, de ecclesiae suae familia clericos sibi faciant, quos per bonam volumtatem ita nutriant ut officium sanctum digni peragant, et ad servitium suum aptos eos habeant. Hii etiam victum et vestitum dispansatione presbyteri merebuntur, et dominio et presbítero suo atque utilitati ecclesiae fideles esse debent* (Vives 1963: 83).

bienes eclesiásticos, así como del mal comportamiento de monjes y encargados de cuidar las iglesias (cs. 51, 52, 53 del IV de Toledo), o el de vírgenes y viudas consagradas por imposición paterna o señorial (c. 54)[37]. Incluso en este contexto de imposición por la fuerza podemos entender el abandono en que se encontraban algunos edificios eclesiásticos en muchos lugares a cargo de sacerdotes con poca dedicación o huídos por las dificultades de los tiempos y la misera de su condición. Así lo demuestran las quejas de los obispos reunidos en el Concilio de Tarragona a principios del siglo VII, recogidas en su canon 7, sobre la falta de clero en las iglesias de su diócesis hasta el punto de que en las más pequeñas no se llegaban ni a encender las lámparas. Siguiendo con esta tónica el c. 5 del XVI Concilio de Toledo de 693 testimoniaba en época tan tardía el abandono de muchas iglesias por su pobreza y porque quienes tenían que atenderlas no lo hacían y, por esta razón, la Iglesia obligaba también a los obispos a reparar los edificios con las tercias entregadas por los fieles.

La situación pudo ser más dramática en los lugares donde la cristianización no fue promovida por las autoridades eclesiásticas, sino por la nobleza cristiana en sus dominios persiguiendo los mismos objetivos que sus antecesores paganos: por una parte dar posibilidad a los siervos y esclavos de sus predios de contar con un centro religioso cristiano que venía a suplir los antiguos edificios de culto paganos y, en segundo lugar, lucrarse mediante este hecho con las dádivas entregadas por las poblaciones al templo. Asi nacieron las denominadas en los textos "iglesias propias" en las que se solían depositar falsas reliquias de mártires para facilitar su culto y atraer a las poblaciones del entorno y de otros lugares que entregaban sus donativos y sus exvotos. Pero no siempre los señores utilizaban estos bienes para el mantenimiento de los templos y por ello el concilio de Sevilla II del año 619 legisló contra quienes cerraban y despojaban los monasterios situados en sus dominios (c. 10 y 11) mientras podemos ver, de una forma más explícita, en el c. 6 del II Concilio de Braga el porqué de muchas fundaciones y de su abandono al comprobar que muchos laicos lo hacían para recoger en ellas los tributos que se entregaban a Dios en su beneficio:

> *Se tuvo por bien que si alguno construye una iglesia, no por fe y devoción, sino por codicia y lucro, para repartirse lo que allí se reúna de las ofrendas del*

---

[37] Melluso 2000: 236-265 señala en su trabajo como algunos papas trataron de impedir que los siervos entrasen en la iglesia aunque tuviera la libertad. Son los los *servi confugientes ad ecclesiam* y que fue una ley de Valentiniano III de 452, la que dio el visto bueno a los esclavos, *originarii, inquilinio coloni* para acceder *ad clericale munus* o escoger la via del monaterio para salir de su condicion. Por lo tanto una buena parte de la gente esclava de los grandes latifundios señoriales que acaba formando parte de la *familia ecclesia*, según ha demostrado esta autora, pasará a los monasterios y a formar parte de la nueva reorganización del territorio.

*pueblo a medias con los clérigos, alegando que él ha construido la iglesia en sus tierras, lo cual se afirma que se da hasta ahora en algunas partes, deberá pues en adelante observarse los siguiente: Que ningún obispo de su asentimiento a una propuesta tan abominable, atreviéndose a aconsagrar una basílica que no ha sido fundada para alcanzar la protección de los santos, sino más bien con fines tributarios*[38].

Un ejemplo más proviene de la *Regula Fructuosi* donde se denuncian este tipo de prácticas en los dominios privados que contaban con monasterios e iglesias consagradas a los mártires donde se recogían los hombres junto con sus mujeres, sus hijos, sus vecinos y sus siervos bajo la firmeza de juramento, hecho que la Iglesia consideraba perdición de las almas y subversión[39]. Por esta razón algunos concilios como el IX de Toledo (c. 2) lamenta que sea también la insolencia de algunos obispos la causante de la ruina de las iglesias y de que muchos fundadores privados cayesen por ello en la tristeza al ver el estado de los edificios que habían levantado con tanto amor, motivo por el que al parecer se permitía a los laicos mantenerlos aunque debían presentar a los obispos los rectores (entiéndase sacerdocio para el culto) para ser ordenados en dichas basílicas; aunque también el canon invalida ordenaciones dirigidas por los obispos sin haber sido aceptadas por los fundadores, lo que demuestra que la Iglesia era consciente de la necesidad de la implicación de los señores seglares en el compleja misión de cristianizar los territorios hispanos. A cambio no solo se apropiaba de las dádivas de los pobladores del lugar que pasaban a ser gestionadas por la iglesia local, también había un beneficio espiritual, pues los señores laicos comenzaron a enterrarse en el entorno sagrado de las basílicas o dentro de ellas, al amparo divino, en la forma denominada *ad sanctos*.

En definitiva, el paso de la villa a la *villula* es un fenómeno complejo, dilatado en el tiempo y en el que hay que tener en cuenta muy diversos factores. Pero es evidente también que el fenómeno de la cristianización de los antiguos lugares paganos es uno de los componentes principales de esta transfor-

---

[38] *Placuit ut si quis basilicam non pro devotione fidei sed pro quaestu cupiditatis aedificat, ut quidquid ibidem oblatione populi colligitur medium cum clericis dividat, eo quod baselicam in terra sua ipse condiderit, quod in aliquibus locis usque modo dicitur fieri, hoc ergo de cetero observari debet, ut nullus episcoporum tam abominabili voto consentiat, ut basilicam quae non pro sanctorum patrocinio sed magis sub tributaria conditione est condita, audeat consecrare* (Vives 1963).

[39] XXII "*De primis conversorum*": *Solent enim nonnuli ob metum gehennae in suis sibi domibus monasteria componere et cum uxoribus filiis et servis atque vicinis cum sacramenti conditione in unum se copulare et in suis sibi ut diximus villis et nomine martyrum ecclesias consecrare et eas tale nomine monasteria nuncupare. Nos tamen haec non dicimus monasteria sed animarum perditionem et ecclesiae subversionem* (Campo: 1971).

mación. El cambio religioso e ideológico que supuso el auge del cristianismo y la persecución de los antiguos cultos, la desaparición de ciertos poderes y dominios paganos, la expropiación de sus bienes que benefició a la Iglesia y otros muchos factores tuvieron consecuencias socioeconómicas muy importantes que terminaron por afectar de manera muy sensible a las antiguas estructuras de la villa clásica.

# Bibliografía

ALVAR, J. (2014) Les chrétiens et les cultes à mystères dans les provinces hispaniques. Question de responsabilité et apport de l'archéologie. *In:* Baslez (dir.), *Chrétiens persécuteurs. Destructions, exclusions, violences religieuses au IVe siècle.* París, p. 361-394.

ÁLVAREZ SOLANO, F. E.; HURTADO BUSCATÓ, R.; RIVAS GARCÍA, O. (1999) La economía de Dios: la construcción de un santuario cristiano según los carmina natalicia de Paulino de Nola. *Arys* 2, p. 275-300.

ARCE, J. (1993) Los mosaicos como documentos para la historia de la *Hispania* tardía (siglos IV-V). *AEspA* 66, p. 265- 274.

BLÁZQUEZ MARTÍNEZ, J. M. (1981) Prisciliano introductor del ascetismo en VVAA Gallaecia. *In: Primera reunión gallega de estudios clásicos.* Santiago de Compostela, p. 210-236.

(1978) Problemas económicos y sociales en la Vida de Melania y la Joven y en la "Historia Lausiaca" de Palladio. *Memorias de Historia Antigua*, p. 103-123.

CABALLERO ZOREDA, L. (2000) La arquitectura denominada de época visigoda: ¿es realmente tardorromana o prerrománica?. *In:* Caballero Zoreda; Mateos Cruz (eds.) *Visigodos y omeyas. Un debate entre la Tardoantigüedad y la Alta Edad Media. Anejos AespA* 23, p. 207-247.

CAMACHO MACÍAS, A. (1988) *El libro de las vidas de los santos padres de Mérida: opúsculo anónimo del siglo VII.* Mérida, 1988.

CASTANYER MASOLIVER, P; TREMOLEDA TRILLA, J. (1997) La villa romana de Vilauba, Banyoles (prov. De Girona). *MM* 38, p.162-175.

CASTELLANOS. S. (1998) *Poder social, aristocracias y hombre santo en la Hispania visigoda. La vita Aemiliani de Braulio de Zaragoza.* Logroño.

(2004) *La Hagiografía visigoda. Dominio social y proyección cultural*, Logroño.

CODOÑER MERINO, C. (1972) *El de viris illustribus de Ildefonso de Toledo. Estudio y edición crítica.* Salamanca.

DÍAZ, P. C. (2001) Monasteries in a peripheral area: seventh-century Gallaecia. Topographies of holy power in sixth-century Gaul. *In:* De Jong; Theuws; Van Rhijn (Eds.) *Topographies of Power in the Early Middle Ages.* Leiden, Brill, p. 329-359.

ENJUTO SÁNCHEZ, B. (2000) Las disposiciones judiciales de Constantino y Juliano a propósito de las tierras de los templos paganos. *Gerión* 18, p. 407-423.

ESCRIBANO PAÑO, V. (1988) *Iglesia y estado en el certamen priscilianista. Causa ecclesiae y iudicum publicum.* Zaragoza.

GELICHI, S. (2000) Ceramic production and distribution in the eaarly medieval mediterranean basin (seventh to thenth centuries ad): Between town and countryside. *In:* Brogiolo; Gauthier; Christie (eds.) *Towns and their territories between Late Antiquity and the early Middle Ages.* Leiden, Brill, p. 115-139.

GODOY FERNÁNDEZ, C. (1995) *Arqueología y liturgia: iglesias hispánicas (siglos IV al VIII).* Barcelona.

GRUBER, J. (2006) 16 Jahre Ausonius-Forschung1989-2004, ein Überblick. *Gymnasium* 113 (4), p. 359-382.

GUERRA, A.; SCHATTNER, T.; FABIÃO, C.; ALMEIDA, R. (2005) São Miguel da Mota (Alandroal/Portugal) 2002 Bericht über die Ausgrabungen im Heiligtum des Endovellicus. *MM* 46, p.184-234.

HOURCADE, D. (2004) Géographie des villes fortifiées en Lusitanie romaine: tentative de définition de réseaux et de hyiérarchies urbaines. *In:* Gorges; Cerrillo; Nogales Basarrate (eds.) *V Mesa Redonda Internacional sobre Lusitania Romana: Las comunicaciones.* Madrid, p. 223-253.

MELLUSO, M. (2000) Il tema di servi fugitivi in ecclesia in epoca giustinianea. Le Bullae Sanctae Sophiae. *Arys* 3, p. 236-265.

MARTIN GONZÁLEZ, S. (2011) From *villae* to *villulae*: settlement and social organization in Late Antique Hispanic countryside. In Hernández de la Fuente (Ed.) *New perspectives on Late Antiquity.* Newcastle upon Tyne.

ORFILA, M. (1993) Terra Sigillata Hispánica Tardía meridional. *AEspA* 66, p. 125-147.

ORSELLI, M. (1999) L'idée chrétienne de la ville: quelques suggestions pour l'antiquité tardive et le Haut Moyen Age. *In:* Brogiolo; Ward-Perkins (Eds.) *The idea and ideal of the town between Late Antiquity and the early Middle Ages.* Leiden, Brill, p. 181-193.

SANZ SERRANO, R. (2000) Las relaciones de dependencia como factor de cristianización en la Península Ibérica: grupos de edad y cristianización. *In:* Myro; Alvar; Plácido (eds.) *Las edades de la dependencia durante la Antigüedad.* Madrid, p. 395-424.

(2003) *Paganos, adivinos y magos. Análisis del cambio religioso en la Hispania Tardoantigua. Gerión* (anejo VII).

(2007) Aristocracias paganas en Hispania Tardía (s. V-VII). *In:* Plácido; Moreno Arrastio; Ruiz Cabrero (Eds.) *Necedad, sabiduría y verdad: el legado de Juan Cascajero. Gerión* 25 (1), p. 443-480.

(2009) *Historia de los godos. Una epopeya histórica de Escandinavia a Toledo.* Madrid.

SANZ SERRANO, R.; RUIZ VÉLEZ, I. (2014) *Vurovius* y la cristianización de los espacios rurales en la península Ibérica. In: Mangas Manjarres; Novillo López (Eds.) *Santuarios suburbanos y del territorio en las ciudades romanas.* Madrid, p. 311-338.

SCHATTNER, T.; SUÁREZ OTERO, J.; KOCH, M. (2003) Monte do Facho 2003. Bericht über die Ausgrabungen im Heiligtum des Berobreus. *MM* 46, p. 135-183.

VILELLA MASANA, J. (1990) La política religiosa del Imperio Romano y la cristiandad hispánica durante el siglo V. *Antigüedad y Cristianismo* VII, p. 385-389.

(1997) Priscilianismo gálico y política antipriscilianista durante el s. V. *An. Tard.* 5, p. 177-185.

VIVES. J. (1.963) *Concilios visigóticos e hispano-romanos.* Madrid.

# "DE LA *VILLULA* A LA *ECCLESIA* (II): ARQUEOLOGÍA DE LA TRANSICIÓN ENTRE EL MUNDO TARDOANTIGUO Y EL MEDIEVAL EN LA IBERIA RURAL. PARTE II[1]"
(From *villula* to *ecclesia* (II): transition archaeology between late antique world and medieval in rural Iberia. Second part")

Saul Martín González

RESUMO – Durante a Antiguidade Tardia, a *Hispania* apresenta dados muito relevantes para a análise dos padrões de povoamento rural. Embora considerando as variações regionais, parece claro que o modelo da *villa rustica* clássica não sobrevive para além de meados do século V. Este colapso traz novos organizações na paisagem e novos modelos de gestão das propriedades rurais. Por vezes surgem no interior da mesma estrutura que compunha a *villa rustica*. No presente estudo, abordamos a construção de estruturas cristãs, como igrejas, altares, eremitérios, e o seu papel nos padrões de povoamento da paisagem tardo-antiga cristã. Após a primeira abordagem feita pela Prof. Rosa Sanz Serrano, procuramos analisar o registo arqueológico e uma leitura interdisciplinar deste processo.

PALAVRAS CHAVE – *Villa, villula, ecclesia, parochial*, paisagem rural, Iberia, transformação.

ABSTRACT – Late Antique Iberia has one of its most interesting and significant subjects, in our opinion, in the analysis of settlement patterns in the countryside. Although it depends on every regional and local reality, we can assume that the model of Classical *villa rustica* doesn´t survive the first half of 5th Century. This end brings, however, new realities of settlements and new manner in order to manage the Iberian countrysides. They emerge, sometimes, even over the same structures and sites where the former *villae rusticae* were placed. We have already studied, in previous works, the first phase of these Late Antique rural realities (the so-called, in the written sources, *"villulae"*). Here, in the other hand, we shall try to look for another different phenomenon: the erection of Christian structures, such churches, parishes, altars, *eremitoria*, etc… and their role in the new pattern of the Late Antique Christian landscape. After the first look to this subject made in the last pages by Prof. Dra. Sanz Serrano though texts, we shall manage mainly, in the other hand, the archaeological record. In this way we shall try to offer a combined interdisciplinary approaching to this phenomenon.

KEYWORDS – *Villa, villula, ecclesia, parochia*, landscape, Iberia, countryside, transformation.

---

[1] El presente documento se articula, formando una inextricable totalidad, con la intervención de la Profesora Dra. Sanz Serrano en este mismo volumen. Si bien aquél se focalizaba sobre las fuentes escritas, en esta ocasión habremos de centrar nuestra atención, de manera preferente, sobre el registro arqueológico. Ambas intervenciones conforman así el anverso y reverso de un mismo intento de aproximación a una misma realidad y proceso histórico. Al mismo tiempo, supone la prolongación, a modo, en términos arqueológicos, de "siguiente fase", de trabajos anteriores en los que nos centrábamos en la transformación desde la *villa rustica* a la *villula (vid.* Martín González 2011).

I – DE LA *VILLA RUSTICA* A LA *VILLULA*

Las *villae rusticae* hispanas, al igual que sucede en muchos otros territorios del Imperio Romano de Occidente, conocen en el siglo IV su cénit histórico[2] como realidad que aúna, como *conditiones sine qua non*, su triple esencia de célula productiva, residencial y de ostentosa representación. Las causas y desarrollo de este fenómeno exceden con mucho los límites del presente documento, y sobre ellas habremos de referirnos en mejor ocasión. Sea como fuere, dicha realidad habrá de transformarse de raíz a lo largo del siglo siguiente. El extraordinario desarrollo, tanto cuantitativo como cualitativo, de la Arqueología en las últimas dos décadas, a través de la aplicación de criterios y herramientas metodológicas notablemente científicas y sistemáticas, ha revolucionado la lectura de los registros correspondientes a la secuencia ocupacional durante la Antigüedad Tardía. De este modo, ha resultado posible individualizar fases enteras, prácticamente insospechadas por la investigación hasta la década de 1990. Tanto es así, que los trabajos clásicos sobre las *villae rusticae* hispanorromanas (Gorges 1979; Fernández Castro 1982) ignoran completamente esta realidad, arrojando cronologías que alcanzan, en el mejor de los casos, el siglo IV y los albores del V. Hoy sabemos que tales fechas resultan válidas para el modelo de la *villa rustica sensu stricto*, pero en modo alguno para la ocupación del solar en el que se emplaza ésta, si bien con otros usos y finalidades. Los motivos del desconocimiento previo, hay que decirlo, podemos distribuirlos a partes iguales entre el acientifismo y pobre desarrollo de los métodos de trabajo arqueológico, de un lado, y una cierta falta de interés ante una serie de fases paupérrimas y poco espectaculares en lo material. Ya nos hemos ocupado en anteriores ocasiones acerca de la entidad de tales fases que amortizan los espacios rurales, tanto los residenciales y de representación como los estrictamente productivos (Martín González 2011: 173*ss*). En cualquier caso, baste señalar la existencia de una cierta dificultad de cara a establecer cronologías de inicio y final para estas "nuevas" fases, en virtud de la marcada cotidianidad, utilitarismo y tendencia al localismo de sus materiales, dentro del fenómeno que Ward-Perkins (2007: 155*ss*) denomina el "Fin de la Complejidad[3]". Las características fundamentales de estas fases "post-villares" podemos cifrarlas *grosso modo* en la reutilización de espacios encaminada al establecimiento de un poblamiento en precario sobre las ruinas de las *villae*, que integra asimismo la función productiva en un todo inextricable. Para ello no se duda en convertir y/o adaptar como hábitats y áreas productivas la totalidad de espacios de los edificios reocupados,

---

[2] "[El s. IV] *supone el periodo de esplendor de las villas romanas en Hispania (…) indudablemente*" (Fuentes Domínguez 1997: 319) ; "*El s. IV constituirá para algunas villas un periodo de particular vitalidad y esplendor*" (Chavarría Arnau 2006: 23)

[3] Nosotros preferimos introducir un ligero matiz, y hablar del "Fin de la Estandarización" (Martín González 2011: 182)

incluyendo aquéllos destinados anteriormente a otras finalidades. A través de este comportamiento, podemos reconocer un cierto desprecio por todo elemento suntuario y/o superfluo, experimentándose una valoración únicamente de lo inmediato y lo útil para la supervivencia. De este modo, se amortizan mosaicos y áreas termales, se procede a la fundición de lujosos *marmora* en caleras, etc… Por otro lado, en ocasiones nos encontramos con la aparición de cierto armamento, muy especialmente puntas de lanza en hierro, con el interés adicional de provenir del interior de los contextos habitacionales, con independencia del que pueda exhumarse en las necrópolis. Así sucede, por ejemplo, en la villa de Miralrío en el *territorium emeritensis* (Martín González 2009: 31-32) y en las villas tardorromanas de El Val en *Complutum* (Rascón Marqués *et alii* 1991: 197) y Tinto Juan de la Cruz, ambos en la actual Comunidad de Madrid. En este último caso, por lo demás, se individualizaron dos puntas de lanza, un escudo y demás complementos (Barroso Cabrera y Morín de Pablos 2006: 735*ss*) relacionados con una panoplia cuya interpretación oscila entre lo militar y lo cinegético. Cabe preguntarse si, en el armamento tardoantiguo hallado en tales contextos, resulta posible discernir claramente entre ambas funciones o si, por el contrario, existe una polifuncionalidad y aprovechamiento de recursos, muy del signo de los tiempos.

Sea como fuere, todo lo anterior se condensa, en resumidas cuentas, en la pérdida para el espacio de la antigua *villa rustica* de la tercera de sus funciones: la representativa y suntuaria, con todas las implicaciones ideológicas y propagandísticas que ello pueda implicar. Otra cuestión, empero, resulta la interpretación de dicho fenómeno, y muy singularmente de la identificación de sus protagonistas. Así, se ha hablado de "okupas" *(squatters)*, bárbaros, monjes, siervos, etc… ¿podrían resultar válidas varias de estas opciones, según el caso?, o por el contrario ¿ninguna de las anteriores sería certera en absoluto?. En el estado actual de la investigación, en cualquier caso, resulta difícil de afirmar.

Pero, ¿cómo reconocían estas nuevas realidades sus propios contemporáneos?. Parece claro que ya no podemos hablar en modo alguno de *villae rusticae*, por mucho que estas nuevas fases se desarrollen sobre el viejo emplazamiento de aquéllas. Al respecto, en efecto, nos encontramos en los textos[4] una cierta línea divisoria que podemos trazar, *grosso modo*, en torno al año 400 de la Era cristiana (Isla Frez 2001; Martínez Melón 2006). Con anterioridad, el esquema tripartito *civitas – villa – vicus*[5] resulta el hegemónico para la práctica totalidad de la *pars Occidentis* del Imperio. Tras la fecha citada, empero, nos encontramos con la eclosión de una nueva terminología para el poblamiento rural, que no siempre

---

[4] Nos hemos referido a las apariciones de los términos *villa* y *villula* en las fuentes escritas ya en trabajos anteriores (Martín González 2011, pp. 175 y ss.). Sobre el particular, incluyendo las citas a tales alusiones, *vid.* la intervención de la profesora Sanz Serrano en este mismo volumen.

[5] Y aún podríamos reducirlo al binomio *civitas-villa*, puesto que los *vici* en numerosas ocasiones formaban parte del predio gobernado por una *villa rustica*.

sabemos comprender correctamente: *villula, castrum, castellum, pagus, territorium, conciliabulum, forum, locus, casa, tugurium,* etc… En este caso, habremos de fijarnos de forma especial en el primero de dichos términos (Martín González 2011: 176ss). En sí mismo, supone poco más que un mero diminutivo de *villa*, y con tal sentido lo encontramos recogido en algunos de los mayores clásicos de la literatura latina desde época tardorrepublicana y altoimperial[6]. En ocasiones podemos rastrear incluso un matiz de "falsa modestia" ante las propias posesiones[7], que aún pervive en los versos de Ausonio[8], ya bien entrado el siglo IV. Tras el hiato referido del año 400, el término parece revitalizarse y tomar un nuevo impulso, si bien acaso ya con otro sentido. Así, nos lo encontramos a principios del siglo V en Jerónimo[9] y en Patricio de Irlanda[10]. No obstante, como ya hemos referido en alguna ocasión, en la *Spania* visigoda el siglo de referencia es indudablemente el VII (Martín González 2011: 177). Así, sus dos primeras referencias en fuentes hispánicas tienen lugar en el anónimo opúsculo sobre las *Vitae Sanctorum Patrum Emeritensium*[11], además de en la obra del obispo Juan de Toledo[12].

## II – Las *villulae* como monasterios y lugares de sepultura

Los anteriores suponen casos de notable interés, ya que señalan sin tapujos la íntima relación existente *ab initio*, en el ámbito de los textos, entre el término *villula* y las comunidades monásticas (como en el primer caso) o los lugares de sepultura (como en el segundo) incluidas las de *status* regio. Sin abandonar la séptima centuria cristiana, contamos con otras referencias de esta relación en el solar hispánico. La primera de ellas la constituye la noticia, a cargo del propio obispo toledano, de la erección de un monasterio femenino en la *villula* de *Deibensium*[13]. Idéntica realidad refiere Félix de Toledo al señalar la consagración de otro monasterio, en este caso en honor de San Félix, en la *villula Cabensi*[14]. Sin duda, la proliferación de tales centros monásticos en el medio rural en esta época constituyó un motivo de preocupación para las autoridades, ya que en ocasiones

---

[6] Virg. *Ad villam Scyronis* 1-2; Catul. XXVI, Hor. *Serm.* 1,5,45 y *Serm.* 2,3,10.
[7] Cic. *Att.* 8, 9, 3.
[8] *Carm.* 3,1
[9] Hyer. 1, 14. Pero además de en su epístola también en la *Vulgata: Ios.* 15, 47
[10] *Conf.* I.
[11] VPE, II, 21. El pasaje narra el anegamiento del monasterio de Cauliana y de las *villulae* vecinas por el desbordamiento del río Guadiana. Nótese la relación en el texto entre dichos asentamientos y el paisaje de *"ruinas aedium"*.
[12] Julián de Toledo, *Hist. Wambae*, 3. En dicho lugar, perteneciente al patrimonio regio, distante 120 millas de Toledo y sito en el *territorium Salmanticensis*, se dio cristiana sepultura al rey Recesvinto y se proclamó a Wamba como nuevo monarca de los visigodos.
[13] Julián de Toledo, *"Beati Ildephonsi Elogium"*, PL, XCVI, 43. Nótese como el topónimo del predio acaso pueda encontrarse directamente relacionado con una dedicatoria al Dios cristiano.
[14] Félix de Toledo, *"Vita Iuliani"*, VI, XCVI, 446

podían llegar incluso a constituirse en sede de sendos obispados. Ello por supuesto habría de gozar de una influencia no menor en el difícil *status quo* de finales del Reino de Toledo, marcado en todos los órdenes por la dialéctica centro-periferia entre la Monarquía y las pujantes aristocracias divergentes. En este escenario, sin duda el control político de los obispados ya existentes, o bien la fundación de otros nuevos de lealtad cortesana, supone un elemento emplazado en la centralidad de las tensiones políticas (Sanz Serrano 2009: 353ss). En éste contexto nos encontramos con el canon IV del XII Concilio de Toledo, del año 681 d.n.e.[15], que anula el emplazamiento de una sede episcopal, a iniciativa regia, en el monasterio de la pequeña *villula* de Aquis. Además, se nos informa que ésta, lejos de ser una *rara avis*, era una práctica habitual en muchos otros lugares y *villulae*, hasta el punto de condicionar el nombre de un canon promulgado *ad hoc*: "*Ut in locis ubi episcopus non fuit nunquam episcopus ordinetur*". Del mismo modo, el término vuelve a aparecer en las actas de dicho Concilio: en concreto, lo encontramos en el *tomus* del rey Ervigio. En este caso, se menciona implícitamente como posesión aristocrática, cuando refiere la amnistía de éste sobre los nobles perjudicados por las leyes de Wamba, que retiraban sus dignidades a los desertores del Ejército real[16], dentro de la misma dialéctica entre tendencias centrífugas y centrípetas, saldadas con el triunfo de las primeras. Con el mismo sentido de propiedad rústica habrán de emplear el término, por lo demás, las reglas monásticas de la segunda mitad del siglo VII: así ocurre en la regla VI de la *Regula Communis*. En este caso, por cierto, no carece de interés el empleo de *villula* en un contexto de renuncia a las posesiones terrenales para aquellas personas que, precisamente, han de ingresar en un monasterio. ¿Se trata en estos casos de referencias a las posesiones sobre las ruinas y nuevas fases de poblamiento, en mayor o menor medida precario, sobre las antiguas *villae rusticae*?

## III – Áreas funerarias sobre antiguas *villae*

Con independencia de las referencias textuales, conozcamos la realidad del registro arqueológico a propósito del empleo de antiguas *villae* como monasterios y lugares de sepultura. Ante todo conviene señalar que se trata de una casuística ciertamente abundante, siendo relativamente frecuente la constatación de sepulturas que aparecen en contextos rurales cortando niveles clásicos anteriores. En general, aunque poseen el común denominador del rito de inhumación, las sepulturas presentan variadas tipologías: así, nos encontramos con simples fosas, cistas (tanto formadas por lajas de piedra como por *tegulae*), sarcófagos, etc... Por lo general, el ajuar suele ser escaso, reduciéndose a las comunes jarras o ciertos

---

[15] Para este canon, *vid.* Vives (1963: 389-392).
[16] Al respecto, *vid.* Vives (1963: 383).

ungüentarios. La cronología de este tipo de sepulturas, si bien varía según el área geográfica de Iberia que tomemos en consideración[17], comienza *grosso modo* a finales del siglo IV o principios del V, conociéndose un apogeo a finales del siglo VI y durante toda la centuria siguiente. Respecto al porqué de su emplazamiento, en muchas ocasiones se trata de enterramientos *ad sanctos*, en relación a las presuntas reliquias depositadas en parroquias rurales. En otros casos en los que no parecen documentarse edificios cristianos en las proximidades, quizás pudiesen responder a otro estímulo, aunque no conviene olvidar, sea como fuere, la posibilidad de establecer pequeños lugares de culto en espacios naturales (recordemos a los anacoretas y eremitas de esta época, por ejemplo) y/o en estructuras de materiales perecederos. En todo caso, el enterramiento sobre las ruinas de edificios antiguos parece testimoniar una cierta consideración mística y sagrada por tales espacios, cuando no directamente una toma de posesión (y por ende, de cristianización) de lugares que quizás hayan podido permanecer en la memoria colectiva como residencias de paganos[18].

Respecto a la erección de edificios cristianos en las *villae rusticae* podemos establecer una serie de puntos clave. Primeramente, recordar la ya felizmente superada y errónea asociación tradicional, característica de excavaciones antiguas y acientíficas, entre ábsides en *villae* = planta basilical = edificio de culto cristiano. Además, la carencia de consideración hacia la estratigrafía arqueológica propiciaba errores de datación, confusión entre fases, etc… En segundo lugar, cabe destacar que el desarrollo de la función religiosa en estos edificios en modo alguno supone una innovación paralela al auge del Cristianismo, sino que se trata de una dimensión ya presente en la *villa rustica* romana desde el mismo momento de su surgimiento en la Campania y Lacio posteriores a la II Guerra Púnica, al suponer en realidad una translación al medio rural de los cultos domésticos y familiares practicado en toda *domus* romana[19]. Para las Hispanias tardoantiguas, además, tenemos atestiguado un culto doméstico, si bien ya herético y secreto, en los cánones de represión

---

[17] En general, podemos establecer un comienzo más temprano para toda la fachada mediterránea ibérica (Chavarría Arnau 2007a p. 137; 2004: 68-71). Una posible hipótesis para este fenómeno, por lo demás harto complejo y muy probablemente policausal, acaso se encuentre ligado a la mayor relación e implicación de esta franja litoral con los procesos de cambio social en curso en otras zonas del *Mare Nostrum*. Tras adoptarse aquí tales cambios, quizás sólo en un segundo momento pasarían al resto de la Península.

[18] Otra vertiente de ello la supone la cristianización de lugares de culto ancestrales, pre y protohistóricos (y quizás utilizados por poblaciones locales bajo el dominio romano), tales como santuarios rupestres, megalitos, altares sacrificiales, etc… Para ello se practica la incisión de cruces, cambios en la toponimia, la erección de pequeños oratorios y parroquias en las proximidades y otras fórmulas. Se trata, por lo demás, de interesantes procesos atestiguados tanto en Iberia como en otras partes de Europa. Sobre el tema, vid. Martín González 2012: 18*ss*.

[19] Sobre los cultos domésticos en la Hispania romana, vid. Pérez Ruiz (2012) El valor del culto en el paisaje doméstico. El caso hispano. *Antesteria*, 1, p. 241-253

del Priscilianismo[20]. Los edificios cristianos propiamente dichos, como iglesias y monasterios, los conocemos en *villae* y predios señoriales a partir de los albores del siglo V en Italia, donde remontan a la época del Papa Inocencio I entre los años 401 y 407 (Chavarría Arnau 2007b: 132). De hecho, a finales de siglo asistimos a un episodio que acaso condense mejor que ningún otro el proceso de cristianización de las élites romanas, e inclusive *sensu lato*, de la propia muerte y transformación del Mundo Antiguo. Tal episodio no es otro que el de la retirada del último Emperador romano de Occidente, el joven Rómulo Augústulo, tras su deposición a manos del hérulo Odoacro hacia su gran predio familiar en Campania, el suntuoso *Castellum Luculi*. Una vez establecido allí, habrá de fundar, ya retirado de la política y junto a su esposa Bárbara, un gran monasterio para albergar las reliquias de San Severino del Nórico, a las que habría accedido en virtud de su amistad con el futuro Papa Gelasio I (Fernández 2005: 328).

---

[20] Así por ejemplo, en los cánones II y IV del I Concilio de *Caesaraugusta* (380 d.n.e.), y en el V y IX del I Concilio de *Toletum* (400 d.n.e.)

A lo largo del siglo V en efecto, comenzamos a reconocer por toda la *pars Occidentis* la presencia de edificios cristianos dentro de las *villae rusticae*. Su interpretación sigue siendo objeto de polémica, ya que donde algunos hablan de "iglesias propias" *(Eigenkirche)*, reservadas en exclusiva para los oficios y necesidades litúrgicas del *dominus* y su familia (Orlandis 1982: 108), otros reconocen "iglesias de evangelización" encaminadas a la *cura animarum* o conversión de las masas rurales y, por tanto, centros de irradiación del Cristianismo hacia las campiñas (Martínez Tejera 2008: 224). Uno de los primeros casos que conocemos en las Hispanias, al menos en sus territorios interiores, proviene de la Villa de Fortunatus (Fraga, Huesca), situada sobre el río Cinca en el Valle del Ebro. Allí, sobre el ángulo sur-occidental de la *pars urbana* de una gran villa del siglo IV, amortizando su *triclinium*, se dispone una iglesia[21] alrededor del 420-430. Dicho edificio cristiano se dota de una cabecera tripartita de testero recto (es decir, de "tipo siriaco"), con la cripta sepulcral dispuesta en la nave central y el contracoro. En general, existe un cierto consenso a la hora de reconocer en ella una *"construcción eminentemente funeraria"* (Martínez Tejera 2008: 249).

Uno de los fenómenos más comunes en lo tocante a la reutilización funeraria de los espacios villares en todo el Occidente, lo constituye la acusada tendencia a la amortización de *balnea* y zonas termales (García Entero 2005-06; Jiménez Sánchez y Sales Carbonell 2004; Fuentes Domínguez, 2000). Se trata de un fenómeno propiciado por un complejo entramado de causas interrelacionadas, que abarcan desde lo meramente material, como la amortización de los acueductos[22], hasta ideológicos. En este sentido, la propia actitud del Cristianismo hacia las termas, los baños y la higiene personal[23], costumbres consideradas como propiciadoras de la desnudez y, por extensión, de la concupiscencia y la fornicación, habrá de constituir una certera y mortífera estocada para el mantenimiento de la arquitectura termal. De este modo, nos encontramos casos como el de la Villa de El Saucedo (Talavera de la Reina, Toledo), donde a finales del siglo V o principios del VI la villa, tras un cierto *hiatus* ocupacional, pasa a manos eclesiásticas y conoce una refacción masiva (López Pérez *et alii* 2008; García Entero 2005-06). De este modo, además de asistir a la interesante conversión de la *pars urbana* en zona productiva, podemos reconocer el emplazamiento de un edificio cristiano sobre el anterior *apodyterium/frigidarium*, en uso hasta finales del VII o principios

---

[21] En la página anterior, su nave central y ábside. Nótese su baptisterio frente al altar, y las sepulturas asociadas (fotografía propia).

[22] *Sensu stricto:* esto es, canalizaciones de agua en general, con independencia de su grado de monumentalidad o del trabajo invertido. En general, las canalizaciones dejan de prestar servicio a lo largo del siglo V, aunque ciertamente pueden existir casos de mantenimiento y usufructo hídrico más tardíos.

[23] Así por ejemplo en la epístola XIV de Jerónimo *ad Heliodorum monachum*: *"¿Te horroriza la descuidada cabellera de una cabeza sucia?. Tu cabeza es Cristo. (...) ¿Qué la piel se torna áspera por falta de baños? Aquél que se ha bañado en Cristo no necesita un segundo baño"* (Hyer. *Ep.* 14, 10).

del VIII. Se trata de un proceso conocido en otras *villae rusticae*, como demuestra el edificio religioso que habrá de amortizar el *tepidarium* y el *frigidarium* de la Villa de Las Vegas de Santiuste (Pedraza, Segovia). Por otro lado, y pese a la carencia de edificios cristianos, conocemos sendas áreas funerarias dispuestas sobre zonas termales en las *villae rusticae* de Monasteruelo (León), el Cortijo Aparicio el Grande (Sevilla), Balazote (Albacete), Freiria, (Portugal) y Horta Vella (Valencia). En paralelo, el mismo fenómeno aparece en edificios de carácter suburbano, como el de Los Vergeles (Granada), el dispuesto en la c/ Francesc Bastos 16 (Tarragona) o, desde luego, la célebre Casa de *Hippolytus*[24], emplazada extramuros aunque próxima a *Complutum*.

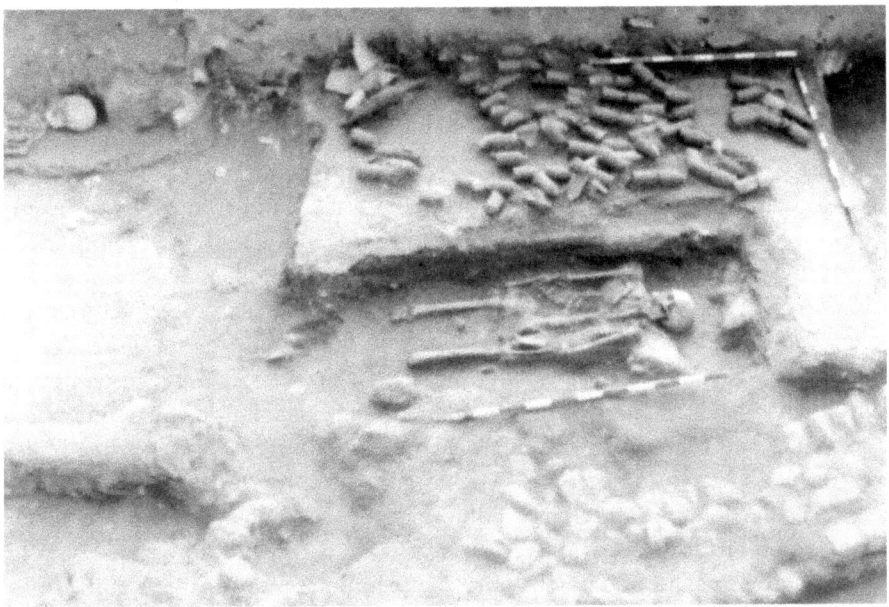

## IV – Los PIGNORA SANCTORUM Y LOS ENTERRAMIENTOS AD SANCTOS

Otro de los fenómenos característicos dentro de los complejos procesos de cristianización del medio rural durante la Antigüedad Tardía, es el supuesto por los enterramientos *ad sanctos*. En realidad, podemos incluirlo dentro del panorama general del culto a las reliquias de santos y mártires cristianos (*pignora sanctorum*), una de las formas más efectivas de propaganda cristiana sobre la iletrada y paganizante población rústica. Ello se justifica por la ejemplaridad

---

[24] En esta página, inhumación practicada sobre el derrumbe del área termal de la fase anterior en la Casa de *Hyppolytus*, cerca de *Complutum* (Alcalá de Henares). Nótese la acumulación de *tubuli laterici*, piezas para calefactar el *caldarium*, ya amortizados. Fotografía propia sobre el panel explicativo dispuesto para la visita en este yacimiento complutense.

de las hagiografías, que tal y como se ha planteado, traducían al lenguaje simple las bondades, sacrificio y salvación del mensaje cristiano, sirviendo al pueblo de intercesores y camino ante la divinidad (Orlandis 1982: 104). Dentro de este esquema de pensamiento, "*los santos eran considerados (…) los dueños de las iglesias y de los patrimonios eclesiásticos (…) cuyo mayor orgullo eran las reliquias, a veces organizadas en forma de verdaderas y propias colecciones*" (Cagnetti 2006: 33). Éstas ofrecían a las masas iletradas una supuesta prueba tangible de la veracidad de los hechos hagiográficos. Por otra parte, la gestión del patrimonio eclesiástico la realizaban, en nombre de aquellas figuras sobrehumanas, los obispos a modo de sus representantes en La Tierra, pero siempre bajo una noción cristiana del *patrocinium* ejercido por los santos sobre los individuos y la comunidad (Cagnetti 2006: 33). Éste podía alcanzar tales cotas que la comunidad consideraba abiertamente a su santo o mártir como una suerte de divinidad o genio tutelar y apotropaico, que les protegía de toda suerte de peligros, tanto físicos (invasiones, guerras, epidemias, hambrunas, etc…) como espirituales. En este sentido, los casos de *civitates* como Constantinopla (Baynes 1949) y de Mérida, con la figura de Eulalia (Martín González 2013a: 145 y ss.) resultan especialmente esclarecedores[25]. Por supuesto, en cada iglesia, monasterio o *martyrium* correspondiente, todo parece apuntar a la existencia de una gradación espacial: las reliquias se depositan en el ábside, altar o coro, y la mayor o menor proximidad de la sepultura respecto a éstas pronto habrá de recoger el *status* y la posición social de cada individuo. El máximo ejemplo hispánico de ello lo encontramos en el conjunto eulaliense en la capital lusitana, que por sí mismo testimonia la entidad de la *Emerita* tardoantigua como centro de peregrinación (Mateos Cruz 1995: 312). Sin entrar a fondo en tales cuestiones, valga señalar la interesante gradación espacial producida en las sepulturas que ocupan el interior de la basílica. Así, junto al altar con las reliquias de la mártir se dispondrá una cripta para obispos[26] ocupando parte del ábside y coro.

La desmesurada relevancia social de los *pignora sanctorum*, como en el caso eulaliense, favoreció la existencia de santuarios de peregrinación, que atraían a caminantes desde una distancia directamente proporcional a su fama y supuesto poder beatífico de las reliquias allí albergadas. No resulta necesario señalar las enormes consecuencias de ello en varios ámbitos. De un lado, en el plano ideológico habría de favorecerse el flujo de ideas y novedades entre las que se cuenta el propio Cris-

---

[25] El espíritu de Eulalia reforzará, para los autores cristianos, los muros de Mérida frente a sus enemigos. Ello es especialmente evidente durante el episodio del rey suevo Heremigario, profanador del santuario eulaliense y castigado por ello a morir ahogado en el *Anas*. Esta función, por lo demás, aún pervive en la célebre *"Historia de la ciudad de Mérida"* de Bernabé Moreno de Vargas en 1633, cuya portada viene presidida por la figura de la mártir entre dos grandes volutas a modo de almenas, bajo la leyenda *"Diva Eulalia urbis tutelaris"*.

[26] Mateos Cruz (1999: 115) la identifica con el mausoleo de los obispos emeritenses mencionado en las *VSPE* (V, XV, 1-2).

De la *villula* a la *ecclesia* (II): arqueología de la transición entre el mundo tardoantiguo y el medieval en la Iberia rural

tianismo (en sí mismo una innovación mediterránea) y sus diferentes interpretaciones doctrinales, pero también de nuevas técnicas. Quizás aquí se cuente la razón de ser del fenómeno del desdoblamiento u "Occidentalización" del ábside, una innovación cultural que remite a tipos arquitectónicos norteafricanos, que documentamos en basílica de Casa Herrera (Sastre de Diego 2010: 100), entre otros casos lusitanos y béticos del siglo VI, como La Cocosa, Torre de Palma, Vega del Mar y El Germo (Martínez Tejera 2008: 250*ss*). Ello parece subrayar el rol de aquellas cosas como puente entre Oriente y Occidente, además de la antiquísima y profunda influencia que las poblaciones orientales (incluyendo hebreos, greco-bizantinos y norteafricanos) mantienen en la Iberia tardoantigua como nexo hacia el Mediterráneo, según se desprende del análisis crítico tanto de las fuentes escritas como del registro arqueológico[27] (Martín González 2013a: 151-153).

Sea como fuere, si bien el establecimiento de los *pignora sanctorum* (y de los centros de peregrinación en torno a ellos) supuso un tremendo impacto en el plano ideológico e intelectual, no menos relevancia revistieron sus implicaciones sobre la infraestructura económica. En efecto, los *pignora sanctorum* constituyeron rápidamente objeto de *"las más variadas transacciones comerciales y, con frecuencia, formaban parte de una trama de rocambolescos robos por encargo. Tesoros y reliquias servían, de esta forma, para promover algunos importantes circuitos de intercambio"* (Cagnetti 2006: 37). Pero además de los grandes santuarios urbanos, como el emeritense de Eulalia, no resulta descabellado el establecimiento de estos centros de peregrinación también en el medio rural. Ello se ha propuesto, por ejemplo, para el caso de Torre de Palma en Monforte, Portugal[28], un interesantísimo conjunto situado sobre la Vía XV del Itinerario de Antonino[29]. El lugar, que conoce

---

[27] Así, ya a principios del siglo IV nos encontramos con la abrumadora presencia de obispos béticos en el Concilio de Elvira, donde Mérida estuvo representada por su obispo Liberio (Vives 1963: 1*ss*). Todo ello acaso apunte en la línea del presunto origen norteafricano del Cristianismo hispánico (*vid.* Blázquez Martínez 1989). Sabemos, además, que *"en época romana, 11 de las 12 firmas conocidas de artesanos en Mérida, pertenecientes a la musivaria y la escultura, eran nombres griegos"* (Sastre de Diego 2010: 52). Ya en el siglo VI, las *VSPE* nos informan del origen oriental de los obispos Paulo (IV, 1, 1) y Fidel (IV, 3, 2-3), así como del africano del abad Nancto (III, 2). Además, a través de la Arqueología conocemos una sepultura aristocrática femenina con indumentaria bizantina y una fíbula con caracteres helénicos incisos proveniente de El Turuñuelo (Mérida), que ha servido (Arbeiter 2000: 261) para reconocer la presencia de comunidades de origen oriental en la *Emerita* visigoda. Además, la influencia mediterránea sería perceptible ya en la propia basílica eulaliense (Sastre de Diego 2010: 111; Cruz Villalón 1985) como en edificios religiosos de su *territorium*, como aludimos en el texto. Todos estos elementos podrían ser quizás leídos en relación a contactos mediterráneos en otros puntos de las provincias ibéricas, como la Tarraconense y la Bética (Blázquez Martínez 2003: 412*ss*) o, ya en la propia Lusitania, *Mértola* (De Santiago Fernández 2004: 211-212) nudo crucial en el corredor del Guadiana, tema del que nos ocupamos en el Futuro.

[28] Las fases tardoantiguas de Torre de Palma se han querido relacionar en ocasiones con ciertas herejías, como el Priscilianismo o el Arrianismo. Sobre el particular, *vid.* Langley 2008: 645.

[29] Denominada *Item alio itinere Olisippone Emeritam*.

una secuencia diacrónica dilatadísima, que comprende desde sendas *necropoleis* del Hierro I post-Orientalizante hasta una suntuosa *villa rustica* sobre la que habrá de disponerse, ya en época tardoantigua[30], una basílica cristiana donde se han reconocido ciertos paralelos bizantinos (Langley 2008: 640). Una interesante cuestión, a propósito de la posibilidad de tales santuarios rurales, radica en su eventual funcionamiento como *mansiones* o *stationes* en los grandes caminos de peregrinación hacia los grandes santuarios urbanos como *Emerita* y otras *civitates*. Ello acaso suceda también en la basílica (asimismo contra-absidada, por lo demás) de Alconétar[31], erigida sobre una antigua *villa rustica* en las proximidades del altamente estratégico vado de la Vía XXIV[32] sobre el Tajo. Sin abandonar la antigua Lusitania Oriental, el siempre interesante *territorium Emeritensis* nos arroja un panorama donde, en las comarcas más fértiles y por tanto con mayor densidad de *villae rusticae* en época clásica, nos aparecen ahora sendas áreas funerarias dispuestas sobre las ruinas de aquéllas. Es el caso de la comarca de las Vegas Bajas del Guadiana, a Occidente de Mérida, un territorio surcado por nada menos que tres de las principales vías de la Hispania romana: las XII[33], XIV[34] y XV[35]. Si bien en algunos casos no hallamos evidencias de edificios cristianos[36] (como en Pesquero, El Castillo, Torralba, etc...), éstos sí aparecen en otros lugares con sepulturas asociadas: así en Cubillana, Lácara, La Cocosa y desde luego en Torre Águila (Barbaño – Montijo, Badajoz), cuyo edificio cultual se circunda por una extensa necrópolis[37] fechada entre los siglos VI y VIII. Los trabajos arqueológicos en dicha comarca, muy afectada por la erosión y las crecidas provocadas por el alto grado de estiaje y las singularidades del curso fluvial, parecen sugerir un intervalo regular de dichos espacios religiosos. En concreto, tales estructuras se disponen en ambas orillas del *Anas*, a una distancia media entre sí de unos 10 km, y siempre próximas tanto al río como a las grandes vías de comunicación terrestre (Rodríguez Martín y Carvalho 2008: 322). Esta situación parece testimoniar

---

[30] En concreto, se ha propuesto para dicho edificio cristiano una cronología que, arrancando desde finales del IV o principios del V, alcanzaría el siglo VIII (Langley 2008: 642).

[31] Sobre el particular *vid.* Martínez Tejera (2008: 250) con abundante bibliografía.

[32] El antiguo *Iter ab Emerita Caesaraugusta*.

[33] *Iter ab Olisippone Emeritam*

[34] *Alio itinere ab Olisippone Emeritam*

[35] *Iter alio itinere ab Olisippone Emeritam*

[36] Cabría preguntarse acerca de la existencia de oratorios, eremitorios o espacios de culto que no han dejado traza arqueológica reconocible. Ello podría deberse al empleo de materiales perecederos, muy en la línea de la arquitectura "de circunstancias" de la época y/o al intenso proceso de erosión y transformación geológica y edafológica producido a lo largo de los siglos por el Guadiana. Éste supone una corriente con un régimen de estiajes y crecidas ciertamente notable hasta nuestros días, como testimonia la propia *villa* de Torre Águila. Sobre el tema del régimen fluvial del Guadiana y el registro de sus crecidas desde la Antigüedad nos ocupamos con cierto detenimiento en Martín González (2013c: 188 y *ss.*).

[37] En esta página, inhumaciones tardoantiguas en cista cortando los niveles clásicos de la *villa* de Torre Águila, adyacentes a la *ecclesia* erigida sobre ésta (fotografía propia).

el inicio de un cierto esquema de gestión territorial basado en el poblamiento parroquial, que parece hundir sus raíces, con todas las pertinentes cautelas, en la dimensiones conocidas por los predios de fases anteriores.

Una clara relación, siguiendo con el tema, entre trama viaria y *ecclesiae* dispuestas sobre antiguas *villae* la encontramos también en Carranque (Toledo). El lugar, dispuesto cerca de la triple confluencia entre las vías XXIV, XXV y XXIV[38], conoce una extraordinaria vitalidad durante la Antigüedad Tardía, durante y después de la amortización de las *partes urbana* y *rustica* de la gran "Villa de Materno" a principios del siglo V. Es entonces cuando se erige un gigantesco *Palatium*[39] monumental, que habrá de configurar un magno espacio de representación. Tras ello, durante la Fase III de este edificio, emplazada *grosso modo* a finales de esa centuria y comienzos de la siguiente, es la que parece inaugurar los fenómenos de reutilización en precario y, por tanto, su fase de *villula*. En paralelo, nos encontramos asimismo las primeras sepulturas: se trata de tres inhumaciones dispuestas en el ángulo suroccidental del edificio, en los contornos de un presumible mausoleo o baptisterio de muros absidados. A continuación, durante la Fase IV se erige

---

[38] No es éste el lugar para entrar en la eventual identificación de Carranque con la *mansio* de Titulcia, como se ha propuesto por Fernández Galiano (2001, que recoge sus trabajos sobre el terreno un año antes), con el yacimiento de Tierra de Prados, a unos 2 km de Carranque. Sobre esta cuestión habremos de regresar en futuros trabajos.

[39] Se trata del edificio tardorromano de representación anteriormente conocido como "basílica". Sobre el particular, *vid.* Fernández Ochoa *et alii* (2011: 232).

en solar una *ecclesia* circundada por más de cien inhumaciones[40]. Se trata de unas sepulturas orientadas E-W, donde se documentan en ocasiones ciertos "usos colectivos", al acumularse varios individuos en la misma inhumación y donde existe una frecuente reutilización de fosa y materiales. Si bien se trata de fosas simples, se conocen diversas fórmulas para su cubierta, registrándose en ocasiones precintos de *opus signinum* y, especialmente, la reutilización de una magnífica tapa de sarcófago, a base de mármol de Estremoz, decorada con una escena interpretada como la bíblica de Jonás[41] (Fernández Ochoa *et alii* 2011: 232*ss*). El lugar pervivirá en época islámica, cuando epígrafes en árabe sean incisos sobre los fustes anteriores, permaneciendo en uso hasta su paulatino abandono a lo largo de los siglos X y XI. La ermita y el monasterio de Santa María de Batres, posteriores a la Reconquista, permanecerán en uso hasta tiempos ya muy posteriores.

---

[40] Esta necrópolis fue excavada en diferentes momentos: en la década de 1940; entre 1998 y 2003 y, ya con el equipo actual, entre los años 2009-11. Al respecto, *vid.* Fernández Ochoa *et alii* 2011: 231*ss*. En esta página, vista de la nave central del *Palatium* con dos sepulturas en primer plano, y los restos de la ermita de Santa María de Batres al fondo (fotografía propia).

[41] Se ha especulado, además, con la hipótesis de que pueda tratarse de la tapa del sarcófago hallado en Las Vegas de San Antonio (Puebla Nueva, Toledo), cerca de la desembocadura del río Guadarrama en el Tajo (Fernández Ochoa *et alii* 2011: 238-239).

De la *villula* a la *ecclesia* (II): arqueología de la transición entre el mundo tardoantiguo y el medieval en la Iberia rural

También en el Centro de Iberia, en los arrabales de *Complutum* y sobre la Vía XXIV nos encontramos el interesante caso de la Villa de El Val (Alcalá de Henares, Madrid). En este lugar, sobre una rica *villa* del siglo IV nos encontramos la actuación, desde principios del siglo V, de una fase de *villula*. En ésta, por encima del hallazgo de la punta de lanza férrica que señalásemos *supra* (Rascón Marqués *et alii* 1991: 197), se levantaron tabiques y cimentaciones amortizando los ricos mosaicos, como el célebre del auriga victorioso, además de registrarse las habituales refracciones causadas por el emplazamiento de hogares sobre las teselas. Sobre todo ello se emplaza un área funeraria, presidida por un mausoleo fechado entre los siglos V y VI (Rascón y Sánchez, 2004--05: 503*ss*), circundado por una necrópolis de inhumaciones en cistas. A unos 800m. en línea recta, a orillas del río Henares, se dispone además la ermita de la Virgen de El Val, erigida supuestamente, según cuenta la tradición, a raíz del hallazgo de una talla en alabastro de la Virgen con el Niño y de una serie de milagros asociados en 1184.

Fenómenos similares se documentan, asimismo, en otras zonas de Iberia. Es el caso por ejemplo de su cuadrante Nord-occidental, donde las excavaciones científicas de las últimas dos décadas han arrojado resultados francamente interesantes. En uno de sus principales ejemplos, la Villa de Veranes en Gijón, nos encontramos con una *villa rustica* "en altura[42]" que, con sus diferentes ritmos y fases de ocupación, se mantiene vigente hasta la segunda mitad del siglo V. Una vez amortizada, tiene lugar una primera fase de reocupación a caballo entre el final de tal centuria y comienzos de la siguiente. En ella asistimos a la erección de una *parrochia* sobre el antiguo *triclinium*, en torno a la cual se dispone un área funeraria con presencia de inhumaciones infantiles, orientada N-S (Fernández Ochoa y Gil Sendino 2008: 446). Sobre todo ello tendrá lugar una segunda fase de reocupación, donde aparecen las sepulturas en cista, a base de lajas de piedra, orientadas en sentido E-W. Pero la funeraria no suponía la única función de este lugar, como testimonia el interesante registro de procesos productivos relacionados con la metalurgia del hierro, sobre la antigua cocina de las fases clásicas (Fernández Ochoa y Gil Sendino 2008: 447). Puesto en relación con la probable pervivencia del edificio de culto, ello nos recuerda el carácter de centros productivos, a una escala variable según el caso, que con frecuencia irán adquiriendo los centros religiosos y monásticos a lo largo de la Antigüedad Tardía. Sea como fuere, resulta de la máxima relevancia la do-

---

[42] El emplazamiento de éstas y otras *villae rusticae* en la actual Asturias supone un elemento que las confiere un cierto carácter singular, en el que tanto la pura adaptación pragmática a la orografía del escarpado *territorium* en derredor del núcleo urbano en Cimadevilla, como las ventajas del poblamiento en altura y el peso de la tradición indígena en un territorio donde el castro juega un rol incluso en el esquema de poblamiento romano, quizás habrían de influir en diferente grado.

cumentación, a través de diferentes documentos del siglo IX, de una iglesia en este lugar consagrada a *Santi Petri et Sanctae Mariae* (Fernández Ochoa y Gil Sendino 2008: 448). De hecho, tal estructura permanecería en uso hasta nada menos que el siglo XIII, ya en época bajomedieval, quedando incluido este enclave, a partir de entonces, en el territorio parroquial de Cenero (Fernández Ochoa y Gil Sendino 2008: 448). Por otro lado, para la Veranes tardoantigua no podemos dejar de señalar su relación con el cercano *oppidum* Curiel (Peñaferruz, Gijón). Se trata de un *castellum* erigido en la primera mitad del siglo VIII a base de materiales fundamentalmente perecederos, concebido como sede para los poderes locales y base de operaciones para ejercer un control territorial del espacio circundante, ya dentro del contexto de los procesos de *incastellamento*[43] relacionados con el *"origen de las aristocracias medievales"* del Reino astur (Gutiérrez González 2011: 10). En él, además, también se evidencian trazas de procesos productivos semejantes a los de las fases tardoantiguas de Veranes.

Del mismo modo sucede en la actual Asturias (y más concretamente, en su franja central, adyacente a la vía de comunicación del puerto de Cimadevilla con la Meseta, donde se concentran las *villae* asturianas) el caso de la Villa de Priañes (Oviedo). Allí se documenta un edificio agropecuario (¿acaso una *pars rustica*?) durante los siglos IV-V, próximo al castro local, dispuesto en un espolón sobre el río Nora. En el lugar se dispone posteriormente una necrópolis ya altomedieval, fechada entre los siglos VIII y X, asociada a la actual capilla de Santiago (Requejo Pagés y Álvarez Martínez 2008: 682). Además, otros elementos, como un documento de compra-venta del siglo XII o la interesante toponimia de las fincas próximas (*"Huertas del Convento"*, *"Las Huertas de las Villas"*; *"Huertas de la Iglesia"*, etc...) parecen sugerir una cierta continuidad del poblamiento en el lugar (Requejo Pagés y Álvarez Martínez 2008: 684). Ello reforzaría, junto con los datos provenientes de otros territorios del cuadrante Nordoccidental, como el de los *nendos* (La Coruña) la sugerente hipótesis de que *"la organización eclesiástica en* Gallaecia *durante la Edad Media (...) se basaría en las zonas más romanizadas (...) heredando la estructura espacial del Imperio"* (Sánchez Pardo 2008: 713). En otras palabras, una configuración *de facto* del poblamiento en parroquias, que a tenor de los datos ofrecidos por el *Parroquiale Suevum* en el año 569, el *Regnum Suevorum* supo aplicar y administrar mejor, optimizando los menores recursos disponibles, que el vecino *Regnum Gothorum* (Escalona Monge 2006: 191-192, incluyendo mapa comparativo). Además, en todo este cuadrante peninsular se registra el auge del fenómeno de los denominados "monasterios familiares" o "monasterios auto-organizados" (Gutiérrez González 2011: 8), lo que acaso guarde relación con la concentración, también

---

[43] Sobre este término, aplicado a la casuística concreta de la Iberia tardoantigua y altomedieval, *vid.* Martín González (2013b: 251 y *ss.*)

en este territorio, de las diferentes reglas monásticas de los siglos VI y VII. ¿Se trata de una casualidad y un problema generado por las fuentes, mejor conservadas en lo tocante a esta zona que en para el resto de Iberia? ¿o quizá podamos rastrear aquí un cierto peso del sustrato indígena?. En este sentido, los estudios más recientes tienden a apuntar una adaptación de la administración eclesiástica en el Noroeste a las estructuras locales y grupales preexistentes, de profundas raíces prerromanas (Díaz Martínez 2011: 204ss).

Si bien el tema excede las posibilidades del presente escrito y habrá de ser abordado en mejor ocasión, resulta obligado hacer siquiera mención a las célebres iglesias visigodas rurales, tradicionalmente estudiadas como mero monumento artístico, de manera descontextualizada de sus fases anteriores y posteriores y de su territorio circundante. No obstante, el hecho de que aparezcan en múltiples ocasiones erigidas sobre estructuras anteriores, prerromanas y romanas, así como asociadas a vías de comunicación y quizás a la antigua red de *villae rusticae*, ofrece perspectivas innovadoras y sugerentes para su correcta interpretación.

Por último, conviene recordar, a modo de nota final, que los fenómenos aquí tratados no se limitan al ámbito de la antigua *Diocesis Hispaniarum,* sino que se extienden por amplios territorios de, cuanto menos, el antiguo Imperio Romano de Occidente. Así, para Italia, tal y como hemos señalado ya *supra,* la presencia del fenómeno de las *Eigenkirche* remonta hasta el papado de Inocencio I entre los años 401-407 (Chavarría Arnau 2007b: 132), brillando con luz propia en el simbólico e icónico episodio de la retirada de Rómulo Augústulo a su fundación monacal en el *Castellum Luculi* campano (Fernández 2005: 328), tal y como hemos referido ya *supra*. Pero a estas noticias en las fuentes habría que sumar, además, algunos casos que nos proporciona el registro arqueológico en el país transalpino (Chavarría Arnau 2007b: 132ss). Así, nos encontramos en San Giusto (Apulia) con la *pars urbana* de una antigua *villa rustica,* sometida a una fase de reocupación de tipo *villula* en el siglo V, anexa a la cual se erige en dicha centuria una iglesia. Sobre el conjunto, en el siglo siguiente, habremos de encontrarnos una ampliación de dicha estructura religiosa, en torno a la cual se habrá de disponer un área funeraria. Pero no sólo en el Mediodía itálico nos encontramos con dichos procesos, sino que una situación parecida parece desprenderse de sendos casos en el Valle del Po. Así por ejemplo sucede en Garlate (Lombardía), donde sobre una fase de reocupación de tipo *villula* se emplaza, a mediados del siglo V, una *ecclesia* en honor a Santa Inés y un mausoleo. En momentos posteriores, quizás en el siglo VII, éste último se transforma en iglesia, bajo la advocación de San Esteban. O, por poner un último ejemplo, Sizzano (Piamonte), donde, en un ejemplo que nos recuerda al ya referido *supra* de la Villa de Fortunatus, sobre la esquina suroccidental de la *pars urbana* de una villa se erige una *Eigenkirche,* en torno a la cual se dispone rápidamente un área funeraria *"probabilmente riservato alla famiglia dei proprietari"* (Chavarría

Arnau 2007b: 133), antes del abandono del lugar en el siglo VI. Además, cabría añadir ejemplos provenientes de otras provincias, en una casuística que debió ser, a tenor de la situación que el registro arqueológico viene desvelando, numéricamente abrumadora. De este modo, como botón de muestra de la situación en las Galias, y más en concreto en la antigua *Diocesis Viennensis*, habremos de recordar el caso de Loupian (Languedoc-Rosellón). Aquí nos encontramos con una *villa rustica* que a mediados del siglo V, lejos de un fenómeno de reocupación en precario, conoce una refacción monumental, en la que cabe incluir la erección de una iglesia con baptisterio a unos 800 m en línea recta (Chavarría Arnau 2007b: 133-134).

### V – Epílogo: ¿final de estas fases?

Sólo unas líneas para destacar el hecho de que, acaso tras un hiato en época musulmana, con frecuencia estos lugares conocen un reimpulso tras la Reconquista: así, nos encontramos con la refacción de parroquias y ermitas (Torre de Palma, Carranque, Malafaia, etc...) con necrópolis alto y plenomedievales asociadas. De hecho, muchos de estos centros se adentran en la Edad Moderna y Contemporánea, alcanzando en ocasiones incluso nuestros días (Rodríguez Martín 2008: 322). Algunos casos de secuencia extraordinariamente dilatada los encontramos en Paretdelgada, la Virgen de la Cara, San Isidro, Cubillana, Santiago de Bencáliz, Santa María del Ventoso, São Vicente e Ventosa, São Manel de Odrinhas, la Virgen de la Torre en Vicálvaro, Santa María de Batres[44] o la Virgen de El Val. En la práctica totalidad de casos, se trata de lugares donde la tradición sitúa el hallazgo de tallas y figuras, reliquias y restos antiguos, milagros, toponimia o toda suerte de milagros. Podemos concluir, por tanto, con la constatación de que las ermitas y parroquias rurales, al menos en un notable porcentaje de casos, suponen la fosilización de la secuencia diacrónica del poblamiento rural, con independencia de sus ulteriores refacciones durante las épocas Moderna y Contemporánea. En este sentido, suponen estructuras venerables, depositarias de la memoria colectiva, a quienes conviene saber escuchar.

---

[44] Es decir, la ermita sobre el yacimiento de Carranque, en la imagen (fotografía propia).

De la *villula* a la *ecclesia* (II): arqueología de la transición entre el mundo tardoantiguo y el medieval en la Iberia rural

## VI – Conclusiones

Por encima de los datos concretos, provenientes de éstos y otros contextos, resulta necesario el establecimiento de cierta lectura general a propósito de los fenómenos aquí tratados. En primer lugar, el estudio de la *villa rustica* debe abordarse de una vez por todas como lugares de tiempo largo, cuya función principal a lo largo de toda la secuencia diacrónica, incluso en época tardía, la constituye la producción agropecuaria. No es necesario señalar, sin embargo, que a esta función le acompañan otras, destacando sin duda la residencial, de diferente cariz según la fase y la extracción social de los grupos humanos que la protagonizan, y aún otras en ciertas sincronías históricas[45]. Por otro lado, estas estructuras suponen, de uno u otro modo, puntos de interconexión bidireccional y dialéctica entre el medio urbano y el medio rural, ya sea como *urbes in rure* o recogiendo el poblamiento parroquial dependiente del obispo urbano. Respecto a los ritmos del cambio, nos encontramos *grosso modo* con una secuencia que se inicia en un siglo IV aún mayoritariamente pagano tanto en contextos urbanos como rurales, donde aún se encuentra vigente el esquema tripartito *civitas-villa rustica-vicus*. En el siglo siguiente habrá de producirse la gran transformación, registrándose las *Eigenkir-*

---

[45] Así por ejemplo, la de representación del *status* en el siglo IV.

*che* en algunas *villae rusticae*, mientras que en otras asistimos a los fenómenos de reocupación en precario señalados *supra*. Resulta significativo el surgimiento, en paralelo, de todo un léxico que, si no resulta nuevo *sensu stricto*, sí que modifica en gran medida sus significados anteriores: *villula, castrum, castellum, pagus, territorium, conciliabulum, forum, locus, casa, tugurium*, etc… Ya en el siglo VI, desde un medio urbano ya profundamente cristianizado, habrá de comenzar la irradiación evangelizadora hacia el medio rural (Martínez Tejera 2008: 224). Es ahora cuando conocemos la multiplicación de *ecclesiae*, monasterios, oratorios, eremitorios, etc… encaminados a la *cura animarum* de los rústicos, que rápidamente comienzan a integrarse en una red parroquial de poblamiento[46]. Por último, desde finales del siglo VI (¿acaso desde la conversión del *Regnum Gothorum* en el III Concilio de Toledo?) hasta el 711 se produce una identificación prácticamente plena entre la Iglesia Católica y el Reino. En ella, asistimos al cénit del proceso, con el funcionamiento pleno de *ecclesiae* y *parrochiae* rurales, cánones para regular la creación de monasterios y edificios religiosos, *regulae*, etc… Todo ello, por supuesto, sin perjuicio para otras fórmulas de cristianización del territorio, como las "iglesias visigodas rurales", la ocupación de zonas marginales y el emplazamiento de eremitorios en *agri deserti*, capillas trogloditicas, etc… o, por otro lado, las iglesias y edificios cristianos desarrollados en las nuevas formas de poblamiento rural: aldeas, reocupaciones de castros y alturas, etc…

---

[46] Dentro de este panorama, empero, asistimos también al debate en torno a la existencia de los controvertidos "monasterios familiares" o "auto-organizados", que parecen desarrollarse en ciertas zonas del cuadrante Nor-occidental ibérico, y sobre los que habremos de regresar en mejor ocasión.

## Bibliografía

ARBEITER, A. (2000) Alegato por la riqueza del inventario monumental hispanovisigodo. *In:* Caballero Zoreda e Mateos Cruz (Coord.) *Visigodos y omeyas: un debate entre la Antigüedad Tardía y la Alta Edad Media.* Mérida, p. 249-264.

BARROSO CABRERA, R. e MORÍN DE PABLOS, J. (2006) Armas en la Arqueología madrileña de la Antigüedad Tardía. *Zona Arqueológica,* 8 (3), p. 735-746.

BAYNES, N.H. (1949) *The supernatural defenders of Constantinople.* París.

BLÁZQUEZ MARTÍNEZ, J.M. (2003) Recientes aportaciones a la situación de los judíos en la Hispania tardoantigua. *In:* Romero (Ed.) *Judaísmo hispano. Estudios en honor de José Luis Lacave Riaño.* Madrid, p. 409-425.

(1989) Influencia de la Iglesia de Cartago en las iglesias hispanas. *Gerión* 7, p. 277-287.

CAGNETTI, L. (2006): Reliquias y tesoros esclesiásticos. De la Antigüedad a la Edad Media. *In:* VV.AA. *Eulalia de Mérida y su figura histórica.* Sevilla, p. 31-40

CHAVARRÍA ARNAU, A. (2007a) *El final de las villae en Hispania (siglos IV--VII).* Turnhout (Bibliothèque de l´Antiquité Tardive 7).

(2007b) – Splendida sepulcra ut posteri audiant. *Aristocrazie, mausolei e chiese funerarie nelle campagne tardoantiche. In:* Brogiolo e Chavarría Arnau (Ed.) *Archaeologia e società tra Tardo-Antico e Alto-Medievo.* Mantua (Documenti di Archeologia 44), p. 127-146.

CRUZ VILLALÓN, M.C. (1985) *Mérida visigoda. La arquitectura arquitectónica y litúrgica.* Badajoz.

DÍAZ MARTÍNEZ, P.C. (2011) *El reino suevo (411-585).* Madrid.

ESCALONA MONGE, J. (2006) Patrones de fragmentación territorial: el fin del mundo romano en la Meseta del Duero. *In:* Espinosa Ruiz.; Castellanos García (Eds.) *Comunidades locales y dinámicas de poder en el Norte de la Península Ibérica durante la Antigüedad Tardía.* Logroño, p. 165-200.

FERNÁNDEZ, L. (2005) La agonía del Imperio Romano de Occidente. *Gerión,* 23, n.º 1, p. 325-328.

FERNÁNDEZ CASTRO, M.C. (1982) *Villas romanas en España.* Madrid.

FERNÁNDEZ OCHOA, C., BENDALA GALÁN, M., GARCÍA--ENTERO, V. e VIDAL SÁNCHEZ, S. (2011) Cubierta de sarcófago con el ciclo de Jonás hallada en Carranque (Toledo). *AespA,* 84, p. 231-242.

FERNÁNDEZ OCHOA, C.; GIL SENDINO, F. (2008) La villa romana de Veranes (Gijón, Asturias) y otras villas de la vertiente septentrional de la cordillera cantábrica. *In:* Fernandez Ochoa ; García Entero ; Gil Sendino (Eds.) *Las* villae *tardorromanas en el Occidente del Imperio. Arquitectura y función.* Gijón, p. 639-646.

FUENTES DOMÍNGUEZ, Á. (2000) Las termas en la Antigüedad Tardía: reconversión, amortización, desaparición. El caso hispano. *In:* Fernandez Ochoa; García Entero (Eds.) *Termas romanas en el Occidente del Imperio.* Gijón.

(1997) Las villas tardorromanas en Hispania. *In:* Arce Martinez; Ensoli; La Rocca, (Dir.) *Hispania romana. Desde tierra de conquista a provincia del Imperio",* Madrid-Milán, p. 313-320.

GARCÍA ENTERO, V. (2005-06) Las transformaciones de los *balnea* rurales domésticos durante la Antigüedad Tardía en Hispania (ss. IV-VI). *CuPAUAM* 31-32, p. 61-82.

GORGES, J.G. (1979) *Les villas hispano-romaines.* Paris.

GUTIÉRREZ GONZÁLEZ, J.A. (2011) Modelos de transformación del paisaje antiguo y configuración de los nuevos espacios de ocupación en el Norte peninsular. *In:* Pérez Lozada (Ed.) *Hidacio de Limia e o seu tempo: a Gallaecia sueva / A Limia na época medieval,* Ginzo de Limia (Biblioteca Arqueohistórica Limiá, Serie Cursos e Congresos 5).

JIMÉNEZ SÁNCHEZ, J.A. e SALES CARBONELL, J. (2004) Termas e iglesias durante la Antigüedad Tardía : ¿reutilización arquitectónica o conflicto religioso ?. Algunos ejemplos hispanos. *In:* Gonzalez Blanco y Blázquez Martínez (Eds.) *Sacralidad y arqueología : homenaje al Prof. Thilo Ulbert al cumplir 65 años.* Murcia (Ant. Crist. XXI), p. 185-201.

LANGLEY, M. M. (2008) *Invisible converts: non-visibility of Christian cultura at Torre de Palma (Monforte, Portugal). In:* Fernandez Ochoa; García Entero; Gil Sendino (Eds.) *Las* villae *tardorromanas en el Occidente del Imperio. Arquitectura y función.* Gijón, p. 639-646.

MARTÍN GONZÁLEZ, S. (2013a) Santas de diciembre: Eulalia de Mérida, Melania la Joven y la transformación de las élites imperiales. *Antesteria,* 2, p. 143-158

(2013b) *Between Rome and barbarians: Hispanic indigenism and reoccupation of heights in the Late Antique Iberia. In*: Álvarez Jiménez, D.; Sanz Serrano y Hernández de la Fuente, D. (Eds.) *El espejismo del bárbaro. Ciudadanos y extranjeros al final de la Antigüedad.* Castellón de la Plana, p. 241-260

(2013c) Un paisaje de *villae* fluviales: economía y sociedad en el territorio meridional de Augusta Emerita en época tardoantigua. *In:* Oliveira;

Brandão; Mantas; Sanz Serrano (Eds.) *A queda de Roma e o alvorecer de Europa*, Coimbra.

(2011) *From* villae *to* villulae*: settlement and social organization in Late Antique Hispanic countryside*. *In:* Hernández de la Fuente (Ed.) *New perspectives on Late Antiquity*. Newcastle upon Tyne.

(2009) La villa romana de Miralrío: aproximación a un nuevo centro productivo en el Valle del Guadiana entre Mérida y Alange (Badajoz). *Revista de Estudios Extremeños*, Tomo LXV, Número I, p. 11-38.

MARTÍNEZ TEJERA, A.M. (2008) *La arquitectura cristiana de los siglos V-VI en Hispania: entre la `oficilización´ y la `expansión´*. *In:* Morín de Pablos; López Quiroga; Martínez Tejera (Eds.) El tiempo de los "bárbaros": pervivencia y transformación en Galia e Hispania (ss. V-VI d.C.). *Zona Arqueológica* 11, p. 222-271.

MATEOS CRUZ, P. (1999) La basílica de Santa Eulalia de Mérida. Arqueología y urbanismo. *Anejos de AEspA*, XIX.

(1995) *Identificación del xenodochium fundado por Masona en Mérida*. IV Reunião de Arqueologia Cristã Hispânica, p. 309-316.

ORLANDIS, J. (1982) – *Historia de la Iglesia I: La Iglesia antigua y medieval*. Madrid.

RASCÓN MARQUÉS, S., MÉNDEZ MADARIAGA, A. e DÍAZ DEL RÍO-ESPAÑOL, P. (1991) – La reocupación del mosaico del auriga victorioso en la villa romana de El Val (Alcalá de Henares). Un estudio de microespacio. *Arqueología, Paleontología y Etnografía* 1, p. 181-200

RASCÓN MARQUÉS, S. e SÁNCHEZ MONTES, A. (2005) *Realidades cambiantes*. Complutum *tardoantiguo. VI reunió d'Arqueologia cristiana hispánica. Les ciutats tardoantigues d'Hispania: cristianitzaciò i topografía*. Barcelona, p. 499-517.

REQUEJO PAGÉS, O. Y ÁLVAREZ MARTÍNEZ, V. (2008) Descubrimiento de la *villa* romana de Priañes (Oviedo). *In:* Fernandez Ochoa; García Entero; Gil Sendino (Eds.) *Las* villae *tardorromanas en el Occidente del Imperio. Arquitectura y función*. Gijón, p. 682-691.

RODRÍGUEZ MARTÍN, F.G. e CARVALHO, A. (2008) *Torre Águila y las villas de la Lusitania interior hasta el Occidente atlántico*. *In:* Fernandez Ochoa; García Entero; Gil Sendino (Eds.) *Las* villae *tardorromanas en el Occidente del Imperio. Arquitectura y función*. Gijón, p. 301-344.

SÁNCHEZ PARDO, J.C. (2008) Continuidad y cambio del poblamiento tardorromano y altomedieval en Galicia: propuestas de estudio. *In:* Fernandez

Ochoa; García Entero; Gil Sendino (Eds.) *Las* villae *tardorromanas en el Occidente del Imperio. Arquitectura y función.* Gijón, p. 707-718.

SANTIAGO FERNÁNDEZ, J. (2004) Materia y elementos iconográficos en las inscripciones cristianas de Mértola. *Documenta & instrumenta* 2, p. 193-226.

SANZ SERRANO, R. (2009) *Historia de los godos. Una epopeya histórica de Escandinavia a Toledo.* Madrid.

SASTRE DE DIEGO, I. (2010) *Los primeros edificios cristianos de Extremadura. Sus espacios y elementos litúrgicos.* Caelum in terra. Mérida.

VIVES. J. (1963) *Concilios visigóticos e hispano-romanos.* Madrid.

WARD-PERKINS, B. (2007) *La caída de Roma y el fin de la civilización.* Pozuelo de Alarcón.

# A TRANSFORMAÇÃO DO ESPAÇO FUNERÁRIO NO OCIDENTE ENTRE OS SÉCULOS IV E VI. AMBIGUIDADES E *LOCI SEPULTURAE* EM ESPAÇOS RURAIS DO SUL DA LUSITÂNIA: O CASO DOS TEMPLOS
(Funerary areas transformations in the in the west between IVth and VIth centuries. Ambiguities and loci sepulturae in south Lusitania rural spaces: the temples case)

João Pedro Bernardes (jbernar@ualg.pt)
Universidade do Algarve

RESUMO – Após os cuidados tidos com os *locus sepulturae*, comprovados por dados epigráficos e pela literatura clássica de época imperial, uma profunda alteração na organização de muitas necrópoles e espaços de enterramento surge a partir do século quarto. Esta mudança resulta da gradual decadência dos modelos de gestão imperiais, mas também da afirmação de uma nova perspetiva de entendimento do universo mental e religioso. Do ponto de vista arqueológico, agora existem novas realidades na deposição sepulcral e na topografia funerária, quer em áreas urbanas, quer rurais, que são sintomas de novas conceções religiosas no mundo como a vida além-túmulo é concebida. Contudo, também evidenciam mudanças nos poderes e formas de gestão social, e mesmo na desregulação da *ars moriendi*, típica de um momento de grandes conflitos religiosos e mentais. A transição observada em certos espaços sepulcrais na *Hispania*, o comportamento de práticas funerárias pagãs na sua relação com os *loci sepulturae* cristãos ou a discussão sobre os seus conteúdos e significados em época de grandes ambiguidades e temores, são os principais temas tratados no presente estudo. Argumenta-se que, ao invés de uma cristianização de templos rurais no século v ou vi e sua conversão para igrejas cristãs, o que ocorre é a apropriação destes *loci sacer* para a deposição funerária cristã, num tempo em que os teólogos e a hierarquia da Igreja desvalorizavam e não punham constrangimentos aos rituais de deposição funerária dos seguidores de Cristo.

PALAVRAS-CHAVE – Antiguidade Tardia, templos rurais, áreas sepulcrais, Cristianização.

ABSTRACT – After the care concerning the *locus sepulturae*, testified by epigraphy or imperial classic literature, there is, from the fourth century, a profound change in the organization and arrangement of many necropolis and burial spaces. This change resulted from the gradual decay of organizational structures, but also the emergence and affirmation of a new way of seeing the world within the framework of a new mental and religious universe. From the archaeological viewpoint, there are new and different realities with the topography and with the sepulchral deposition, both in urban and in rural areas, and that are symptom of religious conceptions from after-life in transition; but they are also evidence of mutation of powers and even a certain vagueness and deregulation of *ars moriendi*, typical of a period of great religious and mental conflicts. The observation of the transition of some sepulchral spaces in rural areas of Hispania, the behavior of pagan religious spaces in its relation to the Christian *loci sepulturae* or the discussion of its potential contents and meanings in a world of many ambiguities and anxieties, are the main topics of this text. It is argued that, unlike a Christianization of rural temples of the Roman *villae* in the 5th and 6th centuries, and their conversion into Christian churches, what actually happens is an appropriation those *loci sacer* for the deposition of the dead Christians, at a time when the theologians and the Church hierarchy devalued and have not set requirements for sepulchral areas and burial rituals of the followers of Christ.

KEYWORDS – Late antiquity, rural temples, burial areas, Christianization.

## A ORGANIZAÇÃO DOS ESPAÇOS FUNERÁRIOS ENTRE OS ROMANOS

A separação entre o espaço dos vivos e dos mortos na época romana era bem regulamentada e estritamente observada, quer em meio urbano, quer em meio rural. É assim que o jurisconsulto Paulo afirma que *"nenhum cadáver deve ser colocado na cidade, para que os sacra da cidade não sejam manchados"*[1], prescrições estas que estando já presentes na Lei das XII Tábuas, em 452 a.C., e em vários códices, acabam por ser revogadas pelo imperador Leão I (*Flavius Valerius Leo*) na segunda metade do século v. O espaço *funebris,* que se dispunha preferentemente ao longo das vias, mais por uma questão de proximidade com os vivos, entre os quais se procurava preservar a memória dos defuntos, do que por razões de acessibilidade, obedecia igualmente a regras bem definidas que visavam organizar todo o espaço de acordo com uma planta racional. A necrópole era assim frequentemente delimitada e protegida por um recinto murado e dividido em talhões que se adquiriam, em tamanho maior ou menor, ocupando áreas mais ou menos expostas, de acordo com as posses e o estatuto do adquirente.

Essas parcelas poderiam ser bem mais vastas do que o necessário para a deposição do corpo ou túmulo, pelo que havia uma preocupação constante de impedir a alienação da terra adquirida. Era pois natural que em muitos monumentos se apresentassem as medidas dos talhos de terra pertencentes à respetiva sepultura, como é o conhecido caso de Trimalquião, herói do livro *Satiricon* (LXXI) de Petrónio:

> *Pois bem meu caro amigo, encarregas-te de elevar o meu monumento como eu te pedi? (...) E que este monumento tenha cem pés (cerca de 30 metros) de frente e duzentos de profundidade. Com efeito quero que ele tenha todas as espécies de frutos à volta das minhas cinzas, e vinhas em abundância. Nada é mais absurdo que ter em vida casas bem guarnecidas, e de não cuidar aquelas onde devemos permanecer por muito mais tempo. É por isso que, acima de tudo, quero que se acrescente: 'este monumento não faz parte da herança'(...) Recomendarei um dos meus libertos para guardar o meu túmulo.*

---

[1] Ariès 1988: 41-42.

O texto de Petrónio revela a preocupação com o arranjo (inclusive paisagístico) da última morada, mas também com a perpetuação deste lugar de memória a fim de que seja evitada essa segunda morte, ou morte definitiva, que é o esquecimento.

A observância com a organização do espaço funerário é também motivo de preocupação por parte dos municípios, como demonstram os capítulos 73 e 74 da *lex Ursonensis* que tratam das disposições funerárias[2]. É claro que, na prática, a sua aplicação era subvertida com frequência, em virtude da expansão das áreas urbanas, bem patente em Córdova ou Roma[3], pela reutilização de materiais, pela sobreposição de sepulturas, ou ainda por roubos e usurpações que aconteciam um pouco por todo o lado.

Estas práticas de usurpação de *loci sepulturae* mais antigos, para ali se fazerem novos enterramentos, constituíam uma autêntica *violatio sepulchris* que estava prevista e era severamente condenada pela legislação de muitos municípios que instituíam multas funerárias para os violadores, como ocorre nas referidas leis de Urso, mas também nas de Irni[4]. Durante o Baixo-império e à medida que se avolumam os indícios que anunciam uma paulatina transformação, retração e decadência urbana estes, como muitos outros, preceitos das comunidades urbanas tendem cada vez mais a não serem seguidos. Em vários espaços urbanos, de que o de *Ossonoba* (atual cidade de Faro) é um bom exemplo, as necrópoles tornam-se cada vez mais desorganizadas e com uma reutilização crescente de materiais e até de estruturas de enterramento. O mesmo fenómeno observa-se também em meio rural e, à medida que se torna mais evidente o desmantelamento das estruturas político-administrativas e a diluição dos padrões de vida socioeconómica típicos do classicismo romano, surgem novos espaços de enterramento pouco organizados e distribuídos um pouco por todo o lado.

## AS TRANSFORMAÇÕES NO SÉCULO V: TEMPOS DE CONFLITUALIDADE INTERNA, ENTRE CONCEÇÕES PAGÃS E CRISTÃS

As alterações verificadas a partir do século IV na organização da sociedade e nas mentalidades, com a progressão do cristianismo e das novas conceções do além que a adoção à nova religião traz, terão sido as principais causas – mas não as únicas – que explicam a mudança na forma como se organizam e distribuem na topografia urbana os espaços funerários. É certo que, sobretudo nas grandes

---

[2] López Melero 1997; para além deste artigo referente às disposições funerárias da legislação de *Urso* (actual cidade de Osuna), o estudo monográfico deste vol. 15 da *Stvdia Historica* analisa em vários artigos as restantes disposições constantes daquela lei.

[3] Vaquerizo 2001: 139-140.

[4] Vaquerizo 2001: 52; a legislação municipal de *Irni* (El Saucejo, Sevilha), pode ser vista em D'ors A., *Lex Irnitana* (Texto bilingüe), Santiago de Compostela, 1988.

necrópoles romanas, os enterramentos continuam a fazer-se nos mesmos lugares; mas, agora, são mais caóticos, sobrepondo-se frequentemente a antigas sepulturas, como se observa nos campos mortuários emeritenses, ou não obedecendo a qualquer organização, como se constata de forma muito clara no largo 25 de Abril da grande necrópole de *Ossonoba*[5].

Para além da continuidade de enterramentos em necrópoles pagãs e da sua crescente desorganização, as alterações que se verificam na paisagem funerária do Ocidente Peninsular, a partir do século IV ou inícios do V, pautam-se também pela deslocalização dos campos mortuários para junto das áreas residenciais e ainda por uma certa dispersão das sepulturas, fenómeno particularmente bem evidente no meio rural, onde as antigas termas e determinadas partes mais nobres das *villae* já desativadas recebem enterramentos. Este fenómeno, mais ou menos disperso, de utilizar como áreas funerárias antigos espaços residenciais ou públicos, visa demarcar as sepulturas cristãs dos antigos *loci sepulturae* pagãos, anunciando já a prática medieval de aproximação e até de promiscuidade dessas sepulturas com os lugares dos vivos. Esta procura de novos espaços funerários é bem clara em Silveirona II, local de enterramento cristão a 300 metros da necrópole pagã de Silveirona I, em Torre de Palma, e em muitos outros sítios do sul da Lusitânia de que poderíamos referir a título de exemplo, Quinta de Marim, Álamo (Alcoutim), Cerro da Vila ou Milreu[6]. A tendência para aproximar o espaço dos mortos do dos vivos, independentemente da existência ou não de um local de culto, é também comum nos meios urbanos, vendo-se testemunhada em Córdoba, onde a retração da área urbana é ocupada por pequenos recintos funerários[7], ou em Mértola, onde a necrópole romana da Achada de S. Sebastião é abandonada a partir de meados do séc. V para se passar a utilizar a do Rossio do Carmo que receberá uma basílica[8].

A motivação para a escolha do novo local mortuário parece obedecer a um sentimento algo paradoxal. Se o seguidor da nova religião pretende fazer-se enterrar numa área *funebris* não pagã, procura, simultaneamente, manter alguma proximidade com o *locus sacer* ou o *locus religiosus* que o espaço da morte ou de

---

[5] Para a realidade emeritense, entre os muitos títulos que têm vindo a lume na última década, veja-se Nogales Bassarrate e Marquez Perez 2002; Alba Calzado 2004; para o caso da necrópole *Ossonobensis* que terá sido ocupada até ao século VI, veja-se Teichner *et al.* 2007.

[6] Veja-se Cunha, 2008 para Silveirona; para Torre de Palma, Maloney e Hale 1996 e, especificamente para os espaços funerários, a recente tese de doutoramento de M. Wolfram 2011 (particularmente as páginas 251-252). Para os sítios algarvios de Quinta de Marim veja-se Graen 2007, para a *villa* do Álamo, Santos 1972: 367-372, e para Milreu e Cerro da Vila Teichner 2008: 95-107; 250-256; 280-285. Na *villa* do Álamo, da qual se conhece apenas os levantamentos efectuados por Estácio da Veiga, regista-se uma necrópole situada a cerca de 150 metros a norte da *villa*, e um outro conjunto de sepulturas que perfuraram os pavimentos de alguns compartimentos da *villa*.

[7] Sánchez Ramos 2007 e 2010.

[8] Macias 2005: 225.

culto pagão sempre representava, ou ainda com um referente de prestígio que facilite o estatuto de *memoria* que se quer para a sepultura. Numa época de profundas incertezas e angústias, os recém aderentes à nova religião deparavam-se com a constante ansiedade de saber onde se enterrarem uma vez que a própria Igreja ainda não definira quaisquer regras ou rituais de enterramento; problema ainda maior, obviamente, em áreas rurais distantes dos núcleos urbanos, onde a escassa densidade populacional e a maior dificuldade de penetração do cristianismo levava a que não existissem locais de culto ou de referência cristãos. Na hora da morte os *rustici*, mais do que os restantes cristãos, encontram-se perante um angustiante dilema: ou enterravam os seus mortos num espaço próprio de ligação ao além por ser habitado pelos Manes e, por isso mesmo, *locus sacer* mas também pagão, ou se afastavam desse lugar inumando em sítios sem qualquer estatuto sagrado ou de ligação ao além. Várias práticas consideradas heréticas e alguns documentos conciliares refletem essas muitas indefinições e hesitações geradoras de ansiedade. Com efeito, neste período caracterizado pela dualidade religiosa paganismo-cristianismo é natural uma certa confusão, não apenas à hora da morte, demonstrada em várias pautas de comportamento social e que transparece desde cedo na legislação eclesiástica, mas também a que decorre dos primeiros cânones do concílio de Elvira, onde se dá particular atenção aos cristãos que, sendo batizados, continuam a praticar rituais e obrigações pagãs[9]. Tendo estas mesmas preocupações com a unidade religiosa e a idolatria, o II Concílio de Braga dedica alguns dos seus cânones a combater as *traditiones gentilium* relacionadas com os enterramentos, como proibir aos clérigos a celebração de missas sobre as sepulturas (Cânone LXVIII), ou aos cristãos de levar alimentos e realizar sacrifícios juntos às sepulturas em honra dos mortos (Cânone LXIX)[10].

Sendo omissa relativamente aos lugares indicados para enterramento dos fiéis, é natural que a Igreja não condenasse explicita e categoricamente os enterramentos cristãos em necrópoles pagãs[11]. Quando essas condenações existem elas referem-se mais à participação nos rituais fúnebres dos pagãos e não tanto ao lugar da sepultura. É o caso de Cipriano de Cartago em meados do século III, que, numa carta às comunidades hispânicas, critica especificamente o bispo de Mérida, Marcial, por ter recorrido a rituais pagãos e ao espaço sepulcral de um colégio funerário, com tudo o que isso implicava, para enterrar o seu filho[12]. Na verdade, e sobretudo quando consideramos o espaço rural nos séculos IV ou V da

---

[9] Vives 1963: 1-2; Arce 2006: 120.
[10] Vives 1963: 102.
[11] O primeiro cemitério cristão comunitário da Igreja de Roma corresponde às famosas catacumbas de Calisto na via Ápia, no ano de 197. Entende-se por cemitério cristão a instituição de um lugar de sepultura destinado ao conjunto dos fiéis, reservado só para eles, mais ou menos delimitado e sob o controlo da Igreja (Rébillard 1999:1028).
[12] Cipriano, *Ep.* 67; Rébillard 1999: 1029-1031; Rébillard 2003: 28

Hispânia, os teólogos cristãos não estavam em condições de interditar o acesso às necrópoles pagãs, uma vez que, relegando os atos fúnebres para a esfera familiar ou corporativa através dos *collegia funebris*, não ofereciam qualquer espaço alternativo para o efeito. Nas suas Confissões (Liv. IX, 11.27), Santo Agostinho ao descrever a morte de Mónica, sua mãe, conta que a convalescente terá dito a si e ao seu irmão: "*Sepultai este corpo em qualquer lugar: que em nada vos perturbe a preocupação com isso; somente vos peço isto: que vos lembreis de mim diante do altar do Senhor, onde quer que estiverdes*"[13]. Compreende-se, pois, que Santo Agostinho num dos seus sermões diga que mais importante que o local onde se deposita o corpo é o que se fez com ele em vida, ou seja, "*os méritos dos mortos não são determinados pelos lugares onde se encontram os seus corpos, mas pelas disposições em que se encontram as suas almas*"[14]. No *De cura pro mortuis gerenda*, o mesmo teólogo volta a desvalorizar, numa carta a Paulino, bispo de Nola, o lugar de sepultura, não vendo mais uma vez qualquer necessidade ou utilidade aos rituais de enterramento[15]. Esta carta ao bispo daquela cidade da Campânia, que é a resposta a uma outra onde este pede a opinião do consagrado teólogo sobre os benefícios de uma sepultura *ad sanctus*, não deixa de ser ilustrativa da indefinição que reinava sobre o tema mesmo entre a hierarquia da Igreja.

Independentemente do local de enterramento, todo o crente, por uma questão de caridade e de misericordiosa obrigação cristã, tinha o dever de enterrar quem quer que fosse que necessitasse de sepultura[16]. Mas é um dever ético, pessoal, que decorre do dever de piedade que qualquer cristão deve praticar, e não de uma obrigatoriedade comunitária ou pública. A igreja, que elabora ritos cristãos religiosos, como a Comunhão à hora da morte, não encara, durante os séculos IV a VI, o culto dos mortos como algo público ou comunitário que lhe caiba organizar, razão pela qual não vê necessidade ou obrigação de criar espaços específicos de enterramento para os cristãos. Esta ausência de preocupações com o lugar da sepultura por parte das autoridades religiosas, mais centradas em combater as ameaças heréticas, acabarão por promover os enterramentos *ad sanctos*, sobretudo a partir do século VI, mas, até à constituição desses lugares de

---

[13] Santo Agostinho, *Confissões*, Lisboa, 2000, p. 419 (tradução e notas de Arnaldo do Espírito Santo, João Beato e Maria Cristina Pimentel).

[14] "*Nam mortuorum merita adtenduntur, non in locus corporum, sed in adfectibus animarum*" (*apud* Rébillard 1999: 1041).

[15] O *De cura pro mortuis gerenda* (O cuidado devido aos mortos), escrito em 421, é o tratado mais importante desta época sobre as questões funerárias. No seu capítulo I diz-se especificamente que "é através do modo de vida que cada um levou durante a existência corpórea, que se determina a utilidade ou inutilidade desses auxílios que lhes são piedosamente dedicados após a morte" (a este propósito pode ver-se ainda Rébillard 1999: 1039).

[16] A atenção e importância atribuída pelos cristãos ao "serviço dos mortos", nomeadamente provendo-lhes uma sepultura, será, segundo o imperador Juliano (*Ep.* 84, 429d-430a), uma das razões do sucesso do cristianismo.

santidade e de referência para os enterramentos cristãos, subsistem múltiplas ambiguidades e incertezas.

A separação entre religião cristã e culto dos mortos é, pois, uma realidade nos primeiros tempos cristãos, encarando-se aquele como algo da esfera privada e familiar, o que em grande parte explica que muitas das concentrações de algumas sepulturas dispersas pelas áreas das *villae* ou das cidades, nos séculos v e vi, correspondam a pequenas necrópoles de cariz familiar. Esta dispersão vai desaparecer relativamente cedo nos núcleos urbanos para dar lugar à concentração dos enterramentos junto aos locais de culto. Todavia, nos meios rurais essa definição do *locus funebris*, como se viu, tem mais dificuldade em se fazer. Só a partir do século vii, por via de uma implantação crescente nos campos da fé cristã, em grande parte suportada pelo fenómeno monástico, esta realidade tende a mudar. Na *Regula monachorum* (PL, 83, 893-894) de Isidoro de Sevilha, por exemplo, já se diz que "*é necessário enterrar os corpos dos irmãos num único lugar, de forma que aqueles que vivam em conjunto na unidade da caridade, estejam reunidos na morte num único lugar*". Mas a primeira lei proibindo enterramentos de cristãos e pagãos no mesmo espaço data apenas de 782[17].

Nesta primeira fase que percorre o Ocidente peninsular no século v, os cristãos tiveram que ser inventivos na escolha do lugar para a morada eterna e, se alguns indivíduos continuam a optar pelos *loci funebris* pagãos, outros escolhem novos lugares onde se sintam mais confortáveis no âmbito das suas convicções religiosas do além. E, aqui, as escolhas são múltiplas e variadas: uns optarão por se fazerem enterrar em locais monumentais de prestígio, com *dignitas* e uma forte carga identitária, como as ricas áreas de receção das *villae*; outros, em locais que, de alguma forma, suscitem alegoricamente os ritos de iniciação ou sejam propiciatórios da lavagem dos pecados que a passagem para um além bem-aventurado sempre exige; outros ainda escolhem sítios com uma mística sagrada como os que ficam próximos dos templos ou de necrópoles pagãs. É assim recorrente que os primeiros enterramentos cristãos ocorram nas áreas residenciais das *villae* ou nas suas termas, edifícios ligados à água e à lavagem do corpo e que simbolicamente serão mais propícios a locais de passagem e à purificação da alma. Sobre alguns destes enterramentos em termas surgirão pouco depois algumas basílicas, como nas *villae* do Monte da Cegonha, de El Saucedo e, provavelmente, na de S. Romão, Alvito[18]. Talvez esta mesma atração por locais de alguma forma conotados com a água e, portanto, com a lavagem, a purificação, ou o batismo, ajude a explicar a localização de alguns campos mortuários sobre *cetariae* de complexos

---

[17] Rébillard 2003:42.
[18] Sobre o aproveitamento das termas como locais funerários veja-se Garcia Entero 2005-2006. Para o caso específico de S. Romão, Wolfram 2011: 184.

piscícolas como se verifica em Fuengirola,[19] Tróia,[20] ou Loulé Velho[21] que, nos últimos casos, também receberam basílicas.

É esta mesma mentalidade que busca locais conotados com o sagrado e a *memoria* que está subjacente em muitas outras *villae* ou núcleos de povoamento, como o Cerro da Vila[22], onde a partir do século V surgem novos campos funerários demarcados mas adjacentes aos anteriores (Fig. 1). Naquele aglomerado secundário o novo recinto sepulcral, no seu movimento de aproximação à área dos vivos, vai situar-se junto ao mausoléu templiforme que ficava a cerca de 100 metros da necrópole romana; também em grandes *villae* do sul da Lusitânia, como Milreu ou S. Cucufate, as novas necrópoles fixam-se nas áreas do *temenos* dos respectivos templos ou suas imediatas proximidades. Nestes últimos casos os templos pagãos exercem uma clara atração sobre os enterramentos tardo-antigos ou paleocristãos, o que tem sido interpretado como indicador da cristianização desses mesmos templos[23].

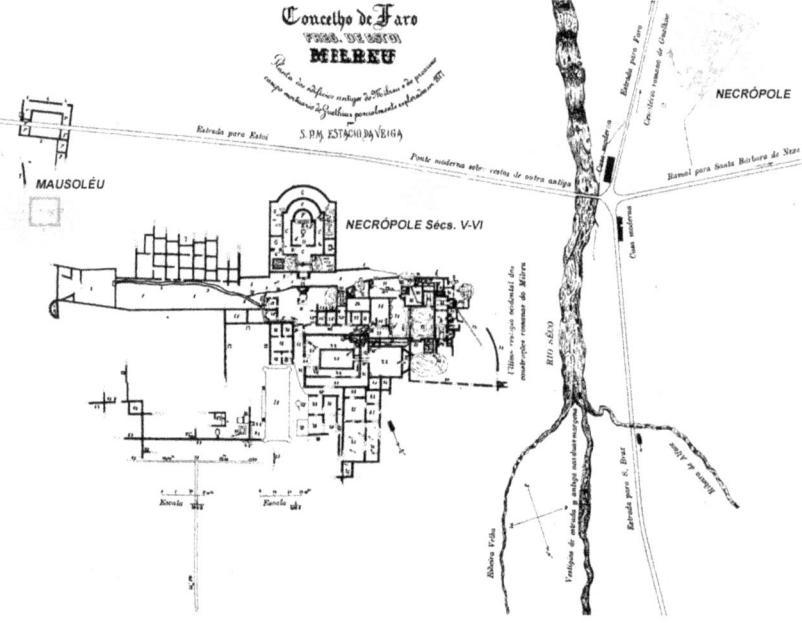

*Figura 1* – Planta de Milreu elaborada por Estácio da Veiga, com a necrópole e um dos mausoléus da época imperial e a nova localização da necrópole da Antiguidade Tardia.

---

[19] Garcia Entero 2005-2006: 64.
[20] Wolfram 2011: 204-205.
[21] Gomes e Serra 1996; Bernardes 2008.
[22] Teichner 2008: 384 e 399.
[23] Alarcão, Étienne e Mayet 1995; Bowes 2006: 84.

## A transformação do espaço funerário no ocidente entre os séculos IV e VI.
## Ambiguidades e *loci sepulturae* em espaços rurais do sul da Lusitânia: o caso dos templos

As frequentes deposições funerárias da Antiguidade Tardia em espaços notáveis e destacados dentro do conjunto edificado das antigas residências aristocráticas, justificam-se, para além de qualquer outro simbolismo, pelo facto de esses mesmos edifícios constituírem as marcas identitárias do território e, como tal, os locais propícios a receberem memoriais. Neste caso estarão em primeira linha os grandes edifícios das *villae*, como os templos ou mausoléus. De acordo com Libânio, no famoso apelo ao imperador Teodósio, em 386, em defesa dos templos (*Pro Templis*, XX, 42), era nesses edifícios de culto e nos seus ornamentos que residia muito da alma dos campos, o prestígio cidadão. Uma lei de 399, dirigida a Macrobio, *vicarius Hispaniarum*, reforça esse carácter dignificante dos templos e dos seus *spolia* ao especificar que apesar de se proibirem os sacrifícios não se destruam os ornamentos dos templos[24], prática que deveria então ser corrente ao ponto de merecer a atenção legislativa. O desmantelamento em larga escala das mais prestigiantes e significativas estruturas clássicas e respectivos *ornamenta*, era feito não apenas para reaproveitar materiais mas como forma de combater os falsos deuses e a idolatria. Apesar do combate à idolatria estar na primeira linha das preocupações dos teólogos, estes reconheciam a importância da preservação dos edifícios pagãos não apenas por constituírem marcadores territoriais e referências identitárias como pela sua utilidade enquanto edifícios[25]. Sendo uma prática que ocorre um pouco por todo o lado, os fenómenos de destruição e pilhagem não terão atingido na Hispânia as proporções de outras regiões do Império; de igual modo, a conversão e adaptação a templos cristãos, pelo menos no meio rural, fica por demonstrar[26]. O templo pagão presta-se mal a qualquer adaptação a igreja cristã, uma vez que, ao contrário desta, nunca foi concebido para receber os fiéis no seu interior. É tendo em conta a sua marca identitária e prestigiante, mas também sagrada, que encontramos sepulturas paleocristãs a ocuparem a área interna e adjacente dos templos, como acontece em Milreu (Faro) ou em S. Cucufate (Vidigueira), ou a situarem-se na imediata proximidade de mausoléus ou templetes funerários, como é o caso do mausoléu templiforme do Cerro da Vila (Vilamoura).

A *villa* de Milreu tinha, na sua parte nascente, dois mausoléus destinados a depositar os restos fúnebres dos proprietários e, no lado oposto, a cerca de 250 metros e já na outra margem da ribeira que ali passa, a necrópole comum (Fig. 2). A partir de finais do século IV ou inícios do V, verifica-se o enterramento na área do *temenos* do templo e na sua envolvência. Foram identificadas várias sepulturas constituindo caixas que reaproveitam materiais da *villa* romana e inclusive do

---

[24] Arce 2006: 119.
[25] Como se pode ver no livro XVI do Código de Teodósio (*CTh*.16.10.19) que preconizava o aproveitamento dos templos, localizados dentro ou fora das cidades, para uso público: *Aedificia ipsa templorum, quae in civitatibus vel oppidis vel extra oppida sunt, ad usum publicum vindicentur*
[26] Arce 2006.

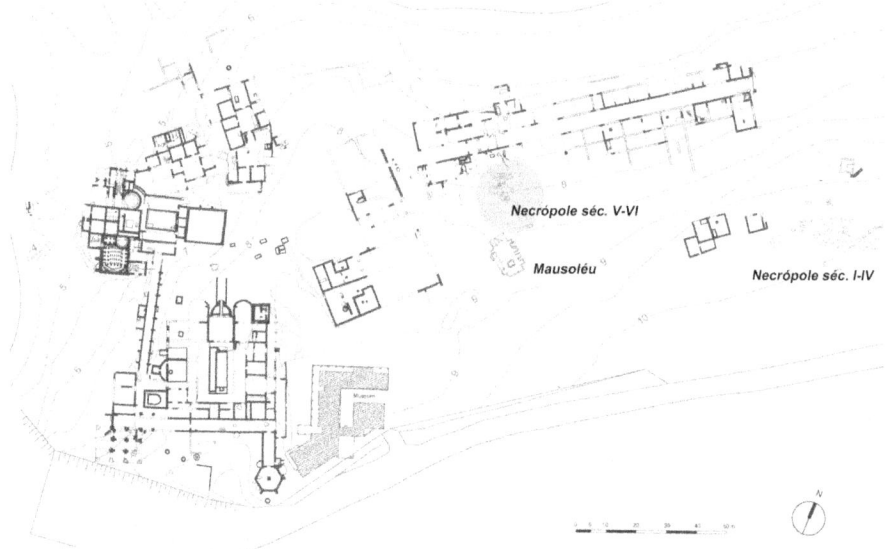

*Figura 2* – Planta das ruínas do Cerro da Vila com os espaços funerários romano e da Antiguidade Tardia assinalados.

próprio templo, sendo algumas delas cobertas com *opus signinum*, à maneira de *mensae*. Como espólio possuíam as características bilhas e jarros frequentes neste tipo de contextos. Sobre uma destas sepulturas, na parte oeste do perÍbolo do templo, vai edificar-se um batistério no século VI, altura em que na parte oposta é erguido um pequeno edifício tendo no seu interior três sepulturas e interpretado como mausoléu[27]. Ainda que com funções sepulcrais, pelas características que apresenta pode também ser visto como um oratório ou capela funerária (Fig. 3); uma outra estrutura mais pequena e encostada pelo lado de fora ao recinto do templo, junto ao batistério, também tem sido classificada como mausoléu. Este e algumas das sepulturas datadas do século V ou VI possuem elementos reaproveitados do templo, nomeadamente mármores da cancela e da galeria da *cella*[28], o que denota que já por esta altura o edifício de culto não estava activo e era objeto de ações de pilhagem. Tal fato reforça a ideia de que não teria continuado quer como templo pagão quer como igreja cristã.

---

[27] Hauschild 1980; Teichner 2006.
[28] Teichner 1994.

A transformação do espaço funerário no ocidente entre os séculos IV e VI.
Ambiguidades e *loci sepulturae* em espaços rurais do sul da Lusitânia: o caso dos templos

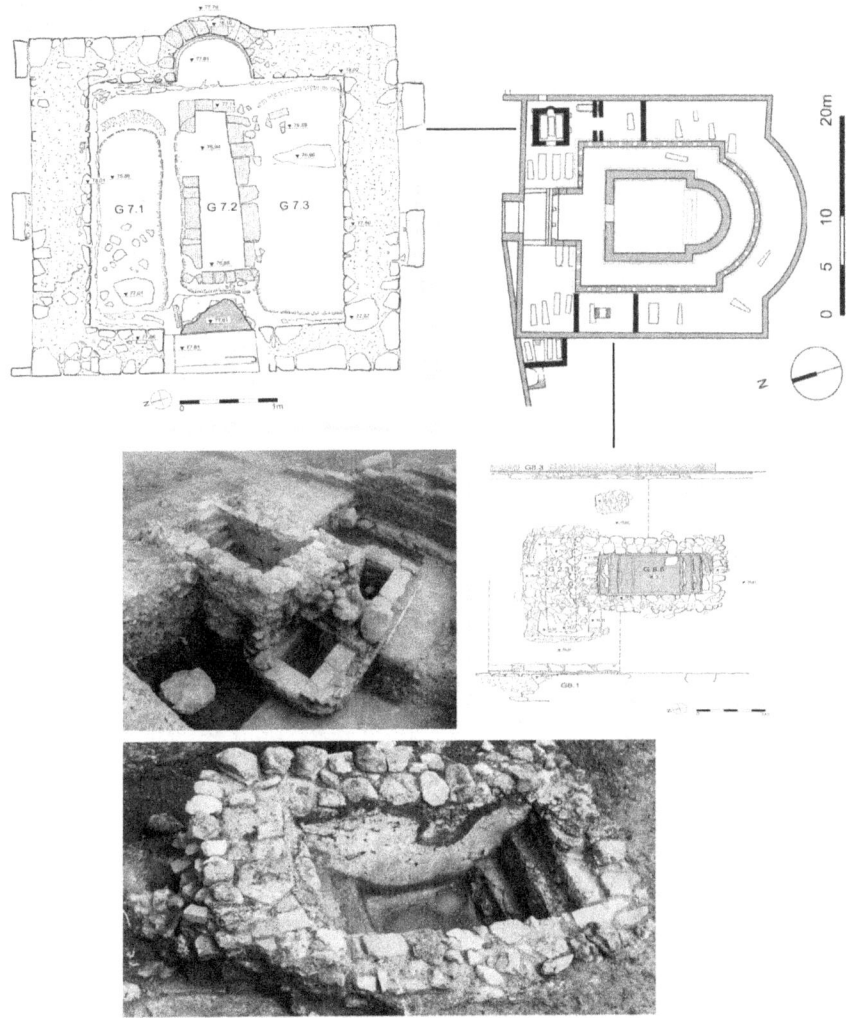

*Figura 3* – Capela funerária/mausoléu e baptistério construídos no períbolo do templo de Milreu no século VI (Hauschild, 1980; Teichner, 2008, p. 264-265).

O melhor paralelo para Milreu de apropriação do *temenos* de um templo pagão como *locus funebris* é S. Cucufate. No edifício de culto e na sua periferia implantaram-se cerca de duas dezenas e meia de sepulturas em tudo semelhantes à da *villa* algarvia. Em ambos os templos, os enterramentos localizam-se preferentemente no períbolo notando-se a sua ausência na parte correspondente à *cella*, o que se justifica pelo facto desta parte do templo pagão ser o local reservado e exclusivo da divindade pagã, que, mesmo desacreditada nos seus poderes divinos, era temida (Fig. 4).

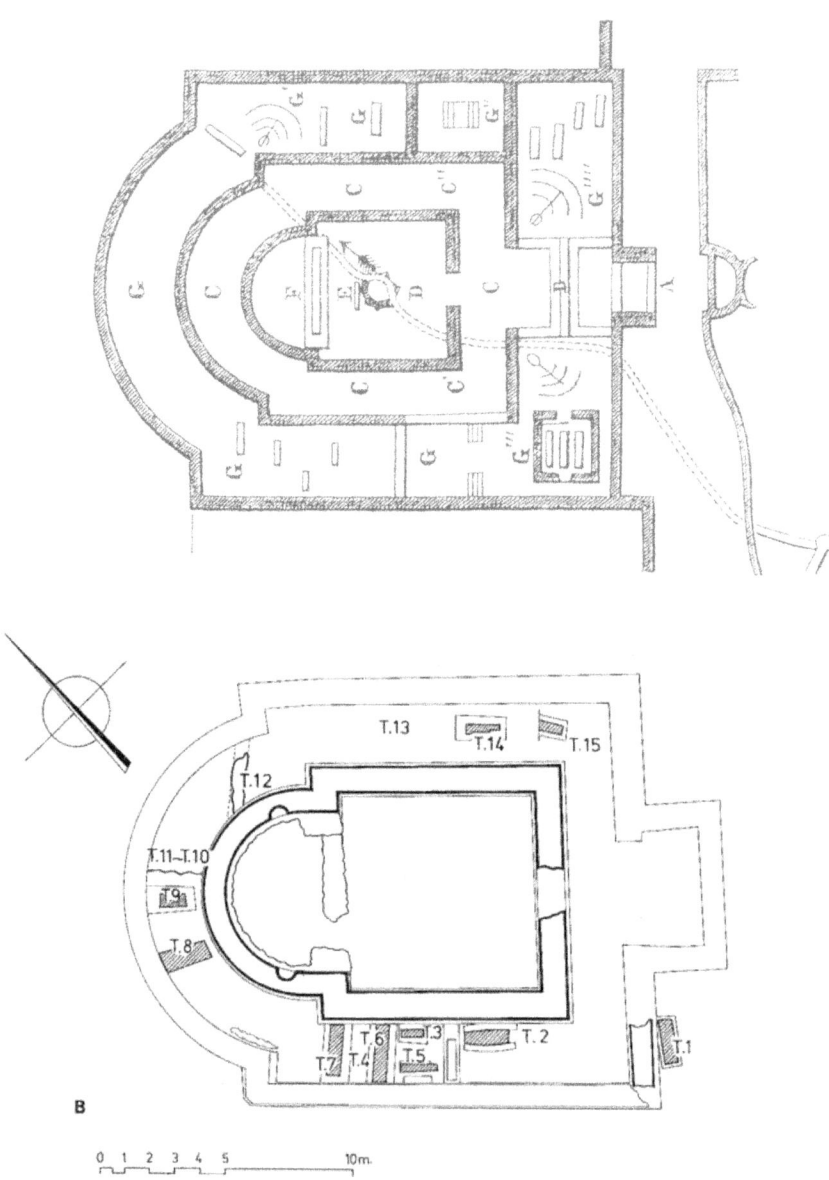

*Figura 4* – Deposição funerária, a partir do século V, nos períbolos dos templos de Milreu (em cima e segundo planta de Britto Rebelo, apud Teichner, 2008:252) e de S. Cucufate (em baixo, segundo, Alarcão, Étienne e Mayet, 1990).

A ocupação das áreas sagradas dos templos de Milreu e S. Cucufate tem levado recorrentemente a falar-se da cristianização destes templos pagãos, inferindo-se daí a sua conversão em igrejas cristãs. Se é certo que os dados arqueológicos nos permitem falar da apropriação por parte de comunidades cristãs do *locus sacer* do templo, nada dizem a respeito da cristianização ou conversão dos edifícios em igrejas cristãs. Ao contrário do que é proposto pelos autores das escavações, não existem dados inequívocos que o cemitério situado no edifício pagão de S. Cucufate é "prova da cristianização do templo talvez na primeira metade do século V d.C."[29], ou que o denominado santuário de Milreu nos séculos V e VI "fue reutilizado como iglesia cristiana"[30]. A presença de sepulturas cristãs nos recintos de culto pagãos, não prova a conversão destes em igrejas mas demonstra apenas a apropriação por parte dos novos crentes de espaços sagrados, privilegiados e protegidos pelo seu estatuto de ligação ao divino. É a tradição sagrada da terra, o *locus sacer*, que se cristianiza, e não o edifício, o *aedes templorum* a que se refere uma lei imperial de 342[31]; este continua, todavia, a desempenhar um importante papel como marco territorial que assinala a presença das memórias dos defuntos que ali jazem.

Quer em Milreu quer em S. Cucufate, esse fenómeno de apropriação do espaço religioso pelas sepulturas cristãs centra-se nos séculos V e VI; no caso de S. Cucufate, a continuidade do culto cristão prosseguiu mas na parte da *villa* onde mais tarde se implanta o mosteiro homónimo. Uma estrutura identificada pelos arqueólogos no *tablinum* 4 da *villa* II, foi interpretada como uma igreja primitiva a que se terá seguido a instalação de um batistério[32]. Será esta a origem do culto cristão sob a égide de S. Cucufate, e não o templo pagão da *villa*. No caso de Milreu o culto, comprovado pela existência de um mausoléu ou capela funerária de características paleocristãs e de um batistério, não tem continuidade para além do século VI/VII.

Este poder de atração que nos campos o espaço sagrado pagão exerce sobre os primeiros enterramentos cristãos pode ser visto em outros templos rurais como no de Los Castillejos, uma *villa* suburbana a três quilómetros da cidade de Lacimurga (Badajoz), ou no de Carranque que, tal como nos exemplos portugueses, têm espaços funerários associados[33]. Também no Cerro da Vila temos uma primeira necrópole ocupada entre os séculos I e IV, afastada cerca de 150 metros da área residencial e tendo no meio um complexo fabril e um mausoléu

---

[29] Alarcão, Étienne e Mayet 1995: 385.
[30] Teichner 2006: 212.
[31] *Quamquam omnis superstitio penitus eruenda sit, tamen volumus, ut **aedes templorum**, quae extra muros sunt positae, intactae incorruptaeque consistant (CTh. 16.10.3; apud Arce 2006: 116).*
[32] Alarcão Étienne e Mayet 1990: 267-268.
[33] Para o caso específico de Lacimurga ver Aguilar Saénz, Guichard e Lefebvre 1994:124-125; sobre os templos rurais em *villae* na Hispania veja-se Bowes 2006 e Bassani 2055, particularmente as páginas 93 a 99 para os casos da Lusitânia.

templiforme (Fig. 1). A partir do século v o espaço fúnebre vai localizar-se junto àquele mausoléu ocupando parte do complexo industrial[34]. No caso do Cerro da Vila é o mausoléu templiforme pagão, enquanto espaço privilegiado, que vai atrair as sepulturas cristãs; algo semelhante poderá ter ocorrido em Torre de Palma, uma vez que a construção da Basílica em finais do séculos IV ou inícios do seguinte vai ocupar a área da necrópole pagã utilizada no Alto e Baixo Império (séculos I a IV), a 150 metros a norte da *villa*[35].

Templos, templetes e mausoléus, ou seja, as estruturas que pelo seu prestígio e imponência constituíam autênticas marcas territoriais já imbuídas do espírito do sagrado, faziam o papel atribuído aos memoriais dos defuntos cristãos; este tipo de monumentos correspondem ao sentimento traduzido na expressão, *splendida sepulcra ut posteri audiant*, aplicada por João Crisóstomo por volta de 400 d.C[36]. Já Santo Agostinho no capítulo IV do seu tratado *De Cura pro Mortuis Gerenda* dizia:

> *Se é verdade que denominam de "Memorial" ou "Monumento" aos sepulcros vistosamente construídos, fazem-no, na verdade, para trazer à memória aqueles que, pela morte, foram subtraídos aos olhos dos vivos. Isto é feito para que as pessoas continuem a se lembrar deles, para que não aconteça de, tendo sido retirados da presença dos vivos, também sejam retirados do coração pelo esquecimento. Aliás, o termo "Memorial" indica claramente esse sentido de recordação, da mesma forma como "Monumento" significa "o que traz à mente", ou seja, o que a faz recordar*[37].

Em Quinta de Marim, onde se conhece um templo muito semelhante aos de Milreu e S. Cucufate ou mesmo aos de Los Castillejos e de Carranque, não se registam sepulturas. No sítio são conhecidos dois espaços funerários: o primeiro, misto com sepulturas e inscrições funerárias cristãs e pagãs, ocupa uma grande área construída, tendo sido recentemente sugerido que poderia tratar-se de uma basílica[38]; outro, a 200 metros para oeste do primeiro, reaproveita lápides e outros materiais romanos[39]. A avaliar pela planta de Estácio da Veiga que escavou a primeira necrópole, foi um edifício áulico que atraíu os enterramentos, à semelhança do que ocorre em Carranque onde o *Palatium* tardoromano é ocupado, já no

---

[34] Teichner 2008: 403-406.
[35] Wolfman 2011: 229, 255.
[36] Chavarria-Arnau 2007: 127.
[37] *Sed non ob aliud vel Memoriae vel Monumenta dicuntur ea quae insignita fiunt sepulcra mortuorum, nisi quia eos qui viventium oculis morte subtracti sunt, ne oblivione etiam cordibus subtrahantur, in memoriam revocant, et admonendo faciunt cogitari: nam et Memoriae nomen id apertissime ostendit, et Monumentum eo quod moneat mentem, id est, admoneat, nuncupatur* (Stº Agostinho, *De Cura pro Mortuis Gerenda*, IV).
[38] Graen 2007.
[39] Rocha 1896; Santos 1972: 249-286.

século VII, por um edifício de culto cristão e uma necrópole visigoda[40]. Nestes casos de necrópoles associadas a edifícios de culto cristão implantados sobre espaços de prestígio romanos, como é ainda o caso de Monte da Cegonha, seria interessante clarificar se as sepulturas são posteriores à instalação do edifício de culto ou se, ao contrário, este foi ali instituído porque o lugar estava já sacralizado por ter recebido anteriormente enterramentos cristãos.

Em Torre de Palma os dados apontam para que o *leitmotiv* da construção da basílica sobre a necrópole noroeste tenha, num primeiro momento, a ver mais com questões de sinalização e enquadramento funerário do que com uma função cultual, ainda que, a partir de certa altura, venha a ter um forte impacto evangelizador na região[41].

No caso da necrópole paleocristã do Monte da Cegonha, localizada sob e nas imediações da Basílica que, a partir de finais do século IV, ocupa a área das termas, todas as sepulturas, à excepção de um sarcófago em mármore, são construídas com materiais reaproveitados, tendo-se usado como tampas de alguns túmulos soleiras de portas e outras pedras arquitectónicas[42]. As tumbas foram reutilizadas várias vezes e como único espólio cada uma tinha a acompanhar um jarro trilobado em cerâmica comum. Teriam sido aqui depositadas até pouco depois das disposições regulamentares tomadas no II Concílio de Braga, em 572, altura em que os túmulos do interior da basílica são cobertos com um pavimento de *opus signinum* e se instala o batistério[43]. Também aqui a implantação da basílica poderá ter-se dado como forma de enquadrar sepulturas anteriores situadas na área das termas. A ideia que transparece destes casos, como já chamou a atenção Chavarria Arnau[44], é que igrejas construídas em muitas *villae*, mais do que terem uma função evangelizadora das populações rurais, são ali implantadas para incorporar e comemorar estruturas funerárias tardo-antigas já existentes. Essa será, certamente, uma das razões porque boa parte dessas igrejas acabarão por ser abandonadas a partir do século VII, quando a organização do culto se começa cada vez mais a consolidar em torno das paróquias e outros centros religiosos.

---

[40] Fernández Ochoa *et. al.* 2011.
[41] Wolfram 2011: 255-257.
[42] Alfenim e Lopes 1995: 395.
[43] *Idem*: 398. Do ponto de vista funerário há muitas similitudes com a realidade de Milreu onde soleiras de portas e outros materiais em tijolo e pétreos foram reutilizados em sepulturas, igualmente cobertas com um pavimento de *opus signinum*, e em que o batistério é implantado sobre um nível de enterramentos (Hauschild 1980; Teichner 1994).
[44] *Spesso si può dimostrare come quello che in realtà costituì il seme degli edifici di culto in campagnanon furono le ville per sè bensì la presenza di aree funerarie. Le chiese costruite da privati (in generale a partire dal VI secolo) non sembrano nascere con l'intenzione precipua di evangelizzare le champagne (come ripete la storiografia relativa a questi temi) ma come monumenti per inglobare e comemorare strutture funerarie privilegiate tardoantiche* (Chavarria Arnau 2007: 143).

Face ao exposto, conclui-se que se no século V ainda se assiste a uma certa desorganização e proliferação dos espaços funerários, a partir do século VI e, sobretudo, no VII, essa proliferação tende a acabar, havendo um movimento de concentração em torno de lugares venerados, sejam basílicas, locais de *tumulatio ad sanctos* ou outros, contribuindo para a consolidação da imagem de cemitério cristão[45]. Esta consolidação do espaço *funebris* cristão é acompanhada de uma estruturação das sepulturas no sentido da sua definição como cistas ou caixas tumulares, onde recorrentemente se observa um caraterístico espólio de bilhas e jarros que perpetua um hábito claramente pagão. A presença do *cantharus* em sepulturas cristãs se, por um lado, continua essa longa tradição pagã de fazer acompanhar o morto, na sua viagem para o além, por objetos do quotidiano, tem, por outro, o significado simbólico, no quadro da nova fé, de purificação associada à água lustral.[46] Este é apenas mais um sintoma da enorme confusão e ambiguidade de ritos que reinava nos primeiros tempos do cristianismo, de resto refletida pela legislação eclesiástica, e que demonstra uma certa continuidade nos hábitos de enterrar[47]. Esta transição na continuidade, corporiza diversas ambiguidades e confusões entre práticas pagãs e cristãs particularmente angustiantes na hora de escolher o lugar da sepultura, cuja definição não foi objeto de preocupação por parte dos bispos da Igreja antes do século VII. Coube, pois, aos primeiros cristãos descobrirem o *locus funebris* mais adequado ao enterramento, como se depreende pelo pedido de conselho que Paulino, bispo de Nola na Campânia, faz a Santo Agostinho (*vide supra*). Os locais mais prestigiantes e dignificantes do meio rural, os mais marcantes do território e que definem pela sua monumentalidade a identidade dos campos, como os templos, serão locais privilegiados para a deposição dos túmulos e (co)memoração dos mortos, até porque, como locais de culto, são lugares sagrados *onde o espírito celeste habitou por algum tempo*[48]. Estes *loci sacer* que são a almas dos campos, no dizer de Libânio, acabarão por servir de *loci funebris* durante os séculos V a VI, até que são abandonados quando, a partir do século VII, se começam a definir e regulamentar os rituais e locais de enterramento cristão. Mas esta apropriação das áreas sagradas dos templos para enterrar não significa que esses templos, como os de Milreu, de S. Cucufate ou de Los Castillejos, tenham sido cristianizados e convertidos em igrejas. Em qualquer destes casos, os dados arqueológicos mostram-nos apenas uma ocupação sepulcral cristã

---

[45] Cordoba, no que diz respeito às áreas urbanas, ilustra bem o que acabou de se dizer. A este propósito ver Sanchéz Ramos 2007 e 2010.
[46] Maciel 1996: 166.
[47] André Carneiro (2009), que tratou este problema, apresenta vários exemplos desta continuidade.
[48] A expressão é de Lactâncio, *Divina Institutiones*, II, 12 (*apud*, Maciel, 1996: 166).

do lugar e não a conversão dos *aedificia ipsa templorum*, edifícios esses que agora mais não são do que marcadores de memórias.

Se as novas e variadas realidades com a topografia e com o espaço de deposição funerária, quer em meio urbano quer em meio rural, sinalizam concepções religiosas do além em transição, são também indícios da mutação de poderes e ainda de uma certa indefinição e desregulamentação da *ars moriendi*, típicas de um período de grande conflitualidade religiosa e mental, onde o instituído já perdera boa parte do sentido e o que chegava de novo ainda não sedimentara.

## Bibliografia

AGUILAR SÁENZ, A.; GUICHARD, P.; LEFEBVRE, S. (1994) La ciudad antigua de Lacimurga y su entorno rural. *In:* Gorges (ed.) *Actas de la mesa redonda internacional El medio rural en Lusitania romana - Formas de hábitat y ocupación del suelo*. Salamanca, p. 109-130.

ALARCÃO, J.; ÉTIENNE, R.; MAYET, F. (1990) *Les villas romaines de São Cucufate (Portugal)*. Paris.

(1995) Os monumentos cristãos da *villa* de S. Cucufate. *IV Reunió de Arqueología (Paleo) Cristiana Hispànica*. Barcelona (Monografias de la secció històrico-arqueològica 4), p. 383-387.

ALBA CALZADO M. (2004) Evolución y final de los espacios romanos emeritenses a la luz de los datos arqueológicos (pautas de transformación de la ciudad tardoantigua y altomedieval). *In:* Nogales Basarrate (ed.) *Augusta Emerita. Territorios, espacios, imágenes y gentes en Lusitania romana*. Merida (Monografias Emeritenses, 8), p. 207-255.

ALFENIM, R. e LOPES M.C. (1995) A basílica Paleo-Cristã/Visigótica do Monte da Cegonha (Vidigueira). *In: IV Reunió de Arqueología (Paleo)Cristiana Hispànica*. Barcelona (Monografias de la secció històrico-arqueològica 4), p. 389-398.

ARCE J. (2006) *Fana, templa, delubra destrui praecipimus*: el final de los templos de la Hispania romana. *Archivo Español de Arqveología* 79, p. 115-124.

ARIÈS, P. (1988) *O Homem Perante a Morte*, vol. I, Mem Martins.

BASSANI, M. (2005) Ambienti e edifici di culto domestici nella Peninsola ibérica. *Pyrenae* 36:1, p. 71-116.

BERNARDES, J. P. (2008) Intervenção Arqueológica de Emergência no Sítio Romano de Loulé-Velho (Quarteira). *Al-'ulyà – revista do Arquivo Municipal de Loulé* 12, p. 9-22.

BOWES K. (2006) *Building Sacred Landscapes*: Villas And Cult. *In:* Chavarria; Arce Brogiolo (eds.) *Villas Tardoantiguas en el Mediterráneo Occidental*. Anejos de *AEspA*. 39, p. 73- 95.

CARNEIRO, A. (2009) Sobre a Cristianização da Lusitânia: novas reflexões a partir dos dados históricos e das evidências arqueológicas. *Espacio, Tiempo y Forma*. Serie I, t. 2, p. 205-220.

CHAVARRÍA ARNAU, A. (2007) *Splendida sepulcra ut posteri audiant*. Aristocrazie, mausolei e chiese funerarie nelle campagne tardoantiche. *In:* Brogiolo; Chavarria Arnau (Ed.), *Archeologia e società tra Tardo Antico e Alto Medioevo*. Mantova (Documenti di Archeologia 44), p. 127-146.

CUNHA, M. (2008) *As necrópoles de Silveirona (Santo Estêvão, Estremoz). Do mundo funerário romano à Antiguidade Tardia*. Lisboa, (*O Arqueólogo Português* Supl. 4).

FERNÁNDEZ OCHOA, C.; BENDALA GALÁN, M.; GARCÍA-ENTERO, V.; VIDAL ÁLVAREZ, S. (2011) Cubierta de sarcófago con el ciclo de Jonás hallada en Carranque (Toledo). *Archivo Español de Arqueología* 84, p. 231-242.

GARCÍA ENTERO, V. (2005-2006) Las transformaciones de los *balnea* rurales domésticos durante la Antigüedad Tardía en *Hispania* (ss. IV-VI). *Cuadernos de Prehistoria y Arqueología*. 31-32, p. 61-82.

GRAEN, D. (2007) O sítio da Quinta de Marim (Olhão) na época tardo-romana e o problema da localização da *Statio Sacra*. *Revista Portuguesa de Arqueologia*. 10:1, p. 275-288.

GOMES, M. V. e SERRA, M. P. (1996) Loulé-Velho (Quarteira, Loulé). Resultado da primeira campanha de escavações arqueológicas. *Al-Ulyā Revista do Arquivo Histórico Municipal de Loulé* 5, p. 29-49.

HAUSCHILD, T. (1980) Milreu-Estoi (Algarve): Untersuchungen neben der Taufpiscina und Sondagen in der Villa. Kampagnen 1971 und 1979. *Madrider Mitteilungen* 21, p. 189-219.

LANCHA, J. e ANDRÉ, P. (2000) *La villa de Torre de Palma, Corpus des mosaïques romaines du Portugal, II, Conventus Pacensis*. Lisboa.

LOPEZ MELERO, R. (1997) *Enterrar en Urso. Studia Historica, Historia Antigua*. 15 (*La Lex Ursonensis*), p. 105-118.

MACIAS, S. (2005) *Mértola, o último porto do Mediterrâneo*. Mértola. 3 Vols.

MACIEL, M. J. (1996) *Antiguidade Tardia e Paleocristianismo em Portugal*. Lisboa.

MALONEY S. J.; HALE, J. R. (1996) – The Villa of *Torre de Palma* (Alto Alentejo). *Journal of Roman Archaeology* 9 p. 275-294.

NOGALES BASARRATE, T.; MÁRQUEZ PÉREZ, J. (2002) – Espacios y tipos funerários en Augusta Emerita. *In:* Vaquerizo (Ed.) *Espacios y usos funerários en el Occidente Romano*. Córdoba, p. 113-144.

ROCHA, A. dos S. (1896) – Notícia de Algumas Estações Romanas e Árabes do Algarve. *O Archeologo Português*, Lisboa II: 8, p. 77-79.

RÉBILLARD, É. (1999) – Église et sépulture dans l'Antiquité tardive (Occident latin, IIIe-VIe siècles).*Annales. Histoire, Sciences Sociales*. 54 N.5, p.1027-1046.

(2003) – *Religion et sépulture. L'Eglise, les vivants et les morts dans l'Antiquité Tardive*. Paris. (ed. inglesa de 2009: *The Care of the Dead in Late Antiquity*. Ithaca).

SÁCHEZ RAMOS, I. (2007) – La cristianización de las necrópolis de *Cordvba*. Fuentes escritas y testimonios arqueológicos. *Archivo Español de Arqueología* 80, p. 191-206.

(2010) *Corduba durante la Antigüedad tardía. Las necrópolis urbanas*. Oxford (BAR IS 2126).

SANTOS, M.L.E.V.A (1972) – *Arqueologia Romana do Algarve*. Lisboa, Vol. II.

TEICHNER, F. (1994) Acerca da vila romana de Milreu/Estoi: *continuidade* da ocupação na época árabe. *Arqueologia Medieval* 3, p. 89-100.

(2006) – De lo romano a lo árabe. La transición del sur de la provincia de Lusitania a al-Gharb al-Andalus: nuevas investigaciones en los yacimientos de Milreu y Cerro da Vila. *Anejos de AEspA*, XXXVIII, p. 207-220.

(2008) – *Zwischen Land und Meer – Entre tierra y mar. Studien zur Architektur und Wirt-schaftsweise ländlicher Siedlungen im Süden der römischen Provinz Lusitanien*. Merida (*Stvdia Lvsitana*3) 2. vols.

TEICHNER, *et. al.* (2007) – Sebastião Philippes Martins Estácio da Veiga e as Necrópoles Romanas de Ossonoba (Faro). *Xelb* 7 (Actas do IV Encontro de Arqueologia do Algarve), p. 159-178.

VAQUERIZO, D. (coord.) (2001) – *Funus Cordubensium – Costumbres Funerarias en la Cordoba Romana* Córdoba.

VIVES, J. (1963) – *Concílios Visigóticos e hispano-romanos*, Barcelona.

WOLFRAM, M. (2011) – *A Cristianização do Mundo Rural no Sul da Lusitânia*, Lisboa (Tese de doutoramento apresentada à Universidade de Lisboa).

# LIFE AND DEATH IN LAS PIZARRAS (SEGOVIA): FUNCTIONAL TRANSFORMATIONS IN LATE ANTIQUITY[1]

Cesáreo Pérez González (cesareo.perez@ie.edu)
IE Universidad
Olivia V. Reyes Hernando (olivia.reyesh@gmail.com)
Archaeologist

ABSTRACT – Through the analysis of Las Pizarras archaeological area, a suburban settlement located near the city of Cauca (Coca, Segovia), we will present the phase of changes that undergoes this Late Roman monumental complex, from the 5th century. Together with these functional transformations, which take place in the residential sector, its pars rustica also undergoes a series of other changes. It becomes the seat of activities related to the habitat, the production and the funerary world; already away from the Roman farming. Due to a rigorous and systematic archaeological excavation, the relevant data recorded permit us to set the different occupancy phases attested in the area of "Las Pizarras", for the period which comprises the Late Antiquity.

KEYWORDS – villa, necropolis, habitat, transformations, production, Late Antiquity.

Resumen – Con el análisis del área arqueológica Las Pizarras, enclave suburbano situado en las inmediaciones de la ciudad de Cauca (Coca, Segovia), daremos a conocer la etapa de cambios sufridos por el conjunto monumental tardorromano a partir del siglo V d. C. De manera conjunta a estas transformaciones funcionales del sector residencial, su pars rustica atraviesa una serie de modificaciones en su gestión, convirtiéndose alternativamente en sede de actividades relacionadas con el hábitat, la producción y el mundo funerario, alejadas ya del sistema de explotación agraria romano. Gracias a una rigurosa y sistemática excavación arqueológica, los datos hablan por sí mismos y nos permiten contextualizar las diferentes fases de ocupación registradas en el área de Las Pizarras, para el período que comprende el final del mundo antiguo.

Palabras clave – *villa*, necrópolis, hábitat, transformaciones, producción, Antigüedad tardía.

## 1. LAS PIZARRAS

Located in the north-western area of the Segovia province, the Late Roman residential complex of Las Pizarras is placed within the territory of the villa of Coca; which belongs to the Spanish autonomous region of Castile and León. This ancient *Vaccaean oppidum* is mentioned in classical sources where it appears in a few, although significant, occasions[2].

---

[1] This paper belongs to the General Research Project IEU053A11-1.
[2] *Cauca* appears mentioned in the works of Roman authors as *Appian*, *Pliny* the elder and *Frontinus*, related to the Roman conquest of Hispania, or *Zosimus* and *Hydatius*, when they refer the origin of Emperor *Theodosius* The Great.

Its toponym gives the name to an archaeological area placed at only 2 km from the urban centre, whose importance resides in the location of a Roman homestead of monumental character. The extent of this exploitation is becoming clearer year after year, in view of the fact that it has been the object of archaeological excavations and scientific studies since 2000. (fig. 1)

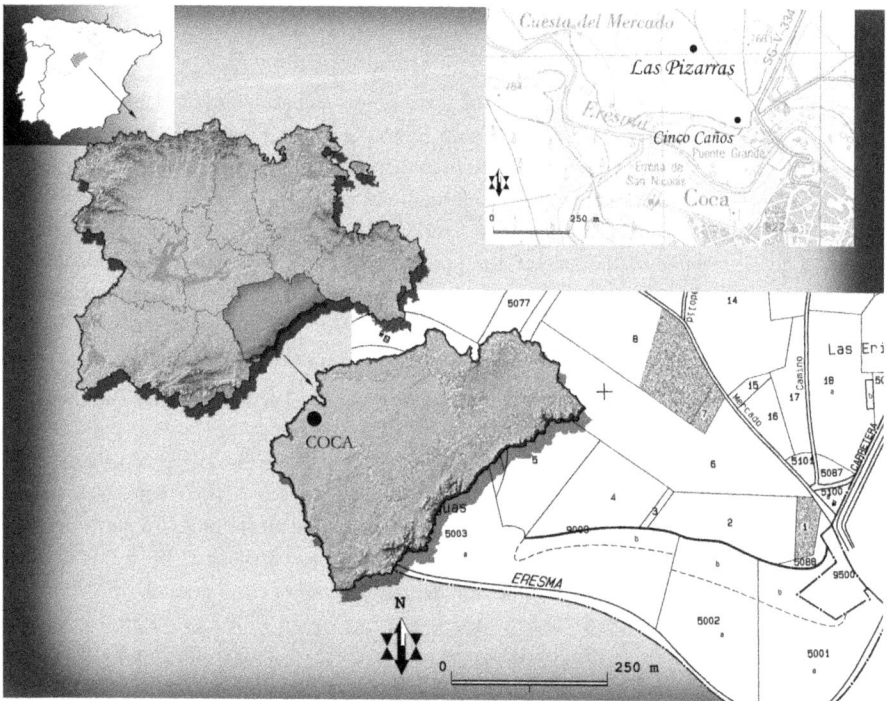

Due to the archaeological interventions, carried out during this period, under the research projects that have been taking place throughout time, the progress obtained have shown and provided interesting results[3]. Thanks to a rigorous process based on a precise contextualization of the archaeological remains, through an appropriate stratigraphic reading and its adequate recording and documentation; we have managed to record and classify the central sector of the *pars urbana* of an exemplar of singular monumental Hispanic architecture of the mid-4th century AD in the Iberian Peninsula. It comprises a Late Roman aulic complex with an aristocratic-style displayed both in its plans and constructions, as well as in the materials applied; a clear referent for rural Hispanic *uillae*, as a result of the

---

[3] *Comprehensive Research Proyect Cauca* (1999-2009), *Research Project* CYL-1A-40057.0002.01 *Cauca: Las Pizarras (2006-2009)*. Actually, the Project IEU053A11-1 *Scaena priuata ad Theodosiana tempora: palatial outlines in some Roman uillae from the North Plateau.*

scenographic resources and "show of wealth" expressed on it. However, the purpose of the present study is not the analysis of the data provided by Las Pizarras' Roman *uilla*[4], but a thorough study of the modifications that the complex suffered in subsequent centuries; at the moment in which the homestead starts losing its original representative functions until its later complete extinction, and the reforms linked to it.

## 2. When the property is neglected

A careful look at the variety of uses the site went through according to the times, aimed at an adequate use of the structures, allow us to see the evolution concerning the alterations of the original building's feature; an important fact that has marked the building's history. This long process begins with a period of sequenced changes and transformations.

Initially, we will attend to the reduction of the space habitat in prejudice of the chambers of representation, which seem to have lost their original function and meaning. Along for an unspecified period, although relatively short, these environments suffer a marked deterioration. The so-called "spolia", of eminently practical purpose, consisted in the recovery of those components that are likely to be employed again[5], along with the consequent suspension of the services that, as a place of reception and appliance, provided these spaces. This change should have occurred within a relative and paused order, improper and nothing to do with a departure motivated by violent acts or with some discontinuity in the occupancy of the complex. This is evidenced by the archaeological materials found in those deposits sealing these stately environments, similar to those employed in the Late Roman living in of the *fundus*.

In accordance with the more recent chronology provided by the cultural remains from the deposits related to the dumping stage, the representation spaces became a dump[6] in uncertain times at the beginning of the 5th century AD. Logically, these dates may be extended through time; depending on the durability of these ceramic products[7]. In any case, we must point out that the waste

---

[4] See Pérez & Reyes 2003-2009c; Reyes & Pérez 2011; Pérez *et alii* (2012) & Pérez, Reyes & Nuez 2012.

[5] Specifically we attend to the Marmor extraction from the *parietes crustatae* and the *sectilia pauimenta* which originally coated the peristyle and central *stagnum*.

[6] Pérez & Reyes: 2005a: 65; *id*. 2006: 23; *id*. 2007b: 159; *id*. 2008: 155; *id*. 2009a: 25-26; *id*. 2009b: 13.

[7] It is impossible to adjust with greater rigor the dates of the ceramic tools to the point of math the historical facts. We usually commit the mistake of giving very little duration to products that were even clamped to extend its use; especially those with a raised prize due to the long-distance trade. Perhaps we should look, from a broader perspective, how the data provided for the ancient chronicles affect to those productions, which seem to reduce the area of production to a local scale, rather than try to explain the consequences. Generally, that kind of evi-

products' record becomes quite irregular, due to subsequent alterations that we will, partly, analyze and to the changes in the depth of the field; much more superficial as we move towards the known Western limit of the building (fig. 2).

dences is not registered in archaeological contexts, especially when the spaces are loosing their sense until becoming deserted, with the end of the Roman productive system, closer to its end.

To some extent, this stage confirms some changes in roman exploitations around *Cauca*, during Honorius' times. This phenomenon is also reflected in nearby *uillae* of *Aguilafuente* (Esteban, 2007, p. 166), *Almenara-Puras* (Merino García and Sánchez Simón, 2001, p. 110) or *Palazuelos de Eresma*[8]; aside the probable fire that destroyed *Los Casares'* (Storch, 2010, p. 368) although whose precision still needs an adequate confirmation and it has not yet provided chronological data. The absence, in the case of the latter example, of a wide publication on the subject, hinders both its assigned chronology and the way to verify whether this phenomenon is a pure coincidence, an isolated exception that breaks the rule described or, by contrast, turns out to be one clear example of those settlements that suffered a virulent end. Especially, because the total absence or minimum incidence of this type of evidence has become more obvious in the archaeological record (López Quiroga & Benito 2010: 291).

Returning to Las Pizarras, what happens in those areas without noble coatings such as those mentioned in the spaces of representation? Specifically, we refer the sector placed to the east of room 4 (Pérez & Reyes 2005a) or that one in the north of room 5, whose scarce stratigraphy[9] was damaged by ploughing till practically destroy the Roman floors. In those places, where not structures have been detected despite probably were erected[10], it is possible to register new practices, not necessarily related to the habitat but with the death: the burials (fig. 2).

### 3. Funerary conversion

Until now, the cemetery associated with Las Pizarras' Late Roman villa is unknown, however, the spatial analysis of *Cauca's* territory reveals the existence of a funerary complex in the vicinity, the necropolis of Santa Rosalía (200 m, southeast of the site). This factor seems to confirm the existence of a roman entry road at the north of the city. Despite this cemetery belongs to the High empire, it is not possible to reject a survival of the burial rite in Late Roman times, according to the occupancy of the suburban *uilla*[11]. If the owner had to choose any place in the area of the property, by closeness and tradition, Santa Rosalías' cemetery or a nearer place should be the best election. The preservation of these practices in Visigoth times over the upper area of Los Cinco Caños (Pérez & Reyes 2003: 220-21) seems to confirm it. Judging by the resources employed in

---

[8] In this particular case, it still preserves the *balneum* until, finally, becomes a christian church (Izquierdo 1992: 89).

[9] The lower height of terrain preserved in this area of the building, as a result of the descendant field level, strongly complicates the identification of spaces; in particular those non-delimited in extension sectors..

[10] The real perimeter of some of these rooms is still unknown.

[11] Among the potsherds discovered, some of them point to a Late Roman cornology (Blanco 2002: 161)

the construction of the monumental complex, we assume that the mausoleum for the deceased, whose exact location is still unknown, must have been similar in both importance and characteristics.

By now, it is risky to establish the influence of Santa Rosalía in the transformation of the whiteboards in cemetery. Similarly, it is not possible to affirm or deny the associations of the new uses applied to the homestead with a cultural reconversion of the area yet. However, based on the evolution noticed in both the type and orientation of the burials, we can anticipate its endurance over time.

In absence of grave goods capable of providing chronological data on this subject, the oldest tombs seem to be those burials, which employed recycled constructive elements for the inner lining of the graves. The systematic study of the burial's typology exhumed, for this first phase of the necropolis, reveals three types. From the easiest ones, based on the simple grave, the record shows other more elaborated, applying different materials to their the inner lining, although not necessarily following this typological order. Finally, the last group, but not the latest, is associated with infant individuals, using the *imbrices*, as a sarcophagus (Pérez & Reyes 2005a: 85-86, fig. 9) (figure 3).

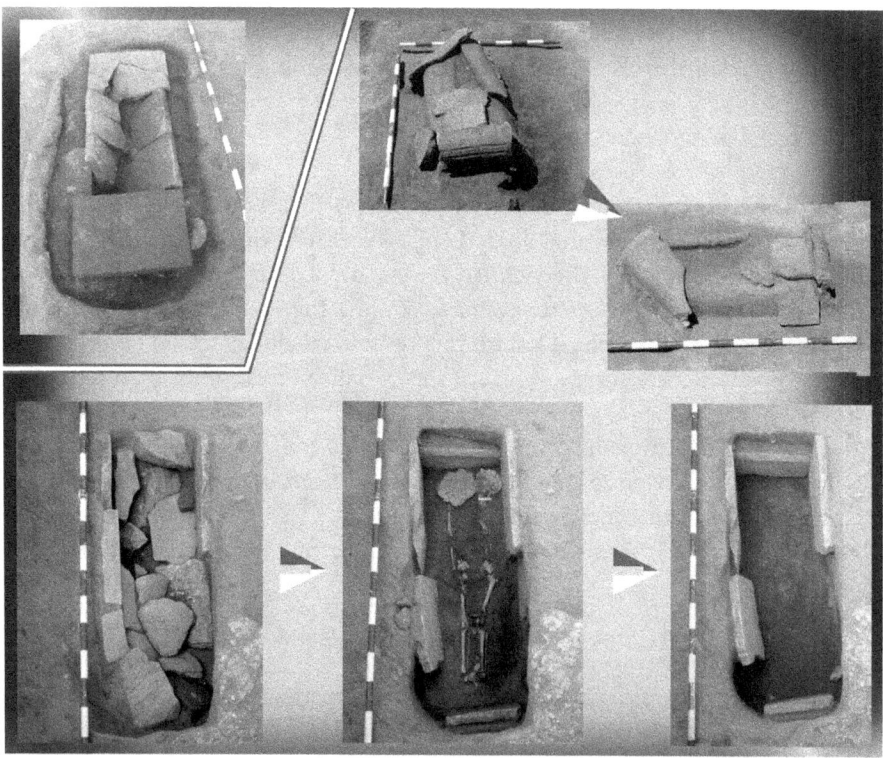

Neither we do discard different phases, or the latter expansion of an original nucleus – perhaps starting over the free-structure areas –, or low technical quality floors; ruined by the continued use[12]. The burials at the north of Room V seem to confirm it, as indicated both the great number and dimensions of Roman material employed in the grave structure and its protection, with marble slabs, roofing tiles (*tegulae, imbrices*) or bricks (*lateres*); which seem to bring closer their date of construction to the spoiling times from the Roman building. These materials are especially abundant and standardized in this area, both in the grave structures and as in the tomb covers (fig. 3); sometimes even employing the large marble plaques (*lithostrota*) removed from the original *opus sectile* pavements. At the moment, the four tombs group in the west zone of the villa (fig. 2), point in that direction[13]. Also data, as the most antiquity given to these burials respect the next phase in model cemeteries as Tarragona's (Amo 1979: 91-93), validate this theory.

Other sector similar to the recently described, in terms of resemblance and relationship, is located east of the southern corner of the peristyle (fig. 2); Pérez and Reyes 2005a: 81-98). As regards the care in lining the graves, certain differences are noticed. There is more variety in the range of materials used: now the construction debris and fragments of marble, of smaller size, are set vertically in the walls of the tomb, leaving the bottom free, where the corpses or the wooden coffins laid directly on the soil. Therefore, these classes of graves seem to be halfway between the previous group and the 6th century inhumations, practiced next to the building foundations once it finally finished the dumping stage. Additionally, the typology also looks like the burial practices developed in Visigothic times.

Broadly speaking, Las Pizarras' type 2 graves (lined with recycled debris elements; Pérez & Reyes 2005a: 84), is directly related to "type 2" graves described by A. Fuentes (1989: 248) in his study of the "Douro necropolises". The practical absence of grave goods is not a reason to discard its relationship to this cultural horizon, since this is not the first case of cemeteries defined by the absence or scarcity of these items (Abásolo & Pérez 1995: 299).

Considered the most common among the simple graves, Á. Fuentes (1989: 270-71) dates this "type 2" graves, especially in the 5th century, although he does not rule out their origin back to the mid-4th century, based on the funerary evidence found in other necropolis, like Tarragona's (Amo 1979).

In addition, it is essential to bear in mind the scarcity of grave goods to consider the second half of the fifth century as the starting date of Las Pizarras funerary transformation, according to the becoming less frequent inclusion of funerary offerings and personal adornments in the tomb, as it happens in the Olmeda's *uilla* or Saldania's cemetery, nearby settlement (Abásolo 2010: 11).

---

[12] making the pit excavation easy.
[13] The aerial photograph shows a high density of inhumation practices in the area.

Beside the absence of chronological data for adjusting the dates between such different uses of the site, nor we do have arguments against the close coexistence between the living and the dead and apart from the traditional Roman values; especially when it comes to a space out of use and similar examples are recorded in other parts of the Roman empire, as single grave goods. A. Chavarría (2007: 134) distinguishes an individual category for clusters up to 5 tombs, contemporary of the continued occupancy of these rural settlements over spaces neglected and coincident with the Las Pizarras' examples already described.

As we have not noticed a real coexistence between both the discharge and dumping stage and the construction's functional conversion into a cemetery, because they do not physically share the same parts of the ruined structures, it is not possible to determine if these two activities are synchronic or not. In view of the scarcity of chronological data available, we prefer to split them, at least, superficially. Therefore, we can asset an initial date for the funerary use of the *pars urbana*, not before the second half of the 5th century. Arguments such as 'a date never later to the second half of the 5th century for the waste contexts', the increasing paucity of grave goods in the Douro's necropolises for this chronology, or the spreading of graves over ruined monumental *uillae* for this period, (Chavarría 2007: 137), seem to reinforce this appreciation. In fact, the funerary "invasion" of many of the Roman villas becomes fairly common in the 6th century, and not just for *Hispania* (López Quiroga & Martin Rodriguez 2000-2001: 153).

But, who decided to be buried here, and why? Unlike the garbage contexts contribute with many archaeological remains, we have not yet found proofs to establish a direct relationship between those people and the inhabitants of the suburban villa. On the other hand, the scarce finds, especially personal adornments, refer a long lasting Hispano-roman metalwork, endured over time.

It is not easy to establish the identity of the individuals deposited therein, especially when we almost have indicative elements of their origin or social status. Certain personal adornments[14] (Pérez & Reyes 2005a: 91), provide some dates and a wide social background, although without any variations respect to the previous stage. We will not find items assigned to an elite group along this phase stage, nor in most of the burials of the following century.

Neither it has been established yet a distinction about different human groups: from an anthropological point of view, the earlier Late Antique inhumations mainly belong to a Caucasoid racial group, specifically, to the Mediterranean type (Herrerín & Reyes 2011: 112 and 132), while still there is no

---

[14] As the iron awl and ring and the bronze earrings of circular section found at the eastern corner of the peristyle in 2003 archaeological campaign.

evidence of a Nordic specimen, typical of the Visigoth people. Perhaps the genuine inhabitants from Las Pizarras' plateau were those who, with their own work force, became their holders; or still maintained relations with the old or new owners who, for various reasons, reduced their exploitation to a purely economic nature one. In any case, these people, whose housing area is still unknown, were who decided to change a useless space, which had already lost its original sense, as the location for their final resting place: the ruins of the *fundus*.

## 4. Life and death

The 6th century does not imply a decline, neither in the productive system nor in the occupancy of the area of Las Pizarras. In contrast to the previous phase, along this period it is possible to establish a relationship between the burials and the nearby domestic architectures, due to the discovery of a household unit, placed in the ancient *pars rustica* of the complex. This relatively short distance human displacement (200-300 m south) is not the only case recorded. Vega de Duero (Villabáñez, Valladolid) is a similar settlement, for what regards to the occupancy of previously marginal areas and the construction of semi--excavated structures in the ground, for the new residential area (Bellido Blanco 1997: 314). These patterns are more common that one might think. According to this, the recent analysis of the domestic architecture in the northwest area of the Iberian Peninsula (Tejerizo 2012) sets the principal line guides to understand the constructive typologies in early medieval village contexts. The archaeological campaign in 2000, focused on the nearby plot 1 (fig. 1), provided the discovery of a partially sunken-featured structure[15] excavated (Pérez & Reyes 2003: 222), with an overall area of 40 m² (figure 4).

In addition to its relatively large size, the domestic unit is internally divided in two parts by a split wall dug on a sandy substrate. The foundations appear to have been laid in stone, as it is visible on similar structures inside the hut, and made walls. The southern sector, with slate flooring[16], shows a rectangular layout and is defined by mud walls. The opposite area, with a noticeably harmed perimeter, shows a less uniform morphology. The surrounding pits, some of which have been partially excavated, and two confronted oval rooms cause this perception. It was paved with beaten clay, which renewed in -at least- one occasion. This area was reinforced by a post-hole near the eastern end, which, joined to the dividing wall, seem to illustrate a double slope roof.

---

[15] At a first sight, the rectangular layout turns to oval due to the subsequent waste pits practiced on its perimeter and its incomplete exhumation, which does not allow to appreciate the final shape of the building.

[16] A small number of slates were preserved.

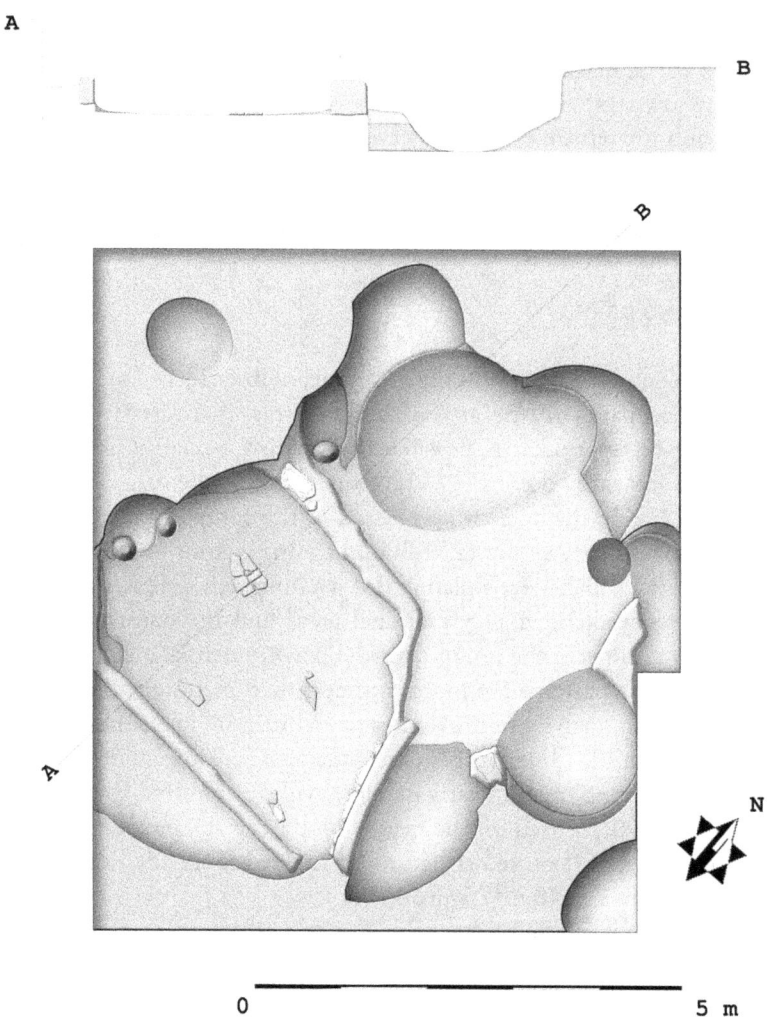

It has also been possible to detect several refurbishments inside; as the paved room, eats of the South sector, constructed over the former floors. Besides, the stone foundations of the new mud wall attached, imperceptible in the rest of the structures, point to that theory (figure 5).

In both environments, storage vessels still were found *in situ*: one of the small rooms preserved a ceramic container of these characteristics (eastern sector), while two more were preserved inside a pit practiced in the sandy geological substrate of the southern sector, along with other potsherds found over the remains of the slate floor. The residual preservation of the pavement makes difficult to set the location of the hearth, linked with a domestic use of the building, although we do not exclude the possibility of a communal function.

# Life and death in Las Pizarras (Segovia): functional transformations in Late Antiquity

Using as a reference the essay for the Visigothic huts from south Madrid, we can identify the *caucensis* model[17] with *Group A*, of oval huts, which is the most frequent. In particular with Vigil-Escalera's *type A-2* (Vigil-Escalera 2000: 232), who links them with a communal use, due to their complexity and larger dimensions exceeding those of a basic household unit; both in length and in width, which it doubles.

For what regards to the chronology, we hardly count with arguments to provide more accurate data due to the scheduled derelict of the sunken structures, apart from the pottery referred; with a traditional morphology and a virtual absence of edges that do not permit to adjust the dates.

Really, the subsequent use of this space determines the dates of the former occupancy. In this regard, the discovery of a group of ten burials[18] (Pérez and Reyes 2002: 215-16 and 218-22) confirms the conversion of this sector in a cemetery, or the extension of the nearby necropolis of Santa Rosalía towards this area.

As many communities of this period show common readjustment patterns of domestic spaces to a varied uses, we cannot categorically deny a possible coexistence between the living and the death. This is particularly true especially for what regards the inland villas of the Iberian Peninsula, where the living and the death are relatively close, almost coexisting, as the deceased are no more seen as

---

[17] The sunken hut measures 8 m lenght x 5,5 metres width.
[18] No. 1-9 and 11, respectively.

contaminating elements (Chavarría, 2007: 131-132); it is, in fact, well known the trend towards the disappearance of these barriers in the cities of this time.

On this subject, the spatial analysis of rural settlement patterns, for the 5th to 7th centuries in the provinces of Salamanca (Ariño 2006), south of Madrid (Vigil-Escalera 2007), or ancient provinces as the *Carpetania* (López Quiroga & Benito 2001: 294 and following), reveal similar behaviour; especially in the smaller establishments, or peasant farms. Once these domestic units are derelict, they -or a part of them-, become transformed into a necropolis. Archaeological sites from Madrid province, such as El Encadenado / El Soto (Barajas), confirm this data. Besides, also there are burial areas associated with sunken huts, as provide the settlements of Soto Pajares/Casa de Venezuela[19] (San Martín de la Vega) or Quintano (Mejorada del Campo; Vigil - Escalera 2007: 261-262).

A question arises with the discovery of the remains of a burial in the same space where the hut was previously constructed. It is not possible to determine whether this initiative responded to the conversion of a residential area into a necropolis, or to the extension of the burial area that coexisted with the ancient inhabitants, moved now to another area.

In this particular case, the chronology of the associated grave goods makes it possible to adjust the occupancy dates, although burial No. 10 is not, *sensu stricto,* a typical burial (Pérez & Reyes 2003: 221). We are dealing with a grave that was involuntary affected by the spoil of structural material in the medieval ages[20]. It is important to highlight the fortuitous discovery of the funerary find, as the spoiling activity had left visible just the eastern half, dismantling the rest. The grave structure consisted on two opposite *imbrices*' coffin with no human remains inside (empty). A stone set vertically marked the head of the burial. In the north, there was a human skull of an adult placed upside down, with the needle of a belt-buckle placed over the cranial vault (figure 6).

The scutiform base needle[21] was the only personal element found inside the tomb, with a triangular section and bent at the opposite end, appropriate for closing the buckle. It has to a 6th century chronology[22] (Pérez & Reyes 2002: 229;

---

[19] Vega, 1996.

[20] There discovery of human remains in the backfill (Unit 83)of the pit, probably from the damaged tomb, along with iron nails, plaques and a possible iron awl seem to be personal effects attached to the burial. The scarce data make dificcult to determine if the tomb contained one or individuals.

[21] Deposited in the Museo Provincial de Segovia (No. SG/5/00/88/1).

[22] Although of uncertain origins shared by the hispanic Late Roman tradition and the german toreutic (Ripoll 1985: 39), there are pieces a typical german use and production, simple variations from the oval belt buckles (D-shaped), present from republican times (Méndez & Rascón 1989: 136). Our needle belongs to a second phase in the technique process, where the appendix of the buckle used to wrap around the stem of the snap is replaced by the inserted element directly on the rigid plate of the buckle. For this reason the chronology points to Carpio del Tajo necropolis, Level III (second half of the sitxth century AD (Ripoll 1998: 372, fig. 2e).

vols. 3.3), perfectly compatible with the development of the funerary complex during the end of this century. The contribution of ceramic elements from a dump for pottery debris[23] helped to date end of the Late Antique settlement that sealed the sunken structures in the 7th century[24] and, at the same time, confirms the development of a new occupational activity in this suburban area: a ceramic workshop.

Depending on the transformations occurred in Las Pizarras, plots no. 7 and 8, everything seems to point towards a new relocation of the population towards the Roman ruins, sealing the Late Antique cemetery which, up to this date, it had developed there.

At this point, let's analyse the evolution of the necropolis developed on the ruins of the Roman *uilla*, contemporary with the occupancy of the peasant farm placed in the southern area of the plateau (plot 1). The results of radiocarbon analysis obtained from the samples taken from some individuals, confirm the 6th century as the time in which occurs the extension of the cemetery. Its spatial organization was strongly conditioned by the Late Roman structures location, specially the orientation of the burials, determined by the villa's topography. We

---

[23] This kind of wasted material is tested by the ashes concentration, the degree of strain of some of the potsherds recovered, the unequal baking or the presence of slags in the context, along with waste pottery.

[24] The application of combed in wavy lines over the surface of the piece points to this chronology. However, the fragmentary state of ceramic remains makes difficult to date it.

are now witnessing the true conversion of the area into a necropolis, a time in which the burials invade the known area of the residential complex (figure 7).

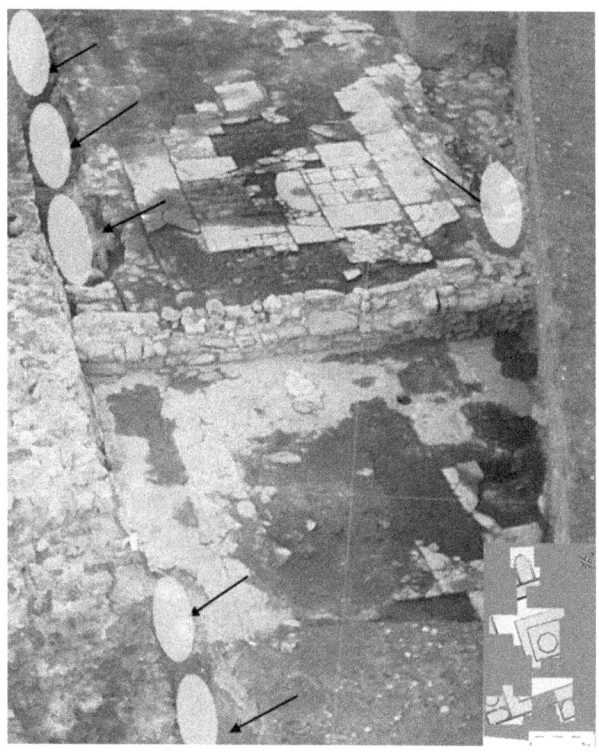

The solution adopted now consists on a widespread practice: the realization of inhumation pits in the pavements of the peristyle, pond and courtyard, near the foundations of the Roman construction[25]. The location of the graves, ignoring the architectural barriers, which involved the still standing structures, transformed completely into a cemetery the area of Las Pizarras. This phenomenon indicates that variations in the orientation confirms that the standing structures still were viewed, at least in part, to be chosen as a reference point. Probably, the hardness of the ancient pavement conditioned their peculiar arrangement, causing the linear expansion of the cemetery, rather than generating a denser area organized in rows of tombs. Now, the most popular type of inhumation is the *type 2* graves, as mentioned above, with a slight variation: relying on the Roman foundation, this becomes the pillar on which to base the consolidation of the

---

[25] Until 2005, few examples were recorded of this type of inhumations, specially of the latest ones, of which Burial no. 18 was the principal referent (Pérez & Reyes 2006: 21-24). Since then, new finds have evidenced the new practices implemented in this period.

# Life and death in Las Pizarras (Segovia): functional transformations in Late Antiquity

funeral structure. Once more, the reused constructive materials are employed in the grave structure [26] (figure 8).

---

[26] Flooring fragments, marble plaques, stones, bricks, etc.

Another common feature to all burials, together with the reuse of graves, resides in reaching the sterile levels in practising the pit; finding in some of them the skeletal remains of up to three individuals. We do not know if the explanation to this behavioural pattern lies in the family relationship between the deceased, or it is triggered by other causes, based perhaps on the optimization of the efforts and on the profitability of the burial area, that is thus generated.

Unlike other periods, the ending of funeral practices over the ruins of the monumental complex of Las Pizarras in the Visigothic period, are perfectly dated thanks to particular guide fossils of the 7th century. Findings of belt-buckles of Byzantine type, the so-called lyre-shaped belt plates, are present both in funerary contexts (Pérez & Reyes 2005a: 93 and 2009b: 118) and as part of the construction levels of a new habitat area (Pérez & Reyes 2008: 152-53), confirm it. Therefore, this is an example of a Late Antiquity necropolis that is rooted in the Late Roman world. In respect of its ending, the date provided by the material culture shows the seventh century as too soon, because these types are present in the final moments of the Visigoth period necropolis.

Judging by the presence of the same belt-buckles in the foundations and structural collapses of a new domestic environment, that will be analysed, the time interval turns out to be minimal; or it even coexists with the last moments of the cemetery.

## 5. Enclosure I

Thanks to the archaeological intervention in 2007, it was possible to discover a new functional transformation in the peristyle, changing from a funerary purpose towards a domestic reuse during Visigothic times (Pérez & Reyes 2007b: 52-54; 2008: 148-153). The stratigraphy defines an initial sequence as cemetery, and its subsequent conversion into domestic space, referred to as *Enclosure I*[27]. This enclosure, built over the Roman ruins and the Late Antique burials, sealed the Roman and Visigoth sequences; according to the archaeological relationship generated by its founding construction, which cuts the previous contexts[28]. Anyway, as we have seen, this fact does not necessarily imply the end of funerary practices in the nearby and, further apart, sectors.

Although it has not been already completely excavated, we can foresee a complex with a rectangular layout, which offers a minimum useful space of over 44 m². In other settlements, this factor gives them the label of "significant"

---

[27] The 2006 archaeological campaign provided data of a standing wall and the marginal remains of an habitat environment which seemed to divide the perystile in two in a later period. The structure was referred to as "Sala III, *dividing wall*" (Pérez & Reyes 2007b: 52-53).

[28] In 2007 archaeological campaign, a Late Antique grave good was discovered underneath the southern wall, which was kept in reserve, by obvious reasons (Pérez & Reyes 2008: 152).

environment; as it is the case of certain structures, as the building E.15, from the village of Gozquez, San Martín de la Vega, Madrid (Vigil-Escalera 2009: 210). We know neither if the *Enclosure I* had more internal structures, nor if the discontinuity in the southern wall corresponds to the entry area. In such a negative case, its current appearance could be a direct result of the stratigraphic gap generated by the extraction of building material during the later stages of spoliation (figure 9).

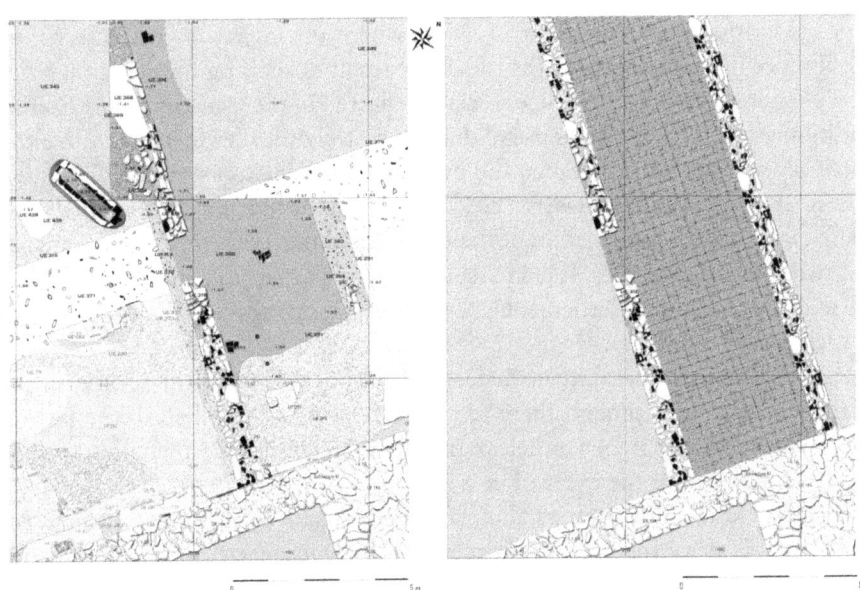

As the basis of this Late Antique architecture, the foundations were laid on the same constructive elements that were part of the Roman villa[29], with mud walls. This uneven foundation technique, based on the available resources, demanded a constructive practice which could ensure the consistency of the complex: the strength that the ancient buildings provide guaranteed its stability, especially when the binder used for the assemblage does not provide the same cohesion and permanence as the lime or other mortars.

An extra reinforcement was devised for the mud walls: it was provided by a parallel line of posts arranged at a suitable distance from the walls, especially in those sectors where the stability of the foundations was not guaranteed. Paving reveals an elaborate technique that has hardly been preserved. It consists of a layer of hardened clay and mud that serves as preparation bed for slate paving. The virtual absence of slates, as it also occurs with the roof tiles, may indicate a

---

[29] Slate stones, limestone, *laterician* material, *marmor*, etc.

planned abandonment that foresees their dismantlement, with the intention to use the materials in future buildings.

The homonymous enclosure of the village of Hernán Páez, Toledo, shows similar features. Although with a lasting ending, slightly later in the eighth century, it is still linked to settlement patterns typical of a rural domestic architecture and it still reflects the tradition, inherited by generations, of recycling those items, which are suitable to be reused (Vicente & Rojas 2009: 292 and 305).

Another parallel is the *site D* of the Arroyo Culebro's archaeological site, Leganés (Madrid; Penedo *et al.* 2001: 130), where the archaeologists interpreted the absence of many structures as the direct result of spoiling the stone material. This phenomenon is a constant, especially reflected in those places with a Roman tradition, in which the former use of durable materials makes them attractive and necessary for later constructions. The preservation of the toponym that identifies the *caucensis* site, Las Pizarras, is a clear example of its use as a building materials quarry, from the transformation of the complex, in the 5th century. These are not just two isolated examples. It is in fact a common pattern to apply to, practically, the majority of Roman settlements; because of the savings that the development of such activities implies.

In the absence of fireplace evidence, it is not possible to affirm a domestic use of this context, even though there are indicators, such as embellish the paving, which seem to attest it. Nevertheless, its only partial excavation requires keeping this hypothesis, until the excavation is complete.

Lastly, a final point to stress about *Enclosure I* is its dating. In addition to the finds suitable of giving a chronology to the complex, there are other elements that reinforce a 7th century chronology; as, for example, the constructive trend. This type of buildings, with a stone foundations and of predominantly residential use, begins to replace those with a sunken base, from the second half of the 6th century, although it seems to be widespread during the first half of the 7th; as A. Vigil-Escalera (2009: 216) points out for the region in the south of Madrid. The dates seem to fit perfectly for what regards to Las Pizarras.

More uncertain is setting a date for the end of this structure. In the absence of archaeological remains, suitable of providing a date for the exact moment when *Enclosure I* was derelict, it appears that it does not exceed the 7th century, or it just about reaches the beginnings of the next century. The stratigraphy provides no signs of activity from these dates until the new functional transformations of the space: the final structural ruin of the complex defines the first sight of no activity; joined to the practical absence of archaeological evidences of a date later than the 7th century[30]. Perhaps we are witnessing the population relocation

---

[30] Enclosure I did not provided any remains in the layer which indicates the abandonment phase; between the floor and the collapsed walls.

towards new sectors still to be clarified or, on the contrary, they moved to the city in times of uncertainty.

Judging by the following registered activity, with the reopening of its "quarry", life returns to Las Pizarras. It is the beginning of a systematic spoiling of the, so far preserved, stone material from its walls and collapsed structures and the development of a new medieval necropolis which invades now the areas free of structures and seems to indicate the presence of a nearby parish, according to the high density of recorded burials[31].

But this is not the last human activity recorded in the plain of the Eresma's river before its conversion into agricultural land. At the end of the middle ages, we assist at the creation of a new domestic architecture[32], whose constructive technique separates it, in chronological terms, from *Enclosure I*. The extensive excavation works undertaken for its construction seems to verify it, since in its realisation, the evidences of the previous housing and burial phases were eliminated up to reaching the strength of Roman structures. At the same time, it strengthens the link of this suburban area with the city of *Cauca*, by constituting the formative germ of its historic suburb, so-called *Arrabal del Mercado*, name by which this area will be known until almost mid 20th century (Blanco 2008: 175).

With the new data, the research of human occupancy in the area of Las Pizarras brings forward a century the origin of the suburb of *Coca*, until this moment identified with the granting of a free market[33], concession of Henry IV in 1466.

## 6. Final considerations

The scientific contributions provided by the archaeological work carried out, mainly, during this past decade and from those others which are still in study[34], are shedding a light on the rural landscape patterns during the transitional period[35]. With this term, we refer to that which follows the Late Roman period and, as its name implies, refers to a phase of changes, which – until recent times –

---

[31] Pérez & Reyes, 2007b : 49-50; 2008 : 139-148; 2009b : 127-128.

[32] *Enclosure* II (Pérez & Reyes 2009b : 121-125).

[33] Rodríguez Martínez 1998: 215.

[34] For an Status of the issues, see Blanco *et alii* 2009 and Gonzalo *et alii* 2010.

[35] In this sense, the earlier contributions of E. Ariño & J. Rodríguez Hernández (1997), M. Fernández Mier (1999) o A. Chavarría (1996) for the provinces of Salamanca, Asturias o specific sectors of the ancient Roman provinces (*Tarraco*) respectively, based on contrasted data, jet have serviced as a necessary precondition for the latter essays that in a general way have provided a particular vision of the rural landscape changes for this period. Lately, we must cite the works of I. Martín Viso (2000), J. Gurt & J. Palet (2001), M. V. Calleja (2001), E. Ariño (2006), A. Orejas (2006, coord.) or A. Vigil Escalera (2007 y 2011). Another feature reflected by contemporary bibliography analyses the structural and functional transformations occurred in the Western Roman Empyre *uillae* during the 5th to 8th centuries López Quiroga & F. Rodríguez Martín, 2000-2001; López Quiroga, 2004; Gutiérrez González, 2008 y 2010; Chavarría, 2001,

has been reflected in an anonymous and individualised way; as they are general tendencies applied to a basic level of family households, or small agglomerations. As A. González Gutiérrez (2008: 221) describes "of social groups not integrated in the state policies" whose study is revealing their true transformations in regards of people's lifestyle; with a settlement patterns and organization and socio--economic structures which gradually begin to separate from the productive system of the ancient world, anticipating the patterns of the medieval feudal model.

Our small contribution aims to show the different patterns of human settlement and the evolution of a specific suburban sector, dependent from the *territorium* of the Roman city of *Cauca*. Since Late Roman times, the monumental complex was intended for create a visual effect and a monumental impact among their visitors, combined with the accustomed exploitation of the land for a usual homestead[36].

Until the present, our knowledge of the villa and their subsequent uses comprises the eastern wing of the peristyle, some of the rooms attached to it as well as the central courtyard, core of the complex. We also have evidence, in part, of the functions assigned to the eastern end. Once some of the rooms loose sense, specially the representation ones, the *pars urbana* will have various functional transformations related to a residual habitat of the complex, a Hispanic-Visigothic necropolis and a domestic environment in the aftermath of the Late Antiquity.

Over time, the settlement will pass through diverse transformations according to the way of life and the funerary practices of their people, in transition towards new patterns closest to the medieval times, whose actions have left their indelible marks in the archaeological record.

Proofs of *uillae* with subsequent transformations are recurrent; in fact, they have already been object of analysis (Chavarría 2006: 29-30; id. 2007, 129-133). Villa del Val[37] (Alcalá de Henares) and the Roman villa of Tinto Juan de la Cruz[38] (Pinto) are those that have provided more data on the type of new habitats overlying the structures; regardless of the order established among the various activities that took place in them. Moreover, they resemble more similarity in construction with Las Pizarras, with respect to the building a domestic architecture of ephemeral materials which overlies the solidity of the previous constructions.

From the 6th to 7th centuries, the roman villas old installations lost their original function, without any prejudice to their use for any other purposes; especially funerary ones (Chavarría 2004: 82), invading the residential complex. For Las Pizarras' villa, these changes occur a century before, sharing new uses in

---

2004 o 2007, or García Merino, 2010; among others). This helps to initially complete the rural panorama of Late Antiquity for the Iberian Peninsula.

[36] Applying the well-known surplus-tributary production system.
[37] In particular, the reform of the Auriga's room (Rascón *et alii* 1991).
[38] Site No. 10 (Barroso *et alii* 2001).

different areas, dumping with burial practices. Nevertheless, it is not strange the coexistence of those activities in these times; it might been most common than we ever thought. In fact, nearby villas show similar tendencies, as Aguilafuente (Segovia), whose roman structures also suffered a conversion in a cemetery[39]. Villa de Vegas de Pedraza, and te possible funerary chapel of Ventosilla/Tejadilla (Regueras 2010: 295) are some parallels. Thus, we can confirm the election of Las Pizarras' plateau along the historical times as an habitat place, combined with funerary practices.

Regardless of the name given to the domestic settlements of rural pattern, focused on an eminently agricultural production, there are certain resemblances in respect of the technical construction of the villages and farms, clearly different to the Roman tradition. The analogies in the layout adopted and their evolution, the uses of the land or its coexistence with the funerary contexts, between others, takes us to rural occupancy patterns widely studied, as the surrounding area of the city of Toledo. It is characterized by offering a mosaic of settlements on plains, near watercourses, with an eminently agricultural vocation related to intensive cultivation spaces (Vigil-Escalera 2009: 208), although these sites are furthest from the urban center.

However, certain common features force us to take into account the progressive autonomy of Las Pizarras plateau respect the city of Cauca, which is still occupied, as refers domestic environments recorded in Coca, as the courtyard house discovered in the area of Los Azafranales in 1999 (Pérez y Reyes 2007a: 170). Another argument in favor of certain independence is the funerary one; reflect of a collective behavior and always related to the residential area, following them in their short relocations, as we have seen. Another confirmatory arguments are determined by the maintenance of the, still in use, traditional cemeteries of Roman tradition of El Cantosal, El Tinto[40] o Santa Rosalía; always we consider in the last case its enlargement towards Los Cinco Caños area in these times (figure 10).

We find ourselves facing a new example of population continuity, according to the rural patterns of the period and the consequent displacements in search of better sanitary conditions (Ariño 2006: 335). All these features are the beginning of the break with the characteristic roman rural settlement system in favor of new forms of occupancy, in its gradual evolution towards the feudal system.

Gone are the evidences of a monumental architectonic model, away from the simplest households that, for quite some time were reflect at a less scale of the imperial power. Once the aristocratic aspirations of the rural properties have

---

[39] Dated in the second third of the 6th century and the beguinings of the 7th (Lucas & Viñas 1977: 251).
[40] *See* Lucas de Viñas (1971 and 1973) and J. F. Blanco (2002: 162); respectivamente.

finished, a new model of peasant settlement starts to reorganize on them (Isla 2001: 19), ignoring completely the roman authority.

In a state of fragmentation an disarticulation of the traditional Roman institutions in favor of the peasant exploitation of the land (Blanco *et alii* 2009: 284), we assist to a re-adjustment process of the settlement patterns and the rural exploitation towards a new context, where the progressive implantation of the ecclesiastic structures could play an important role in the management of the ancient big properties, urban and rural (López Quiroga y Benito, 2010: 302 y 293). In our particular case, preference for the *pars urbana* as a cemetery from the mid-5th century, can confirm the cultual conversion of the building; becoming the west sector of the complex as the core zone, due to its layout and earliness. Far away to confirm it in absolute terms, we must remain in expectation of future archaeological interventions that will connect the isolated sectors of the complex and allow to reach definitive conclusions.

Finally, along the time, the settlement pattern reflected in more than two centuries and related to new forms of rural exploitation will become the original germ of the so-called suburb of Coca, which until now only was known by written references, assured by the closest urban center, still relevant.

## Bibliography

ABÁSOLO ÁLVAREZ, J. A. (2010) El último Viaje. *In*: GUTIÉRREZ RUIZ, E.; PESCADOR, T., (Coords.) *Los ajuares funerarios de la Olmeda.* Palencia.

ABÁSOLO ÁLVAREZ, J. A.; PÉREZ RODRÍGUEZ-ARAGÓN, F. (1995) Arqueología funeraria en Hispania durante el bajo imperio y la época visigoda. *In*: FÁBREGAS VALCARCE, R.; PÉREZ LOSADA, F.; FERNÁNDEZ IBÁÑEZ, C. (Eds.) *Arqueología da Morte na península Ibérica desde as Orixes ata o Medievo. Biblioteca Arqueohistórica Limiá, Serie Cursos e Congresos* 3. Xinzo de Limia, p. 291-306.

AMO GUINOVAR, M. D. (1979) *Estudio crítico de la Necrópolis Paleocristiana de Tarragona.* Tarragona.

ARIÑO GIL, E. (2006) Modelos de poblamiento rural en la provincia de Salamanca (España) entre la Antigüedad y la Alta Edad Media. *Zephyrus* 59, p. 317-337.

ARIÑO GIL, E.; RODRÍGUEZ HERNÁNDEZ, J. (1997) El poblamiento romano y visigodo en el territorio de Salamanca. Datos de una prospección intensiva. *Zephyrus* 50, p. 225-245.

BARROSO CABRERA, R., JAQUE OVEJERO, S., MAJOR GONZÁLEZ, M., MORÍN DE PABLOS, J., PENEDO COBO, E., OÑATE BAZTÁN, P.; SANGUINO VÁZQUEZ, J. (2001) Los yacimientos de Tinto Juan de la Cruz -Pinto, Madrid- (ss. I al VI d.C.) 1.ª parte. *Estudios de Prehistoria y Arqueología Madrileñas* 11, p. 129-204.

(2002) - Los yacimientos de Tinto Juan de la Cruz -Pinto, Madrid- (ss. I al VI d.C.) 2.ª parte. *Estudios de Prehistoria y Arqueología Madrileñas* 12, p. 117-144.

BARROSO CABRERA, R., MORÍN DE PABLOS, J.; LÓPEZ QUIROGA, J. (2002) El mundo funerario en Hispania en el siglo VI. *El tiempo de los bárbaros. Pervivencia y transformación en Galia e Hispania. Zona Arqueológica* 11, p. 393-409.

BELLIDO BLANCO, A. (1997) La ocupación de época visigoda en Vega de Duero (Villabáñez, Valladolid). *AEspA*, 70, 176, p. 307–316.

BLANCO GARCÍA, J. F. (2002) Coca. *Cauca. In*: MAÑANES, (Dir.) *Arqueología del Área Central de la Cuenca del Río Duero. De Simancas a Coca.* Valladolid, p. 127-173.

BLANCO GONZÁLEZ, A.; LÓPEZ SÁEZ, J. A.; LÓPEZ MERINO, L. (2009) Ocupación y uso del territorio en el sector centro-meridional de la cuenca del Duero entre la Antigüedad y la Alta Edad Media (siglo I-XI d.C.), *AEspA* 82, p. 275-300.

CALLEJA MARTÍNEZ, M. V. (2001) El poblamiento de época visigoda en el sureste de la provincia de Valladolid. *In*: ESCRIBANO, C.; VILLANUEVA, O. (Coord.) *V Congreso de Arqueología Medieval Española*, vol. 1. Valladolid, p. 125-130.

CHAVARRIA ARNAU, A. (1996) Transformaciones arquitectónicas de los establecimientos rurales en el Nordeste de la Tarraconensis durante la antigüedad tardía. *Butlletí de la Real Acadèmia Catalana de Belles Arts de Sant Jordi* 10, p. 165-202.

(2001) Poblamiento rural en el *territorium de Tarraco* durante la Antigüedad Tardía. *Arqueología y Territorio Medieval* 8, p. 55-76.

(2004) Interpreting the transformation of late roman villas: the case of *Hispania*. *In*: CHRISTIE, N. (Ed.) *Landscapes of Change: The Evolution of the Countryside in Late Antiquity and the Early Middle Age*. Padstow, p. 67-102.

(2006) Villas en Hispania durante la Antigüedad tardía. *In*: CHAVARRÍA, A.; ARCE, J.; BROGIOLO, G. P. (Eds.) Villas Tardoantiguas en el Mediterráneo Occidental. *Anejos de AEspA*, XXXIX, p. 17-35.

(2007) El final de las villae en Hispania (siglos IV-VII d.C.). *Biblioteque de L'Antiquité Tardive*, 7. Brepols Publishers. Turnhout, Belgium.

ESCUDERO, C.; BARRERA, M.; SÁNCHEZ, I.; MARTÍN, R.; PÉREZ, C.; REYES, O. (2013): Láser e inmersión en soluciones líquidas para la limpieza de metales arqueológicos: el caso del anillo tardorromano del Pago de las Pizarras, en Coca, Segovia. *In*: Díaz, S.; García, E. (Coords.) *IV Congreso Latinoamericano de Conservación y Restauración de Metal* 2011, Madrid, p. 336-344.

ESTEBAN MOLINA, J. (2007) *La villa romana y la necrópolis visigoda de Santa Lucía, Aguilafuente (Segovia). Nuevas aportaciones para su estudio*. Segovia.

FERNÁNDEZ MIER, M. (1996) Transformación del poblamiento en la transición del mundo antiguo al medieval en la montaña asturiana (Península Ibérica). *Archeologia Medievale* XXIII, p. 101-128.

GARCÍA MERINO, C. (2010) El poblamiento rural en el Valle del Duero durante el Bajo Imperio. *In*: BURÓN ALVAREZ, M. (Coord.) *Patrimonio cultural y territorio en el valle del Duero. Actas del Coloquio Internacional*. Valladolid, p. 125-136.

GARCÍA MERINO, C.; SANCHEZ SIMÓN, M. (2001) Excavaciones en la villa romana de Almenara-Puras (Valladolid) - avance de resultados (I). *BSAA Arqueología*, n.º LXVII, p. 99-124.

GONZALO GONZÁLEZ, J. M.; CENTENO CEA, I.; PALOMINO LÁZARO, Á. (2010) La articulación de la ciudad y el territorio en la cuenca media del Duero durante la Antigüedad Tardía. Una propuesta de aproximación a partir de los datos arqueológicos. *In*: GARCÍA, A.; IZQUIERDO, R.; OLMO, L.; PERIS, D. (Eds.) *Espacios urbanos en el occidente mediterráneo* (s. VI-VIII). Toledo, p. 201-210.

GURT ESPARRAGUERA, J. M.; PALET MARTÍNEZ, J. M. (2001) Structuration du territoire dans le nord-est de l'Hispanie pendant l'Antiquité tardive: transformation du paysage et dynamique du peuplement. *In*: OUZOULIAS, P.; PELLECUER, C.; RAYNAUD, C. et al, *Les campagnes de la Gaule à la fin de l'Antiquité*. Antibes, p. 304-329.

GUTIÉRREZ GONZÁLEZ, J. A. (2008) Las *villae* y la génesis del poblamiento medieval. *In*: FERNÁNDEZ OCHOA, C.; GARCÍA-ENTERO, V.; GIL SENDINO, F. (Eds.) *Las villae tardorromanas en el occidente del Imperio. Arquitectura y función*. Gijón, p. 215-238.

(2010) La disgregación del mundo tardío antiguo y la configuración de los nuevos espacios de ocupación. *In*: BURÓN ALVAREZ, M.; AREOSA RODRIGES, M. (Coords) *Actas Coloquio Internacional "Patrimonio Cultural y Territorio en el Valle del Duero*, Salamanca, p. 167-179.

HERRERÍN, J.; REYES HERNANDO, O. V. (2011) Estudio antropológico y paleopatológico de los restos humanos tardoantiguos de las pizarras (Coca, Segovia). *Oppidum. Cuadernos de Investigación* 6-7, p. 103-140.

ISLA FREZ, A. (2001) *Villa, villula, castellum*. Problemas de terminología rural en época visigoda. *Arqueología y Territorio Medieval* 8, p. 9-19.

IZQUIERDO BERTIZ, J. M. (1992) La transición del mundo antiguo al medieval en Vegas de Pedraza (Segovia). *In*: FERNÁNDEZ CONDE, J. (Coord.) *Actas del III Congreso de Arqueología Medieval Española*. Oviedo, p. 89-95.

LÓPEZ QUIROGA, J. (2004) *El final de la Antigüedad en la Gallaecia: la transformación de las estructuras de poblamiento entre Miño y Duero (siglos V al X)*. A Coruña.

LÓPEZ QUIROGA, J.; BENITO DÍEZ, L. (2010) Entre la *villa* y la 'aldea'. Arqueología de hábitat rural en *Hispania* en los siglos V y VI. *In*: MORÍN de PABLOS, J.; LÓPEZ QUIROGA, J.; MARTÍNEZ TEJERA, A. (Eds.) *El tiempo de los "bárbaros" en Gallia e Hispania (siglos V-VI)* (Zona Arqueológica 11), p. 272-310.

LÓPEZ QUIROGA, J.; RODRÍGUEZ MARTÍN, F. G. (2000-2001) El "final" de las *villae* en H*ispania* I. la transformación de las *pars urbana* de las *villae* durante la antigüedad tardía. *Portugalia*. Nova Serie, vol. XXI-XXI, p. 137-190.

LUCAS DE VIÑAS, M. del R. (1971) Necrópolis de El Cantosal, Coca (Segovia). *NAH*, XVI, p. 381-396.

(1973) Necrópolis de El Cantosal, Coca (Segovia). *Estudios Segovianos*, XXV, 73, p. 137-157.

LUCAS, M. del R.; VIÑAS, P. (1977) La villa romana de Aguilafuente. *Segovia: Symposium de Arqueología. Bimilenario de Segovia (Publicacions eventuals*, 27), p. 239-256.

MARTÍN VISO, I. (2000) *Poblamiento y estructuras sociales en el norte de la península ibérica (siglos VI-XII)*. Salamanca.

MÉNDEZ MADARIAGA, A.; RASCÓN MARQUÉS, S. (1989) Los visigodos en Alcalá de Henares, *Cuadernos del Juncal* 1, Alcalá de Henares.

MORIN DE PABLOS, J.; BARROSO CABRERA, R. (2005) El mundo funerario de época visigoda en la Comunidad de Madrid. El poblamiento y el problema del asentamiento de los visigodos en la Península Ibérica a través de las necrópolis madrileñas. *In*: CASTILLO MENA, A.; FERNANDO SÁEZ, L. (Coords.) *Actas de las Primeras Jornadas de Patrimonio Arqueológico en la Comunidad de Madrid*. Madrid, p. 183-213.

OREJAS SACO DEL VALLE, A. (2006) (Coord.) *Arqueología espacial. Arqueología espacial: espacios agrarios*, 26. Zaragoza.

PENEDO COBO, E.; MORÍN de PABLOS, J.; BARROSO CABRERA, R. (2001) La ocupación romana e hispanovisigoda en el Arroyo Culebro (Leganés). *In*: PENEDO COBO, E.; OÑATE BAZTÁN, P.; SANGUINO, J.; FERNÁNDEZ CALVO, C.; SÁNCHEZ--GARCÍA ARISTA, M.; MARTÍN, D.; GÓMEZ RUÍZ, E.; CABALLERO CASADO, C.; SÁNCHEZ-HIDALGO, F.; MORÍN DE PABLOS, J.; BARROSO CABRERA, R *Vida y Muerte en Arroyo Culebro (Leganés)*. Catálogo de la exposición celebrada en el MAR. Madrid, p. 127-186.

PÉREZ GONZÁLEZ, C.; REYES HERNANDO, O. V. (2003) *Cauca*: el Pago de la Tierra de las Pizarras. Avance de la campaña de excavaciones del año 2000. *Sautuola* IX, p. 213-227.

(2004) Espectacular hallazgo en el yacimiento de Coca (Segovia). *Gaudeamus* 20, p. 65-67.

(2005a) Las Pizarras, Coca (Segovia). Campaña de excavaciones 2003. *Oppidum. Cuadernos de Investigación*, 1, p. 59-102.

(2005b) Epigrafía Caucense (I). *Sautuola*, XI, p. 231-244.

(2005c) Nuevo hallazgo epigráfico de Las Pizarras (Coca, Segovia). *Oppidum. Cuadernos de Investigación* 1, p. 375-384.

(2006) Proyecto Integral de Investigación *Cauca*: campaña arqueológica del año 2004. *Oppidum. Cuadernos de Investigación*, 2, p. 7-34.

(2007a) Coca, la antigua *Cauca*. In NAVARRO, M.; PALAO, J. (eds.) *Villes et Territoires dans le Bassin du Douro á l'Époque Romaine*. Bordeaux, p. 148-170.

(2007b) Proyecto de Investigación Las Pizarras (*Cauca*, Segovia) – campaña arqueológica del año 2006. *Oppidum. Cuadernos de Investigación*, 3, p. 45-80.

(2008) Proyecto de investigación Las Pizarras (*Cauca*, Segovia). Campaña de investigación arqueológica del año 2007. *Oppidum. Cuadernos de Investigación* 4, p. 133-172.

(2009a) Proyecto de investigación Las Pizarras (Coca, Segovia). Campaña arqueológica del año 2008. *Oppidum. Cuadernos de Investigación* 5, p. 7-38.

(2009b) Proyecto de investigación Las Pizarras (Coca, Segovia) - 2009. *Oppidum. Cuadernos de Investigación* 5, p. 113-140.

(2009c) Epigrafía caucense (II). *Oppidum. Cuadernos de Investigación* 5, p. 39-64.

PÉREZ GONZÁLEZ, C.; REYES HERNANDO, O.; NUEZ FERNÁNDEZ, S. (2012) Musealización y puesta en valor del complejo tardoantiguo de Coca (Segovia). *Actas del VI Congreso Internacional de Musealización de Yacimientos Arqueológicos y Patrimonio Arqueología, patrimonio y Paisajes históricos para el siglo XXI*, Toledo, p. 505-514.

PÉREZ, C.; REYES, O. V.; RODÁ, I.; ÁLVAREZ, A.; GUTIÉRREZ GARCÍA, A.; DOMÈNECH, A.; ROYO, H. (2012) Use of *marmora* in the ornamental program of Las Pizarras roman site (ancient *Cauca*, Segovia, Spain). *In*: GUTIÉRREZ GARCÍA, A.; LAPUENTE, P.; RODÁ, I. (Eds.) *Interdisciplinary Studies on Ancient Stone*. Proceedings of the IX ASMOSIA Conference, Tarragona, p. 151-160.

RASCÓN MARQUÉS, S.; MÉNDEZ MADARIAGA, A.; DÍAZ DEL RÍO ESPAÑOL, P. (1991) La reocupación del mosaico del Auriga Victorioso en la villa romana del Val (Alcalá de Henares) - un estudio de microespacio. *Arqueología, Paleontología y Etnografía* 1, p. 181-200.

REGUERAS GRANDE, F. (2010) *Villae* tardorromanas en Segovia. *Segovia Romana II. Gentes y Territorios*. Segovia, p. 279-310.

RIPOLL LÓPEZ, G. (1985) La necrópolis visigoda de El Carpio del Tajo (Toledo), *EAE* 142.

(1998) El Carpio del Tajo: Precisiones cronológicas de los materiales visigodos. *Los visigodos y su mundo*. Jornadas Internacionales del Ateneo de Madrid, Madrid.

RODRÍGUEZ MARTÍNEZ, F. (1998) *Historia de Coca (Estudios y Documentos)*, Guadalajara.

STORCH de GRACIA, J. J. (2010) La villa imperial de Los Casares en Armuña (Segovia). *In*: MARTÍNEZ CABALLERO, S.; SANTIAGO PARDO, J.; ZAMORA CANELLADA, A. (Coords.) *Segovia romana II*, p. 366-377.

TEJERIZO, C. (20012) Early medieval household archaeology in Northwest Iberia (6th-11th centuries) (Arqueología de la Arquitectura 9). Madrid/Vitoria: p. 181-194

VEGA MIGUEL J. (1996) Excavación arqueológica realizada en Soto Pajares, San Martín de la Vega (Madrid). *Reunión de Arqueología Madrileña*, p. 264-266.

VICENTE NAVARRO, A.; ROJAS RODRÍGUEZ-MALO, J. M. (2009) Hernán Páez. Un establecimiento rural del siglo VIII en el entorno de Toledo. *Arse* 43, p. 287-315.

VIGIL-ESCALERA GUIRADO, A. (2000) Cabañas de época visigoda: evidencias arqueológicas del sur de Madrid. Tipología, elementos de datación y discusión. *AEspA* 73, p.223-252.

(2007) Granjas y aldeas Altomedievales al Norte de Toledo (450-800 d.C.). *AEspA* 80, p. 239-284.

(2009) El poblamiento rural del sur de Madrid y las arquitecturas del siglo VII. *In*: CABALLERO ZOREDA, L.; MATEOS CRUZ, P.; UTRERO AGUDO, M., (eds.) *El siglo VII frente al siglo VII. Arquitectura (visigodos y omeyas, 4, Mérida 2006) (Anejos de AEspA*, n.º LI.), p. 205-229.

(2011) Formas de poblamiento rural en torno al 711: documentación arqueológica del centro peninsular. *Zona Arqueológica*, 15, 2, p. 187-202.

# Sobre o estudo das necrópoles alto-medievais da Serra de São Mamede (Castelo de Vide e Marvão, Portugal): uma perspectiva metodológica

(On the high-medieval necropolis research in the Serra de São Mamede (Castelo de Vide e Marvão): a methodological perspective)

Sara Prata (saramseprata@hotmail.com)
Instituto de Estudos Medievais – Universidade Nova de Lisboa

Resumo – O presente estudo aborda as questões relacionadas com a arqueologia funerária da Alta Idade Média nas necrópoles identificadas na Serra de São Mamede (Castelo de Vide e Marvão, Portugal). Para este período - os séculos que medeiam entre a queda do Império Romano do Ocidente e a ocupação muçulmana - pouco se conhece sobre a região, em especial nas comunidades rurais, dada a escassez – ou inexistência – de fontes escritas e do pobre conhecimento das realidades arqueológicas. A investigação conduzida procura conhecer estas comunidades rurais, utilizando o mundo funerário como ponto de partida, em especial as sepulturas escavadas na rocha. O trabalho de campo foi aprofundado com as referências bibliográficas existentes. Deste modo, o presente estudo apresenta as opções metodológicas, debate o estado atual dos conhecimentos e alguns problemas-chave relacionados com o estudo destas realidades e, finalmente, discute alguns caminhos para a investigação futura.

Palavras-chave – Necrópoles; Alta Idade Média; Arqueologia funerária; sepulturas escavadas na rocha.

Abstract – This paper analyses matters regarding funerary archaeology for the Early Middle Ages focusing on the necropolis identified in Serra de São Mamede (Castelo de Vide and Marvão, Portugal). For this period – the centuries between the fall of the Western Roman Empire and the Muslim occupation – there is still little known about what was happening in this area. This is especially true for rural communities, due to the scarcity – or inexistence – of written sources and also the poor knowledge about the archaeological realities. My aim is to shed some light on how people lived away from urban centres, during the Early Middle Ages, in Serra de São Mamede. As a starting point, I used the necropolis, composed mainly by rock-cut graves, since the work of previous authors pointed to the existence of several burial grounds known to be used during this period. My research work was based on an archaeological field survey, centred on the existing bibliographic references. In this paper, I explain my methodological choices; address the state of the art and key problems regarding studies of this nature and finally, discuss some study paths I believe can be of use when addressing this matters.

Keywords – Necropolis, Early Middle Ages, funerary archaeology, rock-cut graves.

## 1. Introdução

Este artigo surge na sequência de uma apresentação realizada no *I Congresso Internacional de Arqueologia de Transição* que abordou as problemáticas do estudo da Alta Idade Média através dos vestígios funerários. No momento da apresentação realizada, encontrávamo-nos na fase de redação daquela que seria a nossa dissertação para obtenção do grau de mestre em arqueologia. Importa começar por destacar que a referida tese, que serviu de mote a esta apresentação, se centrou no estudo da funerária alto-medieval, a partir de um perspetiva arqueológica, incidindo na área da Serra de São Mamede abrangida pelos territórios dos atuais concelhos de Castelo de Vide e Marvão[1].

O objetivo da nossa apresentação, que materializamos no presente artigo, foi dar a conhecer as características da amostragem que constituiu o nosso objeto de estudo, as opções metodológicas que tomámos e o estado dos trabalhos realizados até ao momento da referida comunicação. Perante as dificuldades com que nos deparámos, no decorrer dos nossos trabalhos, pensámos que seria também pertinente utilizar a nossa apresentação como incentivo à reflexão sobre as principais problemáticas associadas ao estudo da Alta Idade Média, nomeadamente, no que diz respeito à realidade funerária.

A possibilidade de sustentar o nosso trabalho de investigação com uma forte componente de trabalho de campo, permitiu-nos realizar uma leitura global dos vestígios arqueológicos e das caraterísticas da sua implantação na paisagem, numa extensão de território cuidadosamente definida. Acreditamos que a identificação de diferentes manifestações funerárias associadas ao mesmo espetro cronológico, a Alta Idade Média, nos colocou numa posição privilegiada permitindo-nos levantar novas questões e seguir diferentes linhas de trabalho, adaptadas ao nosso objeto de estudo, que acreditamos terem sido úteis na supressão de algumas dificuldades e na obtenção de novos resultados.

## 2. Um estado da arte

Começaremos por fazer uma breve contextualização sobre o início dos trabalhos dedicados ao estudo das manifestações de cariz funerário alto-medievais.

Em primeiro lugar, importa referir que o vestígio arqueológico mais fácil de identificar em ambiente rural para esta cronologia são as chamadas sepulturas escavadas na rocha[2]. As primeiras abordagens no sentido da sua compreensão e

---

[1] Prata, S. (2012) *As Necrópoles alto-medievais da Serra de São Mamede (Concelhos de Castelo de Vide e Marvão)*. Tese de mestrado defendida em Setembro de 2012 na FCSH-UNL, Lisboa.

[2] Estes sepulcros surgem um pouco por toda a Península Ibérica e consistem em sepulturas escavadas diretamente no afloramento rochoso, característica que lhes confere uma grande previdência temporal.

Sobre o estudo das necrópoles alto-medievais da Serra de São Mamede
(Castelo de Vide e Marvão, Portugal): uma perspectiva metodológica

balizamento cronológico começaram por incidir na definição de tipologias formais, baseadas essencialmente na presença, ou não, do antropomorfismo. Como o nome indica, esta particularidade formal pressupõe que – pela definição da sepultura na zona da cabeceira, dos pés ou ambas – a forma do sepulcro acompanha os contornos do corpo humano.

Para compreender a génese do estudo da funerária alto-medieval na Península Ibérica existem dois nomes paradigmáticos que não podemos deixar de referir. Em Espanha, o primeiro autor a debruçar-se verdadeiramente sobre esta questão e a atribuir cronologias específicas para as sepulturas escavadas na rocha, com base no seu estudo morfológico, foi A. Castillo. Em 1968 apresentou uma comunicação ao *XI Congreso Nacional de Arqueología (Mérida)* estabelecendo uma tabela crono-tipológica em que relacionava as sepulturas, e a sua evolução no sentido do antropomorfismo, com o processo da Reconquista (Castillo 1968). Estas teorias entrariam mais tarde em contradição com ideias avançadas pelo mesmo autor, a partir da escavação das necrópoles de Revenga e Cuyacabras (Burgos, Espanha), onde referiu que os grupos de mais de uma sepultura onde se verificariam ambas as tipologias constituiriam panteões familiares, nos quais as sepulturas não antropomórficas corresponderiam a espaços para inumação de indivíduos femininos e infantis, e a antropomórfica para a inumação do elemento masculino (Castillo 1972). A partir desse momento, as teorias de Castillo serviriam de referência para muitas das investigações desenvolvidas em Espanha, havendo duas correntes de investigação distintas, definindo-se pelo seguimento ou ruptura com os princípios estabelecidos por este autor.

Em Portugal, embora as primeiras publicações sobre estas ocorrências arqueológicas surjam ainda na década de 30 do século passado, foi no final dos anos 80, com os trabalhos de M. Barroca, que a investigação portuguesa nesta área recebeu o seu primeiro grande impulso. Em 1987 apresenta à Faculdade de Letras do Porto um trabalho intitulado *Necrópoles e Sepulturas Medievais de Entre-Douro--e-Minho (séculos V a XV)* (Barroca 1987), onde constatou que, ao contrário das necrópoles de grande dimensão espanholas trabalhadas por Castillo, as sepulturas que analisou se encontravam, na maioria das vezes, isoladas, associando este fato com uma realidade de povoamento disperso. A partir do estudo da necrópole de Santa Marinha da Costa (Guimarães), definiu uma evolução tipológica associada à estratigrafia detectada, segundo a qual as sepulturas não antropomórficas seriam as mais antigas, surgindo o antropomorfismo no século XI (Barroca 1987).

Para o atual território português importa referir que a partir da década de 90 do século XX e na primeira década do novo milénio se assiste a um aumento dos estudos sobre esta temática, principalmente em contextos associados ao Norte e Centro de Portugal. De momento interessa-nos afastar-nos do panorama geral e concentrarmo-nos na Serra de São Mamede, mais precisamente, nos trabalhos dedicados às questões da funerária alto-medieval desenvolvidos nos atuais concelhos de Castelo de Vide e Marvão.

O primeiro autor a referir os sítios de ocupação alto-medieval para este território foi Afonso do Paço. Em 1949 publica um trabalho sobre o sítio do Monte Velho (Beirã, Marvão) onde durante os seus trabalhos de escavação identifica estruturas habitacionais e recupera uma telha com uma inscrição que lhe serve de mote para a publicação (Paço 1949). Mais tarde, compila todos os seus trabalhos de campo no território do Concelho de Marvão e em 1953 publica a primeira carta arqueológica do concelho, onde são incluídos vários vestígios que considera como *Visigodos* ou *Indeterminados e Medievais*.

Em 1972, Maria da Conceição Monteiro Rodrigues procede à escavação das necrópoles da Boa Morte e de Santo Amarinho (Castelo de Vide). Em 1975 publica a *Carta Arqueológica do Concelho de Castelo de Vide* onde inclui vasta informação sobre sítios de época alto-medieval, organizando os vestígios funerários deste período em *Sepulturas Antropomórficas* e *Necrópoles Visigodas* (Rodrigues 1975). A mesma autora publica, em 1978, *Sepulturas Medievais do Concelho de Castelo de Vide*, como complemento à carta arqueológica. Nesta separata, apresenta o espólio cerâmico exumado das necrópoles e sepulturas que teve oportunidade de escavar no concelho de Castelo de Vide, procedendo a um estudo comparativo, com base nas dimensões e formas das peças[3].

Em 1981 José Olívio Caeiro retoma a escavação das sepulturas da Boa Morte (Castelo de Vide) e em 1985 publica *A Necrópole da Azinhaga da Boa Morte I – Castelo de Vide* e *A Azinhaga da Boa Morte II – Castelo de Vide*. Nestas publicações inclui a descrição dos seus trabalhos de emergência que resultam na identificação de duas novas sepulturas e de uma estrutura, possivelmente habitacional, que associa aos sepulcros. Este autor insere os sítios arqueológicos estudados nos séculos VI/VII, admitindo que num contexto rural a cronologia da sua utilização possa ir até aos séculos IX/X (Caeiro 1985b).

Nas décadas que seguiram, a Secção de Arqueologia da Câmara Municipal de Castelo de Vide realizou prospeções exaustivas em várias zonas do concelho, garantido a localização e levantamento gráfico de vestígios arqueológicos de várias épocas. Embora na sua maioria estes trabalhos careçam de publicação permitiram a identificação de novos vestígios associáveis ao espectro cronológico medieval, nomeadamente, concentrações de sepulturas escavadas na rocha.

Mais recentemente, para o Concelho de Marvão, a *Nova Carta Arqueológica de Marvão* (Oliveira et al. 2007) dá a conhecer uma grande quantidade sítios arqueológicos inéditos, muitos deles atribuíveis à Alta Idade Média.

Estes trabalhos prévios mostravam a existência de vários sítios associáveis ao espetro cronológico alto-medieval. Foi a percepção da existência destes vestígios arqueológicos, atribuíveis ao início da Idade Média, que motivou o início dos

---

[3] Estes materiais foram novamente estudados e os resultados obtidos integrados no nosso estudo mais recente (Prata 2012).

nossos trabalhos, pretendendo encarar estes vestígios como partes integrantes de uma mesma realidade arqueológica e iniciar o longo caminho no sentido da sua compreensão.

## 3. Algumas opções metodológicas

Todos os trabalhos científicos começam com a definição do objeto de estudo. No caso dos trabalhos na área de arqueologia, "O quê?" deve vir sempre acompanhado de "Quando?" e "Onde?", a circunscrição de uma área geográfica para o estudo a efetuar e o estabelecimento de um limite temporal são tão importantes como o objeto de estudo em si.

Começando pelo balizamento cronológico, este é como referimos, um dos principais problemas no momento de estudar a funerária alto-medieval. No nosso caso de estudo, e em tantos outros seus análogos, a ausência total de espólio arqueológico para as sepulturas escavadas na rocha faz com que a atribuição de uma datação só possa ser feita através de paralelos arqueológicos, com zonas onde de fato foi possível identificar sepulcros desta tipologia com espólio arqueológico e/ou osteológico conservado no seu interior.

Atualmente, para estas sepulturas, as datações por radiocarbono mais recuadas têm apontado para os séculos VI/VII[4] e as mais recentes chegaram a ir até ao século XV, para sepulcros reutilizados no âmbito de cemitérios paroquiais[5]. Para as sepulturas implantadas de forma dispersa em meio rural, ou seja, não associadas a edifícios religiosos, tem-se relacionado o abandono progressivo da sua utilização com a expansão da rede paroquial medieval (séculos XI/XII), momento em que as inumações se centram tendencialmente em cemitérios anexos a igrejas (Tente 2011: 416).

Tendo em conta as inúmeras problemáticas que assistem a atribuição cronológica para estes sepulcros, que Tempo é este que tentamos definir? O tempo do início da construção destes sepulcros? O tempo da sua utilização, assumindo assim um espetro cronológico com uma amplitude de quase dez séculos? Ou o tempo específico do objeto que estudamos, um tempo que cabe ao trabalho resolver e não definir? Para a nossa área de estudo, não nos sentimos confortáveis a estabelecer numa fase introdutória um limite cronológico seguro, e optámos por assumir uma atribuição cronológica baseada num pressuposto de longa diacronia, aceitando estes fenómenos funerários como tendo começado entre os séculos VI/VII e tendo sido progressivamente abandonados a partir dos séculos XI/XII. A data apontada para o abandono dessas soluções funerárias prende-se com

---

[4] Foram datadas sepulturas por radiocarbono, na zona do Baixo Aragão, dos finais do século VI ao século VII (Laliena Corbera *et al.* 2007).
[5] Exemplo da necrópole de S. Pedro de Marialva (Meda) (Cunha, Umbelino e Tavares 2001).

a organização da rede paroquial que progressivamente assegura a concentração dos cemitérios nos espaços sacralizados, em torno das igrejas. Claro que este balizamento cronológico pressupõe também os seus problemas. No território do Concelho de Marvão, cuja fundação se atribuiu à presença muçulmana neste território, é difícil especular como é que as comunidades rurais perpetuariam a sua existência, e o culto dos seus mortos, a partir do século VIII. O desconhecimento de vestígios arqueológicos que permitam compreender as caraterísticas da ocupação islâmica neste território, e de que forma esta terá, ou não, afectado a vivência das comunidades rurais, faz com que seja muito complicado apontar uma data segura para o abandono da utilização destas necrópoles em meio rural.

No que diz respeito à definição de uma área de estudo, devemos referir a importância da escolha de limites que façam sentido aquando da época a que nos reportamos – neste caso, a Alta Idade Média – que ainda sejam reconhecíveis atualmente. É frequente cair-se no erro de utilizar limites administrativos atuais, como sejam as circunscrições concelhias ou distritais, para definir o espaço de estudo. No entanto, a definição da área de estudo deve ter como base elementos geográficos reais, visíveis actualmente. Foi tendo em conta estes factores que definimos como limite geográfico a Serra de São Mamede. Já a opção de nos dedicarmos exclusivamente aos concelhos de Castelo de Vide e Marvão partiu de limitações relacionadas com a falta de meios para abranger toda a área da serra, no âmbito dos trabalhos para a nossa dissertação de mestrado[6].

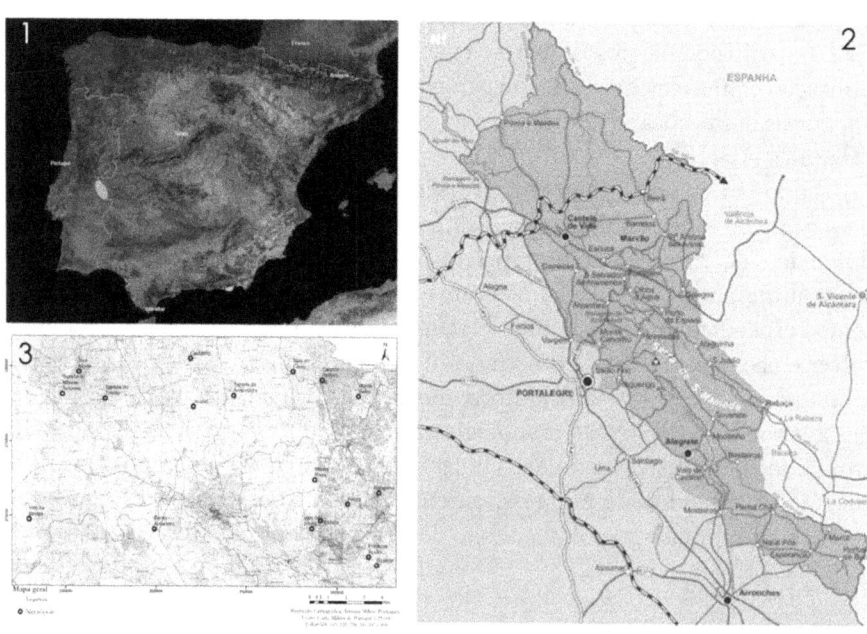

---

[6] Atualmente, continuamos a trabalhar estas questões e é nossa intenção abranger toda a área da Serra de São Mamede nos trabalhos que viremos a desenvolver.

Sobre o estudo das necrópoles alto-medievais da Serra de São Mamede
(Castelo de Vide e Marvão, Portugal): uma perspectiva metodológica

Em seguida, as nossas opções metodológicas passaram por uma preparação prévia, na qual nos servimos precisamente das cartas arqueológicas dos concelhos de Castelo de Vide e Marvão (Rodrigues 1975 e Oliveira *et al.* 2007, respetivamente) o que nos permitiu ter uma noção de quais as realidades arqueológicas conhecidas para este território. Uma vez identificados, procedemos à prospecção intensiva dos sítios que inserimos no objeto de estudo. Este trabalho de campo inicial permitiu a relocalização de alguns sítios já conhecidos, bem como a identificação de novas sepulturas e ainda sítios arqueológicos inéditos. Os sítios arqueológicos e respectivos sepulcros foram georreferenciados por sistema de GPS e todas as realidades identificadas foram alvo de registo arqueológico. A salvaguarda da informação foi feita através de levantamento gráfico, por fotografia e desenho técnico, bem como registo documental.

Esta informação em bruto foi posteriormente tratada em gabinete, permitindo uma leitura clara do nosso objeto de estudo, constituído por dezoito sítios arqueológicos que considerámos como necrópoles, compostos por um total de duzentas e catorze sepulturas.

Para definição do conceito de necrópole seguimo-nos pelos parâmetros estabelecidos por Barroca, que organizou as sepulturas escavadas na rocha em sepulturas isoladas; pares de sepulturas e conjuntos de três, considerando como necrópoles apenas os conjuntos de sepulturas de número igual ou superior a quatro elementos[7] (Barroca 1987). Embora tenhamos optado pela escolha de apenas conjuntos maiores de sepulturas, que considerámos como manifestações funerárias mais significativas, incluímos também conjuntos de três e duas sepulturas, e também sepulturas isoladas, em casos em que a sua relação espacial com conjuntos maiores fosse evidente.

## 4. Principais problemáticas para o estudo da Alta Idade Média: os vestígios funerários

O conhecimento disponível para a época que sucede à queda do Império Romano a Ocidente e antecede a ocupação islâmica é ainda muito limitado para o atual território português. Embora escassa, a documentação escrita permite-nos reconstruir os momentos chave deste período histórico, nomeadamente para os centros urbanos, palcos das grandes mudanças. No entanto, estes documentos são produzidos maioritariamente pelas elites urbanas. Para as populações que ocupavam o espaço rural, existe muito pouca informação. Para verdadeiramente conhecer estas comunidades humanas é preciso recorrer aos seus vestígios materiais que sobreviveram à paisagem do tempo, desempenhando a arqueologia um papel fundamental.

---

[7] Note-se que mais recentemente foi publicado um trabalho por I. Martín Viso no qual o autor propõe uma nova organização as sepulturas escavadas na rocha (Martín Viso 2011).

No entanto, apesar da importância que os sítios rurais alto-medievais têm para a percepção do mundo antigo, são ainda muito pouco conhecidos no panorama nacional, sendo a informação disponível muito limitada. Para o território português, o exemplo de excepção é o projeto de investigação realizado por C. Tente no Alto Mondego que pretende a compreensão das estratégias de ocupação dos espaços rurais durante a Alta Idade Média e incidiu na escavação de sítios arqueológicos atribuíveis a este período cronológico[8]. Além de um estudo exaustivo da componente artefatual, foi possível obter uma primeira caraterização destes espaços, ocupados durante os séculos ix e x (Tente 2012). Foram também recuperados preciosos dados acerca dos espaços habitacionais, verificando-se um recurso quase constante a materiais perecíveis na sua construção, sendo muitas destas estruturas quase invisíveis no registo arqueológico.

Estes dados vêm em parte justificar a frequente imperceptibilidade destes espaços de habitat que levou a que, como referimos anteriormente, a maioria dos estudos a incidir sobre povoamento alto-medieval o fizessem a partir do estudo das sepulturas escavadas na rocha, facilmente identificáveis no terreno.

Mas o estudo das manifestações funerárias alto-medievais apresenta dificuldades próprias. Para começar, no que diz respeito à arquitetura dos sepulcros, importa lembrar que estão documentados para este período diferentes tipos de estruturas de inumação. As sepulturas em fossa, abertas diretamente no solo; as sepulturas de lajes, nas quais o espaço tumular é definido por blocos e/ou lajes pétreas; as sepulturas escavadas na rocha, quando o sepulcro é aberto diretamente no afloramento rochoso; e os sarcófagos, estruturas funerárias móveis talhadas em monólitos de pedra.

Estes modelos de arquitetura funerária apresentam características próprias que condicionam a sua abordagem. No caso das sepulturas de fossa, abertas no solo, a sua identificação nos contextos arqueológicos é especialmente difícil devido à frequente acidez dos solos, normalmente incompatível com a conservação de restos orgânicos. Efetivamente, no caso do território da Serra de São Mamede, não foram até ao momento identificados exemplares deste tipo de sepulturas para a época alto-medieval. Assim, focar-nos-emos nas questões relativas às outras três formas de construir sepulcros.

No caso das sepulturas de lajes, esta consiste numa estrutura de inumação com uma ampla diacronia de utilização, surgindo sepulturas de lajes desde Época Tardo-Romana, associadas aos primeiros enterramentos cristãos, e em plena Idade Média, já em cemitérios paroquiais. No entanto, a presença de espólio funerário no interior destas sepulturas, ou a sua associação clara a um edifício

---

[8] As escavações realizadas obedeceram um modelo de trabalho pluridisciplinar investindo no contributo científico de outras áreas paralelas à arqueologia, como a zooarqueologia e a geoarqueologia, e apostando em análises de radiocarbono que permitissem a obtenção de datações absolutas (Tente 2011).

religioso, torna-as num problema relativamente simples de resolver, uma vez que facilmente é atribuído um limite cronológico para a sua utilização.

*Imagem 2* – 1) Sepultura escavada na rocha do Monte do Junçal (Castelo de Vide); 2) Sarcófago do Monte de Cerejeiro (Castelo de Vide); 3) Sepultura de lajes da Boa Morte (Castelo de Vide) (fotografia de João Magusto).

Por outro lado, se as sepulturas escavadas na rocha são, como referimos, o vestígio material mais facilmente identificável para a Alta Idade Média, são também aquele com mais dificuldades implicadas no seu estudo. Ironicamente, o seu principal problema reside precisamente na atribuição cronológica. Estas sepulturas encontram-se, na quase maioria dos casos, vazias de material arqueológico ou osteológico. O facto de terem sido construídas em afloramentos rochosos normalmente expostos terá proporcionado ao longo dos tempos sucessivas violações. Mesmo nos casos em que é possível efetuar escavações de sepulturas seladas, é frequente não se recuperar qualquer vestígio, osteológico ou artefatual. Por sua vez os sarcófagos partilham todos os problemas com as sepulturas escavadas na rocha, com a agravante de serem peças móveis facilmente deslocadas do seu lugar original, surgindo frequentemente reutilizadas como bebedouros e/ou comedouros para gado[9].

---

[9] Veja-se o exemplo dos dois sarcófagos do sítio do Cerejeiro (Castelo de Vide) (Prata 2012: 50-57).

Nos raros casos em que se recupera material osteológico, existem algumas questões que devemos considerar. Mesmo na possibilidade de obter uma datação absoluta para material osteológico, esta atribui uma cronologia à amostra e não à sepultura, questão que se complexifica, uma vez que podemos assumir que estas sepulturas seriam reutilizadas[10]. Mesmo nos poucos casos em que só se recuperam vestígios de um indivíduo no interior, a datação da amostra osteológica marcará um momento único da utilização de sepultura, não sendo possível assumir que a cronologia do inumado identificado coincida com o momento da construção do sepulcro.

A frequente ausência de espólio arqueológico, a difícil conservação de materiais osteológicos e a inexistência de relações estratigráficas (pela localização destes sepulcros em afloramentos rochosos) inviabiliza qualquer tipo de datação direta para as sepulturas escavadas na rocha. Foram estas as dificuldades que levaram a que as abordagens no sentido da sua compreensão e balizamento cronológico fossem feitas a partir da definição de tipologias formais.

No entanto, embora actualmente se aceite que a atribuição de datações baseada numa evolução crono-tipológica se encontra ultrapassada, muitos trabalhos continuam a centrar-se nos aspectos morfométricos dos sepulcros. É ainda frequente recorrer à utilização das dimensões das sepulturas para estabelecer possíveis estaturas para os inumados a partir das medidas que Barroca define, em que o inumado teria menos 10 a 20 cm que o tamanho da sepultura (Barroca 1987). No entanto, a ausência de restos osteológicos inviabiliza estudos paleobiológicos, já por si bastante escassos para as populações desta época. Sem estudos sistemáticos sobre percentis médios para as populações e sem inumações conservadas que permitam estabelecer relações efetivas entre a variação de tamanho dos inumados e as suas sepulturas, determinar estaturas médias para indivíduos com base apenas no tamanho da sepultura é um processo que deve ser encarado com extrema cautela. O comprimento máximo do leito interior da sepultura pode fornecer-nos, quanto muito, o tamanho máximo que o primeiro inumado poderia ter tido, bem como o tamanho máximo que um individuo poderia apresentar para ser inumado em determinado sepulcro.

A possível utilização de espólio funerário acrescenta ainda outra variável na leitura da relação entre a estatura do inumado e o comprimento do sepulcro. Mesmo no caso dos sepulcros rupestres, embora na maioria dos casos vazios, estão documentados exemplares de sepulturas escavadas na rocha onde o espólio funerário está também presente[11], havendo que considerar a possibilidade de haver um espaço extra no sepulcro para a sua colocação. Assumindo ainda que

---

[10] "…a reutilização deste tipo de sepulcros parece ser uma constante para a Idade Média, facto observado em todas as necrópoles com conservação osteológica estudadas." (Tente 2011: 355).

[11] Veja-se o caso da necrópole do Poço dos Mouros (Silves) (Gomes 2002).

as sepulturas seriam feitas com o intuito de virem a ser reutilizadas, é plausível assumir que os seus construtores tivessem esse facto em atenção no momento da definição das dimensões dos sepulcros, já que uma sepultura maior seria reutilizável por um espetro mais abrangente de indivíduos.

O comprimento das sepulturas é ainda por vezes utilizado para atribuir um género ao inumado. Diferenciar inumados assumindo simplesmente que as sepulturas maiores seriam para indivíduos do sexo masculino e as menores para indivíduos do sexo feminino parece-nos algo extremamente problemático[12]. Existe ainda outra questão que a dimensão das sepulturas permite levantar que diz respeito às inumações infantis[13]. Esta questão torna-se especialmente relevante quando nos apercebemos de uma percentagem sistematicamente diminuta de sepulturas para inumações infantis, identificadas em necrópoles rupestres. No entanto, o reduzido número destas sepulturas pode-se explicar pela utilização de outras soluções de enterramento para crianças ou ainda pela possibilidade de serem enterradas juntamente com adultos, numa mesma sepultura[14].

## 5. Outras perspetivas de análise

Embora continuemos a proceder a estudos formais, abriram-se novas perspetivas de estudo, as respostas às nossas questões centram-se menos na especificidade da arquitetura do sepulcro e mais nos aspectos da sua implantação na paisagem, inserção no espaço e relação com outros vestígios arqueológicos.

Em primeiro lugar, procurámos encarar as necrópoles enquanto manifestações da presença antrópica, observando os aspectos da sua implantação geográfica e cultural. Começámos por considerar aspectos relacionados com a sua implantação geográfica, como a altitude média dos locais escolhidos; a presença ou ausência de condições naturais de defesa das áreas selecionadas; o destaque que apresentavam na paisagem e o seu eventual controlo visual; a relação com linhas de água e ainda, a capacidade de uso agrícola dos solos onde se localizavam estas necrópoles.

Para entender quais os motivos por detrás destas escolhas espaciais será necessário primeiro compreender exatamente como é que estas populações se relacionariam com o espaço, algo que de momento para a área de estudo em causa, ainda não é possível. É preciso reforçar a noção de que sem escavações arqueológicas que o confirmem, é impossível afirmar com certeza que estas sepulturas se

---

[12] A título de exemplo, é extremamente difícil estabelecer um limite de tamanho para uma sepultura para uma inumação feminina do tamanho de uma sepultura para um jovem do sexo masculino.

[13] Habitualmente, designa-se que sepulturas com menos de 150cm são destinadas a crianças (Tente 2007).

[14] Na necrópole de São Pedro de Numão (Vila Nova de Foz Côa) I. Lopes identificou um adulto e uma criança na mesma sepultura e também uma sepultura escavada em terra de um nado-morto (Lopes 2002: 276, 277 e 286).

associavam diretamente a espaços de habitat e é com muita cautela que nos devemos servir dos dados obtidos na análise da localização dos espaços funerários.

O segundo aspecto que tivemos em consideração foi a associação destes espaços de necrópole com outras manifestações antrópicas. Neste aspeto, ao observar os dados apresentados em estudos prévios, apercebemo-nos da existência de alguns padrões (e dos seus problemas). Em primeiro lugar, as sepulturas escavadas na rocha surgem frequentemente em locais associados a vestígios de cronologia romana, seja em proximidade com sítios rurais romanos[15], necrópoles da mesma cronologia[16] ou concentrações à superfície de material de construção e/ou cerâmica de armazenamento[17]. É também frequente a associação aos chamados "caminhos de cronologia indeterminada", alinhamentos de estruturas, derrubes de pedra e outros vestígios de superfície[18].

A análise sistemática das caraterísticas da implantação destes sítios na paisagem permitiu-nos constatar algumas recorrências para a nossa área de estudo. Nos dezoito sítios estudados foi possível detetar uma escolha sistemática de lugares pouco destacados na paisagem, sem condições naturais de defesa e sem controlo visual sobre o território. Embora a presença de linhas de água seja uma constante em quase todos os locais onde identificamos necrópoles, foi também verificada uma aparente escolha de locais com solos de fraca capacidade agrícola[19]. Na relação com outros vestígios arqueológicos a mais evidente foi a presença de concentrações de cerâmica de construção à superfície (presente em metade dos dezoito sítios estudados); seguida de acumulações de pedras e indícios de derrubes de estruturas (identificados em cinco dos dezoito sítios); vestígios de caminhos de cronologia indeterminada (detetados em cinco dos sítios estudados) e por fim, a associação a sítios de cronologia romana (identificada em três das dezoito necrópoles).

Mas o que é estes dados nos dizem sobre o espaço ocupado em vida por estas comunidades? Podemos tirar daqui alguma ilação acerca das estratégias de ocupação e exploração do espaço? De momento, por não sabermos o suficiente sobre as alterações de povoamento na transição da Época Romana para a Alta Idade Média na área da Serra de São Mamede, não podemos assumir que a coe-

---

[15] Veja-se o caso de S. Gens (Celorico da Beira) (Tente 2011: 203-266).
[16] Exemplo do Vale do Cano (Castelo de Vide) (Oliveira *et al.* 2007: 223).
[17] Exemplo do sítio da Mouta Raza (Marvão) (Prata 2012: 65-68).
[18] É importante salvaguardar a constante dificuldade em aferir uma relação direta entre outros vestígios arqueológicos e as sepulturas escavadas na rocha, pela já referida impossibilidade de averiguar relações estratigráficas.
[19] Este dado foi pela primeira vez avançado por J. Oliveira na conferência "O Concelho de Marvão, antes e depois da Cidade da *Ammaia*" inserido na 8ª Sessão do *I Ciclo de Conferências Cultura a Sul* (2009 – 2010) tendo os resultados sido recentemente sistematizados num publicação do mesmo autor (Oliveira e Pereira 2011). Importa ainda referir que esta associação entre sepulturas escavadas na rocha, linhas de água e terrenos de fraca capacidade agrícola foi também constatada por I. Martín Viso para a área de Riba Côa (Martín Viso 2008).

Sobre o estudo das necrópoles alto-medievais da Serra de São Mamede
(Castelo de Vide e Marvão, Portugal): uma perspectiva metodológica

xistência espacial de vestígios de épocas distintas signifique uma continuidade na ocupação. O interesse em ocupar (ou reocupar) estes espaços podia estar relacionado com outros factores, para além das condições naturais, que de alguma forma tornariam estas áreas apelativas. A procura pode estar mais relacionada com a presença de materiais de construção disponíveis em sítios romanos abandonados, existindo exemplos de espaços de habitat alto-medievais, que reutilizam materiais de construção, artefatos ou mesmo ruínas de edifícios romanos[20].

Frequentemente tem-se associado a dispersão das sepulturas no terreno com a existência de um povoamento disperso[21], partindo para isso do pressuposto de que as sepulturas estariam próximas de locais de habitat. No entanto, o instrumento de análise para entender a organização do povoamento não pode ser apenas as áreas de enterramento (Martín Viso 2008: 29). Não podemos descartar a possibilidade destas concentrações de sepulturas constituírem apenas espaços funerários, sem nenhuma relação direta com espaços de habitat ou terrenos de uso ganadeiro.

Precisamente do ponto de visto estritamente funerário, a associação com vestígios romanos, pode estar ligada a uma necessidade de vincular o espaço dos mortos com aqueles vestígios de um passado relativamente recente, aproveitando o simbolismo desses lugares (Martín Viso 2008: 26). Esta explicação faria especial sentido num mundo pós-romano, onde as memórias da prosperidade imperial poderiam ser evocadas para reforço de poder, explicando-se assim a associação do espaço dos mortos ao conceito dos antepassados, vinculados à ocupação anterior do espaço[22].

Sobre as necrópoles alto-medievais e as motivações por detrás das suas características de implantação, procura-se frequentemente a presença de edifícios religiosos, que, quando presentes, parecem ter um papel preponderante na definição e organização do espaço funerário. Para o caso em estudo, apenas identificamos edifícios religiosos de cronologias muito recentes, nomeadamente, capelas de Época Moderna em três dos dezoito sítios estudados. A acrescentar à óbvia incompatibilidade cronológica, não constatámos qualquer tipo de relação clara entre as sepulturas e estas capelas, já que esta só pode ser feita com segurança nos casos em que existe uma relação/conexão espacial direta entre ambos os ves-

---

[20] Veja-se o exemplo do sector II do sítio do Monte Aljão, onde foram identificados elementos arquitetónicos romanos reutilizados nas estruturas alto-medievais (Tente 2011: 53-114).
[21] Para o território português, constata-se uma clara tendência para a inserção das sepulturas na paisagem de forma dispersa, este dado foi identificado pela primeira vez por Barroca (Barroca 1987) e tem sido sistematicamente confirmado por autores mais recentes. A título de exemplo, vejam-se os resultados de M. Vieira para o Alto Paiva (Vieira 2004).
[22] Veja-se o exemplo do sítio de S. Gens em que o povoado alto-medieval se desenvolve num local distinto dos vestígios romanos e as sepulturas escavadas na rocha se desenvolvem no exterior do povoado alto-medieval e em proximidade com as estruturas romanas (Tente 2011: 203-266).

tígios[23]. Não obstante, é importante referir a possibilidade de antigos centros de culto ficarem fossilizados neste tipo de capelas (Martín Viso 2008). A presença destes edifícios, associados a espaços com concentrações de sepulturas, pode refletir a existência de uma tradição na natureza da ocupação do espaço, podendo até funcionar como uma espécie de perpetuação do seu caráter simbólico.

Importa recordar que não podemos saber até que ponto é que a leitura que nos é possível fazer atualmente das sepulturas e das características da sua implantação no terreno corresponde, ou não, à configuração original destes espaços[24]. Consequentemente, a associação das sepulturas com outros vestígios antrópicos é uma ferramenta que deve ser utilizada com especial cautela. Ainda assim, mesmo na impossibilidade de se assegurarem relações diretas, convivências ou sucessões, sincronias ou diacronias, articulações ou coincidências, a verdade é que é impossível ignorar a presença de outros vestígios arqueológicos. A associação de concentrações de sepulturas com determinados vestígios antrópicos torna-se demasiado recorrente e devemos procurar formas de compreender estas eventuais ligações.

Sobre a arquitetura dos sepulcros, o aspecto mais relevante que verificamos foi a identificação das já referidas três formas distintas de construir sepulturas. Mais importante ainda é o facto destas soluções construtivas conviverem espacialmente já que dos cinco sítios onde foram identificadas sepulturas de lajes, em apenas um não se identificam também sepulturas escavadas na rocha[25]. No entanto, estas formas diferentes de construir sepulturas implicavam aspectos distintos relativamente aos pressupostos funerários. O aspecto mais relevante prende-se com a presença da orientação canónica (Este – Oeste) em todos os sepulcros de lajes analisados face a uma ausência total de orientações sistemáticas nos sepulcros rupestres. Esta ausência de orientações nas sepulturas escavadas na rocha normalmente justifica-se pela escolha de afloramentos mais aptos à construção dos sepulcros. No entanto, em casos em que surgem edifícios religiosos associados às necrópoles, as sepulturas escavadas na rocha podem surgir com a mesma orientação que o monumento[26].

Voltemo-nos agora para as questões da organização do espaço funerário. Tornou-se claro desde início que estávamos perante distintos modelos de ordenação de necrópoles. Por um lado, concentrações de sepulturas em conexão espacial direta, por outro, conjuntos de sepulturas afastadas entre si, espalhadas pela paisagem. Os casos em que as sepulturas se apresentavam em conexão espacial

---

[23] No caso, por exemplo, da necrópole de São Pedro de Numão as sepulturas apresentam a mesma orientação que a capela tendo permitido à autora aferir contemporaneidade para ambos os fenómenos (Lopes 2002: 269).

[24] A grande maioria destes locais foram agricultados mecanicamente sendo que devemos assumir a possibilidade de alguns vestígios arqueológicos poderem ter sido destruídos.

[25] Não referimos nesta questão os sarcófagos devido ao seu carácter móvel e frequentes reutilizações posteriores.

[26] Veja-se o exemplo de Cuyacabras (Burgos) (Castillo 1972).

direta e pareciam demonstrar indícios de organização espacial, representavam um número muito reduzido dentro das necrópoles estudadas e correspondiam, principalmente, a conjuntos de sepulturas de lajes.

Considerámos então que talvez diferentes tipos de sepulturas significassem diferentes formas de organização do espaço funerário, estando as sepulturas de lajes associadas a necrópoles de elementos concentrados e estruturados, com orientações e implantações consistentes, e as sepulturas escavadas na rocha estivessem associadas a uma realidade funerária que pressupusesse uma implantação mais dispersa, quase aleatória. No entanto, é necessário ter em conta que também surgem concentrações de sepulturas escavadas na rocha, em quatro dos dezoito sítios estudados. Por outro lado, são também conhecidas sepulturas de lajes, inseridas em conjuntos funerários maiores (em três dos dezoito sítios estudados), implantadas de forma isolada e em conjuntos de duas e três. Este não poderia ser um modelo explicativo.

Na ausência de edifícios religiosos – contemporâneos dos espaços funerários – quais seriam então os catalisadores para a organização das sepulturas? Para tentar responder a esta questão, procurámos na implantação dos sepulcros, indicadores que nos mostrassem sinais de uma possível organização interna. Embora as sepulturas escavadas na rocha não pareçam estar dispostas de forma organizada, existem aspectos que demonstram uma preocupação na escolha do local para a implantação dos sepulcros e que devem ser tidos em conta no momento de realizar estudos sobre estes vestígios. Estes aspectos são especialmente relevantes se tivermos em conta a hipótese explicativa para o fenómeno das sepulturas escavadas na rocha, polarizadas no campo, matizada por Martin Viso, que afirma que estes sepulcros poderiam constituir marcadores de um espaço produtivo, que vinculariam os utilizadores da terra com os seus antepassados, sepultados no local, podendo ainda funcionar como limites entre distintas propriedades (Martín Viso 2008). Esta teoria confere às sepulturas um carácter quase funcional, tornando-as num mecanismo que permitiria assegurar a posse da propriedade numa sociedade que não utilizava o documento escrito. Desta forma, justificar-se-ia a escolha de afloramentos com destaque na paisagem, conferindo às sepulturas um carácter simbólico que iria muito para além da sua função funerária.

## Considerações finais

Foi possível perceber que para o espetro cronológico definido, a Alta Idade Média, na área geográfica analisada, o Norte da Serra de São Mamede, existiam vários modelos de implantação de necrópoles na paisagem, distintas maneiras de organizar o espaço funerário e conviviam diferentes formas de construir sepulturas. No entanto, não foi ainda possível compreender de que forma estes factores se condicionam entre si. Estaremos perante a convivência de diferentes formas de construir sepulturas, sendo estas soluções, aparentemente distintas, contemporâneas? Ou será que esta convivência nos mostra uma diacronia na utilização de um espaço funerário, mantendo-se a tradição de inumar em momentos distintos, num mesmo lugar? Condicionaram os pressupostos rituais as características morfológicas do sepulcro? Ou correspondem as diferentes formas de construir sepulturas a manifestações funerárias anacrónicas? A localização individual das sepulturas e a presença ou ausência de relação entre elas pode estará relacionada com o culto dos mortos? Ou será que as leis mudas que regem a implantação dos sepulcros se relacionam com motivações de carácter ocupacional?

A verdade é que as perguntas com que começamos o nosso estudo levantaram muitas novas questões e, acima de tudo, compreendemos que muitas das respostas acerca do mundo dos mortos só serão encontradas no mundo dos vivos. No entanto, voltamos a reforçar os problemas de realizar estudos de povoamento com base apenas em vestígios de carácter funerário. A presença de concentrações de sepulturas num determinado local informa-nos de que aí existiu um sítio onde uma determinada comunidade humana sepultaria os seus mortos. Sem compreendermos exatamente qual o tipo de relação que estes espaços de inumação teriam com os espaços de habitat, é improdutivo avançar propostas de estratégias de ocupação baseadas unicamente na identificação de sepulturas.

As questões continuam com procurar a definição daquilo que entendemos como uma necrópole, o que é que consideramos como espaço funerário, e, em última instância, onde se traçaria a linha que dividia o espaço dos vivos do espaço dos mortos, no amanhecer desta ruralidade medieval. A verdadeira compreensão destas comunidades humanas de como se articulariam com o território só se poderá alcançar recorrendo a escavações arqueológicas que procurem identificar e caracterizar os espaços de habitat.

## Bibliografia

BARROCA, M. J. (1987) *Necrópoles e sepulturas medievais de Entre-Douro-e--Minho (Séculos V a XV)*. Dissertação para Provas Públicas de Capacidade Científica, apresentada na Faculdade de Letras da Universidade do Porto [policopiado].

CAEIRO, J. O. (1984a) *A Necrópole I da Azinhaga da Boa Morte – Castelo de Vide*. Évora.

CAEIRO, J. O. (1984b) *A Necrópole I da Azinhaga da Boa Morte – Castelo de Vide*. Évora.

CASTILLO, A. del (1968) Cronología de las tumbas llamadas de "Orledolanas". In: Actas del *XI Congreso Nacional de Arqueología*. Mérida, p. 835-845.

CASTILLO, A. del (1972) *Excavaciones altomedievales en las províncias de Soria, Logroño y Burgos*. Madrid.

CUNHA, E.; UMBELINO, C.; TAVARES, T. (2001) A Necrópole de São Pedro de Marialva. Dados antropológicos. IPPAR (*Estudos* 1), p. 139-143.

GOMES, M. V. (2002) A necrópole visigótica do Poço dos Mouros (Silves). *Revista portuguesa de Arqueologia*. 5 (2), p. 339-391

LALIENA CORBERA, C.; ORTEGA ORTEGA, J.; BENAVENTE SERRANO, J. A. (2007) Los problemas de escala y la escala de los problemas: algunas reflexiones sobre el poblamiento altomedieval en Bajo Aragón. In: *Villes et campagnes de Tarraconaise et d'Al-Andalus (VIE- XIE siècle) : la transition*. CNRS, p. 249-262.

LOPES, I. (2002) *Contextos materiais da morte durante a Idade Média: as necrópoles do Douro Superior*. Dissertação de mestrado em arqueologia apresentada à Faculdade de Letras da Universidade do Porto [policopiado].

MARTÍN VISO, I. (2012) Enterramientos, Memoria social y paisagem en la Alta Edad Media: Propuestas para una análisis de las tumbas excavadas en roca en el centro-oeste de la Península Ibérica. *Zephyrus*.

MARTÍN VISO, I. (2008) Tumbas y sociedades locales en el centro de la península en la alta edad media: el caso de la comarca de Riba Côa (Portugal). *Arqueología y Territorio Medieval*. 14, p. 21-47.

OLIVEIRA, J.; PEREIRA, S. (2011) A pulverização da Ammaia na Alta Idade Média – Espaços e paisagens – Antiguidade Clássica e Heranças Contemporâneas. *História, Arqueologia e Arte*. 3 (p. 171-189). Disponível em http://dspace.uevora.pt, consulta de Janeiro de 2012.

OLIVEIRA, J. et al. (2007) Nova Carta Arqueológica do Concelho de Marvão – *Ibn Maruan* 14.

PAÇO, A. (1949) Inscrição Cristã do Monte-Velho (Beirã-Marvão). *Revista Brotéria Vol. XLIX*, Fasc. 1.

PAÇO, A. (1953) Carta arqueológica do concelho de Marvão. *Actas do XIII Congresso Luso-Espanhol para o Progresso das Ciências*, p. 93–127.

RODRIGUES, M. C. M. (1975) *Carta Arqueológica do Concelho de Castelo de Vide*. Lisboa.

RODRIGUES, M. C.M. (1978) *Sepulturas Medievais do Concelho de Castelo de Vide*. Lisboa.

PRATA, S. (2012) *As Necrópoles alto-medievais da Serra de São Mamede (Concelhos de Castelo de Vide e Marvão)* Tese de mestrado defendida em Setembro de 2012 na FCSH-UNL [policopiado].

TENTE, C. (2007) A ocupação alto-medieval da Encosta Noroeste da Serra da Estrela. Lisboa. IPA (*Trabalhos de Arqueologia: 47*).

TENTE, C. (2011) *Arqueologia Medieval Cristã no Alto Mondego, Ocupação e exploração do território nos séculos V a XI*. Tese de doutoramento defendida em Dezembro de 2010 na FCSH-UNL [policopiado].

TENTE, C. (2012) Settlement and society in the Upper Mondego Basin (Centre of Portugal) between the 5th and the 11th centuries. *Archeologia Medievale* XXXIX.

VIEIRA, M.A. (2004) *Alto Paiva. Povoamento nas épocas romana e alto-medieval*. Lisboa, IPA.

# Necrópole alto-medieval da Coudelaria de Alter
(Alter Harass high-medieval necropolis)

Jorge de Oliveira (joli@uevora.pt)
CHAIA – Universidade de Évora

Resumo – Neste texto apresentam-se os resultados dos trabalhos arqueológicos realizados na Necrópole Alto-Medieval da Coudelaria de Alter e destacam-se os testemunhos das reutilizações detetadas em duas sepulturas.
Palavras-chave – Necrópole, Alta-Idade-Média, Coudelaria, Alter do Chão.

Abstract – In this paper we present the results of the archaeological works made in the High Medieval necropolis in the Coudelaria de Alter, and the reuse of two graves.
Keywords – Necropolis, High Middle Age, Coudelaria, Alter do Chão.

## Justificação

O contributo para o presente volume tenta resumir a informação que sobre esta temática já foi anteriormente divulgada em livro (Oliveira, 2006).

A Coudelaria de Alter, situada a cerca de 3 km da Vila de Alter do Chão, ocupa uma área de 850 hectares totalmente murados, nos quais se conhecem mais de 30 ocorrências arqueológicas. Embora maioritariamente os testemunhos conhecidos sejam atribuídos às primeiras comunidades agro-pastoris, conhecem-se também diversas sepulturas escavadas na rocha que foram objeto de investigação durante as campanhas promovidas pela Universidade de Évora e por mim dirigidas na primeira metade da última década do século xx. Os resultados que aqui se apresentam, ainda que já divulgados em 2007, justificam que sejam novamente revistos e discutidos.

Para além da vasta ocupação pré-histórica da Coudelaria, até agora inédita, mesmo para a maioria dos funcionários desta instituição, eram desde sempre conhecidas as várias "pias dos mouros", que, maioritariamente, se localizam nos afloramentos que ladeiam, à direita, o principal acesso à zona urbana. Clara Oliveira, durante as prospeções que efetuou, registou seis sepulturas escavadas na rocha, algumas antropomórficas. Das seis registadas, cinco, atendendo à sua proximidade e intervisibilidade, podem definir-se como constituindo uma necrópole. A outra, nas proximidades da Casa da Horta, encontra-se mais afastada, podendo não pertencer a este conjunto. Numa das múltiplas visitas aos trabalhos de escavação da Anta da Várzea Grande, o então Diretor da Coudelaria, Dr. João Costa Ferreira, identificou outra sepultura escavada na rocha. Esta situa-se a cerca de cinquenta metros para oeste desta anta. No decurso dos trabalhos de limpeza e escavação que desenvolvemos nas sepulturas identificadas na zona alta da Coudelaria veio a reconhecer-se que a que havia sido denominada por

Clara Oliveira como sepultura VI, afinal tratava-se de uma longa lagareta e que no mesmo afloramento onde identificou a sepultura III, existiam mais duas encobertas por terra. Os trabalhos desenvolvidos nestas sepulturas tinham como objetivo a sua limpeza e registo gráfico. Não seria de esperar que fornecessem outro tipo de informação, como veio a acontecer.

Estes trabalhos decorreram entre 8 e 28 de Abril de 2003.

Os trabalhos iniciaram-se pela limpeza do coberto vegetal, em redor das sepulturas. De seguida procedeu-se à remoção das terras depositadas nos afloramentos e à sequente delimitação dos sepulcros. Limparam-se, também, os musgos e líquenes existentes nesses afloramentos. Concluídos os trabalhos de desaterro e limpeza procedeu-se ao registo gráfico dos sarcófagos e à criação de uma zona de proteção.

Durante a execução destes trabalhos verificou-se a necessidade de se efetuarem diferentes intervenções em cada sepultura, que a seguir descrevemos. A identificação das sepulturas desta necrópole foi elaborada com base no levantamento anteriormente realizado. Nesse levantamento, porque não houve movimentação de solos, não foram registadas todas as sepulturas, que agora se descrevem.

Assim, registámos com uma letra aposta, a seguir ao número, as novas sepulturas identificadas.

Nestes trabalhos, para além de diversas equipas de alunos de várias universidades, contámos com a colaboração dos seguintes arqueólogos: Gerardo Gonçalves, Joana Vivas, João Parreira, Mafalda Capela, Mauro Constantino, Miguel Correia, Paulo Domingues, Sara Ramos.

## Sepultura I

A Sepultura I localiza-se sobre um afloramento granítico, junto à entrada principal da Coudelaria e possui as seguintes coordenadas, obtidas por GPS: UTM: X – 614488; Y – 4342333; Geográficas: 007º 40´25.6´´ W; 039º 13´19.5´´ N.

Este túmulo apresenta uma orientação Norte-Sul (201º). Trata-se de uma sepultura antropomórfica de moldura retangular, com 2,25 metros de comprimento e 0,60 metros de largura máximos. A sua profundidade média é de 0,40 metros. Define-se a cabeceira, através da modelação de ombros. Estes rasgam-se em cota inferior à moldura exterior.

Iniciaram-se os trabalhos de limpeza desta sepultura com a remoção das ervas em redor do afloramento onde esta se encontra. De seguida procedeu-se à remoção das terras humosas que se depositavam no interior do sepulcro. À medida que se procedia à limpeza geral do afloramento, começaram a identificar-se vários abatimentos na rocha em torno do sarcófago. Estes abatimentos vieram a revelar a presença de uma lagareta que utilizou a sepultura como recetáculo principal. Vários canais conduzem, para o interior e para o exterior da sepultura, os líquidos produzidos na parte superior do afloramento, quando este foi utilizado para prensagem e esmagamento, provavelmente, de azeitona.

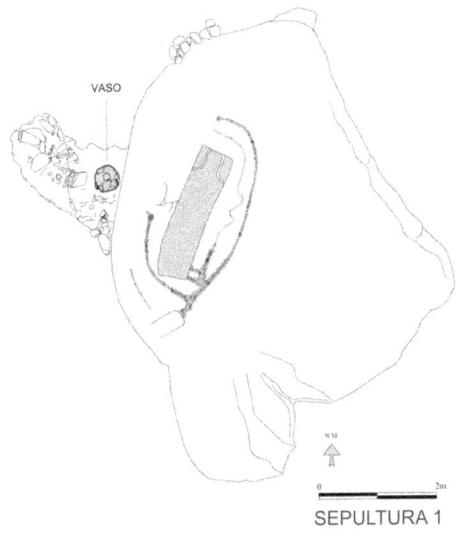

SEPULTURA 1

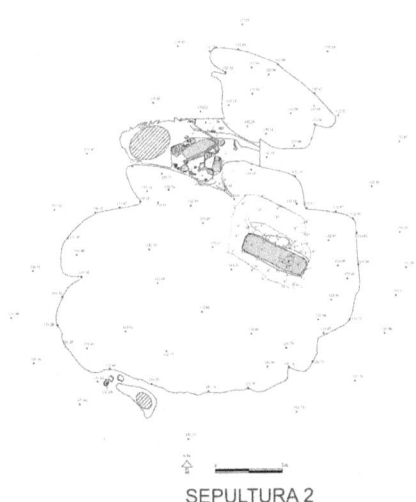

SEPULTURA 2

Ao regularizar-se o terreno agrícola envolvente do afloramento, para melhor escoamento de águas, especialmente do lado Oeste, identificaram-se pedras que pareciam definir uma estrutura. Logo que detetada procedeu-se à marcação de uma rede de quadrículas organizada a partir de dois eixos ortogonais, orientados, respetivamente a Norte – Sul e Este – Oeste, magnéticos. Sob uma fina camada de terra humosa reconheceu-se um muro muito destruído, obtido por pedra e argamassa muito pobre que delimitava uma área com abundantes cinzas. No interior deste aglomerado de cinzas veio a identificar-se a parte inferior de uma talha, *in situ*, muito fraturada e com sinais de ter sofrido longas e altíssimas temperaturas. A estrutura detetada parece corresponder a um muro de contenção de fogo, ou pára-vento. Os trabalhos agrícolas terão destruído a maior parte desta estrutura que poderá ter-se alargado mais para ocidente. A talha posiciona-se imediatamente abaixo de um entalhe no afloramento que se liga a uma caneira que acompanha a borda da sepultura. Parece, assim, não restarem dúvidas quanto à reutilização da sepultura como lagareta. O afloramento, na face oeste, apresenta-se muito degradado devido às fortes temperaturas que sofreu.

A estrutura envolvente do pote, constituída por argamassa muito pobre, pedra e argila, parece estender-se até à parte Noroeste do afloramento, onde existem, abertos na rocha, dois entalhes, verticais e paralelos. Estes entalhes terão, provavelmente, feito parte integrante do mecanismo de transformação e prensagem. Farão igualmente parte desse mecanismo, duas outras concavidades existentes no afloramento. A sudeste, na parte mais alta do afloramento, existe um pequeno orifício de forma cilíndrica, que poderia ter servido de apoio de um qualquer sistema auxiliar de prensagem. Também no mesmo afloramento, a sudeste do sepulcro, existe uma concavidade, de forma retangular, que teria servido de local de recolha dos líquidos resultantes da prensagem.

Perante a existência destas estruturas, os trabalhos prosseguiram de forma a facilitar a compreensão e conservação das mesmas. Procedeu-se à remoção da fragmentada talha mantendo-se inalterado o negativo para posterior musealização do espaço.

### Sepultura II

A Sepultura II localiza-se na parte superior dum afloramento granítico e possui as seguintes coordenadas, obtidas por GPS: UTM: X – 614359; Y – 4342250; Geográficas: 007º 40´31.0´´ W; 039º 13´16.9´´ N.

Este sepulcro apresenta uma orientação noroeste-sudeste (114º). Trata-se de uma sepultura de moldura retangular, sem identificação de cabeceira ou pés. Apresenta um comprimento de 2,00 metros e 0,72 metros de largura máximos. A sua profundidade média é de 0,36 metros.

Iniciaram-se os trabalhos de limpeza desta sepultura pela remoção do coberto vegetal em redor do afloramento onde esta se encontra. Durante esta remoção, apareceram alguns fragmentos cerâmicos atribuíveis ao período romano, nomeadamente *tegulla* e *dollium*, por entre as terras muito humosas que envolviam o afloramento. Ao mesmo tempo, limpou-se o musgo e líquenes do afloramento. O sepulcro apresentava-se cheio de água pluvial, algas e pedras. Também esta sepultura foi reutilizada como recetáculo de lagareta. Denota-se esta reutilização pela superfície levemente côncava e aplanada que se localiza na parte superior do afloramento a norte do sarcófago. No fundo da sepultura registou-se um abatimento de forma sub-circular destinado à recolha da chamada "última gota".

Num recanto que o afloramento apresenta na sua vertente Noroeste, notou-se a existência de algumas pedras que pareciam estar associadas entre si. Achou-se conveniente fazer aí uma sondagem, para uma melhor compreensão. Para o efeito, marcou-se uma quadrícula organizada a partir de dois eixos ortogonais, com orientação, respetivamente, Norte – Sul, Este – Oeste, magnéticos. Escavou-se a partir do limite Sul do afloramento, até ao eixo Este-Oeste. Os blocos de pedra (granito, grauvaque e quartzito) foram postos a descoberto na sua totalidade, constituindo uma pequena estrutura de combustão, comprovada pela existência de fraturas térmicas. Apareceram aqui fragmentos de cerâmica comum de contenção, de construção e faianças. São materiais datáveis desde a Idade Média (cerâmicas comuns e tijoleiras) até aos nossos dias (faianças modernas e cerâmicas de contenção). A maior parte destes materiais apresenta sinais de fogo. Esta estrutura de fogo poderá ter algum paralelo com a que se identificou na Sepultura I. Concluída a escavação desta estrutura procedeu-se ao seu aterro por não apresentar qualquer interesse, nem estabilidade para musealização.

### Sepulturas III a), b), c)

As Sepulturas III localizam-se num afloramento granítico com as seguintes coordenadas, obtidas por GPS: UTM: X – 614366; Y – 4342263; Geográficas: 007º 40'30.7'' W; 039º 13'17.3'' N.

A Sepultura III a) apresenta uma orientação Noroeste-Sudeste (136º). Trata-se de uma sepultura antropomórfica de moldura retangular, de 2,00 metros de comprimento e 0,65 metros de largura máximos. A sua profundidade média é de 0,25 metros. Na sua morfologia demarca-se uma reentrância para a cabeceira e na zona dos pés o fundo eleva-se ligeiramente.

A limpeza desta sepultura iniciou-se com a remoção de terras e pedras de médio calibre, que estavam depositadas no seu interior. Também no interior da sepultura recolheram-se alguns materiais tais como cerâmica, faiança, vidro e metais. A presença de material de construção contemporâneo, fragmentos de telha com vestígios de argamassa de cal, sugere entulhamento intencional em época recente. Na face Este do afloramento removeram-se as terras aí depositadas pelas fainas agrícolas. Durante os trabalhos de limpeza, identificaram-se outros dois sepulcros. Foram-lhes atribuídas as designações de Sepultura III b) e Sepultura III c).

A Sepultura III b) está orientada no sentido Sudoeste-Nordeste (42º). Trata-se de uma sepultura de moldura retangular, com 1,97 metros de comprimento e 0,52 metros de largura máximos. A sua profundidade média é de 0,30 metros. Morfologicamente descreve uma grande inclinação e estreitamento no sentido

Nordeste. Durante a remoção de terras do seu interior, registaram-se pregos recentes em ferro.

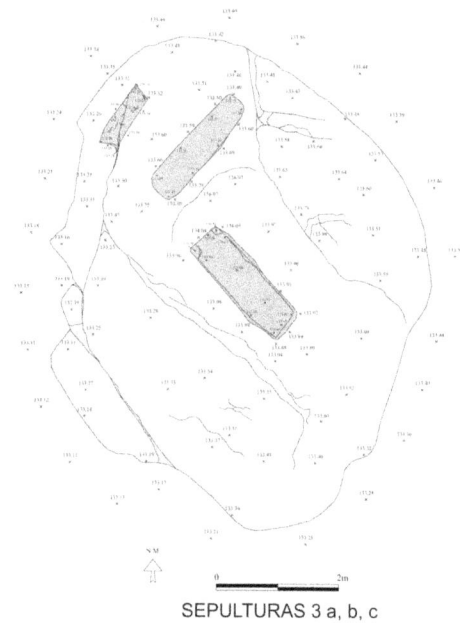

SEPULTURAS 3 a, b, c

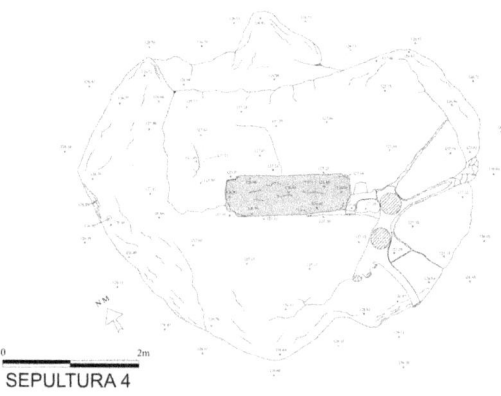

SEPULTURA 4

A Sepultura III c) está, também, orientada no sentido Sudoeste-Nordeste (34º). Trata-se de uma sepultura de moldura retangular de pequenas dimensões, com 1,00 metro de comprimento e 0,35 metros de largura máximos. A sua profundidade média é de 0,13 metros. Este sepulcro poderá ter pertencido a uma criança, atendendo às suas reduzidas dimensões. Uma raiz atravessava o fundo da sepultura, na diagonal, tendo provocado a sua fratura.

## Sepultura IV

A Sepultura IV localiza-se num afloramento granítico com as seguintes coordenadas, obtidas por GPS: UTM: X – 614214; Y – 4342208; Geográficas: 007º 40′37.1′′ W; 039º 13′15.6′′ N.
Este sepulcro apresenta uma orientação no sentido Noroeste-Sudeste (128º). Trata-se de uma sepultura antropomórfica de moldura sub-retangular, de 1,82 metros de comprimento e 0,55 metros de largura máximos. A sua profundidade média é de 0,40 metros.
Os trabalhos de limpeza desta sepultura resumiram-se, unicamente, ao retirar do musgo que cobria o afloramento, e ao abate do coberto vegetal em seu redor. A registar, na zona Noroeste do afloramento, a existência de uma covinha.

## Sepultura V

A Sepultura V localiza-se num afloramento granítico com as seguintes coordenadas, obtidas por GPS: UTM: X – 614124; Y – 4342480; Geográficas: 007º 40′40.7′′ W; 039º 13′24.4′′ N.
Este sepulcro tem a orientação Noroeste - Sudeste (143º). Trata-se de uma sepultura retangular, com 1,93 metros de comprimento e 0,58 metros de largura máximos. A sua profundidade média é de 0,30 metros. Denota-se um regular afeiçoamento do rebordo da sepultura, provavelmente para assentamento de uma tampa.
Os trabalhos de limpeza desta sepultura resumiram-se, unicamente, à remoção do musgo existente sobre o afloramento, ao abate do coberto vegetal em seu redor e à remoção das terras humosas e pedras que se acumulavam no seu interior. Nessas terras muito revolvidas no interior do sepulcro identificou-se a parte inferior de uma bilha atribuível à Alta Idade Média, provavelmente contemporânea da utilização da sepultura. As múltiplas violações que terá sofrido provocaram a sua descontextualização e a ausência de porção significativa deste recipiente.

## Lagareta ("Sepultura" VI)

O arqueossítio identificado com Sepultura VI revelou-se, afinal, uma lagareta. Nota-se, de facto, algum trabalho antrópico no afloramento, formando uma zona de contenção e escoamento de líquidos, aproveitando a própria morfologia do afloramento.
Esta lagareta localiza-se sobre um afloramento granítico com as seguintes coordenadas, obtidas por GPS: UTM: X – 613817; Y – 4342270; Geográficas: 007º 40′53.6′′ W; 039º 13′17.8′′ N.

Os trabalhos desenvolvidos neste local resumiram-se à remoção de musgos e líquenes da superfície do afloramento. Retirou-se também algum coberto vegetal, na zona a Este, para tentar compreender o pequeno nicho natural que aí se encontra, e para melhorar as condições de acessibilidade.

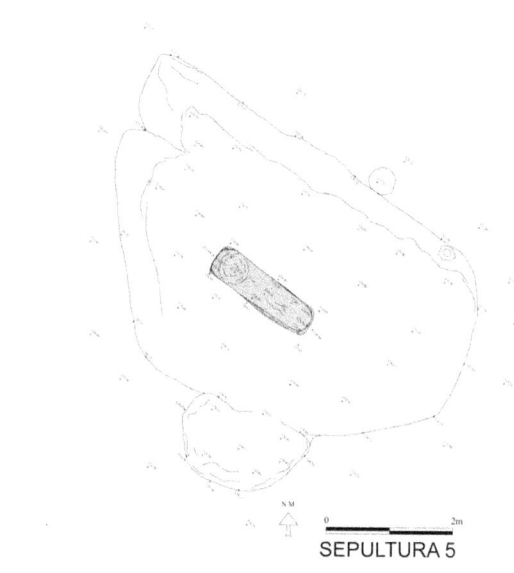

SEPULTURA 5

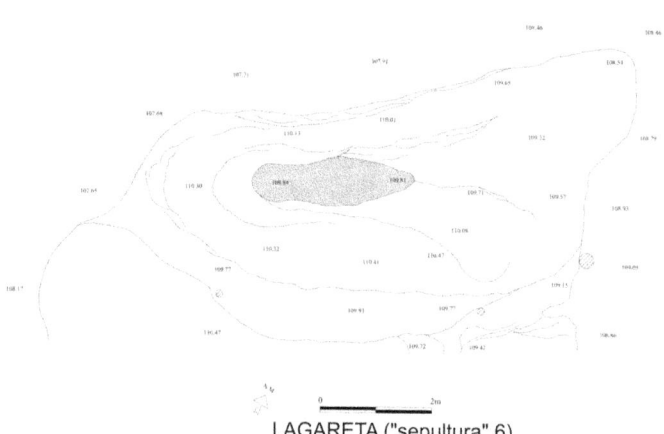

LAGARETA ("sepultura" 6)

## Concluindo

Se na área da Coudelaria os testemunhos romanos são muito reduzidos, já os vestígios da Alta-Idade-Média estão bem presentes, registados através das várias sepulturas escavadas na rocha. Este tipo de sepulcros, bem documentados em toda a Península Ibérica, mas insuficientemente estudados, parecem balizar-se, maioritariamente, entre o século VI e a Reconquista Cristã. No Norte-Alentejano estas sepulturas ocorrem, geralmente associadas, a pequenos núcleos urbanos, com casas de planta quadrangular, construídas em pedra, sem recurso a argamassas. No lapso de tempo em que são posicionáveis chegam a esta zona da península povos com origens diversas, continentais, mediterrânicos e norte-africanos. Trata-se de um dos períodos históricos menos estudados, especialmente, no que se reporta ao espaço rural, impossibilitando-nos de aventarmos qualquer origem cultural que as explique. No concelho de Marvão, Afonso do Paço, ao escavar o Povoado do Monte Velho, na freguesia da Beirã, onde ocorrem várias dezenas de sepulturas escavadas na rocha, incluídas numa ampla zona de *habitat*, recolheu uma telha, na qual estava gravada a mensagem (H)IC PAX (H)IC C(H)RIST(VS), *Aqui esteja a paz, aqui esteja Cristo*. Segundo Afonso do Paço, esta inscrição deverá balizar-se entre os séculos VI e o VIII (Paço 1949). Se quisermos estabelecer um paralelo com a necrópole da Coudelaria, poderíamos dizer que pela mesma altura, sobretudo na zona alta, na área do Reguengo, provavelmente no mesmo local onde se veio a constituir a aldeia com o mesmo nome e hoje desaparecida, terá existido uma comunidade que tumulava os seus mortos em sepulcros escavados nos afloramentos graníticos. Estes sepulcros que implicam um forte investimento na morte, seguramente que não eram generalizáveis a todos os membros da comunidade. Pelo investimento que implicava a realização deste tipo de túmulos, a eles apenas teria acesso uma elite da sociedade. Contudo, essa seleção não tinha em conta a idade do defunto, considerando que no afloramento da sepultura 3 identificou-se um sarcófago de criança, à semelhança do que ocorre noutros locais. Reconhece-se, também, que nos preceitos funerários que existiriam entre estas comunidades que assim tumulavam, não terá existido qualquer norma que obrigasse, como é comum a tantas e diversas culturas, a uma orientação regulamentar dos sarcófagos. Os túmulos orientam-se das formas mais díspares, procurando, acima de tudo, utilizar a superfície mais regular do afloramento onde se inscrevem.

Uma moeda em prata, de Abederramão II, da dinastia Omíada, datável do século IX, cunhada em Córdova, foi por nós encontrada nas terras superficiais do *Habitat* neolítico da Toca da Raposa. Esta moeda, tal como qualquer moeda encontrada fora de contexto, não nos permite tecer grandes considerações culturais, contudo, e por se tratar de espécime muito raro, nesta como noutras regiões, poder-nos-á permitir levantar a hipótese de que alguém com suficiente poder económico, em vésperas da constituição do Califado de Córdova, por aqui passou e se terá abrigado num acolhedor nicho da Toca da Raposa, onde terá perdido tão valiosa peça.

Tempos depois, quando a memória funerária das sepulturas escavadas na rocha já se havia perdido, provavelmente nos finais da Idade Média, dois destes túmulos da zona do Reguengo foram reutilizados como lagares. Nas sepulturas 1 e 2, a superfície adjacente no afloramento, foi rebaixada, formando um amplo, mas pouco profundo recetáculo que, através de canais abertos na pedra encaminhavam o conteúdo da área de prensagem para o interior da sepultura, funcionando esta como tanque principal. O sistema de canais da sepultura 1 é muito mais elaborado, reconhecendo-se, no final de um deles, um entalhe aberto na rocha, destinado a facilitar a recolha dos resíduos após a prensagem. No limite dos afloramentos onde se moldaram os lagares registaram-se estruturas de combustão. No interior da lareira anexa à sepultura 1 preservava-se, *in situ*, ainda que apresentando múltiplas fraturas, a parte inferior de um pote em cerâmica. A face interior apresenta-se ainda com claros sinais de gordura o que dificultou a sua estabilização primária. As terras envolventes da lareira, onde abundavam muitas cinzas, foram submetidas a análise, tentando-se identificar alguma partícula que nos indicasse que frutos seriam transformados neste lagar. As altas temperaturas que a lareira atingiu não possibilitaram a preservação de qualquer amostra que nos esclarecesse o fim a que se destinavam estes lagares. Pela gordura acumulada no pote recolhido junto à sepultura 1, poderemos afirmar que se destinariam à produção de azeite, não sendo, de excluir, igualmente, a produção de vinho. A presença da lareira e do pote, como partes integrantes do processo de transformação, reforçam a possibilidade de se destinarem, essencialmente, à produção de azeite, fundamentais para separar este produto das vulgarmente denominadas águas russas. A existência destes lagares artesanais, com fraca capacidade produtiva, em espaço rural, maioritariamente atribuídos aos finais da Idade Média e Idade Moderna, igualmente conhecidos noutros locais, poderão estar diretamente relacionados com a fuga ao pagamento do dízimo devido por esta atividade. Reconheçamos que, desde a chegada dos romanos, foram introduzidas novas formas de produção de azeite, muito mais expeditas e produtivas do que a tecnologia reconhecida nestes lagares, que muito se aproxima da que se identifica em ambientes da Idade do Ferro. Mas a presença destes lagares atribuíveis à Idade Média, permite-nos afirmar que, pelo menos a zona alta da Coudelaria manteve presença humana, durante esse período. Terá sido, igualmente, por essa altura que o pequeno povoado que remontaria à Alta Idade Média se começa a estruturar num núcleo urbano com maior dimensão, permitindo constituir-se, pouco tempo depois, como paróquia autónoma. Se as nossas deduções estiverem corretas, terá sido por ordem de D. Pedro I que se terá erguido no Reguengo, propriedade régia desde a Reconquista, a Igreja de S. Bartolomeu e posteriormente a freguesia do Reguengo, hoje extinta.

## BIBLIOGRAFIA

ANDRADE, R.; FERREIRA, J. T. (1947) Elementos para a História da Coudelaria de Alter. *Boletim Pecuário* 1.

BARRETO, M. S. *et alii* (1978) Arqueologia Romana do Concelho de Alter do Chão. *Actas das III Jornadas Arqueológicas da AAP*, Lisboa.

CALADO, R. S. (1944) *Alter do Chão – Uma das vilas mais interessantes do Alentejo*. Imprensa Lucas.

DUQUE, D. (2005); Resultados antracológicos de los yacimientos de la Coudelaria de Alter do Chão y su integración en las secuencias paleoecológicas y paleoambiaentales de la Prehistoria reciente del Suroeste peninsular. *Revista Portuguesa de Arqueología* 8 (1).

FALCÃO, J. A.; PEREIRA, F. A. B. (1996) *A Imagem Gótica da Igreja de São Bartolomeu da Serra (Santiago do Cacém)*. Beja.

INÁCIO, A. C. (1992) O actual Concelho de Alter do Chão nas Memórias Paroquiais de 1758. *A Cidade – Revista Cultural de Portalegre* 7 (Nova Série).

KEIL, L. (1943) *Inventário Artístico – Distrito de Portalegre*, Lisboa.

OLIVEIRA, C. (2000) *Relatório do Trabalho de Prospecção Arqueológica na Coudelaria de Alter*, Abril/Junho [relatório policopiado].

OLIVEIRA, J. de (2006). *Património Arqueológico da Coudelaria de Alter*. Lisboa.

(2011a) The early Neolithic of the "Coudelaria de Alter" in the Context of the Megalithism of Northern Alentejo Region – Portugal. *From the Origins: The Prehistory of the Inner Tagus Region*, BAR IS 2219 Oxford.

(2011b) Coudelaria de Alter – 3 anos de trabalhos arqueológicos. *Actas das 3as. Jornadas de Arqueologia do Norte-Alentejano.*

PAÇO, A. (1949) Inscrição Cristã do Monte Velho (Beirã-Marvão). *Brotéria*, Vol XLIX.

RIBEIRO, T. (1998) *O Município de Alter do Chão nos finais do séc. XVIII*, Lisboa.

Reconstituição da reutilização da Sepultura 1 como lagar.

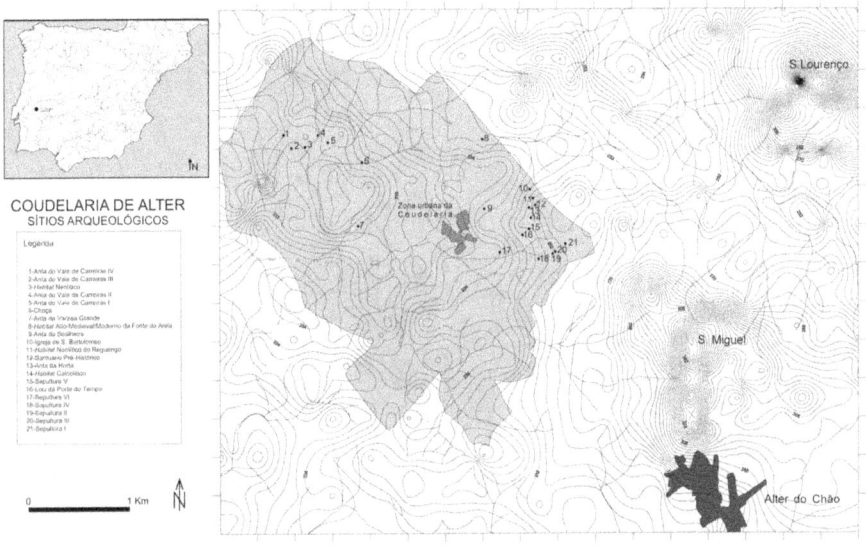

*Figura 1* – Sepultura 1 antes da escavação.

*Figura 2* – Identificação do lagar anexo à Sepultura 1.

*Figura 3* – Vista geral da Sepultura 1 após a escavação.

*Figura 4* – Vista geral da Sepultura 2 antes da escavação.

*Figura 5* – Identificação do lagar anexo à Sepultura 2.

*Figura 6* – Sepultura 3 antes da escavação.

*Figura 7* – Vista geral das Sepulturas 3 a, b e c.

Necrópole alto-medieval da Coudelaria de Alter

*Figura 8* – Limpeza da Sepultura 4.

*Figura 9* – Vista geral da Sepultura 4.

*Figura 10* – Sepultura 5.

*Figura 11* – Lagareta ( "Sepultura 6").

*Figura 12* – Moeda de prata de Abederramão II encontrada nas imediações da Necrópole.

## Volumes publicados na Coleção Humanitas Supplementum

1. Francisco de Oliveira, Cláudia Teixeira e Paula Barata Dias: *Espaços e Paisagens. Antiguidade Clássica e Heranças Contemporâneas. Vol. 1 – Línguas e Literaturas. Grécia e Roma* (Coimbra, Classica Digitalia/CECH, 2009).
2. Francisco de Oliveira, Cláudia Teixeira e Paula Barata Dias: *Espaços e Paisagens. Antiguidade Clássica e Heranças Contemporâneas. Vol. 2 – Línguas e Literaturas. Idade Média. Renascimento. Recepção* (Coimbra, Classica Digitalia/CECH, 2009).
3. Francisco de Oliveira, Jorge de Oliveira e Manuel Patrício: *Espaços e Paisagens. Antiguidade Clássica e Heranças Contemporâneas. Vol. 3 – História, Arqueologia e Arte* (Coimbra, Classica Digitalia/CECH, 2010).
4. Maria Helena da Rocha Pereira, José Ribeiro Ferreira e Francisco de Oliveira (Coords.): *Horácio e a sua perenidade* (Coimbra, Classica Digitalia/CECH, 2009).
5. José Luís Lopes Brandão: *Máscaras dos Césares. Teatro e moralidade nas Vidas suetonianas* (Coimbra, Classica Digitalia/CECH, 2009).
6. José Ribeiro Ferreira, Delfim Leão, Manuel Tröster and Paula Barata Dias (eds): *Symposion and Philanthropia in Plutarch* (Coimbra, Classica Digitalia/CECH, 2009).
7. Gabriele Cornelli (Org.): *Representações da Cidade Antiga. Categorias históricas e discursos filosóficos* (Coimbra, Classica Digitalia/CECH/Grupo Archai, 2010).
8. Maria Cristina de Sousa Pimentel e Nuno Simões Rodrigues (Coords.): *Sociedade, poder e cultura no tempo de Ovídio* (Coimbra, Classica Digitalia/CECH/CEC/CH, 2010).
9. Françoise Frazier et Delfim F. Leão (eds.): Tychè et pronoia. *La marche du monde selon Plutarque* (Coimbra, Classica Digitalia/CECH, École Doctorale 395, ArScAn-THEMAM, 2010).
10. Juan Carlos Iglesias-Zoido, *El legado de Tucídides en la cultura occidental* (Coimbra, Classica Digitalia/CECH, ARENGA, 2011).
11. Gabriele Cornelli, *O pitagorismo como categoria historiográfica* (Coimbra, Classica Digitalia/CECH, 2011).
12. Frederico Lourenço, *The Lyric Metres of Euripidean Drama* (Coimbra, Classica Digitalia/CECH, 2011).
13. José Augusto Ramos, Maria Cristina de Sousa Pimentel, Maria do Céu Fialho, Nuno Simões Rodrigues (coords.), *Paulo de Tarso: Grego e Romano, Judeu e Cristão* (Coimbra, Classica Digitalia/CECH, 2012).
14. Carmen Soares & Paula Barata Dias (coords.), *Contributos para a história da alimentação na antiguidade* (Coimbra, Classica Digitalia/CECH, 2012).

15. Carlos A. Martins de Jesus, Claudio Castro Filho & José Ribeiro Ferreira (coords.), *Hipólito e Fedra - nos caminhos de um mito* (Coimbra, Classica Digitalia/CECH, 2012).
16. José Ribeiro Ferreira, Delfim F. Leão, & Carlos A. Martins de Jesus (eds.): *Nomos, Kosmos & Dike in Plutarch* (Coimbra, Classica Digitalia/CECH, 2012).
17. José Augusto Ramos & Nuno Simões Rodrigues (coords.), *Mnemosyne kai Sophia* (Coimbra, Classica Digitalia/CECH, 2012).
18. Ana Maria Guedes Ferreira, *O homem de Estado ateniense em Plutarco: o caso dos Alcmeónidas* (Coimbra, Classica Digitalia/CECH, 2012).
19. Aurora López, Andrés Pociña & Maria de Fátima Silva, *De ayer a hoy: influencias clásicas en la literatura* (Coimbra, Classica Digitalia/CECH, 2012).
20. Cristina Pimentel, José Luís Brandão & Paolo Fedeli (coords.), *O poeta e a cidade no mundo romano* (Coimbra, Classica Digitalia/CECH, 2012).
21. Francisco de Oliveira, José Luís Brandão, Vasco Gil Mantas & Rosa Sanz Serrano (coords.), *A queda de Roma e o alvorecer da Europa* (Coimbra, Imprensa da Universidade de Coimbra, Classica Digitalia/CECH, 2012).
22. Luísa de Nazaré Ferreira, *Mobilidade poética na Grécia antiga: uma leitura da obra de Simónides* (Coimbra, Imprensa da Universidade de Coimbra, Classica Digitalia/CECH, 2013).
23. Fábio Cerqueira, Ana Teresa Gonçalves, Edalaura Medeiros & JoséLuís Brandão, *Saberes e poderes no mundo antigo. Vol. I – Dos saberes* (Coimbra, Imprensa da Universidade de Coimbra, Classica Digitalia,2013). 282 p.
24. Fábio Cerqueira, Ana Teresa Gonçalves, Edalaura Medeiros & Delfim Leão, *Saberes e poderes no mundo antigo. Vol. II – Dos poderes* (Coimbra, Imprensa da Universidade de Coimbra, Classica Digitalia, 2013). 336 p.
25. Joaquim J. S. Pinheiro, *Tempo e espaço da paideia nas* Vidas *de Plutarco* (Coimbra, Imprensa da Universidade de Coimbra, Classica Digitalia, 2013). 458 p.
26. Delfim Leão, Gabriele Cornelli & Miriam C. Peixoto (coords.), *Dos Homens e suas Ideias: Estudos sobre as* Vidas *de Diógenes Laércio* (Coimbra, Imprensa da Universidade de Coimbra, Classica Digitalia, 2013).
27. Italo Pantani, Margarida Miranda & Henrique Manso (coords.), *Aires Barbosa na Cosmópolis Renascentista* (Coimbra, Classica Digitalia/CECH, 2013).
28. Francisco de Oliveira, Maria de Fátima Silva, Tereza Virgínia Ribeiro Barbosa (coords.), *Violência e transgressão: uma trajetória da Humanidade* (Coimbra e São Paulo, IUC e Annablume, 2014).
29. Priscilla Gontijo Leite, *Ética e retórica forense:* asebeia *e* hybris *na caracterização dos adversários em Demóstenes* (Coimbra e São Paulo, Imprensa da Universidade de Coimbra e Annablume, 2014).

30. André Carneiro, *Lugares, tempos e pessoas. Povoamento rural romano no Alto Alentejo.* - Volume I (Coimbra, Imprensa da Universidade de Coimbra, Classica Digitalia, 2014).
31. André Carneiro, *Lugares, tempos e pessoas. Povoamento rural romano no Alto Alentejo.* - Volume II (Coimbra, Imprensa da Universidade de Coimbra, Classica Digitalia, 2014).
32. Pilar Gómez Cardó, Delfim F. Leão, Maria Aparecida de Oliveira Silva (coords.), *Plutarco entre mundos: visões de Esparta, Atenas e Roma* (Coimbra e São Paulo, Imprensa da Universidade de Coimbra e Annablume, 2014).
33. Carlos Alcalde Martín, Luísa de Nazaré Ferreira (coords.), *O sábio e a imagem. Estudos sobre Plutarco e a arte* (Coimbra e São Paulo, Imprensa da Universidade de Coimbra e Annablume, 2014).
34. Ana Iriarte, Luísa de Nazaré Ferreira (coords.), *Idades e género na literatura e na arte da Grécia antiga* (Coimbra e São Paulo, Imprensa da Universidade de Coimbra e Annablume, 2015).
35. Ana Maria César Pompeu, Francisco Edi de Oliveira Sousa (orgs.), *Grécia e Roma no Universo de Augusto* (Coimbra e São Paulo, Imprensa da Universidade de Coimbra e Annablume, 2015).
36. Carmen Soares, Francesc Casadesús Bordoy & Maria do Céu Fialho (coords.), *Redes Culturais nos Primórdios da Europa - 2400 Anos da Fundação da Academia de Platão* (Coimbra e São Paulo, Imprensa da Universidade de Coimbra e Annablume, 2016).
37. Claudio Castro Filho, *"Eu mesma matei meu filho": poéticas do trágico em Eurípides, Goethe e García Lorca* (Coimbra e São Paulo, Imprensa da Universidade de Coimbra e Annablume, 2016).
38. Carmen Soares, Maria do Céu Fialho & Thomas Figueira (coords.), *Pólis/Cosmópolis: Identidades Globais & Locais* (Coimbra e São Paulo, Imprensa da Universidade de Coimbra e Annablume, 2016).
39. Maria de Fátima Sousa e Silva, Maria do Céu Grácio Zambujo Fialho & José Luís Lopes Brandão (coords.), *O Livro do Tempo: Escritas e reescritas. Teatro Greco-Latino e sua recepção I* (Coimbra e São Paulo, Imprensa da Universidade de Coimbra e Annablume, 2016).
40. Maria de Fátima Sousa e Silva, Maria do Céu Grácio Zambujo Fialho & José Luís Lopes Brandão (coords.), *O Livro do Tempo: Escritas e reescritas. Teatro Greco-Latino e sua recepção II* (Coimbra e São Paulo, Imprensa da Universidade de Coimbra e Annablume, 2016).
41. Gabriele Cornelli, Maria do Céu Fialho & Delfim Leão (coords.), *Cosmópolis: mobilidades culturais às origens do pensamento antigo* (Coimbra e São Paulo, Imprensa da Universidade de Coimbra e Annablume, 2016).

42. Nair de Nazaré Castro Soares, Cláudia Teixeira (coords.), *Legado clássico no Renascimento e sua receção: contributos para a renovação do espaço cultural europeu.* (Coimbra e São Paulo, Imprensa da Universidade de Coimbra e Annablume, 2017).
43. Françoise Frazier, Olivier Guerrier (coords.), *Plutarque. Éditions, Traductions, Paratextes.* (Coimbra e São Paulo, Imprensa da Universidade de Coimbra e Annablume, 2017).
44. Cláudia Teixeira, André Carneiro (coords.), *Arqueologia da transição: entre o mundo romano e a Idade Média.* (Coimbra e São Paulo, Imprensa da Universidade de Coimbra e Annablume, 2017).